新法科·法学核心课程系列教材

华东政法大学
教材建设和管理委员会

主　　任　郭为禄　叶　青
副 主 任　罗培新　韩　强
部门委员　虞潇浩　杨忠孝　洪冬英
　　　　　　屈文生　陆宇峰
专家委员　王　迁　孙万怀　钱玉林
　　　　　　任　勇　余素青　杜素娟

本书受上海市高水平地方高校建设项目资助

A Course in Tax Law
(3rd Edition)

税法学教程

（第三版）

陈少英　主编
欧阳天健　副主编

北京大学出版社
PEKING UNIVERSITY PRESS

图书在版编目(CIP)数据

税法学教程/陈少英主编. -- 3 版. --北京：北京大学出版社，2024.7. -- ISBN 978-7-301-35148-2

Ⅰ．D922.220.1

中国国家版本馆 CIP 数据核字第 2024TH0000 号

书　　　名	税法学教程（第三版） SHUIFAXUE JIAOCHENG（DI-SAN BAN）
著作责任者	陈少英　主编
责 任 编 辑	姚沁钰
标 准 书 号	ISBN 978-7-301-35148-2
出 版 发 行	北京大学出版社
地　　　址	北京市海淀区成府路 205 号　100871
网　　　址	http://www.pup.cn　新浪微博：@北京大学出版社
电 子 邮 箱	zpup@pup.cn
电　　　话	邮购部 010-62752015　发行部 010-62750672　编辑部 021-62071998
印 刷 者	天津中印联印务有限公司
经 销 者	新华书店
	730 毫米×980 毫米　16 开本　32.75 印张　606 千字 2005 年 3 月第 1 版　2011 年 2 月第 2 版 2024 年 7 月第 3 版　2024 年 7 月第 1 次印刷
定　　　价	98.00 元

未经许可，不得以任何方式复制或抄袭本书之部分或全部内容。
版权所有，侵权必究
举报电话：010-62752024　电子邮箱：fd@pup.cn
图书如有印装质量问题，请与出版部联系，电话：010-62756370

明德崇法　华章正铸

——华东政法大学"十四五"规划教材系列总序

教材不同于一般的书籍,它是传播知识的主要载体,体现着一个国家、一个民族的价值体系,是教师教学、学生学习的重要工具,更是教师立德树人的重要途径。一本优秀的教材,不仅是教师教学实践经验和学科研究成果的完美结合,更是教师展开思想教育和价值引领的重要平台。一本优秀的教材,也不只是给学生打下专业知识的厚实基础,更是通过自身的思想和语言的表达,引导学生全方位地成长。

习近平总书记深刻指出:"当代中国的伟大社会变革,不是简单延续我国历史文化的母版,不是简单套用马克思主义经典作家设想的模板,不是其他国家社会主义实践的再版,也不是国外现代化发展的翻版,不可能找到现成的教科书。"新时代教材建设应当把体现党和国家的意志放在首位,要立足中华民族的价值观念,时刻把培养能够承担民族发展使命的时代新人作为高校教师编写教材的根本使命。为此,编写出一批能够体现中国立场、中国理论、中国实践、中国话语的有中国特色的高质量原创性教材,为培养德智体美劳全面发展的社会主义接班人和建设者提供保障,是高校教师的责任。

华东政法大学建校 70 年以来,一直十分注重教材的建设。特别是 1979 年第二次复校以来,与北京大学出版社、法律出版社、上海人民出版社等合作,先后推出了"高等学校法学系列教材""法学通用系列教材""法学案例与图表系列教材""英语报刊选读系列教材""研究生教学系列用书""海商法系列教材""新世纪法学教材"等,其中曹建明教授主编的《国际经济法概论》、苏惠渔教授主编的《刑法学》等教材荣获了司法部普通高校法学优秀教材一等奖;史焕章研究员主编的《犯罪学概论》、丁伟教授主编的《冲突法论》、何勤华教授与魏琼教授编著的《西方商法史》及我本人主编的《诉讼证据法学》等教材荣获了司法部全国法学教材与科研成果二等奖;苏惠渔教授主编的《刑法学》、何勤华教授主编的《外国法制史》获得了上海市高校优秀教材一等奖；孙潮教授主编的《立法学》获得"九五"普通高等教育国家级重点教材立项；杜志淳教授主编的《司法鉴定实验教程》、何勤华教授主编的《西方法律思想史（第二版）》和《外国法制史（第五版）》、高富平教授与黄武双教授主编的《房地产法学（第二版）》、高富平教授主编的《物权法讲义》、余素青教授主编的《大学英语教程：读写译（1—4）》、苗伟明副教授主编的《警察技能实训教程》等分别入选第一批、第二批"十二五"普通高等教育本科国家级规划教材；王立民教授副主编的《中国法制史（第二版）》荣获首届全国优秀教材二等奖。1996年以来，我校教师主编的教材先后获得上海市级优秀教材一等奖、二等奖、三等奖共计72项。2021年，由何勤华教授主编的《外国法制史（第六版）》、王迁教授主编的《知识产权法教程（第六版）》、顾功耘教授主编的《经济法教程（第三版）》、王莲峰教授主编的《商标法学（第三版）》以及我本人主编的《刑事诉讼法学（第四版）》等5部教材获评首批上海高等教育精品教材，受到了广大师生的好评，取得了较好的社会效果和育人效果。

进入新时代，我校以习近平新时代中国特色社会主义思想铸魂育人为主线，在党中央"新工科、新医科、新农科、新文科"建设精神指引下，配合新时代背景下新法科、新文科建设的需求，根据学校"十四五"人才培养规划，制定了学校"十四五"教材建设规划。这次的教材规划一方面力求巩固学校优势学科专业，做好经典课程和核心课程教材建设的传承工作，另一方面适应新时代的人才培养需求和教育教学新形态的发展，推动教材建设的特色探索和创新发展，促进教学理念和内容的推陈出新，探索教学方式和方法的改革。

基于以上理念，围绕新文科建设，配合新法科人才培养体系改革和一流学科专业建设，在原有教材建设的基础上，我校展开系统化设计和规划，针对法学专业打造"新法科"教材共3个套系，针对非法学专业打造"新文科"教材共2个套系。"新法科"教材的3个套系分别是："新法科·法学核心课程系列教材""新法科·法律实务和案例教学系列教材""新法科·涉外法治人才培养系列教材"。"新文科"教材的2个套系分别是："新文科·经典传承系列教材"和"新文科·特色创新课程系列教材"。

"新法科"建设的目标，就是要解决传统法学教育存在的"顽疾"，培养与时代相适应的"人工智能＋法律"的复合型人才。这些也正是"新法科"3套系列教材的设计初心和规划依据。

"新法科·法学核心课程系列教材"以推进传统的基础课程和核心课程的更新换代为目标，促进法学传统的基础和核心课程体系的改革。"新法科"理念下的核心课程教材系列，体现了新时代对法学传统的基础和核心课程建设的新要求,通过对我国司法实践中发生的大量新类型的法律案件的梳理、总结,开阔学生的法律思维,提升学生适用法律的能力。

"新法科·法律实务和案例教学系列教材"响应国家对于应用型、实践型人才的培养需要,以法律实务和案例教学的课程建设为基础,推进法学实践教学体系创新。此系列教材注重理论与实践的融合,旨在培养真正能够解决社会需求的应用型人才;以"新现象""新类型""新问题"为挑选案例的标准和基本原则,以培养学生学习兴趣、提升学生实践能力为导向。通过概念与案例的结合、法条与案例的结合,从具体案件到抽象理论,让学生明白如何在实践中解决疑难复杂问题,体会情、理与法的统一。

"新法科·涉外法治人才培养系列教材"针对培养具有国际视野和家国情怀、通晓国际规则、能够参与国际法律事务、善于维护国家利益、勇于推动全球治理体系变革的高素质涉外法治人才的培养目标,以涉外法治人才培养相关课程为基础,打造具有华政特色的涉外法治人才培养系列教材。

"新文科·经典传承系列教材"以政治学与行政学、公共事业管理、经济学、金融学、新闻学、汉语言文学、文化产业管理等专业的基础和主干课程为基础,在教材建设上,一方面体现学科专业特色,另一方面力求传统学科专业知识体系的现代创新和转型,注重把学科理论与新的社会文化问题、新的时代变局相联结,引导学生学习经典知识体系,以用于分析和思考新问题、解决新问题。

"新文科·特色创新课程系列教材"以各类创新、实践、融合等课程为基础,体现了"新文科"建设提出的融合创新、打破学科壁垒,实现跨学科、多学科交叉融合发展的理念,在教材建设上突破"小文科"思维,构建"大文科"格局,打造具有华政特色的各类特色课程系列教材。

华东政法大学2022年推出的这5个系列教材,在我看来,都有如下鲜明的特点:

第一,理论创新。系列教材改变了陈旧的理论范式,建构具有创新价值的知识体系,反映了学科专业理论研究最新成果,体现了经济社会和科技发展对人才培养提出的新要求。

第二,实践应用。系列教材的编写紧密围绕社会和文化建设中亟须解决的新问题,紧扣法治国家、法治政府、法治社会建设新需求,探索理论与实践的结合点,让教学实践服务于国家和社会的建设。

第三,中国特色。系列教材编写的案例和素材均来自于中国的法治建设和改革开放实践,传承并诠释了中国优秀传统文化,较好地体现了中国立场、中国理论、中国实践、中国话语。

第四，精品意识。为保证系列教材的高质量出版，我校遴选了各学科专业领域教学经验丰富、理论造诣深厚的学科带头人担任教材主编，选派优秀的中青年科研骨干参与教材的编写，组成教材编写团队，形成合力，为打造出高质量的精品教材提供保障。

当然，由于我校"新文科""新法科"的建设实践积累还不够丰厚，加之编写时间和编写水平有限，系列教材难免存在诸多不足之处。希望各位方家不吝赐教，我们将虚心听取，日后逐步完善。我希望，本系列教材的出版，可以为我国"新文科""新法科"建设贡献华政人的智慧。

是为序。

华东政法大学校长、教授　叶青
2022 年 8 月 22 日于华政园

第三版前言

《税法学教程》于 2005 年 10 月首版首印后,已应需重印。但由于时间仓促及其他原因,该教程在体系安排和局部内容方面存在一些不尽如人意之处。因此,2010 年本书进行了再版。在继承原版总体思路的前提下,本书在形式、内容乃至体系上均有了较大的调整和修改。与原版相比第二版有如下特点:

第一,体系更加合理。第二版将全书分为税法基础理论、税收债务法、税收程序法三篇。上篇以税收法律关系为主线,重新构建了税法学基础理论体系,以起到统领全书的作用;中篇根据体系性需要,每个分篇增加了"绪论"部分,并考虑到税收之债和税收实体法的密切关系,将税收债务法的基本原理归入该篇;下篇将税收征管法、税收处罚法和税收救济法等程序法都整合到了一起。

第二,内容有所创新。第二版除了增加章节外,对原有章节也进行了大幅度的调整与修改,即更新了原版因税收立法的局限所不便融入的内容。在"税法基础理论"中,增加了其他学者在税法研究领域的前沿成果以及作者具体论证过程的一些偶得;在税收债务法中,根据 2007 年颁布的《企业所得税法》,重写了这部分的内容,同时由于近年来增值税等流转税法以及其他税种法中的许多条款发生了变化,因此本书对相应内容进行了大量的改写;在税收程序法中,根据最新的税收征管立法的相关内容,对"税收征管法"作了补充修正,对于"税收处罚法"和"税收救济法"等,也均融入了最新的研究成果。

第三,行文更加规范。第二版对注释体例和写作格式进行了更加严格的规范和统一。

《税法学教程》第二版印发之后,得到了广大读者的认可,很快就销量告急,出版社与我商讨是否重印。而就在此时,中共中央作出了《关于全面深化改革若干重大问题的决定》(以下简称《决定》)。《决定》专题论述"深化财税体制改革",指出:"财政是国家治理的基础和重要支柱,科学的财税体制是优化资源配置、维护市场统一、促进社会公平、实现国家长治久安的制度保障"。至此,拉开了新一轮财税体制改革的序幕。由于《决定》在加强社会主义民主政治制度建设中提出了要"落实税收法定原则",因此 18 个税种由行政法规逐步上升为法律,就成为此次改革的重头戏。税收行政法规入法并不是简单的平移，其中有许多理论和制度方面的问题，需要在改革的实践中不断探讨。在这一过程中，《税法学教程》的修订有许多不确定因素。于是，《税法学教程（第二版）》的修订一拖再拖。如今，财税体制改革仍在进行中，已有13个税种上升为法律，虽然仍存在一些变数，但修订已急不可待。

此次修订由陈少英负责全书的总纂和定稿，欧阳天健协助。参编人员按编排顺序具体分工如下：

上篇税法基础理论、中篇税收债务法之一由陈少英修订。

中篇税收债务法之二由龚伟、王一骁修订，税收债务法之三由欧阳天健修订，税收债务法之四由吕铖钢、吴凌畅、王一骁新增撰写，税收债务法之五绪论、第二十一章、第二十二章由赵菁新增撰写，第二十三章及税收债务法之六由吕铖钢修订。

下篇税收程序法之一由李慈强、王一骁修订，税收程序法之二由张月霞修订，税收程序法之三由陈雷修订。

总之，第三版《税法学教程》凝结着所有参编人员对税法学理论研究的最新成果，其结构和内容安排较第二版又有更大的合理性和新颖性。但税法学研究发展迅速，问题层出不穷。受水平与视野所限，难以洞悉无漏，错误与不妥之处在所难免。本书仍然是探索过程中的一种尝试，仍然是一个阶段性成果，在此恳望学界和实务界同仁批评指正！

陈少英

2024年5月于中星富林名庭

目 录

上 篇
税法基础理论

第一章 税收的基本原理 (3)
  第一节 现代国家与税收 (3)
  第二节 税收内涵的界定 (5)
  第三节 税收的依据 (10)
  第四节 税收的分类 (13)
  本章小结 (16)
  思考题 (16)

第二章 税法概述 (17)
  第一节 税法的概念与特征 (17)
  第二节 税法的性质与作用 (19)
  第三节 税法的地位与体系 (22)
  第四节 税法的渊源与效力 (30)
  本章小结 (34)
  思考题 (35)

第三章 税法的原则 (36)
  第一节 税法的基本原则 (36)
  第二节 税法的适用原则 (44)
  本章小结 (52)
  思考题 (53)

第四章 税收法律关系 (54)
  第一节 税收法律关系概述 (54)

第二节　税收法律关系的性质 ………………………………………… (55)
　第三节　税收法律关系的要素 ………………………………………… (59)
　本章小结 ………………………………………………………………… (65)
　思考题 …………………………………………………………………… (66)
第五章　税法的运行 ………………………………………………………… (67)
　第一节　税收立法 ……………………………………………………… (67)
　第二节　税法解释 ……………………………………………………… (71)
　第三节　税法漏洞补充 ………………………………………………… (74)
　第四节　税收执法 ……………………………………………………… (76)
　第五节　税收司法 ……………………………………………………… (81)
　本章小结 ………………………………………………………………… (84)
　思考题 …………………………………………………………………… (84)

中　篇

税收债务法之一·税收债法原理

绪论 ………………………………………………………………………… (87)
第六章　税收债法概述 …………………………………………………… (89)
　第一节　税收之债的概念与特征 ……………………………………… (89)
　第二节　税收之债的分类 ……………………………………………… (90)
　本章小结 ………………………………………………………………… (93)
　思考题 …………………………………………………………………… (93)
第七章　税收之债构成要件 ……………………………………………… (94)
　第一节　税收之债构成要件概述 ……………………………………… (94)
　第二节　税收之债的实体要件 ………………………………………… (96)
　第三节　税收之债的程序要件 ………………………………………… (108)
　本章小结 ………………………………………………………………… (110)
　思考题 …………………………………………………………………… (110)
第八章　税收之债的运行 ………………………………………………… (111)
　第一节　税收之债的产生 ……………………………………………… (111)

第二节　税收之债的变更……………………………………………（115）
　　第三节　税收之债的消灭……………………………………………（118）
　　本章小结…………………………………………………………………（121）
　　思考题……………………………………………………………………（121）
第九章　税收之债的保障……………………………………………………（122）
　　第一节　税收之债的保全……………………………………………（122）
　　第二节　税收之债的担保……………………………………………（128）
　　第三节　税收之债的优先效力………………………………………（135）
　　本章小结…………………………………………………………………（141）
　　思考题……………………………………………………………………（141）

税收债务法之二·商品和服务税制度

绪论……………………………………………………………………………（142）
第十章　增值税法律制度……………………………………………………（144）
　　第一节　增值税法律制度概述………………………………………（144）
　　第二节　我国增值税法律制度………………………………………（148）
　　第三节　我国增值税的征收管理……………………………………（163）
　　本章小结…………………………………………………………………（169）
　　思考题……………………………………………………………………（170）
第十一章　消费税法律制度…………………………………………………（171）
　　第一节　消费税法律制度概述………………………………………（171）
　　第二节　我国消费税法律制度………………………………………（174）
　　第三节　我国消费税的征收管理……………………………………（183）
　　本章小结…………………………………………………………………（185）
　　思考题……………………………………………………………………（185）
第十二章　关税法律制度……………………………………………………（186）
　　第一节　关税法律制度概述…………………………………………（186）
　　第二节　我国关税法律制度…………………………………………（189）
　　第三节　我国境内特殊区域的关税法律制度………………………（194）
　　第四节　我国关税的征收管理………………………………………（198）
　　第五节　我国船舶吨税法律制度……………………………………（201）

本章小结 ·· (203)
思考题 ·· (204)

税收债务法之三·所得税债法制度

绪论 ·· (205)
第十三章 企业所得税法律制度 ··· (211)
  第一节 企业所得税法概述 ··· (211)
  第二节 企业所得税的纳税人与征税对象 ····································· (213)
  第三节 企业所得税的应纳税所得额 ·· (216)
  第四节 企业所得税的税率与应纳税额的计算 ······························ (226)
  第五节 企业所得税的税收优惠与税收抵免 ·································· (228)
  第六节 企业所得税的征收管理 ··· (232)
  第七节 我国企业所得税法评析 ··· (237)
  本章小结 ·· (239)
  思考题 ··· (240)
第十四章 个人所得税法律制度 ··· (241)
  第一节 个人所得税法概述 ··· (241)
  第二节 个人所得税的纳税人与征税对象 ····································· (243)
  第三节 个人所得税的计税依据、税率与应纳税额的计算 ············ (245)
  第四节 个人所得税的税收优惠与税收抵免 ·································· (252)
  第五节 个人所得税的征收管理 ··· (254)
  第六节 个人所得税的改革评析 ··· (261)
  本章小结 ·· (265)
  思考题 ··· (265)

税收债务法之四·财产税债法制度

绪论 ·· (266)
第十五章 城镇土地使用税法律制度 ·· (271)
  第一节 城镇土地使用税法概述 ··· (271)

第二节　城镇土地使用税的纳税人与征税范围 …………………………(271)
　　第三节　城镇土地使用税的计算与减免 …………………………………(272)
　　第四节　城镇土地使用税的征收管理 ……………………………………(273)
　　本章小结 ……………………………………………………………………(274)
　　思考题 ………………………………………………………………………(275)

第十六章　房产税法律制度 …………………………………………………(276)
　　第一节　房产税法概述 ……………………………………………………(276)
　　第二节　房产税的纳税人与征税范围 ……………………………………(277)
　　第三节　房产税的计算与减免 ……………………………………………(278)
　　第四节　房产税的征收管理 ………………………………………………(283)
　　本章小结 ……………………………………………………………………(283)
　　思考题 ………………………………………………………………………(284)

第十七章　契税法律制度 ………………………………………………………(285)
　　第一节　契税法概述 ………………………………………………………(285)
　　第二节　契税的纳税人与征税对象 ………………………………………(286)
　　第三节　契税的计算与减免 ………………………………………………(287)
　　第四节　契税的征收管理 …………………………………………………(289)
　　本章小结 ……………………………………………………………………(290)
　　思考题 ………………………………………………………………………(291)

第十八章　车船税法律制度 ……………………………………………………(292)
　　第一节　车船税法概述 ……………………………………………………(292)
　　第二节　车船税的纳税人、征税范围、计算与减免 ……………………(292)
　　第三节　车船税的征收管理 ………………………………………………(295)
　　本章小结 ……………………………………………………………………(296)
　　思考题 ………………………………………………………………………(296)

第十九章　遗产与赠与税法律制度之探讨 …………………………………(297)
　　第一节　遗产税法律制度概述 ……………………………………………(297)
　　第二节　赠与税法律制度概述 ……………………………………………(298)
　　第三节　开征遗产税需要考虑的问题 ……………………………………(299)
　　本章小结 ……………………………………………………………………(300)
　　思考题 ………………………………………………………………………(300)

第二十章 我国财产税法制度评析 (301)
第一节 加快房地产保有阶段的税收立法 (301)
第二节 加快遗产与赠与税的立法 (302)
第三节 建立财产税法的相关配套制度 (303)
本章小结 (303)
思考题 (304)

税收债务法之五·生态税债法制度

绪论 (305)

第二十一章 环境保护税法律制度 (309)
第一节 环境保护税法概述 (309)
第二节 环境保护税的纳税人、计算与减免 (310)
第三节 环境保护税的征收与管理 (315)
本章小结 (316)
思考题 (316)

第二十二章 资源税法律制度 (317)
第一节 资源税法概述 (317)
第二节 资源税的纳税人与征税范围 (319)
第三节 资源税的计算与减免 (320)
第四节 资源税的征收管理 (325)
本章小结 (325)
思考题 (326)

第二十三章 耕地占用税法律制度 (327)
第一节 耕地占用税法概述 (327)
第二节 耕地占用税的纳税人与征税范围 (327)
第三节 耕地占用税的计税依据与税收优惠 (328)
第四节 耕地占用税的征收管理 (329)
本章小结 (331)
思考题 (331)

税收债务法之六·行为税债法制度

绪论 ······ (332)

第二十四章 印花税法律制度 ······ (334)
 第一节 印花税法概述 ······ (334)
 第二节 印花税的纳税人与征税范围 ······ (334)
 第三节 印花税的计算与税收优惠 ······ (337)
 第四节 印花税的征收管理 ······ (340)
 本章小结 ······ (341)
 思考题 ······ (341)

第二十五章 城市建设维护税法律制度 ······ (342)
 第一节 城市维护建设税法概述 ······ (342)
 第二节 城市维护建设税的纳税人与征税范围 ······ (342)
 第三节 城市维护建设税的计算、税收优惠与征收管理 ······ (343)
 本章小结 ······ (344)
 思考题 ······ (345)

第二十六章 土地增值税法律制度 ······ (346)
 第一节 土地增值税法概述 ······ (346)
 第二节 土地增值税的纳税人与征税范围 ······ (346)
 第三节 土地增值税的计算与减免 ······ (349)
 第四节 土地增值税的征收与管理 ······ (352)
 本章小结 ······ (353)
 思考题 ······ (353)

第二十七章 车辆购置税法律制度 ······ (354)
 第一节 车辆购置税概述 ······ (354)
 第二节 车辆购置税的纳税人、征税范围与税率 ······ (354)
 第三节 车辆购置税的计算与减免 ······ (355)
 第四节 车辆购置税的征税管理 ······ (356)
 本章小结 ······ (357)
 思考题 ······ (357)

下 篇

税收程序法之一·税收征收管理法

绪论 ··· (361)

第二十八章 税务管理和纳税申报法律制度 ····················· (372)
    第一节 税务登记法律制度 ······································· (372)
    第二节 账簿凭证管理法律制度 ·································· (378)
    第三节 发票管理法律制度 ······································· (380)
    第四节 纳税申报法律制度 ······································· (386)
    本章小结 ·· (390)
    思考题 ··· (391)

第二十九章 税额确认和税款征收法律制度 ····················· (392)
    第一节 税额确认法律制度 ······································· (392)
    第二节 税款征收的管辖和方式 ·································· (396)
    第三节 纳税期限制度 ··· (399)
    第四节 税款的补缴、追缴与退还制度 ······················· (402)
    第五节 税收减免制度 ··· (406)
    第六节 税款征收基本制度评析 ·································· (407)
    本章小结 ·· (409)
    思考题 ··· (410)

第三十章 税款征收保障制度 ·· (411)
    第一节 税收保全制度 ··· (411)
    第二节 税收强制执行制度 ······································· (413)
    第三节 其他税款征收保障制度 ·································· (416)
    第四节 税款征收保障制度评析 ·································· (420)
    本章小结 ·· (422)
    思考题 ··· (422)

第三十一章 税务检查与稽查制度 ································· (423)
    第一节 税务检查制度 ··· (423)

第二节　税务稽查制度……………………………………………（427）
　　本章小结……………………………………………………………（437）
　　思考题………………………………………………………………（437）
第三十二章　税务代理制度……………………………………………（438）
　　第一节　税务代理制度概述………………………………………（438）
　　第二节　税务代理主体……………………………………………（439）
　　第三节　税务代理法律关系………………………………………（443）
　　第四节　税务代理制度评析………………………………………（444）
　　本章小结……………………………………………………………（446）
　　思考题………………………………………………………………（446）

税收程序法之二·税收处罚法

绪论………………………………………………………………………（447）
第三十三章　税务行政处罚……………………………………………（449）
　　第一节　纳税人、扣缴义务人、纳税担保人违反税法义务的税收
　　　　　　行政法律责任……………………………………………（449）
　　第二节　其他主体违反税法的税收行政法律责任………………（455）
　　本章小结……………………………………………………………（456）
　　思考题………………………………………………………………（457）
第三十四章　税务违法刑事处罚………………………………………（458）
　　第一节　危害税款征收犯罪及其刑事责任………………………（458）
　　第二节　危害发票管理犯罪及其刑事责任………………………（461）
　　第三节　税务执法人员职务犯罪的刑事责任……………………（466）
　　本章小结……………………………………………………………（469）
　　思考题………………………………………………………………（469）

税收程序法之三·税务救济法律制度

第三十五章　税务行政复议……………………………………………（478）
　　第一节　税务行政复议概述………………………………………（478）

第二节　税务行政复议的范围与管辖 …………………………… (481)
　　第三节　税务行政复议的程序 …………………………………… (483)
　　本章小结 …………………………………………………………… (489)
　　思考题 ……………………………………………………………… (489)
第三十六章　税务行政诉讼 …………………………………………… (490)
　　第一节　税务行政诉讼概述 ……………………………………… (490)
　　第二节　税务行政诉讼的受案范围与管辖 ……………………… (491)
　　第三节　税务行政诉讼的程序 …………………………………… (493)
　　本章小结 …………………………………………………………… (496)
　　思考题 ……………………………………………………………… (497)
第三十七章　税务行政赔偿 …………………………………………… (498)
　　第一节　税务行政赔偿概述 ……………………………………… (498)
　　第二节　税务行政赔偿的程序 …………………………………… (502)
　　本章小结 …………………………………………………………… (504)
　　思考题 ……………………………………………………………… (505)

上篇

税法基础理论

税法总论是整个税法在总体上共通的基本理论,它以税收的基本原理和法学的基本理论为基础,因而也被称为税法基础理论或税法基本原理。由于税法总论具有一定的法哲学意义,是进一步学习和研究税法的基础,因而它在税法学中居于十分重要的地位。

第一章 税收的基本原理

税收与税法密不可分。要深入学习和研究税法,首先必须以税收的基本知识作铺垫。

第一节 现代国家与税收

现代国家已成为名副其实的"税收国家",税收和税法直接关系国计与民生,关系国家与国民的各类活动和日常生活。一句话,税收和税法是"国家治理的基础和重要支柱"。

一、税收随国家的产生而产生

恩格斯曾指出:"捐税是以前的氏族社会完全没有的。"[①]原始社会初期,生产力极端低下,社会产品除了维持社会成员生存外很少有剩余,社会产品没有剩

---

① 《马克思恩格斯选集》第 4 卷,人民出版社 2012 年版,第 188 页。

余,就没有私有财产,没有阶级和国家,因而也就没有税收。到了原始社会末期,随着生产力的发展和剩余产品的增加,出现了社会分工,出现了分配上的差别和私有财产,从而出现了经济上相互对立的阶级以及代表统治阶级利益的国家。国家一旦出现,"为了维持这种公共权力,就需要公民缴纳费用——捐税"[①]。

二、税收是国家存在的经济体现

国家为了维持其存在和实现其职能,必须消耗一定的物质财富,因而就必然需要通过一定的途径、采取一定的方式取得财政收入。税收就是国家取得财政收入的主要途径和主要方式。马克思指出:"国家存在的经济体现就是捐税。"[②]"捐税体现着表现在经济上的国家存在。官吏和僧侣、士兵和舞蹈女演员、教师和警察、希腊式的博物馆和哥特式的尖塔、王室费用和官阶表这一切童话般的存在物于胚胎时期就已安睡在一个共同的种子——捐税之中了。"[③]

三、税收是现代国家的主要财政收入

随着经济和社会的发展,国家的职能越来越多元化。从一定意义上说,国家的职能已经远远不限于过去的政治职能、军事职能,而是越来越强调其经济职能和社会职能。在市场经济条件下,现代国家的职能就是为社会提供公共产品和公共服务。[④] 公共产品具有与私人产品完全不同的特征:效用的不可分割性、消费的不排他性和受益的不可阻止性。[⑤] 这就决定了公共产品是私人主体无法提供的,或者是以营利为目的的私人主体不愿提供的,因此只能由国家或代表国家的政府来提供。国家提供私人主体需要的公共产品,就必须拥有大量的资金,但国家原则上不从事财富生产和交换活动,只能从私人主体那里获取资金,形成国家的财政收入。在财政收入中,最大量的是税收收入。

当然,国家还可以通过增发货币、举借公债、收费、罚款等多种形式取得财政收入。但与这些形式相比,税收更为可取。税收是社会财富从私人经济领域向公共经济领域的转移,它仅是一种购买力的转移,不会像增发货币那样凭空扩大社会购买力,引起无度的通货膨胀;税收在征收时不存在直接的交换关系,不会

[①] 《马克思恩格斯选集》第 4 卷,人民出版社 2012 年版,第 188 页。
[②] 《马克思恩格斯全集》第 4 卷,人民出版社 1998 年版,第 342 页。
[③] 同上。
[④] 公共产品是用来满足人们公共需求的东西,既包括如国防、外交、宇宙空间探索、公安司法、环境保护、货币稳定等纯公共产品,也包括教育、医疗等准公共产品。
[⑤] 私人产品的产权是明确的,具有独占性、排他性和可转让性等特点,因而私人产品的消费具有排他性和可分割性。

像发行国债那样存在还本付息的财政压力;税收是强制征收,国家可以制定法律向其管辖范围内的纳税人课征税款,同收费、罚款等获取财政收入的手段相比,不仅更具有操作性,而且更能够使国家稳定地获取大量的财政收入。因而在各种可供选择的财政收入形式中,税收作为最佳形式,备受推崇。目前,税收已经成为世界各国政府提供公共产品的最主要的资金来源。在绝大多数国家,税收收入已占财政收入的80%以上。其中,在许多发达国家,税收收入已占财政收入总额的90%以上;[1]我国的这个比例已经达到95%左右。

第二节 税收内涵的界定

科学地阐明税收的概念,是研究税收问题的前提,也是研究税法的基础。

一、税收概念的解读

税收或称租税、赋税、捐税、税金等,简称税。因税收历史悠久,演变复杂,形式纷繁,故而人们在认识上出现了诸多分歧。

关于税收的概念,中外学术界历来有不同表述。

美国学者塞利格曼认为,税收是政府为满足公共利益的需要而向人民强制征收的费用,他与被征收者能否因其而得到特殊利益无关。英国学者道尔顿认为,"所谓租税,系公共机关的一种强制征收。租税的本质之异于政府其他收入者,即在纳税人与政府之间并无直接的同等交换物之存在。"[2]德国学者海因里希·劳认为,"税收并不是市民对政府的回报,而是政府根据一般市民的标准,向市民的课征。"[3]日本学者金子宏认为,税收是国家以实现为提供公共服务而筹集资金这一目的,依据法律规定,向私人所课的金钱给付。[4] 日本另一学者小川乡太郎认为,税收是国家为支付一般经费需要,依据其财政权力而向一般人民强制征收的财物或货币。[5]

由于各位学者所处的时代和国家以及研究的领域不尽相同,对于税收概念的认识也不尽一致,因此对他们的研究加以总结,概括出一般性的认识是非常必

---

[1] 日本的这一数字为91%,英国为96%,美国为98%。郝如玉、王国华编:《中国新税制》,经济科学出版社1994年版,第2页。
[2] 高培勇:《西方税收——理论与政策》,中国财政经济出版社1993年版,第10页。
[3] 国家税务总局税收科学研究所编:《西方税收理论》,中国财政经济出版社1997年版,第60页。
[4] 同上。
[5] 高培勇:《西方税收——理论与政策》,中国财政经济出版社1993年版,第10页。

要的。一些工具书实际上已经作了这样的总结和概括,例如《美国经济学辞典》认为,税收是居民个人、公共机构和团体被强制向政府转让的货币(偶尔也采取实物或劳务的形式)。日本出版的《现代经济学辞典》则认为,税收是国家或地方公共团体为筹集用以满足社会公共需要的资金,而按照法律的规定,以货币形式对私人进行的一种强制性课征。①

在我国,有的学者把税收归属为一种财政收入,有的学者称税收是一种分配活动或分配形式,还有的学者称税收为一种分配关系,众说纷纭,莫衷一是。但归纳起来,所谓税收,就是国家为了实现其公共职能的需要,凭借政治权力,运用法律手段,强制地、无偿地、固定地集中一部分社会产品所形成的特定分配关系。《税务顾问百科全书(上册)》把税收定义为"国家为供应一般公共事务之需,而向人民强制征收之一部分国民所得"②。

二、税收观念的变迁

汉语中的"税收",在英语中通常用 tax 和 duty 这两个单词来对应。除此解外,这两个单词的另一层意思分别是"负担"和"义务"。从词根含义分析,我们有理由相信,这是对"税收"的一种"扩大解释"。③ "负担"和"义务"感觉相差甚远。"负担"即包袱,即累赘,即心理上的阴影;而"义务"则是自愿,是责任,是不容推卸的使命。两种截然不同的感觉恰恰标示了税收观念的两个极端:税收是苦不堪言的物质和精神重负,纳税又是一种义不容辞的责任。

在前资本主义时期,税收并不构成国家财政收入的主要组成部分。④ 当时的财政被称为"家计财政",相应地,当时的国家也被称为"有产国家"。随着财政需要的增加,税收成为封建君主敛财的方式之一。这时的税收虽然在客观上具有某种公共性,但本质上是服务于君主私人利益的。当时所谓的国家预算在很大程度上是私人预算,或者说是带有很强私人色彩的"国家"预算。统治者通过赋税的强制课征,获得统治阶级赖以生存的物质条件,被统治者则被迫向统治者缴纳强加于身的税收负担。

随着经济的发展以及国家形态和职能的变迁,税收的角色也发生了变化。进入市场经济以后,人们开始从等价交换的角度去理解税收的性质。与此同时,

---

① 高培勇:《西方税收——理论与政策》,中国财政经济出版社 1993 年版,第 11 页。
② 商协商业知识百科全书编辑委员会编:《税务顾问百科全书(上册)》,商协出版社 1979 年版。
③ 李胜良:《税收脉络》,经济科学出版社 2004 年版,第 1 页。
④ 奴隶制国家主要是王室收入,封建制国家主要有官产收入、特权收入和专卖收入。郝如玉、王国华编:《中国新税制》,经济科学出版社 1994 年版,第 1 页。

税收实践也在发生变化,"横征暴敛"被依法治税所替代。税收成为财政的重要组成部分,此时国家丧失了原有的生产职能,国家的主要职能成为为社会提供公共产品。这时的财政被称为"公共财政",相应地,国家被称为"无产国家""税收国家"。① 国家(政府)作为社会管理者,向社会成员提供公共产品,必须同时向社会成员收取费用来补偿这些支出,征税就是政府取得这些费用的基本手段。政府取得税收后为提供各种公共服务而使用税收,以满足社会成员个人的利益。因此,税收是公民为享受国家(政府)提供的公共产品而支付的价格费用。② 这里以"等价交换"为基调揭示了税收的经济本质。纳税人的感受应该是:纳税实际上是自己享受公共产品和服务所产生的支出,依法纳税是每个纳税人应尽的义务。

三、税收内涵的揭示

下面,我们将揭示税收概念所包括的深层内涵。

(一)税收的本质

在国家征税和纳税人纳税的过程中,必然产生对社会产品的分配关系。分配,实际上就是解决社会产品归谁占有、归谁支配,以及占有多少、支配多少的问题。分配的结果是发生社会产品所有权或支配权的转移。这就决定了社会产品分配的实现要依据一定的权力。马克思说:"在我们面前有两种权力:一种是财产权力,也就是所有者的权力,另一种是政治权力,即国家的权力。"③国家对社会产品进行分配,所凭借的不外乎这两种权力。凭借财产权力,即生产资料占有权而进行的分配,是社会再生产中的一般分配。比如,在奴隶社会,奴隶主凭借占有生产资料和奴隶本身而占有奴隶的全部劳动成果;在封建社会,地主凭借占有土地,向农民收取地租,占有农民的剩余劳动;在资本主义社会,资本家凭借所占有的生产资料而占有工人创造的剩余价值。所有这些分配形式,都是以生产

---

① 刘剑文主编:《税法学(第二版)》,人民出版社 2003 年版,第 102—103 页。
② 意大利的马尔科认为:"公民纳税与政府提供公共产品的义务是对称的。"张馨等:《当代财政与财政学主流》,东北财经大学出版社 2000 年版,第 82 页。哈耶克认为:"在发达社会中,政府应当运用它所享有的经由征税而筹集资金的权力,并由此为人们提供市场因种种缘故而不能提供或不能充分提供的一系列服务。"〔英〕弗里德里希·冯·哈耶克:《法律、立法与自由(第二、三卷)》,邓正来等译,中国大百科全书出版社 2000 年版,第 332 页。公共选择学派也认为:"从某种宽泛而有用的概念意义上讲,捐税也是一种由个人或团体以集体方式提供的公共劳务所支付的'价格'。"〔美〕詹姆斯·M. 布坎南:《民主财政论》,穆怀朋译,商务印书馆 1993 年版,第 16 页。法律经济学还表示:"税收主要是用以支付的公用事业费。一种有效的税收应该是要求公用事业使用人支付其使用的机会成本的税收。"〔美〕理查德·A. 波斯纳:《法律的经济分析(下)》,蒋兆康译,中国大百科全书出版社 1997 年版,第 625 页。
③ 《马克思恩格斯全集》第 4 卷,人民出版社 1998 年版,第 330 页。

资料占有为前提的。但税收不同于这种一般的分配形式。税收是一种特殊的分配形式,之所以说它特殊,就在于税收是凭借国家政治权力实现分配的。国家通过制定法律征税,纳税人必须依法纳税。税收是在国家权力的保证下,通过法律体现国家意志,实现国家提供公共产品职能需要的特殊分配形式。

(二) 税收的特征

税收的特征是税收区别于其他财政收入形式的重要标志,综合反映了税收的本质特点,有助于人们更好地理解税收的概念。与税收的多种概念相联系,国内外学者对税收的特征也有多种不同的概括,但基本形成了共识。中国传统的观点一般将税收的特征概括为"三性",即法的强制性、间接有偿性(非直接偿还性)和课税法定性。

1. 法的强制性

在论述纳税人的地位时,众多财政学著述乃至一些税法学著述几乎众口一词,将纳税人简单地划为义务主体一方,强调其义务,却避而不谈其权利。追究这一倾向的根源,乃起于对"税收强制性"特征认识之过分夸大与有失全面。在税法学看来,税收的强制性并非肆无忌惮,处于强权地位的征税机关也时刻受到法律制约。其实,"税收强制性"意指:国家征税,是以法律的形式加以规定,并依法强制课征。凡是法律规定负有纳税义务的主体,不论其主观上是否愿意,都必须无条件地依法履行纳税义务。也就是说,在主体意志方面,税收并不取决于纳税主体的主观意愿或征纳双方的意思表示,而只取决于税法构成要件的满足。因此,将"税收强制性"特征改为"法的强制性"较妥。

2. 间接有偿性(非直接偿还性)

就具体纳税人而言,在具体的时空条件下,国家与纳税人之间不存在民法之等价有偿的交换关系。即是说,国家征税既不向纳税人支付任何报酬,也不向纳税人提供相应的服务或者某种特许权利。税款一经征收,即转归国家所有和支配,而不再直接归还纳税人。而且纳税人缴纳税款的多少与他可能消费的公共物品数量亦无直接关系。因此税收学理论认为,税收并不具有对特别给付的反给付性质,税款的征收是无偿的。但就整体纳税人而言,从整个社会征、用税的过程看,税收的无偿性和有偿性又是矛盾的统一。诚如马克思所说,"从一个处于私人地位的生产者身上扣除的一切,又会直接或间接地用来为处于社会成员地位的这个生产者谋福利"[①],即"取之于民,用之于民"。税法学基于税收在征收和使用中表现出的"时空不直接,价值不对等",认为税收具有"间接有偿性或

---

① 《马克思恩格斯全集》第19卷,人民出版社1998年版,第20页。

非直接偿还性"的特征。税收的间接有偿性体现了财政分配的本质，它是税收"三性"的核心。

3. 课税法定性

国家在征税之前，对什么征税、征多少税，都已用法律的形式规定下来，由税收征纳双方共同遵守。任何纳税人都必须按照法律规定的比例或者数额缴纳税款，既不需多缴，也不得少缴；征税机关也只能按照法律规定的标准征收税款，既不准多征，也不得少征。这一特征体现了现代税收与税法的一一对应关系，与税收法定原则的普遍采用、防止征税权的滥用和保护纳税人的合法权利等密切相关。

四、税收的职能

税收职能是指税收这种分配关系本身所固有的功能和职责，是税收的一种长期固定的属性，是客观存在，不以人的意志为转移的。一般来说，税收有三种职能。

（一）组织财政收入的职能——财政职能

作为国家取得财政收入的重要工具，税收可以把分散在各个纳税人手中的一部分国民收入，集中到国家财政，用以满足国家行使职能的需要。组织财政收入是税收的基本职能。税收的出现首先就是为了集中收入来满足国家的需要，也正是由于国家财政的需要，才产生了税收。

（二）调节经济的职能——经济职能

调节经济的职能是由税收组织财政收入职能派生的。国家征税取得财政收入，必然同时改变社会财富的原有分配状况，包括社会财富在不同经济领域、不同生产部门、不同纳税人、不同地区等之间的分配。这样，就必然对经济情况产生某种影响。国家就是通过税收的一征一免、多征少征来调节纳税人的经济利益，实现一定政策，达到一定政治经济目的的。调节经济是税收本身固有的重要属性，正因为税收的这种属性，才使其成为国家宏观调控的重要经济杠杆。

（三）反映与监督的职能——监督职能

反映与监督的职能也是由税收财政职能派生的。国家在征税的过程中，通过税收的征收管理，反映有关的经济动态，为国民经济管理提供信息。管理国民经济活动需要的信息很多，税收所提供的信息是十分重要的一方面，它具有广泛性、及时性和可靠性的特点。通过税收日常的征收管理，国家可以对企业的经营活动进行监督，看其是否遵守税收法律制度和财政纪律。这种监督保证了税收作用的实现，也是实现税收财政职能和经济职能的必要条件。

第三节 税收的依据

课税依据的问题,也就是国家为什么要征税、纳税人为什么要向国家纳税的问题,它不仅是税收理论研究需要解决的基本问题,也是税法理论研究需要解决的基本问题。17世纪以来,西方许多经济学家致力于这一问题的研究,从不同角度进行讨论,形成了很多不同的课税依据的理论,主要有公需说、交换说、保险说、义务说、经济调节说,概括起来有三大类型。这些理论"与如何看待国家的本质,具有十分密切的联系"[①],它一旦为官方采用,便被用来为其税收的合理性进行有力的辩护,同时也对立法思想和相关税收法律概念的形成产生了很大影响。

一、需要分担说

这种学说认为,国家为了实现其职能,需要消耗一定的物质财富,而纳税人是国家的一分子,有分担公共需要的义务。此类学说主要有以下说法:

(一)公需说

公需说也称公共福利说,由17世纪德国官房学派的克洛克和法国的波丹首先提出。

公需说从国家职能出发,认为国家职能在于满足公共需要,增进公共福利,因此需要费用支出,而税收就是实现这种职能的物质条件;就是说,国家及公共团体是为了充实公共需要,才要求人民纳税的。克洛克曾说,政府行使课税权时,第一需要经民众承诺,不经承诺,税法无效;第二需要证明是为公共需要,若不是出于公共需要,就不应当征收,即使征收,也不能被称为正当的税收。

公需说以满足公共需要、增进公共福利为课税的依据,这在当时欧洲封建主义经济逐渐转向资本主义经济的时代,具有进步意义,但对人民为什么必须纳税说明得不够充分,把税收简单地看成是人民应当承担的义务。

(二)义务说

义务说,起源于19世纪英国所倡导的税收牺牲说,又经德国社会政策学派学者瓦格纳进一步完善。

义务说认为交换说的前提不符合历史和现实,而且它作为税收分配标准并不实际。从这一观念出发,义务说把国家看成是超越个人意志的,否则,将不会有人类的共同生活。义务说认为税收是历史和伦理的必然。国家为实现其任务

---

① 〔日〕金子宏:《日本税法原理》,刘多田等译,中国财政经济出版社1989年版,第15页。

当然具有课税权,国民则当然负有纳税义务。

义务说强调国家的权力,国家为了实现其职能,必须强制课征税收,否则个人生活就无法想象,对于纳税人来说,纳税则是强制的义务。这一观点主要是德国法学家和国民经济学家的主张。当时德国的资本主义水平远落后于英国,为求得快速发展,必须依赖国家的保护和干预。因此,主张税收既不是利益的交换,也不是交付保险费,而是一种纯粹义务的社会政策学派占据了主导地位。由于纳税人并未获得任何具体的对价,因此义务说又称牺牲说。[①]

二、服务报偿说

服务报偿说认为,国家给人民提供利益,人民以向国家纳税作为交换代价。这类学说主要包括:

(一)交换说

交换说,也称买卖交易说、均等说、利益说或代价说,始于18世纪初期,由国家契约主义发展而形成。该说首先由重农学派所提倡,自亚当·斯密以后成为英国传统学派的主张,主要代表人物是英国的栖聂和法国的巴斯德。

交换说把税收看作国家给予市民利益的对价。该说以自由主义国家观和个人主义思想为基础,认为国家和个人是各自独立平等的实体,国家的目的在于保护市民的人身和财产安全,税收则是其对价。因此,所谓税负乃个人按照从国家受益的程度而应承担的分配,并与比例税率相联系。这一观点产生于近代合理主义把全部金钱关系还原为交换关系的思想,正如霍姆斯法官提出的"税收是文明的对价"这一著名论断所表述的那样,该说在盎格鲁-撒克逊系的国家中仍然根深蒂固。[②]

交换说主张受益者纳税,废除免税特权,要求普遍课税。这与当时要求尊重人权的政治思想和要求自由竞争、自由放任的经济观点相呼应,对资本主义经济的发展和资产阶级地位的巩固,起到了一定的积极作用。但这种学说否定了国家的阶级性和税收的强制性,虽然把商品交换关系引入税收关系中,却又无法解释二者的不同。实际上,税收不是简单的交换关系,人民从国家保护中受益的有无和多少也无法预先测定,并不符合实际情况。

(二)保险说

保险说与交换说同属一个体系。该说认为,国家保护了人民财产安全和社

[①] 国家税务总局税收科学研究所编:《西方税收理论》,中国财政经济出版社1997年版,第67页。
[②] 〔日〕金子宏:《日本税法原理》,刘多田等译,中国财政经济出版社1989年版,第15页。

会公共秩序,所以人民就应当向国家支付报酬,国家如同保险公司,人民纳税就如同向保险公司交保险费一样。这种学说否认了税收的强制性和无偿性,把国家满足社会整体需要只看作向个人承担保险业务,以个别形态来说明资本主义初期资产阶级的意识形态。这种学说之所以在学说史上占有一定的地位是因为其所具有的特殊的保险观念。①

(三) 新利益说

新利益说也称税收价格理论,与上述的利益说或交换说不同,它认为国家可以分解为构成国家的个人,国家满足公共需要就是满足每个人共同的私人欲望,因此个人缴纳的税款就像为满足私人欲望而购物所支付的价款。此学说的代表人物是维克赛尔·林达尔。

三、经济调节说

经济调节说也称市场失灵说,是西方资本主义发展到国家垄断阶段后产生的、以凯恩斯主义为代表的理论观点。第二次世界大战后,凯恩斯主义成了西方经济理论核心。在凯恩斯主义的影响下,现代西方经济学者认为,西方国家之所以需要税收,主要有两点原因,一是"公共物品"的需要,二是"市场失灵"的需要。

所谓"公共物品"的需要,即国家财政资金的需要。现代西方经济学家认为,社会需要有两种:个人需要和公共需要。满足个人需要的物品为私人物品;而满足公共需要的物品为公共物品,如国防、司法、治安、公共设施等,这些整体消费的特殊物品或服务,必须由公共部门——政府负责提供。而公共部门提供"公共物品"所需要的资金则必须通过税收来筹集。

所谓"市场失灵",即西方经济的市场机制失灵。现代西方经济学家认为,市场经济的自动调节作用不完善,单纯依靠市场无法实现资源的有效配置、社会财富的公平分配与经济的稳定和增长等多种经济社会目标,因此必须通过公共部门——政府,介入经济活动,运用政策对失灵予以矫正。税收是国家社会政策的重要手段,是完善市场机制、调节国民经济运行的重要工具之一。因此,税收除发挥财政等职能作用外,还对国家有效调整资源配置、实现资源有效利用、调节国民收入与财富的分配、增进社会的福利、刺激有效需求、调节社会总供求及产业结构,以及促进经济的稳定与增长等宏观经济政策目标发挥作用。

以上各种关于课税依据的理论观点都是一定经济历史条件下的产物,反映了西方学者对税收本质、职能的认识过程,说明了课税在当时的历史背景下必须

---

① 国家税务总局税收科学研究所编:《西方税收理论》,中国财政经济出版社1997年版,第66页。

加以强调的理由,这对让税收观念深入人心、促进社会经济的发展起过积极的作用。这些观点至今都可能为人们所引用来论证税收存在的合理性,具有一定的生命力,但这些理论的内容不够全面,不能解释国家为什么征税的方方面面。这既反映了人类认识的非至上性,又与特定历史条件下的特殊理论需要有关。

第四节 税收的分类

税收制度的主体是税种,当今世界各国普遍实行由多个税种组成的税收体系,可以说税收的分类就是税种的分类。在这一体系中各种税既有各自的特点,又存在着众多共同点。因此,可以从不同角度对各种税进行分类。按某一个标准,把性质相同或近似的税种归为一类,而与其他税种相区别,这就是税种分类。税收的分类亦即税收体系的构成方式,一国的税收体系是由该国的税种构成的。对税收进行合理分类,有利于了解和分析税制结构、税源分布和税收负担状况;有利于研究税收制度的科学性和正确理解税收政策。国内外学者依据不同的标准对税种作了多种分类,现根据我国的税制[①]对各种分类作一简单介绍:

一、按照征税对象分类

依据征税对象的不同,国际上将税收分为商品与劳务税、所得税与财产税。我国一般将税收分为商品与服务税(简称商服税)、所得税、财产税、生态税和行为税。这是最重要、最基本的税收分类方法,其他分类方法都是以此为前提的。

(一)商服税

商服税是以纳税人的商品和服务为征收对象的一类税收,具体是根据商品交换和服务收费的流转额进行征收。它的经济前提是商品交换和服务收费。征税是在商品销售和服务收费之后进行的,征税的依据主要是商品价格和服务收费标准,税额即作为商品价格和服务收费标准的组成部分。我国目前的商服税有增值税、消费税、关税和船舶吨税。

(二)所得税

所得税是以纳税人的所得额(收益额)为征收对象的一类税收。我国现行的所得税有企业所得税和个人所得税,将来如果开征社会保障税也会归于此类。

---

① 经济意义上理解的税制同对税收体系的认识是一致的,因为从经济角度看,"税收制度是由各个税种构成的税收调节体系,它说明一国税制主要由哪些税种构成,哪些税种是主要税种和辅助税种及其调节方向和构成情况,因而也被称为税制结构"。董庆铮主编:《外国税制》,中国财政经济出版社1993年版,第2页。

（三）财产税

财产税是以纳税人所拥有或支配的财产为征税对象的一类税收。我国现行的财产税有城镇土地使用税、房产税、契税、车船税，将来如果开征遗产赠与税也会归于此类。

（四）生态税

生态税是以环境污染物和自然资源为征收对象的一类税收，征收此类税是为了保护生态环境和合理利用资源。我国现行的生态税有环境保护税、资源税、耕地占用税。

（五）行为税

行为税是以某些特定行为为征税对象的一类税收。征收此类税是为了对某些特定行为进行限制、调节，使微观活动符合宏观经济的要求。我国现行的行为税有印花税、城市维护建设税、土地增值税、车辆购置税、烟叶税。

上述分类之所以重要，是因为征税对象是税制的核心要素，是区分不同税种的主要标准，据此不仅便于揭示和把握各税种的特征，还便于发挥各税种的不同作用。

二、按照计税依据分类

按照计税依据分类，税收可分为从价税、从量税。从价税是以征税对象的价格为依据，按一定比例计征的税种，如增值税、关税。由于从价税会受征税对象价格变动的影响，因此可以体现国家的经济政策。多数税种为从价税。从量税是以征税对象的数量（重量、面积、件数）为依据，规定固定税额计征的税种，如资源税、车船税、城镇土地使用税。从量税不受征税对象价格变动的影响，计算简便，税负水平较为固定。

三、按照税收管理权和税收收入归属分类

依据税收管理权和税收收入归属的不同，税收可分为中央税、地方税、中央和地方共享税。由国家最高权力机关或经其授权的机关进行立法，且管理权和支配权归属中央政府的税收为中央税，也称国税；由地方权力机关通过立法决定征收，且管理权和支配权归属地方政府的税收为地方税，简称地税；由中央政府和地方政府共同享有的税收为中央与地方共享税，简称共享税。

四、按照税负是否转嫁分类

依据税负能否转嫁，税收可以分为直接税和间接税。直接税是税负不能转

嫁于他人,需由纳税人直接承担的税种,如各类所得税和一般财产税。直接税中纳税人和负税人是一致的。间接税是可以将税负转嫁给他人,纳税人只是间接承担税负的税种,如增值税、消费税等商服税。间接税中纳税人和负税人可以不一致,纳税人只是法律意义上的纳税人,负税人是经济意义上的纳税人。

五、按照税收与价格的关系分类

依据税收与价格的关系,税收可分为价内税和价外税。价内税是征税对象的价格中包含有税款的税,如消费税。价内税的税款是征税对象价格的有机组成部分,该税款随商品交换价值的实现而收回。并且,随着商品的流转会出现"税上加税"的重复征税问题。价外税是税款独立于征税对象价格之外的税,如增值税。价外税比价内税更容易转嫁,且一般不存在重复征税问题。

六、按照课税依据是否具有依附性分类

根据课税依据是否具有依附性,税收可分为独立税和附加税。独立税是无须依附于其他税种,而仅靠自己的课税依据就能独立课征的税,也称主税,大多数税种都是独立税。附加税是需要附加于其他税种之上才能进行课征的税。狭义上的附加税仅指以其他税种的课税额作为自己课税依据的税;广义上的附加税还包括直接以其他税种的课税依据作为自己课税依据的税。我国的附加税主要有城市维护建设税、教育费附加等。

七、按照税收的侧重点或着眼点分类

依据侧重点或着眼点的不同,税收可以分为对人税和对物税。这是西方国家对税收的最早分类。主要着眼于人身因素加以课征的税为对人税,如人头税、人丁税、户捐等。着眼于物的因素加以课征的税为对物税,如对商品、财产的征税。在现代国家,由于人已成为税收主体而非客体,因此人头税等多被废除。现代意义上,对人税一般指以作为主体的"人"为基础并考虑个人具体情况而征收的税,如所得税;而对物税则是以作为客体的"物"为基础且不考虑个人具体情况而征收的税,如商服税。

八、按照税收的征收期限和连续性分类

依据征收期限和连续性,税收可分为经常税和临时税。经常税是为保证国家经常性的费用支出而依法长期、连续课征的税;临时税是为实现某种特殊目的,或国家处于非常时期而在一个或几个财政年度内临时特别征收的税。各国

现行的税种绝大多数为经常税,但经常税一般是由临时税演变而来的。

九、按照课税目的分类

依据课税目的的不同,可以把税收分为财政税与调控税。财政税是以取得财政收入为主要目的而课征的税;调控税是以实现经济和社会政策、加强宏观调控为主要目的而课征的税。这种分类与税收的职能有关。

除上述分类外,还有其他一些分类,如将税收分为国内税收与国际税收,工商税收、农业税收与关税税收等,限于篇幅,本书不再逐一介绍。

本 章 小 结

税收是国家存在的经济体现,它是随着国家的出现而产生的。从本质上讲,税收是凭借国家政治权力实现的一种特殊的分配关系。税收具有法的强制性、间接有偿性和课税法定性的特征。税收首先具有组织财政收入的职能,并由此派生出调节经济的职能与反映和监督的职能。即使在今天,西方关于需要分担说、劳务报偿说和经济调节说等课税依据的理论,仍然深入人心。依据不同的标准,税收可以有多种分类。税收的分类亦即税收体系的构成方式,一国现行的税收体系是由该国现行的税种构成的。

思考题

1. 税收是怎样产生的?它的本质是什么?
2. 如何从法的角度理解税收的"三性"?
3. 简述课税依据的各种理论。
4. 按照最基本、最重要的分类方法,税收可分为哪几类?

第二章 税法概述

学习税法必须从一些基本内容开始,本章将对税法相关的理论进行阐述,包括税法的概念、特征、性质、作用、地位、体系、渊源和效力等内容。

第一节 税法的概念与特征

一、税法的概念

虽然关于税法概念的讨论较税收概念要少得多,但国内外学者还是有一些不同的定义。

在国外,较有代表性的定义是日本税法学家金子宏提出的"税法,是关于税收的所有法律规范的总称"。该定义言简意赅,界限清楚,但没有说明税法的基本性质。

国内关于税法概念的定义主要有以下几种:一是"税法是指由国家最高权力机关或其授权的行政机关制定的、有关调整国家在筹集财政资金方面所形成的税收关系的法律规范的总称"[1]。二是税法是国家制定的各种有关税收活动的法律规范的总称,包括税收法律、法令、条例、税则和制度等。[2] 三是税法是规定国家与纳税人在征收和缴纳税款方面的权利和义务关系的法律规范的总称,是国家向纳税人征税的法律依据。这些定义的表述力求全面反映税法概念的内涵与外延,但都多少有些缺陷。例如,按照第一种定义,地方立法机关制定的有关税收的法规是否属于税法的范畴?第二种定义未能明确税法的调整对象——"税收关系"。第三种定义虽明确了税法的本质内容,但却将税收权限划分关系及其他税收关系排除在税法调整对象范围之外。

以上简要分析有助于我们得出更为全面和准确的税法概念表述。其实,税法学界目前已基本形成共识,即赞同"税法就是国家权力机关及其授权的行政机

---

[1] 蔡秀云主编:《新税法教程》,中国法制出版社 1995 年版,第 1 页。
[2] 许建国等编:《中国税法原理》,武汉大学出版社 1995 年版,第 1—3 页。

关制定的调整税收关系的法律规范的总称"①。为了充分理解税法的概念,我们应正确把握这一概念所包含的基本内容,即税法的调整对象。

税法的调整对象是税收关系,即有关税收活动的各种社会关系的总和。为了便于对税收关系做更直观的认识,按照是否属于税收征纳关系,我们可以将税收关系简单地分为税收征纳关系和其他税收关系。其中,税收征纳关系居于主导地位,是税法最主要的调整对象。税收征纳关系指代表国家的征税机关与纳税人之间因征税、纳税而发生的社会关系。狭义的税收关系就是指税收征纳关系。税收征纳关系还可进一步分为税收征纳实体关系和税收征纳程序关系。其他税收关系是指除税收征纳关系以外的税收关系,主要指纳税人与国家之间的关系,包括相关国家机关之间在税法的制定及解释、税种开征与停征决定、税率调整与税目增减决定、减免税决定和税收监督等方面的权限划分关系(在这一关系中,一般不直接涉及纳税主体一方),以及主权国家之间发生的国际税收权益分配关系等税收关系。其他税收关系在税法调整对象体系中居于次要、从属地位,但仍然是广义的税收关系不可分割的有机组成部分。

税收关系的具体划分直接影响着税法体系的结构,也影响着对税法概念的认识。

二、税法的特征

由于税法有特殊的调整对象,因而它具有区别于其他部门法的本质特点。深入研究税法的特征有助于加深对税法概念的理解。

(一)税法的规制性

税法的规制性特征体现为,有税必有法,税收与税法密不可分。国家一般按单个税种立法,并将其作为征税时具体的、具有可操作性的法律依据;税法能够把积极的鼓励、保护与消极的限制、禁止相结合,审时度势,灵活规制,以实现预期的经济、社会和法律目标。

(二)税法的综合性

税法是调整税收关系的法律规范的总称,而不只是其中某一部分或某一方面的法律规范。广义的税收法律规范不仅仅存在于单行的专门税收法规中,还存在于其他与税收有关的法规之中,如《刑法》《公司法》《会计法》中都有有关税收的条款。因此,税法是由实体法、程序法、争讼法等构成的综合法律体系,其内

---

① 罗玉珍主编:《税法教程》,法律出版社1994年版,第4页;徐孟洲主编:《税法》,中国人民大学出版社1999年版,第9—11页。

容涉及课税的基本原则、征纳双方的权利义务、税务管理规则、法律责任、解决税务争议的法律规范等,包括立法、行政执法、司法各个方面。其结构大致有宪法加税法典,宪法加税收基本法和税收单行法律、法规,宪法加税收单行法律、法规等不同的类型。税法具有综合性,可保证国家正确行使课税权力,有效实施税务管理,确保依法足额取得财政收入,保障纳税人合法权利,建立合作信赖的税收征纳关系。这也表明税法在国家法律体系中具有重要地位。

(三) 税法的技术性

由于税法的规定既要确保税收收入,又要与私法的秩序相协调;既要尽量减少对经济的不良影响,又要体现出适度的调控,因而税法具有较强的技术性。这种技术性,一是体现在税收实体法中,即在税法构成要素的设计上;二是表现在税收程序法中,即在税务登记制度、发票制度和管辖制度等方面都体现了税法的技术性。[1]

(四) 税法的经济性

经济性是税法的重要特征之一。[2] 税法的经济性特征体现在:第一,税法作用于市场经济,直接调整经济领域的特定经济关系,即税收关系。税法的适度调整有助于弥补市场缺陷,节约交易成本,提高经济效率。第二,税法能反映经济规律,从而引导市场主体从事经济合理的市场行为,解决效率与公平的矛盾。第三,税法是对经济政策的法律化,它可以通过保障税收杠杆的有效利用,引导经济主体趋利避害。

第二节 税法的性质与作用

一、税法的性质

大陆法系国家将法律划分为公法和私法的传统做法,最早源于罗马法。到了 19 世纪,在西欧大陆广泛开展的法典编纂和法律改革中,公私法之分被普遍应用,并成为法律教育和法学研究的基础。进入 20 世纪后,公法私法化、私法公法化趋势日益明显,但公法和私法之分仍然是大陆法系法律的基本分类。对公法、私法的划分标准,学术界并没有达成共识。概括起来,大致有以下标准:

---

[1] 刘剑文等:《新〈征管法〉在我国税法学上的意义》,载《税务研究》2001 年第 9 期。
[2] 〔日〕金子宏:《日本税法原理》,刘多田等译,中国财政经济出版社 1989 年版,第 25 页。

(一) 主体说

主体说以参与法律关系的主体为划分标准,认为在法律所调整的法律关系中,主体双方或一方为国家或国家所属的公共团体者为公法,主体双方都是私人的为私法。

(二) 权力说

权力说主张公私法划分的标准在于法律关系上的差别,认为凡规定国家与公民之间的权力服从关系的就是公法,凡规定公民之间的权利对等关系的是私法。

(三) 利益说

利益说又称目的说,该说以法律保护的利益作为公私法划分的标准,认为凡以保护国家公益为目的的法律为公法,凡以保护私人利益为目的的法律为私法。

实际上,通过单一的标准划分公私法是比较困难的,应该综合多重标准进行划分。我国台湾地区学者陈清秀认为,在税法的法律关系中有一方是由国家或地方公共团体以公权力主体的特殊资格地位享受税法上的权利、承担税法上的义务。税法主要以维护公共利益,而非个人利益为目的;因此,税法在性质上属于公法。[①] 这一观点得到许多学者的赞同。

尽管税法属于公法,但与宪法、行政法、刑法等典型公法相比,它仍有特殊性。税法在传统上属于行政法,但自从《德国租税通则》颁布以后,随着税收是一种公法之债观念的产生,人们对税法的认识也发生了转变。在近现代公法私法化、私法公法化的大背景下,税法也呈现出强烈的私法化趋势,具体表现为:税法概念范畴的私法化、课税依据的私法化、税收法律关系的私法化、税法制度的私法化。[②] 故笔者认为,税法是私法色彩非常浓厚的公法。

二、税法的作用

税法的作用是由税收的职能和法的一般功能决定的。概括起来,我国税法的作用表现为以下两种:

(一) 税法的规范作用

税法的规范作用是指税法调整、规范人们行为的作用,实质上是法律的基本作用在税法中的体现和引申,具体包括:

[①] 陈清秀:《税法总论》,三民书局1997年版,第8页。
[②] 刘剑文主编:《WTO与中国法律改革》,西苑出版社2001年版,第281—293页。

1. 税法是保护各方主体合法权益,维护正常税收秩序的法律准则

税法的这一作用是由其调整对象——税收关系的特殊性所决定的。税收关系主要是税收征纳关系,让税收征纳关系具有稳定性、长期性和规范性的最佳途径就是使其合法化。制定税法可以对税收关系各方主体及其权利、义务做出规定,并且给各方主体特别是纳税人维护自己的合法权益,提供实际可循的法律依据。

2. 税法是制裁违法行为,体现税收强制性的依据

税法的强制作用不仅在于惩罚违法犯罪行为,提高税法的权威性,还在于预防违法犯罪行为,保护人们在税收活动中的正当权利,增强人们在进行合法征纳活动时的安全感。

3. 税法的实施可以对税收法律关系主体起到教育作用

税法的实施对税收法律关系主体的行为有一定的影响。对违法行为的制裁不仅对违法者,还会对其他人起到教育作用;对合法行为的鼓励、保护也可以对一般人的行为起到示范和促进作用。税法的这种教育作用对征纳双方法律意识的养成必不可少。[①]

(二)税法的社会作用

税法的社会作用实质上是使税收的经济职能在法律保障下得以发挥。

1. 税法是国家取得财政收入的重要保证

税法为取得税收收入提供的保证作用,一方面体现在税法对纳税人的种种义务作了法律规定,没有履行纳税义务或者义务履行没有到位,就要受到相应的法律制裁;另一方面,税收制度一旦成为法律,其固定性就有了法律保证,即使国家也不能对基本的税法要素随意改动,这保证了国家可以及时、稳定地取得财政收入。

2. 税法是国家调控宏观经济的重要手段

采用法的形式明确税收,是将税收的经济优势与法律优势结合起来,使税收杠杆在宏观经济调控中更为灵敏、有力。第一,税法可以为调控宏观经济提供最具权威性的规则和最高效力的保证体系,使调节力度与预期一致,防止税收杠杆的"软化"。第二,税收可以借助法律的评价、预测作用,增强税收杠杆的导向性,使其对宏观经济的调控更为灵敏。

[①] 我国目前的税法教育比较滞后,而且事实上一直只强调对纳税主体的教育和导向作用,忽视了对征税主体严格依据法定税收要素和法定程序征税的意识的教育和培养。

3. 税法是监督管理的有力武器

税法对经济活动监督的广度、深度以及全面性和经常性是现有其他法律尚不可比拟的,这使得税法监督有特别的意义。一方面,税法监督可以及时发现各类纳税人一般性违反税法的行为,并依照税法予以纠正,保证税收组织财政收入和调节经济职能的正常发挥;另一方面,税法是打击税收领域犯罪活动的有力武器,可以对逃税、骗税、抗税等行为进行有力打击,以维护正常的社会经济秩序。

4. 税法是维护国家税收主权的法律依据

税收主权是国家经济主权必不可少的重要组成部分,主要体现在国家间税收管辖权冲突和国际税收权益分配关系等方面。税法是维护国家税收主权的基本手段之一。第一,作为国家税法体系不可或缺的部分,涉外税法通过对涉外税收问题做具体规定,使国家的税收管辖权得到充分地贯彻;第二,在有关国际税收协定中坚持国际通用的法律原则和法律规范,对等处理税收利益关系,也可以达到维护国家税收权益的目的。

第三节　税法的地位与体系

一、税法的地位

(一)税法在法律体系中的地位

税法的地位,通常反映着税法在法律体系中是否具有不可替代的、独立存在的理论和价值。税法在法律体系中是否具有自己独立的地位,取决于它是否能够成为一个独立的法律部门。税法不是按传统的调整对象标准而划分出的单独部门法,而是一个综合领域。现代财税法学者将税法归为"领域法"范畴。[①] 由于税收活动几乎涉及社会生活的各个方面,因此作为调整税收关系的税法和大多数法律部门或范畴都有密切关系。税法独特的调整范畴决定了它在整个法律体系中的独特地位。在现代各国法律体系中税法的重要地位已是人尽皆知。

在我国,税法是经济法的重要子部门法,在经济法的宏观调控法中居于重要地位。《中共中央关于全面深化改革若干重大问题的决定》指出:"财政是国家治理的基础和重要支柱",由此更彰显了财税法在国家治理体系和治理能力现代化中的特殊地位。下面将通过分析税法与其他部门或领域法的关系,说明税法在

[①] 刘剑文:《论领域法学:一种立足新兴交叉领域的法学研究范式》,载《政法论丛》2016年第5期;刘剑文、胡翔:《"领域法"范式适用:方法提炼与思维模式》,载《法学论坛》2018年第4期。

整个法律体系中的地位。

1. 税法与宪法的关系

宪法是一个国家的根本大法。宪法中关于公民纳税义务的规定、国家享有征税权的规定、国家机关之间税收权限的划分规定等,是制定税法的重要基础。因此,税法的内容不得与宪法相抵触,税法的执行也不得违宪。世界各国都将有关税收的规定作为宪法的重要内容。此外,税法的基本原则——税收法定原则,只有在宪法中予以体现,才能真正确立其地位,并进而推进税收法治的实施。同时,现代税法价值、税法意识也和宪法价值、宪法意识密切相关。现代税法还必须体现宪法保障公平正义、提高经济效率、增进社会福利的基本精神。

2. 税法与民商法的关系

税法与民商法的区别是明显的,前者属于公法,后者属于私法。但两者同样有着密切联系,主要表现为税法借用了大量的民法概念、规则、原则和制度。第一,税法借用了民法的概念。例如,税法对于纳税人的确定,必须以民法中民事法律关系主体的条件为依据;税法对自然人和法人的解释与确定必须与民法相一致;税法里居民、企业、财产、固定资产、无形资产、商标权、专利权、代理、抵押、担保、赔偿、不可抗力等概念都来自民法。第二,税法借用了民法的规则。例如,民法规定法人以其所有的财产或者以国家授予其经营的财产承担民事责任,自然人以个人或家庭财产承担民事责任,该内容对于纳税责任也同样适用;再如,税法中的遗产税等,应与民法中关于财产所有权的规定相一致;又如,在对产权使用和转让收益征税时,其纳税人确定的规则也必须与民法中有关知识产权的规定相一致;此外,税法中纳税人与纳税担保人、纳税人与税务代理人之间的法律关系具有民事法律关系的性质,民法中规定的"代理"是税法履行的一个具体方面。第三,税法借用了民法的原则。如民法中的诚信原则在税法中同样适用。第四,税法借用了民法的具体制度。在税收债务关系说被普遍认同的情况下,税法的具体制度,尤其是税收实体法律制度借鉴了许多民法债法的制度,如担保制度、连带责任制度、不当得利返还请求权制度、消灭时效或除斥期间制度、代位权和撤销权等债权保全制度以及民事诉讼中的调解和解制度。

3. 税法与行政法的关系

税法与行政法的关系相当密切,这种关系的主要表现是税法具有行政法的一般特征。税法的执行主体主要是行政机关,税收征管、税收行政复议、税收行政诉讼和税收行政赔偿的基本原理与基本制度同一般行政法并无二致。尽管如此,税法与行政法仍有较大区别,尤其在调整对象、宗旨、职能、法域等方面。

4. 税法与经济法的关系

税法与经济法的联系甚是密切。对两者之间的关系,目前我国学界有两种观点。比较流行的观点认为,税法作为经济法体系中的一个重要组成部分,在宗旨、本质、调整方式等许多方面与经济法的整体是一致的。但同时,税法作为经济法的一个具体部门法,在调整对象、特征、体系等许多方面又有其特殊性。因此,经济法与税法是共性与个性、整体与部分、普遍性与特殊性的关系。[①] 另一种观点认为,税法并不必然构成经济法的组成部分,但由于近年来把税收作为经济政策手段的趋势日益增强,因此税法和经济法有了重叠之处。但通过考察税法和经济法的发展史,以及它们的特征、价值和基本制度可以看出,税法和经济法还是有区别的。[②] 笔者赞成后一种观点,认为税法与经济法属于两个不同的领域。

5. 税法与社会法的关系

税法与社会法在领域法学中是平行并列的,二者有着明显的区别。但由于税法直接关系到社会产品分配的公平问题,具有一定的社会性,因而与社会法的关系又十分密切。税法通过所得税、社会保障税、遗产赠与税等来实现社会公平与正义的目标。在这种意义上,税法和社会法一样,都是实现社会政策目标的重要工具。

6. 税法与刑法的关系

税法与刑法属于不同的法域,两者的区别是显而易见的。但由于两者都是侵权性规范,都属于可以影响国民权利的公法,因而两者在法理方面有许多共通之处。此外,由于严重违反税法的行为构成犯罪,涉税犯罪是刑法调整的犯罪种类之一,对涉税犯罪的制裁是保障国家税收债权实现的主要方式,因而形式意义上的税法所规定的犯罪作为附属刑法也是刑法的组成部分。由此看来,税法和刑法也具有密切的关系。

7. 税法与国际法的关系

税法原本是国内法,是没有超越国家权力的约束力的。然而,随着国际交往的加深,各国的经济活动日益国际化,税法与国际法的联系越来越密切,并且在某些方面出现交叉。第一,在跨国经济活动中,为避免因税收管辖权的重叠而出现国际双重征税,国与国之间形成了一系列双边或多边税收协定、国际税收公约。这些协定或公约是国际法的重要组成部分。换一个角度看,被一个国家承

---

① 张守文:《税法原理(第二版)》,北京大学出版社 2001 年版,第 27 页。
② 刘剑文主编:《税法学(第二版)》,人民出版社 2003 年版,第 25 页。

认的国际税法也应是这个国家税法的组成部分。第二,为了起到较好地吸引外资的作用,一国的"涉外税法"在立法时往往吸取国际法特别是国际税法中合理的理论和原则以及有关法律规范。第三,按照国际法高于国内法的原则,被一个国家所承认的国际法不可能不对其国内税法的立法产生较大的影响;反之,国际法也不是凭空产生的,各国的国内法(包括税法)是国际法规范形成的基础。没有国内税法,国际税法就无法实施。因此,税法与国际法是互相补充、互相配合的关系。

(二)税法学在社会科学体系中的地位

税收现象与各种社会现象交错相织,很多学科都与税收问题有着直接或间接的联系。各学科都能从自己的角度对税收展开研究,不仅可以从政治学、社会学以及心理学等角度去研究税收,就连自然科学也对税收研究有帮助。各学科与税收问题的结合逐渐形成了专门研究税收问题的三大领域,一是从财政学角度研究税收,称为税收学;二是从会计学角度研究税收,称为税务会计学;三是从法学角度研究税收,称为税法学。[1] 可见,税法学与部分非法学学科也有着密切的关系,在整个社会科学体系中具有不可替代的理论价值。

1. 税法学与财政学的关系

财政学认为,在税收国家中,公共财政最终表现为征收并使用税收的功能,所以财政学收入论的核心必然是税收论。税收论,关于课税的根据、原则,税收的分类,税收的转嫁,以及各种税收的论述,均是研究税法不可缺少的基础知识,财政学在税法立、改、废的过程中发挥着重要作用。

2. 税法学与会计学的关系

会计学是以系统研究个别企业的资本及其利润核算原理和技术为任务的学科。其中,关于计算构成课税对象的企业利润,即计算课税所得的原理和技术被称为税务会计。[2] 税务会计与税法有如下界限:第一,在庞大的税法体系中,税务会计仅以所得税法上的规定为依据;第二,实体税法规定的应纳税所得计算标准往往不同于会计学上的计算标准。然而,税务会计与税法又有一定的联系。税务会计在概念的使用上具有多义性:有观点认为,税务会计是研究企业避税理论的学问,但判断企业行为究竟是避税行为还是逃税行为,必须依赖于法学的判断,因此这一问题显然是税法学领域所研究的问题;还有观点认为,税务会计是研究税收实务的理论,但税收实务毕竟是对实体税法的运作,表现在学理上是对

---

[1] 〔日〕北野弘久:《税法学原论(第四版)》,陈刚等译,中国检察出版社2001年版,第1页。
[2] 杨小强:《税法总论》,湖南人民出版社2002年版,第6页。

税法学的实践,因此税务人员不仅应是一位会计专家,更应该是一位精通会计学、经营学等知识的法律专家、律师。①

二、税法的体系

按照对税收法律规范进行分类的标准不同,一个国家的税法体系可以有多种构成方式。对税法体系进行研究,可以从不同角度归纳和总结税法中的某些共同特征,并发现规律性的东西。

（一）税法体系的构成方式

税法的分类,亦即税法体系的构成方式主要有以下几种：

第一,按照税收立法权的不同,可以将税法分为中央税法与地方税法。② 中央税法是对由中央立法机关或政府行使立法权的税法的总称。地方税法则指地方有权机关制定的地方性税收法规和规章（包括自治条例和单行条例中有关税收的条款）。中央税法与地方税法的划分,同国家政体及各级政府的财政职能有很大关系。一般来说,联邦制国家实行分权制,地方的税收立法权较大,地方税法体系较完善。

第二,按照法律效力的不同,可以将税法分为税收的宪法性规范,税收法律,税收行政法规、规章,地方性税收法规、规章和国际税收协定等。此外,其他法律法规中有关税收的条款也是税法体系的组成部分,可以归入相应效力层次的税法规范中。

第三,按照税法调整对象内容的不同,可以将税法分为税收权限法、税收实体法和税收程序法。以税收立法权限分工和责权关系为调整对象的是税收权限法；规定税收征管过程中征、纳双方主体的实体权利义务内容的是税收实体法；以税收征管过程中税收征收管理关系为调整对象的是税收程序法。

第四,根据税法是否具有涉外因素,可以将税法分为对内税法和涉外税法。凡涉及主权国家对不具有本国国籍的纳税人,以及虽具有本国国籍,但其纳税行为不发生在本国领域内的纳税人进行征税的税法,就是涉外税法；涉外税法还包括主权国家签署和批准的国际税收协定。除此之外的都为对内税法。

第五,按照在税法体系中法律地位的不同,可以将税法分为税收通则法和税收单行法。税收通则法是指对税法中的共同性问题加以规范,对具体税法具有

---

① 〔日〕北野弘久：《税法学原论(第四版)》,陈刚等译,中国检察出版社 2001 年版,第 7 页。
② 应当指出的是,中央税法与地方税法是按照税收立法权划分的,不同于税收学中按照税收管理权或税收收入归属所作的划分。例如,一些全国性的地方税由地方管理,收入归地方,但立法权属于中央,是中央税法的组成部分。我国的地方税大多属于这种情况。

约束力,在税法体系中具有仅次于宪法法律地位和法律效力的税法,主要包括通用条款、税务机构、税权划分、基本税收权利与义务、征收程序、执行规则、行政协助、行政处罚、税务争讼等方面的原则性规定。较为典型的税收通则法是税收基本法。税收单行法是指就某一类纳税人、某一类征税对象或某一类税收问题单独设立的税收法律、法规或规章。税收单行法受税收通则法的约束和指导。税收通则法和税收单行法的分类与税法体系的结构有关。有些国家的税收法典包含税收通则法与税收单行法的全部内容,如美国;有些国家则只有税收单行法而没有税收通则法,如现阶段的我国。从发挥税法体系的整体功能角度看,这种只有税收单行法的税法结构是不够理想的。

(二)我国现行税法体系

税法的体系是各类税法规范所构成的协调统一的整体,其具体的结构及构成该体系的诸多税法规范的分类,取决于税法的调整对象。[1] 依据前文对税法调整对象的认识,可以将税法调整的税收关系分为税收征纳关系和其他税收关系。税收征纳关系又可进一步分为税收征纳实体关系和税收征纳程序关系,其他税收关系则主要是税收权限关系。由此而知,税法体系在结构上包括税收权限法、税收实体法和税收程序法。在税法体系的各组成部分中,税收权限法是规定有关税收权力分配的法律规范的总称,它在税法体系中居于基础和主导地位,没有税收权限法就不可能有税收征纳法;税收征纳实体法是规定征纳双方实体权利义务的法律规范的集合,在税法体系中居于主体地位;税收征纳程序法作为规定税收征管程序及相关主体程序权利义务的法律规范的集合,对保障税法主体实体权利的实现具有重要意义,在税法体系中居于保障地位。由于我国目前的税收权限法只有财政部制定的《关于税收管理体制的规定》,因此我国税法体系主要包括税收实体法和税收程序法。

1. 税收实体法

我国税收实体法主要包括商品与服务税法(简称商服税法)、所得税法、财产税法、生态税法和行为税法。

(1)商服税法

商服税法是调整以商品和服务流转额为征税对象的税收关系的法律规范的总称。商服税法包括《增值税暂行条例》《消费税暂行条例》《船舶吨税法》及其实施细则,以及《进出口税则》《进出口关税条例》《海关法》的有关规定等。

---

[1] 张守文:《财税法学(第六版)》,中国人民大学出版社2018年版,第120页。

(2) 所得税法

所得税法是调整以所得额为征税对象的税收关系的法律规范的总称。所得税法包括《企业所得税法》《个人所得税法》及其实施细则。

(3) 财产税法

财产税法是调整以财产为征税对象的税收关系的法律规范的总称。财产税法包括《城镇土地使用税暂行条例》《房产税暂行条例》《契税法》《车船税法》及其实施细则。

(4) 生态税法

生态税法是调整以污染物、自然资源为征税对象的税收关系的法律规范的总称。生态税法包括《环境保护税法》《资源税法》《耕地占用税法》及其实施细则。

(5) 行为税法

行为税法是调整以特定行为为征税对象的税收关系的法律规范的总称。行为税法包括《印花税法》《城市维护建设税法》《车辆购置税法》《烟叶税法》《土地增值税暂行条例》及其实施细则。

2. 税收程序法

我国税收程序法主要包括税收征管法、税收处罚法和税收救济法。

(1) 税收征管法

税收征管法是规定税务机关税收征管和纳税程序方面法律规范的总称。我国现行的税收征管法是1992年颁布、2015年最新修正的《税收征收管理法》及2002年公布、2016年最新修订的《税收征收管理法实施细则》。

(2) 税收处罚法

税收处罚法是与税收处罚的原则、设定、实施等有关的法律规范的总和。我国目前与税收处罚相关的法律法规包括《税收征收管理法》及《税收征收管理法实施细则》的有关规定、《税务登记管理办法》的有关规定、《发票管理办法》的有关规定、《海关法》的有关规定、《刑法》的有关规定,以及《关于惩治虚开、伪造和非法出售增值税专用发票犯罪的决定》等。

(3) 税收救济法

税收救济法是国家机关解决税务争议所应遵循的原则、途径、方法和程序等法律规范的总称。我国目前的税收救济法包括《行政复议法》《税务行政复议规则》《行政诉讼法》《国家赔偿法》以及《税收征收管理法》的有关规定。

(三) 我国税法体系的完善

当前,我国社会主义税法体系已初步建立,但由于各种原因,税法体系尚不完善、不成熟,还不能适应社会主义市场经济体制的发展和需要。因此,需要进一步贯彻《中共中央关于全面深化改革若干重大问题的决定》的精神,结合我国国情,从以下几个方面完善我国的税法体系:

第一,尽快制定《税法典》,如果短时间内难以进行法典化立法,可以效仿《民法典》的立法路径,采取从总则到法典的立法模式,建立既有总则又有分则的税收法律体系。改革开放以来,我国的税收法治建设取得了长足的进步,特别是经过1994年的税制改革和2001年《税收征收管理法》的修订,我国已经基本形成了以宪法为核心,以各单行税收法律、法规为组成部分的多层次的税法体系。但是,现行税法体系中的缺陷与不足也是显而易见的。[①] 税法体系的不完善还导致与其他法律如民商法、行政法之间的不协调、不统一。因此,我国急需制定一部"税法典"进行统摄。从各国税收法典化的情况看,其模式大致有三种:一是综合模式,即将所有税收法律、法规编纂成体系化的法典,如美国、法国、巴西等。二是通则化模式,即税法通则加单行税法,但不排除在宪法、行政程序法及其他单行法律中规定有关税法问题,如德国、日本、韩国、俄罗斯等。三是分散模式,即单行法律、法规模式,不少国家采用此种模式,我国目前属于这种模式。从追求完善的税法体系的角度出发,借鉴《民法典》的立法路径,实现统合式的"税法典"立法是我国未来追求的立法方向。

第二,完善税收立法体制,提高税收立法层次。我国现行税收立法已经初步形成了一种多级(中央立法和地方立法相结合)多元(权力机关立法和授权机关立法相结合)化的体制。但目前中央税收立法权限过于集中,权力机关立法相对不足。因此,在税收立法上要进一步合理分权。由于我国是单一制国家,地方的权力是中央授予的,因此笔者认为,应采取与联邦制国家恰好相反的做法,列举规定地方税收立法权,即由中央制定税收基本法律和实施办法,并将部分政策调整权下放给地方,如税率、扣除标准等。同时,为落实税收法定原则,还可以在中央立法权限内不断提高税收立法层次,实现所有税种的单行税法由权力机关即全国人民代表大会立法,而与之相适应的实施细则由国务院立法,以确保税法的稳定性和权威性。

第三,建立以商服税法和所得税法为主体的复合型实体税法体系。复合税

[①] 我国《宪法》仅第56条有关于税收的规定,远不能适应税收法治的要求,也无法起到统领税收诸法的作用;单行税收实体法律规范调整对象单一、法律漏洞不可避免;税法中缺少对一些共同法律问题的规定。这些问题的存在对于税收立法和税收执法,都会产生极为不利的影响。以税收征纳程序法律规范为内容的《税收征收管理法》,也由于缺少更高层次的法律支持,至今未完成对自身的"修补手术"。

制是与单一税制相对的税收模式,是对课税对象采取多种税、多次征的税收体制。商服税因其征税面广,税源稳定,已成为我国第一大税。随着国民经济的发展和居民收入水平的提高,所得税的地位也将逐步加强,税收立法应将所得税法同样列为主体税法之一。

第四,进一步完善税收程序法。程序法在税法体系中具有相当重要的地位,这也是税法综合性特征的重要体现。我们应该借鉴国外的成功做法,总结税收征管实践中的有效经验,进一步完善税收征管法。此外,也应考虑税收领域的特殊性,对税收救济法予以修改及完善。

第四节 税法的渊源与效力

一、税法的渊源

法的渊源是指法的各种具体表现形式,具体讲是指国家机关制定或认可的具有不同法律效力或法律地位的各种法律类别,如宪法、法律、法规、条例、章程、习惯、判例等。我国现行税法的渊源有:

(一)宪法

宪法规定了国家的根本制度和根本任务,是国家的根本大法,具有最高的法律效力,是税法最重要的法律依据。我国《宪法》概括性强、容量小,其中直接涉及税收的仅有第 56 条规定的:"中华人民共和国公民有依照法律纳税的义务。"这里规定了公民对国家的纳税义务,同时也表明了非依照法律规定,不得增加公民的纳税负担或减少公民的纳税义务。由此,如果征税机关擅自决定对某些纳税人加收或减免税款,则属于违宪。宪法是税法的重要渊源,从长远看,应通过修订宪法,增设直接与税收有关的条款,加强宪法对税法的指导,提高税法的法律地位。

(二)法律和有关规范性文件

这里的法律是指狭义上的法律。我国宪法规定,法律包括全国人民代表大会制定的基本法律,以及全国人大常委会制定的基本法律以外的其他法律。法律在规范性文件体系中的地位,仅次于宪法。全国人大及其常委会作出的规范性的决议、决定,同全国人大及其常委会制定的法律具有同等的法律效力。上述规范性文件如果涉及税收,也属于税法的渊源。但根据税收法定原则的要求,税法渊源的主体应该是法律。

(三) 行政法规和有关规范性文件

国务院是我国最高国家权力机关的执行机关,是最高国家行政机关。国务院制定的各种法规即为行政法规,其数量远多于法律,其地位仅次于宪法和法律,是税法的重要渊源。国务院公布的涉及税收的规范性决定和命令,同行政法规具有同等的法律效力,也属于税法的渊源,如《国务院关于加强依法治税严格税收管理权限的通知》《国务院关于地方税务机构管理体制问题的通知》等。

按照税收法定原则的要求,对人民设定纳税义务等事项,原则上应采取法律规定的形式。但税法所规范对象的实际活动错综复杂且频繁变化,而法律多数为原则性规定,且受立法技术的限制,不可能做到周全,因而完全以法律形式对税收活动进行规定,是比较困难的。因此,由国务院制定公布专门性税收行政法规是有必要的,这些规定在税法发展过程中具有重要的地位和作用,但由于这些行政法规的效力低于税收法律,缺乏应有的权威性、规范性和稳定性,因此采取这种形式也仅仅是过渡性的,需要在今后逐步上升为正式法律。

(四) 部、委规章和有关规范性文件

这里所指的部、委主要是财政部、国家税务总局。它们单独或联合发布了大量有关税收的规章和规范性命令、指示,它们也是税法的渊源。如财政部发布的《一般消费税和一般增值税退付申报及审批办法》,国家税务总局发布的《税务登记管理办法》等。

(五) 地方性法规、地方政府规章和有关规范性文件

省、自治区、直辖市以及省级人民政府所在地的市和经国务院批准的较大的市的人民代表大会及其常委会可以制定地方性法规,人民政府可以制定规章。除地方性法规、地方政府规章外,地方各级国家权力机关及其常设机关、执行机关制定的决定、命令和决议,凡属规范性者,也属法的渊源之列。我国法律规定,中央税、中央地方共享税以及地方税的立法权都集中在中央。但地方可以依据本地实际情况,制定一些只适用于本地区的税收征管规范。

(六) 条约

我国同外国缔结或我国加入并生效的条约虽然不属于我国国内法的范畴,但根据"条约必须遵守"的国际惯例,对我国国家机关和公民同样有法律上的约束力,因此也属于我国法的渊源。我国签订的国际税收条约主要是关于避免所得双重征税和防止偷、逃税的协定,这些税收协定也是我国税法的渊源。

(七) 法律解释

法律解释是指有权机关就法律规范在具体适用的过程中,为进一步明确界

限或补充,以及如何具体运用所作出的解释,即有权解释。有权解释包括立法解释、司法解释、行政解释和地方解释。全国人大常委会、国务院、财政部、国家税务总局、地方有权立法机关和行政机关就税法作出的解释具有规范性,是税法的正式渊源,在税法渊源体系中,起补充作用。法律解释的常见表现形式有:施行细则和实施细则、办法、通知、批复等,数量庞大。这些解释性规定主要是对税收业务问题的具体立法或者对实践中发现的问题作出解释。如《税收征收管理法实施细则》《增值税会计处理规定》等。

除以上正式渊源以外,税法还有非正式渊源。在我国,税法的非正式渊源主要指判例、习惯、税收通告和一般法律原则或者法理。与正式渊源不同,税法的非正式渊源不能作为税收执法和司法的直接依据,但也具有一定的参考价值。

二、税法的效力

税法的效力反映了税法的适用范围,包括时间、空间和对人的效力。正确理解和掌握税法的效力范围,是正确运用税法必不可少的条件。

(一)税法的时间效力

税法的时间效力是指税法生效和失效的时间,以及是否可以溯及既往。

我国税法从何时开始实施有以下两种情况:(1)税法实施时间与公布时间一致。如《个人所得税法》第 22 条规定,本法自公布之日起施行。这种规定方式应该逐步予以改变。(2)税法先期公布,然后付诸实施。我国大部分税法的实施都属于这种情况。如《资源税法》于 2019 年 8 月 26 日公布,自 2020 年 9 月 1 日起施行;《印花税法》于 2021 年 6 月 10 日公布,自 2022 年 7 月 1 日起施行;《土地增值税暂行条例》于 1993 年 12 月 13 日公布,自 1994 年 1 月 1 日起施行等。实施时间晚于公布时间,可以为征税机关和纳税主体了解掌握相关税法规定提供便利,有助于税法的有效实施。

我国税法何时废止也有几种情况:(1)规定废止,即新税法明文规定新法生效之日即旧法自行废止之时。这是我国税法目前采用最多的一种废止方式。如《企业所得税法》第 60 条规定:"本法自 2008 年 1 月 1 日起施行。1991 年 4 月 9 日第七届全国人民代表大会第四次会议通过的《中华人民共和国外商投资企业和外国企业所得税法》和 1993 年 12 月 13 日国务院发布的《中华人民共和国企业所得税暂行条例》同时废止。"(2)代替废止,即根据新法优于旧法原则,新税法或修改过的税法起始实施,旧税法就自行废止,不再在新法中明文规定旧法的无效。如《税收征收管理法》是 1992 年 9 月 4 日七届全国人大常委会二十七次会议通过的,1993年1月1日开始实施;2001年4月28日九届全国人大常委会二十一次会议修订通过了新的《税收征收管理法》。这样,修订的《税收征收管理法》正式公布后,旧的《税收征收管理法》就自然废止,不在新的《税收征收管理法》中明确规定旧《税收征收管理法》的无效。(3)抵触废止,即新税法确认与其相抵触部分的税法规范废止。如《土地增值税暂行条例》第15条规定:"本条例自1994年1月1日起施行。各地区的土地增值费征收办法,与本条例抵触的,同时停止执行。"

我国税法还有一种暂停执行的制度。1999年底,经国务院批准,财政部、国家税务总局和国家发展计划委员会联合发布通知,从2000年1月1日起,在全国范围内暂停征收固定资产投资方向调节税。《固定资产投资方向调节税暂行条例》随即被暂停执行,并于2013年被正式废止。

(二) 税法的空间效力

税法的空间效力反映了税法的法律强制力所能达到的地域范围,一般分为中央税法的空间效力和地方税法的空间效力。

1. 中央税法的空间效力

中央税法的空间效力是指中央税法在国家主权所及的领域,包括领土、领海和领空内具有普遍的法律效力。上述范围还包括根据国际法、国际惯例应视为主权领域的一切领域。在我国,包括公海上航行的我国船舶和在非我国领空的我国飞行器等。

2. 地方税法的空间效力

地方税法的空间效力是指地方税法仅在本地方行政管辖区域内具有法律效力。如《青海省契税征收管理办法》(已废止)仅在青海省管辖区域内有法律效力。

由于我国实行"一国两制"的特殊制度,香港和澳门地区是我国的特别行政区,因此中央税法在这些地区并不适用。根据《香港特别行政区基本法》和《澳门特别行政区基本法》的规定,香港和澳门特别行政区实行独立的税收制度,自行立法规定税种、税率,税收宽免和其他税收事项;可以作为单独关税地区,同其他国家和地区签订税收协定,但其税法仅在各自的管辖范围内具有法律效力。

此外,根据国际法,虽在我国领域范围内但享有税收豁免权的区域,我国的中央税法和地方税法也不予适用。如外国使馆区、领馆区等。

(三) 税法的对人效力

税法的对人效力是指受税法规范和约束的纳税人的范围,包括自然人、法人和非法人组织。税法对人的效力涉及一国的税收管辖权问题。一般而言,一个主权国家主要参照下列原则来确定本国的税收管辖权。

1. 属地原则

属地原则指一个国家以地域的概念作为其行使征税权力所遵循的指导原则。依照属地原则,国家有权对其所属领土内的一切人和物或发生的事件,按照法律实行管辖。在税法领域,属地原则也可称为来源地原则,按此原则确定的税收管辖权,被称作税收地域管辖权或收入来源地税收管辖权。它依据征税对象是否发生在本国领土内作为是否征税的判断标准,而不论纳税人是本国人还是外国人。

2. 属人原则

属人原则指一国政府以人的概念作为其行使征税权力所遵循的指导原则。依照属人原则,国家可以对本国公民或居民按照本国的法律实行管辖。公民是指具有本国国籍的人;居民则是指居住在本国境内享有一定权利并承担一定义务的人。居民可以包括本国公民、外国公民以及具有双重国籍和无国籍的一切人。在税法领域,按此原则确立的税收管辖权,被称作居民税收管辖权或公民税收管辖权。它依据纳税人与本国政治法律的联系以及居住的联系,来确定纳税义务,而不考虑所得是否来源于本国领土之内。

3. 折中原则

折中原则是属地原则和属人原则相结合的一种原则。现在大多数国家和地区都采取折中原则,我国采取的也是折中原则。如《个人所得税法》第1条规定,在中国境内有住所,或者无住所而一个纳税年度内在中国境内居住累计满183天的个人,从中国境内和境外取得的所得,依照本法规定缴纳个人所得税;在中国境内无住所又不居住,或者无住所而一个纳税年度内在中国境内居住累计不满183天的个人,从中国境内取得的所得,依照本法规定缴纳个人所得税。

此外,由于外国国家元首、外交代表、领事、特别使团成员及其他相关人员,在国际法上享受税收方面的豁免权,因此在采取属地或折中原则的情况下,一国对上述人员不享有税收管辖权。

本 章 小 结

税法的基本问题包括税法的概念、特征、性质、作用、地位、体系及渊源和效力等内容。由于调整对象的特殊性,税法具有自己鲜明的本质特点,现代税法呈现出强烈的私法化趋势。税法不仅规范征纳双方的行为,更对社会发展起到了巨大的作用。税法在整个法律体系中具有独特的地位,是一个综合的法学领域。税法中既有涉及国家根本大法的宪法性规范,又有浸透着宏观调控精神的经济法规范,还包含大量的规范行政管理关系的行政法规范。此外,税收犯罪还涉及刑法规范,其定罪量刑具有很强的专业性;税款征收的保障问题还必须借助民法的相关制度来解决。我国社会主义税法体系已初步建立,税法渊源丰富,但还需进一步完善。税法的效力主要包括时间、空间和对人的效力。

思考题

1. 税法的本质特征是什么?如何理解税法的公法私法化趋势?
2. 税法在现代国家中的地位如何?
3. 简述税法与其他法律或"领域法"的联系与区别。

延伸阅读

税法的历史沿革

第三章 税法的原则

一般认为,法律原则是指可以作为规则的基础或本源的综合性、稳定性原理和准则,它是构成法律规范的基本要素之一。税法作为法律体系的组成部分,应遵循法律的原则。然而,税法也应有自己独特的原则,这些原则与法律基本原则有较深的渊源关系,但却不能将两者简单等同起来。从法理学的角度分析,税法原则是税法本质属性的集中反映,是统领所有税法规范的根本准则,可分为税法的基本原则和税法的适用原则。

第一节 税法的基本原则

税法基本原则是对税收立法、税收执法、税收司法和税收守法具有根本指导意义的规则,可概括为税收法定原则和税收公平原则。

一、税收法定原则

税收法定原则,又称为税收法定主义、租税法律主义、合法性原则等,它作为税法最重要的原则,已被世界各国所公认,其基本精神在各国宪法中均有体现。

(一)税收法定原则的内涵

税收法定主义作为税法的基本原则是有其特定含义的。在现代西方税法理论中,税收法定主义指:"税收的课征事项,均应以法律明确地规定之,若无法律的规定,国家不得向人民课税,人民亦不能负纳税义务。"[①]

就形式而言,税收法定主义要求的法律仅限于国家立法机关或最高权力机关依照立法程序制定的法律,而不包括效力层次位于其后的税收行政法规等其他税收法律渊源。有关机构在符合宪法规定的前提下可以取得一定的税收立法权,但这些得到授权的机关只能制定已由最高权力机关制定的税法的某些细节性规则。

从实质上讲,税收法定主义作为宪法原则,包括两个要素:第一,税收事项均为立法事项。各法治国家无不将课税权转归国民全体所掌握。由于课税权只是

---

① 国家税务总局税收科学研究所编:《西方税收理论》,中国财政经济出版社1997年版,第307页。

一种抽象的权力,要想将其具体化并付诸实现,须由国民全体选出代表,按立法程序将其制定为法律。因此,实际上,课税权与立法权合为一体,由国会或立法机关代表国民全体来行使。故税收事项均为立法事项,是课税权演变的必然结果。第二,人民仅在法律明定范围内负担纳税义务。这里有两层意思:一是人民应按法律规定向国家纳税。人民的纳税义务因法律规定而产生,因法律修正而发生变动。因此,人民负担的纳税义务均应以法律规定为限,超过这个范围,自然没有纳税义务。纳税义务的履行是法定的,任何人不得逃避或规避。二是人民的财产权不受法律规定以外其他因素的干涉,从而保障法定的权利。

从世界历史角度看,税收法定原则在各国兴起后成为持续推动近代民主、法治的力量;作为国际通行的宪法原则,它是民主政治在税法领域的体现,堪称税法领域的"帝王原则"。我国《宪法》第56条规定:中华人民共和国公民有依照法律纳税的义务。此规定体现了税收法定主义的要求,但未从正面直接肯定税收法定原则。没有对政府征税权力的限制,就谈不上对人民财产权的充分保护,也就从根本上不符合税收法定原则的要求。2015年首次大修的《立法法》虽然彰显了税收法定原则,在条款编排上将其放在重要位置,但对税收法定原则的规定仍需要精确、完善。我国《税收征收管理法》第3条规定:税收的开征、停征以及减税、免税、退税、补税,依照法律的规定执行;法律授权国务院规定的,依照国务院制定的行政法规的规定执行。任何机关、单位和个人不得违反法律、行政法规的规定,擅自作出税收开征、停征以及减税、免税、退税、补税和其他同税收法律、行政法规相抵触的决定。这一规定较为全面地反映了税收法定原则的要求,但从税收法定原则的地位而言,不应规定于程序法。

令人颇为欣慰的是,近年来税收法治观念日渐深入人心。《中共中央关于全面深化改革若干重大问题的决定》也提出"落实税收法定原则"。这说明该原则已成为大势所趋、民心所向。

(二)税收法定原则的体现

在西方一些法治国家,税收法定原则作为税法的最高法则,支配着一国的税收法律制度。税收法定原则的内容也因此得到进一步的丰富和发展。

日本著名税法学家学金子宏教授在《租税法》一书中表示,税收法定原则具体体现为"课税要件法定主义""课税要件明确主义""合法性原则"和"手续的保障原则"等。课税要件法定主义是模拟刑法中的罪刑法定主义而订立的。因为课税的作用系对财产的侵犯,所以有为满足课税而纳税义务得以成立的要件及课税手续,必须以法律规定之。课税要件明确主义是指,在法律或法律委托的前提下,在行政规章中订立有关课税要件及课税手续时,其意义必须明确。合法性原则是指,因为税法是强行法,所以只要满足课税要件,税务行政就无税收减免的自由,同时也无不征收税收的自由,即必须征收由法律规定的税额。手续的保障原则是指,因课税乃公权力的行使,所以必须以合理的手续执行,且为课税的争讼也必须依公证的手续来解决。①

依据以上内容再结合其他学者的观点,可以把税收法定主义的内容概括如下:

第一,一个国家向人民征什么税、征多少税、怎么征税,应由法律规定。没有法律的规定,政府就无权向人民征税。引申而言,凡涉及人民财产权的一切课税要素,都必须由法律作出规定,而不得由授权行政机关决定,是为法律保留;行政机关违反法律所作的一切征税决定应当无效,是为法律优先。

第二,凡构成课税要素的规定应当尽量明确,避免出现歧义,以保证税法能够被准确地理解和执行。其要义在于防止税法中出现过于含混、模糊的概念和条款,减少因税法解释被滥用而发生的侵害纳税人权益的可能性,同时也可以对行政机关的自由裁量权给予有效的限制,防止行政自由裁量权被滥用而产生的不良后果。

第三,当课税要素得以完全满足时,税务机关就必须按照税法规定的标准和程序依法征税,使纳税人及时、全面地履行纳税义务。税务机关既不得随意减免税或有税不征,也不得与纳税人就改变课税要素和课税程序达成任何协议,否则应一律视为无效。

第四,征税机关应依法定程序征税,纳税人有获得行政救济或司法救济的权利。

对于上述税收法定主义的内容,西方税法理论特别强调:第一,解释税法所适用的方法应受限制,严禁税法的扩张解释、类推解释和补充解释。第二,虽然"委任立法"在西方国家已屡见不鲜,但最主要、最多的还是议会制定的法律。

(三)税收法定原则的机能

税收法定主义"在历史的沿革中,以保护国民、防止掌握行政权的国王任意课税为目的"②。发展到今天,从经济、政治、社会多位一体的国家治理角度考察,税收法定原则无疑具有更重大且深远的意义。

1. 税收法定为市场经济发展营造稳定、合理的税收环境

在许多经济交易中,税收问题是被考虑的最重要因素,所以因何种事实或行

---

① 国家税务总局税收科学研究所编:《西方税收理论》,中国财政经济出版社1997年版,第307页。
② 〔日〕金子宏:《日本税法原理》,刘多田等译,中国财政经济出版社1989年版,第49页。

为产生何种纳税义务,最好事先在法律中明文规定。因此,税收法定主义不只是简单地对其历史沿革和宪法思想史上所包含意义的沿袭,在当代复杂的经济社会中,还必须赋予它充分保障各种经济交易和事实的税收效果的法的稳定性和预测可能性的积极职能,这对有序市场经济和法治社会的建立与巩固是十分重要的。我国现阶段虽已经基本建起市场经济的框架,但尚未建立起法治的市场经济。在税收领域,税法规范的低位阶导致纳税人的财产安全、经营自由等缺少稳固的保障。在现代市场经济社会里,税收法定原则的机能还在于"使国民的经济生活具有法的稳定性和预测可能性。也就是说,税收在今天关系到国民经济生活的各个侧面,人们如果不考虑其税法上的或因税法而产生的纳税义务,则任何重要的经济决策均无法作出"[1]。税法促进市场经济发展的首要体现,就是通过充实和完善税法体系,设计科学的现代税法,为市场主体提供稳定的预期和行为指引。

2. 税收法定可推进民主法治进程

税收的征收是将私人财产转化成公共财产的过程,与每个纳税人的切身利益息息相关。故而,税收的法治化备受社会关注,亦是开创改革和法治新局面的极佳路径。在税收法定的指引下,广大纳税人可以直接或间接参与税收的征收、管理和使用活动,行使纳税人权利,这能够大大增强纳税人的法治意识和民主能力。

3. 税收法定助力形成良性、文明、互动、和谐的社会运行方式

随着居民财富显著增加、利益诉求日趋多元,纳税人比任何时候都更加重视对自身财产权益的保护。如果处理不当,容易引发社会冲突。依托税收法定原则的落实,在制定税法时开放地听取民意、吸纳民智,经由充分的对话、协商、博弈和调适,最终形成凝聚尽可能多共识的民主决策产物,可以提前消除可能出现的异议,化解潜藏的社会矛盾和风险。

总之,税收法定原则能有效地规范政府的征税权,保障纳税人的财产权,维护公共利益,进而构建现代化的税法治理格局。

二、税收公平原则

税收公平原则是几百年来税收、税法理论探讨的最重要的问题之一。自提出以来,经过不断完善,税收公平原则已成为世界各国制定税收法律制度的首要准则,对税收立法、执法以及司法都起着指导性作用。

---

[1] 〔日〕金子宏:《日本税法原理》,刘多田等译,中国财政经济出版社1989年版,第49页。

（一）税收公平原则的内涵

税收公平原则是由英国古典经济学家亚当·斯密最早提出并系统加以阐述的。到了20世纪，美国有财政学家提出："税负的分配应该是公平的，应使每个人支付他合理的份额。""根据纳税能力原则的要求，拥有相同能力的人们必须缴纳相同的税收，而具有较高能力的人们，则必须缴纳更多一些。"[①]这把税收公平原则的研究推向了高峰。按照西方税收学界的一般解释，税收公平原则是指，"国家征税要使各个纳税人承受的负担与其经济状况相适应，并使各个纳税人之间的负担水平保持均衡，具体包含横向公平和纵向公平。"[①]基于此，我国有税收学者认为："所谓税收公平是指不同纳税人之间税收负担程度的比较，纳税人条件相同的纳同样的税，条件不同的纳不同的税。因此，公平是相对于纳税人的课税条件说的，不单是税收本身的绝对负担问题。"[②]

20世纪90年代，我国财税法学者开始借鉴和参考国外税法学的理论对税收公平原则进行研究。日本学者金子宏认为："税负必须依照国民间的承担税的能力来进行公平的分配，在各种税法律关系中，必须公平地对待每一个国民。将这一原则称之为税公平主义或税平等主义。"[③]这就是说，税收活动从本质上讲是一种分配活动，税收关系是一种分配关系。税收公平或平等从本质上讲，也就属于分配公平的范畴。[④] 对此，中外税法学者存在一个共识：由于在税收法律关系中，其主体既包括了国家与纳税人，也包括了不同的国家机关和不同级次的政府，其内容既有税收权利义务在国家与纳税人之间的分配，也有税收权力在不同国家机关之间的配置和不同级次政府之间的分配，更有纳税义务在不同纳税人之间的分配，因此税收公平原则不仅是关于纳税人之间分配税收负担的法律原则，也是国家与纳税人之间以及不同的国家机构之间分配税收权利义务与税收利益的法律原则。[⑤] 国家与纳税人之间的公平在于：防范课税的过度，即不能剥夺纳税人最起码的生存条件，不可以侵犯人性尊严，危害纳税人的生存权；税收作为财产权的一种权利成本或社会义务，必须限制在一定的范围内，即不得对资本本身课税。纳税人之间的平等分为纳税人在人格上的平等和纳税人在税负上的平等。前者是指对所有的纳税人一视同仁，使其具有相同的权利或义务；后者

[①] 于中一等主编：《商务国际惯例总览（财政税收卷）》，中国发展出版社1994年版，第382页。
[②] 杨秀琴主编：《国家税收》，中国人民大学出版社1995年版，第69页。
[③] 〔日〕金子宏：《日本税法》，战宪斌等译，法律出版社2004年版，第64页。
[④] 按照西方典型的分类方法，公平可分为分配公平、矫正公平和程序公平三种。其中分配公平主要是指在两个或两个以上的个人或群体之间分配利益或负担时的合理性或公正性。
[⑤] 王鸿貌：《税收公平原则新论》，载《浙江学刊》2005年第1期。

是指依据一定的标准,同等负担能力的纳税人负担同样的税收,不同负担能力的纳税人负担不同的税收。具体讲:第一,纳税人的人格平等。我国《宪法》第33条规定,公民在法律面前一律平等。法的平等价值在税法领域的直接运用,就是"税法面前人人平等"。这里至少包括四层含义:一是平等保护,即每个纳税人的合法权益,税法都予以同等保护;二是平等遵守,即每个纳税人都平等享有合法权利和履行纳税义务;三是平等适用,即税法对每个纳税人都一律平等适用,不因人而异,不区别对待;四是平等制裁,即对纳税人的违法犯罪行为都平等地予以追究或处罚,任何人都不得享有不受制裁的特权。第二,纳税人的税负公平。这包括横向公平和纵向公平两个不同的方面:税收横向公平也叫税收水平公平,是指经济情况相同,负担能力相等的纳税人,其税收负担也应相同;税收纵向公平也叫税收垂直公平,是指经济情况不同,负担能力不等的纳税人,其税收负担也应不同。在税法学看来,纳税人的税负公平实际包括了形式正义和实质正义两方面的内容。横向公平只是形式上的公平,纵向公平则是实质上的公平。

由上可知,西方经济学的税收公平原则实现了从"税负公平原则"到税收平等原则的演变。虽然税法学的税收平等原则与经济学的税收公平原则较为接近,其基本思想内涵是相通的,但两者有明显的差别:第一,经济学的税收公平作为一种经济理论提出来,可以为政府制定税收政策提供参考,但对政府和纳税人尚不具有强制性的约束力,只有当它被国家以立法的形式所采纳,才会升华为税法基本原则,在税收法律实践中得到全面的贯彻。第二,经济学的税收公平主要从税收负担带来的经济后果上考虑,而税法学的税收平等不仅要考虑税收负担的合理分配,而且还要从税收立法、执法、司法各个方面考虑税收公平问题。纳税人既可要求实体利益上的税收公平,也可要求程序上的税收公平。第三,税法学的税收平等是由具体法律制度予以保障。如在税收执法、司法中,纳税人如果受到不公正待遇,可以通过税务行政复议、税务行政诉讼制度得到救济。由于税收平等原则源于宪法上的平等性原则,因此许多国家的税法在适用税收公平原则时,都特别强调"禁止不平等对待"的法理,禁止对特定纳税人给予歧视性对待,也禁止在没有正当理由的情况下对特定纳税人给予特别优惠。由于对一部分纳税人的特别优惠,很可能就是对其他纳税人的歧视,因此判定税收差别待遇的合理性就显得十分重要。

(二)税收公平的衡量标准

如何才能实现赋税公平?西方学者对此展开过长达一个世纪的激烈论争,最终形成了"税收利益交换原则"和"税收支付能力原则"两种不同的税收公平衡量标准。

"税收利益交换原则"是按照市场等价交换的观点,把纳税多少、税负是否公平同享受利益的多少相结合,根据纳税人从政府提供的公共物品中受益的多少,判定其应纳税的多少,受益多者多纳税,反之则少纳税。此标准的确能够适用于特殊领域,如社会保险、公路使用以及城市设施的建设等,纳税人缴纳规费可以获得政府的特殊服务。然而,在绝大多数情况下,税收与财政支出之间的利益联系并不能准确衡量。因此,"税收利益交换原则"很难作为衡量税收公平的标准,逐渐被"税收支付能力原则"所取代。

"税收支付能力原则"即根据纳税人的纳税能力来判断其应纳税额的多少和税负是否公平,纳税能力强者应多纳税,反之则少纳税。在税收公平与否的衡量方面,能力原则一般被认为较为合理且易于实行。但在如何评定纳税能力上存在着主、客观两种观点。主观说认为,应以纳税人因纳税而感到的税痛程度作为衡量其纳税能力的标准。如约翰·穆勒最早认为,人们向国家缴纳税金造成的损失是一种效用损失,只要这种效用损失在主观评价上对所有纳税人都是一样的,即牺牲均等,税收公平就实现了。后来,又有学者提出比例均等牺牲理论[1]和边际均等牺牲理论[2]。但主观说建立在主观价值论基础上,而同样的收入或财产对不同的人具有不同的效用,同样的税收对不同的纳税人也具有不同的牺牲感受。因此,美国财政学家塞利格曼认为,主观说缺少可操作性,需要从客观方面对纳税能力作出新的说明,故提出了客观能力标准。他指出,能力原则的发展,经历了四个阶段,即以人丁为标准的阶段、以财产为标准的阶段、以消费或产品为标准的阶段、以所得为标准的阶段。[3] 塞利格曼认为,在现代社会中,只有所得最能反映人们真实的纳税能力,并对国民经济所产生的负面影响最小。[4]他同时还指出,尽管人丁、财产、消费或产品等税收标准的确存在缺陷,但有与特定社会经济环境相适应的一面,可以作为所得标准的有益补充。因此,税收法律制度总是以所得税为中心,适度配合财产税和消费税或产品税,构成所得、财产

---

[1] 比例均等牺牲理论主张,税收公平的衡量标准为纳税人因纳税而损失的总效用与税前的总效用之比相同。

[2] 边际均等牺牲理论主张,税收公平的衡量标准为纳税人因纳税而损失的边际效用彼此相同。

[3] 在生产力水平低下的社会,人丁的数目可以作为衡量纳税能力的标准,人丁税是公平的。随着社会的发展,财产占有上出现两极分化,衡量纳税能力的标准由人丁转变为财产,即对土地、房屋等征税。财产多的人多纳税,财产少的人少纳税,无财产的人不纳税,基本上反映了当时的纳税能力。但随着商品经济的发展,有形的不动产已无法准确反映纳税人的税负能力,于是财产标准又被消费或产品标准取代。因为一般情况下,生产是为了消费,消费多的人购买力强,其税收负担能力也强,消费可以成为衡量税收负担能力的标准。但就消费课税而言,社会各阶层收入与消费的比例是不相同的。生活越贫困,其消费占收入的比例越大;而富裕阶层的人,无论消费多大,也不过占其总收入的一小部分。在这种情况下,对消费课税自然成为较贫困阶级的重大负担。产品税是根据销售收入的多少按比例课税,在一定程度上考虑到了纳税人税负能力的差异,但远没有直接税那么细致入微。

[4] 陈松青:《西方税收公平原则的演进与借鉴》,载《当代财经》2001年第7期。

和消费或产品之间平衡的税制,这种税制才是依据纳税承受能力分配税负的理想税制。

我国衡量税收公平的标准即"税收支付能力原则",财税法学称之为"量能课税原则"。葛克昌教授认为,"量能课税原则,以纳税人的负担能力分配税收,旨在创设纳税人与国家之间的距离,以确保国家对每一国民的给付无偏无私,不受其所纳税额的影响。量能课税原则确保税课的平等性,同时也用于防范税课的过度。"[①]这里,作为税负公平的衡量标准,量能课税应包含两层意思:一层是防范课税过度,以解决国家聚财与整体纳税人税收负担的平衡问题;另一层主要是正确处理不同纳税人税收负担的平衡问题。

(三)税收公平原则的体现

与其他税法原则相比,税收公平原则渗入了更多的社会要求,它被视为宪法平等原则的延伸或在税收领域的体现,自然兼有税收平等和税收正义之义。税收公平原则要求,不仅要考虑课税物品量的税负能力,更应考虑课税物品质的税负能力。具体讲:

第一,最低生活费不能课税,生存权财产不能课税或只能课轻税。这一精神应贯彻到税收立法和执法中。如我国《个人所得税法》对工资薪金都规定了免征额,并随着社会经济的发展、物质文化生活的丰富,不断提高免征额。《税收征收管理法》也体现了生存权保障原则:其一,该法第38条规定,税务机关采取税收保全措施时,个人及其所扶养家属维持生活必需的住房和用品,不在税收保全措施的范围之内;其二,该法第40条规定,税务机关在采取强制执行措施时,个人及其所扶养家属维持生活必需的住房和用品,不在强制执行措施的范围之内。

第二,财产或投资本体不能课税,仅就受益或所得课税。在现代社会,税收是财产权的一种权利成本或社会义务,但这种成本或义务必须被限制在一定的范围内。例如对所得税而言,不得对资本本身课税是一条隐含的逻辑,如果违反了这条逻辑,则不仅会"窒息"市场活力,还可能破坏社会的稳定。因此,公民或企业对社会所尽的社会义务,只能限制在净收益的范围内,不能以毛收入作为课税对象。与这种思路相同的是,所得税只能对已实现的所得课税。土地升值、固定资产评估增值、股价上扬等未实现收入,尽管可能在未来带来收益,但也可能随着形势的变化而消失。因此,如果对这些潜在的收益课税,则有可能伤及资本本身,这在时刻遵守私有财产权保护的所得税法中是不被允许的。尽管后来基于社会政策的考虑,对所得税采用累进税率,但也仅仅属于财产增量分配比例的

---

① 葛克昌:《量能原则与所得税法改革》,载《中原财经法学》1995年第1期。

变动,不涉及财产本身。①

第三,税收应尽量向人税化方向发展,尊重纳税人各个方面的个性和差异。北野弘久教授认为:首先,在所得课税方面,应采取越是高额所得阶层税负越高,而越是低额所得阶层税负越低的分别适应其负担能力的课税制度。其次,对同额所得,例如劳动所得(工资所得、退职所得等)与资产所得(利息、分配所得、不动产所得等)要区别对待,它们之间因所得来源不同而在税负能力上存在着质的差别。对前者应采取低税负,对后者则应采取高税负。再次,分清回归性所得与非回归性所得(稿费、退职所得、暂时所得)的性质差别。对前者应采取高税负,对后者则应采取低税负。最后,大企业相对于中小企业有更高的税负能力,中小企业在法理上可作为生存权或产业权的适用对象,大企业则不仅应当作为独立纳税主体存在,而且还应当适用累进税率。②

第二节 税法的适用原则

税法的适用原则是指,税收执法机关和税收司法机关在运用税收法律规范解决具体问题时必须遵循的准则。税法有哪些适用原则,多数国家的税法并没有明确规定,而是散见于有关法律条款中;少数国家税法规定的税法适用原则更强调实用性,与学理上的税法适用原则相差较远,如韩国《国税基本法》规定的"禁止溯及课税"原则等。我国税法也没有明确提出税法的适用原则,但在一些具体条款中实际上采用了税法适用原则。限于篇幅,本节将重点介绍税收诚信原则和实质课税原则。

一、税收诚信原则

税收诚信原则在很大程度上汲取了民法诚信原则的合理思想,是民法"诚信原则"在税法中的引用。

(一)诚信原则在民法上的本来意义

诚信(诚实信用)是指一个人(自然人和法人)履行义务的能力,是关于偿债能力的社会评价,与风险相对应。诚实信用作为民法的基本原则,原本只是作为一种道德存在于民事习惯中,其基本含义是要求在民事活动中,当事人以善意的方式行使权利,以诚实信用的方式履行义务,讲求信用,恪守诺言,诚实不欺,在

---

① 刘剑文、熊伟:《税法基础理论》,北京大学出版社2004年版,第140—141页。
② 〔日〕北野弘久:《税法学原论(第四版)》,陈刚等译,中国检察出版社2001年版,第95—113页。

不损害他人利益和社会利益的前提下追求自己的利益。从最开始的民事习惯演变为现代民法基本原则,诚实信用经历了从民法的补充规定到仅调整债权法律关系再到作为民法基本原则的过程。这一过程也是人类法学不断发展的过程。从历史阶段来说,诚实信用原则的发展经历了罗马法、近代民法和现代民法三个阶段。

伴随市场经济的发展,特别是社会民主进程的加快,诚信原则的适用范围也逐步扩大。目前,世界上许多国家,不论在税法理论还是税法实践中,都采纳了诚信原则,法官根据这一原则作出的判例也已不是少数。诚信原则作为税法的适用原则之一,其意义也发生了一定的变化。在民法中,诚信原则主要用于协调当事人之间以及当事人与社会之间的利益关系,实现当事人之间的利益以及当事人利益与社会公共利益之间的平衡。而在税法中,诚信原则主要用于公平分配征税人与纳税人之间的权利和义务,实现纳税人利益与国家利益之间的平衡。由于税收法律关系的性质,这种平衡是动态的,即在不平衡到平衡的过程中,税收诚信原则才有了存在的基础和发挥作用的空间。

(二)税收诚信原则的法理基础

1. 从市场经济关系的角度看,纳税表现为现代社会的一种信用关系。这是因为,社会成员的日常消费品包括私人物品和公共物品两类,私人物品通常可以从市场上直接购买,公共物品则由政府提供,而政府用于提供公共物品的资金就来源于社会成员的纳税。人们要消费政府所提供的公共物品,就必须付费,也就是必须纳税,这是符合市场等价交换原则的,纳税与提供公共物品之间也就形成了一种信用关系。这种信用关系在现代社会中主要靠法治来维系,但也需要一定的道德力量,表现在实际运用中就是诚信纳税。

2. 从税收法律关系的性质看,税收法律关系是公法上的债权债务关系,这种债权债务虽然基于公法而发生,但与私法上的债权债务关系有相似之处。这是因为,税收法律关系或明或暗地体现了社会契约论的精神。在税收实体法律关系中,主体双方只能通过"契约"在彼此之间建立起债的关系。在税收程序法律关系中,随着社会契约论的发展与公法私法化趋势,现代行政法理念不断更新,这也为行政法领域提供了合意的基础,并通过行政程序的设置保证自由合意的实现。这种税收法律关系自然适用诚实信用原则。

3. 从税法的学科特点看,它与民商法有着密切的关系。税法不但具有"公法"的特征,而且还具有很强的"私法"色彩,或者说,税法是带有私法色彩非常浓厚的公法。此外,在法学理论不断创新的今天,财税法在"领域法学"里也有了重要的地位。这一切都决定了将传统私法领域的诚实信用原则引入税法并没有理论上的障碍。

（三）税收诚信原则的机能

作为财政收入的主要来源,税收的征收、缴纳及使用关系到国家和纳税人的共同利益,而税收诚信原则的机能直接影响着税收秩序和市场经济秩序。税收诚信原则的机能包括：

1. 指引机能

税收诚信原则作为一种行为规范,为人们提供了一定的行为模式,设定了一定的标准,指示或引导着人们的行为。也就是说,不论是征税人、纳税人,还是用税人,都应当按照这一标准去衡量和规范自身的行为,以构建诚信状态。同时,税收诚信原则还要求征税人、纳税人、用税人都正确认识自身的权利和义务,按照法律的要求行使权利、履行义务。反对征税人滥用税收执法权；反对用税人乱用税款,提供不符合社会所需或无效的公共产品及服务,侵害纳税人的合法权益；反对纳税人采取欺诈、隐瞒等手段偷逃税款或私自减轻纳税义务,损害国家的税收利益。

2. 补充机能

在适用税收法律、法规和政策时,税收诚信原则可以发挥解释和补充的作用。将刻板的税法规定适用于具体的税收事实时,往往会发生税法的解释问题,尤其在税法规定较为模糊、事实界定不清或无法界定(存在税收立法真空)时,更是如此。由于征税人、纳税人、用税人各自所站的角度不同(征税人和用税人往往会偏向政府),他们对法律法规的解释也会大不一样。也就是说,若按征税人或用税人的解释,或许能保障国家财政的实现,但难免会忽略纳税人的权益保护；若按纳税人的解释,虽然会有利于纳税人权益的保护,但又会使国家税收的利益受到损害。因此,进行税法解释时,除了严格遵循税收法定原则之外,还应立足于税收诚信原则,均衡各方利益。

3. 评价机能

税收诚信原则具有评判和衡量征税人、纳税人、用税人三方行为是否合乎社会普遍认同的价值观念和价值取向的作用。比如,税收诚信原则可以用来评判征税人是否依法征税,是否应收尽收,是否公平、公正执法；纳税人是否依法纳税,有无采取隐瞒、欺诈等手段偷逃税款或恶意拖欠税款；用税人是否乱用税款,所提供的公共产品或服务是否符合社会(纳税人)所需等。另外,在税收司法中,特别是在法律存在模糊规定或遗漏(法律依据不足或缺乏法律依据)时,法官应更多地从诚信角度考虑,对征税人和纳税人的行为作出客观评判,维持二者之间权利义务的平衡。

4. 教育机能

税收诚信原则可以对征纳双方未来的税款征收、缴纳行为产生一定的影响，这也可以说是评价功能的延伸。借助税法提供的行为模式，人们会调整自己的行为使之与该行为模式相一致，养成守法、诚信的习惯，从而改善征纳关系。这种教育作用对征纳双方的影响是渐进的、潜移默化的，有助于征纳双方在相互信任中转化为合作关系。同时，通过建立激励与处罚机制，对诚信者予以鼓励、保护，对失信者加以惩罚，还可以发挥示范、促进作用，有助于营造诚实守信的税收环境。

（四）税收诚信原则的适用

税收诚信原则在国外虽已通过学说、判例获得认可，但税法上明文规定诚信原则的，仅有瑞士一例。日本税法虽然没有使用"诚实信用"这类文字，但将诚信原则纳入个别法规范，却颇为多见。[①] 从日本、德国的司法实践看，税收诚信原则的适用主要体现于对纳税人信赖利益的保护。

征纳双方应当是相互信赖的。没有充足的依据，税务机关不能对纳税人的依法纳税产生怀疑，纳税人有权要求税务机关予以信任。纳税人也应相信税务机关的决定是公正和准确的，税务机关作出的法律解释和事先裁定，可以作为纳税人缴税的根据。当这种解释或裁定存在错误时，纳税人不承担法律责任。西方许多国家的税法规定，当纳税人少缴税是由于税务机关的解释或裁定不当时，纳税人少缴税款不必补缴。

我国在一定程度上也承认了对纳税人信赖利益的保护。《税收征收管理法》第 52 条第 1 款规定："因税务机关的责任，致使纳税人、扣缴义务人未缴或者少缴税款的，税务机关在 3 年内可以要求纳税人、扣缴义务人补缴税款，但是不得加收滞纳金。"可见，我国税法在税收本金上未给予信赖保护，却在滞纳金方面给予了信赖保护，因而我国税法的信赖保护是有保留的。我国《企业所得税法》第 57 条规定："本法公布前已经批准设立的企业，依照当时的税收法律、行政法规规定，享受低税率优惠的，按照国务院规定，可以在本法施行后五年内，逐步过渡到本法规定的税率；享受定期减免税优惠的，按照国务院规定，可以在本法施行后继续享受到期满为止，但因未获利而尚未享受优惠的，优惠期限从本法施行年

[①] 日本理论界曾经认为，公权力（课税厅）和国民（纳税人）之间存在的公法上的法律关系实际上是一种不对等关系（公权力具有事实上的优先性），所以可以认为，受租税法律主义或"依法行政原理"支配的租税法律关系本来就与信用理论是水火不容的。但是由于受所谓的通告行政支配和连专家也颇感迷惑的税务行政复杂化的现实影响，在日本，尤其是在战后的迅速恢复时期（1945 年至 1955 年前后），税法学家们也开始认为，根据法一般原理，应当允许在一定条件下在租税法律关系中适用信用法则的原理。

度起计算。"从税法上给予外资企业低税率优惠、定期减免税优惠以及其他的税收优惠措施,属于典型的授益性税务行政行为。需要指出的是,我国政府在取消上述优惠措施的同时,以法律的形式明确给予企业五年的过渡期,是对纳税人信赖利益保护制度的创新,具有重大的理论意义。

二、实质课税原则

实质课税原则是税法重要的适用原则,它对税法起到补充和解释的功能,可以很好地弥补税法漏洞,有利于解决实践中出现的非法收入、无效行为、可撤销行为、虚假行为、避税行为等课税问题,保障国家税收债权的实现。

(一)实质课税原则的缘起

实质课税原则最早在德国确立。19世纪末20世纪初,特别是一战后,一些不法商人利用战争发国难财的行为因违反法律的强制性规定,在民法上被认定为无效。由于当时税法被认为是民法的附随法,民法上的效力认定直接影响了税法,这就导致这一部分行为所产生的经济利益,由于没有法律依据而无法征税。这引起了广大纳税人的强烈不满,且此时又正值战后经济不景气时期,从而引发了财政危机。鉴于此,贝克尔于1919年起草了《德国租税通则》,确立了著名的"经济观察法",即实质课税原则。①

德国经济观察法的立法理论与实践对大陆法系国家的税法产生了重大影响。日本在1953年以税法修正案的形式使实质课税原则得到了肯定。虽然日本税法并没有实质课税原则的一般规定,但是其司法理论与实践已经认同了该理念。同时,日本在所得税法和法人税法中已经使用"实质课税原则(主义)"作为相关条文的标题。之后,韩国税法也认同了"实质课税原则"的理念。大陆法系崇尚严格的法律立法以及法律解释方法,但是实质课税原则在德国产生、确立并进而影响到其他大陆法系国家,并在税收的立法、司法理论与实践中产生重大

---

① 《德国租税通则》第4条规定:"解释税法时,需斟酌其立法目的、经济意义及情事之发展。"第6条规定:"纳税义务,不得借民法上之形式及其形成可能性之滥用而规避或减少之,如有滥用情形,应依相当于该经济事件、经济事实及经济关系之法律状态,课征相同之捐。"第41条规定:"即使在法律行为无效的场合或法律行为失去效力的场合,只要当事人使该法律行为的经济成果发生了或成立了,则无碍课税。但是依据税法另有明确规定时,不在此限。"这些立法规定构成了德国实质课税原则的主要内容。1934年,德国《税收调整法》重构了《德国租税通则》第4条及其相关规定,并把相关精神贯彻到了《税收调整法》第1条和第3条中,其第1条规定:"进行税收解释时,必须综合考虑国民思想、税法的目的、经济上的意义。"第3条规定:"对构成要件只判断同其适用。"二战后,德国的司法实践逐渐主张从法的稳定性和规范性出发来解释相关税法规定。1977年德国颁布《德国税收通则》,合并了《税收调整法》,删去了《税收调整法》第1条和第3条的相关内容。但这并不是对德国司法实践和理论重视经济观察法的否认,经济观察法在德国司法实践中仍发挥着重大作用。

在英美法系,美国的实质重于形式(substance over form)、经济实质(economic substance)等原则共同构成了实质课税原则的内容。美国经济实质原则的确立以1960年最高法院对"Knetsch v. U. S.案"的审判为标志;美国实质重于形式原则的一个重要的判例是"Court holding案"。① 英国法院传统上一直拒绝以法官自由裁量权创制的规则来应付避税的危害。② 但在"拉姆齐案"(W. T. Ramsay Ltd. v. Commissioners of Internal Revenue)中,英国法院的态度发生了根本性变化。③ 此后,"拉姆齐案"中确立的原则在英国得到进一步的发展,特别是在"Furniss v. Dawson案"中得到了充分的体现。

(二)实质课税原则的内涵

对于实质课税原则的内涵,学界并没有统一的表述。

金子宏认为,"实质课税原则是指在法律的适用上,表见事实(形式)与法律事实(实质)不同时,应采后者对其进行税法的解释和适用。"④

张守文指出:"实质课税原则是指对于某种情况不能仅根据其外观和形式确定是否应予课税,而应根据实际情况,尤其应当注意根据其经济目的和经济生活的实质,判断是否符合课税要素,以求公平、合理和有效地进行课税。"⑤ 葛克昌认为,实质课税原则作为税法的一种解释方法,重点"在于税法解释应不拘泥于法律外在形式,而须探究其实质经济意义。此由于税法依量能课税原则支配,税法上构成要件所适用之法律概念,须同时斟酌其经济过程及意义"⑥。

综上可以看出,不论文字表述有何不同,学者们的观点基本可以概括为:实质课税原则是指在当"形式"(外观)与"实质"(事实)不一致的时候,根据"实质",而非"形式",判断一行为是否符合课税要素,进而适用税法进行课税。

但是,关于什么是"实质"这个关乎此原则的适用范围的重要问题就颇有争论了。对该问题的回答主要有三种观点:第一,法律实质说。金子宏认为,"实质"应当是指"法的实质"。亦即若一行为的事实关系和法律关系不一致时,不应

---

① 在该案中,某公司拥有一栋建筑物并且协议出售。该公司了解到出售可能会要交纳一笔税款,于是就进行了清算并把财产分给各个股东,然后股东将财产卖给了购买人。法院认为,征税的归宿取决于交易的实质。如果允许交易的真实本质被纯粹的形式所掩盖,而形式的存在仅仅为了改变纳税义务,那么这将严重损害国会税收政策的有效实施。
② 在"威斯敏斯特公爵案"中,英国上议院拒绝采用经济实质原则。
③ 在该案中,法官虽然否认了在该案中运用了实质重于形式原则,但是他认为,法官有职责确认涉及征税或者税收后果的交易的法律实质。
④ 〔日〕金子宏:《日本税法》,战宪斌等译,法律出版社2004年版,第102页。
⑤ 张守文:《财税法学(第六版)》,中国人民大学出版社2018年版,第125页。
⑥ 葛克昌:《行政程序与纳税人基本权》,北京大学出版社2005年版,第87页。

仅就其外观形式进行判断,而是应当通过外观形式,对其实质进行本质上的分析和评判,从而进行课税。这就是说,以法律上规定的课税要素为标准,不能脱离法律关系而直接按经济效果来判断。如果从形式上看法律要求的课税要素未满足,但课税要素事实已存在,则应对其予以课税;若从形式上看已符合课税要素的要求,但实质并未符合,则不应对其进行课税。第二,经济实质说。日本学者田中二郎和我国台湾学者陈清秀认为,以经济活动中产生的经济效果为标准,只要产生了经济效果,就应该对其进行课税。纵使该经济效果与法律规定的课税要素不一致,仍可采用实质课税原则对产生的经济效果进行课税。第三,两种观点非矛盾说。该说认为,法律实质说和经济实质说只是在不同的场合适用,即当法律上的形式与法律上的实质发生冲突时,适用法律实质主义;当法律与经济发生冲突时,适用经济实质主义。

实际上,在法律要求的课税要素与实际发生冲突时,一定产生了经济效果。因为没有经济效果的产生,便没有征税的空间,所以直接适用经济实质说即可。

事实上,"法律实质说"在其他部门法中也有体现。如民法中"名为联营,实为借贷",公司法中"刺破公司面纱"制度等,均是事实关系与法律关系发生不一致时的评判标准。即是说,这些部门法的通则,并非税法独有。如果按照此种意义上的"实质"来理解实质课税原则,实际上是否认了其存在的特殊意义。故多数学者采用"经济实质"来定义"实质"的内涵。

(三) 实质课税原则的适用

作为税法适用的具体原则,实质课税原则不能违背税收法定原则。但若将税收法定原则加以扩张,实质课税原则的适用则有助于弥补僵化地理解税收法定原则所造成的损失,从而防止因对法律固定的、形式的理解而给量能课税造成的危害,特别是在面对税收逃避等行为时,实质课税原则对有效征税具有重要作用。

1. 实质课税原则适用的目的

追求税法上的平等与公平。严格适用税收法定原则来判断是否符合课税要件,容易侵犯名义上纳税人的权利,忽略实质纳税人的义务。因而,采用实质课税原则,用经济实质来判断是否符合课税要件可以达到追求实质公平的目的,否则有违背税收法定之嫌疑,而且容易造成公权力滥用。因此,适用实质课税原则的首要目的在于追求平等与公平。

2. 实质课税原则适用的条件

关于实质课税原则的适用要件,理论上没有共识,但在税收实务中该原则却被广泛应用并在税法上得到认可。实质课税原则的适用条件是:形式上的事实与事实上的实质存在不一致,适用税收法定的形式课税将会发生不公平的结果。这里,倘若适用税收法定原则可以达到维护公平的目的,则实质课税原则亦无用武之地。因此,只有形式上的事实与事实上的实质不一致,且适用实质课税原则可以有效弥补形式上的不足,达到公平效果时,才能适用实质课税原则。

3. 实质课税原则适用的标准

实质课税原则适用的标准在于是否产生经济效果和经济生活的实质。经济的实质未必是合法的,如对非法收入征税的理论依据何在,便成为适用经济实质原则的最大挑战。课税问题聚焦于收入所得,即只要产生经济收入的实质条件,就应当予以课税,不管其是否为合法所得。加之,经济关系的复杂性与灵活性,征税机关不可能对复杂的征税客体进行法律上的评价,因此只要符合税法构成要件就应予以课税。即使事后被评价为非法所得,征税机关对其征税,也是符合法不溯及既往的法学基本理念的;同时,这增加了违法行为的成本,维护了税收的安定性。

(四) 实质课税原则的体现

1. 重复征税之规制

重复征税最明显的是在信托业务中。目前,在整个信托业务过程中,信托财产的转让和信托受益的取得实际上分别发生了一次,但受托人并没有真正拥有信托财产及其受益所得,而仅是将信托财产、信托受益所得转交给受益人。但这种对同一所得税源征两次税而出现的经济性重复征税的问题,在信托课税中大量存在。这不但会增加纳税人的不合理负担,压缩投资者的收益空间,而且会提高信托公司的运营成本,阻碍信托业的正常发展。根据信托导管原理,信托被视为向受益人分配信托利益或输送信托财产的"管道",信托当事人之间相互转移信托财产、受托人获得信托收益,往往不具有实质经济意义,因而在税收上也不应依据其形式像对一般经济活动那样进行课税。可见,在建立信托收益所得税法律制度,面临实质与形式冲突时,应坚持"实质重于形式"原则,即采取以实质转移所得为课税对象,以实际受益人为纳税人,形式转移不课税,实际获益者纳税的方式,从而避免重复征税。

2. 税收规避之治理

所谓避税,一般的解释为"纳税人以合法手段减轻或避免纳税义务的行为"。

避税的前提是形式上守法，但实质上却会造成国家税收收入的流失，甚至可能降低经济活动的效率，造成税负上的不公平。而且随着全球经济的迅速发展，国家间经济交往的日益频繁，各种新颖的交易方式不断出现，纳税人采取的避税手段花样愈发多样，这更增加了治理的难度和复杂性。

避税是纳税人利用税法漏洞，选择立法者未曾考虑以至立法不曾涉及的法律行为进行税负的规避。它脱离并溢出了税法的文义规定，法律无法直接适用，因而是一种脱法行为，即"形式上合法，实质上不合法"。私法上，法律漏洞可以通过类推适用、目的性扩张或收缩等方式进行补充，但税法基于税收法定主义的要求，为维护法的安定性，规定了若没有法律明文规定，不能任意对税法进行超越法律文义的解释的要求，因此对税法漏洞的补充一般也被禁止。可见，对税收规避的治理遇到了税收法定主义之下税法形式与实质之间的矛盾。"将实质课税原则作为独立存在于租税法定主义之外的一条解释和适用税法的指导性原则，是今天具有代表性的学说。"①

避税行为人利用法律的漏洞，滥用法律事实形成的可能性，意图规避税法规定的行为本身，属于投机取巧，不具有合理的信赖利益，因而对其防范和治理是立法机关和行政机关的合宪性任务。从国外税收立法实践看，实质课税原则已得到比较普遍的认可。日本国税厅在1954年发布的一项通告中称："如果《所得税法》第3条第2款所规定的所得的归属或种类等方面，出现名不符实的情形，尽管有名义或形式的存在，课税当局也要按照实质即所谓的实质课税原则向资产或事业产生利益的归属者课征所得税。"②事实上，我国在税收立法实践中，也认可了实质课税原则。该原则体现在《企业所得税法》第六章"特别纳税调整"以及《个人所得税法》《税收征收管理法》和《税收征收管理法实施细则》等法律法规的相关条款中。

本 章 小 结

理论上，税法的基本原则可以概括为税收法定原则和税收公平原则。税法除拥有自己独特的基本原则外，还有自己独特的适用原则，如税收诚信原则、实质课税原则。

税收法定原则同罪刑法定主义一样，都是民主政治的产物。前者保护人民

---

① 〔日〕北野弘久：《税法学原论（第四版）》，陈刚等译，中国检察出版社2001年版，第83—84页。
② 同上书，第83页。

的财产权,后者保护人民的生命权。世界上绝大多数国家都把税收法定原则写入宪法。税收公平原则是现代法律基本原则——平等原则在税法领域中的体现。税法要处理好国家和纳税人之间的税收公平关系以及按照量能课税的标准处理好纳税人之间横向公平与纵向公平的关系,保障纳税人的生存权和财产权。

税收诚信原则是民法"诚信原则"在税法中的引用,其目的在于平衡国家利益与纳税人利益,实现税法的正义,是税收法定原则必要且有益的补充。实质课税原则出于对经济目的和经济生活实质的考量,突破了对税收法定原则的形式理解,可以弥补税法漏洞,有效治理税收规避问题,保障国家税收债权的实现。我们应从形式、实质以及机能上理解税收法定原则,理解税收法定原则与税收诚信原则、实质课税原则之间的对立统一关系。

思考题

1. 税收法定原则的内涵是什么?
2. 如何理解税收法定原则与税收诚信原则、实质课税原则之间的对立统一关系?
3. 如何以量能课税原则为标准理解纳税人的税负公平(包括横向公平与纵向公平)?
4. 如何从税收公平原则角度看税法的社会化趋势?
5. 税收诚信原则的法理基础是什么?
6. 如何协调税收法定原则与税收诚信原则之间的关系?

延伸阅读

税法原则之协调

第四章　税收法律关系

作为法学学科的一个基本范畴,法律关系对法学研究的意义已不言而喻,它几乎可以被运用到任何一个部门法中,成为具有特定内容和意义的且为该部门法所独有的基本范畴。因此有学者认为,"税法学可称为以对税收法律关系进行系统的理论研究为目的的法学学科。"[1]本章将从不同的学说入手,对税收法律关系的性质与主体的构成作重点阐述。

第一节　税收法律关系概述

一、税收法律关系的概念

法律关系是法律规范在调整人们行为过程中形成的一种特殊社会关系,即法律上的权利和义务关系。由于各种法律规范所调整的社会关系不同,因而形成了内容和性质各不相同的各种法律关系。

税法在调整税收关系时,形成了税收法律关系。所谓税收法律关系就是由税法调整而形成的,在税收活动中各税收法律关系主体之间发生的具有权利义务内容的社会关系。[2]

二、税收法律关系的范围

税收法律关系是税收关系在税法上的反映。税收关系有广义、狭义之分。狭义的税收关系是指税收征纳关系。广义的税收关系除了税收征纳关系以外还包括其他的税收关系,主要有纳税人与国家之间的关系,相关国家机关之间的税收权限划分关系,纳税主体、征税机关和相关国家机关之间发生的税收救济关系,主权国家之间发生的税收权益分配关系等。也就是说,广义的税收关系,即有关税收活动的各种社会关系的总和。其中,税收征纳关系居主体地位,是税收关系中最主要的部分。

---

[1] 〔日〕金子宏:《日本税法原理》,刘多田等译,中国财政经济出版社1989年版,第18页。
[2] 刘剑文主编:《税法学(第二版)》,人民出版社2003年版,第88页。

根据税收关系的范围，可以把所有与税收有关的法律关系都作为税收法律关系的组成部分。税收法律关系包括国家与纳税人之间的税收宪法性法律关系；征税机关和纳税主体之间的税收征纳法律关系（在税收征纳关系中，又可进一步分为税收征纳实体关系和税收征纳程序关系）；相关国家机关之间的税收权限划分法律关系；税收救济法律关系；国际税收权益分配法律关系等。

三、税收法律关系的特征

与民事法律关系相比，税收法律关系相对复杂一些。民事法律关系的主体具有基本一致的法律性质和特征，而税收法律关系中各主体的法律性质和特征不尽相同。由于国家、征税机关和纳税人是税收活动中最重要的主体，因此他们之间发生的法律关系理应成为最重要的税收法律关系。金子宏教授认为，税收法律关系的中心，是国家与纳税人之间的关系。[①] 北野弘久教授也认为，租税法律关系，简而言之，是如何看待课税厅和纳税者之间的法律关系的问题，它历来是税法学中最大的焦点课题。[②] 因此，可以把税收法律关系简化为税收宪法性法律关系和税收征纳法律关系，甚至还可以进一步把税收法律关系简化为税收征纳法律关系，也就是狭义的税收法律关系。

如此一来，税收法律关系的特征便可概括如下：(1) 税收法律关系中固有一方主体是国家或代表国家行使征税权的征税机关；(2) 税收法律关系就具体的纳税人和具体的时空而言，是一种财产所有权或支配权单向转移的关系；[③] (3) 税收法律关系中双方主体享有的权利的性质不同，而义务关系在一般情况下又不对等；(4) 税收法律关系的产生以发生了税法规定的行为或条件为前提，这对于征纳双方都是一样的。

第二节 税收法律关系的性质

在税法学研究的历史上，税收法律关系的性质一直是学术争论的一个重要课题。

[①] 〔日〕金子宏：《日本税法原理》，刘多田等译，中国财政经济出版社1989年版，第23页。
[②] 〔日〕北野弘久：《税法学原论（第四版）》，陈刚等译，中国检察出版社2001年版，第158页。
[③] 所谓支配权主要是就国有企业和其他国有性质的纳税人而言的。以所得税为例，国有企业的应纳税所得和征税机关就此征收的税款，都属于国家所有，税款从国有企业向征税机关转移不过是同一所有人下支配权的转移，实际上就是占有权人的变换。财产所有权则是针对除国有企业和其他国有性质纳税人以外的其他纳税人的。

一、国外关于税收法律关系性质的学术论争

关于税收法律关系的性质国外存在多种不同的学术观点,比较有代表性的是租税权力关系说、租税债务关系说和折中的"二元论"。

租税权力关系说的代表人物是德国行政法学的创始人奥托·梅耶(Otto Mayer)。该学说将税收法律关系理解为纳税人对国家课税权的服从关系。在这种关系中,国家以优越的权力主体的身份出现,国家课税权的行使以税收法规—课税处分—滞纳处分—税务罚则的模式进行。这种"查定处分"是纳税义务的创设行为,而不单单是纳税义务内容的确定行为。纳税人的行为满足课税要件时,纳税义务并不立即产生,直到"查定处分"进行,纳税义务才产生。据此,税收法律关系与其他行政法律关系在性质上没有差异。

租税债务关系说的代表人物是德国税法学家阿尔伯特·亨泽尔(Albert Hensel)。该学说将税收法律关系定性为国家对纳税人请求履行税收债务的关系,国家与纳税人的关系是法律上的债权人和债务人之间的对应关系。这种税收法律关系是一种"公法"上的债务关系,税收债务是一种法定债务,纳税义务不依课税处分而成立,而以满足课税要素而成立。这一学说对税法学后来的发展产生了极大的影响。

二元论的观点是日本税法学界的通说。[①] 金子宏教授认为,权力关系说和债务关系说的着眼点是完全不同的。权力关系说主要就税收的征收程序来论述问题,而债务关系说则主要就纳税人对国家的税收债务来论述问题。他指出,税收法律关系最基本的内容,是国家对纳税人请求所谓税收这一金钱给付的关系,所以把它作为基本的原理性的债务关系来把握,其理由十分充分。但税收法律关系中包括各种类型的法律关系,将其简单地划分为权力关系或债务关系是很困难的,只能理解为有些属于债务关系,有些属于权力关系。[②]

二、我国关于税收法律关系性质的权威性观点

税收法律关系的性质究竟是什么?一般人的观念仍受传统权力关系论的支配,对税收债务关系说的观点不予接受。近年来,有学者对国外精彩纷呈的关于税收法律关系性质的学说进行了比较和反思,并提出"分层面关系"说,即"从两个层面对税收法律关系的性质予以界定。在抽象的层面,将税收法律关系的性

---

① 〔日〕北野弘久:《税法学原论(第四版)》,陈刚等译,中国检察出版社2001年版,第164页。
② 〔日〕金子宏:《日本税法原理》,刘多田等译,中国财政经济出版社1989年版,第20—21页。

质整体界定为公法上的债务关系,在具体的层面,也就是法技术的层面,将税收法律关系的性质分别界定为债务关系和权力关系"①。这一学说具有制度建设和学术研究的价值,其理论意义和实践意义也十分重要。

三、税收法律关系的性质探析

税收法律关系的性质是一个非常复杂的问题,很难得出非此即彼的结论。② 但笔者还是赞同北野弘久教授提出的"公法上的债务关系"说。以下是笔者结合该学说提出的自己对税收法律关系性质的认识。

(一)税收法律关系的性质基于征税与用税的整个过程

基于对国家公共职能和税收本质的认识,③在税收征收(课赋)与税收使用(支出)过程中发生的税收征收支配主体与纳税人之间的关系都属于税收法律关系。这就是说,对税收法律关系应从这两个过程的整体上作全面的理解,而不应把这两个过程割裂开来。税收法律关系发生在税收征收与税收使用的整个过程中,是认识税收法律关系性质的基点和核心。只有税收征收与使用的全过程才能体现税收法律债权债务关系的性质。税收学所认为的税收具有无偿性、强制性的特征,正是把税收法律关系局限于征纳过程而得出的结论。因为在征纳阶段,纳税人履行了税收债务之后,不像民法上的债权债务关系那样,通过市场交换直接获得对价。这也是税收债权债务关系与民法上的债权债务关系的区别。

(二)税收法律关系的性质基于公债与私债的共同特征

债权债务关系本是作为私法的民事法律关系,但税收法律关系也体现了债的一般特征。

从债的一般原理看,税收法律关系,尤其是税收征纳法律关系,是在特定主体之间产生的特定财产关系,即具有特定财产内容的权利义务关系,这种权利义

---

① 刘剑文主编:《税法学(第二版)》,人民出版社2003年版,第93—94页。
② 北野弘久教授的研究是有价值的。将税收法律关系界定为公法上的债务关系,有助于人们理解纳税人与国家之间的关系,也有助于构建与传统行政法学相区别的税法学。但有一点是不可否认的,那就是尽管我们把税收法律关系界定为公法上的债务关系,但征税权的行使者仍然是国家征税机关,国家征税机关是典型的行政机关,它在税收征管过程中进行税务检查、采取税收保全措施、强制执行措施等行为和普通行政机关作出的具体行政行为并没有本质上的差别。作为行政机关,征税机关仍要遵循一般行政法的基本原则。同上书,第93页。
③ 有关国家公共职能和税收本质的问题,本书第一章已作阐述,故不再述。

务关系不是基于合同而是基于法律规定产生的,①国家是享有征收权利的债权人,纳税人是负有缴纳义务的债务人。税收债权债务关系所反映的经济关系是在财产分配领域形成的经济流转关系,具体表现为纳税人的部分财产移转给国家。税收的最后归宿虽然并不是进入市场交换领域,但它会经过生产消费过程最终进入社会公共消费领域。

从债权债务关系的构成要素看,私法上债权债务关系的构成要素在税收法律关系中也是存在的。在税收征收过程所形成的税收法律关系中,国家是债权人,纳税人是债务人,国家作为债权人行使税收债务的请求权与收益权,纳税人作为债务人履行税收缴纳的债务。在税收使用过程所形成的税收法律关系中,债权人与债务人的位置发生了互换,②国家成为债务人,纳税人则成为债权人,国家负有依据宪法和法律向纳税人提供公共产品的义务,纳税人则依法享有消费公共产品的权利。这里,单就互负给付义务而言,与私法上的债权债务关系并无不同,而且这也是人民主权国家的税收与专制国家的税收的根本区别所在。

(三)税收法律关系的性质基于公法与私法的本质差别

税收法律关系虽然表现出与私法上债权债务关系相同的特点,但它毕竟不是纯粹私法上的债权债务关系。由于它具有公法的性质,因此又表现出与私法上的债权债务关系不同的特点。

民法上的债权债务关系依私人之间的契约而成立。为防范债务人不履行义务,债权人可以通过债的担保和保全制度,强制义务人履行,而使债权得以实现。作为公法的税收债权债务关系,则是基于税收法律规定而产生的。由于国家要求纳税人依法纳税,因此当纳税人不履行纳税义务时,代表国家行使征税权的征税机关可以通过税收保全措施、强制执行措施等,强制纳税人履行义务。这里,征税机关是典型的行政机关,税收征管行为和普通行政机关作出的具体行政行为没有本质上的差别。正是征税机关在税收征管中行使行政权力的现象,奠定了权力关系说的理论基础。其实,对纳税人来说,税收程序法上的种种义务规定,其最终的目的在于配合或确保税收实体法上请求权的实现;对征税机关来说,其权力的存在则是为了国家有效实现税收债权,这同民法上债权人为实现债

---

① 一般认为租税是租税法律的创造物(creature of tax statute)。没有租税法律,也就不会产生租税法律关系,这是租税法律主义所下的定论。〔日〕北野弘久:《税法学原论(第四版)》,陈刚等译,中国检察出版社 2001 年版,第 158 页。

② 民法和税法上的债权债务关系中都存在着债权人与债务人的位置互换。只不过前者是在不同的债权债务关系中互换,后者是在同一债权债务关系的两个不同过程中互换。

权而设立债的保全制度的目的是一样的,而且征税机关的权力同样被限制在法律的框架内,即征税机关要依法征税。

私法上的债权债务都是特定人对特定人的,这是私法之债的突出标志;而在税收法律关系中,作为债主体的国家不是特定的个人,作为债主体的纳税人在享有消费公共产品的债权时也不是以特定的个人出现的,而是以"概括性""集合型"的特定主体出现的。因此,在税收债权债务关系中,特定主体之间债的相互给付在时空上不直接,在价值上不对等。权力关系说就在这种时空割裂的情况下,片面地、浅层次地看待问题,自然认为作为征税主体的国家只有权力而不负有义务,纳税人则只负有义务而不享有权利。

正因为公法上的债权债务关系具有与私法上的债权债务关系不同的特点,故把税收债权债务关系定性为公法上的债权债务关系,以示与私法上的债权债务关系相区别。这样定性可以将我们从传统的税收权力关系说中解放出来,把民法债法中的相关制度引入税法,[①]保证国家税收债权的实现,保护纳税人的合法权益。

第三节 税收法律关系的要素

任何法律关系都是由主体、客体、内容三要素构成的,税收法律关系也不例外,其三要素之间互相联系,不可分割,形成统一的整体。

一、税收法律关系的主体

税收法律关系的主体即税法主体,是指在税收法律关系中依法享有权利和承担义务的当事人。税收法律关系中最重要的主体是征税主体和纳税主体。

(一)征税主体

征税主体是指参与税收法律关系,享有国家税收征管权力和履行国家税收征管职能,依法对纳税主体进行税收征收管理的国家机关。从严格意义上讲,只有国家才拥有征税权,是税收法律关系的主体。但国家是一个抽象的实体,其征税权是通过立法授权于具体的国家职能机关来行使的。征税机关具体履行税款

---

① 可以借鉴民法债法上的债的担保和保全制度,建立税收担保、税收代位权和撤销权制度;借鉴民法上的优先权制度,建立税收优先权制度;借鉴民法债法上的不当得利制度,建立税法上的纳税人的退税请求权制度;借鉴民法债法上债的履行及发生、变更和消灭的理论,建立作为税收债务的纳义务的成立、继承和消灭制度,以及主纳税义务、第二次纳税义务和连带纳税义务制度;此外,在税收债务的消灭时效、税收债务的抵消等问题上,都可以借鉴民法债法上的相关理论和制度。

征收的职能,只是代表国家行使征税的权力,并非本身享有税收征收权。在具体的税收征纳法律关系中,行使征税权的征税主体包括:各级税务机关和海关。大部分税收由各级税务机关负责征管,海关总署和地方各级海关负责关税,以及进口环节的增值税、消费税和船舶吨税的征管。因此,税务机关是最重要的征税主体。

（二）纳税主体

我国税法上的纳税主体包括两类:纳税人和扣缴义务人。扣缴义务人又可以分为代扣代缴义务人[①]和代收代缴义务人[②]。

纳税人是最重要和最普遍的纳税主体,即法律、行政法规规定的负有纳税义务的单位和个人。对于纳税主体,根据我国现行税法的规定,有许多不同的划分方法。按照民法中身份的不同,纳税人可以分为自然人和法人。按照承担纳税责任的不同,直接税中,纳税人可以分为无限纳税义务人和有限纳税义务人;间接税中,纳税人可以分为正式纳税人和延伸纳税人。[③] 此外,不同的税种也可以根据一定的标准对纳税人进行划分。在增值税方面,根据纳税人销售额的高低和会计核算的健全与否,可以把纳税人分为一般纳税人和小规模纳税人;在所得税方面,根据征税权行使范围的不同,可以把纳税人分为居民纳税人和非居民纳税人等。

扣缴义务人指法律、行政法规规定负有代扣代缴、代收代缴税款义务的单位和个人。根据《税收征收管理法》的规定,税务机关要按照规定付给扣缴义务人代扣、代收手续费。这里,扣缴义务人只是将他人应缴税款经手后交给税务机关,自身并不负有纳税义务。但是,如果他们不承担这项责任,与纳税人拒不纳税给国家造成的损失是相同的。因此,各国税法都将扣缴作为一项法定义务固定下来,扣缴义务人不履行义务应承担的法律责任与纳税人没有本质区别,一些国家的税法将扣缴义务人作为纳税人的一种特殊情况来处理。例如,日本《国税通则法》和《国税征收法》将两者统称为纳税人,德国《税收通则》第33条也作了类似的规定。这对我们处理扣缴义务人与纳税人的关系不无启发。

[①] 代扣代缴义务人是指负有代扣代缴义务,代替税务机关向纳税人扣缴应纳税款的纳税主体。
[②] 代收代缴义务人是指负有代收代缴义务,代替税务机关向纳税人收缴税款的纳税主体。
[③] 我国税法并没有引入正式纳税人和延伸纳税人的概念。但我国增值税和消费税中,对类似情况的课税是存在的。例如,对将自产、委托加工的货物用于集体福利或个人消费以及无偿赠送他人的,都要视同销售货物征收增值税。这时,实际消费者和受赠人即实际的延伸纳税人。

二、税收法律关系的客体

法律关系的客体是指法律关系主体权利义务指向的对象。法理学研究表明,法律关系的具体客体是无限多样的,把它们抽象化,可以概括为国家权力、人身和人格、行为、法人、物、精神产品、信息等。各种客体可以进一步抽象为"利益"或"利益载体"等更一般的概念。由此可以说,法律关系的客体就是一定的利益。从广义的角度看,税收法律关系的客体主要包括税收权力(权益)、物和行为。税收宪法性法律关系和税收权限划分法律关系的客体是税收权力;国际税收权益分配法律关系的客体是税收权益;税收征纳法律关系的客体是按照一定税率计算出来的税款;税收救济法律关系的客体是行为,即税务机关在税收征管活动中作出的相关行为。上述各种客体又可以进一步抽象为"税收利益"。① 本书此处主要研究的是狭义的税收法律关系即税收征纳法律关系的客体——税款。

三、税收法律关系的内容

税收法律关系的内容就是税收法律关系主体依法享有的权利和承担的义务。从税收法律关系的内容看,与纳税人有关的税收法律关系主要是纳税人与国家之间的税收宪法性法律关系,以及纳税人与征税机关之间的税收征纳法律关系。前者主要由宪法规范和调整,后者则主要由税收实体法和程序法来调整。

(一) 税收宪法性法律关系的内容

在宪法中,纳税人的权利主要以公民权的形式存在,但纳税人依其身份在宪法上还享有一定的特殊权利。纳税人的宪法性权利主要有:

1. 纳税人的财产权

对纳税人而言,最重要的宪法性权利首先是财产权。我们说,征税是对纳税人财产的合法剥夺,但"财产权依赖于一个乐于征税和花钱的政府"。尽管如此,如果宪法不承认或者不保护纳税人的财产权,则必然导致税源枯竭、无税可征。因此,有效的财产权必然反对课税过度,提倡平等课税,坚持税收法定主义,并对征税构成有力制约。此外,纳税人向国家让渡一部分财产也是为了国家保护其缴税之后剩余财产的安全。

2. 纳税人的生存权

纳税人的生存权是法治国家一项不可缺少的权利。税收的任何征收均不得

---

① 刘剑文主编:《税法学(第二版)》,人民出版社 2003 年版,第 108 页。

侵犯纳税人的生存权,并要保障纳税人维持基本生活的权利。具体讲,在税收立法阶段,将纳税人的基本生活费用以及家庭必要开支等从应税所得中扣除,规定低收入者不课税或者轻课税,将生存性质的财产排除在课税范围之外,即使课税也适用较其他类型财产更低的税率。在税收执法阶段,如果纳税人确实无力缴纳税款,应当视情况予以缓征、减征或者免征;在税收保全或者税收强制执行时,应当将纳税人维持基本生活所必需的财产排除在外。

3. 纳税人的平等权

纳税人的平等权主要体现为人格上的平等和税负上的平等。前者是指对所有的纳税人一视同仁,既不因其身份地位不同而享有任何特别的税收待遇,也不因民族、宗教、肤色、出身、语言等而受到任何不利的税收待遇。即在税收立法上平等保护,在税收执法上平等适用,在税收司法上平等制裁,让每个纳税人都拥有相同的权利或义务,并按照量能课税原则或者受益原则确定纳税人的税收负担。

4. 纳税人的监督权

如果将纳税人的宪法性权利予以归纳,就可以得出一个非常基本的结论,即纳税人仅在税的征收和使用符合宪法规定的条件下,才承担纳税义务。按照日本学者北野弘久的观点,这就是纳税人的基本权利。① 纳税人作为公共物品费用的主要提供者,在履行了为公共物品提供资金的义务之后,自然就取得了选择、决定和享用公共物品的权利。与此同时,"纳税人让渡部分财产权也是以国家保证税款的使用合乎宪法目的为前提的。如果国家滥用财政权力,在税款的使用上随心所欲,或者无力监督贪污、腐败、挪用等财政违法现象,实际上就是对纳税人财产权的侵害。"为此,纳税人必须对国家的财政支出予以监督。纳税人通过行使税监督权,保证税款的用途不至于偏离宪法的宗旨和精神。我国每年召开的人民代表大会对财政支出预算案的审议和通过就是纳税人行使上述权利的具体体现。

总之,税收宪法性法律关系的内容可以从我国《宪法》第56条关于公民纳税义务的规定中得到全新解释。第一,保护公民基本权利,促进公民经济、政治、文化权利的发展,是宪法永恒不变的主题。因此,公民的纳税义务以国家合宪的财政收支为前提,亦即纳税义务服务于公民权,离开公民权谈纳税义务不符合宪法精神。第二,公民纳税是为了保障国家权力的运行,但国家权力存在的目的是有效维护公民的权利。因此,税的收入和支出作为不可分割的整体,体现在公民身

---

① 〔日〕北野弘久:《税法学原论(第四版)》,陈刚等译,中国检察出版社2001年版,第57—58页。

上就是纳税义务与公民权利的统一。

（二）税收征纳法律关系的内容

1. 征税主体的权力和义务

（1）征税主体的权力

征税主体在税收活动中享有广泛的权力，这有助于保障国家税收债权的实现。征税主体依法拥有的权力主要有以下几项：

一是税务管理权。这是为了保障税收征管权的有效实现而由法律赋予征税机关的权力，主要包括税务登记管理权、账簿凭证管理权和纳税申报管理权等。

二是税款征收权。这是与纳税主体的纳税义务相对应的权力，是税务机关最基本的权力。主要包括税款核定权和税款入库权两个方面。为了保障该权力的有效实现，征税主体在行使权力的过程中，还可以具体行使税负调整权、税收保全权和税收强制执行权等。

三是税务检查权。税务检查权包括对纳税人的账簿、凭证、报表和有关资料的税务检查权；对纳税人的生产、经营场所和货物存放地的应纳税商品、货物或者财产的税务检查权；到车站、码头、机场、邮政企业及其分支机构对纳税人托运、邮寄应纳税商品、货物或者其他财产的有关单据、凭证和有关资料的税务检查权；依法享有的对纳税人存款账户的税务检查权。税务机关在进行税务检查时还享有采取税收保全措施和税收强制措施的权力。

四是税务违法处罚权。对于纳税主体违反税法规定的一般违法行为，征税机关有权依法予以处罚；若情节严重，已构成犯罪，则应移交司法机关追究刑事责任。

五是税务信息获取权。即征税主体有权要求纳税主体提供一切与纳税有关的信息，也有权从其他有关部门获得与纳税人纳税有关的信息。为了保障获取信息权的实现，征税主体不仅可以行使调查权，也有权要求相关部门依法予以协助。

（2）征税主体的义务

在税法中规定税务机关的义务具有重要意义，可以约束税务机关，防止其滥用行政权力，同时有助于保护纳税人的合法权益。征税主体依法需要履行的义务主要有以下几项：

一是依法征税的义务。征税主体必须严格依据税收实体法和税收程序法的规定征税。没有法律依据，税务机关不得擅自开征、停征、多征、少征、提前征收、延缓征收或者摊派税款。因此，征税主体必须依法从事征税活动。

二是提供服务的义务。征税主体应当向纳税人宣传税法，为纳税人提供必要的信息资料和咨询,使纳税人在纳税过程中得到文明、高效的服务。

三是回避的义务。征税主体在征收税款和查处税收违法案件时,与纳税人、扣缴义务人或者税收违法案件有利害关系的,应当回避。

四是保守秘密的义务。征税主体不得侵犯纳税主体的隐私权或商业秘密,纳税主体提供给税务机关的信息资料只能用于征税或实现加强税收征管的目的,不能被滥用于其他非征税的目的。除税收执法需要外,征税主体不得披露纳税主体的有关信息。

五是依法告知的义务。征税主体应依法进行催告或告知,以使纳税人知道其纳税义务的存在和不履行义务将受到的处罚;在处罚违法纳税人时,也应告知其享有的各项权利。征税主体的这一义务对保障纳税主体程序权利和实体权利的实现具有重要意义。

2．纳税人的权利和义务

(1) 纳税人的权利

纳税人依法享有的权利主要有以下几项:

一是知情权。纳税人有权了解国家税收法律、行政法规的规定和与纳税程序有关的事项。

二是保密权。纳税人有权要求征税机关为其商业秘密和个人隐私保密,主要包括技术信息、经营信息和不愿公开的个人事项。

三是税收监督权。纳税人有权检举和控告税务人员的违法行为,如索贿受贿,徇私舞弊,玩忽职守,不征或者少征税款,滥用职权多征税款或者故意刁难等;同时,纳税人也有权检举其他纳税人的税收违法行为。

四是纳税申报方式选择权。纳税人有权在直接申报、邮寄申报和数据电文申报等方式中进行选择。

五是延期申报权。纳税人不能按期办理纳税申报的,经税务机关核准,可以延期申报。

六是延期缴纳税款权。纳税人因有特殊困难,不能按期缴纳税款的,经省、自治区、直辖市国家税务局和地方税务局批准,可以延期缴纳税款。

七是申请退还多缴税款权。纳税人有权向税务机关要求退还多缴的税款并加算银行同期存款利息。

八是依法享受税收优惠权。纳税人有权依照法律、行政法规的规定享受税收优惠。

九是委托税务代理权。纳税人有权就税务登记、发票领购、纳税申报、税款缴纳、申请退税、建账建制、办理财务、税务咨询、制作涉税文书、审查纳税情况,以及申请税务行政复议和提起税务行政诉讼等事项委托税务代理。

十是陈述与申辩权。纳税人对税务机关作出的决定,享有陈述权、申辩权。

十一是拒绝检查权。税务机关派出的人员进行税务检查时,未出示税务检查通知的,被检查人有拒绝检查的权利。

十二是赔偿救济权。纳税人若对税务机关的具体行政行为不服,有权依法申请行政复议或提起行政诉讼;纳税人的合法权益受到税务机关违法行为侵害而造成损失的,纳税人有权要求税务机关承担赔偿责任。

十三是听证权。对税务机关给予的行政处罚,纳税人有权要求举行听证。

十四是索取凭证权。税务机关征收税款时,纳税人有要求开具完税凭证的权利;扣缴义务人代扣、代收税款时,纳税人有要求扣缴义务人开具代扣、代收税款凭证的权利。

以上是我国《税收征收管理法》及其实施细则和相关税收法律、行政法规所规定的纳税人权利。这说明我国在纳税人权利的程序保护方面已取得长足的进步。但我们还欠缺诸如税负从轻权、诚实推定权、接受礼貌服务权等纳税人权利。

(2) 纳税人的义务

纳税人依法履行纳税义务是国家税收债权得以实现的主要保障。与征税主体的权利大致相对应,纳税人主要负有以下义务:

一是依法纳税的义务。纳税人应依据税收实体法和税收程序法的规定,及时、足额地缴纳税款。这是纳税人最基本的义务。

二是接受管理的义务。纳税人应接受征税主体的税务管理,依法办理税务登记,依法设置账簿、保管账簿和有关资料,依法开具、使用、取得和保管发票,依法进行纳税申报。

三是接受稽查的义务。纳税人应接受征税主体依法进行的税务稽核和税务检查,如实反映情况,提供有关资料,不得拒绝、隐瞒。

四是提供信息的义务。纳税人应诚实地向征税主体提供与纳税有关的信息,在必要时,还应接受征税主体依法实施的调查。

本 章 小 结

本章主要论述了税收法律关系的概念、特征、性质以及税收法律关系的要素,包括主体、客体和内容三个方面,还对国外有关税收法律关系性质的学术论争进行了分析。

思考题

1. 税收法律关系的性质什么？
2. 简述税收法律关系的构成要素。

延伸阅读

税收法律关系的平等性

第五章 税法的运行

学习本章有助于对税收立法、税法解释、税法的漏洞补充、税收执法和税收司法作全方位的了解。

第一节 税 收 立 法

一、税收立法和税收立法权

（一）税收立法的概念

税收立法是国家立法机关依据法定职权，遵循法定程序，制定、认可、修改、补充、废止、解释和监督税法的立法活动。

理解税收立法的概念，应注意以下几点：第一，税收立法是以国家最高权力机关为核心构成的、覆盖整个税收领域的完整体系，它是国家立法活动的一个子系统；第二，税收立法权限的划分构成了税收立法体系的框架；第三，立法必须经过法定程序，这是现代法的基本标志之一，税收立法也不应例外；第四，制定法是立法的重要部分，但修改、补充、废止、解释也是其必要组成部分。在国家政治、经济发生较大变化时期，税收政策调整频繁，税法的制定、废止较多；而在政治、经济发展较平稳时期，修改、补充税法占税收立法的比重较大。至于税法的认可，往往在特定历史时期才会出现。

（二）税收立法权的概念

税收立法权即特定国家权力机关依法享有的在税收领域进行立法的权力。与税收立法相对应，税收立法权有其丰富的权力内容，主要包括税法的初创权、税法的修改权和解释权、税法的废止权等。其中，税种的开征权与停征权、税目的确定权和税率的调整权、税收优惠的确定权等尤为重要。[1]

二、税收立法权限体制

税收立法权限体制从属于一国整体的立法体制，其核心内容是在相关国家

---

[1] 张守文：《税法原理（第三版）》，北京大学出版社2004年版，第63页。

机关之间分配税收立法权,确定不同主体的税收立法权限范围。税收立法权限体制一般可以分为税收立法权的横向分配和税收立法权的纵向分配。

(一)税收立法权的横向分配

税收立法权的横向分配一般在同级国家机关之间进行,主要指中央一级国家机关之间的税收立法权分配,涉及立法机关与行政机关在税收立法方面各自拥有的权力。立法机关行使主要的税收立法权,这在世界各国都是如此。有些国家在宪法中规定行政机关可就一定范围内的事项立法,有些国家则通过立法机关的授权赋予行政机关税收立法权;各国对授权条款的规定也不尽相同。

从世界范围看,税收立法权的横向分配可以分为独享式和共享式。

所谓独享式是指税收立法权主要由立法机关享有,行政机关享有的立法权来自立法机关的委托或授权。如美国奉行"三权分立"的宪法原则,行使立法权的是国会,但在实践中,为了行政机关能够高效地行使职能,必须使其具备立法方面的权力。行政机关具有这种立法权,"仅仅是由于立法机关的委任"。同时,法院还可以对国会的授权规定进行合宪性审查,如果国会的授权超出了某一限度,法院有权宣布授权无效。可以说,在美国,立法机关行使固有的立法职权,行政机关则行使从属的立法职权。

所谓共享式是指税收立法权由两个或两个以上的政权机关共同行使,立法机关和行政机关都享有立法权,行政机关享有的立法权部分来自立法机关的授权,部分来源于自身的职权,如法国、日本等国。法国宪法划分了法律事项和法令事项,法律事项的立法权属于议会,法令事项的立法权则属于政府。《法兰西第五共和国宪法》第38条和第16条还规定,对于本应属于由法律规范的事项,政府可以要求议会授权自己在一定期限内以法令的方式采取措施,总统制定的条例甚至可以变更和废除现存的法律。

(二)税收立法权的纵向分配

税收立法权的纵向分配是指税收立法权在中央和地方之间的分配安排,这是税收立法体制的重要组成部分。中央和地方对税收立法权的分配一般可分为集权、分权和混合三种模式。

所谓集权模式,是指税收立法权高度集中于中央,中央所制定的税收法律规范在整个国家领域内生效,地方只有很少或没有税收立法权。这种中央集权的模式多存在于单一制国家,如斯里兰卡、土耳其等,我国也属此种模式。

所谓分权模式,是指税收立法权在中央和地方之间分享,如美国、加拿大、德国。这种模式在联邦制国家往往更为普遍。

所谓混合模式,是指一国根据国情合理划分中央和地方的事权,在事权明晰的基础上配置相应的税收立法权。这一模式主要以日本为代表。

由于各个国家在历史传统、民族习惯、地理环境、国家性质以及国家结构形式等方面存在不同,因此税收立法权限体制也各不相同,即使在同一个国家,不同时期的税收立法权限划分也可能不同。

三、我国的税收立法权限体制

（一）我国税收立法权的横向分配

我国尚无法律对税收立法权限的横向划分作明确规定。全国人大与其常委会之间的税收立法权限划分也不甚明了。

1. 全国人大与全国人大常委会之间税收立法权的界限

按照宪法规定,基本法律由全国人大制定,除基本法律之外的其他法律由全国人大常委会制定。在已通过的税收法律中,《企业所得税法》和《个人所得税法》是由全国人大通过的,而《税收征收管理法》是由全国人大常委会通过的。但无论从哪一角度,也不应将《企业所得税法》和《个人所得税法》视为基本税法,而将《税收征收管理法》视为一般税法。

2. 立法机关和行政机关即全国人大和国务院之间税收立法权的界限

宪法虽规定全国人大及其常委会制定法律,国务院制定行政法规,但对其各自可以制定法律和行政法规的事项范围却没有清晰界定。我国现行税收实体法中,有12部是由全国人大及其常委会制定的,还有6部是国务院以"暂行条例"的形式立法的。此外,在国务院的税收立法权中,制定税收行政法规和税收规章的界限也是模糊的。例如《发票管理办法》由国务院财政、税务主管部门起草,报国务院批准后,由财政部发布。那么,该办法算作国务院制定的还是主管部门制定的?是税收行政法规还是税收部门规章?没有相应法律对这一问题予以回答。

改革开放以来,行政机关依据法律或依照授权制定了大量的税收行政法规,这在我国的现实国情下有其合理的一面,但行政机关的税收立法权不可无限制地膨胀。在1994年的工商税制改革中,改革的依据仅仅是国务院制定的《关于实行分税制财政管理体制的决定》以及国务院批转的由国家税务总局起草的《工商税制改革实施方案》。于是,行政机关以税收行政法规的形式便规定了大部分税种的几乎所有税收要素,并界定了中央税、地方税与中央地方共享税的范围。这里,国务院拥有的两项立法权的界限,根本没有任何法律予以说明。从表面看,它们都是国务院所拥有的税收立法权,但实质上,其效力、功能、作用等都存在着很大差异。而且对具体的纳税人产生更为重要和直接影响的,往往是财政部、国家税务总局发布的各种"通知""批复""办法",这些文件涉及税收制度的方方面面,其中有些文件在某种程度上已经对税收法律、行政法规的实体性规定作出了修正,如直接规定特定情况下的税收减免,这使得行政机关进一步侵犯了本属于立法机关的立法权,显然违背了税收法定主义。另外,由国务院负责制定的税收法律和税收条例的实施细则,是依据委托立法权制定的,还是依据行政立法权制定的?界限也不清楚。实施细则具有税法解释的性质,其解释权应由税法的制定机关所有。如果全国人大常委会制定的税法,由国务院负责制定实施细则,那么该行为就具有委托立法的性质;如果税收条例是国务院依据其行政立法权制定的,委托财政税收主管部门制定发布实施细则,就属于低一级别的委托立法。

《中共中央关于全面深化改革若干重大问题的决定》提出:落实税收法定原则。在税收领域,国务院在税收立法方面的作用主要是:第一,根据全国人大及其常委会制定的税收法律制定实施条例及有关行政法规;第二,国务院可以根据宪法规定向全国人大及其常委会提出税收立法议案。

(二)我国税收立法权的纵向分配

我国是单一制国家,在税收立法方面,我国历来强调税收管理权限要高度集中在中央。国务院《关于实行分税制财政管理体制的决定》规定:中央税、共享税以及地方税的立法权都要集中在中央。国家税务总局《工商税制改革实施方案》规定:中央税和全国统一实行的地方税立法权集中在中央。这就明确了税收立法权实行中央集权的模式。1994年税制改革中,国务院《关于取消集市交易税、牲畜交易税、烧油特别税、奖金税、工资调节税和将屠宰税、筵席税下放给地方管理的通知》规定:屠宰税和筵席税下放地方管理后,各省、自治区、直辖市人民政府可以根据本地区经济发展的实际情况,自行决定继续征收或者停止征收。继续征收的地区,省、自治区、直辖市人民政府可以根据《屠宰税暂行条例》和《筵席税暂行条例》的规定,制定具体征收办法,并报国务院备案。此外,在一些小税种上地方拥有的权力是:对城市维护建设税、房产税、车船税、城镇土地使用税等享有制定实施细则的权力;享有对因意外事故或自然灾害等遭受重大损失的酌情减免资源税的权力;享有对未列举名称的其他非金属矿原矿和其他有色金属矿原矿决定开征或暂缓开征资源税的权力;享有对民族自治地方的企业决定实行定期减免企业所得税的权力;享有对残疾、孤老人员和烈属以及因严重自然灾害遭受重大损失的个人减征个人所得税的权力。由此看出,我国在中央与地方之间划分税收立法权的制度不是由最高权力机关立法决定,而是由国务院以行政决定的方式明确的。这与国外大多在宪法或其他基本法律中明确划分中央、地方之间税收立法权的情况形成了鲜明的对比。

（三）我国税收立法权配置之完善

第一，凡有关税收法律的基本原则、通用条款、税务机关及纳税人权利义务、税收立法的权限、税收行政执法等基本和共同的内容，可以通过税收基本法进行规范，由全国人大立法。

第二，凡全国性税种的立法权，包括中央税、共享税和部分在全国范围内普遍征收的地方税及其税法的制定、颁布实施权和修改、补充、废止权，属于全国人大及其常委会。

第三，某些地方性税种经过全国人大及其常委会授权可先由国务院以条例或暂行条例形式公布试行，但要规定试行期限，并尽快由全国人大及其常委会通过，以上升为法律。

第四，国务院有制定税收实施条例、增加个别税目和调整个别税率以及对税法的行政解释权。

第五，省、自治区、直辖市人民代表大会及其常委会，负责部分地方性税收法规的制定、公布、实施、解释、调整，并可根据法律规定，由省级人民政府制定地方性税收法规细则和征管办法。

第六，国务院财税主管部门为了贯彻执行税法和税收行政法规，有权制定规章并拥有一定的行政解释权。[1]

第二节　税 法 解 释

一、税法解释的概念

所谓税法解释，是指由一定主体在具体的法律适用过程中对税收法律文本的意思进行理解和说明。税法解释可分为学理解释和法定解释两种。

学理解释，即依法学理论对税法作出的解释，具体可分为文理解释和论理解释。所谓文理解释，是指就税法文字的含义，依照文法作出解释；所谓论理解释，是指就法律的全体和各条文之间的内在联系进行解释，论理解释又可进一步分为扩张解释、限制解释、系统解释、目的解释和历史解释等。

法定解释，也称有权解释，是由国家有权机关在其职权范围内对税法作出解释。主要包括司法解释和行政解释。其中，法院和检察院在适用税法过程中作

---

[1]　许善达等：《关于税权划分问题的研究》，载《税务研究》2001年第3期。

出的解释为司法解释；上级行政机关就税法的适用执行向下级机关发布的命令、指导中有关税法的解释为行政解释，在我国主要指财政部或国家税务总局依法在其职权范围内对税法所作的解释，以及海关总署依法在其职权内对有关关税的法律规范所作的解释。

本书所述及的税法解释属法定解释范畴。其内容包括立法目的解释、概念解释、逻辑关系解释、法律效力解释等。从范围看，既包括全面的解释，如税法的实施细则，也包括个别解释，如解释某一规则、概念，甚至是一个词或字。由于现实经济生活千差万别，且复杂多变，税法具有概括性、稳定性，不可能对每一个需要征税的经济活动都作出具体、明确的规定，为准确适用而预先对税收法律、法规进行解释就很有必要了。这种解释通常包含在税收法律、法规的正文或附则中。

二、税法解释的方法

在税法领域，由于重视对人民财产权的保护，强调对税收法定原则的严格遵循，故文义解释方法占了重要的地位，甚至被认为是税法解释的基石。文义解释方法，又称语义解释方法，是通过对税法条文文义进行解析，而对税法内容做出明确、具体阐释的方法。

文义解释方法对确定税法条文、文字意义有两个方面的要求：一方面，在进行税法的文义解释时，应以税法条文的文字意义为基础，不应脱离法条文字意义的可能范围进行解释，否则就不再是对法条文义的解释，而是对税法漏洞的补充。具体讲，第一，按照文字的通常意义来解释。即在一般情况下对税法规范文字的理解应首先按照该文字所体现的通常意义进行，例如，对税法中的"个人""年度""利息""财产"等概念均应按照其所具有的通常含义进行理解。这样不仅有利于统一认识标准，避免解释上的歧义，也有利于税法的实施。第二，对于专门用语、科技术语应按其特定的内涵作出解释。例如，"住所"和"居所"，从通常意义上理解可能并没有实质的不同，而从法律的角度看却是两个完全不同的概念，对于"住所"或"居所"的判定直接关系到是否征收所得税以及如何征收所得税。而随着网络的发展，电子商务日趋频繁，对与网络有关的税法进行解释又需要按照网络所特有的科技概念进行解释。另一方面，在对税法具体规定的法律含义进行解释时，应明确区分固有概念和借用概念。在解释固有概念时，应遵循税收法定原则，以客观的标准对其进行严格解释；在解释借用概念时，只要税法对此未作特别规定，一般应按照市民生活秩序（通常为民商法所规定）中通常的理解来解释其在税法上的含义。例如，在解释税法规定的"赠与"概念时，只要税法未对"赠与"的概念作出特别规定,就应按照民法中对"赠与"概念的规定来理解。即便会带来违反税收正义或税收公平的不合理结果,但根据税收法定原则,也只能通过立法的形式对税法进行修改或补充,即对"赠与"的概念作出特别规定,而不能在税法没有特别规定时,以法律解释为名,对借用概念附加税法特有的法律含义。

文义解释固然重要,但仍然有其自身的局限性。单靠文义解释,还很难确定法律条文的真正意义,且容易拘泥于法条字句,对立法意旨产生误解或曲解。因此,虽然从税法稳定性的角度,从税法作为"侵权性规范"的角度,应强调文义解释、字面解释,不能随意进行扩大解释或类推解释,但从税法适用的具体妥当性的角度,当文义解释的结果存在多种可能时,则应考虑税法与其他法律的关系,以及立法宗旨、情势变更等问题,并由此确定法条更为正确的意旨,这又涉及文义解释与其他解释方法的具体适用顺序及相互关系的问题。一般认为,税法的解释应注意以下顺序:第一,文义解释方法对税法非常重要,但当文义解释的结果因有多种可能而不能确定时,应考虑论理解释方法;第二,如果论理解释的运用结果与文义解释的结果相抵触,只要前者不超出税法条文的应有之义或立法旨趣的"可预测性",则仍应承认前者。①

三、我国税法解释的完善

税法解释是税法顺利运行的必要保证,是提高税法灵活性与可操作性的基本手段之一。完善税法解释可以弥补立法的不足,例如,通过行政解释可以解决税法没有规定到的具体问题,解决立法前后矛盾、立法不配套、立法滞后等问题。反过来,累积起来的税法解释也是下一步修订或新立税法的准备和依据。此外,税法解释对税收执法和税法纠纷的解决都是必不可少的。目前,我国税法解释存在的主要问题是:第一,税法解释权限不明确。按照法律规定,税收的立法解释权是由制定税法的立法机关行使的,但实际上由于税法的专业性较强,全国人大常委会将绝大部分立法解释权授予了国务院,这显然与法律规定不一致;另外,各级税务行政机关在税法行政解释上有多大的权力、能够对哪些税法进行解释,这些都不够明确;此外,税法的司法解释与行政解释的关系也不够明确。第二,税法解释内容不规范。一是税法解释随意性大,国家财税行政机关和地方政府越权参与税法解释;二是税法解释前后矛盾、上下矛盾;三是超出税法含义作扩大解释;四是解释程序不规范。第三,税法解释形式不理想。税法解释,特别

---

① 张守文:《税法原理(第二版)》,北京大学出版社 2001 年版,第 95 页。

是行政解释传递渠道不畅通,多以"内部文件"形式下达,传播面窄,信息零散,不利于基层执法者和纳税人全面掌握,影响其法律效力。

此外,税法解释的时间效力也不明确。

综上,改进我国的税法行政解释工作,一是要遵循自行解释原则,明确、规范税法解释权限,避免越权解释;二是要依据税法的本意去解释,强调税法解释的合法性;三是提高税法解释的技术水平,包括用法律语言进行解释,统一税法解释的形式、名称和格式,明确各类税法解释的时间效力等;四是规范税法解释的程序;五是建立以税务公报制度为核心的,公开、统一、规范、权威、多种形式的税法解释信息传递系统;六是建立税法解释的监督和制约机制,包括立法机关和司法机关的监督以及上级税务行政主管机关对下级税务执法机关的监督两个方面。①

第三节 税法漏洞补充

一、税法漏洞的含义

所谓税法漏洞是指税法本身存在的缺漏。税法漏洞的存在,使税法表现为一种不圆满的状态,会对税法的适用产生影响。

税法漏洞产生的原因,主要是由于立法者认识不足,或者因经济社会发展而发生情势变更等。税法漏洞会导致税法对某些领域未予调整或不能有效地规范。由于产生漏洞的原因不同,税法漏洞的分类也不同。一般来说,税法漏洞有原始漏洞和后生漏洞、已知漏洞和未知漏洞、明显漏洞和隐含漏洞。

二、税法漏洞的认定

税法漏洞的认定,是进行税法漏洞补充的前提。要进行税法漏洞的补充,必须先确认有无漏洞存在,该漏洞是否需要补充和能否补充,以及补充是否具有必要性和合理性等问题。

一般来说,应纳入税法调整范围而未被纳入的事项,或者虽然被纳入了税法调整范围,但缺少具体、明确、完整、妥当、协调的规定,则可以认为存在税法漏洞。如果有税法漏洞,是否存在补充的必要?目前大多数学者都认为,仅是从税法的立法目的和体系的协调出发,有进行漏洞补充的必要。

---

① 张松:《税法学概论》,中国税务出版社1998年版,第51页。

以上问题在其他部门法和领域法的补漏中也可能遇到,而在税法领域,最关键的是补漏的合法性问题。由于税法是公法、强行法,是关系到各类主体利益的"侵权性规范",因此需要遵循税收法定原则以及由此衍生的一系列体现法治精神的原则。一般认为,在法律补漏方面,与私法领域补漏的广泛性不同,公法的补漏范围应受到一定的限制,特别是应受到法治原则等基本原则的限制,但这并非不能进行补漏。在税法上,税收法定原则并不禁止一般的漏洞补充,特别是利国利民的补漏,更不应禁止。但是,基于税收法定原则,如果问题关系到税法主体基本权利的课税要素等重要内容,则仍然实行"法律保留原则",不能进行税法补漏。同理,也不能为了创设或加重国民的税负,而通过类推的方式进行所谓的"补漏"。[1]

三、税法漏洞的补充方法

法律漏洞的补充方法通常有三种,即习惯补充法、法理补充法和判例补充法。法理补充法是税法补漏方面运用最为广泛的方法,它包括目的性限缩、目的性扩张、一般法律原则、类推适用等。

(一) 目的性限缩

所谓目的性限缩,是指在税法条文的文义过宽,以至于超越了税法的立法目的的情况下,通过限制该条文的适用范围,来恢复被扩张的立法目的,从而补充税法的漏洞。例如,《企业所得税法》规定纳税主体是各类组织和个人,则失之过宽。事实上,按照国际惯例各国并非要对各类组织都征收企业所得税,而是主要对从事经营性活动的法人或具有法人资格的企业征税。此外,对合伙企业和个人独资企业一般征收个人所得税。因此,从立法目的出发,通过目的性限缩的方法,来限制纳税主体的适用范围是很有必要的,这本身就是在弥补税法中的漏洞。

(二) 目的性扩张

所谓目的性扩张,是指在税法条文的文义过窄,以至于不能体现税法的立法目的的情况下,通过将条文的适用范围扩大,把本来不包括在条文文义内的事项扩容进来,以恢复被紧缩的立法目的,从而补充税法的漏洞。

目的性扩张作为税法漏洞的补充方法,与作为税法解释方法的扩张解释有所不同。尤其表现在目的性扩张的结果已在法条"预测可能性"之外,而扩张解释的结果,则仍在法条文义的"预测可能性"之内。

---

[1] 张守文:《税法原理(第二版)》,北京大学出版社 2001 年版,第 100 页。

（三）一般法律原则

一般法律原则是具有一般法理价值和普遍适用价值的基本原则,如税收诚信原则、实质课税原则、举重明轻原则和举轻明重原则等。由于税收诚信原则和实质课税原则的补漏在本书第四章中已经论述,因此此处只讨论举重明轻原则和举轻明重原则的补漏。其实,这两个法理原则在各个部门法中都是弥补漏洞的重要方法。在税法上,这两个原则的适用依据在于:对各个课税要素相同的事项,除法律另有规定以外,都应当做出相同的处理。因此,从举重明轻原则的角度看,如果有工资收入的人都给予了免税待遇,则无工资收入的人更应该被给予免税待遇;从举轻明重原则的角度看,如果一般企业都要按13%的税率缴纳增值税,则实力雄厚的大企业更是自不待言的。

（四）类推适用

类推适用是指将税法上适用于某类事项的规定,适用于税法并未直接规定但与其相类似的事项。类推适用是遵循"相类似的事项,应做出相同处理"的法理,经逻辑三段论推演而成;而类推解释,则是在文义范围内,用体系解释的方法,类推其他法条用语的含义,无须通过三段论推演。因此,两者间存在差别。对于类推适用能否成为税法漏洞的补充方法,学界始终存在争论。有的学者从税收法律关系平等性的角度出发,认为类推适用应当是税法漏洞补充的最常用方法;而有的学者则从税收法定原则出发,认为如同在刑法上不应适用类推一样,在税法上也不应有类推适用。从总体上看,否定类推适用的学者居多,因而理论和实践上往往禁止类推适用。

第四节 税收执法

一、税收执法的概念与特征

（一）税收执法的概念

目前我国关于行政执法的概念有广义与狭义之分,相应地,税收执法的概念也有广义和狭义之分。广义的税收执法是指国家行政机关执行税收法律、法规的行为,既包括具体行政行为,也包括抽象行政行为和行政机关的内部管理行为,如有关税收的行政组织管理活动、依法制定行政性税收规范性文件等。狭义的税收行政执法仅指国家税务机关及其公职人员以及依法被授权的组织,依法定职权和程序,贯彻和执行税法规范的活动。本书此处采取狭义的概念。

（二）税收执法的特征

作为行政执法的一个组成部分，税收执法具有以下特征：

1. 税收执法是一种具体行政行为

税收执法是国家税务机关或经法定授权的组织在其职权范围内，针对特定的人或事采取行政措施的活动。作为具体行政行为，税收执法具有可救济性，当事人可以申请行政复议或提起行政诉讼。

2. 税收执法具有法律强制力

税收执法无须与相对人进行合意，仅凭单方意志即可实施，而且以国家强制力作为执法的保障，遇到执法障碍时，税务机关可以运用行政权力和手段，或借助其他国家机关的强制手段消除障碍，以保证税收执法行为的实现。

3. 税收执法具有裁量性

税收执法必须依据法律严格进行，这是税收法定主义的要求，但这并不意味着税务机关没有任何主动性。事实上税法规定了自由裁量的空间和余地，比如税收行政处罚的幅度等。

4. 税收执法具有主动性

税收司法活动遵循"不告不理"原则，而税收执法是积极、主动的行为，这是二者相区别的重要方面，也是税收执法具有的职权和职责相统一特点的体现。当一定的涉税事实出现时，税务机关必须依法履行这种职权行为，不得放弃、转让。

5. 税收执法是有责行政行为

为了防止税收执法主体专制和滥用权力，保障税收执法相对人的权利，税务机关必须对行政执法行为所产生的后果承担法律责任。

二、税收执法的原则

由于税收执法是税法适用最重要的一种形式，故此处对税收执法原则的讨论仅论述税法适用原则，即征税机关运用税法解决具体问题所必须遵循的准则。我国税法没有明确提出税法适用原则，而散见于税法中的原则性条款也较有限。税法适用原则是学者们借鉴其他法律部门的适用原则总结出来的，偏重对各税法之间效力关系的判定。这些适用原则主要包括：

（一）法律优位原则

法律优位原则也称行政立法不得抵触法律原则，其基本含义为法律的效力高于行政立法的效力。法律优位原则在税法中的主要功能是解决法律适用中出现的法律冲突。与一般法律部门相比，税法与社会经济生活的联系十分紧密，为了适应市场经济条件下社会经济生活的复杂多变性,税法体系越来越庞大,内部分工越来越细致,立法的层次性也越来越鲜明。不同层次税法之间在立法、执法、司法中的越权或空位也更容易出现,因此界定不同层次税法的效力关系十分必要。法律优位原则明确了税收法律的效力高于税收行政法规的效力,对此还可进一步推论为宪法的效力优于税收法律的效力,税收法律的效力优于税收行政法规的效力,税收行政法规的效力优于税收行政规章的效力。效力低的税法与效力高的税法发生冲突,即是对该原则的违背,这时从立法上来说,效力低的税法是无效的;税务机关的具体行政行为违背该原则时,上级税务机关或司法机关应予以纠正。

(二)法律不溯及既往原则

法律不溯及既往原则的基本含义为一部新法实施后,对新法实施之前人们的行为不得适用新法,而只能沿用旧法。在税法领域内,法律不溯及既往原则为许多国家所坚持,其出发点在于维护税法的稳定性和可预测性,使纳税人能在知晓纳税结果的前提下作出相应的经济决策。

(三)新法优于旧法原则

新法优于旧法原则也称后法优于先法原则,是被广泛运用的一项基本法律适用原则。其含义为新法、旧法对同一事项有不同规定时,新法的效力优于旧法。其作用在于避免因法律修订带来新、旧法对同一事项的不同规定,给法律适用带来混乱。该原则给法律的更新与完善提供了法律适用上的保障。新法优于旧法原则的适用,以新法生效实施为标志,新法生效实施以后准用新法,新法实施以前包括新法公布以后尚未实施这段时间,仍沿用旧法,新法不发生效力。新法优于旧法的原则,无论是在实体税法、程序税法还是诉讼税法中都普遍适用,只有新税法与旧税法处于普通法与特别法关系等特殊情况下才有例外。

(四)特别法优于普通法原则

特别法优于普通法也是一项普遍适用的法律原则。其含义为对同一事项两部法律分别有一般和特别规定时,特别规定的效力高于一般规定的效力。当对某些税收问题需要重新作出规定,但又不便普遍修订税法时,即可以通过特别法的形式予以规范。凡是特别法中有规定的,即排斥普通法的适用。但这种排斥仅就税法中的具体规定而言,并不是随着特别法的出现,居于普通法地位的税法即告废止。特别法优于普通法原则与其他税法适用原则存在着某些冲突。第一,该原则的适用要以法律优位原则为前提,即只有当普通法和特别法都在同等效力、位阶上时,才可以优先适用特别法;当特别法和普通法的位阶不同,且有冲突时,还应遵循法律优位原则,优先适用效力较高的法律规范。第二,特别法优于普通法原则与新法优于旧法原则也存在类似的问题。普通法经过修订之后成为新法，原有的特别法则成为旧法。此时，税法适用原则的选择是由作为普通法的新税法决定的。如果新税法规定排除特别法的适用，则适用新法优于旧法原则；若新税法不作类似的特别说明，则以默示的方式承认特别法优于普通法原则继续适用，特别法的规定仍然有效。特别法优于普通法原则的规定并不仅仅为解决法律冲突，在法律适用中即使没有法律冲突，对于特定事项也应优先适用特别法的规定。

（五）实体从旧、程序从新原则

实体从旧、程序从新原则的含义包括两方面：一是实体税法不具备溯及力，新税法与旧税法的界限仍是新税法的实施日期，在此之前发生的纳税义务，当时有效的旧税法仍具支配力；二是程序税法在特定条件下具备一定的溯及力，即对于一笔新税法公布实施以前发生的税收债务在新法公布实施以后进入税款征收程序的，原则上新税法具有约束力。此原则的适用仅限于一笔税收债务的发生与征收跨越程序性的新旧税法交替时期的特殊情况，而不是说新的程序性税法普遍具有溯及力。在我国税法的发展历史上，较为典型的例子是我国《税收征收管理法》于1993年1月1日起生效，如果在此之前发生一项纳税义务，税款缴纳期限却在1993年1月1日之后，则按新的《税收征收管理法》的要求征税，原有的《税收征收管理条例》不发生效力。在一定条件下允许"程序从新"，是因为程序税法规范的是程序性问题，不应以纳税人实体性权利义务的发生时间作为标准，判定新程序税法与旧程序税法之间的效力关系。而且程序税法主要涉及税款征收方式的改变，其效力发生时间的适当提前，并不构成对纳税人权利的侵犯。

（六）程序优于实体原则

程序优于实体原则是关于税收争讼法的适用原则。其基本含义为，在争诉时，税收程序法先于税收实体法适用，即纳税人通过税务行政复议或税务行政诉讼来寻求法律保护的前提条件之一是，必须事先履行税务执法机关认定的税收债务，而不管其税收债务实际上是否发生或是否全部发生。否则，税务行政复议机关或司法机关对纳税人的申诉不予受理。我国税法全面体现了这一原则，《税收征收管理法》第88条规定："纳税人、扣缴义务人、纳税担保人同税务机关在纳税上发生争议时，必须先依照税务机关的纳税决定缴纳或者解缴税款及滞纳金或者提供相应的担保，然后可以依法申请行政复议；对行政复议决定不服的，可以依法向人民法院起诉。"实行程序优于实体原则，从根本上说是为了确保国家课税权的实现，即不因争议的发生而影响税款的及时、足额入库，但对纳税人来说却不公平,纳税人往往会因此失去寻求救济的机会。因此,一些国家对适用这一原则作出了一定的限制。①

三、税收执法的内容

税收执法的内容包括:税务管理、税款征收、税收保障、税收救济等。具体来讲:

(1) 税务管理包括:税务登记、账簿凭证管理、发票管理、资格审核、税源管理、纳税服务管理。

(2) 税款征收包括:纳税申报受理、税款征收、漏管漏征清理、税收减免、出口退税审核、缓征税收审批、税收检查等。

(3) 税收保障包括:税收保全、税收强制执行、税务行政处罚。

(4) 税收救济包括:税务行政复议、税务行政赔偿。

四、我国税收执法现状及完善

在我国,受国家分配论的影响,税收长期片面强调政府征税权,体现在税收执法上就是对税务机关的征税行为缺少必要的监督和制约,纳税人的合法权益没有得到很好的保障。2001年我国修订了《税收征收管理法》,强化了对纳税人权利的保护和对税收执法的监管。为实现"依法治税",我国税法在税收执法依据方面,对税务机关的税收执法权、税收执法程序、税收执法责任及纳税人权利保护等都作了科学合理的规定;在税收执法主体方面,明确将税务稽查局作为独立的税收执法主体;在税收执法人员方面,规定税务人员从事税收执法活动必须取得执法资格;②在税收执法手段方面,逐渐形成税收的征、管、查相互监督、相互制约的机制,同时推广"金税工程";在税收执法监督方面,③改变了"随意行政""无责任行政"的现象,建立了税务案件审理制、执法责任制、错案追究制、税收执法检查等行之有效的制度,保障了税收执法规范、高效地运行;在纳税人权

---

① 例如,加拿大的税法规定,在1985年1月1日以后,纳税人提起复议之前不必缴纳有争议的税款,直至税务复议机关作出复议决定或法院要求纳税人缴纳这部分有争议的税款;如果纳税人向法院起诉,只需提供相应的担保,而不必缴纳有争议的税款,直至纳税人对法院一审判决不服,提起上诉时,才必须缴纳有争议的税款。日本税法对这一原则的限制则主要体现在,授权税务复议机关或司法机关依具体情况决定在复议或诉讼之前是否有必要将有争议的税款先行缴纳。张松:《税法学概论》,中国税务出版社1998年版,第34—35页。

② 国家税务总局于2001年11月发布《税务人员执法资格与执法能级认证暂行办法(试行)》,并于2002年举行了全国首次税务人员执法资格考试。

③ 国家税务总局于2001年11月发布《关于全面加强税收执法监督工作的决定》,于2005年发布《税收执法过错责任追究办法》,于2014年底发布《重大税务案件审理办法》。

利保护机制方面,具体规定了纳税人权利类型和税务机关对纳税人应予以保护的义务。

虽然我国在税收执法上形成了比较完善的、良好的运行机制,但仍存在行政越权、滥用职权、不履行法定职责、适用法律错误和程序违法等问题。其原因主要有:税收立法不完善、分税制管理体制存在缺陷、税收执法不独立、税务人员法治意识不强等。要完善我国税收执法机制,必须严格执行"一个灵魂、四个机制、五个目标"的工作构想。所谓"一个灵魂",即把依法治税作为税收工作的灵魂贯彻始终。"五个目标"指税收法制基本完备,执法行为全面规范,执法监督严密有力,执法保障明显改善,执法队伍素质提高。这些目标的实现要靠加强"四个机制"建设,即一是建立健全规范的税政立法机制,二要建立科学、高效的税收征管机制,三要建立以执法责任制为核心的考核管理机制,四要建立健全严密的内部执法监督机制。

第五节 税收司法

一、税收司法的概念

税收司法有广义和狭义之分。狭义上的税收司法,是指人民法院按照法律规范审判税收案件的行为。广义上的税收司法,是指公安机关、人民检察院和人民法院等国家机关,在宪法和法律以及行政法规规定的职权范围内,按照法定程序对税收案件进行侦查、检察、审判,并依法作出的判决、裁定得以执行的行为。本书此处要探讨的税收司法,是广义上的税收司法。

二、税收司法的特点

税收司法的特点,包含了司法的一般特点和司法在税收领域运行的特殊规律,体现了税收活动自身的特色:

（一）独立性

独立性是指严格法治意义上的司法独立,它是司法权的生命。税收司法独立是指税收司法机关在从事司法裁判活动过程中,独立自主地认定案件事实和适用法律,不受司法机关内部和外部的影响和干预。可见,司法独立首先要求司法机关独立于立法机关和行政机关,然后由法院独立行使审判权。由于税收司法具有很强的专业性,因此在人民法院整体独立的前提下,可以考虑税收司法业务的局部独立性,保证税务案件高效、公正地审理。

（二）公正性

公正性是司法的天性,是指没有偏私。税收司法公正性是指法院在审判时必须居于"裁判"的地位,不偏不倚,认真听取诉讼双方的意见,然后作出公正、正确的判断,不得偏向诉讼的任何一方。税收司法的公正性还要求法院"不告不理",对税务案件要在当事人起诉的范围内作出判决,非因诉方、控方请求不得主动干预。公正是司法机关最基本的职责。寻求司法救济是纳税人在合法权益受到侵害时的最后方法及手段,如果司法机关不能客观、公正地裁决纠纷,必然使纳税人对司法制度失去信心,那宪法确立的"依法治国,建设社会主义法治国家"的目标,将无法实现。

（三）终局性

终局性指行使司法权作出的生效判决、裁定是关于具体诉讼标的的最后结论,当事人必须履行有关判决、裁定,相关判决、裁定所具有的最终确定力和执行力毋庸置疑。在一个健全的法治社会,多种形式的权利救济制度是实现社会公平和正义不可或缺的内容,如申诉制度、仲裁制度、复议制度、诉讼制度等。但除法律明确规定的极少部分行政裁决或仲裁决定为"终局性"以外,绝大部分都允许当事人寻求诉讼途径获得司法救济。这是因为司法权的行使,在制度设计上有完整的程序作保障,在具体实施中有各种具体制度作配套,且以追求"正义"为己任。尽管司法手段可能手续烦琐、缺乏效率、不够便利,但这正是为了保证客观、公正不得不付出的代价。也正因如此,税收司法具有的客观、公正,是其他制度无法比拟的,也是任何一个法治社会建立法律制度的必然选择。

（四）专业性

税务案件涉及的主要是国家权益和税收秩序,与一般的行政案件、刑事案件相比更具专业性。专业性指对税收案件行使司法权时,应当熟悉税收法律法规和税收征管工作,了解税收征管机关、纳税人和其他税务当事人进行税务活动的特点,基本懂得与税收业务有关的财务会计知识,能够比较全面地考察案件当事人的行为对国家权益的影响。正是这种专业性,决定了税务案件的复杂性。由于税务案件具有专业性,因此税务纠纷案件当事人或者违法当事人在实施行为时,往往会采取多种多样的专业手段,致使税务案件的办理复杂化。与其他案件相比,税务案件具有明显的复杂性已是不争之事实。

三、我国税收司法现状及完善

我国没有独立的税务司法机关。虽然一些地方建立了附属性的税收司法组织,如税务机关与公安机关合办的"税务公安派出所""涉税犯罪侦查室",与检察机关合办的"税务检察室",与法院合办的"税务审判庭""涉税案件执行室"等,对税收司法职能的实现起到了积极的作用,但它们存在没有法律依据、稳定性不强、职能有限等弊端。① 当前,我国税收司法面临的问题是:

（一）公安机关行使税收(刑事)司法权具有一定的局限性

税收刑事案件多来自于税务机关的移送和群众的举报,其余的一般性侦查工作主要由公安机关负责完成,这就对侦查人员的涉税专业知识提出重大挑战,要求侦查人员不断提高专业素质和侦查能力。专业知识的不足会导致公安机关对税务机关移送的涉税案件常常不能正确处理,有时双方对证据问题的认识存在较大分歧。这一问题归根结底是因为税务机关具有办理涉税案件的能力却没有相应的权力,而公安机关具有办理涉税案件的权力却没有相应的能力的不合理现象。

（二）检察机关在税收领域的职能难以发挥

检察机关介入涉税案件集中体现在涉税刑事案件中,主要负责三类工作:一是税务机关工作人员利用职权实施重大税务犯罪的立案侦查;二是对于公安机关侦查终结移送审查起诉的纳税人和涉税当事人的涉税刑事犯罪案件提起公诉;三是对人民法院审理的涉税民事、行政和刑事案件进行监督,行使抗诉权。当前,检察机关在进行调查取证中,常常受到许多因素的阻挠,检察工作面临困难。犯罪行为日趋复杂化和智能化,查获犯罪难度较大,很多检察人员不具备足够的税务知识和相关会计知识也影响了案件的查处。此外,检察机关与公安机关等部门在协调与制约机制上存在不合理的情况,在一定程度上影响了税收领域检察机关职能的发挥。

（三）缺乏独立、专业的税收司法审判机关

当前我国涉税案件有以下特点:一是法律对于涉税案件并未作出特殊规定,涉税案件只能依照一般案件的规定进行;二是涉税案件多集中于因行政诉讼引起的行政案件和刑事案件,民事涉税案件发案率较少。在我国,司法机关不参与对实体税法的解释,不能对违反法律优位原则的税收文件进行司法干预,对行政机关抽象行政行为的合法性不能予以审查。法院判决甚至成为税务机关行政决定的重述,这显然无法对纳税人权利进行真正的救济。在法官的选任和资格方面,《法官法》虽作了规定,但税收是专业化要求较高的领域,对法官专业性要求较高,现有从事审判工作的法官中专门进行税法研究的较少,专业性强的税务法官缺位。总之,法院不独立导致了税收司法审判无法独立,而我国专业税收司法

---

① 金人庆:《中国当代税收要论》,人民出版社2002年版,第223页。

审判人才的缺乏更加强了这种不独立的程度。

　　基于以上状况,完善我国税收司法的思路是:第一,设立专门的税收司法组织。世界上很多国家都设立了独立的税收司法组织,如美国、加拿大、德国、意大利等国都设有独立的税务警察机构,专门负责税务案件的侦查;德国、美国、日本等国还设立有独立的税务法院,专门负责税务案件的审判。独立的税收司法组织对税法的良好运行起着很重要的作用,我国应借鉴世界各国的经验,建立专门的税收司法组织。第二,培养专职的税务律师,保护纳税人的权利。税务案件具有明显的不对等性,税务机关一方面拥有强大的行政权力,另一方面拥有较强的税法专业知识,而纳税人既无行政权力也无专业的税法知识。因此,加强对纳税人权利的保护,很重要的一点就是利用税务律师的专业税法知识来帮助纳税人行使其权利。在当前我国税务律师比较缺乏的情况下,也可以考虑赋予税务代理人诉讼代理权,在法庭上代表纳税人维护权利。第三,建立一套适应税务案件的诉讼制度,如赋予税法审判机关独立的、不受行政干涉的税法解释权;建立税务案件中举证责任分配、举证责任倒置及证明程度等制度;建立税务案件的证据制度等。此外,在目前我国税法制定不够透明公开的情况下,适当赋予税收司法机关对抽象行政行为的司法审查权,可以保证税法公正实施,保护纳税人的合法权益。

本 章 小 结

　　税法的运行包括税收立法、税法解释、税法漏洞补充、税收执法和税收司法几个方面。当前我国税法在税收权限划分、税法解释权限明确、严格税收执法机制、税收司法专业独立等方面都存在着不完善之处。税收立法、税法解释、税法漏洞补充、税收执法和税收司法都有相应的原则和规则,对这些原则和规则的理解有助于完善我国的税法运行体系。

思考题

1. 简述税收立法权限体制的模式。
2. 影响一国税收立法权限体制的因素有哪些?
3. 税法适用有哪些原则?税法适用的原则与税法基本原则有什么关系?
4. 税收司法有什么特点?对加强税收司法的专业性、独立性有何认识?

中篇

税收债务法之一·税收债法原理

绪　　论

一、税收之债的理论和实践意义

　　私法中"债"之概念的引入,使税法产生了税收之债和税收债法的概念。税收之债理论提供了税法学上的说理工具,也为现代税法规范结构的构建提供了新思路。[①] 由此,税法便可以借鉴民法债法的理论,重新审视税收实体法律关系的性质,重构税收实体法的体系。因此,税收之债理论赋予了税法以崭新的地位和体系。[②] 这一变革不仅是理论上的,还将对税收立法、税收执法、税收司法、税收守法和税收法治建设产生长远的影响。

　　从理论上讲,税收之债理论的提出并不是偶然的。历史上,税法与民法的关系经历了一个否定之否定的过程。第一,税法从民法中脱离。一战后的德国将税法作为"民法附随法"。当时,不法商人大发国难财,却因其行为在民法上无效而不被课税这引起广大纳税人的不满,并导致了财政危机的发生。税法学者贝克尔等人极力主张税法应从民法中解脱出来,并在 1919 年起草《德国租税通则》,将经济观察法(实质课税原则)与税收规避行为之否认引入,强调税法与民法系不同类型、不同结构,有不同的思考模式。第二,税法向民法靠拢。由于过分坚持税法独立,税法成为与其他法律隔绝的独立王国,侵扰了其他法律关系所

[①] 杨小强:《税法总论》,湖南人民出版社 2002 年版,第 12 页。
[②] 〔日〕金子宏:《日本税法原理》,刘多田等译,中国财政经济出版社 1989 年版,第 20 页。

形成的秩序,伤及了法治国家的法的安定性。因此,自 20 世纪 50 年代起,税法又向民法靠拢。彼时,学界从根本上质疑税法的实质课税原则,要求税法所使用的概念不得与私法有不同的解释,以维持法律秩序之统一性。第三,税法与民法统一。主流观点认为,经济观察法(实质课税原则)非税法所独有,它属于一般法律解释方法;税法解释并不要求税法与私法概念内容完全一致。税法与民法的关系,既非独立,亦非依存,而是同为国家统一法秩序的部分法域,统一在宪法指导之下。税收之债理论的提出是税法学与民法学长期博弈的结果。

从实践来说,第一,税收之债理论表明,除税法另有规定外,可直接借用私法上债法的规范结构。这为税法上漏洞的补充提供了一条便捷之路。第二,税收之债理论可以平衡纳税人与国家之间的法律地位,保障纳税人的合法权利,防止征税机关滥用权力。第三,税收之债理论对于推动我国建立富有现代法治精神的税收法律制度具有积极的指导作用。

二、税收债法的概念和体系

(一) 税收债法的概念

税收债法是规范税收债权债务关系产生、变更和消灭的法律规范的总称。如果把税收视为一种公法之债,那么规范税收债权债务关系的法律规范实际上就是调整税收关系的法律规范,税收债法就相当于税法。从法律关系的角度讲,之所以将税收法律关系界定为公法上的债务关系,是因为税收实体法律关系被界定为债务关系;而税收程序法是确保税收债权实现的法,因此也可以被归入广义税收债法的范畴。税收实体法是狭义的税收债法。

(二) 税收债法的体系

税收债法是由不同类别的税收债法规范组合成的多层次的、有机联系的统一整体。

税收之债按性质不同,一般可分为商服税之债、所得税之债、财产税之债、生态税之债和行为税之债。相应地,税收债法也可以分为商服税债法、所得税债法、财产税债法、生态税债法和行为税债法。

以上多层次的、门类齐全的税收债法就组成了一个有机联系的统一的税收债法体系。税收债法的体系不是一成不变的,它会随着一国税收体制的变动而不断发生变化。

第六章 税收债法概述

税法上的债是什么？它有何种性质？它有哪些种类？它具备什么条件时才成立？它变更和终止的原因有哪些？明确这些相互关联的问题，对于税收债务人即纳税人来说，如同界定产权一样；对于税收债权人来说，也可确保其债权实现，有利于双方形成良好的税收互动关系。

第一节 税收之债的概念与特征

一、税收之债的概念

债，作为民法上的概念，是指特定当事人之间可以请求为一定给付的民事法律关系。[1] 关于私法上债的本质，可以从以下几方面去理解：第一，债为民事法律关系之一种；第二，债为财产性质的法律关系；第三，债为特定主体之间的法律关系；第四，债为当事人之间的特别给付关系；第五，债为当事人实现其特定利益的法律手段。[2]

所谓税法上的债务，即"由税的债务者向国家或地方公共团体履行交纳被称为税的这一金钱给付的义务"[3]。税收之债在性质上属于公法之债，是一种以税收债权债务为内容的公法上的法律关系。与私法中的情况一样，税收债权的对称为税收债务，税法多从债务方面规定税收之债，一般所称的"税收债务"往往与"税收之债"在同一意义上使用。在我国的税收立法和税法实践中，一般是用纳税义务来表示上述"税收债务"概念的，其实质与学术上的税收债务含义相同。基于遵从习惯和传统，笔者赞成用"纳税义务"作为"税收债务"在税收征纳活动中的名称和转化形式。如果条件具备，在税收实体法上直接以税收之债或税收债务来表述国家与纳税人之间的金钱给付关系，则会更加明确其性质和符合逻辑。[4]

---

[1] 王泽鉴：《债法原理（一）》，中国政法大学出版社2001年版，第4页。
[2] 张广兴：《债法总论》，法律出版社1997年版，第17—21页。
[3] 〔日〕金子宏：《日本税法》，战宪斌等译，法律出版社2004年版，第107页。
[4] 施正文：《税收债法论》，中国政法大学出版社2008年版，第8页。

二、税收之债的特征

作为金钱债务,税收与民商法上的金钱债务有一定的共性;但作为"公法上的债务"或称"税收债务",它又与私法上的债务有很大不同。其差异尤其表现在:

第一,税收之债是法定之债,仅能依法律规范来确定,而不能像私法债务那样依当事人之间的合意或意思表示来决定。

第二,税收之债是公法之债,它与私法上的法定之债虽然都是依法律规范产生,但前者是依据税法而产生的公法之债,后者是依据民商法而产生的私法之债,两者有很多不同之处。

第三,税收之债的履行只能依强行法之规定,一般不能像私法之债那样依当事人的主观意愿进行和解。

第四,税收之债的争议往往通过行政救济途径解决,即通过行政复议和行政诉讼途径解决,一般不能通过解决民事纠纷的途径来化解。[①]

税收之债的这些性质可以使纳税人认识到,依法确定的税收债务是具有法律效力的,即对纳税人具有确定力、约束力和执行力。同时,税收债务是否成立,并非征税机关单方决定,这使得"债务说"更具有解释力,也使征纳双方间的关系更加协调。

第二节 税收之债的分类

税收之债可以依据不同的标准进行分类。从理论意义和实践价值上讲,以下分类较为重要:

一、抽象税收债务和具体税收债务

根据税收之债成立与确定的标准不同,可以把税收之债分为抽象税收债务和具体税收债务。符合税法规定的课税要素而成立的税收债务,在未经具体的确定程序之前,仅具有抽象的意义,故被称为"抽象税收债务";只有在经过确定具体应纳税额、纳税时间和纳税地点等程序之后,税收债务才真正确定,这时的

---

① 〔日〕金子宏:《日本税法》,战宪斌等译,法律出版社 2004 年版,第 107—108 页。

税收债务,即可被称为"具体税收债务"。①

在抽象税收债务发生时,征税机关的税收债权也是"抽象"的,一般需经过合理的期间,在税收债务具体化以后,才能要求纳税主体具体履行。因此,我国税法规定的"纳税义务发生的时间",是确立了"抽象纳税义务"的发生时间,它是一个"时点";而纳税期限则是对税收债务在时间上的具体化。可见,两者是不同的。一个是税收债务的"发生时间",一个是税收债务的"履行时间",两类时间的不同,反映了抽象税收债务和具体税收债务在法律意义上的差别。

区分抽象税收债务与具体税收债务的意义主要在于,确定税收债务履行期限开始的时间。在抽象税收债务没有转化为具体税收债务之前,不得计算履行期限。对仅仅以抽象税收债务的形态而存在的税收债务而言,没有延迟履行以及加收滞纳金存在的余地。

二、可分税收债务和连带税收债务

根据税收债务人所负担的税收债务是否能够进行区分,即是否具有连带关系,可以把税收债务分为可分税收债务与连带税收债务。可分税收债务是指纳税人之间的税收债务可以相互区分且能够各自独立履行的税收债务;连带税收债务是指具有连带关系的两个或两个以上的税收债务人所共同负担的同一税收债务。这一分类与税收债务人的分类相对应,单独税收债务人所负担的是可分税收债务,连带税收债务人所负担的是连带税收债务。②

实践中,可分税收债务大量存在,连带税收债务则不够普遍。可能存在连带税收债务的情况主要有:第一,对与共有物、共同事业有关的税收,共有物的权利人、共同事业的经营者负有连带税收债务;第二,对因从同一被继承人处继承遗产而应缴纳的税款,各位继承人负有连带税收债务;第三,对因共同制作一项文书而应缴纳的印花税,共同的制作者负有连带税收债务;等等。③ 关于连带税收债务,我国法律也有明确规定。《税收征收管理法》第 48 条规定:"纳税人有合

---

① 对于上述分类,许多学者是持肯定态度的。德国著名税法学者克鲁斯(Kruse)认为,纳税义务的成立独立于核定税额的"课税处分",课税处分并不能创设税收债权以及与之相对应的纳税义务,而只是创设了一个形式上的给付义务。此外,日本学者田中二郎认为,抽象的税收债权,在满足法定课税要件时成立;至于税收债权的具体内容,则依具体情形,往往需要到征税机关核定应纳税额时才能确定。陈清秀:《税法总论》,三民书局 1997 年版,第 218—219 页。

② 对于连带税收债务人,征税机关不仅可以要求其承担整体税收债务,而且可以要求其中的任何一个税收债务人清偿税收债务。在连带税收债务人中的任何一人缴纳了全部或部分税金后,其他税收债务人的税收债务也在该范围内消灭,并同时产生了税金缴纳者对其他连带税收债务人的求偿权。张守文:《税法原理(第二版)》,北京大学出版社 2001 年版,第 82 页。

③ 〔日〕金子宏:《日本税法》,战宪斌等译,法律出版社 2004 年版,第 115 页。

并、分立情形的,应当向税务机关报告,并依法缴清税款。纳税人合并时未缴清税款的,应当由合并后的纳税人继续履行未履行的纳税义务;纳税人分立时未缴清税款的,分立后的纳税人对未履行的纳税义务应当承担连带责任。"当然,我国税法对连带税收债务的规定是不完善的,没有把各种可能产生连带税收债务的情况在法律中明确规定。在税法上,可以把民法或公司法规定的可能产生连带债务的情形加以类推适用。

三、原生税收债务和衍生税收债务

根据税收债务履行的先后顺序,可以把税收债务分为原生税收债务和衍生税收债务。这种分类与主税收债务人和第二次税收债务人的分类是相对应的。主税收债务人依税法的规定直接负有的纳税义务是主税收债务,也可称为原生税收债务。当主税收债务人滞纳税款,对其财产采取扣押措施后,仍不能足额缴纳应纳税款时,与纳税人有一定关系的主体将承担代缴纳税款的义务,该义务即第二次税收债务,也可称为衍生税收债务。

可见,第二次税收债务是由纳税人的原生债务衍生而来的,具有附属性和补充性。所谓附属性,是指第二次税收债务的存在及其范围的大小以主税收债务的存在及其范围的大小为前提,主税收债务的效力会影响到第二次税收债务的效力。所谓补充性,是指只有对主税收债务人实行滞纳处分措施后,仍不能足额缴纳应纳税款时,才能对第二次税收债务人以其不足部分的估算额为限征收税款。[1]

一般说来,可能存在衍生税收债务的情况主要有:第一,承担无限责任的股东对其公司的滞纳税款负有衍生税收债务;此外,在对合伙企业进行经济性重复征税的情况下,也可能发生合伙人对合伙企业的滞纳税金承担衍生税收债务的情况。第二,法人解散时,若在滞纳税款的情况下分配或转让剩余财产,则清算人和剩余财产的接受人对所滞纳的税款负有衍生税收债务,但仅以其接受分配或转让财产的份额为限。第三,税收债务人将其事业转让给与其有特殊关系的人,并且受让人在同一场所经营同一或类似事业时,受让人以其受让财产为限,对与该受让事业有关的滞纳税款,承担衍生税收债务。第四,根据实质课税原则,对享受收益的人课税时,法律所视为的归属者以产生该收益的财产为限度,对享受该项收益的人所滞纳的税款承担衍生税收债务;等等。[2]

---

[1] 〔日〕金子宏:《日本税法原理》,刘多田等译,中国财政经济出版社 1989 年版,第 103 页。
[2] 同上书,第 98—101 页。

本 章 小 结

私法中"债"之概念的引入，使税法学发生了一场革命。税收之债理论表明，除税法另有规定外，可直接借用私法上债法的规范结构。这为税法上漏洞的补充提供了一条便捷之路；税收之债理论可以平衡纳税人与国家之间的法律地位，保障纳税人的合法权利，防止征税机关滥用权力。这一变革不仅是理论上的，还将对税收立法、执法、司法、守法和税收法治建设产生长远的影响，对推动我国建立富有现代法治精神的税收法律制度具有积极的指导作用。

思考题

1. 简述私法之债引入税法的理论意义和实践意义。
2. 税收之债与私法之债有哪些异同？
3. 简述税收之债的分类。

第七章 税收之债构成要件

在税收债法理论中,税收之债的构成要件至关重要。全面深入地学习税收之债的构成要件,才能认识和把握整个税收债法体系。

第一节 税收之债构成要件概述

一、税收之债构成要件的概念

所谓税收之债的构成要件,又称税收之债的构成要素,是税收债务成立的要件,即通过课税要件的满足产生了使税收债务成立这一法律效果的法律要件。[①]也就是说,税收之债的构成要件是国家有效征税必须具备的条件。只有在符合构成要件的情况下,国家才可以征税。

税收之债构成要件的概念具有重要的理论和实践价值,对税收法治建设和税法学的研究意义重大。

从税收法治建设上看,税收之债构成要件的确立是税收立法的核心内容,缺少税收之债构成要件的税收立法一定是存在缺陷的制度设计。此外,税收执法的过程就是按照法定的税收之债构成要件来进行征税的过程,如果不满足构成要件,征税机关就不能征税。这为税收司法、法律监督以及保护纳税人的合法权益提供了准绳。

从税法理论研究上看,税收之债构成要件作为税法理论的一个重要范畴,让税法与传统的民法和行政法有了很大的区别。民法上的债务关系成立以意思要素为核心,意思表示是否真实,在相当大的程度上决定着民事行为是否有效。传统行政法的"权力关系说"强调以"课税处分"来确定纳税义务是否成立。在税法上,相关主体的税收债务是否成立,国家是否有权对其征税,不以征纳双方的意思表示为准,也不以国家单方面的意思表示为准,而是看是否符合法定的税收之债的构成要件。只有在符合课税要件的情况下,国家才可以征税。

---

① 〔日〕金子宏:《日本税法》,战宪斌等译,法律出版社2004年版,第111页。

二、税收之债构成要件的分类

税收之债的构成要件依据不同的标准,可以有多种分类。

(一) 广义要件和狭义要件

所谓广义要件,即国家征税通常所需具备的各种要件。由于国家征税不仅要符合实体法,也要符合程序法,因此广义的税收之债构成要件包括实体要件和程序要件;同时,由于有关这些要件的规定与整个税法的主要内容大体相当,所以广义的课税要件也被称为"税收之债构成要件"。

所谓狭义要件,仅指确定相关主体的实体税收债务成立所需具备的要件,因而它仅指课税的实体要件,而不包含程序要件。应当说,实体的税收债务是否成立是最重要的,因为没有实体的税收债务,也就无从涉及程序要件。因而在现实中大量的税收立法主要是确定狭义的课税要件。狭义的课税要件是税法研究的一个重点。

(二) 一般要件与特别要件

所谓一般要件,是指各种税收债务都必须具备的条件,即在各类税法中都需要加以规定的、具有普遍意义的共同要件,大致可以分为人的要件、物的要件和关系要件三类。其中,人的要件也称主体要件,包括税收债权人(征税主体)和税收债务人(纳税主体),一般特指税收债务人;物的要件是同征税客体相关的各类要件,包括征税对象、计税依据和税率;关系要件体现的是主体之间以及主体与客体之间的关系,包括税收债权人(征税主体)对税收债务人(纳税主体)的管辖关系,以及征税对象对税收债务人(纳税主体)的归属关系。

所谓特别要件,是指并非所有税收债务都必须具备的条件,即不需要在各类税法中加以确定的,并不具有普遍意义的特殊要件。例如,扣缴义务人、纳税环节、纳税方式、文书送达、处罚程序等,并不是每个税法都要对这些做出规定,但对某个或某些税法而言,相关内容却是必不可少的,因而属于"特别"要件。

(三) 实体要件和程序要件

所谓实体要件,是指税收债务成立所必须具备的要件,是税收实体法必须规定的内容。实体要件是广义的课税要件的核心,也有学者认为课税要件就是指实体要件。实体要件又可进一步分为基本要件和例外要件。基本要件主要包括征税主体、征税对象、计税依据、税率,可用以揭示征税主体和客体的范围,以及征税的广度和深度。例外要件是基本要件之外的辅助性要件,它以纳税主体通常的基本负担为基础,是关于纳税主体税负的减轻或加重的规定,主要包括税收优惠措施和税收重课措施。

所谓程序要件,是指税收债务履行所必须具备的要件,是税收程序法必须规定的内容。在各种税收债务立法中,程序要件主要指纳税时间和纳税地点。

第二节 税收之债的实体要件

一、税收之债主体

(一) 税收之债主体的概念和资格

1. 税收之债主体的概念

税收之债的主体包括税收债权人和税收债务人,一般指税收债务人(纳税人),即税法上规定直接负有税收债务的一方当事人,包括自然人、法人和非法人组织。税收之债主体的规定解决了对谁征税,或者谁该承担税收债务的问题。

此处的税收债务人(纳税人)是狭义的税收债务关系中的税收债务人。在广义的税收债务关系中还有许多主体负担税收债务,如扣缴义务人、纳税担保人、税务代理人、负税人。①

2. 税收债务人的主体资格

这里的主体资格是指作为税收债务人的资格,即是否具有负担税收债务的能力。"法律上所谓能力,是指在法的世界中作为法律主体进行活动,所应具备的地位或资格。"②税法上的能力包括税法权利能力和税法行为能力。

税法权利能力是指作为税收法律主体,享受税收权利、承担税收义务所应具备的地位或资格。凡能够参加到税收法律关系中并能在其中享有权利和承担义务的主体均具有税法权利能力。在税法上,一般以具有经济上的负担能力(例如所得税)或在技术上可把握经济上的给付能力的对象作为税法的权利主体。③税法上的权利能力多属限制权利能力,即税法权利能力仅限于特定的税法领域,在某一税上享有权利能力的人,在另一税上则未必有权利能力,故成为一个独立于私法上权利能力的特殊的公法上权利能力。一般来讲,在私法上享有完全权利能力的主体,在税法上也享有完全权利能力,如公司;在私法上不享有权利能力或享有部分权利能力的主体,在税法上出于把握经济上负担能力之技术的需要,有可能被赋予完全权利能力或部分权利能力,如个人独资企业、合伙企业等。另外,享有完全税法权利能力的主体仅仅是在抽象意义上享有这种权利能力,在

---

① 负税人是最终负担国家征收的税款的单位和个人。其他概念本书均有界定,此处不再赘述。
② 梁慧星:《民法总论(第二版)》,法律出版社2001年版,第70页。
③ 陈清秀:《税法总论》,三民书局1997年版,第207页。

具体的税收法律关系中,不一定有权利能力。如在增值税法律关系中,小规模税收债务人就不能享受一般税收债务人所享有的权利。

税法行为能力是指税法的权利主体所具有的能以自己的行为享有税收权利和履行税收义务的能力。在民法上具有完全民事行为能力的主体,在税法上也具有完全行为能力;依民法规定为限制行为能力人,但依民法或其他法律的规定在其具备行为能力的领域内,税法也承认其行为能力。一般来说,税收法律主体需要具备完全行为能力,即应当是完全行为能力人;限制行为能力人和无行为能力人所为的行为应归于无效。当然,此种无效行为可由行为人法定代理人嗣后的同意或由行为人取得行为能力后的同意加以补正。①

(二)税收债务人的分类

1. 自然人、法人和非法人组织

由于税收债务人一般都是从事私法活动的主体,因此对其分类也应考虑税收债务人在私法活动中的民事主体身份,身份决定了税收债务人能否成为某些税种征纳活动的主体。

2. 居民税收债务人与非居民税收债务人

在所得税法中,税收债务人可分为居民税收债务人与非居民税收债务人。居民税收债务人是从"人身角度"服从一国的税收管辖权,承担无限税收债务;非居民税收债务人是从"物权角度"服从一国的税收管辖权,承担有限税收债务。随着国际经济的发展,这一分类将越来越重要。

3. 可分税收债务人与连带税收债务人

可分税收债务人是指可以与其他主体区分税收债务,因而只需要独立履行税收债务的纳税人;连带税收债务人是指与其他税收债务人共同承担连带税收债务的纳税人。

4. 原生税收债务人与第二次税收债务人

原生税收债务人是依据税法直接承担税收债务的纳税人;第二次税收债务人是指因存在法定事由,而代替原生税收债务人承担税收债务的纳税人。

5. 正式税收债务人与延伸税收债务人

在间接税中,根据税法对视同销售货物的行为承担纳税责任的为正式税收债务人;接受视同销售的货物并实际负担税款的为延伸税收债务人。②

---

① 陈清秀:《税法总论》,三民书局1997年版,第212页。
② 我国税法并没有引入正式税收债务人和延伸税收债务人的概念。但在我国增值税和消费税中,对类似情况的课税是存在的。例如,对将自产、委托加工的货物用于集体福利或个人消费以及无偿赠送他人的,都要视同销售货物,要征收增值税。这时,实际消费者和受赠人即实际的延伸税收债务人。

6. 一般税收债务人与小规模税收债务人

我国在增值税征纳中,根据税收债务人生产经营规模大小、会计核算是否健全、能否提供准确的税务资料等,将税收债务人分为一般税收债务人和小规模税收债务人,并赋予他们在征纳活动中不同的税法地位和待遇。例如,一般税收债务人可使用增值税专用发票,应纳税额的计算和确定适用"扣税法",小规模税收债务人可以自行开具增值税专用发票,但不得抵扣进项税额。

自然人、法人和非法人是税收实体法与税收程序法共通的分类;居民税收债务人与非居民税收债务人、可分税收债务人与连带税收债务人、原生税收债务人与第二次税收债务人、正式税收债务人与延伸税收债务人是税收实体法上的分类;一般税收债务人与小规模税收债务人是税收程序法上的分类。

二、税收之债的客体

(一) 税收之债客体的概念

税收之债的客体,也称征税对象、征税客体或课税对象、课税客体,是指征税的目的物。税收之债的客体是发生税收债务所必要的物的要件,它说明对什么征税的问题。如消费税是对消费征税,其税收之债客体就是消费品(如烟、酒等都是消费税的征税对象);房产税是对房屋征税,其税收之债客体是房屋。税收之债客体是税法的最基本要素。第一,税收之债客体体现着征税的最基本界限,凡列入某一税种征税对象的,就是这个税种的征收范围,就要征税;而没有列入征税对象的,就不是该税种的征收范围,不征这种税。第二,税收之债客体决定了不同税种在性质上的差别,还决定着各个税种的名称。如消费税、增值税和所得税,它们的税收之债客体不同,税种的性质不同,税名也不同。就世界各国的税种看,有以商品和服务为税收之债客体的,有以所得额为税收之债客体的,有以财产为税收之债客体的,有以环境污染物和各类自然资源为税收之债客体的,有以各种特定行为为税收之债客体的,它们构成了各种不同性质的税种。

(二) 与税收之债客体相关的概念

1. 税目

税目即税收之债客体的具体内容,是在税法中对税收之债客体分类规定的具体的征税品种和项目,它是税收之债客体在质的方面的具体化。规定税目首先是为了明确具体的征税范围。列入税目的就是应税产品,没有列入税目的就不是应税产品。另外,通过规定各种税目,还可以对不同的项目制定高低不同的税率,体现国家的政策。税目的设计,可以采取列举法,即按照每一种商品或经营项目分别设计税目,如汽车轮胎、化妆品等,一种商品就是一个税目。这种方法的优点是界限明确,便于掌握;缺点是税目过多,不便查找。设计税目也可以采取分类法,即按照商品大类或行业设计税目,如电子产品类、日用化工类、文化用品类等,一个大类的商品就是一个税目。这种方法的优点是税目较少,查找方便;缺点是税目过粗,不便于贯彻合理负担的政策。

2. 税基

税基又称计税依据、课税标准、课税基础,是计算应纳税额的依据和基础。税基解决征税的计算问题,它是税收之债客体在量的方面的具体化。如消费税的税收之债客体是消费品,在对某种消费品如卷烟计算应纳税额时,税法规定,按照卷烟的销售价格计算征税,这个销售价格就是消费税的税基。在规定税基时,可以规定税收之债客体的价格为税基,也可以规定税收之债客体的数量为税基。此外,有的税种税收之债客体和税基是一致的,如各种所得税的税收之债客体和税基都是应纳税所得额;有的税种则不一致,如消费税。

3. 税源

税源是税收收入的来源,即各种税收收入的最终出处。税源归根结底是物质生产部门劳动者创造的国民收入,但每个税种都有其各自的经济来源,如企业所得税的税源是企业的经营利润,个人所得税的税源是个人取得的各种收入。税源与税收之债客体有时是一致的,例如各种所得税,税收之债客体是纳税人的纯收入,税源也是纳税人的纯收入。但很多税种的税源与税收之债客体并不一致,例如房产税,税收之债客体是房屋,而税源则是房产的收益或房产所有人的收入。税法上并不明确规定税源,但分析税收之债客体与税源的关系,对研究税收的调节作用以及税收的负担是很重要的。

三、税率

税率是计算税额的尺度,反映着征税的深度。税率的高低直接关系到国家的财政收入和税收债务人(纳税人)的负担水平,是国家税收政策的具体体现,是税收法律制度的中心环节。

税率有名义税率和实际税率之分。名义税率是税法规定的税率,是应纳税额与税收客体数额的比例。实际税率是实际税额与实际税收客体数额的比例。在实际征税中,由于计税依据、减免政策等不同原因,纳税人(税收债务人)实纳税额和应纳税额会不一致,实际税收客体数量与税法规定的税收客体数量也会不一致,实际税率也就与名义税率不一致。我国税法并没有实际税率的规定,但实际税率真实地反映了税收债务人(纳税人)的负担。在研究税收政策、制定税法时,应注意到名义税率与实际税率的差别。

税率一般分为三种：

(一) 比例税率

比例税率是指应纳税额与税收客体数量为等比关系。这种税率不因税收客体数量的多少而变化。即对同一税收客体，不论其税基数额大小，均按照同一比例计征应纳税额。如高档化妆品的消费税税率是15%，不论纳税人应税化妆品的销售额是100元，还是1000元，税率都是15%。比例税率又可分为：

第一，单一比例税率，即对同一税收客体的所有税收债务人(纳税人)适用同一比例税率，如我国企业所得税适用25%的单一比例税率。

第二，差别比例税率，即在同一税种中，对不同纳税人或不同类型的税收客体(税目)适用不同的比例税率。差别比例税率具体可分为：(1) 产品差别比例税率，即对不同的产品适用不同的税率，如消费税；(2) 行业差别比例税率，即对不同的行业采用不同税率，如已被取消的营业税；(3) 地区差别比例税率，即按照不同地区规定不同税率，如已被取消的农业税。

第三，幅度比例税率，国家只规定最低税率和最高税率，各地可以因地制宜在此幅度内自行确定一个比例税率。如在营业税未被取消时，娱乐业采用的税率就是幅度比例税率。

比例税率计算简便，有利于提高效率，且由于比例税率的税率高低与税基的大小并无牵连，因此应用范围比较广泛，适合于对商品流转额的征收；但比例税率具有累退性，因此不利于保障公平，调节收入的效果不太理想。表1为比例税率示意表。

表 1　比例税率示意表

年收入	项目								
	考虑照顾低收入			考虑调节高收入			既照顾低收入，又调节高收入		
	税率	税额	纳税后收入	税率	税额	纳税后收入	税率	税额	纳税后收入
400元	5%	20元	380元	50%	200元	200元	5%	20元	380元
50000元	5%	2500元	47500元	50%	25000元	25000元	50%	25000元	25000元

(二) 累进税率

累进税率是随税基的增大而提高的税率，即按税基大小，规定不同等级的税率，税基越大，税率越高。累进税率税额与税基的比，表现为税额增长的幅度大于税基的增长幅度。累进税率在调节纳税人收入方面有着特殊的作用，所以各种所得税一般都采用累进税率。累进税率的划分，遵循累进依据和累进方法双重标准。

一般来说,累进税率的累进依据是多种多样的。累进税率以绝对额为累进依据,可以分为全额累进税率和超额累进税率,简称额累;累进税率以相对率为累进依据,可以分为全率累进税率和超率累进税率,简称率累。

1. 额累税率形式

(1) 全额累进税率

全额累进税率是指对税基的全部数额都按照与之相对应的该等级税率征税,也就是在税基数额增加到需要提高一个等级时,应就全部税基按高一级税率计算应纳税额。表2为全额累进税率表。

表2 全额累进税率示意表

级数	所得额级距	税率(%)
1	全月所得额在400元以下(含400元)	5
2	全月所得额在400—1000元的(含1000元)	10
3	全月所得额在1000—2000元的(含2000元)	15
4	全月所得额在2000—5000元的(含5000元)	20
5	全月所得额在5000—10000元(含10000元)的	25
6	全月所得额在10000—20000元的(含20000元)	30
7	全月所得额在20000—50000元的(含50000元)	40
8	全月所得额在50000元以上的	50

全额累进税率举例:

甲全月收入300元,乙全月收入2500元,求甲、乙各自的应纳税额。

甲应纳税额=300元×5%=15元

乙应纳税额=2500元×20%=500元

由此可见,全额累进税率实际上是按征税对象数额的大小,分等级规定的一种差别比例税率。全额累进税率在调节收入方面较之比例税率要合理,但在两个级距的临界部位会出现税负增加超过应税所得额增加的现象,使税收负担变得极不合理。举例说明如下:

甲全月收入1000元,乙全月收入1001元,求应纳税额。

甲应纳税额=1000元×10%=100元

乙应纳税额=1001元×15%=150.15元

该问题可以用超额累进税率来解决。

(2) 超额累进税率

超额累进税率是把税基划分为若干等级,对每个等级分别规定相应税率,分别计算税额,各级税额之和为应纳税额。由此看来,一定数额的税基可以同时适用几个等级的税率。超额累进税率的"超"字是指税基数额超过某一等级时,仅就超过部分按高一级税率计算征税。表 3 为超额累进税率示意表。

表 3 超额累进税率示意表

级数	所得额级距	税率(%)	速算扣除数
1	全月所得额在 400 元以下(含 400 元)	5	0
2	全月所得额在 400—1000 元的(含 1000 元)	10	20
3	全月所得额在 1000—2000 元的(含 2000 元)	15	70
4	全月所得额在 2000—5000 元的(含 5000 元)	20	170
5	全月所得额在 5000—10000 元的(含 10000 元)	25	420
6	全月所得额在 10000—20000 元的(含 20000 元)	30	920
7	全月所得额在 20000—50000 元的(含 50000 元)	40	2920
8	全月所得额在 50000 元以上的	50	7920

超额累进税率举例:

计算 2500 元所得额的应纳税额。

第一级:400 元×5%=20 元

第二级:(1000 元－400 元)×10%=60 元

第三级:(2000 元－1000 元)×15%=150 元

第四级:(2500 元－2000 元)×20%=100 元

应纳税额=20 元+60 元+150 元+100 元=330 元

但是用定义方法计算应纳税额过于复杂,特别是所得额越大,适用税率越多,计算越复杂,因此在实际工作中会使用一种简单的计算方法,叫速算扣除数法,即应纳税额=用全额累进方法计算的应纳税额－速算扣除数

用速算扣除数法计算上题:

应纳税额=2500 元×20%－170 元=330 元

由此可以看出,速算扣除数法的原理为:按全额累进方法计算的税额,比超额累进方法计算的税额要多征一定的数额,这个多征的数是常数,就是速算扣除数。速算扣除数,即按全额累进方法计算的税额减去按超额累进方法计算的税额的差额。可用公式表示为:

速算扣除数=全额累进计算的税额－超额累进计算的税额

从超额累进税率表看,本级速算扣除数可以用公式表示为:
本级速算扣除数＝上一级最高所得额×(本级税率—上一级税率)＋上一级速算扣除数

如:第二级速算扣除数＝400元×(10%－5%)＋0元＝20元
　　第三级速算扣除数＝1000元×(15%－10%)＋20元＝70元

2. 率累税率形式

(1) 全率累进税率

全率累进税率是指按照一定的相对率制定分级全率累进表,计税时按纳税人的税基相对率确定适用税率,全部税基数额与适用税率的乘积即为应纳税额。全率累进税率的原理与全额累进税率相同,只是累进的依据不同,前者为税基的某种比率,如销售利润率、增值率,后者是税基的数额。我国未实行过全率累进税率。

表4是用销售利润率作为划分累进级距的依据,来说明全率累进税率的计算方法。

表4　全率累进税率示意表

级数	销售利润率	税率(%)
1	不超过5%(含)	0
2	5%—10%(含)	10
3	10%—15%(含)	20
4	15%—20%(含)	30
5	20%—30%(含)	50
6	超过30%	70

使用全率累进税率计算应纳税额,可用公式表示为:

应纳税额＝(销售收入额×销售利润率)×税率

举例说明如下:

某甲销售收入额为10000元,销售利润率为6%;某乙销售收入额为10000元,销售利润率为18%,求甲、乙按全率累进税率计算的应纳税额。

甲应纳税额＝(10000元×6%)×10%＝60元
乙应纳税额＝(10000元×18%)×30%＝540元

(2) 超率累进税率

超率累进税率是指对纳税人的全部税基,按税率表规定的相对率级距,划分为若干段分别适用不同的税率,各级应纳税额的总和就是全部税基的应纳税额。超率累进税率的原理与超额累进税率相同,前者以税基数额的相对率为累进依据,后者以税基数额的绝对额为累进依据。我国土地增值税采用的就是四级超率累进税率。表5是以销售利润率为划分累进级距依据的超率累进税率示意表。

表5　超率累进税率示意表

级数	销售利润率	税率(%)	速算扣除率(%)
1	不超过5%(含)	0	0
2	5%—10%(含)	10	0.5
3	10%—15%(含)	20	1.5
4	15%—20%(含)	30	3
5	20%—30%(含)	50	7
6	超过30%	70	13

举例说明如下:

某乙销售收入额为10000元,销售利润率为18%,请计算其应纳税额。

用定义法计算超率累进税额:

第一级:(10000元×5%)×0%=0元

第二级:10000元×(10%−5%)×10%=50元

第三级:10000元×(15%−10%)×20%=100元

第四级:10000元×(18%−15%)×30%=90元

应纳税额=50元+100元+90元=240元

速算扣除率法的原理与速算扣除数法的原理是一样的,用速算扣除率法计算应纳税额的公式为:

应纳税额=销售收入额×(销售利润率×税率−速算扣除率)

某乙的应纳税额=10000元×(18%×30%−3%)=240元

从超率累进税率表看,计算速算扣除率可以使用计算公式:

本级速算扣除率=上一级最高销售利润率×(本级税率−上一级税率)+上一级速算扣除率

如:第二级速算扣除率=5%×(10%−0%)+0%=0.5%

　　第三级速算扣除率=10%×(20%−10%)+0.5%=1.5%

按照不同依据划分累进级距,产生的效果是不一样的。例如,按利润额划分级距(额累)与按利润率划分级距(率累)效果就不同。额累使利润额大而利润率低的企业负担重;利润额小而利润率高的企业负担轻。如有些建厂历史长的企业,设备陈旧,利润额大,但人均利润率却很低,采用额累税率会使这些大企业负担很重。有些小厂虽利润额小,但人均利润率却很高,负担就轻。在实际工作中,采用何种累进依据,应视税收政策及调节目的而定。

累进税率的划分,除以累进依据为标准外,还以累进方法为标准。在累进方法上,无论采取额累形式还是率累形式,累进税率都可分为"全累"(全额累进和全率累进)和"超累"(超额累进和超率累进)两种形式。现将"全累"和"超累"做一对比:

第一,在名义税率相同的情况下,实际税率不同,"全累"负担重,"超累"负担轻;第二,"全累"的最大缺点是在累进级距的临界点附近税收负担不合理;第三,在各个级距上,"全累"税负变化急剧,而"超累"变化缓和,即随着征税对象数额的增长,在税款的增加上,"全累"较快,"超累"较缓和;第四,在计算上,"全累"计算简单,"超累"计算复杂。我国已经不再采用"全累"的税率形式,它存在的意义仅为教学中"超累"的铺垫。

(三) 定额税率

定额税率又称固定税额,是按单位征税客体,直接规定固定税额的一种税率形式。如我国的城镇土地使用税,即按使用土地面积,规定每平方米税额多少。定额税率又可分为三种:

第一,地区差别定额税率,即为了照顾不同地区自然资源、生产水平和盈利水平的差别,根据各地经济发展水平,分别规定不同的税额。如已被取消的盐税就规定了每吨盐的税额,辽宁141元,山东154元,广东130元。

第二,幅度定额税率,即只规定一个税额幅度,由各地根据本地的实际情况,在特定的幅度内确定一个具体执行的固定税额。如资源税、耕地占用税、城镇土地使用税、车船税。

第三,分级定额税率,即把征税对象划分为若干类别和等级,对各类各级由低到高分别规定相应的固定税额。等级高的税额高,等级低的税额低。如车船税、船舶吨税。

定额税率计算简便,适用于从量计征的税种,这些税种的征税对象应该是价格固定,质量和规格标准较统一的商品。如果征税对象价格不稳定,需要频繁调整税额,以保持原税负,会给征税工作带来困难,例如对水果就不能采用定额税率。如果征税对象的质量和规格标准不统一,也无法采用定额税率,例如,对日用品中的锅征税,就很难采用定额税率,因为质量和规格标准很难统一。对价格稳定、质量和规格标准统一的产品,应尽量采用定额税率。一方面定额税率计算简单;另一方面定额税率有利于企业改进包装,改进包装后的商品,提高售价而税额不增,避免了从价征税的缺点;此外,定额税率还有利于促进企业提高产品质量。在优质优价、劣质劣价的情况下,税额固定会让优质优价的产品承担较轻的税负,劣质劣价产品承担较重的税负。

总之,上述三个要件是税法的基本要件。税收债务人和税收之债客体规定了对谁征税、对什么征税以及征税范围,体现了征税的广度。税率规定了征税的数量,即征多少税,体现了征税的深度,是税收负担的中心环节。因此,这三个要件被称为税法三大要件。

四、税收特别措施

税收特别措施之所以"特别",是因为它是在上述基本税法要件之外体现税法规制性特征的一系列措施。由于规制性的特征包含了积极的鼓励和促进以及消极的限制和禁止这两个方面,因而规制性措施体现一定的政策倾向和法律褒贬的价值取向。

(一)税收优惠措施

1. 税收优惠措施的概念

税收优惠措施,即减轻或免除税收债务人(纳税人)税负,从而使其获得税收上优惠的各种措施的总称,它体现的是对税收债务人(纳税人)行为的鼓励。在我国,作为国家治理的基础和重要支柱,税法对宏观经济运行的调控不仅体现在税收债务的确定、具体税目的变更和税率的调整等方面,而且也直接体现在税收优惠措施的适用方面。税收优惠措施的实行会直接影响到计税基数,从而影响到税收债务人的具体税收之债(纳税义务),因而对征纳主体的利益与相关的经济和社会政策目标的实现,也会产生影响。

税收优惠措施有广义和狭义之分。广义的税收优惠,是包括优惠税率在内的各种最终减轻或免除税收的优惠;狭义的税收优惠,是通过减少税基或直接减少应纳税额来降低税收的优惠。本书此处讨论的是狭义的税收优惠。

2. 税收优惠措施的分类

税收优惠措施分为直接优惠和间接优惠。间接优惠亦称税基式优惠,即通过依法减少税基来使税收债务人(纳税人)获取优惠的措施,主要是税前扣除、亏损结转等;直接优惠亦称税额式优惠,即通过直接减少应纳税额来使税收债务人(纳税人)获得优惠的措施,主要是税收减免、税收抵免等。下文将介绍在我国适用非常普遍且引人注目的税额式优惠措施——减免税。

(1)减免税的概念

减税、免税是税法对某些特殊情况给予减少或免除税负的规定。减税是对应征税款减征一部分;免税是对应征税款全部予以免征。税收减免既是税收债务人(纳税人)的实体性权利,也是程序性权利。

(2) 减免税的分类

税收减免可以有多种分类。例如,依据税收减免的性质和原因,可以将其分为困难性减免和调控性减免;依据税收减免的条件和程序,可以将其分为法定减免和裁量减免;依据税收减免的时间,可以将其分为长期减免和定期减免等。

(3) 减免税的意义

减免税是把税法的严肃性和灵活性结合起来,有利于贯彻国家的税收政策,有利于因地制宜、因事制宜地处理税收方面的特殊情况。但是,减税和免税必须被严格控制,要严格执行减免税的规定,不能随意减免。

(4) 与减免税相关的概念

与减免税相关的概念,即起征点与免征额。

起征点是税法规定对税收客体开始征税的数额。税收客体数额未达到起征点的不征税,达到或超过起征点的就其全部数额征税。我国现行增值税中就有起征点的规定,其中按期纳税的,为月销售额5000—20000元。规定起征点是为了降低收入较少的税收债务人(纳税人)的税收负担,缩小征税面,贯彻合理负担的政策。

免征额是税法规定的税收债务中免于征税的数额。免征额部分不征税,只对超过免征额的部分征税。我国现行个人所得税制度中就有免征额的规定,其中对工资薪金的征税,免征额为5000元。规定免征额是为了照顾税收债务人(纳税人)的最低需要。

(二) 税收重课措施

税收重课措施,是依法加重税收债务人(纳税人)税收负担的各种措施的总称,它体现的是对税收债务人(纳税人)行为的限制和禁止。如果说在某些税种或税法中要体现"寓禁于征"的思想,那么在税收重课措施上,这种思想就体现得更加明显。当然,现代税法更多地要体现激励,并通过优惠来引导税收债务人(纳税人)的行为,因此对税收重课措施运用得并不普遍。

税收重课措施的种类没有税收优惠措施那么多,较为重要的是加成征收、加倍征收。例如,2018年前,我国《个人所得税法》规定,对个人劳务报酬所得一次收入畸高的,就可以依法加成征收。此外,某些税法规定,在税收债务人(纳税人)由于故意或过失而导致账目混乱,从而不能准确核定其应纳税额时,征税机关享有税额调整权;如果税收债务人(纳税人)经营的项目所适用的税率高低不一,则税务机关可以依法从高适用税率。这也可被视为税收重课措施。

第三节 税收之债的程序要件

税收之债的程序要件是实体要件有效实施的重要保障,它同样包括一般要件和特别要件。其中,纳税时间、纳税地点是一般要件,纳税环节、违法处理等是特别要件。

一、纳税时间

(一) 纳税时间的概念

纳税时间是税收债务人向国家缴纳税款的法定期限,故也称纳税期限。各类税种都明确规定了税款的缴纳期限,它是课税法定性特征的重要体现。税收的课税法定性,不仅表现在税法预先规定了征税的数量上,而且还表现在税法明确规定了缴纳税款的期限上,后者保证了国家取得财政收入的及时性和连续性。

(二) 纳税时间的确定

在确定纳税时间时应考虑以下因素:

第一,根据税收客体的不同。如企业所得税以年所得额为税收客体,实行按全年所得额计算征收,分期预缴,年终汇算清缴,多退少补的办法。

第二,根据税收债务人(纳税人)缴纳税款数额的多少,缴纳税款多的税收债务人(纳税人),纳税时间核定应短些,反之,纳税时间核定可以长些。

第三,根据应税行为发生的情况,以从事生产经营活动的次数为纳税时间,实行按次征收。

(三) 纳税时间的分类

纳税时间可分为纳税结算期和税款缴库期两类。

纳税结算期是指税收债务人(纳税人)应多长时间计缴一次税款,反映了计税的频率。纳税结算期又可分为按次结算和按期结算。按次结算是以税收债务人(纳税人)从事应税行为的次数作为应纳税额的结算期限,一般较少适用。按期结算是以税收债务人(纳税人)发生税收债务的一定期限作为纳税结算期,通常可以日、月、季、年为期限,按期结算适用较广。

税款缴库期是指应在多长时间内将税款缴入国库,它是税收债务人(纳税人)实际缴纳税款的期限。应纳税款到了结算期限,税收债务人(纳税人)需要有个计算税款和办理纳税手续的时间。一般规定按 1 个月结算纳税的,税款应在期满后 7 天内缴纳;其余的均在结算期满 5 天内缴纳。税款缴库期不仅关系到税收债务的实际履行,还关系到国家能否获取稳定的、及时的财政收入。

此外，纳税时间与税收债务的发生时间是不同的。前者是一定的期间，而后者则是指一个时间点；并且，只有在税收债务发生以后，才会有纳税时间的问题。

二、纳税地点

纳税地点是税收债务人（纳税人）依据税法规定向征税机关申报纳税的具体地点，它说明税收债务人（纳税人）应向哪里的征税机关申报纳税，以及哪里的征税机关有权实施管辖的问题。

在税法中明确规定纳税地点，对税收债务人（纳税人）正确、有效地履行税收债务，确保国家有效地取得财政收入，实现宏观调控的经济政策及保障社会公平的社会政策，均十分重要。

一般来说，税法上规定的纳税地点主要有以下几类：机构所在地、经济活动发生地、财产所在地、报关地等。

三、纳税环节

所谓纳税环节，是对处于运动之中的税收客体，选定应该缴纳税款的环节，一般指的是在商品流转过程中应该缴纳税款的环节。商品从生产到消费要经过许多流转环节。总的来说，它包括产制、批发和零售三道环节。具体来说，它又包括从产制到消费以前，所经历的一系列的转手交易环节。如工业企业相互提供原材料、零配件、出售产品和加工协作，商业企业间的商品交易。在上述商品流转环节中，可以选定一个或几个环节缴纳税款，一个税种在商品流转环节中征一次税的制度，叫"一次课征制"，如我国现行消费税。一次课征制税源集中，可以避免重复征税。一个税种在商品流转各个环节多次征税的制度，叫"多次征税制"或"道道征税制"。我国现行的增值税就属于这种征税制度，虽道道征税，但道道不重复征税。

总之，税法的构成要件是非常重要的，尤其是作为确定税收债务是否成立的一系列课税要件。它取代了传统私法上债务关系成立所需要的意思要素，也排除了在无法定要素情况下的行政机关的自由裁量，因而从民主与法治的角度来说是很有进步意义的。[①]

---

① 张守文：《税法原理（第二版）》，北京大学出版社 2001 年版，第 46—47 页。

本 章 小 结

税收之债的构成要件是国家有效征税必须具备的条件。在税收债法中,不仅要规定对谁征税、对什么征税、征多少税,而且还要规定征纳的程序和征管的方法。广义的税收之债的构成要件既包括税收债法的实体要件,也包括税收债法的程序要件;狭义的税法构成要件仅包括税收债法的实体要件。税收债法的实体要件包括:税收债务人、税收客体、税率、税收特别措施等;税收债法的程序要件包括:纳税时间、纳税地点、纳税环节等。

思考题

1. 如何区分纳税人和负税人?扣缴义务人的法律地位如何?
2. 简述不同税种适用税率形式的情况。
3. 简述税收特别措施的调控作用。

第八章 税收之债的运行

所谓税收之债的运行,是指税收之债的产生、变更和消灭的过程。与私法上的债务一样,税收之债也是处于不断产生、变更和消灭的运行过程中。

第一节 税收之债的产生

税收之债的产生,也称税收之债的成立,是指税收之债关系在有关当事人之间的确立。税收之债的产生关系到税法的适用、纳税时间的确定、第二次税收之债的履行、破产重整中债权的清偿、税收强制措施的实施等问题,但我国没有制定税收通则法,未在法律上给税收之债的产生作明确的一般性规定,而是在相关的税种法中才有所涉及,这给法律适用带来了障碍。[①] 因此,应从理论上对此加以探讨,以便能在法律上作出统一规定。

一、税收之债产生的学说

有关税收之债的产生,主要有两种学说,一是课税处分时说,二是构成要件实现时说。这两种学说与税收法律关系性质的学说相对应,把税收法律关系视为权力关系的,在税收之债成立时间问题上一般会采取课税处分时说;把税收法律关系视为债务关系的,在税收之债成立时间问题上一般会采取构成要件实现时说。

课税处分时说认为,税收法律关系是国家财政权力行使关系,税收之债在征税机关作出课税处分时才发生。如果没有征税机关作出征税决定的行政行为,即便已经满足税法构成要件,税收之债也不会发生。这种观点源自德国早期行政法学者奥托·梅耶的主张,在历史上曾占有优势。该学说的缺陷主要在于:第一,税收之债满足构成要件后离课税处分尚有一段时间,而这段时间因征税机关课税处分的及时与否长短不同。若采用课税处分时说,则使税收之债的发生时间变得不可测,导致因征税机关的课税处分不同而使同一税收之债的成立时间相异。这对于税收债务人来说是不公平的,在理论上也难以论证其合理性。第

---

① 施正文:《税收债法论》,中国政法大学出版社2008年版,第139页。

二,课税处分在税收救济中被变更或撤销时,税收之债产生的时间难以确定。第三,课税处分时说把确定税收之债是否产生及何时产生的权力赋予了征税机关,有违税收法定主义之虞。①

构成要件实现时说认为,税收之债是国家依据法律所享有的金钱给付请求权,在法律所规定的税收之债的构成要件满足时发生。即税收之债与民法上的侵权行为、无因管理和不当得利之债一样,其发生是基于法律的直接规定,而不是基于当事人的法律行为或征税机关的行政行为。事实上,当税收债务人符合税法规定的课税要件时,也就是发生了应当纳税的行为,如纳税人销售货物或者提供加工、修理修配劳务,生产、委托加工和进口法定的消费品,取得工资或利息、股息、特许权使用费等所得,拥有或占有一定财产,购买或转让一定的财产等。这时,税收之债即产生。需要强调的是,税收之债产生的时间与税收债务人的行为有关,而不是税收债权人。从合理性上讲,税务机关的课税行为应与税收债务人满足课税要件同步。现实中课税行为的滞后,完全是税务管理上的需要,不能代表税收之债成立的时间。正如有学者所认为的,税收之债的成立是继续性的,其成立开始于税法构成要件的满足,终于税收核定。因此,税收之债在核定之前,是附停止条件的债务,而所谓查定的税收,除了以扣缴税款方式加以征收之外,直到被核定时才有实现的可能性。

综上,为确保成立税收之债对一切税收债务人均适用相同的基准,而不至于受不同税款核定时点的影响,以法定的税收要件实行时为标准更为科学和合理,这也契合了现代民主法治国家的理念。具体讲:第一,基于税收债务关系学说。税收法律关系是税收债务人(纳税人)和税收债权人(征税机关)之间根据围绕着税法构成要件的事实,就具体的确认行为而展开的关系,税收债权人(征税机关)的核定行为是一种税收之债的确认关系而非创设关系。也就是说,税收之债与行政并无关系,它的成立不取决于税收债权人(征税机关)的行政行为,只要税法构成要件的事实已经具备,即告成立,税收债权人(征税机关)的核定行为至多具有宣示作用。第二,基于税收法定主义原则。在现代民主法治国家,税收之债涉及人们的基本财产权和基本经济自由,因此为确保设定税收之债的合法性与合理性,其设定需要由人民的代表机关——议会(我国是人民代表大会)来决定,而构成要件理论的提出正适应了"议会保留原则"的要求,也符合"课税要件法定主义"的原则,因此是契合现代民主法治国家理念的学说。② 税收债务人(纳税人)

---

① 刘剑文主编:《财税法学》,高等教育出版社 2004 年版,第 394 页。
② 同上。

从何时起负担税收债务,应属法律保留的范畴,必须有法律的明确规定。在不符合税法构成要件的情况下,税收债权人(征税机关)不能裁量臆断,以人为的推定去征税。这对平等、统一适用税法,解决实践中存在的大量违法征税问题,以及增强税法的科学性很有意义。

二、税收之债产生的时间

早在1919年,《德国租税通则》就规定,"税收债务在法律与税收相结合的要素实现之时成立。"1977年的《德国税收通则》第38条再一次沿袭了上述规定,"基于税收债务关系的请求权,在该法律对于其给付义务所联结的构成要件实现时,即为成立。"这是对税收之债成立的普遍性和一般性规定。但由于各种具体税收之债的构成要件是不同的,它们对税收征管的要求也是不同的,所以在实现分税立法模式的国家,税收之债的成立时间往往由各税种法加以具体规定。例如,日本没有对税收之债发生时间作出概括性的一般规定,但通过对各种税收债务的列举规定,实际上认可了上述标准。《日本国税通则法》第15条第2项对各种税收之债的成立时间作了具体规定,分为基本的税收债务成立时间、预定的税收债务成立时间、附带税的税收债务成立时间三种类型。对基本的纳税义务成立时间来说,所得税为公历年度终了之时,法人税为事业年度终了之时,继承税为依继承及遗赠取得财产之时,消费税为从课税资产的转让或课税货物从保税区提取之时,印花税为课税文书作成之时;对预定的税收债务成立时间来说,实行源泉征收的所得税为实行源泉征收所得的支付之时,需要中间申报的消费税为课税期间开始日起经过6个月之时;对附带税的税收债务成立时间来说,过少申报加算税、无申报加算税以及与此有关的重加算税为法定申报期限的完结之时,延滞税为法定纳税期限终期后每经过1日的该日完结之时等。

我国税法对税收之债产生的时间也没有作出统一规定,但在不同的实体税种法中作了具体规定。例如,《增值税暂行条例》第19条规定,"增值税纳税义务发生时间:(一)发生应税销售行为,为收讫销售款项或者取得索取销售款项凭据的当天;先开具发票的,为开具发票的当天。(二)进口货物,为报关进口的当天。"《企业所得税法》第53条规定,"企业所得税按纳税年度计算。纳税年度自公历1月1日起至12月31日止。企业在一个纳税年度中间开业,或者终止经营活动,使该纳税年度的实际经营期不足十二个月,应当以其实际经营期为一个纳税年度。企业依法清算时,应当以清算期间作为一个纳税年度。"第54条规定,"企业所得税分月或者分季预缴。企业应当自月份或者季度终了之日起十五日内,向税务机关报送预缴企业所得税纳税申报表,预缴税款。企业应当自年度终了之日起五个月内,向税务机关报送年度企业所得税纳税申报表,并汇算清缴,结清应缴应退税款。企业在报送企业所得税纳税申报表时,应当按照规定附送财务会计报告和其他有关资料。"因此,企业所得税之债的成立时间为公历年度终了之时。① 《城镇土地使用税暂行条例》第 8 条规定,"土地使用税按年计算、分期缴纳。缴纳期限由省、自治区、直辖市人民政府确定。"故城镇土地使用税之债的成立时间也是公历年度终了之时。根据《土地增值税暂行条例》第 10 条的规定,土地增值税之债的成立时间是转让房地产合同签订之日。从上述规定可以看出,我国税法实际上已认可税收之债的发生以构成要件的满足为条件。

三、税收之债产生的判断

一般来说,税收之债成立的判断标准有两种:

第一,对于"随时税",即税收客体随时发生的税收之债,税收客体发生时即满足课税要件事实,故税收客体发生时就是税收之债成立时。根据课税要件理论,判断税收债务的产生,首先要确定承担该债务的主体,即纳税主体;其次,要明确纳税主体承担税收债务的范围,即对哪些课税对象、在多大的数量上承担税收债务,即需要明确税目和税基;最后,要明确承担税收债务的程度即课税的深度,即需要明确具体适用的税率。这几个方面是各类税收债务的发生都会涉及的。此外,优惠或重课也会对一般的税收债务产生具体的增减改变,这对税收债务的确定非常重要。总之,在法定税收构成要件事实实现时,税收之债即告成立,不因之后有无课税处分而受影响,也不因税款缴纳时间是否已经到期而受影响。

第二,对于"期间税",即以按年或月等一定期间累积的税收债务作为课税对象的税种,因为其税收要件于其时间终了之时满足,故其税收之债也于该时间终了之时成立。但基于征税便宜的技术考虑,有时亦以开始时或其他时点为税收之债成立的基准时。这特别表现在所得税、房产税等按年计算的期间税上。因为企业在生产经营过程中每天可能都有所得,但在进行会计核算之前,其实际所得额是不得而知的;同时,企业在不同时期的盈利情况是不同的,可能在某段时间亏损,而在另一段时间盈利。因此,时间的选择对最终确定企业是否有所得以

---

① 该规定中包含了税收预缴请求权。德国税法学者认为,税收预缴以税收债务的成立为解除条件,在解除条件满足时,也就是成立税收债务时归于消灭,征税机关以年度税收请求权取代预缴请求权。陈敏:《租税债务关系之成立》,载《政大法学评论》1989 年第 39 期。如果年度届满后,没有成立年度税收请求权,就成立退税请求权,原来的预缴请求权转变为退税请求权。税收预缴请求权的成立时间是月末或者季度末,清偿期为 15 日。

及所得的多少有很大影响,即时间对税基的确定将产生直接影响。考虑到实践的需要以及与其他制度的衔接,为了便于应税所得的核算,税法一般将会计年度作为纳税年度,企业所得税的纳税义务发生时间因此也就为纳税年度届满之日。

总之,坚持以税收要件满足时作为税收之债发生的条件和判断税收债务成立时间的标准,是法律和理论上的一般要求。但从税收征纳的实践需要出发,各个税种法在确定其税收之债产生的时间时,往往需要综合考虑税基的确定、征纳技术和征纳效率等因素。①

第二节 税收之债的变更

与私法之债的变更相比,税收之债变更的可能性较低。② 但在特定情况下,特别是在法律明确规定的情况下,税收之债亦有可能发生变更。税收之债的变更是指税收之债要素发生了变化,即税收之债的主体、内容和客体发生变化。税收之债主体、内容、客体的任何一个变化都会引起税收之债的变更。这样,税收之债变更的条件要比其产生的条件更为宽泛。

一、税收之债主体的变更

税收之债主体的变更包括税收债权人的变更和税收债务人的变更两种情形。

(一)税收债权人的变更

税收债权人的变更,又叫税收债权让与,是指不改变税收之债的内容,税收债权人将其享有的税收债权转移于第三人享有。

在我国,税收债权人为抽象的国家。但 1994 年实行分税制后,税收债权人一般也包括中央税收债权人和地方税收债权人。税收债权人的变更主要是税收征管权和收益权主体的变更,即将某些税种由中央税下放为地方税,或把某些税种由地方税上升为中央税或中央地方共享税,或变更中央地方共享税中中央与地方各自所占的比例等。在个别情况下,也有将课税权下放给地方,由地方政府决定是否开征此种税收的情况,如筵席税。

(二)税收债务人的变更

税收债务人的变更,又叫税收债务承担,是指不改变税收之债的内容,税收

---

① 施正文:《税收债法论》,中国政法大学出版社 2008 年版,第 142 页。
② 受税收法定和依法行政原则的约束,税收之债的成立由法律明确规定,税收债权人和债务人无权自由处分,且税收债务关系存续期间较短。

债务人将其负担的税收债务移转于第三人负担。

税法没有关于税收债务人变更的原则性规定,但可以类推适用民法关于债务人变更的原则规定。税收债务具有两方面的性质:一是税收债务为金钱之债,没有人身专属性,原则上允许承担或转让;二是税收债务又为法定之债,具有高度的法定性,[1]不允许对税收债务人任意加以变更。根据税收债务的这种双重属性,税法一方面为确保财政收入的稳定与对私法上债务承担和转让秩序的尊重而原则上允许税收债务的法定承担和转让,另一方面又为了确保税收债务的法定性与维护公法上的秩序而对税收债务的承担和转让予以否定。[2]

税收债务人法定变更的情况主要是税收债务的继承。所谓税收债务的继承,实际上是在法律有明确规定的情况下,对原来负有税收债务的纳税人的税收债务的继受和承接。继承者继承原纳税人的税收债务后,不仅可取得其相应的税法权利,也需承担其未履行的税收债务。税收债务的继承仅适用于税法有明文规定的若干情形,如因企业、公司或其他组织改组、分设、合并、联营、迁移,以及自然人死亡而发生的税收债务的继承等。除了法律有明确规定的以外,税收债务的继承不能滥用,因为它关系到税收债务人的纳税能力和税负公平的问题。

二、税收之债内容的变更

税收之债内容的变更,即税收债务数额的增加和减少或税收债务履行期间、地点的变动。由于税收之债是法定债务,因此其内容应由法律规定,征税机关不得任意加以变更。我国《税收征收管理法》第28条第1款规定:"税务机关依照法律、行政法规的规定征收税款,不得违反法律、行政法规的规定开征、停征、多征、少征、提前征收、延缓征收或者摊派税款。"因此,税收之债内容的变更因其公法性质而限制较多,即使变更也应有法律根据。

(一)税收之债数额的变更

根据税收法定原则的要求,在没有法律明确依据的情况下,不允许对税收债务的内容加以变更,特别是不允许增加税收债务的数额,以保护税收债务人的合法权益。我国税法中对税收债务数额的变更主要是税收特别措施中的税收减免。自然灾害等不可抗力的发生,往往会给税收债务人带来重大财产损失,迫使其停产、减产,税收债务人可以此缘由依法向税务机关提出减免税。税法的修订或调整也可造成税收之债数额的变更,如2009年我国进行增值税转型,原来实

---

[1] 税收债务是依税收债务人经济上的负担能力而课征的,强调税收债务人的个别性。
[2] 刘剑文主编:《财税法学》,高等教育出版社2004年版,第399页。

行生产型增值税时购进机器设备的已纳税款不能抵扣,转为实行消费型增值税后可以抵扣了,这让税收债务人的税收负担大大减轻。随着我国经济体制改革的不断深入,类似的税法修订或调整将会更多,税收债务数额变更的情况将时有发生。

(二) 税收之债种类的变更

由于税收债务人的经营规模或企业性质发生变化,而导致税收之债种类发生变化。例如,某企业由合伙企业变为公司,则由缴纳个人所得税变更为缴纳企业所得税。

(三) 税收之债履行期间的变更

税收之债履行期间的变更(清偿期的变更),是指税收之债纳税期间的变更,包括清偿期的提前(履行期间的缩短)与清偿期的延展(履行期间的延长)。按照税收法定主义的要求,税收之债清偿期不得随意变更,只有在法律规定的情况下才能进行变更,以保证国家税款的及时足额清偿和纳税人权益的维护。

1. 清偿期的提前

由于涉及税收债务人的权利保护问题,清偿期的提前必须有法律的明确规定。出于税收保全的目的,在特定情形下,征税机关可以例外地剥夺税收债务人的期限利益,要求其提前清偿。我国《税收征收管理法》第 38 条规定,"税务机关有根据认为从事生产、经营的纳税人有逃避纳税义务行为的,可以在规定的纳税期之前,责令限期缴纳应纳税款"。但与一些国家和地区相比,我国税法有关税收之债清偿期提前的规定,有待进一步完善。如我国《税收征收管理法》只是概括性地规定了提前清偿的情形,即"税务机关有根据认为从事生产、经营的纳税人有逃避纳税义务行为的",但"有根据""逃避纳税义务行为"规定得不具体,给法律适用带来了问题。日本对提前清偿的具体情形予以明确列举规定,并且将纳税人死亡、解散、破产等情形涵盖在内,这值得我们借鉴。同时,征税机关还应当将提前清偿的时间、场所、内容等用书面形式告知税收债务人。

2. 清偿期的延展

当纳税人因有特殊困难而不能按期履行税收债务时,从保护税收债务人(纳税人)利益、帮助其度过暂时困难、培育税源等方面考虑,设置延期纳税制度是必要的。我国《税收征收管理法》第 31 条第 2 款规定:"纳税人因有特殊困难,不能按期缴纳税款的,经省、自治区、直辖市国家税务局、地方税务局批准,可以延期缴纳税款,但是最长不得超过三个月。"通过借鉴其他国家的相关规定,我国税法应当从以下几方面对清偿期延展制度进行完善:第一,应当分情形设置不同类型的清偿期延展制度。可将因自然灾害等不可抗力原因导致的纳税困难,作为清偿期延展适用的一般情形,对间接税、直接税等设置特定的延期纳税制度;设置纳税期限届满后的延缓征收制度。第二,降低延期纳税审批机关规格,规定延期纳税应提供担保,以保证税收债权的实现。第三,在许可的延展期间内,明确规定不得加征滞纳金。但为保证国家税款不贬值,应当征收利息。第四,目前3个月的期限太短,应延长延期纳税的期限。①

(四) 税收之债履行地点的变更

按照税收法定主义的要求,没有法律的明确规定,不得任意变更税收债务的履行地点。例如,我国《增值税暂行条例》第22条就有这方面的规定:"固定业户应当向其机构所在地的主管税务机关申报纳税。总机构和分支机构不在同一县(市)的,应当分别向各自所在地的主管税务机关申报纳税;经国务院财政、税务主管部门或者其授权的财政、税务机关批准,可以由总机构汇总向总机构所在地的主管税务机关申报纳税。"

税收债务的履行地点涉及征税机关的税收管辖权、地方财政收入的分配以及纳税人权利的保护等,因此,税法在规定税收债务履行地点变更时应充分考虑征收效率、纳税便利以及各地方的税收利益等因素。

三、税收之债客体的变更

税收之债客体的变更,即税收之债标的的改变。税收之债的标的以金钱给付为原则,以实物给付为例外。例如,有时因实物换价困难,应允许以"实物抵缴"。在一些征收遗产及赠与税的国家和地区,就有关于以实物抵缴遗产及赠与税的情形。我国税法对给付种类的变更未作规定,应认为不允许。但未来在制定遗产及赠与税法时,可考虑借鉴实物抵缴制度,以利于税收之债的履行。在我国税法体系中,只有农业税在被废止之前,曾长期以征收粮食为主。但从1985年开始,农业税一般不再征收粮食,改为折征代金(按照粮食"倒三七"比例收购价计算),实现了从实物税向货币税的过渡。当时的纳税人若负有农业税的税收债务,就会因农业税改为"折征代金"而发生给付种类的变更。

第三节 税收之债的消灭

所谓税收之债的消灭,是指税收债务关系在客观上不复存在,是税收之债在绝对意义上的终结。税收之债的消灭,与一般私法债务的消灭类似,但也有自己

---

① 施正文:《税收债法论》,中国政法大学出版社2008年版,第174页。

的独特之处。税收债务消灭的原因主要有：

一、税收之债的履行

税收之债的履行又叫税收之债的清偿,是指税收债务人以实现税收之债为目的,依法缴清税款(包括相关的附随债务),该项具体税收之债随之消灭。这是税收债务最一般、最通常的消灭原因,也是对税收债权人最有利的消灭原因。原则上,税收债务人应当依据税收之债的内容,在税收债务履行期届至时履行全部税收债务,否则不能为有效的履行。税收债务人于履行期届至前履行的,为期前履行;税收债务人于履行期届满未履行的,为迟延履行;税收债务人没有履行全部债务的,为部分履行;税收债务人的履行未满足税收债权人或者使税收债权人的其他利益受到损害的,为瑕疵履行。在这些情况下,除非税收债权人同意受领或依诚实信用原则应当受领,否则均不能发生税收之债消灭的效果。[①]

二、税收之债的免除

税收之债的免除,即税收债权人放弃债权,从而全部或部分终止税收债权债务关系的单方行为。作为税收债务消灭的原因之一,各国在税法上都不同程度地肯定了免除。我国《税收征收管理法》第33条规定:"纳税人依照法律、行政法规的规定办理减税、免税。地方各级人民政府、各级人民政府主管部门、单位和个人违反法律、行政法规规定,擅自作出的减税、免税决定无效,税务机关不得执行,并向上级税务机关报告。"因此,我国税收债务免除的法定形式是减税、免税,当有权机关作出减免税的决定后,税收债务人的税收债务就在减免的限度内消灭。并且,作为主债务的税收债务经免除而消灭后,其附带税收债务如滞纳金、利息等债务亦同归于消灭。

三、税收之债的抵销

抵销在民法上是债务消灭的常见原因之一,但债务抵销在作为公法的税法上能否适用,理论界存在争议,持肯定说者居多。由于征纳双方都可能存在过失,从而产生税款的超纳或误纳,形成征税机关的多收税款(这实际上属于征税机关的不当得利),因此税收债务人(纳税人)的某项具体税收债务可以与其同类的多纳税款相抵,从而使该项具体税收债务消灭。对于税收之债的抵销,许多国家的税法都做出了规定。我国税法也有一些零星规定。我国对生产企业自营或

---

① 施正文:《税收债法论》,中国政法大学出版社2008年版,第178页。

委托外贸企业代理出口自产货物，除另有规定外，实行"免、抵、退"税的增值税退税管理办法，其中的"抵"，就包括以出口退税抵销纳税人应当缴纳的其他税款。尤其是《税收征收管理法实施细则》第79条明确规定："当纳税人既有应退税款又有欠缴税款的，税务机关可以将应退税款和利息先抵扣欠缴税款；抵扣后有余额的，退还纳税人。"这里没有规定纳税人的抵销权，但从权利义务对等的角度看，纳税人也应该享有这种抵销权，即当纳税人符合本条规定要件时，也有权主动要求抵销。

四、税收之债的混同

混同，是指债权债务同归一人，致使债的关系归于消灭的事实。税收债务混同，是指税收债权和税收债务同归一人，致使税收债权债务关系消灭的事实。税收债务混同的效力在于绝对地消灭税收债务关系以及由税收债务关系所生的从债权和从债务。在税收债务关系中，由于税收债务人不可能成为税收债权的主体，因此混同作为税收之债消灭的原因，只能存在于税收债权和税收债务同归税收债权人的情况下。

五、税收债权的消灭时效

税法上的时效是一种消灭时效。所谓税收债权的消灭时效，是指税收债权不行使的事实状态在法定期间内持续存在，即经过一定的法定期间不行使税收债权，从而产生该税收债权丧失的法律效果。税收债权消灭时效由法律事实、期间和法律后果三个要素构成，其中法律后果是核心要素。从许多国家的税法规定来看，征税机关经过一定的法定期间不行使税款征收权，就会导致其税收债权和税收债务人的税收债务消灭，这与民法上有关时效规定的一般精神是一致的。我国税法上的税收债权时效制度，主要表现为《税收征收管理法》关于税收追征期限和追缴期限的规定。该法第52条规定："因税务机关的责任，致使纳税人、扣缴义务人未缴或者少缴税款的，税务机关在三年内可以要求纳税人、扣缴义务人补缴税款，但是不得加收滞纳金。因纳税人、扣缴义务人计算错误等失误，未缴或者少缴税款的，税务机关在三年内可以追征税款、滞纳金；有特殊情况的，追征期可以延长到五年。对偷税、抗税、骗税的，税务机关追征其未缴或者少缴的税款、滞纳金或者所骗取的税款，不受前款规定期限的限制。"从这一条规定可以看出，税收债权人行使其权利是有一定期限的，超过了一定的期限，则不再享有税收债权。因此，从这一条的规定可以间接得知，消灭时效为税收之债消灭原因之一。①

本 章 小 结

　　与私法上的债务一样,税收之债也处于不断产生、变更和消灭的运行过程中。税收之债的产生关系到税法的适用、纳税期间的确定、第二次税收之债的履行、破产重整中债权的清偿、税收强制措施的实施等问题。与私法之债的变更相比,税收之债变更的可能性较低。但在法律明确规定的情况下,税收之债亦有可能发生变更。税收债务的消灭,与一般私法债务的消灭类似,但也有自己的独特之处。

思考题

1. 简要论述税收之债产生、变更、消灭的过程。
2. 你赞同税收之债产生的哪种学说?为什么?
3. 如何判断税收之债的产生?
4. 简述税收之债主体、内容、客体变更的情形。
5. 税收之债消灭的原因主要有哪些?

---

① 杨小强:《税法总论》,湖南人民出版社2002年版,第35页。

第九章　税收之债的保障

由于税收之债的公益性和非对待给付性,因此尤其需要设立一系列税收保障制度,以确保税收债权的实现,并兼顾税收债务人及相关主体的利益保护。所谓税收之债的保障,即为了保护国家税收安全和相关主体利益,而在法律上设立的各种税收安全保障制度的总称。如前所述,因为税收之债兼具公私法债务的混合特征,所以税收之债的保障在整体上也包括公法保障制度和私法保障制度两类。公法保障制度包括税收保全①、税收强制执行、提前征收、限制出境、税收行政处罚、税收刑事处罚等;私法保障制度包括税收债权保全②、税收债权担保、税收优先权、税收滞纳金等。本章主要研究私法保障制度,公法保障制度和税收滞纳金问题将在第三编税收程序法中作专门研究。

第一节　税收之债的保全

随着我国市场经济的发展,以法人为主体的多种经济形式日益活跃,企业的重组、改制、合并、分立等经济活动也逐渐增多。与此同时,税收债务人借机规避纳税的现象亦愈发突出。鉴于有的税收债务人长期拖欠税款,不积极行使到期债权,或者擅自处置、浪费国家资产;有的税收债务人以无偿转让财产或低价转让财产的方式,逃避偿还欠缴的税款,损害国家税收,因而《税收征收管理法》第50条规定税务机关可以行使代位权、撤销权。因此,税收债权保全主要包括税收债权人的代位权和撤销权。

一、税收代位权

(一)税收代位权的概念

代位权,是指债权人以自己的名义行使债务人对第三人之权利的权利。按照传统的债的相对性理论,债务人是否行使对第三人的权利,应依债务人的自由意思,债权人不得干涉。但债的关系成立后,债务人对第三人的以财产为标的物

---

① 指《税收征收管理法》第38条规定的税收保全措施。
② 指《税收征收管理法》第50条规定的税收代位权和税收撤销权。

的权利,也应加入债务人的责任财产,作为债务履行的一般担保。1804年的《法国民法典》最早确认了代位权制度,该法典第1166条规定:"债权人得行使其债务人的一切权利和诉权,但权利和诉权专属于债务人本人者,不在此限。"《西班牙民法典》《意大利民法典》《日本民法典》等都仿照《法国民法典》规定了代位权制度。我国1999年制定的《合同法》首次规定了代位权制度,该法第73条第1款规定:"因债务人怠于行使其到期债权,对债权人造成损害的,债权人可以向人民法院请求以自己的名义代位行使债务人的债权,但该债权专属于债务人自身的除外。"(该条对应内容现包涵在《民法典》中)

税收作为一种公法之债已为大多数国家所承认,因此,一些国家借鉴民法代位权制度,在税法中规定了税收代位权。所谓税收代位权,是指当税收债务人怠于行使其对第三人所享有的权利而危及税收债权时,税收债权人为保全自己的债权,可以自己的名义代位行使税收债务人对第三人所享有的权利。

我国《税收征收管理法》第50条的规定为征税机关代表税收债务人行使代位权提供了明确的法律依据,但税收债权人如何行使代位权,行使代位权的条件是什么,《税收征收管理法》并没有明确说明,仅规定税务机关可以依照《民法典》的相关规定行使代位权。这表明,税收债权人的代位权与私法上债权人的代位权没有实质的区别,税收之债是借鉴私法之债的保全制度来保障权利的实现。

(二) 税收代位权的性质

税收代位权制度源自民法债法上的代位权制度,因此,探讨税收代位权的性质也必须从考察民法债法上代位权的性质入手。在民法上,代位权是债权固有的一种法定权能,是对债的相对性原则的一种突破,属于债的对外效力。[①] 根据民法的"意思自治"原则和债的相对性理论,债务人是否行使对于第三人的权利,应依自身的自由意思,债权人不得干涉。但是,当债的关系成立后,债务人的一切财产均应作为债权实现的一般担保,这里的"一切财产"即责任财产,当然包括债务人对第三人的以财产为标的物的权利。债权的实现就体现为债务人从其责任财产中分出相当于债务份额的部分给债权人。因此,债权人债权的实现与债务人责任财产的状况紧密相关。如果债务人对第三人享有到期债权而怠于行使,致使其自身的责任财产减少,那么债权人实现其债权就有受到损害的可能。此时若拘泥于债的相对性原则,债权人不能向第三人主张任何权利,就会损害债权人的合法权益并进而影响既已形成的社会秩序。因此,法律允许债权人代位行使债务人的权利,保持责任财产以实现自己的债权,是必要的选择。可见,代

[①] 刘剑文等:《新〈征管法〉在我国税法学上的意义》,载《税务研究》2001年第9期。

位权制度反映了某些特殊情形下的社会利益,它是在权衡债权人利益与债务人意思自治及交易安全三者关系的基础上特别设立的债权保全制度。

将作为公法之债的税收和民法上的债进行类比,很容易引申出税收代位权制度。税收作为一种公法之债,它也具有债的一般属性,即税收之债也应遵循相对性原则,只能约束税收法律关系主体,主要是税务机关和纳税人,而不能对税收法律关系以外的主体产生约束力。纳税人的纳税义务实现的方式主要有纳税人自动缴纳税款,以及税务机关采取税收保全措施、强制执行措施等。但当税收债务人不自动缴纳税款,其财产又明显不足,且怠于行使其权利使其财产减少时,税务机关采取税收保全措施、强制执行措施就失去了对象,国家税款就有无法实现的危险。这时,税收之债和私法之债一样,也须突破债的相对性原则,扩展债的效力,设立税收代位权制度,对税收债务人怠于行使权利的行为予以限制,使税收之债的效力最终得以实现。

(三) 税收代位权的构成要件

1. 税收债务已经确定并已逾清偿期,存在税收债务人欠缴税款的事实

在法定期限内纳税是税收债务人的权利,所以清偿期对于税收债务人来说也是一种期限利益。当税收债务还未到期时,如果税收债权人(征税机关)通过行使代位权而干预税收债务人的民事处分权,则实际上改变了税收债权人与税收债务人之间的债务履行期限,使税收债务人提前履行,这无异于是对税收债务人法定期限利益的剥夺。因此,我国《税收征收管理法》第50条规定,行使税收代位权的必要条件之一是税收债务人"欠缴税款"。但由于法律并未对此作出进一步界定,因此笔者认为,"欠缴税款"是指在法定的或税收债权人(征税机关)核定的缴纳期限届满后,税收债务人仍然没有履行税收债务。

2. 税收债务人和第三人之间存在到期的债权

税收债务人对第三人的权利,是税收债权人代位权的标的和客体。税收代位权属于涉及第三人的权利,如果税收债务人的权利与第三人无关,就不能成为税收代位权的对象。在传统民法上,代位权客体是很广泛的,凡是影响到债务人财产状况的权利,都可以代位行使,包括纯粹的财产权利,如合同债权、基于无因管理或者不当得利发生的财产偿还请求权、所有权以及物上请求权(如所有物返还请求权)、担保物权、以财产利益为目的的形成权(如合同解除权、买回权、选择之债的选择权)、基于财产损害赔偿或债务不履行发生的损害赔偿请求权、抵销权、债务人享有的代位权或撤销权、履行受领权等;主要为财产性质的权利,如因重大误解、显失公平所发生的撤销权与变更权;诉讼上的权利,如代位提起诉讼、申请财产保全、申请强制执行等,但上述权利尚未被纳入税收代位权的行使范

围。此外,根据《最高人民法院关于适用〈中华人民共和国民法典〉合同编通则若干问题的解释》(简称《合同编司法解释》),对专属于税收债务人自身的债权,不能代位行使。这些权利是指,基于扶养关系、赡养关系、继承关系产生的给付请求权和劳动报酬、退休金、养老金、抚恤金、安置费、人寿保险、人身伤害赔偿请求权等权利。

3. 税收债务人怠于行使其到期债权

第一,税收债务人的债权必须已经到期。只有当税收债务人对第三人的债权已经到期,才能谈得上怠于行使的问题,税收债权人才能主张税收代位权。税收债务人对次债务人(即税收债务人的债务人)的债权是否到期,应当根据情况分别进行判断。第二,税收债务人必须怠于行使债权。一般而言,"怠于行使"是指应当行使并能够行使而不行使的状态。应当行使,是指如果不及时行使,则该权利将有消灭或丧失的可能,如请求权因时效完成而消灭,受偿权将因不申报破产债权而丧失等。能够行使,是指不存在行使权利的任何障碍,债务人客观上有能力行使其权利。不行使,是指债务人客观上消极地不作为,至于这种不作为的原因及主观上有无过错,在所不问。我国《合同编司法解释》第33条规定,"怠于行使",是指税收债务人能够通过诉讼方式或仲裁方式向次债务人主张权利,但一直未向其主张权利。可见,司法解释关于"怠于行使"的含义在外延上狭窄了许多,它将税收债务人在诉讼或仲裁之外主张其权利的方式排除在怠于行使的情形之外。

4. 税收债务人怠于行使债权的行为对国家税收债权造成了损害

法律设立代位权制度的目的是保障债权的实现,在该目的能够达到的情况下,债权人就没有必要行使代位权。因此,税收代位权的成立除需要具备上述三个要件外,还需要有对国家税收造成损害的要件,即税收债务人怠于行使其到期债权必然导致其偿还债务能力减弱,从而会对国家税收债权造成损害。在民法上,判断对债权人造成损害,法国以债务人陷入无资力为标准;日本认为,对不特定债权及金钱债权,应以债务人是否陷于无资力为标准,对特定债权及其他与债务人资力无关的债务,则以有必要保全债权为条件。在税法上,判断对税收债权造成损害的标准,必须是"纳税人无资金能力,以其一般财产不能征收税款的全额"①。由于税收债权是金钱债权,所以税收债务人怠于行使对第三人债权的行为是否对国家税收造成损害,也应当以税收债务人是否陷于无资力为标准。

---

① 〔日〕金子宏:《日本税法》,战宪斌等译,法律出版社2004年版,第473页。

二、税收撤销权

（一）税收撤销权的概念

在民法上，撤销权又称废罢诉权，是指债权人在债务人与他人实施处分其财产或权利的行为危害债权的实现时，得申请法院予以撤销的权利。撤销权制度最早起源于罗马法，之后为近现代各国民商事立法普遍规定。我国1999年通过的《合同法》首次规定了撤销权制度。我国2006年通过的《企业破产法》第31条、第32条规定了破产上的撤销权，进一步完善了我国的撤销权制度。

所谓税收撤销权，是指税收债权人在税收债务人与他人实施处分其财产或权利的行为危害税收债权的实现时，可以申请人民法院对此行为予以撤销的权利。我国《税收征收管理法》第50条规定，欠缴税款的纳税人因放弃到期债权，或者无偿转让财产，或者以明显不合理的低价转让财产而受让人知道该情形，对国家税收造成损害的，税务机关可以依照《民法典》第538条、第539条的规定行使撤销权，这是在法律上确立了税收撤销权制度。规定税收撤销权，有助于防止税收债务人滥用财产处分的权利来逃避税收债务，保证国家税款的及时足额入库，促进税收公平的实现。

（二）税收撤销权的性质

关于撤销权的性质，民法上主要有三种观点：一是请求权说，即撤销权是指债权人对于因债务人的行为而受有利益的人请求返还的权利，故又称为债权说，提起撤销的诉讼为给付之诉。二是形成权说，即撤销权是指根据债权人的意思，而使债务人与第三人之间的法律行为的效力溯及既往地消灭，所以它是一种形成权，此种诉讼被称为形成之诉。三是折中说，即债权人行使撤销权，不仅以撤销债务人与第三人之间的行为为内容，而且含有请求恢复原状以取得债务人财产的作用，因而兼具形成权和请求权双重性质。这种折中说为通说，一方面，债权人行使撤销权以撤销债务人与第三人之间的民事行为为内容，债务人在该财产上的地位得以恢复；另一方面，债权人行使撤销权可请求因债务人的行为而获得利益的第三人返还财产，从而恢复债务人的责任财产的原状，但撤销权的主要目的是撤销民事行为，返还财产只是因行为的撤销而产生的后果。另外，撤销权是附属于债权的实体权利，债权不存在、无效、被撤销或者因时效已过等原因消灭的，撤销权亦不能单独存在，债权转让时撤销权也随之转让。①

按照我国《税收征收管理法》的规定，税收撤销权的行使可以依照合同法的

---

① 施正文：《税收债法论》，中国政法大学出版社2008年版，第324页。

相关规定。因此,税收撤销权的性质同样表现在形成权和请求权两个方面,即税收撤销权的行使,使税收债务人与第三人之间的法律行为溯及既往地消灭,从而恢复欠税的税收债务人的责任财产原状,并产生第三人返还财产的效果。另外,税收撤销权是税收债权的一项权能,是附属于税收债权的特别实体权利,不得与税收债权分离而进行处分。这也是由于税收债权是公法上的债权,具有公益性和权力性,因而作为税收债权人的税务机关不得随意抛弃、转让或变更。因此,依法行使税收撤销权既是税务机关的一项权利,也是其必须履行的义务,由此使之与普通的民事撤销权相区别。

如前所述,税收撤销权与税收代位权也不同。税收撤销权针对的是税收债务人不当处分财产的积极行为,行使撤销权旨在恢复税收债务人的财产;而税收代位权针对的是税收债务人不行使债权的消极行为,行使代位权旨在保护税收债务人的财产。此外,在行使要件、行使效果等方面,两者也存在区别。

(三) 税收撤销权的成立要件

税收撤销权的成立要件包括客观要件和主观要件。

1. 客观要件

客观要件主要包括三个:(1) 前提要件。税收债务已经确定并已逾清偿期,存在税收债务人欠缴税款的事实。(2) 行为要件。一是税收债务人必须实施了一定的处分财产的行为。根据《税收征收管理法》第50条的规定,只有当税收债务人放弃到期债权或无偿转让财产或以明显不合理的低价转让财产时,税收债权人才能行使撤销权。二是税收债务人的行为必须于税收债权发生后有效成立并继续存在。(3) 结果要件。税收债务人的行为危害债权,使债权有不能实现的危险。通常情况下,税收债务人放弃到期债权、无偿或低价转让财产的行为,属于当事人意思自治的范畴,税收债权人无权干涉。因此,只有当税收债务人的行为使其财产减少到足以危害税收债权实现的情况下,或者税收债务人的财产不足以履行其税收债务,而有实行税收债权保全的必要时,税收债权人才能行使撤销权,否则,就会过分干预税收债务人的权利。

上述客观要件的核心是税收债务人实施了危害税收债权的行为,或称诈害行为。但税收债务人的行为必须以财产为标的,不以财产为标的的行为,因与税收债务人的责任财产无关,不得撤销。

2. 主观要件

税收撤销权成立的主观要件,是指税收债务人与第三人须具有恶意,即明知其行为有害于税收债权而仍为之的主观状态。在德国、瑞士的民法中,撤销权的成立是否需要主观要件，视债务人的行为系有偿行为还是无偿行为而不同。对于无偿行为，仅须具备客观要件即可行使撤销权。对于有偿行为，必须以税收债务人和第三人的恶意为要件。仅仅一方有恶意，而另一方为善意，不能发生撤销的后果。我国《税收征收管理法》第50条也区分了有偿行为与无偿行为：对"以明显不合理的低价转让财产"的有偿行为，规定须具备"受让人知道该情形"的主观要件；对因"放弃到期债权，或者无偿转让财产"的无偿行为，没有规定须具备主观要件。

由此可知，对于有偿行为，一般要求具有恶意的主观要件。但在我国《税收征收管理法》第50条的规定中，税收债务人"以明显不合理的低价转让财产而受让人知道该情形"，则只提到受让人的恶意问题，并没有提到税收债务人的恶意。对于税收债务人恶意的认定，我国《税收征收管理法》基本上采纳了观念主义，即只要税收债务人明知自己的转让价格属于明显不合理，从而有害于税收债权人的债权，就表明其具有恶意，而不要求税收债务人具有诈害的意思，这就减轻了税收债权人对税收债务人具有恶意的举证负担。

第二节 税收之债的担保

税法虽规定了税收保全制度，但这些制度仍不足以保障税收债权人债权的有效实现。第一，税收之债保全制度针对的是税收债务人的一般财产而非特定财产，税收债权人对这些财产不享有特殊的支配权和优先受偿权，因此实际上无法保证税收债务人不做危害税收债权实现的行为。第二，采用税收之债保全的前提是掌握有关税收债务人与第三人之间债权债务关系的信息，这会付出很大的成本，有时甚至超过所能带来的收益。第三，税收之债的保全是事后保障税收债权实现的权利，且必须满足法定要件才能行使，行使程序也比较复杂，不利于充分保障税收债权的实现。因此，税收之债采用具有民事担保特性的纳税担保制度，是一般市场经济国家的通行做法。[①] 它能够更有效地保障税收债权人的利益。

---

① 南斯拉夫的税法规定，为保证税款不受损失，在某些情况下必须确定纳税担保人。例如，出售商品时，如果购货人由于购买此项商品而产生纳税义务，则售货人即被视为纳税者的担保人。挪威规定，当承担纳税义务的公民打算到国外居住，而且居住的时间至少6个月时，在纳税人离开挪威以前，必须缴纳他向挪威政府承担的所有税款，或将其财产的一部分作为税款的抵押品。

一、税收之债担保的一般理论

（一）税收之债担保的概念

税收之债的担保是各国税法普遍规定的一种税收债权保障制度。这一制度是借鉴成熟的私法担保制度建立起来的，是税法私法化的结果之一。由于各国立法和实践不一，目前学界对税收之债担保的概念未形成统一认识。但通常来说，税收之债的担保是以第三人的信用或者特定的财产作为税收债务人及时足额履行税收债务的保证，促使税收债务人履行其税收债务，确保国家税收债权实现的法律措施。

（二）税收之债担保的性质

税收担保属于公法制度还是私法制度，对其法律性质的正确认定，关乎社会公益与税收债务人及第三人权益的保护。

作为公法私法化重要表现的税收担保，无疑在很多方面与私法上的担保存在相通之处。如设定担保都需协商签订担保合同；担保一般都采取保证、抵押、质押等形式；担保的范围一般包括主债权及其孳息、滞纳金、违约金等；担保人履行担保义务后都能向被担保人行使代位求偿权等。如果将税收担保定性为私法制度，税务机关可以直接适用私法规范来确定税收担保相关主体的权利和义务，可以节约很多立法资源，也便于理解和操作；同时税务机关只能以私法主体的名义行使担保权，不享有自力执行权，不能直接采取保全措施或强制执行措施，而是只能通过民事诉讼的途径向法院起诉，待取得确认权利的判决之后再申请法院强制执行，这有利于驯服课税公权，体现了对私人自由及权利的尊重。但是，私法与公法相通的一些制度，只是一个法律适用的技术问题，并不足以取消公法和私法的界限，更不能使从私法中借鉴过来的制度仍然保留其私法属性。因此，笔者认为，税收之债的担保是一种私法化的公法制度。

首先，基于税收公益性的制度安排。赋予公法主体以相对于私人的优越地位和许多特权，是公法上公共利益本位的一种表现，是为了更好地保护个人利益而不得不为的选择。如果剥夺公法主体的各种特权，从形式上看似乎贯彻了平等原则，但实质上是一种极不效率的举措，因为它将导致公法维护公共利益的目的落空，并最终损及个人利益的实现。因此，如果将税收担保归入私法的范畴，则民事诉讼旷日持久的特征将使税收担保的功能消弭殆尽。[①]这种结果显然有违税收担保制度设计的初衷，最终也会使体现公共利益的税收受到损害。

---

① 刘剑文、熊伟：《税法基础理论》，北京大学出版社2004年版，第404—405页。

其次,基于税收征管的立法实践。各国立法都规定了税收担保人逾期未缴纳所担保税款的强制执行措施,而实行强制措施的主体主要是征税机关,即使是在以法院按司法程序进行行政强制执行的英美法系国家也是如此。我国台湾地区的行政强制执行则是移送"法务部"专门设立的行政执行处执行。我国《税收征收管理法》第88条的规定中,既有行政机关自行执行的模式,也有行政机关申请人民法院强制执行的模式,这显然与普通民事担保不履行时的解决方式不同。后者只能由担保权人向法院提起诉讼,胜诉后由法院强制执行。

最后,基于税收担保合同的性质。税收担保合同是在税务机关和税收担保人之间成立的法律关系,税务机关作为国家行政机关在这一法律关系中居于优越地位,主导着整个税收担保合同订立和履行的全过程。同时,税收担保也表现出不同于一般行政行为的明显特征,这就是税收担保的合意性。正是这种合意,决定了税收担保的核心是一种行政合同。

(三) 税收之债担保的适用

一般而言,税收债务人提供担保的原因主要有两类,一是要求税收债权人(征税机关)为一定行为;二是阻止税收债权人(征税机关)为一定行为。前者包括异地申请领购发票、核发纳税文书、进口货物先放后验等,后者包括阻止税收债权人(征税机关)之税收保全、阻止税收债权人(征税机关)之强制执行以及排除应税物品之扣留等。① 根据《税收征收管理法》及其实施细则以及《纳税担保试行办法》的规定,税收债务人有下列情况之一的,适用纳税担保:

一是税收债权人(征税机关)有根据认为从事生产、经营的税收债务人有明显的转移、隐匿其应纳税的商品、货物以及其他财产或者应纳税收入迹象的,税收债权人(征税机关)可以责成税收债务人提供纳税担保。

二是欠缴税款人需要出境的,应当在出境前向税收债权人(征税机关)付清应纳税款或者提供担保。

三是税收债务人、扣缴义务人、纳税担保人同税收债权人(征税机关)在纳税上发生争议而未缴纳或解缴税款,需要申请行政复议的,必须提供纳税担保。

(四) 税收之债担保的范围

私收之债担保的范围一般包括主债权及其利息、违约金、损害赔偿金和实现债权的费用,担保合同另有约定的,从其约定。在税收债务关系中,税收债务人如果在规定的期限内未能申报纳税,税收债权人(征税机关)常常依法对其加征税收附带给付,如滞纳金、利息等;如果有其他违法情节,可以处以罚款;构成犯

---

① 刘剑文、熊伟:《税法基础理论》,北京大学出版社2004年版,第400—402页。

罪的,还可以由法院判处罚金。税收之债担保的效力及于主债权当无异议,但是否及于附带给付、罚款甚至罚金,我国《税收征收管理法》及其实施细则没有明确规定。只在《纳税担保试行办法》第5条中规定:纳税担保范围包括税款、滞纳金和实现税款、滞纳金的费用。费用包括抵押、质押登记费用,质押保管费用,以及保管、拍卖、变卖担保财产等相关费用支出。

二、税收之债担保的种类

我国《民法典》规定了担保的方式包括抵押、质押、留置、保证以及定金。我国《税收征收管理法》没有对担保的种类作出规定,但《税收征收管理法实施细则》第61条第1款规定,"税收征管法第三十八条、第八十八条所称担保,包括经税务机关认可的纳税保证人为纳税人提供的纳税保证,以及纳税人或者第三人以其未设置或者未全部设置担保物权的财产提供的担保。"从法律解释学上看,该条并没有排除保证金、留置、定金等作为物的担保形式。但一般认为,定金主要适用于双务合同,在税法上无适用的余地;而留置,只限于在法律规定的保管合同、运输合同、加工承揽合同的范围内行使。在我国,税法上的留置主要是《海关法》第60条第2款的规定。① 因此,在税收之债担保中可以适用的担保形式主要是抵押、质押和保证。

（一）纳税保证

1. 纳税保证的概念

纳税保证,是指第三人(纳税保证人)与税收债权人(征税机关)约定,当税收债务人不履行税收债务时,由第三人按照约定履行税收债务或者承担责任的行为。纳税保证属于人的担保,不同于物的担保,它不是以具体的财产提供担保,而是以纳税保证人的信用和不特定的一般财产为他人的债务提供担保。

《纳税担保试行办法》第7条第1款规定:"纳税保证,是指纳税保证人向税务机关保证,当纳税人未按照税收法律、行政法规规定或者税务机关确定的期限缴清税款、滞纳金时,由纳税保证人按照约定履行缴纳税款及滞纳金的行为。税务机关认可的,保证成立;税务机关不认可的,保证不成立。"基于此,纳税保证具有从属性。税收主债务关系的效力对纳税保证合同的效力有决定性的影响,保证债务以税收主债务的成立为前提要件,并随主债务的消灭而消灭。

---

① 杨小强:《税法总论》,湖南人民出版社2002年版,第161—164页。

2. 纳税保证人的资格

税收债权人(征税机关)在设定担保时,必须认真考虑担保人的担保能力,这在体现人身信任性质的保证担保中尤为重要。保证人应当具有清偿债务的能力,否则,就无法在债务人不履行债务时承担保证责任。

各国税法对纳税保证人的资格都有规定。我国《民法典》第683条第1款规定:"机关法人不得为保证人,但是经国务院批准为使用外国政府或者国际经济组织贷款进行转贷的除外"。据此,具有代为清偿债务能力的法人、其他组织或者公民,都可以作为保证人。我国《税收征收管理法实施细则》第61条第2款规定:"纳税保证人,是指在中国境内具有纳税担保能力的自然人、法人或者其他经济组织。"《海关法》第67条规定:"具有履行海关事务担保能力的法人、其他组织或者公民,可以成为担保人。法律规定不得为担保人的除外。"因此,具有代为清偿债务能力或者具有纳税担保能力,是法人、其他组织或者公民作为纳税保证人的基本条件。一般来说,保证人为他人提供保证时,其拥有的财产应当大于所担保债务的数额。《纳税担保试行办法》第8条规定:纳税保证人,是指在中国境内具有纳税担保能力的自然人、法人或者其他经济组织。法人或其他经济组织财务报表资产净值超过需要担保的税额及滞纳金2倍的,自然人、法人或其他经济组织所拥有或者依法可以处分的未设置担保的财产的价值超过需要担保的税额及滞纳金的,为具有纳税担保能力。

法律法规还对不得为纳税保证人的主体范围作出了规定。《税收征收管理法实施细则》第61条第3款规定:"法律、行政法规规定的没有担保资格的单位和个人,不得作为纳税担保人。"《纳税担保试行办法》第9条对不得作为纳税保证人的主体范围和情形作出了具体规定。

纳税担保人同意为纳税人提供纳税担保的,应当填写纳税担保书,写明担保对象、担保范围、担保期限和担保责任以及其他有关事项。担保书须经纳税人、纳税担保人签字盖章并经税务机关同意,方为有效。

3. 纳税保证的责任

保证责任既可以是补充责任,也可以是连带责任。保证的补充责任意味着保证人的先诉抗辩权,税收债权人(征税机关)只有当强制执行税收债务人(纳税人)的全部财产仍然不能满足其税收债权时,才能要求保证人承担责任。但是这种程序非常烦琐,不利于保障税收债权的安全。从各国立法看,税收担保中往往不承认纳税担保人的先诉抗辩权,如《德国税收通则》第224条要求保证人抛弃先诉抗辩权。根据我国《纳税担保试行办法》的规定,我国税收保证为连带责任保证,即纳税担保人对所担保的税款及滞纳金与纳税人承担连带责任。当纳税人在税收法律、行政法规或税务机关确定的期限届满仍未缴清税款及滞纳金时，税务机关可要求纳税担保人在其担保范围内承担保证责任，缴纳担保的税款及滞纳金，纳税担保人不享有先诉抗辩权。

（二）纳税抵押

1. 纳税抵押的概念

我国《民法典》第394条第1款规定："为担保债务的履行，债务人或者第三人不转移财产的占有，将该财产抵押给债权人的，债务人不履行到期债务或者发生当事人约定的实现抵押权的情形，债权人有权就该财产优先受偿。"参照《民法典》的规定，所谓纳税抵押，是指税收债务人或纳税担保人不转移法律规定范围内财产的占有，将该财产作为履行税收债务的担保，当发生税收债务人不履行税收债务或者发生当事人约定的实现抵押权的情形时，税收债权人（征税机关）有权依法处置该财产并优先受偿。

2. 纳税抵押的性质

在性质上，纳税抵押权是以担保税收债权为目的的担保物权，是对抵押物所有权附加的一种负担或限制，是最典型的公法担保物权，其法律特征是：

（1）支配性。作为抵押权人的税收债权人（征税机关）可直接支配抵押物的价值，在税收债务人不履行税收债务时，依法处置抵押物优先受偿。

（2）优先性。纳税抵押权优先于税收债务人的其他普通债权受偿。

（3）从属性。纳税抵押权为担保税收债权的权利，故具有从属于主债权的性质。这种从属性表现在：一是成立上的从属性，纳税抵押权原则上以一定的税收债权关系的存在为成立前提；二是消灭上的从属性，主税收债权消灭，纳税抵押权也消灭；三是处分上的从属性，纳税抵押权不得与税收债权分离而单独转让或者作为其他债权的担保。

（4）不可分性。纳税抵押权设定后，抵押权与抵押物均作为一个整体存在，抵押物被分割或被一部分转移时，抵押权不因此而受影响；抵押权所担保的税收债权被分割或被部分转让时，抵押权不因此而受影响。

（5）物上代位性。抵押权的内容和目的是抵押物的交换价值，因此抵押权的效力及于抵押物的替代物。《纳税担保试行办法》第22条规定："在抵押物灭失、毁损或者被征用的情况下，税务机关应该就该抵押物的保险金、赔偿金或者补偿金要求优先受偿，抵缴税款、滞纳金。抵押物灭失、毁损或者被征用的情况下，抵押权所担保的纳税义务履行期未满的，税务机关可以要求将保险金、赔偿金或补偿金等作为担保财产。"

（6）追及性。抵押人将抵押财产转让给他人时，税收债权人（征税机关）仍得追及该财产而行使其抵押权。

(7) 特定性。为使抵押权的存在或变动从外观可以认识，以避免第三人遭受不测之损害，需要借公示原则以明确抵押物和被担保债权的范围，包括抵押权标的物的特定和抵押权所担保的税收债权的特定。①

(三) 纳税质押

1. 纳税质押的概念

纳税质押，是指税收债务人或者第三人将其财产移交税收债权人（征税机关）占有，作为税收债权的担保，税收债务人（纳税人）不履行税收债务时，税收债权人（征税机关）有权依法以拍卖、变卖该财产的价款优先受偿的担保方式。提供特定财产以供担保的税收债务人或第三人为出质人，作为税收债权人的征税机关为质权人，交付的特定财产（动产、权利）为质押财产，税收债权人（征税机关）享有的权利即为质权。

2. 纳税质权的性质

纳税质权在性质上属于纳税担保物权，是对担保物交换价值的直接和排他的支配权。它与同为纳税担保物权的纳税抵押权的主要区别，就是移转标的物的占有。纳税质权是以税收债权人（征税机关）占有质押财产为生效条件的，自出质人向税收债权人（征税机关）交付动产或权利凭证时起设立。这一区别也使纳税质押具有不同于纳税抵押的作用：一是公示作用，税收债权人（征税机关）占有质物，其本身就可公示纳税质权的存在，这使得那些因不能登记而难以设定纳税抵押权的动产（例如，衣物、家电、古董字画、珠宝首饰等主观使用价值较客观经济价值更高的物品）可以充当质物。二是留置作用，纳税质权在被担保的税收债权受清偿之前，具有留置担保物的权能。税收债权人（征税机关）得占有担保物，并收取孳息。纳税质权作为纳税担保物权的一种，同样具有担保物权的一般特征，如从属性、不可分性、物上代位性、优先受偿性等。

3. 纳税质押的分类

根据质权标的类别，纳税质押分为纳税动产质押和纳税权利质押两类。纳税动产质押是以动产为质押财产而设定的纳税质押；纳税权利质押是以票据、证券、知识产权中的财产权利等为质押财产而设定的纳税质押。纳税权利质押的性质与纳税动产质押相似，所不同的是：一是标的物的占有方面，纳税动产质押只要移转由税收债权人（征税机关）占有即可，而以知识产权中的财产权、股票、股份等设定纳税质押，则要进行登记。二是质押财产的使用方面，在纳税动产质

---

① 施正文：《税收债法论》，中国政法大学出版社 2008 年版，第 403—404 页。

押中,征税机关将质押财产留置保管,但无权使用,当然也阻止了出质人的使用;而在纳税权利质权特别是债权质押、股份质押场合,对出质人的权利限制最小,出质人的损失也最小。三是优先受偿方面,纳税动产质押的留置作用最显著;在纳税权利质押尤其是以有价证券为标的物的权利质押场合,换价容易。

我国《税收征收管理法实施细则》第62条第2款规定:"纳税人或者第三人以其财产提供纳税担保的,应当填写财产清单,并写明财产价值以及其他有关事项。纳税担保财产清单须经纳税人、第三人签字盖章并经税务机关确认,方为有效。"这里的纳税担保主要指抵押和质押。

第三节 税收之债的优先效力

我国《税收征收管理法》第45条规定了税权与其他权利并存时的清偿顺序:(1)税收优先于无担保债权;(2)税收附条件地优先于担保物权;(3)税收优先于罚款、没收违法所得。此规定意味着我国首次确立了税收优先权制度,具有标志性的意义。但《税收征收管理法》与《企业破产法》《商业银行法》《保险法》等关于税收优先权的规定存在一些矛盾与冲突的地方。

一、税收优先权的一般原理

(一)税收优先权的概念

所谓税收优先权,是指税收债务人未缴纳的税收与其他未清偿的债务同时存在且其剩余财产不足清偿全部债务时,税收可以排除其他债权而优先受偿的权利。从我国税收优先权的有关规定看,税收优先权一般是指优先于普通债权,即无担保债权。当税收优先权与其他同样可以优先于普通债权而受偿的权利发生冲突时,则根据不同的情况确定它们之间的受偿顺序。

(二)税收优先权的类型

按照不同的标准,可以将税收优先权划分为不同的类型。根据税收优先权标的物范围的不同,可以将税收优先权分为一般税收优先权与特殊税收优先权。

1. 一般税收优先权

所谓一般税收优先权,是指在税收债务人的不特定财产上存在的优先权。一般税收优先权的标的物不是特定的,可以是多个动产,也可以是多个不动产或债务人的全部财产。一般税收优先权是各国税法中税收优先权的主要形式。我国《税收征收管理法》第45条并没有明确规定税收优先权存在于哪些财产上,但按照我国法律规定,无担保债权是以债务人的全部财产清偿的,同时税收优先于无担保债权,因此可以得出结论:我国的税收优先权是在税收债务人的不特定财产上存在的优先权,即一般税收优先权。

2. 特殊税收优先权

所谓特殊税收优先权,是指在税收债务人的特定财产上存在的优先权,标的物特定、公示性比较强、执行相对便利,是特殊税收优先权所具有的特点。特殊税收优先权又可以分为不动产上的特殊税收优先权和动产上的特殊税收优先权。根据我国《海商法》的规定,船舶吨税的缴付请求具有船舶优先权。[①] 这里船舶吨税所享有的优先权便是动产上的特殊税收优先权。我国法律对不动产上的特殊税收优先权没有明文规定,但根据《民法典》第394条、第406条的有关规定,处分抵押房地产所得金额的分配顺序是:支付处分抵押房地产的费用→扣除抵押房地产应缴纳的税款→偿还抵押权人本息及支付违约金→赔偿由债务人违反合同而对抵押权人造成的损害→交还抵押人。由此可见,不动产上的特殊税收优先权在我国也是存在的。

(三)税收优先权的性质

税收优先权的性质有物权优先权说与债权优先权说的学术论争。物权优先权说认为,税收优先权作为民事优先权制度在税法领域的延伸,具有优先权的一些固有特性,同样具有担保物权的性质。债权优先权说则认为,税收优先权是税收债权基于法律的规定而享有的优先受偿的效力,其优先于一般债权,但与担保物权产生冲突时,根据物权优先于债权的原理,在法律没有特殊规定的情况下,物权具有优先的效力。

对税收优先权的性质,笔者赞同物权优先权说。因为判断税收优先权究竟是物权优先权还是债权优先权,关键要看它是一项实体性权利还是程序性权利,而这又要从权利的设定是否会直接影响当事人之间法律关系的实质内容这一角度进行考量。税收优先权应为一项实体性权利。因为优先权的加入可以改变债权的平等受偿性,对当事人之间的债权债务关系造成实质性影响。[②]

二、税收优先权的法理基础

与其他普通债权相比,税收为什么能优先受偿?税收是否应该绝对地优先于所有普通债权?回答这些问题,应基于一定的法理。

---

① 我国《海商法》第 22 条。
② 申卫星:《信心与思路:我国设立优先权制度的立法建议》,载《清华大学学报(哲学社会科学版)》2005 年第 2 期。

第一，税收法律关系是公法上的债权债务关系，它与私法上的债权债务关系是有共通性的。考虑到私法为保证私法债权的有效实现而设立了担保债权制度，以使担保债权可以优先于普通债权而得到清偿，那么在公法上亦可以为保证税款的征收而设立税收优先权制度，以使税收债权优先于普通债权而得到清偿。

第二，税收的公益性使其应当也有理由优先于私人利益。在现代税收国家，税收是国家的物质基础，一国内政、外交、国防等事业的推动与展开都有赖于税收维持。由于私法债权的保障和实现，有赖于以税收为主要收入的国家司法制度的建立及司法行使，因此税收可以被视为一种保护私法债权的最基本的共益费用。而共益费用的支出因有利于全体债权人，所以私法一般赋予其最优先受偿权，如破产费用、清算费用、保存费用等的优先受偿都是基于这一法理。"可见租税乃公益之所需，非私人债权所可比拟，因之租税应有优先权较妥。"①

第三，与普通债权相比，税收债权获偿的风险更大。其一，私法之债绝大多数为直接的对待给付，债务人在接受对价后履行债务的自愿性较强；而税收债权是一种当事人之间非直接对待给付的债权，税收债务人不易看到其利益，甚至把纳税看作额外支出，税收债务人履行义务的自愿性较弱，而税收债权人又不可能获取充分必要的信息。其二，税收之债只有在法律规定的条件发生时，税收债权人（征税机关）才能要求税收债务人提供担保，而民事担保则可以依意思自治的原则自由设定担保。其三，税收债权的优先受偿效力只有在税收债务人的剩余财产不足清偿其全部债务时才会发生，即在破产宣告时发生。而附有担保物权的债权人则无须等到债务人破产宣告，只要债务人不履行债务，债权人即可行使其债权。基于此，应承认税收债权的优先效力。

三、税收优先权与私法债权的效力冲突及协调

（一）税收优先权与普通债权

1. 税收债权一般优先于普通债权

普通债权，又称无担保债权，是指没有物的担保的债权，主要指没有设定抵押、质押和留置权的债权。税收一般应优先于普通债权受偿，这是税收优先权最基本的含义。许多国家的立法都明确了税收优先于普通债权受偿的原则，我国《税收征收管理法》第45条第1款规定，"税收优先于无担保债权，法律另有规定的除外"。我国《企业破产法》从破产清算程序的角度，明确了税收优先于普通债权受偿的原则。值得注意的是，无论税收债权成立于普通债权之前，还是成立于

---

① 郑玉波：《论租税债权与优先权》，三民书局1984年版，第621页。

普通债权之后，税收债权都应优先于普通债权受偿。这样规定的目的在于防止税收债务人与第三人故意串通逃税，从而保证税收权益。

2. 特殊的普通债权应优先于税收债权

对某些较为特殊的普通债权，法律会赋予其优先于税收债权的效力。我国《税收征收管理法》第 45 条规定，"税收优先于无担保债权，法律另有规定的除外"。这里"另有规定"[①]的存在，反映了法律保障基本人权、维护社会稳定等特殊的目的。不论是商业银行、保险公司还是普通公司破产，其破产清算费用均属于共益费用，虽然该费用没有设定担保，属于普通债权，但该费用是保障全体债权人债权受偿所必须支付的费用，应当得到优先受偿。另外，职工的工资和医疗、伤残补助、抚恤费用，所欠的应当划入职工个人账户的基本养老保险、基本医疗保险费用，以及法律、行政法规规定应当支付给职工的补偿金等费用为职工的生存性费用，关系到职工的基本生存权利，不论从保护人权还是维护社会稳定的角度看，都有必要优先于税款受偿。基于维持我国金融体系的稳定，保持金融市场的交易信心以及社会稳定的考量，银行个人储蓄存款的本金和利息也应当优先于税款受偿。同理，保险公司赔偿或者给付保险金也应得到优先受偿。

（二）税收优先权与附担保债权

1. 税收优先权与抵押权、质权的竞合

通过分析各个国家或地区相关的法律规定可以看出，解决税收优先权与抵押权、质权的效力冲突问题，主要有三种模式：（1）抵押权、质权优先于税收债权，如我国《企业破产法》的相关规定。（2）税收债权一般不能优先于抵押权、质权受偿，但法律列举的几种特殊税收债权可优先于质权、抵押权受偿。如我国台湾地区"税捐稽征法"第 6 条规定，土地增值税，就土地自然增值的部分优先于抵押权受偿。我国台湾地区"最高法院"曾以司法判例的形式认定关税就进口货物优先于质权、抵押权受偿。[②] 至于其他种类的税收，我国台湾地区税法未作出相关规定，但"从理论和实务上均认为应在抵押权、质权等担保物权之后"[③]。（3）税收债权优先于一定时间点之后设定的抵押权、质权，如我国《税收征收管

[①] 《商业银行法》第 71 条第 2 款规定："商业银行破产清算时，在支付清算费用、所欠职工工资和劳动保险费用后，应当优先支付个人储蓄存款的本金和利息。"《企业破产法》第 113 条规定："破产财产在优先清偿破产费用和共益债务后，依照下列顺序清偿：（一）破产人所欠职工的工资和医疗、伤残补助、抚恤费用，所欠的应当划入职工个人账户的基本养老保险、基本医疗保险费用，以及法律、行政法规规定应当支付给职工的补偿金；（二）破产人欠缴的除前项规定以外的社会保险费用和破产人所欠税款；（三）普通破产债权。破产财产不足以清偿同一顺序的清偿要求的，按照比例分配。"

[②] 王泽鉴：《民法学说与判例研究（第 4 册）》，中国政法大学出版社 1998 年版，第 353—355 页。

[③] 同上书，第 355 页。

理法》第 45 条的规定。但我国《税收征收管理法》将税收优先权产生的时间定为纳税义务发生时,有些不太合理。第一,在民法中,只有债务已届至清偿期或者履行期限届满时,债权人才有可能强制债务人履行其债务;有担保的债权人也只有在债务人在履行期或清偿期内未履行其债务时,才可以行使其优先受偿的权利。同理,只有当税收债权在规定的纳税履行期或清偿期内未缴清税款时,税务机关才能核定纳税人未缴纳的税款数额,通知纳税人限期缴纳税款。只有在期限届满时,税务机关才可以行使其税收优先权。第二,规定税收优先权与纳税义务同时产生,对保障国家税收债权是有利的,但对税收债务人的交易相对方则是不公平的。由于信息不对称,交易相对方在为强化债权效力而设定抵押权、质权等担保物权时,是无法获知税收债务人被核定的纳税数额和欠税情况的,担保物权往往由于时间上的滞后,无法发挥其作用。目前《税收征收管理法》规定由税务机关定期公告税收债权人(征税机关)的欠税情况,税务机关对纳税人欠税情况的把握比对纳税人纳税义务发生的把握相对要容易些,成本也相对较小。第三,如果税收之债不明确,税收债权人(征税机关)也无法行使其税收债权。因此,只有当担保物权设定于课税核定之后时,所核定的税收才能优先于有担保物权的债权受偿。

2. 税收优先权与留置权的竞合

按照我国《税收征收管理法》第 45 条的规定,留置权与税收优先权之间的效力冲突与抵押权、质权一样,以权利产生的时间先后来决定何者优先。这一法律规定遭到学界的批评。留置权是一种法定担保物权,它在符合一定条件时,依法律的规定产生,而不依当事人之间的协议设定,因此留置权具有较强的担保机能。一般情况下,当留置权与抵押权、质权发生冲突时,均优先于这两者,而且因留置权担保的债权往往是有利于保全其他债权人利益的,所以留置权一般不仅应当优先于抵押权和质权,而且也应当优先于税收债权,而不论产生时间的先后。具体来说:

首先,如果承认税收优先权优先于留置权,则会导致留置物被税务机关强制执行或者留置权人交还该留置物。此时,留置权便会因为留置权人失去对留置物的占有而丧失,显然这对留置权人是不公平的,同时也削弱了留置权的存在意义。

其次,留置权一般是由于留置权人就标的物提供了材料或者劳务而未得到适当补偿而产生的,因此留置权往往发生在仓储保管、加工承揽以及货物运输等合同当中,为上述合同履行过程中产生的修理、加工以及保管等费用提供担保。留置权人的劳务或行为对留置物的价值起到了保值或增值作用,其行为或劳务已物化到留置物中,而留置物的保值或增值无疑对包括税收债权人在内的所有债权人有益,因而可以将其视为一种共益费用,所以留置权应当优先于税收债权。

最后,留置权人在履行仓储保管、加工承揽以及货物运输等合同的过程中,是用其所提供的劳动或服务来换取合同相对方所支付的对价,而这种对价在留置权产生的情形中,具有工资或劳动报酬的性质。"工资具有绝对神圣性,必须特予保护,始足实现社会正义"①,"而且依劳工法之发展趋势言,凡处于从属地位为他人服务者,就其工资及类似之债权,于雇主破产时,均享有最优先之受偿权"②。

四、税收优先权与其他公法债权的效力冲突及协调

(一)税收优先权与罚款、没收违法所得

《税收征收管理法》第 45 条第 2 款规定:"纳税人欠缴税款,同时又被行政机关决定处以罚款、没收违法所得的,税收优先于罚款、没收违法所得。"这条法律规定包含两层意思:第一,纳税人欠缴税款,同时又被税务机关决定处以罚款、没收违法所得的,税收优先于罚款、没收违法所得。第二,纳税人欠缴税款,同时又被其他行政机关决定处以罚款、没收违法所得的,税收先于罚款、没收违法所得。这意味着当税收债权与罚款、没收违法所得产生效力冲突时,税收债权享有优先权。因为税收债权具有很强的公益性,而罚款、没收违法所得所具有的是很强的制裁性,它并不以有益于社会公共利益为目的。所以就受偿的先后顺序而言,它不但落后于税收债权和担保债权,甚至应该落后于普通债权。这是因为,罚款、没收违法所得是通过公权力对违法行为进行处罚,来达到对违法行为人惩罚的目的。假如使其优先于其他债权受偿,则有可能造成第三人因债权难以实现而财产受损,使无辜的第三人为他人的违法行为承担责任,这有悖于公平原则。

(二)税收优先权与行政性收费

税收优先权与行政性收费的位序如何安排,我国《税收征收管理法》及其实施细则均没有明确规定。根据我国台湾学者的研究,行政费用原则上是指国家或其他公法人为获得收入目的,根据公法上的规定所请求的一种金钱给付,其形式包括规费、受益费和特别公课三种。规费是对于公行政的特别的实际上的给付(或使用)的对价;受益费则是从行政机关为建立、设置或扩张公共设施或设备

---

① 梁慧星:《民法学说判例与立法研究》,中国政法大学出版社 1993 年版,第 44—45 页。
② 王泽鉴:《民法学说与判例研究(第 1 册)》,中国政法大学出版社 1998 年版,第 515 页。

的具体花费中获得个人利益的可能性的对价;特别公课是为特定任务的需要,而对与该特定任务目的有特殊关系的特定群体的国民所课征的公法上的负担。[①]可见行政费用,在很大程度上是行政给付的对价,并不用于提供保障私权所必需的公共物品,其公益性远远低于税收,因此税收应优先于行政性收费。此外,由于行政给付的对象特定、目的明确,与行政相对人有很强的直接利益关系,因此行政相对人自觉履行的可能性较大。而税收虽然是取之于民、用之于民,但并不具有直接的报偿性,加之纳税人的搭便车心理,纳税人自觉履行的可能性则相对较低,从这个角度看,也应使税收优先于行政性收费。

本 章 小 结

税收之债兼具公私法债务的混合特征,借鉴私法之债的理论,税法确立了税收之债的保障制度,包括税收债权保全、税收债权担保、税收优先权等。税收债权保全主要包括税收债权人的代位权和撤销权。税收之债采用纳税保证、纳税抵押和纳税质押等具有民事担保特性的纳税担保制度,以便更有效地保障税收债权人的利益。税收之债相对于普通债权具有优先权,和其他具有优先权的债权发生冲突时要依据不同情况确定受偿顺序。

> **思考题**

1. 根据民法代位权的一般理论,税收债权人代位权成立的要件主要有哪些?
2. 为什么税法设立了税收之债的保全制度后,还要设立税收之债的担保制度?
3. 税收之债的担保有哪些形式?
4. 税收优先权的法理依据是什么?
5. 简要论述税收之债和其他具有优先权的债权竞合时的受偿顺序。

[①] 陈清秀:《税法总论》,三民书局1997年版,第95—120页。

税收债务法之二·商品和服务税制度

绪 论

在我国税收体系中,商品和服务税一直占据主体地位,现行的商品和服务税主要包括增值税、消费税、关税等。

一、商品和服务税的概念

商品和服务税是以纳税人的商品和服务为征税对象的一类税收,具体是根据商品交换和提供服务收费的流转额进行征收,又被称为流转税。

商品流转额是指商品从生产到消费的整个流转过程中,由于商品交换活动而发生的货币金额,它既可以是卖方的销售收入额,也可以是买方购进商品时支付的金额。服务流转额是指各种服务性业务的收入金额,如交通运输业、邮政电信业以及其他各项服务业等。因此,在税法中流转额的范围十分广泛。

二、商品和服务税的特点

商品和服务税以流转额为征税对象,在发挥财政职能和保证国家财政收入上功不可没,多数发展中国家均将其作为主体税种,其特点主要体现在以下几个方面:

第一,商品和服务税是财政收入的稳定保障。一方面,只要发生商品和服务的交易行为,就可以征收商品和服务税;另一方面,这类税收按照流转额的一定比例征收,收入会随着商品生产流通活动的增加、交换活动以及服务经营活动的频繁发生而得到保证。总之,商品和服务税不仅税源普遍,而且会随着经济的增长而自然增长,不受纳税人经营状况的影响,具备收入稳定的特点,这也是许多发展中国家将其作为主体税种的重要原因。

第二,商品和服务税简便易行。商品和服务税在计算征收时,一般以销售收入或营业收入为计税依据,采用固定的比例税率或定额税率,计算方式比较便利。

第三,商品和服务税课税隐蔽。除增值税外,其他商品和服务税都是价内税,形式较为隐蔽,纳税人不易察觉。商品和服务税不具备所得税的直观效果,给纳税人的税收负担感较小。

第四,商品和服务税可以从多方面对经济加以调节。如对不同的商品课征不同税率的商品和服务税,会限制或者鼓励商品生产,进而影响企业的生产成本、投资方向和经济决策;而对商品和服务课税还会鼓励或抑制消费,从而影响消费与储蓄的比例。

延伸阅读

商品和服务税的历史沿革

第十章　增值税法律制度

增值税法在商品和服务税法律体制中的地位举足轻重,而增值税本身也是最为优越的商品和服务税税种。进入 21 世纪,增值税自身具备的税基宽、消除重复征税等优越性也在逐步一体化的全球经济中更加突出。

第一节　增值税法律制度概述

一、增值税概述

（一）增值税的概念

增值税是以商品和服务在流转过程中产生的增值额为征税对象的一种商品和服务税。

增值额可以分为理论增值额与法定增值额。理论增值额是指企业或者个人在生产经营过程中新创造的那部分价值,即 $v+m=G-c$。其中,G 为社会总产品价值,c 指已经消耗的生产资料价值,即不变资本,它包括两部分,一是固定资产价值,二是非固定资产价值,v 表示新价值中补偿可变资本的部分,m 表示新价值中的剩余价值部分。理论增值额只是对增值额的理论抽象,并不当然应用于各国的增值税制度中。法定增值额则因各国规定的不同而有所不同,它与理论增值额的差异在于各国是否扣除 c 中的固定资产价值[①]:(1) 如果国家允许在当期一次性扣除固定资产,则法定增值额＜理论增值额;(2) 如果国家允许扣除当期固定资产的折旧部分,则法定增值额＝理论增值额;(3) 如果国家只允许扣除非固定资产,不扣除固定资产,则法定增值额＞理论增值额。

（二）增值税的分类

根据上述对固定资产的处理不同,增值税可分为三种类型:

1. 生产型增值税

生产型增值税以销售收入减去所购中间产品的价值为课税对象,对购进固定资产价款不允许作任何扣除。就整个社会而言,该类增值税税基相当于国民

---

① 对非固定资产,各国均规定可以一次性扣除。

生产总值,既包括消费资料,也包括生产资料,故称生产型增值税。这一类型增值税的税基最大,它保留了重复征税的因素,影响生产的发展,但对抑制非理性投资、保证财政收入具有一定作用。采用生产型增值税的国家非常少,我国2009年之前采用生产型增值税,还有一些发展中国家如印度尼西亚和巴基斯坦等也采用该类增值税。

2. 收入型增值税

在计算收入型增值税时,对购进固定资产价款只允许扣除当期应计入产品成本的折旧部分。因此,该类型增值税的税基相当于国民收入,故称收入型增值税。

从理论上看,收入型增值税是最标准的增值税,它对财政收入、经济、效率以及公平性等方面的影响在三种类型的增值税中都处于中等程度。但从技术操作上分析,收入型增值税并不科学严谨。采用这一类型增值税的国家不多,主要有匈牙利、海地、土耳其等。

3. 消费型增值税

在计算消费型增值税时,对当期购进用于生产应税产品的固定资产价款允许从当期一次性全部扣除。因此,就整个社会而言,消费型增值税的税基只限于社会全部消费品的价值,因而被称为消费型增值税。

与前两种类型的增值税相比,消费型增值税有非常明显的优势:(1)税基最小,税负减到最轻,客观上起到了鼓励投资、鼓励设备更新的作用;(2)消费型增值税解决了重复征税的问题,虽然暂时会降低国家的财政收入,但由于减轻了企业的税负,刺激了投资和生产,因而其必将带来企业利润的增加,从而增加所得税;(3)消费型增值税在计算征收方面要简便得多,最适合凭发票扣税,也有利于纳税人操作,方便税务机关管理。但是,由于对固定资产实行的是一次性扣除,因此也可能带来投资过热的风险。

在三种类型中,消费型增值税的应用范围最广。在世界上开征增值税的100多个国家中,90%都选择了消费型增值税。我国从2009年开始也实现了增值税的全面转型,即采用消费型增值税。

(三)增值税的特点

1. 避免重复征税

增值税只对商品和服务在生产流通过程中的价值增值额征税,而不是对销售全额征税,彻底避免了传统商品和服务税"道道征税、税上加税"的税负累积现象。

2. 保持税收中性

增值税在计算时不考虑流转额中的非增值因素,对同一商品而言,只要增值额相同,其税负就不会因流转环节而发生变化,纳税人的税负也不会因商品生产结构的改变和流通环节的增加而变化,因此不影响商品的生产结构、组织结构和产品结构,对纳税人的生产经营决策影响较小。

3. 保障财政收入

增值税实行普遍征收,对流通各环节的货物和服务都征收,税基较广。这种链条式的税收,配以增值税专用发票制度,只要发票印制、管理得当,就可以有效防止偷税漏税,保证税收收入的稳定。

(四)增值税的沿革

这种以增值额为课税依据的设想,早在一战时,就已由美国耶鲁大学教授托马斯·亚当斯和担任德国政府顾问的商人兼学者威尔海姆·范·西门子博士提出。但增值税最初的发源地却是法国。1954年,法国财政官员莫里斯·劳莱从国家层面正式推行了增值税,经过1968年税收改革,成为具有现代意义的消费型增值税。从法国开始,增值税首先被欧盟创始成员国(德国、意大利、比利时、卢森堡和荷兰)所采纳,后来又成为加入欧盟的一个条件。巴西和乌拉圭也是采用增值税较早的国家。20世纪70—80年代,增值税被多数拉丁美洲和加勒比地区国家以及亚洲国家采纳。

没有实行增值税的国家中较有代表性的是美国。美国各州已有销售税,因此实行增值税的经济阻力和政治阻力较大。其余未采纳增值税的国家或因其为岛屿型经济而不适合实行,或因其为石油输出国,财政富足无须开征。而在已实行增值税的国家中,选择消费型增值税是主流,因为它适配于各国财政,是市场经济发展的必然选择。

我国于1979年从法国引进增值税,并在襄樊、上海、柳州等十几个城市试点。试点行业为重复课税现象严重的机器机械行业、农机行业和日用机械产品行业等。1984年第二次利改税时,国务院发布了《增值税条例(草案)》,这标志着增值税作为一个独立的税种在我国正式建立,增值税于同年10月1日起正式开征。1993年12月13日国务院公布了《增值税暂行条例》,按照国际惯例建立了规范的增值税征收制度。

1994年分税制改革后,增值税在我国的发展总体上可以分为两个阶段,分别是增值税转型阶段和"营改增"阶段。

一是增值税转型改革。自引进增值税以来,我国长期实行生产型增值税,即不允许扣除固定资产的进项税额,其出发点是为了保证财政收入和有效控制自

1993年起发生的固定资产投资膨胀,以便实现国民经济的"软着陆"。但随着我国经济的发展,生产型增值税的弊端逐步显露出来,重复征税、抑制投资、阻碍技术更新等问题层出不穷。在科学发展观的指导下,国家对增值税转型试点的研究随即展开。2004年9月14日,财政部、国家税务总局联合发布《东北地区扩大增值税抵扣范围若干问题的规定》,开始对东北地区老工业基地的装备制造、石油化工等六大行业实行增值税转型试点改革,试点采取"增量抵扣"方式。之后,多部与增值税有关的试点办法或通知被相继公布,试点范围不断扩大。历经多年试点研究,全国性增值税转型改革终成定局,自2009年1月1日起,增值税转型改革在全国实施,这意味着我国增值税开始由生产型向消费型全面转变。

在增值税转型改革之后,增值税扩围即"营改增"改革也逐步提上日程。"营改增"改革从根本上改变的是我国对商品(附加工、修理修配劳务)征收增值税、对服务(附部分商品)征收营业税的格局,它将营业税的征税范围逐步纳入增值税体系,并最终取消营业税。2011年,我国开始选择在交通运输业和部分现代服务业实行"营改增"试点。2012年1月1日,改革的序幕在上海正式拉开,同年8月1日,试点范围扩大到北京、天津、江苏、安徽、浙江(含宁波)、福建(含厦门)、湖北、广东(含深圳)。2013年8月1日起,上述试点推向全国范围,同时广播影视服务也被纳入试点范围。此后,为保障全国市场的税制统一,"营改增"不再进行区域试点,只进行行业扩围。2014年,铁路运输、邮政业、电信业在全国范围内实施"营改增"改革。2016年5月1日起,"营改增"试点范围扩大到建筑业、房地产业、金融业、生活服务业,并将所有企业新增不动产所含增值税纳入抵扣范围,确保所有行业税负只减不增。至此,全部服务业被纳入增值税的征税范围。2017年10月30日,国务院常务会议通过《国务院关于废止〈中华人民共和国营业税暂行条例〉和修改〈中华人民共和国增值税暂行条例〉的决定》,决定全面取消营业税,实施60多年的营业税正式退出历史舞台,营业税改征增值税试点改革正式完成。这是自1994年分税制改革以来增值税领域的最大变革,也是我国财税体制的一次重大突破。

"营改增"之后,我国增值税制度仍然面临着深化改革、简化税率等问题。为进一步完善增值税,我国分别于2018年5月1日和2019年4月1日两次下调税率,具体如表6所示。

表 6　"营改增"后增值税税率调整简明对照表

调整内容	原适用	2018 年调整后	2019 年调整后
纳税人发生增值税应税销售行为或者进口货物税率	17%	16%	13%
	11%	10%	9%
纳税人购进农产品扣除率①	11%	10%	9%
出口退税率	17%	16%	13%
	11%	10%	9%

二、增值税法概述

增值税法是调整增值税征纳关系的法律规范的总称。我国现行的调整增值税征纳关系的法规、规章主要包括《增值税暂行条例》和《增值税暂行条例实施细则》。

截至 2020 年 8 月，我国增值税的改革成果仍停留在行政法规、部门规章层面，尤其服务业增值税的具体规则绝大多数仅规定在 2016 年财政部、国家税务总局公布的《营业税改征增值税试点实施办法》《营业税改征增值税试点有关事项的规定》《营业税改征增值税试点过渡政策的规定》和《跨境应税行为适用增值税零税率和免税政策的规定》中，其后的历次税率调整、征收事项变革也都散见于多个税收规范性文件。因此，制订和颁布符合税收法定原则、全面涵盖现行增值税法律规则、"简并"税率的《增值税法》是当前我国增值税法律制度完善的重要内容。

第二节　我国增值税法律制度

一、增值税纳税人

（一）增值税纳税人的概念

《增值税暂行条例》规定，"在中华人民共和国境内销售货物或者加工、修理

---

① 一般情况下，纳税人购进农产品，取得一般纳税人开具的增值税专用发票或海关进口增值税专用缴款书的，以增值税专用发票或海关进口增值税专用缴款书上注明的增值税额为进项税额。根据目前的办法，从按照简易计税方法依照 3% 征收率计算缴纳增值税的小规模纳税人取得增值税专用发票的，以增值税专用发票上注明的金额和相应的扣除率计算进项税额。取得(开具)农产品销售发票或收购发票的，以农产品销售发票或收购发票上注明的农产品买价和扣除率计算进项税额。另，2018 年纳税人购进用于生产销售或委托加工 16% 税率货物的农产品，按照 12% 的扣除率计算进项税额；2019 年这一规定下调为纳税人购进用于生产或者委托加工 13% 税率货物的农产品，按照 10% 的扣除率计算进项税额。

修配劳务(以下简称劳务),销售服务、无形资产、不动产以及进口货物的单位和个人,为增值税的纳税人"。

上述"单位"是指企业、行政单位、事业单位、军事单位、社会团体及其他单位。"个人"是指个体工商户和自然人。

上述"在中华人民共和国境内"涉及的是征税权的属地原则,具体规则包括:服务(租赁不动产除外)或无形资产(自然资源使用权除外)的销售方或购买方在境内;所销售或者租赁的不动产在境内;所销售自然资源使用权的自然资源在境内;财政部和国家税务总局规定的其他情形。①

(二)增值税纳税人的分类

根据经营规模和会计核算制度是否健全,可以将增值税纳税人分为一般纳税人和小规模纳税人。

1. 小规模纳税人标准

小规模纳税人是指年应税销售额在规定标准以下,并且会计核算不健全,不能按规定报送有关税务资料的增值税纳税人。自2018年5月1日起,年应税销售额未超过500万元,且会计核算不健全的,仅能登记为小规模纳税人。

2. 一般纳税人标准

一般纳税人是指年应税销售额超过财政部、国家税务总局规定的小规模纳税人标准的企业和企业性单位。2018年5月1日起,年销售额超过500万元的纳税人均应登记成为一般纳税人;年应税销售额未超过规定标准的纳税人,但会计核算健全,能够提供准确税务资料的,可以向主管税务机关办理一般纳税人资格登记,成为一般纳税人。除国家税务总局另有规定外,一经登记为一般纳税人后,不得转为小规模纳税人。②

---

① 下列情形不属于在境内销售服务或者无形资产:
(1) 境外单位或者个人向境内单位或者个人销售完全在境外发生的服务。
(2) 境外单位或者个人向境内单位或者个人销售完全在境外使用的无形资产。
(3) 境外单位或者个人向境内单位或者个人出租完全在境外使用的有形动产。
(4) 财政部和国家税务总局规定的其他情形。

② 有例外情形,如为了配合小规模纳税人标准调整,根据2018年国家税务总局《关于统一小规模纳税人标准等若干增值税问题的公告》,一般纳税人可以由一般纳税人转登记为小规模纳税人,或选择继续作为一般纳税人,但应同时符合以下两个条件:一是已登记为一般纳税人;二是转登记日前连续12个月或连续4个季度累计应税销售额未超过500万元。此外,自转登记日的下期起,连续不超过12个月或者连续不超过4个季度的经营期内,转登记纳税人应税销售额超过小规模纳税人标准的,应当向主管税务机关办理一般纳税人登记。

二、增值税的征税范围

我国增值税的征税范围包括"在中华人民共和国境内销售货物或者加工、修理修配劳务(以下简称劳务),销售服务、无形资产、不动产以及进口货物"。

(一)增值税征收范围的一般规定

1. 销售或进口货物

增值税的征税范围包括在中国境内销售货物及进口货物。

"货物"指有形动产,包括电力、热力、气体在内,但不包括不动产和无形资产。

"销售货物"是指有偿转让货物的所有权。其中,是否有偿是判断征税范围的标准,即应该从购买方取得货币、货物或其他经济利益,如果仅是出租、出借,没有转让货物的所有权,则不属于应纳增值税的销售货物。

2. 销售劳务

这里的劳务包括提供加工、修理修配劳务。

其中"加工"是指接受委托加工货物,即委托方提供原料和主要材料,受托方按照委托方的要求,制造货物并收取加工费的业务;"修理修配"是指接受委托对损伤和丧失功能的货物进行修复,使其恢复原状和功能的业务,不包括对不动产的修缮业务。

销售劳务,是指有偿提供劳务,不包括单位或者个体工商户聘用的员工为本单位或者雇主提供的劳务。

3. 销售服务

营业税取消后,原来征收营业税的服务业全部纳入了增值税的征税范围,包括交通运输服务、邮政服务、电信服务、建筑服务、金融服务、现代服务、生活服务七大项。

考虑到行业差别以及"营改增"的顺利过渡问题,不同服务业适用了不同的增值税率。目前除有形动产租赁以外,销售服务主要适用两档税率,即9%、6%。此外,由于销售服务涉及的行业范围非常广,交易类型复杂,因此实践中,对具体交易应归类为何种服务的准确把握至关重要,具体参见表7。

表 7　服务业征税范围示例表

服务业类型	具体征税范围	说明
交通运输业	包括陆路运输服务、水路运输服务、航空运输服务和管道运输服务	1. 水路运输的程租、期租业务,属于水路运输服务 2. 无运输工具承运业务,按照交通运输服务缴纳增值税
邮政服务	包括邮政普遍服务、邮政特殊服务和其他邮政服务	无
电信服务	包括基础电信服务和增值电信服务	1. 卫星电视信号落地转接服务,按照增值电信服务缴纳增值税
建筑服务	包括工程服务、安装服务、修缮服务、装饰服务和其他建筑服务	1. 固定电话、有线电视、宽带、水、电、燃气、暖气等经营者向用户收取的安装费、初装费、开户费、扩容费以及类似收费,按照安装服务缴纳增值税
金融服务	包括贷款服务、直接收费金融服务、保险服务和金融商品转让	1. 以货币资金投资收取的固定利润或者保底利润,按照贷款服务缴纳增值税 2. 融资性售后回租利息收入属于贷款服务 3. 金融商品转让范围扩大,包括基金、信托、理财产品等各类资产管理产品和各种金融衍生品
现代服务	包括研发和技术服务、信息技术服务、文化创意服务、物流辅助服务、租赁服务、鉴证咨询服务、广播影视服务、商务辅助服务和其他现代服务	1. 租赁服务,包括融资租赁服务和经营租赁服务。融资性售后回租不按照"现代服务"税目缴纳增值税 2. 车辆停放服务、道路通行服务(包括过路费、过桥费、过闸费等)等按照不动产经营租赁服务缴纳增值税 3. 水路运输的光租业务、航空运输的干租业务,属于经营租赁 4. 金融咨询、健康咨询和市场调查纳入"鉴证咨询服务"税目 5. 货物运输代理服务、报关代理服务原属于物流辅助服务,现列入商务辅助服务
生活服务	包括文化体育服务、教育医疗服务、旅游娱乐服务、餐饮住宿服务、居民日常服务和其他生活服务	无

4. 销售无形资产

销售无形资产，是指转让无形资产所有权或者使用权的业务活动。

"无形资产"是指不具实物形态，但能带来经济利益的资产，包括技术、商标、著作权、商誉、自然资源使用权和其他权益性无形资产。

其中，"技术"包括专利技术和非专利技术。自然资源使用权包括土地使用权、海域使用权、探矿权、采矿权、取水权和其他自然资源使用权。其他"权益性无形资产"包括基础设施资产经营权、公共事业特许权、配额、经营权（包括特许经营权、连锁经营权、其他经营权）、经销权、分销权、代理权、会员权、席位权、网络游戏虚拟道具、域名、名称权、肖像权、冠名权、转会费等。

5. 销售不动产

销售不动产，是指转让不动产所有权的业务活动。

"不动产"是指不能移动或者移动后会引起性质、形状改变的财产，包括建筑物、构筑物等。其中建筑物包括住宅、商业营业用房、办公楼等可供居住、工作或者进行其他活动的建造物。构筑物包括道路、桥梁、隧道、水坝等建造物。

转让建筑物有限产权或者永久使用权的，转让在建的建筑物或者构筑物所有权的，以及在转让建筑物或者构筑物时一并转让其所占土地使用权的，按照销售不动产缴纳增值税。

（二）增值税征收范围的特别规定

1. 视同发生应税销售行为

为了保证增值税税款抵扣制度的实施，不致因发生下述行为导致税款抵扣环节中断；避免造成应税销售行为之间税收负担的不平衡，防止逃避纳税的现象；为了体现增值税计算的配比原则，我国增值税制度中规定了部分特殊情形视同发生应税销售行为。按照目前的规定，单位或者个体工商户的下列行为，视同销售货物、服务、无形资产或不动产，均要征收增值税：

（1）将货物交付其他单位或者个人代销。

（2）销售代销货物。

（3）设有两个以上机构并实行统一核算的纳税人，将货物从一个机构移送其他机构用于销售，但相关机构设在同一县（市）的除外。

（4）将自产或者委托加工的货物用于非增值税应税项目。

（5）将自产、委托加工的货物用于集体福利或者个人消费。

（6）将自产、委托加工或者购进的货物作为投资，提供给其他单位或者个体工商户。

（7）将自产、委托加工或者购进的货物分配给股东或者投资者。

(8) 将自产、委托加工或者购进的货物无偿赠送其他单位或者个人。

(9) 单位或者个体工商户向其他单位或者个人无偿提供服务,但用于公益事业或者以社会公众为对象的除外。

(10) 单位或者个人向其他单位或者个人无偿转让无形资产或者不动产,但用于公益事业或者以社会公众为对象的除外。

(11) 财政部和国家税务总局规定的其他情形。

2. 混合销售

《营业税改征增值税试点实施办法》第40条规定：一项销售行为如果既涉及服务又涉及货物,为混合销售。从事货物的生产、批发或者零售的单位和个体工商户(包括以从事货物的生产、批发或者零售为主,并兼营销售服务的单位和个体工商户在内)的混合销售行为,按照销售货物缴纳增值税；其他单位和个体工商户的混合销售行为,按照销售服务缴纳增值税。

混合销售行为的成立需要满足两个标准：一是在同一次交易中发生；二是交易的内容既涉及货物又涉及服务。在"营改增"之前,混合销售的规定主要是为了解决一项销售行为中同时存在增值税和营业税的课税问题,"营改增"以后,交叉征收营业税的问题虽然不存在了,但因为增值税在销售货物和销售服务方面存在不同的税率,所以混合销售的规定仍然具有一定的现实意义。

3. 兼营

兼营,是指同一纳税人同时销售适用不同税率或者征收率的货物、劳务、服务、无形资产或不动产,或者既经营应税项目又经营免税项目。与混合销售行为不同,兼营属于数个销售行为,而混合销售是一个销售行为；兼营的数个行为彼此相互独立,而混合销售中同时销售的内容具有密不可分的联系。

纳税人兼营销售货物、劳务、服务、无形资产或者不动产,适用不同税率或者征收率的,应当分别核算适用不同税率或者征收率的销售额；未分别核算的,从高适用税率。(1) 兼有不同税率的销售货物、劳务、服务、无形资产或者不动产,从高适用税率。(2) 兼有不同征收率的销售货物、劳务、服务、无形资产或者不动产,从高适用征收率。(3) 兼有不同税率和征收率的销售货物、劳务、服务、无形资产或者不动产,从高适用税率。

一般纳税人销售自产机器设备的同时提供安装服务,应分别核算机器设备和安装服务的销售额,安装服务可以按照"甲供"工程选择适用简易计税方法计税。一般纳税人销售外购机器设备的同时提供安装服务,如果已经按照兼营的有关规定,分别核算机器设备和安装服务的销售额,安装服务可以按照"甲供"工程选择适用简易计税方法计税。纳税人对安装运行后的机器设备提供的维护保养服务,按照"其他现代服务"缴纳增值税。

三、增值税的税率与征收率

(一) 税率

"营改增"完成后,增值税税率的降低和简并成为增值税改革发展中的主线,经过几轮的税率调整,现行增值税税率为:

1. 纳税人销售货物、劳务、有形动产租赁服务或者进口货物,除另有规定外,税率为13%。

2. 纳税人销售交通运输、邮政、基础电信、建筑、不动产租赁服务,销售不动产,转让土地使用权,销售或者进口下列货物,税率为9%:

(1) 粮食等农产品、食用植物油、食用盐;

(2) 自来水、暖气、冷气、热水、煤气、石油液化气、天然气、二甲醚、沼气、居民用煤炭制品;

(3) 图书、报纸、杂志、音像制品、电子出版物;

(4) 饲料、化肥、农药、农机、农膜;

(5) 国务院规定的其他货物。

3. 纳税人销售服务、无形资产,除另有规定外,税率为6%。

4. 纳税人出口货物,税率为零;但是,国务院另有规定的除外。

5. 境内单位和个人跨境销售国务院规定范围内的服务、无形资产,税率为零。[①]

此外,税率的调整,由国务院决定。

(二) 征收率

增值税征收率适用于两种情况:第一种情形是纳税人为小规模纳税人,因其经营规模小,会计核算不健全,难以按上述税率计税和使用增值税专用发票抵扣进项税款,因此实行按销售额与征收率计算应纳税额的简易办法。第二种情形是一般纳税人发生特定应税行为,这时也可以选择简易方法计税。

增值税的征收率有两档,分别是:

1. 按照《增值税暂行条例》的规定,小规模纳税人增值税征收率为3%,国务院另有规定的除外。

---

① 零税率不同于免税。免税仅指在出口环节不征收增值税,而零税率除了在出口环节不征增值税外,还要对该商品或服务在出口前已经缴纳的增值税进行退税,以此鼓励出口,增加商品或服务在国际市场的竞争力。

2. 以下情况,适用5%征收率:

(1) 一般纳税人销售不动产,选择适用简易计税方法的,征收率为5%。

(2) 房地产开发企业的一般纳税人销售自行开发的房地产老项目,选择适用简易计税方法的,征收率为5%。

(3) 小规模纳税人销售、出租不动产,适用5%征收率。

(4) 一般纳税人出租其2016年4月30日前取得的不动产,选择按简易方法计税的,征收率为5%。此外,个人出租住房,按照5%的征收率减按1.5%计算应纳税额。

(5) 一般纳税人2016年4月30日前签订的不动产融资租赁合同;或以2016年4月30日前取得的不动产提供的融资租赁服务,选择适用简易计税办法的,征收率为5%。

(6) 一般纳税人提供人力资源外包服务选择适用简易计税办法的,征收率为5%。

(7) 一般纳税人和小规模纳税人提供劳务派遣服务、安全保护服务,可以选择差额纳税,征收率为5%。

(8) 一般纳税人收取试点前开工的一级公路、二级公路、桥、闸通行费,选择适用简易计税办法的,征收率为5%。

(9) 纳税人转让2016年4月30日前取得的土地使用权,选择适用简易计税办法的,征收率为5%。

(10) 中外合作油(气)田开采的原油、天然气按实物征收增值税,征收率为5%。

3. 除上述两档征收率外,我国在征收率上还有一些特殊规定。比如,增值税小规模纳税人(除其他个人外)销售自己使用过的固定资产,依照3%征收率减按2%征收增值税。自2020年5月1日至2027年12月31日,从事二手车经销业务的纳税人销售其收购的二手车,减按0.5%征收率征收增值税等。

四、增值税的计税方法

（一）税基列举法

税基列举法又称"加法",是指在计算应纳税额时,把构成增值额的各个部分全部直接相加,以增值额的总和与相应税率的乘积,作为应纳增值税的税额。其缺点在于,在一期生产中,很难确定当期产生的增值额。

税基列举法的计算公式为：

当期应纳税额＝(本期发生的工资薪金＋利润＋利息＋租金＋…＋其他增值项目)×增值税税率

(二) 税基相减法

税基相减法又称"减法"，或扣额法。我国1984年试行的增值税即采用此法计征。它是指在计算应纳税额时，将一定时期内发生的销售收入额减去法定非增值项目后的余额作为增值额，该增值额与税率的乘积即为应纳税额。税基相减法比税基列举法更科学，但法定非增值项目难以确定，有扣税失真的问题。

税基相减法的计算公式为：

当期应纳税额＝(当期销售收入额－法定非增值项目)×增值税税率

(三) 税额扣除法

税额扣除法又称"扣税法"，这是目前国际上通行的增值税规范计算方法。计算时，用一定时期内发生的销售收入额乘以相适用的税率，计算出当期全部销项税额，再用销项税额减去同期外购货物或者应税劳务时已缴纳的增值税税额(即增值税的进项税额)，其余额即为当期应纳增值税税额。该方法的实行必须配以规范的增值税专用发票管理制度，以及相应的增值税抵扣制度。我国目前采用此法。税额扣除法的计算公式为：

当期应纳税额＝增值税销项税额－增值税进项税额

五、增值税的计税依据——销售额

(一) 一般销售方式下的销售额确认

增值税的计税依据是纳税人的销售额。

销售额为纳税人发生应税销售行为所收取的全部价款和价外费用，但是不包括收取的销项税额。因为增值税是价外税，用不含增值税的价格作为计税依据，所以销售额中不包含向购买方收取的销项税额。但是，在实际的市场交易中，如果纳税人销售时采用销售额和销项税额合并定价方法，应当把销项税额从销售额中剔除出去，以不含税的销售额为增值税的计税依据。

销售额的计算公式为：

销售额＝含税销售额÷(1＋税率)

凡是随同应税销售行为向购买方收取的价外费用，无论其会计制度如何核算，都应并入销售额计算增值税。这里的价外费用包括价外向购买方收取的手续费、补贴、基金、集资费、返还利润、奖励费、违约金、滞纳金、延期付款利息、赔偿金、代收款项、代垫款项、包装费、包装物租金、储备费、优质费、运输装卸费以及其他各种性质的价外收费。但以下项目不包括在内：(1) 受托加工应征消费税的消费品所代收代缴的消费税。(2) 同时符合以下条件的代垫运输费用：承运部门的运输费用发票开具给购买方的；纳税人将该项发票转交给购买方的。(3) 代为收取的政府性基金或者行政事业性收费。(4) 销售货物的同时代办保险等而向购买方收取的保险费，以及向购买方收取的代购买方缴纳的车辆购置税、车辆牌照费。

（二）特殊销售方式下的销售额确认

1. 纳税人采取折扣方式销售货物，如果销售额和折扣额在同一张发票上分别注明的，可按折扣后的销售额计算销项税额；如果将折扣额另开发票，则不论在财务上如何处理，均不得从销售额中减除折扣额。纳税人将自产、委托加工和购买的货物用于实物折扣的，应按视同发生应税销售行为的有关规定纳税。

2. 纳税人采取以旧换新方式销售货物，应按新货物的同期销售价格确定销售额。但是金银首饰以旧换新的，按销售方实际收取的不含增值税的全部价款征收增值税、消费税。

3. 纳税人采取还本销售[①]方式销售货物，其销售额就是货物的销售价格，不得从销售额中减除还本支出。

4. 纳税人采取以物易物方式销售的，双方分别按照购销业务处理。按开具的增值税专用发票或普通发票及各自的规定计算销项税额，按收取的增值税专用发票或普通发票计算进项税额或不计进项税额。

5. 纳税人为销售货物而出租出借包装物收取的押金，单独记账核算的，不并入销售额征税。但对因逾期[②]未收回包装物不再退还的押金，应按所包装货物的适用税率征收增值税。包装物押金不同于包装物租金，包装物租金在销售时作为价外费用并入销售额计算销项税。

从1995年6月1日起，对销售除啤酒、黄酒外的其他酒类产品而收取的包装物押金，无论是否返还以及会计上如何核算，均应并入当期销售额征税。对销售啤酒、黄酒收取的包装物押金，按一般押金的规定处理。

6. 贷款服务，以提供贷款服务取得的全部利息及利息性质的收入为销售额。

7. 直接收费金融服务，以提供直接收费金融服务收取的手续费、佣金、酬

---

① 还本销售是指纳税人在销售货物到一定的期限后，由销售方一次或分次退还给购货方全部或部分价款。

② 逾期是指按合同约定实际逾期或以一年为期限，对收取一年以上的押金，无论是否退还均并入销售额征税。

金、管理费、服务费、经手费、开户费、过户费、结算费、转托管费等各类费用为销售额。

(三) 按差额确定销售额

我国虽然全行业都被纳入了增值税的征收范围,但目前仍然有部分交易无法通过抵扣机制来避免重复征税,为了税制的公平与效率,增值税制度对特定行业引入了差额征税的办法,以解决纳税人税收负担增加的问题。

1. 金融商品转让,不得开具增值税专用发票,只能开具普通发票。金融商品转让按照卖出价扣除买入价后的余额为销售额。转让金融商品出现的正负差,按盈亏相抵后的余额为销售额。若相抵后出现负差,可结转下一纳税期与下期转让金融商品销售额相抵,但年末时仍出现负差的,不得转入下一个会计年度。

2. 经纪代理服务以取得的全部价款和价外费用,扣除向委托方收取并代为支付的政府性基金或者行政事业性收费后的余额为销售额。

3. 经中国人民银行、国家金融监督管理总局或者商务部批准从事融资租赁业务的纳税人,提供融资租赁服务,以取得的全部价款和价外费用,扣除支付的借款利息(包括外汇借款和人民币借款利息)、发行债券利息和车辆购置税后的余额为销售额。

经中国人民银行、国家金融监督管理总局或者商务部批准从事融资租赁业务的纳税人,提供融资性售后回租服务,以取得的全部价款和价外费用(不含本金),扣除对外支付的借款利息(包括外汇借款和人民币借款利息)、发行债券利息后的余额为销售额。

4. 航空运输企业的销售额,不包括代收的机场建设费和为代售其他航空运输企业客票而代收转付的价款。

5. 纳税人中的一般纳税人提供客运场站服务,以其取得的全部价款和价外费用,扣除支付给承运方运费后的余额为销售额。

6. 纳税人提供旅游服务,可以选择以取得的全部价款和价外费用,扣除向旅游服务购买方收取并支付给其他单位或者个人的住宿费、餐饮费、交通费、签证费、门票费和支付给其他接团旅游企业的旅游费用后的余额为销售额。

7. 房地产开发企业中的一般纳税人销售其开发的房地产项目(选择简易计税方法的房地产老项目除外),以取得的全部价款和价外费用,扣除受让土地时向政府部门支付的土地价款后的余额为销售额。

(四) 视同发生应税销售行为的销售额确认

纳税人发生应税行为价格明显偏低或者偏高且不具有合理商业目的的,或者发生视同发生应税销售行为而无销售额的,主管税务机关有权按照下列顺序确定销售额:(1)按纳税人最近时期同类销售行为的平均销售价格确定。(2)按其他纳税人最近时期同类销售行为的平均销售价格确定。(3)按组成计税价格确定。组成计税价格的公式为:组成计税价格=成本×(1+成本利润率),其中成本利润率由国家税务总局确定。

不具有合理商业目的,是指以谋取税收利益为主要目的,通过人为安排,减少、免除、推迟缴纳增值税税款,或者增加退还增值税税款。

六、增值税应纳税额的计算

（一）一般计税方法

一般计税方法即前文所述"税额扣除法",这是目前国际上通行的增值税计算方法。在我国,一般纳税人发生应税销售行为的应纳税额,除适用简易征税办法以外,均等于当期销项税额扣除当期进项税额后的余额。应纳税额的计算公式为:

应纳税额＝当期销项税额－当期进项税额

从上述公式可知,只有确定了当期的销项税额和进项税额,才可计算得出当期应缴纳的增值税数额。

1. 销项税额的确定

纳税人发生应税销售行为,按照销售额和相应的税率计算并向购买方收取的增值税额,为销项税额。销项税额的计算公式为:

销项税额＝销售额×税率

由公式可知,销售额是计算销项税额的依据,确认销售额对增值税来说尤为重要。如前文所述,销售额的确认既要注意价款和价外费用,又要对销售形式的特殊性以及特定交易的差额销售额之确认等问题有准确的认识。

2. 进项税额的确定

纳税人购进货物、劳务、服务、无形资产、不动产所支付或者负担的增值税额为进项税额。

进项税额和销项税额是相对应的概念,在开具增值税专用发票的情况下,销售方收取的销项税额,就是购买方支付的进项税额。增值税的核心在于以纳税人收取的销项税额抵扣其支付的进项税额,其余额为纳税人应缴纳的增值税额,因此,进项税额的确定对纳税人有着非常重要的意义。但需要注意的是,并不是纳税人所有发生的进项税额都可以从销项税额中抵扣。

(1) 准许抵扣的进项税额

根据规定,下列进项税额准予从销项税额中抵扣:

(a) 从销售方取得的增值税专用发票上注明的增值税额。

(b) 从海关取得的海关进口增值税专用缴款书上注明的增值税额。

(c) 购进农产品,除取得增值税专用发票或者海关进口增值税专用缴款书外,按照农产品收购发票或者销售发票上注明的农产品买价和9%的扣除率计算的进项税额,国务院另有规定的除外。进项税额计算公式为:

进项税额＝买价×扣除率

纳税人购进用于生产或者委托加工13%税率货物的农产品,按照10%的扣除率计算进项税额。

(d) 自境外单位或者个人购进劳务、服务、无形资产或者境内的不动产,从税务机关或者扣缴义务人取得的代扣代缴税款的完税凭证上注明的增值税额。

(e) 自2019年4月1日起,增值税一般纳税人购进国内旅客运输服务,其进项税额允许从销项税额中抵扣。但在处理中需注意航空旅客运输、铁路旅客运输、公路和水路其他旅客运输在具体操作时,计税依据(航空票价需加燃油费)和税率(征收率)存在差异。

(2) 不得抵扣的进项税额

纳税人购进货物、劳务、服务、无形资产或不动产,取得的增值税扣税凭证不符合法律、行政法规或者国务院税务主管部门有关规定的,其进项税额不得从销项税额中抵扣。同时,下列项目的进项税额不得从销项税额中抵扣:

(a) 用于简易计税方法计税项目、免征增值税项目、集体福利或者个人消费的购进货物、劳务、服务、无形资产和不动产。其中涉及的固定资产、无形资产、不动产,仅指专用于上述项目的固定资产、无形资产(不包括其他权益性无形资产)、不动产。纳税人的交际应酬消费属于个人消费。

(b) 非正常损失的购进货物,以及相关的劳务和交通运输服务。

(c) 非正常损失的在产品、产成品所耗用的购进货物(不包括固定资产)、劳务和交通运输服务。

(d) 非正常损失的不动产,以及该不动产所耗用的购进货物、设计服务和建筑服务。

(e) 非正常损失的不动产在建工程所耗用的购进货物、设计服务和建筑服务。① 纳税人新建、改建、扩建、修缮、装饰不动产,均属于不动产在建工程。

(f) 购进的贷款服务、餐饮服务、居民日常服务和娱乐服务。

(g) 纳税人接受贷款服务向贷款方支付的,与该笔贷款直接相关的投融资顾问费、手续费、咨询费等。

(h) 国务院规定的其他项目。

此外,一般纳税人会计核算不健全,或者不能够提供准确税务资料的,也不得抵扣进项税额。

3. 进项税额不足抵扣的处理

当期销项税额减当期进项税额,即为应纳税额。如果出现当期销项税额小于当期进项税额不足抵扣情况,不足抵扣的进项税额可以结转下期继续抵扣,这种进项税额的沉淀,税收上称其为"留抵税额"。

当存在留抵税额时,企业的应纳税额虽显示为零,但实际上企业的资金被国家占用了,企业负担了超过销项税额部分的进项税。对此,国家一般有两种做法,一是当期退税,在出现留抵税额的当期立即给予退税。二是延期退税,在后期根据情况采取有限制的退税。我国为了解决部分特殊行业企业因采购设备引起的增值税进项税额占用资金问题,从 2018 年开始对装备制造等先进制造业、研发等现代服务业和电网企业等部分行业的增值税期末留抵税额予以退还(且对退税上限也有限制)。2019 年 4 月 1 日起,留抵退税改革扩大到全行业,纳税人只要符合条件,其新增留抵税额可以退还。

(二) 简易计税方法

实行简易办法计算应纳税额时不得抵扣进项税额。应纳税额计算公式为:

应纳税额=销售额(不含增值税)×征收率

简易计税方法中的销售额不包括其应纳税额。纳税人发生应税销售行为采用销售额和应纳税额合并定价方法的,应该还原为不含税销售额,按下列公式计算销售额:

销售额=含税销售额÷(1+征收率)

小规模纳税人发生应税销售行为适用简易计税方法计税。一般纳税人发生财政部和国家税务总局规定的特定应税行为,可以选择适用简易计税方法计税,但一经选择,36 个月内不得变更。纳税人适用简易计税方法按征收率计税,除国家税务总局规定不得开具增值税专用发票的情形外,均可按征收率开具增值

---

① 第(d)项、第(e)项所称货物,是指构成不动产实体的材料和设备,包括建筑装饰材料和给排水、采暖、卫生、通风、照明、通讯、煤气、消防、中央空调、电梯、电气、智能化楼宇设备及配套设施。

税专用发票。

此外,为了支持民营经济和小微企业发展,自2016年起,国家开始试点小规模纳税人自开增值税专用发票工作,试点范围不断扩大。2019年由住宿业,鉴证咨询业,建筑业,工业,信息传输、软件和信息技术服务业,扩大至租赁和商务服务业,科学研究和技术服务业,居民服务、修理和其他服务业。2020年2月1日起,增值税小规模纳税人自行开具增值税专用发票的范围扩大至所有行业。

简易计税方法的适用范围和具体征收率参照本节第三部分"增值税的税率与征收率"相关内容,此处不重复。

(三)进口环节增值税应纳税额的计算

确定一项货物是否属于进口货物,首先看它是否有报关进口手续。一般来说,境外产品要输入境内,都必须向我国海关申报进口,并办理报关手续。只要是报关进口的应税货物,不论是国外产制还是我国已出口又转销国内的货物,进口者自行采购还是国外捐赠的货物,进口者自用还是作为贸易或其他用途,均应按照规定缴纳进口环节的增值税。不过,以"来料加工、进料加工"贸易方式进口国外的原材料、零部件等在国内加工后复出口的,对进口的料、件按规定给予免税或减税。如果这些进口免税、减税的料件未能加工复出口,而是销往国内,则予以补税。对进口货物是否减免税由国务院统一规定,任何地方、部门都无权规定减免税项目。

根据《增值税暂行条例》,纳税人进口货物应当按照组成计税价格和相应的税率计算增值税应纳税额。组成计税价格和应纳税额计算公式为:

组成计税价格＝关税完税价格＋关税＋消费税 ①

应纳税额＝组成计税价格×税率

纳税人在计算进口货物的增值税时应注意以下问题:第一,进口货物增值税的组成计税价格中包括已纳关税税额,如果进口货物属于消费税应税消费品,其组成计税价格中还要包括进口环节已纳消费税税额。第二,在计算进口环节的应纳增值税税额时,不得抵扣发生在我国境外的各种税金。

---

① 按照《海关法》和《进出口关税条例》的规定,一般情形下进口货物的关税完税价格以海关审定的成交价格为基础的到岸价格作为完税价格。所谓成交价格,是指一般贸易项下进口货物的买方为购买该项货物向卖方实际、应当支付的,直接支付、间接支付的价款。到岸价格,是指成交价格加上货物运抵我国境内输入地点起卸前的运输及相关费用、保险费等构成的一种价格。特殊情形下进口的货物,进口时"成交价格"不符合相关法律规定条件,或者不能确定的,依据《进出口关税条例》规定的估定方法予以确定。

第三节 我国增值税的征收管理

一、增值税的起征点制度

增值税起征点的适用范围限于个人,包括登记为小规模纳税人的个体工商户和自然人。纳税人销售额未达到起征点的,免征增值税;达到起征点的,全额计算缴纳增值税。目前,增值税起征点的幅度规定如下:第一,按期纳税的,为月销售额5000—20000元(含本数);第二,按次纳税的,为每次(日)销售额300—500元(含本数)。

起征点的调整由财政部和国家税务总局规定。省、自治区、直辖市财政厅(局)和国家税务局应在规定的幅度内,根据实际情况确定本地区适用的起征点,并报财政部、国家税务总局备案。

二、增值税的减免

(一)《增值税暂行条例》规定的免税项目

根据《增值税暂行条例》第15条的规定,下列项目免征增值税:

(1)农业生产者销售的自产农产品。其中,农业是指种植业、养殖业、林业、牧业、水产业。农业生产者包括从事农业生产的单位和个人。农产品是指初级农产品,具体范围由财政部、国家税务总局确定。

(2)避孕药品和用具。

(3)古旧图书,指向社会收购的古书和旧书。

(4)直接用于科学研究、科学试验和教学的进口仪器、设备。

(5)外国政府、国际组织无偿援助的进口物资和设备。

(6)由残疾人的组织直接进口供残疾人专用的物品。

(7)销售的自己使用过的物品。

除以上规定外,增值税的免税、减税项目由国务院规定。任何地区、部门均不得规定免税、减税项目。

(二)"营改增"税收优惠政策

在我国的增值税制度中,除了《增值税暂行条例》规定的减免税以外,还存在大量的税收优惠政策。此类税收优惠主要是为了"营改增"平稳过渡,并保障纳税人信赖利益,让原来享受营业税减税、免税等优惠政策的纳税人在规定的项目、范围、时间内,继续享受相应的增值税优惠政策。[①]

《营业税改征增值税试点过渡政策的规定》中设立了40项免税项目(其中,金融机构之间开展的转贴现业务[②]、中小企业信用担保[③]增值税免税政策已停止执行)。例如,托儿所、幼儿园提供的保育和教育服务;养老机构提供的养老服务、残疾人福利机构提供的育养服务;婚姻介绍服务;殡葬服务;残疾人员本人为社会提供的服务;医疗机构提供的医疗服务;从事学历教育的学校提供的教育服务;学生勤工俭学提供的服务;纪念馆、博物馆、文化馆、文物保护单位管理机构、美术馆、展览馆、书画院、图书馆在自己的场所提供文化体育服务取得的第一道门票收入;寺院、宫观、清真寺和教堂举办文化、宗教活动的门票收入;个人转让著作权;个人销售自建自用住房;国家助学贷款,国债、地方政府债,人民银行对金融机构的贷款,住房公积金管理中心用住房公积金在指定的委托银行发放的个人住房贷款,外汇管理部门在从事国家外汇储备经营过程中委托金融机构发放的外汇贷款,以及集团企业内部统借统还业务产生的利息收入;保险公司开办的一年期以上人身保险产品取得的保费收入;金融同业往来利息收入;纳税人提供技术转让、技术开发和与之相关的技术咨询、技术服务;福利彩票、体育彩票的发行收入。又如,以下土地使用权转让:将土地使用权转让给农业生产者用于农业生产;采取转包、出租、互换、转让、入股等方式将承包地流转给农业生产者用于农业生产;涉及家庭财产分割的个人无偿转让不动产、土地使用权;土地所有者出让土地使用权和土地使用者将土地使用权归还给土地所有者。

除上述内容外,我国目前还存在增值税的即征即退政策。例如,一般纳税人提供管道运输服务,对其增值税实际税负超过3%的部分实行增值税即征即退政策;经中国人民银行、国家金融监督管理总局或者商务部批准从事融资租赁业务的试点纳税人中的一般纳税人,提供有形动产融资租赁服务和有形动产融资性售后回租服务,对其增值税实际税负超过3%的部分实行增值税即征即退政策;增值税一般纳税人销售自产的资源综合利用产品和提供资源综合利用劳务,可享受增值税即征即退政策。

---

① 2017年在修订《增值税暂行条例》时,并没有将"营改增"中涉及的原营业税征税对象的免税项目纳入,相关的免税优惠仍然参照财政部、国家税务总局公布的《营业税改征增值税试点过渡政策的规定》来执行,这与《增值税暂行条例》所规定的"增值税的免税、减税项目由国务院规定。任何地区、部门均不得规定免税、减税项目"明显不一致。

② 《关于建筑服务等营改增试点政策的通知》。

③ 《关于租入固定资产进项税额抵扣等增值税政策的通知》。

三、纳税义务发生时间

1. 发生应税销售行为的,为收讫销售款项或者取得索取销售款项凭据的当天;先开具发票的,为开具发票的当天。

根据销售结算方式的不同,具体为:

(1) 采取直接收款方式销售货物,不论货物是否发出,均为收到销售款或者取得索取销售款凭据的当天。

(2) 采取托收承付和委托银行收款方式销售货物,为发出货物并办妥托收手续的当天。

(3) 采取赊销和分期收款方式销售货物,为书面合同约定的收款日期的当天,无书面合同的或者书面合同没有约定收款日期的,为货物发出的当天。

(4) 采取预收货款方式销售货物,为货物发出的当天,但生产销售生产工期超过 12 个月的大型机械设备、船舶、飞机等货物,为收到预收款或者书面合同约定的收款日期的当天。

(5) 委托其他纳税人代销货物,为收到代销单位的代销清单或者收到全部或者部分货款的当天。未收到代销清单及货款的,为发出代销货物满 180 天的当天。

(6) 销售应税劳务,为提供劳务同时收讫销售款或者取得索取销售款的凭据的当天。

(7) 纳税人发生除将货物交付其他单位或者个人代销,以及销售代销货物两类以外的视同销售货物行为,为货物移送的当天。

2. 纳税人提供租赁服务[①]采取预收款方式的,其纳税义务发生时间为收到预收款的当天。

3. 纳税人从事金融商品转让的,为金融商品所有权转移的当天。

4. 纳税人发生视同销售服务、无形资产或不动产的,其纳税义务发生时间为服务、无形资产转让完成的当天或者不动产权属变更的当天。

5. 增值税扣缴义务发生时间为纳税人增值税纳税义务发生的当天。

---

① 《关于建筑服务等营改增试点政策的通知》规定:"《营业税改征增值税试点实施办法》(财税〔2016〕36 号印发)第四十五条第(二)项修改为'纳税人提供租赁服务采取预收款方式的,其纳税义务发生时间为收到预收款的当天'",将"建筑服务、租赁服务"修改为"租赁服务",去除了"建筑服务"。纳税人提供建筑服务取得预收款,应在收到预收款时,以取得的预收款扣除支付的分包款后的余额,按照规定的预征率预缴增值税。适用一般计税方法计税的项目预征为 2%,适用简易计税方法计税的项目预征率为 3%。

6. 进口货物,为报关进口的当天。

四、纳税期限

增值税的纳税期限分别为 1 日、3 日、5 日、10 日、15 日、1 个月或者 1 个季度。纳税人的具体纳税期限,由主管税务机关根据纳税人应纳税额的大小分别核定;不能按照固定期限纳税的,可以按次纳税。

纳税人以 1 个月或者 1 个季度为 1 个纳税期的,[①]自期满之日起 15 日内申报纳税;以 1 日、3 日、5 日、10 日或者 15 日为 1 个纳税期的,自期满之日起 5 日内预缴税款,于次月 1 日起 15 日内申报纳税并结清上月应纳税款。

扣缴义务人解缴税款的期限,依照上述规定执行。

纳税人进口货物,应当自海关填发海关进口增值税专用缴款书之日起 15 日内缴纳税款。

五、纳税地点

第一,固定业户应当向其机构所在地的主管税务机关申报纳税。总机构和分支机构不在同一县(市)的,应当分别向各自所在地的主管税务机关申报纳税;经国务院财政、税务主管部门或者其授权的财政、税务机关批准,可以由总机构汇总向总机构所在地的主管税务机关申报纳税。

第二,固定业户到外县(市)销售货物或者劳务,应当向其机构所在地的主管税务机关报告外出经营事项,并向其机构所在地的主管税务机关申报纳税;未报告的,应当向销售地或者劳务发生地的主管税务机关申报纳税;未向销售地或者劳务发生地的主管税务机关申报纳税的,由其机构所在地的主管税务机关补征税款。

第三,非固定业户销售货物或者劳务,应当向销售地或者劳务发生地的主管税务机关申报纳税;未向销售地或者劳务发生地的主管税务机关申报纳税的,由其机构所在地或者居住地的主管税务机关补征税款。

第四,其他个人提供建筑服务,销售或者租赁不动产,转让自然资源使用权,应向建筑服务发生地、不动产所在地、自然资源所在地主管税务机关申报纳税。

第五,进口货物,应当向报关地海关申报纳税。扣缴义务人应当向其机构所在地或者居住地的主管税务机关申报缴纳其扣缴的税款。

---

① 以 1 个季度为纳税期限的规定适用于小规模纳税人、银行、财务公司、信托投资公司、信用社,以及财政部和国家税务总局规定的其他纳税人。

六、出口货物和跨境业务的退(免)增值税

出口货物、劳务和跨境应税行为退(免)税,是国际通行的税收规则,即一般对出口货物、劳务和跨境应税行为已承担或应承担的增值税和消费税等间接税实行退还或免征,目的在于鼓励各国出口货物的公平竞争。

就增值税而言,我国对出口货物、劳务和跨境应税行为实行零税率。零税率的含义有两层,一是出口环节应予免税,二是对该货物、劳务和跨境应税行为在出口前已缴纳的增值税予以退还。

(一)基本政策

我国对出口货物、劳务和跨境应税行为采取出口退税与免税相结合的政策,遵循"征多少,退多少""未征不退和彻底退税"的基本原则,并制定了不同的处理方法,包括以下三种形式:

1. 出口免税并退税,即不仅对货物、劳务和跨境应税行为在出口销售环节不征收增值税,而且对货物、劳务和跨境应税行为在出口之前实际承担的税款,按规定的退税率计算后予以退还。

2. 出口免税但不退税,指仅免征出口环节的增值税,不予退税,一般适用这个政策的出口货物、劳务和跨境应税行为在前一个生产、销售环节或进口环节是免税的,因此该出口货物的价格是不含税的,故无须退税。

3. 出口不退税也不免税,指对某些出口货物、劳务和跨境应税行为照常征税,并且不退还其在出口前期所负担的税款。

(二)出口货物、劳务退免增值税的适用范围

1. 出口企业出口货物。其中,出口企业是指办理工商登记、税务登记、对外贸易经营者备案登记,自营或委托出口货物的单位或个体工商户,以及依法办理工商登记、税务登记但未办理对外贸易经营者备案登记,委托出口货物的生产企业。出口货物是指向海关报关实际离境并销售给境外单位或个人的货物,分为自营出口货物和委托出口货物。生产企业是指具有生产能力(包括加工修理修配能力)的单位或个体工商户。

2. 出口企业或其他单位视同出口的货物。出口企业或其他单位视同出口的货物具体是指:(1)出口企业对外援助、对外承包、境外投资的出口货物;(2)出口企业经海关报关进入国家批准的海关特殊区域并销售给特殊区域内单位或境外单位、个人的货物;(3)免税品经营企业销售的货物(国家规定不允许经营和限制出口的货物、卷烟和超出免税品经营企业《企业法人营业执照》规定经营范围的货物除外);(4)出口企业或其他单位销售给用于国际金融组织或外

国政府贷款国际招标建设项目的中标机电产品;(5)出口企业或其他单位销售给国际运输企业用于国际运输工具上的货物;(6)出口企业或其他单位销售给特殊区域内生产企业生产耗用且不向海关报关而输入特殊区域的水(包括蒸汽)、电力、燃气。

3. 出口企业对外提供加工修理修配劳务。

4. 融资租赁货物。对融资租赁企业、金融租赁公司及其设立的项目子公司(以下统称融资租赁出租方),以融资租赁方式租赁给境外承租人且租赁期限在5年(含)以上,并向海关报关后实际离境的货物,试行增值税、消费税出口退税政策。

上述商品和服务在出口时实行增值税零税率。此外,如果出口企业或其他单位出口规定的货物,如软件产品,含黄金、铂金成分的货物,钻石及其饰品、国家计划内出口的卷烟等,适用增值税免税政策,不享受退税待遇;如果存在出口企业出口或视同出口财政部和国家税务总局根据国务院决定明确的取消出口退(免)税的货物(不包括来料加工复出口货物、中标机电产品、列名原材料、输入特殊区域的水电气、海洋工程结构物)等情形,则不适用增值税退(免)税和免税政策。

(三)跨境销售应税服务、无形资产退免税的适用范围

按照目前的规定,中华人民共和国境内(以下称境内)的单位和个人销售的下列服务和无形资产,适用增值税零税率,包括:(1)国际运输服务;(2)航天运输服务;(3)向境外单位提供的完全在境外消费的下列服务:研发服务、合同能源管理服务、设计服务、广播影视节目(作品)的制作和发行服务、软件服务、电路设计及测试服务、信息系统服务、业务流程管理服务、离岸服务外包业务、转让技术;(4)财政部和国家税务总局规定的其他服务。

此外,我国目前对境内的单位和个人销售的工程项目在境外的建筑服务、工程监理服务,为出口货物提供的邮政服务、收派服务、保险服务等多项服务实行免征增值税。

(四)增值税的出口退税率

除财政部和国家税务总局根据国务院决定而明确的增值税出口退税率外,出口货物、服务和无形资产的退税率为其适用的增值税税率。

七、增值税专用发票的使用管理

专用发票是增值税一般纳税人销售货物或者提供应税服务开具的发票,是购买方支付增值税额并可按照增值税有关规定据以抵扣增值税进项税额的

凭证。

（一）一般规定

一般纳税人应通过增值税防伪税控系统使用专用发票。专用发票由基本联次或者基本联次附加其他联次构成，基本联次为三联：发票联、抵扣联和记账联。发票联，是购买方核算采购成本和增值税进项税额的记账凭证；抵扣联，是购买方报送主管税务机关认证和留存备查的凭证；记账联，是销售方核算销售收入和增值税销项税额的记账凭证；其他联次用途，由一般纳税人自行确定。

（二）增值税专用发票的领购使用

在很长一段时间内，增值税专用发票原则上仅限于增值税一般纳税人使用，这一规定大大限制了小规模纳税人的发展。为了支持民营经济和小微企业发展，自2016年起，国家开始试点小规模纳税人自开增值税专用发票工作，试点范围不断扩大。2019年，由住宿业、鉴证咨询业、建筑业、工业、信息传输、软件和信息技术服务业，扩大至租赁和商务服务业、科学研究和技术服务业、居民服务、修理和其他服务业。2020年2月1日起，增值税小规模纳税人自行开具增值税专用发票的范围由8个试点行业扩大至所有行业。所有的增值税小规模纳税人（其他个人除外）发生增值税应税行为，需要开具增值税专用发票的，可以自愿使用增值税发票管理系统自行开具。选择自行开具增值税专用发票的小规模纳税人，税务机关不再为其代开增值税专用发票。①

纳税人应通过增值税防伪税控系统②使用专用发票。使用，包括领购、开具、缴销、认证纸质专用发票及其相应的数据电文。

本 章 小 结

增值税是最优越、最重要的商品和服务税种。我国的增值税制度在2009年和2016年分别完成了重要的改革，即从原有的生产型增值税转变为消费型增值税，从增值税与营业税并行转变为增值税全覆盖。本章对现行的增值税制度，包括纳税人、征收范围、适用税率、应纳税额的计算和增值税专用发票制度等做了重点介绍。

---

① 货物运输业小规模纳税人可以根据自愿原则选择自行开具增值税专用发票；未选择自行开具增值税专用发票的纳税人，按照《国家税务总局关于发布〈货物运输业小规模纳税人申请代开增值税专用发票管理办法〉的公告》相关规定，向税务机关申请代开。

② 防伪税控系统，指经国务院同意推行的，使用专用设备和通用设备、运用数字密码和电子存储技术管理专用发票的计算机管理系统。

思考题

1. 什么是理论增值额和法定增值额？两者有何差异？
2. 理解金融行业的"营改增"改革，并尝试从增值税原理与当前金融业增值税实践操作的视角谈谈自己的看法。
3. 试对完善我国的增值税制度以及未来出台的"增值税法"提出自己的看法和建议。

延伸阅读

我国增值税法律制度评析

第十一章　消费税法律制度

消费税是税法规定的针对一些特定消费品和消费行为的一种税。目前约有一百二十多个国家和地区开征了消费税,其运用范围相当广泛。消费税作为商品和服务税体系中一个独立的税种受到各国的普遍重视。

第一节　消费税法律制度概述

一、消费税概述

(一) 消费税的概念

消费税是对特定消费品和消费行为征收的一种商品税,由于其计税依据同样是商品的流转额,因此属于商品和服务税体系。

国际上对消费税存在不同的理解,大致有两种观点:

一种观点认为,消费税是对消费支出课征的税收,是支出税(expenditure tax),也称综合消费税。这种观点将个人一定期间内(通常为一年)的消费支出总额,减除最低生活消费支出后的余额作为课税的基础,采用累进税率。因为支出源自收入,而支出额的大小又取决于其收入的多少,所以支出税实质上是对纳税人综合负担能力的课税,是对所得课税的一种演变。同时,支出税的税负是难以转嫁的,属于直接税。因此,这一意义的租税和我们通常所说的消费税是有根本区别的。

另一种观点认为,消费税是对商品销售课征的税收,是销售税(sales tax)。销售税并非针对一切货物,其课税的商品品目是有选择的。这种含义的消费税款虽然形式上由销售者缴纳,但可以通过销售价格的调整最终将这部分税负转嫁给消费者,因此属于间接税。国际上的消费税一般指此类租税。

(二) 消费税的分类

按照应税范围的宽窄,消费税可分为特种消费税和普通消费税。

特种消费税是国家仅对特定的消费品征收的一种税,其应税消费品的选择仅限于特定范围,具有独特的调节生产、消费的作用。目前大多数国家实行的均为特种消费税,我国亦是如此。

普通消费税是国家对全部消费品或绝大部分消费品征收的一种税,其征税范围很广,品目种类较多,具有较强的组织财政收入的作用。实行普通消费税的国家极为罕见,有些国家虽然形式上对全部消费品征税,但同时又对许多消费品规定免税,其实质上与实行特种消费税无异。

（三）消费税的特征

消费税与增值税、营业税等同属于商品和服务税,但和这些税种相比,它具有以下显著的特点：

1. 征税范围具有选择性

消费税征税范围的选择性既表现在空间上,也表现在时间上。由于经济发展水平以及传统文化的差异,各国选择征税的消费品范围是不同的；即使在同一国家,消费税的应税品目也会随着时间的推移和经济的发展而不断变化。例如,我国的护肤护发品就经历了从奢侈品到一般消费品的过渡,而国家在2006年取消了护肤护发品税目,2016年又取消对普通美容、修饰类化妆品征收消费税,将"化妆品"税目名称更名为"高档化妆品"。

2. 征税环节具有单一性

增值税是"道道课征",而消费税只选择在商品流转的某一环节进行一次性征收。出于节约征收成本、提高征收效率以及防止税源流失的考虑,一些国家的消费税会选择在生产环节或进口环节一次性征收,我国亦是如此。我国目前针对金银首饰、钻石、钻石饰品在零售环节缴纳消费税；卷烟在批发环节加征一道消费税；超豪华小汽车在零售环节加征一道消费税。

3. 征收方法具有选择性

为了适应不同应税消费品的情况,便于操作和管理,消费税的征收方法中既存在从价征收,也存在从量征收,对卷烟和白酒还实行从价与从量结合的复合征收方法。

4. 税率、税额具有差别性

与其他商品和服务税相比,消费税的平均税率、税额较高,税率、税额档次多,差别幅度大,这突出了消费税的调节作用。

5. 消费税是价内税

计算消费税时,作为计税依据的销售额本身即含有消费税税款,这一点和增值税是明显不同的。

（四）消费税的历史沿革

消费税的历史源远流长。古希腊时期的内陆关税、古罗马时期的盐税,实质上都是对货物征收的消费税。随着商品经济的发展,消费税的课税范围也不断扩大。消费税曾一度成为许多西方国家政府财政收入的主要支柱。19世纪末20世纪初,由于发达国家普遍采用所得税作为主体税种,消费税在国家税收收入中所占的比重有所下降。但因消费税具有独特的调节作用,所以在许多发达国家的税制中,它仍作为一个不可或缺的税种受到普遍的重视,而在广大发展中国家消费税至今仍是国家税制中举足轻重的税种。

消费税在我国的历史可以追溯到春秋战国时期。中华人民共和国成立初期征收的货物税和之后相继开征的商品流通税、工商统一税、产品税实际上相当于或部分相当于消费税,只是未以"消费税"命名。1982年开征的烧油特别税,1989年曾对彩色电视机和小轿车征收的特别消费税,其实也是一种选择性消费税。1994年税制改革时,消费税作为一个独立的税种得到正式的确立。多年来,消费税的政策导向和具体税目发生了较大的变化,但是基本结构和内容一直沿用至今。2008年我国修订了《消费税暂行条例》,这是1994年以来消费税法的最大变革。2008年之后我国消费税制度基本结构没有太大变化,只是具体税目有一定的调整。例如,2014年财政部、国家税务总局发布《关于调整消费税政策的通知》,决定取消气缸容量250毫升(不含)以下的小排量摩托车消费税、取消汽车轮胎税目、取消车用含铅汽油消费税、取消酒精消费税;2015年5月财政部、国家税务总局发布《关于调整卷烟消费税的通知》,将卷烟批发环节从价税税率由5%提高至11%,并按0.005元/支加征从量税;2015年2月1日起对电池、涂料征收消费税;2016年取消对普通美容、修饰类化妆品征收消费税,将"化妆品"税目名称变更为"高档化妆品",对超豪华小汽车在零售环节加征一道消费税。我国消费税现行15个税目。

(五)开征消费税的意义

各国征收消费税主要是为了增加财政收入,除此之外,消费税的调节功能历来为各国所重视。

1. 消费税可以调节收入差距,平衡社会各阶层的利益

消费税针对的是高档的消费品、奢侈品和消费行为。消费税将游艇、高档手表、高尔夫球及球具等纳入征税范围,以及2016年对超豪华小汽车加征一道消费税等,都是考虑到这些消费品是一般收入阶层很少涉及的对象,对它们征收消费税可以调节收入差距。

2. 消费税可以倡导正确的社会消费方向

将某类商品纳入消费税征收范围或调整现有税率,可以达到对该商品限制消费、缓解供求矛盾、压缩生产之目的。2006年消费税调整时将木制一次性筷子等作为新增税目,2009年提高卷烟的消费税税率等都是例证。

3. 消费税可以调节产品结构,体现产业政策

2003年12月31日财政部和国家税务总局发布的《关于低污染排放小汽车减征消费税问题的通知》意在促使汽车行业达到国际先进的环保标准,实现国家的产业政策;现行的"小汽车"税目将电动汽车排除在征税范围之外,也有鼓励新能源汽车发展之意。

二、消费税法概述

消费税法是调整消费税征纳关系的法律规范的总称。我国现行的调整消费税征纳关系的法规、规章主要包括:国务院2008年11月5日修订通过的《消费税暂行条例》、财政部和国家税务总局2008年12月15日修订的《消费税暂行条例实施细则》,以及财政部和国家税务总局2006年3月20日发布的《关于调整和完善消费税政策的通知》。

第二节 我国消费税法律制度

一、消费税的纳税人

消费税的纳税人为在中华人民共和国境内从事生产、委托加工和进口应税消费品的单位和个人。但金银首饰消费税的纳税人,是指在中华人民共和国境内从事金银首饰商业零售业务的单位和个人;委托加工、委托代销金银首饰的,委托方也是纳税人。对纳税人出口应税消费品,免征消费税,国务院另有规定的除外。

上述单位是指企业、行政单位、事业单位、军事单位、社会团体以及其他单位。个人是指个体经营者及其他个人。在中华人民共和国境内是指生产、委托加工和进口属于应当征收消费税的消费品的起运地或所在地在我国境内。

二、消费税的征税范围

消费税的征税范围限于《消费税暂行条例》规定的应税消费品。一般分为以下四类:

一是过度消费会对人类健康、社会秩序、生态环境等方面造成危害的特殊消费品,如木制一次性筷子、鞭炮和焰火等。

二是奢侈品和非生活必需品,如贵重首饰及珠宝玉石、高档手表、游艇等。

三是高能耗消费品,如小汽车、摩托车等。

四是不能再生和替代的消费品,如汽油、柴油。

三、消费税的税目与税率

根据《消费税暂行条例》,我国现行消费税的税目为15个。其中部分税目实行从价定率征收,部分税目实行从量定额征收,还有部分实行从量定额和从价定率相结合的复合征收。具体如下:

(一) 烟

凡是以烟叶为原料加工生产的产品,不论使用何种辅料,均属于本税目的征收范围。本税目下设卷烟、雪茄烟、烟丝三个子目。

1. 卷烟

卷烟分为甲类卷烟和乙类卷烟。目前,我国对卷烟的消费税设置较为复杂,既包括从价税,也包括从量税,还在生产环节和批发环节同时征收消费税。自2009年5月1日起,卷烟批发环节加征一道从价税。该项税率在2015年调整为在中华人民共和国境内从事卷烟批发业务的单位按其销售额(不含增值税)征收11%的从价税和0.005元/支的从量消费税。

(1) 甲类卷烟

甲类卷烟是指每标准条(200支)调拨价格在70元(不含增值税)以上(含70元)的卷烟。

(2) 乙类卷烟

乙类卷烟,即每标准条(200支)调拨价格在70元(不含增值税)以下的卷烟。

2. 雪茄烟

雪茄烟是指以晾晒烟为原料或者以晾晒烟和烤烟为原料,用烟叶或卷烟纸、烟草薄片作为烟支内包皮,再用烟叶作为烟支外包皮,经机器或手工卷制而成的烟草制品。

3. 烟丝

烟丝的征收范围包括以烟叶为原料加工生产的不经卷制的散装烟,如斗烟、莫合烟、烟末、水烟、黄红烟丝等。

(二) 酒

酒税目下设白酒、黄酒、啤酒、其他酒4个子目。

1. 白酒

白酒是指以粮食或薯类为原料,经过糖化、发酵后,采用蒸馏方法酿制的白酒。白酒消费税实行从价和从量相结合的复合计税方法。

2. 黄酒

黄酒的征收范围包括各种原料酿制的黄酒和酒度超过12度(含12度)的土甜酒。

3. 啤酒

啤酒的征收范围包括各种包装和散装的啤酒。无醇啤酒比照啤酒征税。啤酒分两类,甲类啤酒每吨出厂价(含包装物及包装物押金)在3000元(含3000元,不含增值税)以上;乙类啤酒每吨出厂价(含包装物及包装物押金)在3000元(不含增值税)以下。

4. 其他酒

其他酒是指除白酒、黄酒、啤酒以外,酒度在1度以上的各种酒。其征收范围包括糠麸白酒、其他原料白酒、土甜酒、复制酒、果木酒、汽酒、药酒等。其中,土甜酒的酒度应不超过12度,酒度超过12度的应按黄酒征税。

(三) 高档化妆品

自2016年10月1起,高档化妆品税目调整了征收范围,现包括高档美容、修饰类化妆品、高档护肤类化妆品和成套化妆品。税率也调整为15%。

高档美容、修饰类化妆品和高档护肤类化妆品是指生产(进口)环节销售(完税)价格(不含增值税)在10元/毫升(克)或15元/片(张)及以上的美容、修饰类化妆品和护肤类化妆品。

(四) 贵重首饰及珠宝玉石

贵重首饰及珠宝玉石税目征收范围包括各种金银珠宝首饰和经采掘、打磨、加工的各种珠宝玉石。

(五) 鞭炮、焰火

鞭炮、焰火税目征收范围包括各种鞭炮、焰火。通常分为13类,即喷花类、旋转类、旋转升空类、火箭类、吐珠类、线香类、小礼花类、烟雾类、造型玩具类、炮竹类、摩擦炮类、组合烟花类、礼花弹类。体育上用的发令纸,鞭炮药引线,不按本税目征收。

(六) 成品油

成品油税目下设7个子目,分别为:

1. 汽油

汽油是指用原油或其他原料加工生产的辛烷值不小于66的可用作汽油发动机燃料的各种轻质油。

2. 柴油

柴油是指用原油或其他原料加工生产的倾点或凝点在-50号至30号的可用作柴油发动机燃料的各种轻质油和以柴油组分为主、经调和精制，可用作柴油发动机燃料的非标油。以柴油、柴油组分调和生产的生物柴油也属于本税目征收范围。

3. 航空煤油

航空煤油也叫喷气燃料，是用原油或其他原料加工生产的用作喷气发动机和喷气推进系统燃料的各种轻质油。

4. 石脑油

石脑油又叫化工轻油，是以原油或其他原料加工生产的用于化工原料的轻质油。

5. 溶剂油

溶剂油是用原油或其他原料加工生产的用于涂料、油漆、食用油、印刷油墨、皮革、农药、橡胶、化妆品生产和机械清洗、胶粘行业的轻质油。橡胶填充油、溶剂油原料，属于溶剂油征收范围。

6. 润滑油

润滑油是用原油或其他原料加工生产的用于内燃机、机械加工过程的润滑产品。以植物性、动物性和矿物性基础油（或矿物性润滑油）混合掺配而成的"混合性"润滑油，不论矿物性基础油（或矿物性润滑油）所占比例高低，均属润滑油的征收范围。

7. 燃料油

燃料油也称重油、渣油，是用原油或其他原料加工生产，主要用作电厂发电、锅炉用燃料、加热炉燃料、冶金和其他工业炉燃料。

（七）摩托车

摩托车税目征收范围包括轻便摩托车和摩托车，税率按排量分档设置（小排量摩托不收）。

（八）小汽车

小汽车是指由动力驱动，具有四个或四个以上车轮的非轨道承载的车辆。电动汽车不属于本税目征收范围。本税目下设3个子目，分别为：

1. 乘用车

乘用车是指包括含驾驶员座位在内最多不超过9个座位（含）的，在设计和技术特性上用于载运乘客和货物的各类乘用车。用排气量小于1.5升（含）的乘用车底盘（车架）改装、改制的车辆属于乘用车征收范围。

2. 中轻型商用客车

中轻型商用客车是指含驾驶员座位在内的座位数在 10 座至 23 座（含 23 座）的在设计和技术特性上用于载运乘客和货物的各类中轻型商用客车。用排气量大于 1.5 升的乘用车底盘（车架）或用中轻型商用客车底盘（车架）改装、改制的车辆属于中轻型商用客车征收范围。

此外，含驾驶员人数（额定载客）为区间值的（如 8—10 人、17—26 人）小汽车，按其区间值下限人数确定征收范围。

3. 超豪华小汽车

自 2016 年 12 月 1 日起，小汽车税目下增设超豪华小汽车子税目，征收范围为每辆零售价格 130 万元（不含增值税）及以上的乘用车和中轻型商用客车。对超豪华小汽车，在生产（进口）环节按现行税率征收消费税基础上，在零售环节加征消费税，税率为 10%。

（九）高尔夫球及球具

高尔夫球及球具是指从事高尔夫球运动所需的各种专用装备。

（十）高档手表

高档手表是指销售价格（不含增值税）每只在 10000（含）元以上的各类手表。

（十一）游艇

游艇税目征收范围包括艇身长度大于 8 米（含）小于 90 米（含），内置发动机，可以在水上移动，一般为私人或团体购置，主要用于水上运动和休闲娱乐等非牟利活动的各类机动艇。

（十二）木制一次性筷子

木制一次性筷子，又称卫生筷子，是指以木材为原料经过锯段、浸泡、旋切、刨切、烘干、筛选、打磨、倒角、包装等环节加工而成的各类一次性使用的筷子。未经打磨、倒角的木制一次性筷子属于本税目征税范围。

（十三）实木地板

实木地板是指以木材为原料，经锯割、干燥、刨光、截断、开榫、涂漆等工序加工而成的块状或条状的地面装饰材料。未经涂饰的素板属于本税目征税范围。

（十四）电池

自 2015 年 2 月 1 日起，电池被列入消费税征收范围，对无汞原电池、金属氢化物镍蓄电池（又称"氢镍蓄电池"或"镍氢蓄电池"）、锂原电池、锂离子蓄电池、太阳能电池、燃料电池和全钒液流电池免征消费税。

2015 年 12 月 31 日前对铅蓄电池缓征消费税；自 2016 年 1 月 1 日起，对铅蓄电池按4%税率征收消费税。

（十五）涂料

自2015年2月1日起，涂料被列入消费税征收范围。施工状态下挥发性有机物含量低于420克/升（含）的涂料，免征消费税。

具体消费税税目税率如表8所示。

表8 消费税税目税率（税额）表①

税目	税率
一、烟	
1. 卷烟	
（1）甲类卷烟	56%加0.003元/支
（2）乙类卷烟	36%加0.003元/支
（3）批发环节	11%加0.005元/支
2. 雪茄烟	36%
3. 烟丝	30%
二、酒及酒精	
1. 白酒	20%加0.5元/500克
2. 黄酒	240元/吨
3. 啤酒	
（1）甲类啤酒	250元/吨
（2）乙类啤酒	220元/吨
4. 其他酒	10%
三、高档化妆品	15%
四、贵重首饰及珠宝玉石	
1. 金银首饰、铂金首饰和钻石及钻石饰品	5%
2. 其他贵重首饰和珠宝玉石	10%
五、鞭炮、焰火	15%
六、成品油	
1. 汽油	1.52元/升
2. 柴油	1.20元/升
3. 航空煤油	1.20元/升
4. 石脑油	1.52元/升

---

① 对于酒类产品，消费税以吨位计算单位，汽油等按升算，但实践中，纳税人吨、升混用，所以需要遵循规范的换算方式：(1) 黄酒1吨=962升，(2) 啤酒1吨=988升，(3) 汽油1吨=1388升，(4) 柴油1吨=1176升，(5) 航空煤油1吨=1246升，(6) 石脑油1吨=1385升，(7) 溶剂油1吨=1282升，(8) 润滑油1吨=1126升，(9) 燃料油1吨=1015升。

(续表)

税目	税率
5. 溶剂油	1.52元/升
6. 润滑油	1.52元/升
7. 燃料油	1.20元/升
七、摩托车	
1. 气缸容量为在250毫升的	3%
2. 气缸容量在250毫升以上的	10%
八、小汽车	
1. 乘用车	
（1）气缸容量（排气量，下同）在1.0升（含1.0升）以下的	1%
（2）气缸容量在1.0升以上至1.5升（含1.5升）的	3%
（3）气缸容量在1.5升以上至2.0升（含2.0升）的	5%
（4）气缸容量在2.0升以上至2.5升（含2.5升）的	9%
（5）气缸容量在2.5升以上至3.0升（含3.0升）的	12%
（6）气缸容量在3.0升以上至4.0升（含4.0升）的	25%
（7）气缸容量在4.0升以上的	40%
2. 中轻型商用客车	5%
3. 超豪华小汽车（零售环节）	10%
九、高尔夫球及球具	10%
十、高档手表	20%
十一、游艇	10%
十二、木制一次性筷子	5%
十三、实木地板	5%
十四、电池	4%
十五、涂料	4%

四、消费税应纳税额的计算

（一）消费税的一般计税方法

按照现行规定，消费税应纳税额的计算有从价定率、从量定额以及混合计算三种方法。

1. 从价定率计算方法

从价定率计算方法的公式为：

第十一章 消费税法律制度

应纳税额＝应税消费品的销售额①×比例税率

采用从价定率计算方法时有以下几点需要注意：(1)纳税人兼营不同税率的应税消费品，应当分别核算不同税率应税消费品的销售额、销售数量；未分别核算销售额、销售数量，或者将不同税率的应税消费品组成成套消费品销售的，从高适用税率。(2)纳税人通过自设非独立核算门市部销售的自产应税消费品，应当按照门市部对外销售额或者销售数量征收消费税。(3)纳税人用于换取生产资料和消费资料、投资入股和抵偿债务等方面的应税消费品，应当以纳税人同类应税消费品的最高销售价格作为计税依据计算消费税。

2．从量定额计算方法

从量定额计算方法的公式为：

应纳税额＝应税消费品的销售数量×定额税率

应税消费品的销售数量，是指纳税人生产、委托加工、进口和销售应税消费品的数量。销售数量可以分别按以下情况确定：(1)销售应税消费品的，为应税消费品的销售数量；(2)自产自用应税消费品的，为应税消费品的移送使用数量；(3)委托加工应税消费品的，为纳税人收回的应税消费品数量；(4)进口的应税消费品，为海关核定的应税消费品进口数量。

3．混合计算方法

依现行消费税相关规定，对卷烟和白酒实行混合计算的方法，即先按销售额实行从价征收，再征一道从量定额税，其计算公式为：

应纳税额＝销售额×比例税率＋销售数量×定额税率

（二）自产自销应税消费品的计税方法

1．一般规定

纳税人自产自用的应税消费品，用于连续生产应税消费品②的不纳税；用于其他方面的，③于移送使用时纳税。

2．计税方法

纳税人自产自用的应税消费品，按照纳税人生产的同类消费品的销售价格计算纳税；没有同类消费品销售价格的，按照组成计税价格计算纳税。

(1)实行从价定率办法计算纳税的组成计税价格计算公式为：

---

① 销售额相关问题的确定见本书第十章相关内容。

② "用于连续生产应税消费品"，是指纳税人将自产自用的应税消费品作为直接材料生产最终应税消费品，自产自用应税消费品构成最终应税消费品的实体。例如，以自产的珠宝玉石生产制作贵重首饰，以自产烟丝生产卷烟等。

③ "用于其他方面的"，是指纳税人将自产自用应税消费品用于生产非应税消费品、在建工程、管理部门、非生产机构、提供劳务、馈赠、赞助、集资、广告、样品、职工福利、奖励等方面。

组成计税价格＝(成本＋利润[①])÷(1－比例税率)

(2) 实行复合计税办法计算纳税的组成计税价格计算公式为：

组成计税价格＝(成本＋利润＋自产自用数量×定额税率)÷(1－比例税率)

(三) 委托加工应税消费品的计税方法

1. 一般规定

委托加工的应税消费品，除受托方为个人外，由受托方在向委托方交货时代收代缴税款。委托加工的应税消费品，委托方用于连续生产应税消费品的，所纳税款准予按规定抵扣。委托加工的应税消费品直接出售的，不再缴纳消费税。委托个人加工的应税消费品，由委托方收回后缴纳消费税。

对于由受托方提供原材料生产的应税消费品，或者受托方先将原材料卖给委托方，然后再接受加工的应税消费品，以及由受托方以委托方名义购进原材料生产的应税消费品，不论在财务上是否作销售处理，都不得作为委托加工应税消费品，而应当按照销售自制应税消费品缴纳消费税。

2. 计税方法

委托加工的应税消费品，按照受托方的同类消费品的销售价格计算纳税；没有同类消费品销售价格的，按照组成计税价格计算纳税。

(1) 实行从价定率办法计算纳税的组成计税价格计算公式为：

组成计税价格＝(材料成本＋加工费)÷(1－比例税率)

(2) 实行复合计税办法计算纳税的组成计税价格计算公式为：

组成计税价格＝(材料成本＋加工费＋委托加工数量×定额税率)÷(1－比例税率)

(四) 进口应税消费品的计税方法

进口的应税消费品，由进口人或代理人于报关进口时向报关地海关申报缴纳消费税，并按照组成计税价格计算纳税。

1. 实行从价定率办法计算纳税的组成计税价格计算公式为：

组成计税价格＝(关税完税价格＋关税)÷(1－消费税比例税率)

2. 实行复合计税办法计算纳税的组成计税价格计算公式为：

组成计税价格＝(关税完税价格＋关税＋进口数量×消费税定额税率)÷(1－消费税比例税率)

[①] 公式中的"利润"，是指根据应税消费品的全国平均成本利润率计算的利润。应税消费品全国平均成本利润率由国家税务总局确定。

第三节 我国消费税的征收管理

一、纳税义务发生时间和纳税期限

（一）纳税义务发生时间

消费税纳税义务发生的时间，以货款结算方式或行为发生时间分别确定。纳税人销售的应税消费品，其纳税义务的发生时间为：(1)纳税人采取赊销和分期付款结算方式的，为书面合同约定的收款日期的当天。(2)纳税人采取预收货款结算方式的，为发出应税消费品的当天。(3)纳税人采取托收承付和委托银行收款结算方式的，为发出应税消费品并办妥托收手续的当天。(4)纳税人采取其他结算方式的，为收讫销售货款或者取得索取销售款凭据的当天。(5)纳税人零售金银首饰，为收讫销售货款或者取得索取销货凭据的当天；用于馈赠、赞助、集资、广告、样品、职工福利、奖励等方面的金银首饰，为移送的当天；带料加工、翻新改制的金银首饰，为受托方交货的当天。(6)纳税人自产自用应税消费品的，其纳税义务发生时间为移送使用的当天。(7)纳税人委托加工应税消费品的，其纳税义务发生时间为纳税人提货的当天。(8)纳税人进口应税消费品的（含个人携带、邮寄金银首饰进境），其纳税义务发生时间为报关进口的当天。但经营单位进口金银首饰的消费税于零售环节征收。

（二）纳税期限

按照《消费税暂行条例》的规定，消费税的纳税期限分别为1日、3日、5日、10日、15日、1个月或者1个季度。纳税人的具体纳税期限，由主管税务机关根据纳税人应纳税额的大小分别核定；不能按照固定期限纳税的，可以按次纳税。

纳税人以1个月或者1个季度为1个纳税期的，自期满之日起15日内申报纳税；以1日、3日、5日、10日或者15日为1个纳税期的，自期满之日起5日内预缴税款，于次月1日起至15日内申报纳税并结清上月应纳税款。

纳税人进口应税消费品，应当自海关填发税款缴款书之日起15日内缴纳税款。

二、纳税环节

除个别特殊消费品以外，我国消费税的纳税环节原则上是单一的，如纳税人生产的应税消费品于销售时纳税，进口消费品于报关进口环节纳税，这样做的原因是生产环节的纳税人较销售环节的要少得多，选择在该环节纳税，可以降低征收费用，减少征税的阻力。而且采用源泉控制，可以减少税款流失的风险，保证国家的财政收入。我国现行法规关于纳税环节的具体规定为：(1)生产的应税消费品,于销售时纳税。(2) 纳税人自产自用的应税消费品,用于连续生产应税消费品以外方面的,于移送时纳税。(3) 委托加工的应税消费品,由受托方在向委托方交货时代收代缴税款(但受托人为个体经营者时,则应由委托方收回应税消费品后在委托方所在地缴纳消费税)。(4) 进口的应税消费品,于报关进口时纳税。(5) 特殊商品于零售环节缴纳/加征消费税,具体为:(a) 纳税人零售的金银首饰①,于零售时纳税;用于馈赠、赞助、集资、广告、样品、职工福利、奖励等方面的金银首饰,于移送时纳税;带料加工、翻新改制的金银首饰,于受托方交货时纳税;(b) 钻石及钻石饰品的纳税环节自 2002 年 1 月 1 日起由生产环节、进口环节改为零售环节;(c) 自 2016 年 12 月 1 日起,对超豪华小汽车在零售环节加征 10%的消费税。(6) 卷烟于批发环节加征一道消费税。2015 年 5 月 10 日起,将卷烟批发环节从价税税率由 5%提高至 11%,并按 0.005 元/支加征从量税。纳税人兼营卷烟批发和零售业务的,应当分别核算批发和零售环节的销售额、销售数量;未分别核算批发和零售环节销售额、销售数量的,按照全部销售额、销售数量计征批发环节消费税。

三、纳税地点

1. 纳税人销售的应税消费品,以及自产自用的应税消费品,除国务院财政、税务主管部门另有规定外,应当向纳税人机构所在地或者居住地的主管税务机关申报纳税。

2. 委托加工的应税消费品,除受托方为个人外,由受托方向机构所在地或者居住地的主管税务机关解缴消费税税款。委托个人加工的应税消费品,由委托方向其机构所在地或者居住地主管税务机关申报纳税。

3. 进口的应税消费品,应当向报关地海关申报纳税。

4. 纳税人到外县(市)销售或者委托外县(市)代销自产应税消费品的,于应税消费品销售后,向机构所在地或者居住地主管税务机关申报纳税。

纳税人的总机构与分支机构不在同一县(市)的,应当分别向各自机构所在地的主管税务机关申报纳税;经财政部、国家税务总局或者其授权的财政、税务机关批准,可以由总机构汇总向总机构所在地的主管税务机关申报纳税。

5. 纳税人销售的应税消费品,如因质量等原因由购买者退回时,经机构所在地或者居住地主管税务机关审核批准后,可退还已缴纳的消费税税款。

---

① 改为零售环节征收消费税的金银首饰范围仅限于:金、银和金基、银基合金首饰,以及金、银和金基、银基合金的镶嵌首饰(简称金银首饰)。不属于上述范围的应征消费税的首饰(简称非金银首饰),仍在生产销售环节征收消费税。金银首饰消费税改变征税环节后,经营单位进口金银首饰的消费税,由进口环节征收改为在零售环节征收;出口金银首饰由出口退税改为出口不退消费税。

四、出口退(免)消费税

为了鼓励出口,提高本国产品在国际市场上的竞争力,国际上通行的做法是对出口产品免税。如果出口产品已征消费税,则应退税。我国借鉴国际惯例,对纳税人出口应税消费品,免征消费税;但国务院另有规定的除外。出口应税消费品的免税办法,由国务院财政、税务主管部门规定。

出口货物退(免)消费税与出口货物退(免)增值税在退(免)税范围的限定、退(免)税办理程序、退(免)税审核以及管理上有许多一致的地方。计算出口应税消费品应退消费税的税率和单位税额,应依据《消费税暂行条例》所附的《消费税税目税率(税额)表》执行。企业应将不同消费税税率的出口应税消费品分开核算和申报,如划分不清,则一律从低适用税率计算应退消费税税额。目前,出口货物退(免)消费税主要遵循2012年5月25日发布的《财政部、国家税务总局关于出口货物劳务增值税和消费税政策的通知》及2012年6月14日发布的《出口货物劳务增值税和消费税管理办法》的规定。

本 章 小 结

消费税针对特定的消费品或消费行为征税,在世界范围内广泛运用。我国的消费税在2009年经历了较大程度的改革。本章主要对我国现行消费税法律制度中纳税人、征收范围、适用税率、应纳税额的计算等进行了介绍。

思考题

1. 消费税和增值税有何区别?
2. 我国新的消费税制度和过去相比有哪些不同?
3. 试对消费税法律制度的改革与完善提出自己的建议。

延伸阅读

我国消费税法律制度评析

第十二章 关税法律制度

第一节 关税法律制度概述

一、关税概述

(一) 关税的概念

关税是对进出境货物、物品征收的一种流转税,包括进口关税和出口关税。其课税对象是进出关境的货物和物品的流转额。

关境,又称税境或者海关境域,是一个国家的关税法完全实施的境域。关境与国境是既有联系又有区别的两个概念。国境是一个主权国家的领土范围。一般情况下,国境与关境的领域是一致的。但是,随着自由贸易港、自由贸易区的出现,国境与关境也就出现了不一致的情况。当国境内设有自由贸易港或者自由贸易区时,关境就小于国境。当几个国家结成关税同盟时,如欧盟组成一个共同关境,实施统一的关税法令和对外税则,同盟国彼此间货物进出国境不征关税,只对来自和运往非同盟国的货物在进出关境时征收关税,这时关境就大于其成员国各自的国境。

中华人民共和国成立后,在相当长的一段时期内一直使用国境关税的概念。在这段时期,中国境内并不存在自由贸易港和自由贸易区的问题,所以关境和国境是一致的。改革开放后,1987年1月22日公布的《海关法》第2条开始使用关境的概念,实行关境关税。而对香港和澳门恢复行使主权后,由于它们继续保持了自由港的地位,为我国的单独关税区,因此在此情形下,我国的国境就大于了关境。

(二) 关税的特点

1. 征税对象特殊

关税只对进出境的货物或者物品征收,不进出境的货物或物品是不征收关税的,这是关税与其他税种的主要区别。

2. 征税环节单一

关税是在货物或物品进出关境或者国境时一次性征收的,这一点不同于增值税,增值税是在商品从生产到流通的过程中多环节征收的。

3. 计税依据特殊

关税的计税依据为进出境货物或物品的完税价格。完税价格通常为到岸价格或者离岸价格。对于关税"计税依据"的名称,2024年颁布的《关税法》已将原有的"完税价格"修改为"计税价格",但现行《海关法》仍保留"完税价格"的名称,有待今后修订《海关法》时予以统一。

4. 涉外性强

关税具有很强的涉外性,是执行对外政策的工具。现代关税是执行对外经济政策和海关实行监管、查缉走私的一种手段,也是国际贸易和谈判的重要内容。关税既影响着本国经济发展和财政收入,也影响着和本国有贸易往来的其他国家的经济发展和财政收入。关税的涉外性特点也要求一国的关税制度和政策应当符合国际惯例。

5. 征收机关特殊

根据《海关法》第2条的规定,中华人民共和国海关是征收关税的法定机关。

(三) 关税的历史沿革

关税是一个很古老的税种,它一开始是以最方便的财政收入手段出现的,最早出现在欧洲。公元前5世纪左右,古希腊就已开始征收关税;古罗马时期,关税已相当完善,并开始实行分类税率。现代意义上的关税是主权国家在欧洲建立后的产物,为了发展国内经济,各资本主义国家纷纷建立统一的国境关税制度,关税成为保护各国境内产业的主要手段。

在我国,有关关税的记载最早出现于周朝。在周制九赋中,关税被列在第七位,在当时叫作"关市之征",就是规定当货物通过边境的"关"和国内的"市"时,国家要对其进行检查和征收赋税。《周礼·天官》载:"关市之赋以待王之膳服。"唐玄宗时曾在广州设置市舶使,负责海关征税及其他事务,这是我国海关设置的最早形式,也是我国国境关税,即征收外部关税的开端。鸦片战争以后,中国丧失了关税自主权,关税权被操纵在帝国主义列强手中。

中华人民共和国成立后,我国关税发展经历了三个时期:第一时期是1949—1979年。这一时期我国对外贸易额很小,对外经济交往也很少,国家实行高关税政策以保护本国产业。第二个时期是1980—1991年。这一时期我国的经济体制仍以计划经济为主,关税政策虽然有了一些调整,但由于在进出口贸易中大量采用许可证和配额,因此关税即便存在,也形同虚设。第三个时期是1992年以后。1992年以来,我国进口关税税率连续多次调低,并通过相关法律规范的逐步建立与完善,形成了现行的关税制度。

二、关税法概述

关税法是指国家制定的调整关税征收与缴纳权利义务关系的法律规范。

我国于 1951 年公布了《暂行海关法》和《海关进出口税则》，这是我国一百多年来第一部真正独立自主制定的海关税则。1978 年和 1992 年，我国对关税税则进行了两次修改，2003 年又公布了新的《进出口关税条例》。2024 年 4 月，全国人大常委会制定并颁布了《中华人民共和国关税法》，并于 2024 年 12 月 1 日起实施。① 《关税法》的颁布是我国落实税收法定原则进程上的重要里程碑之一。除了在法律渊源形式上将《进出口关税条例》②中的基本关税法律制度上升为法律外，《关税法》还在诸多方面推进了关税法律制度的实质税收法定：一是明确将"保护纳税人合法权益"列为立法目的，并通过延长纳税人退税请求权行使期限、取消海关无限期追征漏税的权力、取消关税争议行政复议纳税前置等措施，实质性地保障了纳税人权益；二是明确了《关税法》的制定依据为宪法，这是我国自启动将原有税收法律规范上升为法律的进程以来，首次在法律条文中明确税法与宪法的关系，使税法作为纳税人权利保护之法的宪法意义和立法价值首度在实定法中彰显；三是将近年来诸多在改革、试点中已经相对成熟的关税征管和海关监管便利化措施以法律的形式予以确认，如汇总征税规则、通关与税额确认相分离规则等；四是以法律形式明确赋予了海关对计税价格、原产地和商品归类的认定权力，使海关在行使这些过去法律法规中未明确规定但实践中必然需要行使的权力时，真正有法可依；五是明确了关税的纳税人、扣缴义务人，包括将原有易产生争议的"进出境物品所有人"重新界定为"进出境物品的携带人或者收件人"，以及明确了跨境电子商务中电子商务平台经营者、物流企业和报关企业应承担关税扣缴义务；六是明确了不同情形下各类关税税率调整的权限，强化了立法机关在关税税率调整上的决定权或备案权力。

现行关税法律规范主要包括全国人民代表大会颁布的《海关法》《关税法》，以及国务院关税税则委员会公布的《进出口税则》和《关于入境旅客行李物品和个人邮递物品征收进口税办法》。

---

① 截至本书出版时，《关税法》仍未生效，但本书仍以《关税法》的内容为基础进行撰写。
② 《进出口关税条例》于《关税法》生效时废止，截至本书出版时仍然有效。

第二节 我国关税法律制度

一、关税的纳税人

进口货物的收货人、出口货物的发货人、出入境物品的携带人或者收件人,是关税的纳税义务人。进出口货物的收、发货人是依法取得对外贸易经营权,并进口或者出口货物的法人或者其他社会团体。

二、关税的征税对象

关税的征税对象是进出境的各种货物、物品的流转额。

所谓"货物"是指以贸易行为为目的而进出关境或者国境的贸易性物资;所谓"物品"是指入境旅客或者运输工具服务人员携带的行李物品、馈赠物品、邮递入境以及以其他方式进入关境或者国境的属于个人自用的非贸易性物资。

货物与物品的划分主要是看它是贸易性还是非贸易性的。凡是准许进出境的贸易性货物,除另有规定外,均应由海关依照《进出口税则》征收进口关税或者出口关税;对从境外采购进口的原产于中国境内的货物,海关也要依照《进出口税则》征收进口关税。凡是入境旅客及运输工具服务人员携带的非贸易性行李物品、个人邮递物品以及其他个人自用物品,除另有规定外,由海关按照《入境旅客行李物品和个人邮递物品进口税税率表》征收进口税。

三、关税的税率

(一)进口税率

1. 进口税率的设置

根据《关税法》,进口货物税率的适用主要有以下规定:

(1)原产于共同适用最惠国待遇条款的世界贸易组织成员的进口货物,原产于与中华人民共和国缔结或者共同参加含有相互给予最惠国待遇条款的国际条约、协定的国家或者地区的进口货物,以及原产于中华人民共和国境内的进口货物,适用最惠国税率。

(2)原产于与中华人民共和国缔结或者共同参加含有关税优惠条款的国际条约、协定的国家或者地区且符合国际条约、协定有关规定的进口货物,适用协定税率。

(3)原产于中华人民共和国给予特殊关税优惠安排的国家或者地区且符合

国家原产地管理规定的进口货物,适用特惠税率。

(4) 原产于以上三条规定以外的国家或者地区的进口货物,以及原产地不明的进口货物,适用普通税率。

(5) 实行关税配额管理的进口货物,关税配额内的适用关税配额税率,关税配额外的,其税率的适用按照前述规定执行。

此外,根据进口贸易管理和宏观调控的实际需要,对特定进口货物可能设定暂定税率。《关税法》规定,暂定税率与上述各类税率的适用关系如下:适用最惠国税率的进口货物有暂定税率的,适用暂定税率;适用协定税率的进口货物有暂定税率的,从低适用税率;其最惠国税率低于协定税率且无暂定税率的,适用最惠国税率;适用特惠税率的进口货物有暂定税率的,从低适用税率;适用普通税率的进口货物,不适用暂定税率。

2. 税率水平

1992年我国关税总水平(优惠税率的算术平均水平)约为42%,后经过多次重大调整,为了履行"入世"的承诺,我国在2002年至2010年间大幅调低了进口关税,截至2010年,我国加入WTO承诺的关税减让义务全部履行完毕。2010年,我国关税总水平由15.3%调整至9.8%,农产品平均税率由18.8%调整至15.2%,工业品和渔产品平均税率由14.7%调整至8.9%。截至2023年7月1日,自2016年9月15日起对扩围产品实施的八步降税完成,关税总水平进一步降至7.3%。

3. 税率计征办法

我国对进口商品基本上都实行从价税,对部分产品实行从量税、复合税和滑准税。

(二) 出口税率

我国出口税则为一栏税率,即出口税率。国家仅对少数资源性产品及易于竞相杀价、盲目进口、需要规范出口秩序的半制成品征收出口关税。2024年《进出口税则》对102种商品计征出口关税,其中绝大多数适用暂定税率,暂定税率在0—20%不等。与进口暂定税率一样,出口暂定税率优先适用于出口税则中规定的出口税率。

四、关税的计税依据

关税的计税依据是计税价格。所谓计税价格,是指为计算应纳关税税额而由海关审核确定的进出口货物的价格。进出口货物的价格经货主或申报人向海关申报后,海关按照相关法律规定进行审查,确定或者估定进出口货物的计税价格。

(一) 进口货物的计税价格

1. 以成交价格为基础的计税价格

根据《海关法》规定,进口货物的计税价格包括货物的货价、货物运抵我国境内输入地点起卸前的运输及其相关费用、保险费。

2. 进口货物海关估价方法

进口货物的价格不符合成交价格条件或者成交价格不能确定的,海关应当依次以相同货物成交价格方法、类似货物成交价格方法、倒扣价格方法、计算价格方法及其他合理方法确定的价格为基础,估定计税价格。

(二) 出口货物的计税价格

1. 以成交价格为基础的计税价格

出口货物的计税价格,由海关以该货物向境外销售的成交价格为基础审查确定,并应包括货物运至我国境内输出地点装载前的运输及其相关费用、保险费,但其中包含的出口关税税额,应当扣除。

2. 出口货物海关估价方法

出口货物的成交价格不能确定时,计税价格由海关依法估定。

五、关税应纳税额的计算

从价税应纳税额的计算公式为:

关税税额 = 应税进(出)口货物数量 × 单位计税价格 × 税率

从量税应纳税额的计算公式为:

关税税额 = 应税进(出)口货物数量 × 单位货物税额

我国目前实行的复合税都是先计征从量税,再计征从价税。计算公式为:

关税税额 = 应税进(出)口货物数量 × 单位货物税额 + 应税进(出)口货物数量 × 单位计税价格 × 税率

滑准税应纳税额的计算公式为:

关税税额 = 应税进(出)口货物数量 × 单位计税价格 × 滑准税税率[①]

六、行李和邮递物品进口税

行李和邮递物品进口税简称行邮税,是海关对入境旅客行李物品和个人邮

---

① 历年《关税调整方案》所附的《关税配额商品税目税率表》后注明了滑准税税率的计算公式,该公式是一个与应税进(出)口货物完税价格相关的取整函数。

递物品征收的进口税。行邮税并非独立的税种,而是包含了在进口环节征收的关税、增值税、消费税,因而是对个人非贸易性入境物品征收的进口环节流转税的总称。

对准许应税进口旅客行李物品、个人邮递物品以及其他个人自用物品,均应依据《入境旅客行李物品和个人邮递物品进口税税率表》征收行邮税。

我国现行行邮税税率有50%、20%、13%三个档次:其中,烟、酒、贵重首饰及珠宝玉石、高尔夫球及球具、高档手表、高档化妆品等适用50%的税率;运动用品(不含高尔夫球及球具)、钓鱼用品、纺织品及其制成品、电视摄像机及其他电器用具、自行车和其他商品适用20%的税率;书报、刊物、教育用影视资料、计算机、视频摄录一体机、数字照相机等信息技术产品、食品、饮料、金银、家具、玩具、游戏品、节日或其他娱乐用品、药品等适用13%的税率。其中,对国家规定减按3%征收进口环节增值税的进口药品,按照货物税率征税。

进口税采用从价计征,完税价格由海关参照该项物品的境外正常零售平均价格确定。完税价格乘以进口税税率,即为应纳的进口税税额。海关按照填发税款缴纳书当日有效的税率和完税价格计算征收。纳税人应当在海关放行应税个人自用物品之前缴清税款。

七、跨境电子商务零售进口税收

跨境电子商务零售的兴起使得个人在传统的一般货物贸易和非贸易性入境之外,有了全新的从境外进口商品的渠道,这是传统关税和行邮税法律制度构建时未曾考虑到的。一段时间以来,对个人通过跨境电商零售入境的商品,一直按上述行邮税进行征管,但从经济实质上看,跨境电商零售显然与非贸易项下的个人心理物品、邮递物品入境有着本质区别,应当属于贸易的一种,适用一般的进口关税、增值税、消费税法律制度。

为实现进口环节流转税制对各类贸易方式的公平对待,加强对新兴的跨境电商零售的税收监管,同时兼顾支持鼓励电商零售的产业政策和对个人入境商品征税的征管效率,2016年和2018年,财政部、海关总署、国家税务总局先后联合发布了《关于跨境电子商务零售进口税收政策的通知》和《关于完善跨境电子商务零售进口税收政策的通知》,规定对限额内的跨境电子商务零售进口商品,关税税率暂设为0%;进口环节增值税、消费税取消免征税额,暂按法定应纳税额的70%征收;超过单次限值、累加后超过个人年度限值的单次交易,均按照一般贸易方式全额征税。

目前,上述跨境电商零售进口商品的限额,为单次交易完税价格不超过

5000元,年度交易完税价格不超过26000元。

自此,跨境电商零售商品入境不再适用行邮税。完税价格超过5000元单次交易限值、但低于26000元年度交易限值,且订单下仅一件商品时,可以自跨境电商零售渠道进口,按照货物税率全额征收关税和进口环节增值税、消费税,交易额计入年度交易总额,但年度交易总额超过年度交易限值的,应按一般贸易管理。由于跨境电子商务进口环节税收的纳税人主要是自然人,为确保税收的有效征管,2024年颁布的《关税法》明确规定,从事跨境电子商务零售进口的电子商务平台经营者、物流企业和报关企业,以及法律、行政法规规定负有代扣代缴、代收代缴关税税款义务的单位和个人,是关税的扣缴义务人。

八、关税的减免

关税减免是贯彻国家关税政策的一项重要措施。关税减免分为法定减免、特定减免和临时减免。根据《海关法》的规定,除法定减免外的其他减免税均由国务院决定。减征关税在我国加入WTO之前以税则规定税率为基准,在我国加入WTO之后以最惠国税率或者普通税率为基准。

(一)法定减免

符合税法规定可予减免税的进出口货物,纳税义务人无须提出申请,海关可按规定直接予以减免税。海关对法定减免税货物一般不进行后续管理。

我国《海关法》和《关税法》明确规定,下列进出口货物、物品免征关税:

1. 国务院规定的免征额度内的一票货物。
2. 无商业价值的广告品和货样。
3. 进出境运输工具装载的途中必需的燃料、物料和饮食用品。
4. 在海关放行前损毁或者灭失的货物、进境物品。
5. 外国政府、国际组织无偿赠送的物资。
6. 中华人民共和国缔结或者共同参加的国际条约、协定规定免征关税的货物、进境物品。
7. 依照有关法律规定免征关税的其他货物、进境物品。

根据《关税法》,下列进出口货物减征关税:

1. 在海关放行前遭受损坏的货物、进境物品。
2. 中华人民共和国缔结或者共同参加的国际条约、协定规定减征关税的货物、进境物品。
3. 依照有关法律规定减征关税的其他货物、进境物品。

(二) 特定减免

特定减免也称政策性减免。在法定减免之外,国家会按照国际通行规则和我国实际情况,制定发布有关进出口货物减免关税的政策,相关的税收减免即为特定或政策性减免。特定减免税货物一般有地区、企业和用途的限制,海关需要进行后续管理,也需要进行减免税统计。目前的特定减免税项目主要包括:(1)科教用品;(2)残疾人专用品;(3)扶贫、慈善性捐赠物资;(4)加工贸易产品,包括加工装配和补偿贸易产品、进料加工产品;(5)边境贸易进口物资;(6)保税区进出口货物;(7)出口加工区进出口货物;(8)进口设备;(9)特定行业或用途的减免税政策①。

为平衡贸易政策需要与税收法定原则的要求,2024年颁布的《关税法》对政策性减免的职权划分和限度作出了规定:根据维护国家利益、促进对外交往、经济社会发展、科技创新需要或者由于突发事件等原因,国务院可以制定关税专项优惠政策,报全国人民代表大会常务委员会备案。

(三) 临时减免

临时减免是指法定和特定减免以外的其他减免税,即由国务院根据《海关法》对某个单位、某类商品、某个项目或某批进出口货物的特殊情况,给予特别照顾,一案一批,专文下达的减免税。一般有单位、品种、期限、金额或数量等的限制,不能比照执行。目前国家严格控制减免税,一般不办理个案临时性减免税,对特定减免税也在逐步规范、清理。

第三节 我国境内特殊区域的关税法律制度

一、海关特殊监管区域关税法律制度

随着经济全球化,为了便利国际贸易,许多国家都会设置海关特殊监管区域,在区域内实行彻底或部分的"境内关外制度",即特殊监管区域虽在一国之境内,却在该国之关外,根据特殊监管区域类型的不同,适用不同的关税及进出口环节增值税、消费税法律制度,以便所在地国家通过在特殊监管区域内放弃或部分放弃关税及流转税属地管辖权来降低跨境交易税负、鼓励国际贸易。在我国,

---

① 为鼓励、支持部分行业或特定产品的发展,国家制定了部分特定行业或用途的减免税政策,这类政策一般对可减免税的商品列有具体清单。如为支持我国海洋和陆上特定地区石油、天然气开采作业,对相关项目进口国内不能生产或性能不能满足要求的,直接用于开采作业的设备、仪器、零附件、专用工具,免征进口关税和进口环节增值税。

这些海关特殊监管区域主要包括自由贸易港、自由贸易区、保税区、保税物流园区、出口加工区、保税港区等几类。

(一) 自由贸易港

目前我国香港特别行政区实施自由港政策,这也奠定了其世界集装箱中心枢纽的地位。十九大报告提出,要"赋予自由贸易试验区更大改革自主权,探索建设自由贸易港",中共中央和国务院于2018年发布《关于支持海南全面深化改革开放的指导意见》,支持海南逐步探索、稳步推进自由贸易港建设,分步骤、分阶段建立自由贸易港政策体系,打造开放层次更高、营商环境更优、辐射作用更强的开放新高地。2021年6月10日,全国人大常委会通过了《海南自由贸易港法》,为海南自由贸易港的建设和制度创新提供了法律依据。

自由贸易港是我国目前最高开放水平的境内海关特殊监管区域形态,自由贸易港内允许境外货物、资金自由进出,对进出港区的全部或大部分货物免征关税,并且准许在自由港内,开展货物自由储存、展览、拆散、改装、重新包装、整理、加工和制造等免征流转税的业务活动。

(二) 自由贸易区

我国于2013年成立中国(上海)自由贸易试验区(简称上海自贸区)。2014年底,党中央、国务院决定设立广东、天津、福建3个自贸区,并扩展上海自贸区实施范围。2015年4月,国务院批复成立广东、天津、福建3个自贸区,并扩展上海自贸区实施范围。2017年,国务院批复成立辽宁、浙江、河南、湖北、重庆、四川、陕西7个自贸区。

2018年9月,国务院批复成立中国(海南)自由贸易试验区(简称海南自贸区)。2019年7月27日,国务院批复同意设立上海自贸区临港新片区。2019年8月,国务院批复成立山东、江苏、广西、河北、云南、黑龙江6个自贸区。2020年8月,国务院批复成立北京、湖南、安徽3个自贸区,并扩展浙江自贸易区实施范围。至此,中国已设立21个自由贸易区。

自由贸易区内在WTO最惠国待遇基础上,进一步开放市场,分阶段取消绝大部分货物的关税和非关税壁垒,改善服务和投资的市场准入条件,从而实现贸易和投资自由化。

与保税区、保税物流园区、出口加工区和保税港区相比,自由贸易港、自由贸易区在货物贸易便利化相关的关税制度之外,往往还实施其他包括金融、创新、投资等多领域在内的特殊税收制度,既是高水平对外开放的海关特殊监管区域,也是深化改革措施的试验田。两者的主要区别在于,自由贸易区的特殊税收制度经过试验后往往会复制推广在全国范围内适用,而自由贸易港的特殊税收制度通常仅在自由贸易港内适用。

(三) 保税区

我国第一个保税区是上海外高桥保税区,成立于1990年。1992年后,国务院又相继批准大连、天津、广州、深圳、张家港等保税区。保税区的功能定位为"保税仓储、出口加工、转口贸易"。运入保税区的货物可以进行储存、改装、分类、混合、展览以及加工制造,但必须处于海关监管范围内。外国货物可以在保税区与境外之间自由进出,但如果要进入关境就需交纳关税。

(四) 保税物流园区

保税物流园区实行保税区的政策,专门发展现代国际物流业。依据"境内关外"定位,海关实行封闭管理,区域内实行"一线放开、二线管住、区内宽松"的区域管理理念。保税物流园区的业务范围主要有存储进出口货物及其他未办结海关手续货物;对所存货物开展流通性简单加工和增值服务;进出口贸易,包括转口贸易;国际采购、分销和配送;国际中转;检测、维修;商品展示;经海关批准的其他国际物流业务。园区内不得开展商业零售、加工制造、翻新、拆解及其他与园区无关的业务。

(五) 出口加工区

2000年,国务院正式批准了在深圳、上海、大连、威海、成都、武汉等15个城市设立首批出口加工区,此后陆续增加。出口加工区内主要制造、加工、装配出口商品,对出口加工区采用封闭式管理,24小时监管。通过简化通关手续,为出口加工企业提供更宽松的经营环境和更快捷的通关便利,实现出口加工贸易在海关"一次申报、一次审单、一次查验"的通关要求。出口加工区虽冠以"出口"二字,但其产品可以在国内销售,但此时视同进口,必须缴纳规定的关税。

(六) 保税港区

保税港区,是继保税区、出口加工区、保税物流园区之后我国设立的另一海关特殊监管区,是上述三区基础上的一种推进和功能叠加,具有保税物流、保税加工等相关功能。从功能上讲,保税港区叠加了保税区、出口加工区、保税物流园区乃至港口码头通关的所有政策和功能;从发展过程上讲,保税港区是我国建设自由贸易区的先行试验区;从运作模式上讲,保税港区实现保税区域与港口的实质联动。

二、海南自由贸易港关税优惠法律制度

《关税法》第69条规定,《海南自由贸易港法》优先于《关税法》适用。《海南自由贸易港法》第27条规定,海南自由贸易港可以按照税种结构简单科学、税制

要素充分优化、税负水平明显降低、收入归属清晰、财政收支基本均衡的原则,结合国家税制改革方向,建立符合需要的海南自由贸易港税制体系。这也是海南自由贸易港实行特殊关税法律制度的法律授权依据。目前,海南自由贸易港实行的与关税有关的优惠法律制度主要包括以下两方面:

(一)离岛旅客免税购物法律制度

对乘飞机、火车、轮船离开海南岛(不包括离境)的旅客实行限值、限量、限品种免进口税购买进口商品,允许其在离岛免税店内或网上销售窗口付款,在机场、火车站、港口码头指定区域提货离岛。离岛免税政策免税税种为关税、进口环节增值税和消费税。

适用免税购物优惠的旅客指年满16岁,已购买机票或车船票等,并持有效身份证件,离岛不离境的国内外旅客,包括海南省居民。

目前,离岛旅客每年每人免税购物额度为10万元人民币,不限次数。免税商品种类及每次购买数量有限制,超出免税限额、限量的部分,照章征收进境物品进口税。

旅客购物后乘飞机、火车、轮船离岛记为1次免税购物。

(二)贸易自由便利相关政策

在2025年全岛封关运作前,对部分进口商品,免征进口关税;2025年全岛封关运作、简并税制后,对进口征税商品目录以外、允许海南自由贸易港进口的商品,免征进口关税。

海南自由贸易港实行"'一线'放开、'二线'管住"政策。在海南自由贸易港与关境外其他国家和地区间设立"一线",进口征税目录外货物进入海南自由贸易港免征进口关税。在海南自由贸易港与内地之间设立"二线",原则上货物从海南自由贸易港进入内地需征收关税,对鼓励类产业企业生产的不含进口料件或者含进口料件在海南自由贸易港加工增值超过30%(含)的货物,经"二线"进入内地免征进口关税。

三、横琴粤澳深度合作区关税优惠法律制度

为支持横琴粤澳深度合作区发展,2021年9月,中共中央、国务院发布《横琴粤澳深度合作区建设总体方案》,该方案同样在进出口货物方面给予了优惠的关税政策。

横琴粤澳合作区总体比照海南自由贸易港实行"'一线'放开、'二线'管住"的政策。对合作区与澳门之间经"一线"进出的货物(过境合作区货物除外)实施备案管理,除不予免(保)税货物清单的货物及物品外,其他货物及物品免(保)税进入。从合作区经"二线"进入内地的免(保)税货物,原则上征收关税,对合作区内企业生产的不含进口料件或者含进口料件在合作区加工增值达到或超过30%的货物,经"二线"进入内地免征进口关税。

四、上海自贸区临港新片区关税优惠法律制度

2019年,国务院公布《关于印发〈中国(上海)自由贸易试验区临港新片区总体方案〉的通知》。临港新片区内设物理围网区域,建立洋山特殊综合保税区,成为我国目前海关特殊监管区中唯一的特殊综合保税区。洋山特殊综合保税区的特殊之处在于,作为对标国际上竞争力最强的自由贸易园区的一个重要载体,它将在"一线"充分放开、区内高度自由,包括实施一线径予放行,海关取消账册管理,改革统计方法,支持国际中转集拼业务发展等。对境外进入物理围网区域内的货物、物理围网区域内企业之间的货物交易和服务,实行特殊的税收政策。

第四节 我国关税的征收管理

《税收征收管理法》规定,"关税及海关代征税收的征收管理,依照法律、行政法规的有关规定执行。"这就意味着,相较于其他税种的立法,《关税法》需要提供一套相对完整的征收管理法律制度。但实际上,针对同关税税种特殊性和海关监管不相关的一般性征管规则,《关税法》的规定也有必要与《税收征收管理法》保持一致,以维护整体法秩序的统一。《关税法》在制定过程中,《税收征收管理法》的修订已经经历了长期反复的酝酿,可以发现,《关税法》在关税征收管理法律制度方面,一定程度上与后续《税收征收管理法》的修订进行了预先匹配。例如,现行《税收征收管理法》中尚未明确确立"税额确认"制度,但《关税法》已经写入了"海关有权对纳税人、扣缴义务人的应纳税额进行确认",并明确了关税税额确认的具体方式和期限。又如,在《税收征收管理法》的修订讨论中,取消纳税争议行政复议完税前置条件正逐步成为共识,而《关税法》已先于《税收征收管理法》的修改,取消了完税前置这一复议条件。此外,《关税法》有限度地修改了滞纳金制度,即在纳税人未违反规定而少缴税款的情况下,滞纳金的起算时点已被延后至海关规定的补税期限届满之后,而不再自纳税义务发生时就加征滞纳金,这也为《税收征收管理法》修订中对现行滞纳金制度作出修改、缓解滞纳金负担畸重这一长期存在的实践问题提供了想象空间。

一、关税缴纳

进口货物自运输工具申报进境之日起 14 日内,出口货物在货物运抵海关监管区后装货的 24 小时以前,应由进出口货物的纳税义务人向货物进(出)境地海关申报,海关根据税则归类和完税价格计算应缴纳的关税和进口环节代征税,并填发税款缴款书。

纳税义务人应当自海关填发税款缴款书之日起 15 日内,向指定银行缴纳税款。符合海关规定条件并提供担保的,可以于次月第 5 个工作日结束前汇总缴纳税款。为方便纳税义务人,经申请且海关同意,进(出)口货物的纳税义务人可以在设有海关的指运地(启运地)办理海关申报、纳税手续。关税纳税义务人因不可抗力或者在国家税收政策调整的情形下,不能按期缴纳税款的,经向海关申请并提供担保,可以延期缴纳税款,但最长不得超过 6 个月。

二、关税税额确认制度

(一)税额确认的期限与方式

税额确认,是指征税主体对纳税主体的应纳税额进行核实、确认的一项具体行政行为。有关税额确认的法律意义,本书将另行展开探讨。就关税的税额确认而言,《关税法》规定,海关行使税额确认权的法定期限为自纳税人、扣缴义务人缴纳税款或者货物放行之日起 3 年内。

税额确认必须采取书面的方式。海关确认的应纳税额与纳税人、扣缴义务人申报的税额不一致的,海关应当向纳税人、扣缴义务人出具税额确认书。纳税人、扣缴义务人应当按照税额确认书载明的应纳税额,在海关规定的期限内补缴税款或者办理退税手续。

(二)税额确认的结果及处理方式

1. 追征税款

根据《关税法》,如经税额确认程序,海关认为存在少征漏征关税的情况,则根据纳税人、扣缴义务人的主观过错不同,分为以下几种情况进行处理:

一是纳税人、扣缴义务人未违反规定的,适用《关税法》第 45 条第 3 款的规定,即海关应先责令纳税人、扣缴义务人限期补缴税款,未在规定的期限内补缴的,自规定的期限届满之日起,按日加收滞纳税款万分之五的滞纳金。

二是纳税人、扣缴义务人违反规定的,包括对已放行货物和海关监管货物漏征或者少征税款,适用《关税法》第46条或第48条之规定,海关可以自缴纳税款、货物放行之日(针对已放行货物)或者应缴纳税款之日(针对海关监管货物)起3年内追征税款,并自缴纳税款、货物放行之日或者应缴纳税款之日起,按日加收少征或者漏征税款万分之五的滞纳金。

需要说明的是,对走私行为,海关追征税款、滞纳金的,不受上述规定期限的限制,并有权核定应纳税额。

2. 退还税款

发生多缴关税应退还税款的,《关税法》区分了不同情形,规定了不同的退税期限。

一是海关自行发现、依职权主动退税的,适用《关税法》第51条第1款之规定,不受期限限制。

二是纳税人发现、海关依申请退税的,适用《关税法》第51条第2款之规定,纳税人可以自缴纳税款之日起3年内,向海关书面申请退还多缴的税款。海关应当自受理申请之日起30日内查实并通知纳税人办理退还手续,纳税人应当自收到通知之日起3个月内办理退还手续。

三是特殊情形下的退税,适用《关税法》第52条之规定,纳税人自缴纳税款之日起1年内,可以向海关申请退还关税。具体情形包括:(1)已征进口关税的货物,因品质、规格原因或者不可抗力,1年内原状复运出境;(2)已征出口关税的货物,因品质、规格原因或者不可抗力,1年内原状复运进境,并已重新缴纳因出口而退还的国内环节有关税收;(3)已征出口关税的货物,因故未装运出口,申报退关。

上述三种情形下的退税,均应加算银行同期活期存款利息。

三、关税的强制执行措施

为保证海关征收关税决定的有效执行和国家财政收入的及时入库,《海关法》《关税法》赋予海关对滞纳关税的纳税义务人强制执行的权力。强制措施主要有两类:

(一)征收关税滞纳金

滞纳金自关税缴纳期限届满滞纳之日起,至纳税义务人缴纳关税之日止,按滞纳税款万分之五的比例按日征收,周末或法定节假日不予扣除。

（二）强制征收

如纳税人在海关限期缴纳后逾期仍未缴纳且无正当理由，经直属海关关长或者其授权的隶属海关关长批准，海关可以采取强制扣缴、变价抵缴等强制措施。①

四、纳税争议及其救济途径

为保护纳税人合法权益，我国《海关法》和《关税法》都规定，当纳税义务人对海关确定的进出口货物的征税、减税、补税或者退税等有异议时，有提请救济的权利。

纳税人、扣缴义务人、担保人对海关确定纳税人、商品归类、货物原产地、纳税地点、计征方式、计税价格、适用税率或者汇率，决定减征或者免征税款，确认应纳税额、补缴税款、退还税款以及加收滞纳金等征税事项有异议的，应当依法先向上一级海关申请行政复议；对行政复议决定不服的，可以依法向人民法院提起行政诉讼。当事人对海关作出的前款规定以外的行政行为不服的，可以依法申请行政复议，也可以依法向人民法院提起行政诉讼。

第五节　我国船舶吨税法律制度

一、船舶吨税法概述

我国现行的船舶吨税所收税款专用于助航设施的建造与维修，因此船舶吨税也有"灯塔税"之称。中华人民共和国成立后，1952年中国海关总署发布《海关船舶吨税暂行办法》，对在中国港口行驶的外国籍船舶、外商租用的中国籍船舶，以及中外合营企业使用的中外国籍船舶征税。目前船舶吨税适用的是由全国人大常委会审议通过的《船舶吨税法》，该法自2018年7月1日起实施。

二、船舶吨税的征税范围与纳税人

根据《船舶吨税法》，凡是从中华人民共和国境外港口进入境内港口的船舶，

---

① 强制扣缴，即书面通知银行业金融机构划拨纳税人、扣缴义务人金额相当于应纳税款的存款、汇款；变价抵缴即查封、扣押纳税人、扣缴义务人价值相当于应纳税款的货物或者其他财产，依法拍卖或者变卖所查封、扣押的货物或者其他财产，以拍卖或者变卖所得抵缴税款，剩余部分退还纳税人、扣缴义务人。

都需要缴纳船舶吨税,并不是只针对外籍船舶征收。不过,中华人民共和国籍的应税船舶和船籍国(地区)与中华人民共和国签订含有相互给予船舶税费最惠国待遇条款条约或者协定的应税船舶,适用的是优惠税率,而一般的外籍船舶适用普通税率。另外,还有一些特殊的船舶是免征吨税的。

船舶吨税由应税船舶负责人申报,应税船舶负责人在每次申报纳税时,可以按照《吨税税目税率表》选择申领一种期限的吨税执照。应税船舶负责人缴纳吨税或者提供担保后,海关按照其申领的执照期限填发吨税执照。应税船舶在进入港口办理入境手续时,应当向海关申报纳税领取吨税执照,或者交验吨税执照(或者申请核验吨税执照电子信息)。应税船舶在离开港口办理出境手续时,应当交验吨税执照(或者申请核验吨税执照电子信息)。

三、船舶吨税的计税依据与税额

吨税的应纳税额按照船舶净吨位乘以适用税额计算。船舶吨税的税额由船舶停靠的时间与船舶净吨位两部分决定。停靠时间分成三档,即一年、90日与30日,由纳税人于申请完税时自行选报。表9为吨税税目税率表。

表9 吨税税目税率表

税 目 (按船舶净吨位划分)	税率(元/净吨)						备注
	普通税率 (按执照期限划分)			优惠税率 (按执照期限划分)			
	1年	90日	30日	1年	90日	30日	
不超过2000净吨	12.6	4.2	2.1	9.0	3.0	1.5	1. 拖船按照发动机功率每千瓦折合净吨位 0.67吨。 2. 无法提供净吨位证明文件的游艇,按照发动机功率每千瓦折合净吨位0.05吨。 3. 拖船和非机动驳船分别按相同净吨位船舶税率的50%计征税款。
超过2000净吨,但不超过10000净吨	24.0	8.0	4.0	17.4	5.8	2.9	
超过10000净吨,但不超过50000净吨	27.6	9.2	4.6	19.8	6.6	3.3	
超过50000净吨	31.8	10.6	5.3	22.8	7.6	3.8	

四、船舶吨税的减免

以下船舶免征吨税：(1) 应纳税额在人民币五十元以下的船舶；(2) 自境外以购买、受赠、继承等方式取得船舶所有权的初次进口到港的空载船舶；(3) 吨税执照期满后二十四小时内不上下客货的船舶；(4) 非机动船舶(不包括非机动驳船)；(5) 捕捞、养殖渔船；(6) 避难、防疫隔离、修理、改造、终止运营或者拆解，并不上下客货的船舶；(7) 军队、武装警察部队专用或者征用的船舶；(8) 警用船舶；(9) 依照法律规定应当予以免税的外国驻华使领馆、国际组织驻华代表机构及其有关人员的船舶；(10) 国务院规定的其他船舶。

其中，第(10)项免税规定，由国务院报全国人民代表大会常务委员会备案。

五、船舶吨税的征收与管理

吨税由海关负责征收。海关征收吨税应当制发缴款凭证。应税船舶负责人缴纳吨税或者提供担保后，海关按照其申领的执照期限填发吨税执照。

应税船舶在进入港口办理入境手续时，应当向海关申报纳税领取吨税执照，或者交验吨税执照(或者申请核验吨税执照电子信息)。应税船舶在离开港口办理出境手续时，应当交验吨税执照(或者申请核验吨税执照电子信息)。

吨税纳税义务发生时间为应税船舶进入港口的当日。应税船舶在吨税执照期满后尚未离开港口的，应当申领新的吨税执照，自上一次执照期满的次日起续缴吨税。

应税船舶负责人应当自海关填发吨税缴款凭证之日起 15 日内缴清税款。未按期缴清税款的，自滞纳税款之日起至缴清税款之日止，按日加收滞纳税款万分之五的税款滞纳金。

本 章 小 结

关税主要包括关税和船舶吨税。加入 WTO 以后，我国大幅度降低了进口关税水平。到 2010 年，我国加入 WTO 承诺的关税减让义务全部履行完毕。本章学习的重点是掌握关税的类型和我国基本的关税制度。

思考题

1. 关税的种类有哪些?
2. 关税的计税依据是如何规定的?
3. 简述 2024 年颁布的《关税法》在落实税收法定原则和纳税人权益保障方面的进步与创新。

延伸阅读

关税的分类

税收债务法之三·所得税债法制度

绪　论

一、所得税和所得税法的概念

所得税区别于以流转额为征税对象的流转税和以财产为征税对象的财产税,它是以应税所得为征税对象的。据此,所得税的概念可以表述如下:所谓所得税,是指以纳税人在一定期间内的应税所得为征税对象的一类税。所得税几乎是所有国家(或地区)都开征的税种,曾被誉为"良税",至今仍是美国等发达国家的主体税种。

在现代国家中,哪里有税,哪里就有法,税与法须臾不可分离。所得税与所得税法的关系也是如此。所谓所得税法,是指调整在所得税的征纳与管理过程中产生的社会关系的法律规范的总称。所得税法对保障所得税的征收,平衡国家征税权与人民财产权之间的关系,发挥所得税在国民经济中的调节作用具有重要的意义。

二、所得税的特征

作为一种现代税收制度,所得税除具有一般税收的强制性、无偿性和固定性等共性外,还具有以下几个显著特征:

（一）所得税是直接税

所得税是典型的直接税,其税负由纳税人直接承担,不易转嫁。所得税的直接税特征,一方面可以让公民切实感觉到自己是纳税人,有利于提高公民的纳税意识;另一方面,也使纳税人产生了"税痛感"①,滋生出逃税和避税的强烈动机。此外,正因为所得税是直接税,所以必须以纳税人的实际负担能力为计税依据,无所得则不征税。因此,所得税相对于流转税和财产税,更符合量能课税原则。也正因如此,在党的十八届三中全会上,中央提出要深化税收制度改革,逐步提高直接税比重。

（二）所得税是对人税

区别于以物为对象课征的对物税（如财产税）和以事实为对象课征的对事税（如行为税）,所得税是以所得的取得者为实际纳税人的对人税。纳税人无论是因转让财产,还是因提供一定的劳务而获得收入,只要有所得并符合所得税的课税要件,一律缴纳所得税。

（三）比例税率与累进税率并用

流转税以适用比例税率为主,有利于提高效率;所得税则更强调保障公平,尤其是追求纵向的公平,即纳税能力不同的人应当缴纳不同的税,因而所得税适用的税率有逐渐由比例税率向累进税率演变的趋势。另外,采用累进税率,也有利于国家对投资和消费进行调节。

（四）自行申报与源泉扣缴结合

在征收方式上,所得税采用自行申报与源泉扣缴相结合的方式,前者由纳税人自行根据税法的规定向税务机关申报所得额,经税务机关审核后,依率计算应纳税额;后者不直接向纳税人征收,而是由所得的支付者代为扣缴所得税。源泉扣缴方式主要适用于对工薪、股息、利息、租金和特许权使用费等的所得税以及预提所得税的征收。自行申报方式则主要被企业所得税和实行综合所得税制的个人所得税所采用。

三、所得税和所得税法的历史沿革

（一）国外所得税和所得税法的产生与发展

英国是世界上最早征收所得税的国家,故有"所得税祖国"之称。1798年,英国时任首相皮特为应对英法战争筹集军费,创设了一种被称作"三部课征捐"（Triple Assessment Contribution）的新税。由于方法欠妥,翌年颁布《所得税法》改征所得税,并明确规定:国人有申报其所得的义务。该法于1802年随着英法战争的结束而被废止,但1803年,英法战火再起,所得税在英国获得重生,并

---

① "税痛感"是纳税人的一种因纳税而减少财产或福利的心理不平衡的感觉。由于间接税可以转嫁给别人,所以纳税人对间接税的"痛感"不如直接税强烈,甚至可能感觉不到它的存在。

由亨利·阿丁顿制定著名的分类所得税法。英国 1799 年的所得税法及分类所得税法被税法学界认为是现代所得税法的起源。

在此之后,美国、日本、法国和德国迫于战争对军费的需要,先后效仿英国开征所得税。几经波折,所得税最终由各国的战时临时税被确立为经常税,适用范围涉及绝大多数国家,甚至在某些发达国家成为主体税种。[①] 各国在确立所得税制后,又对其进行了不同程度的改革与完善。1909 年,英国时任财政大臣劳合·乔治对所得税制进行了一次较大的改革,倡议征收超额税,对高收入者实施重课措施。所得税的调节作用首次得到发挥。20 年后,英国又将超额税改为附加税,使之与普通所得税统一为一个所得税概念,从而将原来的分类所得税制演变为综合性的累进税制,这一改革不能不说是英国所得税制的一大贡献。德国 1925 年的税制改革也将实行综合所得税制作为主要目标,并采用超额累进税率,对最低生活费和工资所得附有各种减免规定。法国 1959 年也进行了同样的改革。美国通过 1913 年《联邦所得税法》建立了个人所得税与公司所得税两套税制,个人所得税分为普通所得税与附加所得税,前者实行比例税率,后者实行累进税率;公司所得税一开始采用比例税率,1936 年改采累进税率。1965 年以后,英国将对法人征收的所得税和利润税改称公司税。

通过上述对所得税和所得税法产生与发展的介绍,我们可以对所得税制发展的一般规律作如下概括:(1)从临时税向经常税发展;(2)从比例税变为累进税;(3)从分类所得税制趋向综合所得税制;(4)从只对个人征税到个人所得税与公司所得税并重。

(二)我国所得税和所得税法的历史演变

我国所得税制的确立较晚,比英国晚了一个多世纪。清末曾首议所得税法规,并提交资政院,但未待审决,清王朝即被推翻。1914 年,北洋政府颁布了我国历史上第一部所得税法规——《所得税条例》,翌年又制定了实施细则,但未能施行。直到 1936 年,国民党立法院才通过《所得税暂行条例》,当年还颁布了施行细则。由此,所得税终于在我国首次正式开征。

中华人民共和国成立后,废除了包括所得税法在内的国民党政府的一切法

---

① 据不完全统计,世界上征收所得税的国家(或地区)达 140 个,其中有 39 个国家(或地区)的所得税为第一位的财政收入来源,大部分为经济发达国家。如美国 1975 年的所得税收入占联邦总收入的 75%,20 世纪 80 年代后,这一比例虽有所降低,但仍维持在 50% 左右;日本所得税收入占国税总收入的比重曾一度达到 70%,目前,这一比重为 65% 左右;德国所得税收入在税收收入总额的比重也一直维持在 40% 以上。由于历史原因,法国实行以增值税为主体的税收体系,其所得税并不具有重要地位,但比重也维持在税收点收入的 30% 左右。

律,并于1950年将所得税并入工商业税。1958年,又把所得税从工商业税中独立出来,称为"工商所得税"。改革开放以后,我国的所得税制得到了迅速发展。通过"两步利改税"及工商税制的全面改革,我国先后开征了个人所得税、中外合资经营企业所得税、外国企业所得税、国营企业所得税等十余个所得税种。

如今,伴随着税收法律制度的逐步完善,我国逐渐形成了《个人所得税法》与《企业所得税法》二元并立的所得税模式,针对个人所得与企业所得分别开征个人所得税与企业所得税。伴随新一轮财税体制改革的兴起,我国的所得税法律制度仍将处于不断丰富、完善的过程中。

四、所得税法基本体系

各国根据各自的国情,对所得税作了不同的分类,由此形成了繁简各异的所得税法体系。如美国将所得税分为个人所得税与公司所得税;日本有法人所得税,资本、利息所得税和个人所得税之分;瑞典有国家所得税、公民表演所得税、公共所得税和利润分享税等,而加拿大、巴西、新加坡则只有所得税一个名称。

尽管所得税的分类形形色色,但国际上通行的是以纳税人为标准,将所得税划分为个人所得税和公司所得税。经济合作与发展组织(OECD)和国际货币基金组织(IMF)将对所得利润和资本利润课征的税收划归为所得税,并分为三个子目:(1)个人所得税,包括对个人的综合收入、专业收入、权利金收入以及非居民取得上述收入课征的税收;(2)公司所得税,包括对企业经营所得、资本利得以及非居民公司取得上述收入课征的税收;(3)其他所得税,主要指那些划不清的所得税收入。[1]

与此相对应,所得税法基本体系应由个人所得税法、公司所得税法和其他所得税法构成。我国当前的所得税法体系是建立在企业所得税法和个人所得税法的基础上的。在未来,如果开征社会保障税,则从其课税对象来说,可被视为一种特殊的个人所得税。

五、应税所得

作为所得税的征税对象,应税所得的确定在所得税制的运行过程中处于核心地位。对何谓"应税所得",各国理论和实践有不同的理解,很难形成一个统一的概念。抛开争议,暂且可以把应税所得定义为:依照税法规定,将各项征税所

---

[1] 刘剑文主编:《财税法学》,高等教育出版社2004年版,第484页。

得减去准予扣除的成本、费用、损失等项目后的余额。[①] 针对这一定义,可以作如下分析:(1) 应税所得是根据税法确定的,它区别于根据会计法(或准则)计算得出的会计利润[②],后者是纯粹经济意义上的所得,不考虑区分征税所得和非征税所得与准予扣除项目和不得扣除项目;(2) 应税所得是以各项征税所得为基础的,税法未规定征税或免于征税的所得不属于应税所得;(3) 应税所得是净所得,它是各项征税所得减去准予扣除项目后的余额。这里准予扣除的项目并不是指取得所得过程中产生的所有成本、费用和损失,而是指根据税法的规定可以扣除的项目,税法规定不得扣除的项目以及对扣除标准作出限制性规定的,不得扣除或超出标准扣除。

综观世界各国所得税法的规定,大体上可以将应税所得分为以下五类:(1) 经营所得,即纳税人从事各项生产性或非生产性经营活动所取得的净收益;(2) 财产所得,即纳税人凭借占有或转让财产而取得的收益;(3) 劳务所得,即纳税人从事劳务活动所获得的报酬;(4) 投资所得,即纳税人通过直接和间接投资所获得的股息、红利、利息、特许权使用费等各项收益;(5) 其他所得,如遗产继承所得、财产赠与所得、彩票中奖所得等。

六、所得税管辖权

所得税管辖权是一国政府在所得税征收方面的支配力,体现了国家之间的所得税利益分配关系。一般来说,一国所得税管辖权是按属人原则或属地原则建立起来的。

(一) 所得税管辖权的种类

所得税管辖权分为居民所得税管辖权与所得来源地管辖权。前者是征税国按属人原则,对本国居民(在美国、菲律宾等少数国家还包括本国公民)来源于境内外的全部所得征税的权力;后者是征税国按属地原则,对在本国境内取得所得的一切人征税的权力。目前,世界上大多数国家都是采用两种类型相结合的方式来行使所得税管辖权,只有少数国家实行单一的所得税管辖权。于是,在各国所得税法理论与实践中,形成了这样一个制度惯例:将纳税人分为居民纳税人与

[①] 在各国税法上,一般都有征税所得与非征税所得之分,前者是指应当征税的所得,如工资薪金所得、营业收入所得等;后者是指不予征税的所得,如某些国家规定对国债利息、社会保险金等所得免予征税。

[②] 会计利润是一个会计核算概念,反映的是企业在一定时期内生产经营的财务成果。它关系到企业经营成果、投资者的权益以及企业与职工的利益。会计利润是确定应税所得的基础,但不能等同于应税所得。

非居民纳税人,居民纳税人负无限纳税义务,需要对其来源于境内外的全部所得向本国纳税;而非居民纳税人则负有限纳税义务,仅对其来源于该国境内的所得向该国纳税。

(二) 所得税管辖权的冲突

由于各国行使不同类型的所得税管辖权,而且即使行使同种所得税管辖权的国家,又由于相互之间选择了不同的确定管辖权的标准,因此不可避免地会产生国际重复征税、国际避税等所得税管辖权的冲突。前者是积极冲突,是不同国家所得税管辖权在同一笔所得上的重叠;后者是消极冲突,是各国的所得税管辖权均未覆盖某一笔所得。① 举例来讲,假设 A 国居民甲在 B 国取得一笔收入,对该笔收入 A 国行使居民所得税管辖权,B 国行使所得来源地管辖权,此时甲必须同时在 A、B 两国纳税,就会产生国际重复征税;即使两国共同行使居民所得税管辖权,但如果根据 B 国确定居民的标准,甲也是 B 国的居民,那么同样会产生国际重复征税的问题。又如,甲利用 A、B 两国间税法的漏洞,通过一定的经营安排,既使得某项收入不符合 B 国的所得来源地标准,又让自己不符合 A 国的居民身份,此时甲的该项收入就可以避免缴纳所得税。

为避免国际重复征税和国际避税,国际社会进行了不懈的努力,结果卓有成效。在解决国际重复征税的问题上,各国通过单边的自我约束②和双边或多边的国际税收协定,形成了免税法、抵免法和扣除法三种解决国际重复征税的法律措施。其中抵免法运用最为普遍,它是指征税国在不放弃对本国居民来源于境外的所得的管辖权的前提下,又承认所得来源地国的管辖权,即允许纳税人在汇总计算应纳税额时,扣除他已在来源地国缴纳的所得税额。在解决国际避税问题方面,国际社会形成了转让定价税制、避税港对策税制和反滥用国际税收协定措施等。

---

① 造成国际重复征税和国际避税的原因还有其他许多因素,这里仅就管辖权问题而言。
② 这种方式指的是一国的主权机关从自身的根本利益出发,为解决国际重复征税所作的一种单方面的许诺。其实是一国对其主权进行的一种自我约束。

第十三章 企业所得税法律制度

企业所得税是随着商品经济的产生而逐步产生和发展的。随着社会生产力的发展，法人等各类社会经济组织取代自然人成为市场经济活动的主体。企业所得税成为国家财政收入的重要来源，企业所得税法也成为规范市场经济主体行为的重要法律。

第一节 企业所得税法概述

一、企业所得税与企业所得税法的概念

企业所得税，是指对企业在一定期间内的生产经营所得和其他所得，依法扣除成本、费用和损失等项目后的余额征收的一种所得税。企业所得税法是调整国家与企业之间在企业所得税的征纳和管理过程中所产生的社会关系的法律规范的总称。我国征收企业所得税的主要法律依据是 2007 年 3 月 16 日十届全国人大五次会议通过的《企业所得税法》，该法自 2008 年 1 月 1 日起施行。2017 年、2018 年全国人大常务委员会对该法又进行了两次修正。

二、企业所得税的特征

与个人所得税相比，企业所得税主要具有以下特征：

（一）企业所得税的纳税人是企业和其他取得收入的组织

企业是法律上的拟制主体，企业所得税正是对此类带有营利性的拟制主体征收的一种所得税，它区别于对自然人征收的个人所得税。大多数国家对个人以外的组织或者实体课税，是以法人作为标准确定纳税人的，实行法人税制是我国企业所得税制改革的方向。因此，企业所得税法取消了原内资企业所得税法中以"独立经济核算"为标准确定纳税人的有关规定，将纳税人的范围确定为企业和其他取得收入的组织，即居民企业在中国境内设立不具有法人资格的营业机构，应当汇总计算并缴纳企业所得税；非居民企业在中国境内设立两个或者两个以上机构、场所的，经税务机关审核批准，可以选择由其主要机构、场所汇总缴纳企业所得税。

(二) 企业所得税应税所得的计算较为复杂

企业所得税的计征较其他所得税要复杂得多，主要表现在应税所得的确定方面。第一，在确定收入总额上，必须将企业的生产经营收入、财产收入、利息收入、股息收入、特许权使用费等各项收入汇总起来计算；第二，在扣除项目上，企业所得税法列举了名目繁多的准予扣除项目和不得扣除项目，而且对某些项目的扣除标准作了限制性规定。因此，企业所得税的计征需要企业财务会计制度的密切配合。

(三) 企业所得税以自行申报为主，源泉扣缴为辅

企业所得税纳税人在纳税年度内无论盈利或亏损，都应当按照规定的期限，向当地主管税务机关报送所得税申报表和年度会计报表。只有在对非居民企业征收预提所得税的场合，才使用源泉扣缴的方式。因此，企业所得税在征纳方式上，以自行申报为主，源泉扣缴为辅，区别于个人所得税以源泉扣缴为主，自行申报为辅的征纳方式。

三、我国企业所得税法的产生与发展

中华人民共和国成立后，1950年政务院公布了《工商业税暂行条例》，主要对私营企业和城乡个体工商户征税。1958年工商税制改革之后，所得税成为一个独立的税种，称为"工商所得税"。当时规定，除国有企业外，凡是国内从事工商业等经营活动，有利润所得的经济单位和个人都要缴纳工商所得税。此后的20多年时间里，国家对国有企业一直实行"统收统支"的制度，不征收所得税。

改革开放后，通过"两步利改税"，国务院于1984年发布了《国营企业所得税条例(草案)》，正式对国有企业征税。从此，国家与国有企业之间的分配关系得到了初步明确。随后，适应经济体制改革的要求，国务院先后于1985年和1988年公布了《集体企业所得税暂行条例》和《私营企业所得税暂行条例》，从而在内资企业所得税方面形成了国营、集体、私营三足鼎立的局面。同时，在对外开放政策的推动下，我国涉外企业所得税制也得到了长足的发展，1980年全国人大通过了我国第一部涉外税法《中外合资经营企业所得税法》，1981年全国人大又通过了《外国企业所得税法》。这两部法律在我国改革开放初期，为维护国家利益、鼓励外商投资和促进对外经济合作发挥了重要作用。

随着改革开放的不断深入和社会主义市场经济体制模式的日益明确，内资企业所得税三足鼎立和涉外企业所得税一分为二的税制结构与经济现实之间的矛盾与冲突逐渐凸显出来。于是，1991年七届全国人大四次通过了《外商投资企业和外国企业所得税法》，取代了原有的两部涉外税法；1993年国务院公布了

《企业所得税暂行条例》，统一了内资企业所得税法。自20世纪70年代末实行改革开放以来，为吸引外资、发展经济，我国对外资企业采取了有别于内资企业的税收政策，实践证明这样做是必要的，在改革开放、吸引外资、促进经济发展方面发挥了重要作用。

当前，我国经济社会情况发生了很大变化，社会主义市场经济体制初步建立。加入WTO后，国内市场对外资进一步开放，内资企业也逐渐融入世界经济体系之中，面临越来越大的竞争压力。如果继续采取内资、外资企业不同的税收政策，必将使内资企业处于不利竞争地位，影响统一、规范、公平竞争的市场环境的建立。根据科学发展观和完善社会主义市场经济体制的总体要求，按照"简税制、宽税基、低税率、严征管"的税制改革原则，我国开始借鉴国际经验，建立各类企业统一适用的科学规范的企业所得税制度，为各类企业创造公平的市场竞争环境。2007年3月16日十届全国人大五次会议通过了《企业所得税法》，统一了内资、外资企业所得税。该法体现了"四个统一"：内资、外资企业适用统一的企业所得税法；统一并适当降低企业所得税税率；统一和规范税前扣除办法和标准；统一税收优惠政策，并实行"产业优惠为主、区域优惠为辅"的新税收优惠体系。国务院于2007年12月6日又公布了《企业所得税法实施条例》，对《企业所得税法》的有关规定进行了必要的细化，该条例与《企业所得税法》同时于2008年1月1日生效。

第二节　企业所得税的纳税人与征税对象

一、企业所得税的纳税人

企业所得税是对所得征收的一种税，因此企业所得税的纳税人必须是取得收入的主体，即企业和事业单位、社会团体以及其他取得收入的组织（以下统称企业）。这些企业为我国企业所得税的纳税人，应当按税法的规定缴纳企业所得税。为避免重复征税，对依照我国法律、行政法规规定成立的个人独资企业、合伙企业不征收企业所得税。这是因为，个人独资企业和合伙企业的出资人对外承担无限责任，企业的财产与出资人的财产密不可分，生产经营收入也即出资人个人的收入，并由出资人缴纳个人所得税。然而，依照外国（地区）法律法规在境外成立的个人独资企业和合伙企业，由于其境外投资人没有在境内缴纳个人所得税，不存在重复征税的问题，因此在这种情况下仍然可能会成为企业所得税法规定的我国非居民企业纳税人（比如在中国境内取得收入，或在中国境内设立机构、场所并取得收入),或可能会成为企业所得税法规定的我国居民企业纳税人(比如其实际管理机构在中国境内)。但不论是居民企业还是非居民企业,都必须严格依照企业所得税法及其实施条例的有关规定缴纳企业所得税。

根据承担纳税义务范围的不同,可以将企业所得税的纳税人分为居民企业与非居民企业两类。

(一)居民企业

《企业所得税法》所称的居民企业,是指依法在我国境内成立,或者依照外国(地区)法律成立但实际管理机构①在我国境内的企业。居民企业应当承担无限纳税义务,就其来源于中国境内和境外的所得缴纳企业所得税。

根据《企业所得税法》的规定,居民企业的判断标准有两个——注册登记地和实际管理机构所在地,即只要企业在我国境内注册登记或者实际管理机构在我国境内,就是我国税法上的居民企业。据此,我国税法上的居民企业包括所有的内资企业(个人独资企业、合伙企业除外)和外商投资企业,以及实际管理机构在我国境内的外国企业。

所谓"实际管理机构",是指对企业的生产经营、人员、账务、财产等实施实质性全面管理和控制的机构。实质管理机构必须同时符合以下三个方面的条件:

第一,是对企业有实质性管理和控制的机构。许多企业的注册地和名义上的企业行政中心不一致,这多是企业为了避税而故意造成的,因而在适用税法时应当进行实质性审查,确定企业真实的管理中心所在。

第二,是对企业实行全面管理和控制的机构。如果该机构只是对该企业的一部分或并不关键的生产经营活动进行影响和控制,比如只是对在中国境内的某一个生产车间进行管理,则不被认定为实际管理机构。只有对企业的整体或者主要的生产经营活动有实际管理控制,对本企业的生产经营活动负总责的管理控制机构,才符合实际管理机构的标准。

第三,管理和控制的内容是企业的生产经营、人员、账务、财产等。这是该规定界定实际管理机构最关键的标准。如果只是在表面上由境外的机构对企业进行全面管理和控制,但是企业的生产经营、人员、账务、财产等重要事务实际上是

---

① 在国际上,居民企业的判定标准有登记注册地标准、实际管理机构地标准和总机构所在地标准等,大多数国家采用多个标准相结合的办法。结合我国的实际情况,《企业所得税法》采用了登记注册地标准和实际管理机构地标准相结合的办法,对居民企业和非居民企业做了明确界定。被废止的《外商投资企业和外国企业所得税法》采用登记注册地标准和总机构所在地标准相结合的办法。总机构所在地标准与实际管理机构地标准的主要区别在于,前者是以一个公司的总管理机构,如总公司、总店等是否设在本国境内作为判定标准;后者以公司经营活动的实际控制和管理中心所在地为依据。采用实际管理机构地标准更有利于防止纳税人通过在低税区设立所谓的"总公司"来规避纳税义务。

由在中国境内的机构来管理的,那么就应当认定其实际管理机构在中国境内。

(二)非居民企业

非居民企业,是指依照外国(地区)法律成立且实际管理机构不在我国境内,但在我国境内设立机构、场所的,或者在我国境内未设立机构、场所,但有来源于我国境内所得的企业。非居民企业又可以分为两类,分别承担不同范围的纳税义务:(1)在我国境内设立机构、场所的,应当就其所设机构、场所取得的来源于我国境内的所得,以及发生在我国境外但与其所设机构、场所有实际联系的所得,缴纳企业所得税;(2)在我国境内未设立机构、场所的,或者虽设立机构、场所但取得的所得与其所设机构、场所没有实际联系的,应当就其来源于我国境内的所得缴纳企业所得税。

这里所说的机构、场所,是指在我国境内从事生产经营活动的机构、场所,包括:(1)管理机构、营业机构、办事机构;(2)工厂、农场、开采自然资源的场所;(3)提供劳务的场所;(4)从事建筑、安装、装配、修理、勘探等工程作业的场所;(5)其他从事生产经营活动的机构、场所。非居民企业委托营业代理人在中国境内从事生产经营活动的,包括委托单位和个人经常代其签订合同,或者储存、交付货物等,该营业代理人视为非居民企业在中国境内设立的机构、场所。

二、企业所得税的征税对象

根据《企业所得税法》的规定,居民企业应当就其来源于我国境内、境外的全部所得缴纳企业所得税;非居民企业在我国境内设立机构、场所的,应当就其所设机构、场所取得的来源于我国境内的所得,以及发生在我国境外但与其所设机构、场所有实际联系的所得,缴纳企业所得税;非居民企业在我国境内未设立机构、场所的,或者虽设立机构、场所但取得的所得与其所设机构、场所没有实际联系的,应当就其来源于我国境内的所得缴纳企业所得税。

来源于我国境内、境外的所得,按照以下原则确定:(1)销售货物所得,按照交易活动发生地确定;(2)提供劳务所得,按照劳务发生地确定;(3)转让财产所得,不动产转让所得按照不动产所在地确定,动产转让所得按照转让动产的企业或者机构、场所所在地确定,权益性投资资产转让所得按照被投资企业所在地确定;(4)股息、红利等权益性投资所得,按照分配所得的企业所在地确定;(5)利息所得、租金所得、特许权使用费所得,按照负担、支付所得的企业或者机构、场所所在地确定,或者按照负担、支付所得的个人的住所地确定;(6)其他所得,由国务院财政、税务主管部门确定。

非居民企业取得的所得如果与其在中国境内设立的机构、场所有以下两种关系的,就属于有"实际联系":(1)非居民企业取得的所得,是通过该机构、场所拥有的股权、债权而取得的。例如,非居民企业通过该机构、场所对其他企业进行股权、债权等权益性投资或者债权性投资而获得股息、红利或利息收入,就可以认定所得与该机构、场所有实际联系。(2)非居民企业取得的所得,是通过该机构、场所拥有、管理和控制的财产取得的。例如,非居民企业将境内或者境外的房产对外出租收取租金,如果该房产是由该机构、场所拥有、管理或者控制的,那么就可以认定这笔租金收入与该机构、场所有实际联系。

企业所得税法所称的"所得"包括:(1)销售货物所得,是指企业销售商品、产品、原材料、包装物、低值易耗品以及其他存货取得的所得。(2)提供劳务所得,是指企业从事建筑安装、修理修配、交通运输、仓储租赁、金融保险、邮电通信、咨询经纪、文化体育、科学研究、技术服务、教育培训、餐饮住宿、中介代理、卫生保健、社区服务、旅游、娱乐、加工以及其他劳务服务活动取得的所得。(3)转让财产所得,是指企业转让固定资产、生物资产、无形资产、股权、债权等财产取得的所得。(4)股息红利等权益性投资收益,是指企业因权益性投资从被投资方取得的所得。(5)利息所得,是指企业将资金提供他人使用但不构成权益性投资,或者因他人占用本企业资金取得的所得,包括存款利息、贷款利息、债券利息、欠款利息等所得。(6)租金所得,是指企业提供固定资产、包装物或者其他资产的使用权取得的所得。(7)特许权使用费所得,是指企业提供专利权、非专利技术、商标权、著作权以及其他特许权的使用权取得的所得。(8)接受捐赠所得,是指企业接受的来自其他企业、组织或者个人无偿给予的货币性资产、非货币性资产。(9)其他所得,是指除以上列举外的、也应当缴纳企业所得税的其他所得,包括企业资产溢余所得、逾期未退包装物押金所得、确实无法偿付的应付款项、已作坏账损失处理后又收回的应收款项、债务重组所得、补贴所得、违约金所得、汇兑收益等。

第三节 企业所得税的应纳税所得额

应纳税所得额是企业所得税的计税依据,根据应纳税额＝应纳税所得额×适用税率,可计算出应纳税额。应纳税所得额在企业所得税法律制度中占有重要地位。

一、概述

（一）一般规定

企业所得税的应纳税所得额，即应税所得，是指企业每一纳税年度的收入总额[①]，减除不征税收入、免税收入、各项扣除以及允许弥补的以前年度亏损后的余额。因此，企业所得税应纳税所得额的计算公式可以归纳为：

应纳税所得额＝法定收入总额－准予扣除项目金额

企业应纳税所得额的计算，以权责发生制为原则，属于当期的收入和费用，不论款项是否收付，均作为当期的收入和费用；不属于当期的收入和费用，即使款项已经在当期收付，也不作为当期的收入和费用，但《企业所得税法实施条例》和国务院财政、税务主管部门另有规定的除外。在计算应纳税所得额时，企业财务、会计处理办法与税收法律、行政法规的规定不一致的，应当依照税收法律、行政法规的规定计算。

（二）预提所得税的应税所得

为便利征管，对于在我国境内未设立机构、场所的，或者虽设立机构、场所但取得的所得与其所设机构、场所没有实际联系的非居民企业，征收预提所得税[②]。预提所得税应纳税所得额按下列方法来确定：(1) 股息红利等权益性投资收益和利息、租金、特许权使用费所得，以收入全额[③]为应纳税所得额；(2) 转让财产所得，以收入全额减除财产净值后的余额为应纳税所得额；(3) 其他所得，参照前两项规定的方法计算应纳税所得额。

（三）清算所得

区别于上述应税所得的是清算所得，它是指企业的全部资产可变现价值或者交易价格减除资产净值、清算费用、相关税费等后的余额。《企业所得税法》第55条第2款规定："企业应当在办理注销登记前，就其清算所得向税务机关申报并依法缴纳企业所得税。"但企业进入清算期后，所处环境发生了变化，如企业清算中的会计处理，与公司正常情况下的财务会计有很大的不同，因为正常进行

[①] 《企业所得税法》中所讲的"收入总额"其实是企业的会计收入总额，在计算应纳税所得额时，还需要在会计收入总额中减除不征税收入和免税收入。本教材为行文的方便和有助于理解，将《企业所得税法》中的"收入总额"称为会计收入总额，减除不征税收入和免税收入后的收入总额称为法定收入总额。

[②] 预提所得税是所得来源地国家对境外纳税人从本国取得的所得，在支付款项时由支付单位扣缴所得税的一种方式。预提所得税不是一个独立的税种，而是所得税的一种源泉控制征收方式。因为征收预提所得税收入的取得者不在本国境内，而是分散在许多国家（或地区），如果由纳税人直接申报纳税，不便于进行征收管理。

[③] 收入全额，是指非居民企业向支付人收取的全部价款和价外费用。

会计核算的会计基本前提已不复存在，公司不再是连续经营的，各项资产不宜再按历史成本和账面净值估价，许多会计核算一般原则在公司清算中也已不成立或不再适用，全部资产或财产（除货币资金外）必须要以现值来衡量。因此，清算所得应当采用如下公式计算：

清算所得＝企业的全部资产可变现价值或者交易价格－资产净值－清算费用－相关税费

投资方企业从被清算企业分得的剩余资产，其中相当于从被清算企业累计未分配利润和累计盈余公积中应当分得的部分，应当确认为股息所得；剩余资产减除上述股息所得后的余额，超过或者低于投资成本的部分，应当确认为投资资产转让所得或者损失。

二、法定收入总额

根据计算公式，要计算企业所得税的应纳税所得额，必须首先确定纳税人的法定收入总额。所谓法定收入总额，是指依据税法的规定将企业每一纳税年度的会计收入总额减除不征税收入、免税收入后的余额。

（一）会计收入总额

企业以货币形式和非货币形式从各种来源取得的收入，为会计收入总额，主要包括：(1) 销售货物收入；(2) 提供劳务收入；(3) 转让财产收入；(4) 股息、红利等权益性投资收益；(5) 利息收入；(6) 租金收入；(7) 特许权使用费收入；(8) 接受捐赠收入；(9) 其他收入。企业发生非货币性资产交换，以及将货物、财产、劳务用于捐赠、偿债、赞助、集资、广告、样品、职工福利和利润分配等用途的，应当视同销售货物、转让财产和提供劳务，但国务院财政、税务主管部门另有规定的除外。此外，企业已经作为损失处理的资产，在以后纳税年度又全部收回或者部分收回时，应当计入当期收入。

企业取得收入的货币形式，包括现金、存款、应收账款、应收票据、准备持有至到期的债券投资以及债务的豁免等；企业取得收入的非货币形式，包括存货、固定资产、生物资产、无形资产、股权投资、不准备持有至到期的债券投资、劳务以及有关权益等。企业以非货币形式取得的收入，应当按照公允价值确定收入额。[①]

[①] 公允价值，是指按照市场价格确定的价值。《企业会计准则——基本准则》第42条对"公允价值"的计量方法作了说明："在公允价值计量下，资产和负债按照市场参与者在计量日发生的有序交易中，出售资产所能收到或者转移负债所需支付的价格计量。"

企业的下列生产经营业务可以分期确认收入的实现：(1) 以分期收款方式销售货物的，按照合同约定的收款日期确认收入的实现；(2) 企业受托加工制造大型机械设备、船舶、飞机，以及从事建筑、安装、装配工程业务或者提供其他劳务等，持续时间超过 12 个月的，按照纳税年度内完工进度或者完成的工作量确认收入的实现。

采取产品分成方式取得收入的，按照企业分得产品的日期确认收入的实现，其收入额按照产品的公允价值确定。产品分成，即多家企业在合作进行生产经营的过程中，合作各方对合作生产出的产品按照约定进行分配，并以此作为生产经营收入。由于产品分成是一种以实物代替货币作为收入的，而产品的价格又随着市场供求关系而波动，因此只有在分得产品的时刻确认收入的实现，才能够体现生产经营的真实所得。这一确认收入实现的标准，也是权责发生制原则的一个例外。

(二) 不征税收入

"不征税收入"是企业所得税法新创设的一个概念，是指从企业所得税原理上讲应永久不列入征税范围的收入范畴，即税法原理上的不具有可税性的收入。这一概念可与国际税法中的"所得不予计列项目"相对应。美国税法中的所得不予计列项目是法定优惠概念的结果。按照这一概念，只有国会才可以提供税收减免。国会规定的任何税收减免必须被严格地应用和解释。所得不予计列项目通常是用来避免双重征税或用来鼓励纳税人进行税法鼓励的交易。美国《国内收入法典》中规定的所得不予计列项目主要包括：州和地方公债的利息，来自负债豁免的所得，某些军方成员的战争赔款，州、市等政府的所得，某些军事收益，政府公用事业部门提供的节约能源津贴等。

我国税法规定不征税收入的主要目的是将非经营活动或非营利活动带来的经济利益流入从应税总收入中排除。税法中规定的"不征税收入"概念，不属于税收优惠的范畴，这些收入不属于营利性活动带来的经济利益，是具有特定目的的收入，这些收入从企业所得税原理上讲应永久不列为征税范围的收入范畴。这与美国税法中的"所得不予计列项目"有所区别，后者属于法定税收优惠的范畴。

我国《企业所得税法》规定，会计收入总额中的下列收入为不征税收入：(1) 财政拨款，是指各级政府对纳入预算管理的事业单位、社会团体等组织拨付的财政资金，但国务院和国务院财政、税务主管部门另有规定的除外。(2) 依法收取并纳入财政管理的行政事业性收费、政府性基金。行政事业性收费，是指企业根据法律法规等有关规定，依照国务院规定程序批准，在实施社会公共管理，以及在向公民、法人或者其他组织提供特定公共服务过程中,向特定对象收取并纳入财政管理的费用;政府性基金,是指企业根据法律、行政法规等有关规定,代政府收取的具有专项用途的财政资金。(3) 国务院规定的其他不征税收入,是指企业取得的,由国务院财政、税务主管部门规定专项用途并经国务院批准的财政性资金。

(三) 免税收入

免税收入属于税后优惠的范畴,区别于不具有可税性的不征税收入。

企业的下列收入为免税收入:

1. 国债利息收入,是指企业持有国务院财政部门发行的国债取得的利息收入。

2. 符合条件的居民企业之间的股息、红利等权益性投资收益,是指居民企业直接投资于其他居民企业取得的投资收益,但不包括连续持有居民企业公开发行并上市流通的股票不足 12 个月取得的投资收益。

3. 在中国境内设立机构、场所的非居民企业从居民企业取得与该机构、场所有实际联系的股息、红利等权益性投资收益,但不包括连续持有居民企业公开发行并上市流通的股票不足 12 个月取得的投资收益。

4. 符合条件的非营利组织的收入,是指同时符合下列条件的组织:(1) 依法履行非营利组织登记手续;(2) 从事公益性或者非营利性活动;(3) 取得的收入除用于与该组织有关的、合理的支出外,全部用于登记核定或者章程规定的公益性或者非营利性事业;(4) 财产及其孳息不用于分配;(5) 按照登记核定或者章程规定,该组织注销后的剩余财产用于公益性或者非营利性目的,或者由登记管理机关转赠给与该组织性质、宗旨相同的组织,并向社会公告;(6) 投入人对投入该组织的财产不保留或者享有任何财产权利;(7) 工作人员工资福利开支控制在规定的比例内,不变相分配该组织的财产。非营利组织的认定管理办法由国务院财政、税务主管部门会同国务院有关部门制定。

符合条件的非营利组织的收入,不包括非营利组织从事营利性活动取得的收入,但国务院财政、税务主管部门另有规定的除外。

5. 此外,外国政府或国际组织取得的下列所得可以免征企业所得税:(1) 外国政府向中国政府提供贷款取得的利息所得;(2) 国际金融组织向中国政府和居民企业提供优惠贷款取得的利息所得;(3) 经国务院批准的其他所得。

三、扣除项目

（一）准予扣除的项目

企业所得税准予扣除的项目，是指在计算企业所得税应纳税所得额时，准予从法定收入总额中扣除的项目，即企业实际发生的与取得收入直接相关的、合理的支出。所谓"与取得收入直接相关的支出"，是指企业所实际发生的能直接带来经济利益的流入或者可预期经济利益的流入的支出。所谓"合理的支出"，是指符合生产经营活动常规，应当计入当期损益或者有关资产成本的必要和正常的支出。企业发生的支出应当区分收益性支出和资本性支出。[①] 收益性支出在发生当期直接扣除；资本性支出应当分期扣除或者计入有关资产成本，不得在发生当期直接扣除（关于资本性支出摊销问题的介绍详见本节第四部分"资产的税务处理"）。

企业所得税准予扣除的项目主要包括如下内容：

1. 成本，即生产经营成本，是指纳税人为生产、经营商品和提供劳务等所发生的各项直接费用和间接费用，包括企业在生产经营活动中发生的销售成本、销货成本、业务支出以及其他耗费。

2. 费用，即纳税人在生产经营活动中发生的销售费用、管理费用和财务费用，已经计入成本的有关费用除外。

3. 税金，即纳税人发生的除企业所得税和允许抵扣的增值税以外的各项税金及其附加，包括消费税、城市维护建设税、资源税、土地增值税、教育费附加等，但增值税是价外税，不得扣除。

4. 损失，即纳税人在生产经营活动中发生的各项营业外支出、已发生的经营亏损和投资损失以及其他损失，包括企业在生产经营活动中发生的固定资产和存货的盘亏、毁损、报废损失，转让财产损失，呆账损失，坏账损失，自然灾害等不可抗力因素造成的损失等。

5. 其他支出，是指除成本、费用、税金、损失外，企业在生产经营活动中发生的与生产经营活动有关的、合理的支出，如公益性捐赠。

需要注意的是：第一，企业纳税年度发生的亏损，准予向以后年度结转，用以后年度的所得弥补，但结转年限最长不得超过五年；第二，企业的不征税收入用

[①] 收益性支出是指受益期不超过一年或一个营业周期的支出，即发生该项支出仅仅是为了取得本期收益；资本性支出是指受益期超过一年或一个营业周期的支出，即发生该项支出不仅是为了取得本期收益，而且也是为了取得以后各期收益。

于支出所形成的费用或财产,不得扣除或者计算对应的折旧、摊销扣除;第三,除《企业所得税法》及其实施条例另有规定外,企业实际发生的成本、费用、税金、损失和其他支出,不得重复扣除。

(二)不得扣除的项目

在确定应纳税所得额时,我国企业所得税法还对不得扣除的项目作出了规定,这有助于明确准予扣除的项目。

在计算应纳税所得额时,下列支出不得扣除:(1)向投资者支付的股息、红利等权益性投资收益款项;(2)企业所得税税款;(3)税收滞纳金;(4)罚金、罚款和被没收财物的损失;(5)赞助支出,即企业发生的与生产经营活动无关的各种非广告性质支出;(6)未经核定的准备金支出,即不符合国务院财政、税务主管部门规定的各项资产减值准备、风险准备等准备金支出;(7)与取得收入无关的其他支出。我国企业所得税法还规定,企业对外投资期间,投资资产的成本在计算应纳税所得额时不得扣除;企业之间支付的管理费、企业内营业机构之间支付的租金和特许权使用费,以及非银行企业内营业机构之间支付的利息,不得扣除;企业在汇总计算缴纳企业所得税时,其境外营业机构的亏损不得抵减境内营业机构的盈利,以免我国的税收收入流向国外。

(三)主要准予扣除项目的扣除标准

1. 工资薪金与社会保险

企业发生的合理的工资薪金支出,准予扣除。税法上所称的工资薪金,是指企业每一纳税年度支付给在本企业任职或者受雇的员工的所有现金形式或者非现金形式的劳动报酬,包括基本工资、奖金、津贴、补贴、年终加薪、加班工资,以及与员工任职或者受雇有关的其他支出。

企业依照国务院有关主管部门或者省级人民政府规定的范围和标准为职工缴纳的基本养老保险费、基本医疗保险费、失业保险费、工伤保险费、生育保险费等基本社会保险费和住房公积金,准予扣除。企业为投资者或者职工支付的补充养老保险费、补充医疗保险费,在国务院财政、税务主管部门规定的范围和标准内,准予扣除。但除企业依照国家有关规定为特殊工种职工支付的人身安全保险费和国务院财政、税务主管部门规定可以扣除的其他商业保险费外,企业为投资者或者职工支付的商业保险费,不得扣除。

2. 借款费用与利息支出

企业在生产经营活动中发生的合理的不需要资本化的借款费用,准予扣除。但企业为购置、建造固定资产、无形资产和经过12个月以上的建造才能达到预定可销售状态的存货发生借款的,在有关资产购置、建造期间发生的合理的借款费用,应当作为资本性支出计入有关资产的成本,并依照资产税务处理中的相关规定扣除。

企业在生产经营活动中发生的下列利息支出,准予扣除:(1)非金融企业向金融企业借款的利息支出、金融企业的各项存款利息支出和同业拆借利息支出、企业经批准发行债券的利息支出;(2)非金融企业向非金融企业借款的利息支出,不超过按照金融企业同期同类贷款利率计算的数额的部分。

3. 汇兑损益

企业在货币交易中,以及纳税年度终了时将人民币以外的货币性资产、负债按照期末即期人民币汇率中间价折算为人民币时产生的汇兑损失,除已经计入有关资产成本以及与向所有者进行利润分配相关的部分外,准予扣除。

4. 职工福利费、工会经费、职工教育经费

企业发生的职工福利费支出,不超过工资薪金总额14%的部分,准予扣除。企业拨缴的工会经费,不超过工资薪金总额2%的部分,准予扣除。除国务院财政、税务主管部门另有规定外,企业发生的职工教育经费支出,不超过工资薪金总额2.5%的部分,准予扣除;超过部分,准予在以后纳税年度结转扣除。

5. 业务招待费、广告费和业务宣传费

企业发生的与生产经营活动有关的业务招待费支出,按照发生额的60%扣除,但最高不得超过当年销售(营业)收入5‰。企业发生的符合条件的广告费和业务宣传费支出,除国务院财政、税务主管部门另有规定外,不超过当年销售(营业)收入15%的部分,准予扣除;超过部分,准予在以后纳税年度结转扣除。

6. 环保专项资金、劳动保护支出

企业按照法律、行政法规有关规定提取的用于环境保护、生态恢复等方面的专项资金,准予扣除,但上述专项资金提取后改变用途的,不得扣除。企业发生的合理的劳动保护支出,准予扣除。

7. 财产保险、固定资产租赁费

企业参加财产保险,按照规定缴纳的保险费,准予扣除。企业根据生产经营活动的需要租入固定资产支付的租赁费,按照以下方法扣除:(1)以经营租赁方式租入固定资产发生的租赁费支出,按照租赁期限均匀扣除;(2)以融资租赁方式租入固定资产发生的租赁费支出,按照规定构成融资租入固定资产价值的部分应当提取折旧费用,分期扣除。

8. 非居民企业总分机构之间有关费用

非居民企业在中国境内设立的机构、场所,就其中国境外总机构发生的与该机构、场所生产经营有关的费用,能够提供总机构出具的费用汇集范围、定额、分

配依据和方法等证明文件,并合理分摊的,准予扣除。

9. 公益性捐赠支出

企业发生的公益性捐赠支出,在年度利润总额12%以内的部分,准予在计算应纳税所得额时扣除;超过年度利润总额12%的部分,准予结转以后三年内在计算应纳税所得额时扣除。公益性捐赠,是指通过公益性社会组织或者县级(含县级)以上人民政府及其组成部门和直属机构,用于《公益事业捐赠法》《慈善法》规定的公益事业、慈善活动的捐赠。年度利润总额,是指企业按照国家统一会计制度的规定计算的年度会计利润。

四、资产的税务处理[①]

企业从事生产、经营所需的各种资产,主要表现为固定资产、生物资产、无形资产、长期待摊费用、投资资产和存货等。由于资产不是费用,因此不能在确定企业应纳税所得额时直接予以扣除,只能通过将资产的损耗转化为费用才得以扣除。实际上,资产的税务处理主要解决的是企业资本性支出的摊销问题。其中,固定资产、生物资产、无形资产、长期待摊费用和投资资产的使用期限较长,其价值转化为费用需通过若干个生产周期或纳税年度逐步转化成费用,而存货则在一个生产周期或纳税年度内全部转化为费用;而且,各种资产的使用和损耗形式的不同,又导致各种资产价值转化为费用的形式也不一样。因此,在计算企业所得税时,需要对资产进行税务处理。资产的税务处理与企业应纳税所得额的确定密切相关。

1. 固定资产折旧

税法上的固定资产,是指企业为生产产品、提供劳务、出租或者经营管理而持有的、使用时间超过12个月的非货币性资产,包括房屋、建筑物、机器、机械、运输工具以及其他与生产经营活动有关的设备、器具、工具等。在计算应纳税所得额时,企业按照直线法计算的折旧,准予扣除。除国务院财政、税务主管部门另有规定外,固定资产计算折旧的最低年限如下:(1)房屋、建筑物,为20年;(2)飞机、火车、轮船、机器、机械和其他生产设备,为10年;(3)与生产经营活动有关的器具、工具、家具等,为5年;(4)飞机、火车、轮船以外的运输工具,为4年;(5)电子设备,为3年。从事开采石油、天然气等矿产资源的企业,在开始商业性生产前发生的费用和有关固定资产的折耗、折旧方法,由国务院财政、税务

---

① 所谓资产的税务处理,是指在计算应纳税所得额时,对企业的资产所进行的计价、折旧提取以及摊销等方面的处理,以明确每一纳税年度内,各种资产的价值有多少转化成费用。

主管部门另行规定。

下列固定资产不得计算折旧扣除:(1)房屋、建筑物以外未投入使用的固定资产;(2)以经营租赁方式租入的固定资产;(3)以融资租赁方式租出的固定资产;(4)已足额提取折旧仍继续使用的固定资产;(5)与经营活动无关的固定资产;(6)单独估价作为固定资产入账的土地;(7)其他不得计算折旧扣除的固定资产。

2. 生产性生物资产折旧

企业所得税法所称的生产性生物资产,是指企业为生产农产品、提供劳务或者出租等而持有的生物资产,包括经济林、薪炭林、产畜和役畜等。生产性生物资产按照直线法计算的折旧,准予扣除。生产性生物资产计算折旧的最低年限如下:(1)林木类生产性生物资产,为10年;(2)畜类生产性生物资产,为3年。

3. 无形资产摊销

企业所得税法所称的无形资产,是指企业为生产产品、提供劳务、出租或者经营管理而持有的、没有实物形态的非货币性长期资产,包括专利权、商标权、著作权、土地使用权、非专利技术、商誉等。在计算应纳税所得额时,企业按照直线法计算的无形资产摊销费用,准予扣除。无形资产的摊销年限不得低于10年。作为投资或者受让的无形资产,有关法律规定或者合同约定了使用年限的,可以按照规定或者约定的使用年限分期摊销。外购商誉的支出,在企业整体转让或者清算时,准予扣除。

下列无形资产不得计算摊销费用扣除:(1)自行开发的支出已在计算应纳税所得额时扣除的无形资产;(2)自创商誉;(3)与经营活动无关的无形资产;(4)其他不得计算摊销费用扣除的无形资产。

4. 长期待摊费用摊销

在计算应纳税所得额时,企业发生的下列支出作为长期待摊费用,按照规定摊销的,准予扣除:(1)已足额提取折旧的固定资产的改建支出;(2)租入固定资产的改建支出;(3)固定资产的大修理支出;(4)其他应当作为长期待摊费用的支出。

5. 投资资产转让的税务处理

《企业所得税法》所称投资资产,是指企业对外进行权益性投资和债权性投资形成的资产。企业在转让或者处置投资资产时,投资资产的成本,准予扣除;但企业对外投资期间,投资资产的成本在计算应纳税所得额时不得扣除。

6. 存货与资产转让的税务处理

税法上所称的存货,是指企业持有以备出售的产品或者商品、处在生产过程中的在产品、在生产或者提供劳务过程中耗用的材料和物料等。企业使用、销售存货或者转让资产，按照规定计算的存货成本或者该项资产的净值，准予在计算应纳税所得额时扣除。所谓资产的净值，是指有关资产、财产的计税基础减除已经按照规定扣除的折旧、折耗、摊销、准备金等后的余额。

企业的上述各项资产以历史成本为计税基础，即以企业取得该项资产时实际发生的支出为分摊依据。企业持有各项资产期间资产增值或者减值，除国务院财政、税务主管部门规定可以确认损益外，不得调整该资产的计税基础。

第四节　企业所得税的税率与应纳税额的计算

一、企业所得税的税率

企业所得税的税率，是指企业应纳所得税额与其应纳税所得额之间的比例。根据纳税人及其所得形态的不同，以及国家的产业政策，可以将企业所得税的税率分为基本税率、预提所得税税率和优惠税率三类。

（一）基本税率

2007年《企业所得税法》将企业所得税的基本税率从33%调整为25%。这主要基于如下考虑：对内资企业要减轻税负，对外资企业也尽可能少增加税负，同时要将财政减收控制在可以承受的范围内，还要考虑国际上尤其是周边国家（地区）的税率水平。当时，全世界159个实行企业所得税的国家（地区）的平均税率为28.6%，我国周边18个国家（地区）的平均税率为26.7%。由此可见，我国税法规定的25%的税率，在国际上是适中偏低的水平，有利于提高企业竞争力和吸引外商投资。但近年来，伴随世界经济的增速放缓，以美国为代表的诸多国家纷纷下调企业所得税税率，这就使得我国的税率优势不再明显。

（二）预提所得税税率

非居民企业在中国境内未设立机构、场所的，或者虽设立机构、场所但取得的所得与其所设机构、场所没有实际联系的，其取得的所得适用20%的企业所得税税率，但减按10%征收。因为在计算预提所得税的应纳税所得额时，除可以扣除转让财产的净值外，不得扣除其他任何费用，所以必须设计一个较低的税率以抵消这部分未扣除的费用。

（三）优惠税率

企业所得税法还对两类企业规定了两档优惠税率，即符合条件的小型微利企业，减按20%的税率征收企业所得税；国家需要重点扶持的高新技术企业，减按15％的税率征收企业所得税。由于高新技术企业和小型微利企业在我国国民经济中处于特殊地位，借鉴一些国家的经验，对这两类企业实行优惠税率是必要的。

所谓小型微利企业，是指从事国家非限制和禁止行业，且同时符合：(1) 年度应纳税所得额不超过300万元；(2) 从业人数不超过300人；(3) 资产总额不超过5000万元等三个条件的企业。

国家需要重点扶持的高新技术企业，是指在《国家重点支持的高新技术领域》内，持续进行研究开发与技术成果转化，形成企业核心自主知识产权，并以此为基础开展经营活动，在中国境内(不包括港、澳、台地区)注册的居民企业。

二、企业所得税应纳税额的确定

企业所得税应纳税额的计算公式为：

应纳税额＝应纳税所得额×适用税率

举例来讲：某内资企业在某一纳税年度内，共发生下列收支项目：(1) 产品销售收入100万元，销售成本30万元，销售费用0.5万元，销售税金8万元(不含增值税)；(2) 固定资产盘盈收入3万元；(3) 国债利息收入5万元；(4) 从某制药企业获得股息收入20万元；(5) 通过希望工程向某希望小学捐资5万元。如果该企业既非小型微利企业，也非高新技术企业，则该企业当年度应缴纳的企业所得税税额的计算方法如下：

由于国债利息收入和符合条件的居民企业之间的股息、红利等权益性投资收益为免税收入，所以该企业的国库券利息收入5万元和从某制药企业获得的股息收入20万元不计入应纳税所得额。此外，因为该企业的利润总额为$100-30-0.5-8+3+5+20-5=84.5$(万元)，该企业向某希望小学的捐赠支出5万元占利润总额的比例小于12％(比例为$5÷84.5×100％≈5.92％$)，所以可以全额扣除。因此，该企业应纳税所得额＝$100-30-0.5-8+3-5=59.5$(万元)，该企业应纳税额＝$59.5×25％=14.875$(万元)。

由于在确定企业应纳的所得税额时，还应当考虑税收优惠和税收抵免(本章第五节)等因素，因此企业的实际应纳所得税额为企业的应纳税所得额乘以适用税率，减除依照税法关于税收优惠的规定减免和抵免的税额后的余额，即应纳税额的计算公式演化为：

应纳税额＝应纳税所得额×适用税率－减免税额－抵免税额

第五节　企业所得税的税收优惠与税收抵免

一、企业所得税的税收优惠

为体现国家的经济政策，实现税法的宏观调控功能，我国企业所得税法对某些行业和企业给予了减免税优惠，建立了"产业优惠为主、区域优惠为辅"的新税收优惠体系。

（一）产业性优惠

国家对重点扶持和鼓励发展的产业和项目，给予企业所得税优惠。企业的下列所得，可以免征、减征企业所得税：

1. 从事农、林、牧、渔业项目的所得

企业从事下列项目的所得，免征企业所得税：(1) 蔬菜、谷物、薯类、油料、豆类、棉花、麻类、糖料、水果、坚果的种植；(2) 农作物新品种的选育；(3) 中药材的种植；(4) 林木的培育和种植；(5) 牲畜、家禽的饲养；(6) 林产品的采集；(7) 灌溉、农产品初加工、兽医等农、林、牧、渔服务业项目；(8) 远洋捕捞。

企业从事下列项目的所得，减半征收企业所得税：(1) 花卉、茶以及其他饮料作物和香料作物的种植；(2) 海水养殖、内陆养殖。

企业从事国家限制和禁止发展的项目，不得享受本项优惠。

2. 从事国家重点扶持的公共基础设施项目投资经营的所得

国家重点扶持的公共基础设施项目，是指《公共基础设施项目企业所得税优惠目录》规定的港口码头、机场、铁路、公路、城市公共交通、电力、水利等项目。企业从事国家重点扶持的公共基础设施项目的投资经营的所得，自项目取得第一笔生产经营收入所属纳税年度起，第一年至第三年免征企业所得税，第四年至第六年减半征收企业所得税。享受减免税优惠的项目，在减免税期限内转让的，受让方自受让之日起，可以在剩余期限内享受规定的减免税优惠；减免税期限届满后转让的，受让方不得就该项目重复享受减免税优惠。

企业承包经营、承包建设和内部自建自用本项规定的项目，不得享受本项优惠。

3. 从事符合条件的环境保护、节能节水项目的所得

符合条件的环境保护、节能节水项目，包括公共污水处理、公共垃圾处理、沼气综合开发利用、节能减排技术改造、海水淡化等。项目的具体条件和范围由国务院财政、税务主管部门商国务院有关部门制订，报国务院批准后公布施行。

企业从事符合条件的环境保护、节能节水项目的所得,自项目取得第一笔生产经营收入所属纳税年度起,第一年至第三年免征企业所得税,第四年至第六年减半征收企业所得税。享受减免税优惠的项目,在减免税期限内转让的,受让方自受让之日起,可以在剩余期限内享受规定的减免税优惠;减免税期限届满后转让的,受让方不得就该项目重复享受减免税优惠。

4. 符合条件的技术转让所得

符合条件的技术转让所得免征、减征企业所得税,是指一个纳税年度内,居民企业技术转让所得不超过500万元的部分,免征企业所得税;超过500万元的部分,减半征收企业所得税。

5. 预提所得税

非居民企业在中国境内未设立机构、场所的,或者虽设立机构、场所但取得的所得与其所设机构、场所没有实际联系的所得减按10%的税率征收企业所得税。

(二) 区域性优惠

民族自治地方的自治机关对本民族自治地方的企业应缴纳的企业所得税中属于地方分享的部分,可以决定减征或者免征。① 自治州、自治县决定减征或者免征的,须报省、自治区、直辖市人民政府批准。对民族自治地方内国家限制和禁止行业的企业,不得减征或者免征企业所得税。

(三) 税基式优惠

税基式优惠是通过减少应纳税所得额的方式给予纳税人优惠。税法规定的税基式优惠主要在以下几个方面:

1. 企业的下列支出,可以在计算应纳税所得额时加计扣除:(1) 开发新技术、新产品、新工艺发生的研究开发费用,未形成无形资产计入当期损益的,在按照规定据实扣除的基础上,按照研究开发费用的100%加计扣除;形成无形资产的,按照无形资产成本的200%摊销;(2) 企业安置残疾人员的,在按照支付给残疾职工工资据实扣除的基础上,按照支付给残疾职工工资的100%加计扣除;企业安置国家鼓励安置的其他就业人员所支付的工资的加计扣除办法,由国务院另行规定。

2. 创业投资企业从事国家需要重点扶持和鼓励的创业投资,可以按投资额的一定比例抵扣应纳税所得额。创业投资企业采取股权投资方式投资于未上市

---

① 即对民族自治地方的企业减免企业所得税,仅限于减免企业所得税中属于地方分享的部分,不得减免属于中央分享的部分。

的中小高新技术企业 2 年以上的,可以按照其投资额的 70% 在股权持有满 2 年的当年抵扣该创业投资企业的应纳税所得额;当年不足抵扣的,可以在以后纳税年度结转抵扣。

3. 企业的固定资产由于技术进步等原因,确需加速折旧的,可以缩短折旧年限或者采取加速折旧的方法,包括:(1) 由于技术进步,产品更新换代较快的固定资产;(2) 常年处于强震动、高腐蚀状态的固定资产。

采取缩短折旧年限方法的,最低折旧年限不得低于税法规定折旧年限的 60%;采取加速折旧方法的,可以采取双倍余额递减法[1]或者年数总和法[2]。

4. 企业综合利用资源,生产符合国家产业政策规定的产品所取得的收入,可以在计算应纳税所得额时减计收入,即企业以《资源综合利用企业所得税优惠目录》规定的资源作为主要原材料[3],生产非国家限制和禁止并符合国家和行业相关标准的产品取得的收入,减按 90% 计入收入总额。

(四) 税额式优惠

税额式优惠是通过直接减少应纳所得税额使纳税人获得优惠的措施。根据《企业所得税法》的规定,企业购置并实际使用《环境保护专用设备企业所得税优惠目录》《节能节水专用设备企业所得税优惠目录》和《安全生产专用设备企业所得税优惠目录》规定的环境保护、节能节水、安全生产等专用设备的,该专用设备投资额的 10% 可以从企业当年的应纳税额中抵免;当年不足抵免的,可以在以后 5 个纳税年度结转抵免。

享受上述优惠的企业,应当实际购置并自身实际投入使用上述专用设备;企业购置上述专用设备在 5 年内转让、出租的,应当停止享受企业所得税优惠,并补缴已经抵免的企业所得税税款。

(五) 授权性优惠

根据国民经济和社会发展的需要,或者由于突发事件等原因对企业经营活动产生重大影响的,国务院可以根据企业所得税法的授权制定企业所得税专项优惠政策,报全国人大常委会备案。

税法规定的税收优惠的具体办法,由国务院规定,详见《财政部、国家税务总

---

[1] 双倍余额递减法是在不考虑固定资产残值的情况下,用直线法折旧率的两倍作为固定的折旧率乘以逐年递减的固定资产期初净值,得出各年应提折旧额的方法。它假设固定资产的服务潜力在前期消耗较大,在后期消耗较少,为此,在使用前期多提折旧,后期少提折旧,从而相对加速折旧。

[2] 年数总和法,又称折旧年限积数法或级数递减法,是固定资产加速折旧法的一种。它是将固定资产的原值减去残值后的净额乘以一个逐年递减的分数计算确定固定资产折旧额的一种方法。

[3] 该项是指原材料占生产产品材料的比例不得低于《资源综合利用企业所得税优惠目录》规定的标准。

局关于企业所得税若干优惠政策的通知》。

综上,我国企业所得税法税收优惠的主要内容包括:促进技术创新和科技进步、鼓励基础设施建设、鼓励农业发展及环境保护与节能、支持安全生产、促进公益事业和照顾弱势群体,以及自然灾害专项减免税优惠政策等。企业同时从事适用不同企业所得税待遇的项目的,其优惠项目应当单独计算所得,并合理分摊企业的期间费用;没有单独计算的,不得享受企业所得税优惠。

二、企业所得税的税收抵免

企业所得税的税收抵免是国家在对企业来自境外的所得征税时,允许企业将其已在境外缴纳的所得税款从其应向本国缴纳的税款中扣除。税收抵免的方法有全额抵免和限额抵免,我国企业所得税法采用了后者,规定企业取得的下列所得已在境外缴纳的所得税税额①,可以从其当期应纳税额中抵免,抵免限额为该项所得依照税法规定计算的应纳税额;超过抵免限额的部分,可以在以后5个年度内②,用每年度抵免限额抵免当年应抵税额后的余额进行抵补:(1) 居民企业来源于中国境外的应税所得;(2) 非居民企业在中国境内设立机构、场所,取得发生在中国境外但与该机构、场所有实际联系的应税所得。除国务院财政、税务主管部门另有规定外,该抵免限额应当分国(地区)不分项计算,其计算公式如下:

抵免限额=中国境内、境外所得按税法规定计算的应纳税总额×来源于某某国(或地区)的应纳税所得额÷中国境内、境外应纳税所得总额

根据上述规定,纳税人来源于境外所得在境外实际缴纳的税款,低于按照上述公式计算的抵免限额的,可以从应纳税额中据实扣除;超过抵免限额的,其超过部分不得在本年度应纳税额中扣除,也不得列为费用支出,但可以用以后年度的税收抵免的余额补扣,但补扣期限最长不得超过5年。

居民企业从其直接或者间接控制③的外国企业分得的来源于中国境外的股息、红利等权益性投资收益,外国企业在境外实际缴纳的所得税税额中属于该项所得负担的部分,可以作为该居民企业的可抵免境外所得税税额,在税法规定的

---

① 已在境外缴纳的所得税税额,是指企业来源于中国境外的所得依照中国境外税收法律以及相关规定应当缴纳并已经实际缴纳的企业所得税性质的税款。
② 5个年度,是指从企业取得的来源于中国境外的所得,已经在中国境外缴纳的企业所得税性质的税额超过抵免限额的当年的次年起连续5个纳税年度。
③ 直接控制,是指居民企业直接持有外国企业20%以上股份;间接控制,是指居民企业以间接持股方式持有外国企业20%以上股份,具体认定办法由国务院财政、税务主管部门另行规定。

抵免限额内抵免。

第六节 企业所得税的征收管理

一、税务登记

企业在办理工商登记后的 30 日内,应当向主管机关办理税务登记。当企业遇有迁移、改组、合并、分立、终止以及变更注册资本、经营范围等主要登记事项时,也应当在行为发生后的法定期限内向主管税务机关办理变更登记或注销登记。伴随着"放管服"与"五证合一"等一系列改革,税务登记在实践中往往与企业的工商登记等同时进行。

二、纳税期间

企业所得税按纳税年度计算。纳税年度为公历年度,即自公历 1 月 1 日起至 12 月 31 日止。企业在一个纳税年度中间开业,或者终止经营活动,使该纳税年度的实际经营期不足 12 个月的,应当以其实际经营期为一个纳税年度。企业依法清算时,应当以清算期间作为一个纳税年度。

企业所得税分月或者分季预缴。企业应当自月份或者季度终了之日起 15 日内,向税务机关报送预缴企业所得税纳税申报表,预缴税款。企业分月或者分季预缴企业所得税时,应当按照月度或者季度的实际利润额预缴;按照月度或者季度的实际利润额预缴有困难的,可以按照上一纳税年度应纳税所得额的月度或者季度平均额预缴,或者按照经税务机关认可的其他方法预缴。预缴方法一经确定,该纳税年度内不得随意变更。企业应当自年度终了之日起 5 个月内,向税务机关报送年度企业所得税纳税申报表,并汇算清缴,结清应缴应退税款。

企业在纳税年度内无论盈利或者亏损,都应当依照税法规定的期限,向税务机关报送预缴企业所得税纳税申报表、年度企业所得税纳税申报表、财务会计报告和税务机关规定应当报送的其他有关资料。

企业在年度中间终止经营活动的,应当自实际经营终止之日起六十日内,向税务机关办理当期企业所得税汇算清缴。企业应当在办理注销登记前,就其清算所得向税务机关申报并依法缴纳企业所得税。

三、纳税地点

居民企业以企业登记注册地为纳税地点(税收法律、行政法规另有规定的除外);但登记注册地在境外的,以实际管理机构所在地为纳税地点。居民企业在中国境内设立不具有法人资格的营业机构的,应当汇总计算并缴纳企业所得税。企业汇总计算并缴纳企业所得税时,应当统一核算应纳税所得额,具体办法详见《跨地区经营汇总纳税企业所得税征收管理办法》。除国务院另有规定外,企业之间不得合并缴纳企业所得税。

在中国境内设立机构、场所的非居民企业,取得来源于中国境内的所得,以及发生在中国境外但与其所设机构、场所有实际联系的所得,以机构、场所所在地为纳税地点。非居民企业在中国境内设立两个或者两个以上机构、场所的,经税务机关审核批准[①],可以选择由其主要机构、场所汇总缴纳企业所得税。[②]

在中国境内未设立机构、场所,或者虽设立机构、场所但取得的所得与其所设机构、场所没有实际联系的非居民企业,以扣缴义务人所在地为纳税地点。

四、预提所得税的源泉扣缴

在中国境内未设立机构、场所,或者虽设立机构、场所但取得的所得与其所设机构、场所没有实际联系的非居民企业应缴纳的所得税,实行源泉扣缴,以支付人[③]为扣缴义务人。税款由扣缴义务人在每次支付或者到期应支付时,从支付[④]或者到期应支付的款项[⑤]中扣缴。

对非居民企业在我国境内取得工程作业和劳务所得应缴纳的所得税,有下列情形之一的,税务机关可以指定工程价款或者劳务费的支付人为扣缴义务人:(1)预计工程作业或者提供劳务期限不足一个纳税年度,且有证据表明不履行纳税义务的;(2)没有办理税务登记或者临时税务登记,且未委托中国境内的代理人履行纳税义务的;(3)未按照规定期限办理企业所得税纳税申报或者预缴申报的。此类扣缴义务人,由县级以上税务机关指定,并同时告知扣缴义务人所扣税款的计算依据、计算方法、扣缴期限和扣缴方式。

扣缴义务人未依法扣缴或者无法履行扣缴义务的,由纳税人在所得发生地缴纳。纳税人未依法缴纳的,税务机关可以从该纳税人在我国境内其他收入项目的支付人应付的款项中,追缴该纳税人的应纳税款。

---

① 经税务机关审核批准,是指经各机构、场所所在地税务机关的共同上级税务机关审核批准。
② 主要机构、场所,应当同时符合下列条件:一是对其他各机构、场所的生产经营活动负有监督管理责任;二是设有完整的账簿、凭证,能够准确反映各机构、场所的收入、成本、费用和盈亏情况。
③ 支付人,是指依照有关法律规定或者合同约定对非居民企业直接负有支付相关款项义务的单位或者个人。
④ 支付,包括现金支付、汇拨支付、转账支付和权益兑价支付等货币支付和非货币支付。
⑤ 到期应支付的款项,是指支付人按照权责发生制原则应当计入相关成本、费用的应付款项。

扣缴义务人每次代扣的税款,应当自代扣之日起7日内缴入国库,并向所在地的税务机关报送扣缴企业所得税报告表。

五、特别纳税调整

为避免纳税人利用关联企业之间的转让定价①等方式或国际避税港②等途径逃避纳税义务,企业所得税法创设了特别纳税调整制度,国家税务总局还发布了《特别纳税调整实施办法(试行)》等文件对此进行了细化。

税务机关依法作出纳税调整,需要补征税款的,应当补征税款,并对应当补征的税款自税款所属纳税年度的次年6月1日起至补缴税款之日止的期间,按日加收利息。加收的利息,不得在计算应纳税所得额时扣除。

特别纳税调整主要包括对以下六类事项的管理:

(一)转让定价管理

转让定价管理是指税务机关按照税法的有关规定,对企业与其关联方之间的业务往来(简称关联交易)是否符合独立交易原则进行审核评估和调查调整等工作。企业所得税法规定企业与其关联方③之间的业务往来,不符合独立交易原则④而减少企业或者其关联方应纳税收入或者所得额的,税务机关有权按照合理方法调整,包括:(1)可比非受控价格法,是指按照没有关联关系的交易各方进行相同或者类似业务往来的价格进行定价的方法;(2)再销售价格法,是指按照从关联方购进商品再销售给没有关联关系的交易方的价格,减除相同或者类似业务的销售毛利进行定价的方法;(3)成本加成法,是指按照成本加合理的费用和利润进行定价的方法;(4)交易净利润法,是指按照没有关联关系的交易各方进行相同或者类似业务往来取得的净利润水平确定利润的方法;(5)利润分割法,是指将企业与其关联方的合并利润或者亏损在各方之间采用合理标准进行分配的方法;(6)其他符合独立交易原则的方法。

---

① 转让定价是指关联企业之间,在货物销售、提供劳务、转让无形资产、借贷等经济往来中,以偏离正常市场价格的内部交易价进行交易的行为。
② 国际避税港,又称税务天堂、税收避难所,通常是指所得和财产不征税或税率很低的场所,这种场所可能是一个国家或地区、港口、岛屿等。
③ 关联方,是指与企业有下列关联关系之一的企业、其他组织或者个人:在资金、经营、购销等方面存在直接或者间接的控制关系;直接或者间接地同为第三者控制;在利益上具有相关联的其他关系。
④ 独立交易原则,是指没有关联关系的交易各方,按照公平成交价格和营业常规进行业务往来遵循的原则。

(二)预约定价安排管理

预约定价安排管理是指税务机关按照税法的规定,对企业提出的未来年度关联交易的定价原则和计算方法进行审核评估,并与企业协商达成预约定价安排等工作。企业可以向税务机关提出与其关联方之间业务往来的定价原则和计算方法,税务机关与企业协商、确认后,达成预约定价安排。纳税人根据确认后的预约定价来计算纳税。

(三)成本分摊协议管理

成本分摊协议管理是指税务机关按照税法的规定,对企业与其关联方签署的成本分摊协议是否符合独立交易原则进行审核评估和调查调整等工作。企业与其关联方共同开发、受让无形资产,或者共同提供、接受劳务发生的成本,在计算应纳税所得额时也应当按照独立交易原则进行分摊,并达成成本分摊协议。企业与其关联方分摊成本时,应当按照成本与预期收益相配比的原则进行分摊,并在税务机关规定的期限内,按照税务机关的要求报送有关资料。企业与其关联方分摊成本时违反上述规定的,其自行分摊的成本不得在计算应纳税所得额时扣除。

(四)受控外国企业管理

受控外国企业管理是指税务机关按照税法的规定,对受控外国企业不作利润分配或减少分配进行审核评估和调查,并对归属于中国居民企业所得进行调整等工作。由居民企业,或者由居民企业和中国居民①控制②的设立在实际税负明显低于税法规定税率水平③的国家(地区)的企业,并非由于合理的经营需要而对利润不作分配或者减少分配的,上述利润中应归属于该居民企业的部分,应当计入该居民企业的当期收入。

(五)资本弱化管理

资本弱化管理是指税务机关按照税法的规定,对企业接受关联方债权性投资与企业接受的权益性投资的比例是否符合规定比例或独立交易原则进行审核评估和调查调整等工作的总称。企业从其关联方接受的债权性投资与权益性投

---

① 中国居民,是指根据我国《个人所得税法》的规定,就其从中国境内和境外取得的所得在中国缴纳个人所得税的个人。

② 控制包括:(1)居民企业或者中国居民直接或者间接单一持有外国企业10%以上有表决权股份,且由其共同持有该外国企业50%以上股份;(2)居民企业,或者居民企业和中国居民持股比例没有达到第(1)项规定的标准,但在股份、资金、经营、购销等方面对该外国企业构成实质控制。

③ 实际税负明显低于税法规定税率水平,是指低于《企业所得税法》第四条第一款规定税率的50%。

资的比例超过规定标准[①]而发生的利息支出，不得在计算应纳税所得额时扣除。

债权性投资，是指企业直接或者间接从关联方获得的，需要偿还本金和支付利息或者需要以其他具有支付利息性质的方式予以补偿的融资。企业间接从关联方获得的债权性投资，包括：(1) 关联方通过无关联第三方提供的债权性投资；(2) 无关联第三方提供的、由关联方担保且负有连带责任的债权性投资；(3) 其他间接从关联方获得的具有负债实质的债权性投资。

权益性投资，是指企业接受的不需要偿还本金和支付利息，投资人对企业净资产拥有所有权的投资。

(六) 一般反避税管理

一般反避税管理是指税务机关按照税法的规定，对企业实施其他不具有合理商业目的的安排而减少其应纳税收入或所得额进行审核评估和调查调整等工作的总称。企业实施其他不具有合理商业目的(即以减少、免除或者推迟缴纳税款为主要目的)的安排而减少其应纳税收入或者所得额的，税务机关有权按照合理方法调整。

为实施上述特别纳税调整事项的管理，企业所得税法运用了年度关联业务往来报告机制。企业向税务机关报送年度企业所得税纳税申报表时，应当就其与关联方之间的业务往来，附送年度关联业务往来报告表。企业不提供与其关联方之间业务往来资料，或者提供虚假、不完整资料，未能真实反映其关联业务往来情况的，税务机关有权依法核定其应纳税所得额。税务机关核定企业的应纳税所得额时，可以采用下列方法：(1) 参照同类或者类似企业的利润率水平核定；(2) 按照企业成本加合理的费用和利润的方法核定；(3) 按照关联企业集团整体利润的合理比例核定；(4) 按照其他合理方法核定。企业对税务机关核定的应纳税所得额有异议的，应当提供相关证据，经税务机关认定后，调整核定的应纳税所得额。

在税务机关进行关联业务调查时，企业及其关联方不仅应当按照规定提供相关资料，与关联业务调查有关的其他企业，也应当按照规定提供相关资料。与关联业务调查有关的其他企业，是指与被调查企业在经营内容和方式上相类似的企业。企业应当在税务机关规定的期限内提供与关联业务往来有关的价格、费用的制定标准、计算方法和说明等资料。关联方以及与关联业务调查有关的其他企业应当在税务机关与其约定的期限内提供相关资料。

[①] 规定比例是指《财政部 国家税务总局关于企业关联方利息支出税前扣除标准有关税收政策问题的通知》(财税[2008]121号)规定的比例。

六、计税货币及其换算

企业依法缴纳的所得税,以人民币计算。所得以人民币以外的货币计算的,应当折合成人民币计算并缴纳税款。企业所得以人民币以外的货币计算的,预缴企业所得税时,应当按照月度或者季度最后一日的人民币汇率中间价,折合成人民币计算应纳税所得额。年度终了汇算清缴时,对已经按照月度或者季度预缴税款的,不再重新折合计算,只就该纳税年度内未缴纳企业所得税的部分,按照纳税年度最后一日的人民币汇率中间价,折合成人民币计算应纳税所得额。

经税务机关检查确认,企业少计或者多计前款规定的所得的,应当按照检查确认补税或者退税时的上一个月最后一日的人民币汇率中间价,将少计或者多计的所得折合成人民币计算应纳税所得额,再计算应补缴或者应退的税款。

第七节 我国企业所得税法评析

2007年,我国企业所得税领域取消"双轨制"实现了"内外合一",这在很大程度上促进了市场公平与课税规范,其中的反避税制度构建、税收优惠体系化等改革举措均为国内首创。迄今为止,企业所得税法律制度运行平稳,亦未再做重大变革,这从侧面说明了2007年改革的成功。当然,伴随社会经济的发展,现行企业所得税法律制度也逐渐暴露出一些问题,本部分将举其要者做简单评述。

一、非法人分支机构汇总纳税困境及其带来的征管困难

第一,根据国家税务总局《跨地区经营汇总纳税企业所得税征收管理办法》的规定,居民企业在中国境内跨地区(指跨省、自治区、直辖市和计划单列市,下同)设立不具有法人资格的营业机构、场所的,总机构和具有主体生产经营职能的二级分支机构,就地分期预缴企业所得税。因此,跨地区分支机构成立的时间差异有可能造成总机构和分支机构、不同分支机构的所得税分别属于国税或地税税务机关管理的状况,导致同等条件下的纳税人税负不均。

第二,《企业所得税法》规定居民企业以法人作为纳税主体,但是难以覆盖所有的非法人分支机构,使得税务机关对居民企业二级及以下分支机构的监管无法可依。由于总机构或母公司大多设在发达地区,依据现行《企业所得税法》,一些分支机构将税收向总机构或母公司所在地转移,使分支机构所在地面临"有税

源无税收"的困境,挫伤了经营地税务机关加强税收征管的积极性。某些特殊行业的分支机构还难以执行就地预交企业所得税的规定,比如建筑业和房产业等特殊行业流动性强,相对于生产企业而言不具有持续经营的特性,同时借用资质和挂靠现象严重,有的甚至只收取管理费,总机构并不管其经营活动,也不负责统一核算,主观上也不愿意把这类分支机构纳入汇算清缴,所以总机构无法按经营收入、职工工资和资产总额向分支机构分摊税款,实际上也无法向其分配预缴税款。总之,税务机关无法对这些税收进行有效监控。

因此,企业所得税法应当进一步完善关于异地非法人分支机构的税收征管关系。尽快理顺总机构与分支机构的税收征管关系,对非法人分支机构进行一次性集中清理,重新明确所得税征管权限,以保证总机构与非法人分支机构的主管税务机关一致。同时,要从制度层面上加强非法人分支机构税收管理,要求非法人分支机构在办理税务登记时,提供核算地主管税务机关出具的汇总缴纳税款资格认定证明。逾期不提供或放弃的,视同放弃,实行就地纳税;同时要求,除不独立核算的非法人分支机构外,其他实行独立核算的非法人分支机构应就当期实现的应纳税款按一定比例就地预缴,接受当地税务机关监管。

二、与流转税的衔接上存在障碍,税法体系的协调性有待加强

《企业所得税法实施条例》第25条规定:"企业发生非货币性资产交换,以及将货物、财产、劳务用于捐赠、偿债、赞助、集资、广告、样品、职工福利或者利润分配等用途的,应当视同销售货物、转让财产或者提供劳务,但国务院财政、税务主管部门另有规定的除外。"而《增值税暂行条例实施细则》第4条则规定:"(一)将货物交付其他单位或者个人代销;(二)销售代销货物;(三)设有两个以上机构并实行统一核算的纳税人,将货物从一个机构移送其他机构用于销售,但相关机构设在同一县(市)的除外;(四)将自产或者委托加工的货物用于非增值税应税项目;(五)将自产、委托加工的货物用于集体福利或者个人消费;(六)将自产、委托加工或者购进的货物作为投资,提供给其他单位或者个体工商户;(七)将自产、委托加工或者购进的货物分配给股东或者投资者;(八)将自产、委托加工或者购进的货物无偿赠送其他单位或者个人。"显然这八种视同销售项目要比《企业所得税法》规定的视同销售项目具体得多。特别值得注意的是,"购进的货物"在《企业所得税法》中没有体现,纳税人执行无法可依。

三、特别纳税调整措施的可操作性有待提高

《企业所得税法》及其实施条例专门规定了特别纳税调整条款,确立了我国

第十三章 企业所得税法律制度

企业所得税的反避税机制。这是在总结完善原来转让定价税制和调查实践基础上，借鉴国际反避税立法经验，结合我国税收征管实践做出的具体规定，目的是制约和打击各种避税行为。这是我国首次较为全面的反避税立法，使企业常规避税方法的运用空间缩小，纳税筹划的风险进一步加大。但是，我国现阶段的反避税工作仍存在着以下几个方面的问题：第一，税收情报交换有待加强。虽然我国已积极融入全球税收情报交换体系，但无论是从交换质量还是情报分析上都有较大进步空间，且反避税工作与日常征管工作脱节，基层税务机关进行情报交换、发现避税问题的难度较大。第二，反避税调查举证责任不明确，依据一般行政法原理，反避税调查应当由税务机关举证，但根据《特别纳税调整实施办法（试行）》等规范性文件，反避税调查的举证责任又被放置在了纳税人身上，这不利于纳税人的权利保护。[①] 如何平衡好维护纳税人权利与防止税基侵蚀之间的关系仍有待进一步出台规定。第三，税务机关的裁量权过大且相关法律法规对反避税调整的规定重定性而轻定量，可操作性低，谈判难；对反避税行为没有明确的定性，同时也没有明确规定避税行为的处罚，这导致反避税调整威慑作用小，不能充分发挥抑制避税行为的作用。

本 章 小 结

所得税是以应税所得为征税对象的一类税，以个人所得税、公司所得税和其他所得税为基本框架。我国2007年颁布的《企业所得税法》统一了原有的内、外资企业所得税，使内、外资企业在同一税制环境下竞争。该法具有重要的意义。企业所得税的纳税人分为居民企业和非居民企业，分别承担不同的纳税义务，基本税率为25%。企业所得税的计税依据为应纳税所得额，即企业每一纳税年度的收入总额减除不征税收入、免税收入、各项扣除以及允许弥补的以前年度亏损后的余额。在确定企业应纳的所得税额时，还应当考虑税收优惠和税收抵免等因素。因此，企业的实际应纳所得税额为企业的应纳税所得额乘以适用税率，减除依照税法关于税收优惠的规定减免和抵免的税额后的余额。我国企业所得税法确定的是"产业优惠为主、区域优惠为辅"的新税收优惠体系。

[①] 《特别纳税调整实施办法（试行）》第95条规定："企业应自收到通知书之日起60日内提供资料证明其安排具有合理的商业目的。"《一般反避税管理办法（试行）》第11条亦规定："被调查企业认为其安排不属于本办法所称避税安排的，应自收到《税务检查通知书》之日起60日内提供下列资料……"

思考题

1. 试述所得税的概念及其基本体系。
2. 所得税管辖权冲突如何解决?
3. 企业所得税的应纳税所得额怎样确定?
4. 我国企业所得税法规定了哪些优惠措施?
5. 预提所得税如何计税、缴纳?

第十四章 个人所得税法律制度

第一节 个人所得税法概述

一、个人所得税与个人所得税法的概念

个人所得税是对个人（主要是自然人）取得的各项应税所得征收的一种税。个人所得税是世界各国普遍征收的一种税，目前世界上已有140多个国家开征了个人所得税。在许多发达国家，个人所得税占税收收入的30%以上，成为主体税种。而我国个人所得税占税收收入总额的比例不到10%。[①]因此，个人所得税被普遍认为是我国最有发展前途的税种之一。

个人所得税法是国家制定的调整在个人所得税征纳与管理过程中产生的社会关系的法律规范的总称。现行的个人所得税基本规范是1980年9月10日五届全国人大三次会议通过，经1993年10月、1999年8月、2005年10月、2007年6月、2007年12月、2011年6月和2018年8月七次修正的《个人所得税法》。

二、个人所得税制度的基本模式

根据征税方式的不同，世界各国采用的个人所得税制度大体可以分为以下三类：

（一）分类所得税制

分类所得税制是将纳税人的各项所得依其来源分为若干类别，对不同类别的所得按不同标准分项计征的所得税制度。采用这种模式课税，可以对纳税人不同种类的所得区别对待，而且能够广泛采用源泉扣缴法，便于计征税款；但它无法综合收入与费用，难以按纳税人的综合税收负担能力征税，而且所得来源的复杂化必然造成征税成本日益增高。

（二）综合所得税制

综合所得税制是将纳税人全年各种不同来源的所得汇总后，统一扣除费用，就其余额依法计征的所得税制度。与分类所得税制相比，这种课税模式能够较

[①] 2019年我国个人所得税收入为10388亿元，占税收收入总额的6.58%。

好地衡量纳税人的综合税收负担能力,更好地体现量能课税原则;但由于它对纳税申报的依赖性很强,要求纳税人具有良好的纳税意识、税务代理制度完备等,而且它不便采用源泉扣缴,因此这种制度可能导致严重的逃避税收的现象。

(三) 分类综合所得税制

分类综合所得税制,又称混合所得税制,是分类所得税制与综合所得税制的一种结合,即对某些种类所得采用分类计征、源泉扣缴,到纳税年度终了时再将各类所得汇总,统一计税。这种课税模式既很好地实现了量能课税原则,又对不同性质的收入进行了区别对待,而且还可以采用源泉扣缴,减少偷逃税。我国目前采用的就是分类综合所得税制。

三、我国个人所得税法的产生与发展

中华人民共和国首部《个人所得税法》于1980年9月10日由五届全国人大三次会议审议通过,其主要适用对象是外籍人员(包括华侨和港澳台同胞)。此后,随着国内个体经济的迅速发展和公民收入水平差距的扩大,国务院于1986年先后公布了《城乡个体工商业户所得税暂行条例》和《个人收入调节税暂行条例》,从而形成了我国对外籍人员、个体工商户和中国公民个人所得分别课税,三套税收法律、法规并存的局面。这些税收法律、法规的施行,在促进对外经济交流与合作、缓解社会分配不公的矛盾、增加财政收入等方面发挥了积极作用。但是,随着形势的发展,这些税收法律、法规逐渐暴露出一些矛盾和问题。

因此,为了规范和完善对个人所得课税的制度,适应建立社会主义市场经济体制的要求,有必要对三套个人所得税的法律、法规进行修改和合并,建立一部统一的既适用于中、外籍纳税人,也适用于个体工商户和其他人员的新的个人所得税法。1993年10月31日八届全国人大常委会四次会议通过了《关于修改〈中华人民共和国个人所得税法〉的决定》,自1994年1月1日起施行,同时废止了《城乡个体工商业户所得税暂行条例》和《个人收入调节税暂行条例》。从此,在个人所得税领域里开征的三个税种被统一为"个人所得税"一种,个人所得税制度获得了一次质的飞跃。

此后,《个人所得税法》又经历了多次修正。其中2005年关于提高工资、薪金所得减除费用标准的调整,在社会上产生了不小的反响。针对此次修正,我国法制史上首开立法听证会,具有极其重要的意义。2007年6月的修订,主要是扩大了国务院在储蓄存款利息所得税方面的授权范围,即将"对储蓄存款利息所得征收个人所得税的开征时间和征收办法由国务院规定",修改为"对储蓄存款利息所得开征、减征、停征个人所得税及其具体办法,由国务院规定"。2007年

12月的修订,再次提高了工资薪金所得减除费用标准,从1600元/月提高到2000元/月。2011年6月的修订再次将工资薪金所得减除费用标准从2000元/月提升至3500元/月,并将9级超额累进税率修改为7级。2018年8月的修订为近年来最大规模的修订,除将免征额提升至6万元/年外,还首次增设了子女教育、继续教育、大病医疗、住房贷款利息和住房租金五项专项附加扣除等一系列举措。

第二节 个人所得税的纳税人与征税对象

一、个人所得税的纳税人

(一)个人所得税的纳税人分类

根据我国《个人所得税法》的规定,以住所和居住时间为标准,个人所得税的纳税人可以分为居民个人和非居民个人两类,二者分别承担不同的纳税义务。①

所谓居民个人是指在我国境内有住所,或者无住所而一个纳税年度内在我国境内居住累计满183天的个人。居民个人应负无限纳税义务,就其来源于中国境内和境外的全部所得,依法缴纳个人所得税。

所谓非居民个人是在我国境内无住所又不居住,或者无住所而一个纳税年度内在我国境内居住累计不满183天的个人。非居民个人承担有限纳税义务,仅就其来源于我国境内的所得,依法缴纳个人所得税。

对非居民个人的纳税义务,存在一个例外的情形,即《个人所得税法实施条例》第4条规定的,"在中国境内无住所的个人,在中国境内居住累计满183天的年度连续不满6年的,经向主管税务机关备案,其来源于中国境外且由境外单位或者个人支付的所得,免予缴纳个人所得税;在中国境内居住累计满183天的任一年度中有一次离境超过30天的,其在中国境内居住累计满183天的年度的连续年限重新起算。"也就是说,判断该无住所个人本纳税年度纳税义务范围时,如果此前6年其在中国境内每年累计居住天数都满183天而且没有任何1年单次离境超过30天,该纳税年度来源于中国境内、境外所得应当缴纳个人所得税;如果此前6年的任1年在中国境内累计居住天数不满183天或者单次离境超过30天,该纳税年度来源于中国境外且由境外单位或者个人支付的所得,免予缴纳个

---

① 长期以来在我国税法学界习惯采用"居民纳税人"与"非居民纳税人"的概念,但2018年修订的《个人所得税法》中首次提出了"居民个人"与"非居民个人"的概念。

人所得税。此前6年,是指该纳税年度的前1年至前6年的连续6个年度,此前6年的起始年度自2019年(含)以后年度开始计算。

(二)所得来源地的确定

由于非居民纳税人承担有限纳税义务,仅就其来源于我国境内的所得,依法缴纳个人所得税,因此判断其所得来源地就显得十分重要。

我国《个人所得税法实施条例》规定,下列所得,不论支付地点是否在我国境内,均为来源于我国境内的所得:(1)因任职、受雇、履约等在我国境内提供劳务取得的所得;(2)将财产出租给承租人在我国境内使用而取得的所得;(3)转让我国境内的不动产等财产或者在我国境内转让其他财产取得的所得;(4)许可各种特许权在我国境内使用而取得的所得;(5)从我国境内企业、事业单位、其他组织以及居民个人取得的利息、股息、红利所得。

二、个人所得税的征税对象

个人所得税以自然人取得的各项所得为征税对象。因此,我国《个人所得税法》根据纳税人取得收入的实际情况,列举了9项应税所得,并在《个人所得税法实施条例》中具体规定了各项个人所得的征税范围:

1. 工资、薪金所得,即个人因任职或受雇而取得的工资、薪金、奖金、年终加薪、劳动分红、津贴、补贴,以及与任职或者受雇有关的其他所得。一般而言,工资、薪金指非独立的个人劳动所得。所谓非独立的个人劳动,是指由他人指定或安排并接受管理的劳动。

2. 劳务报酬所得,即个人从事设计、装潢、安装、制图、化验、测试、医疗、法律、会计、咨询、讲学、翻译、审稿、书画、雕刻、影视、录音、录像、演出、表演、广告、展览、技术服务、介绍服务、经纪服务、代办服务以及其他劳务取得的所得。劳务报酬所得一般属于个人独立从事自由职业或个人独立劳动取得的所得,是否为个人独立劳动所得,是否存在雇佣关系,是区分劳务报酬所得与工资、薪金所得的主要依据。

3. 稿酬所得,即个人因其作品以图书、报刊等形式出版、发表而取得的所得。将稿酬所得独立划归一个税目,而将不以图书、报刊形式出版、发表的翻译、审稿、书画所得归为劳务报酬所得,主要是考虑到了出版、发表作品的特殊性。第一,它是一种依靠较高智力创作的精神产品;第二,它具有普遍性;第三,它与社会主义物质文明和精神文明密切相关;第四,它的报酬相对较低。因此,稿酬所得应当与一般劳务报酬所得相区别,并给予适当优惠照顾。

4. 特许权使用费所得,即个人提供专利权、商标权、著作权、非专利技术以及其他特许权的使用权取得的所得。其中,提供著作权的使用权取得的所得,不包括稿酬所得。

5. 经营所得,具体包括:(1)个体工商户从事生产、经营活动取得的所得,个人独资企业投资人、合伙企业的个人合伙人来源于境内注册的个人独资企业、合伙企业生产、经营的所得;(2)个人依法从事办学、医疗、咨询以及其他有偿服务活动取得的所得;(3)个人对企业、事业单位承包经营、承租经营以及转包、转租取得的所得;(4)个人从事其他生产、经营活动取得的所得。

6. 利息、股息、红利所得,即个人拥有债权、股权而取得的利息、股息、红利所得。利息是指个人拥有债权而取得的利息,包括存款利息、贷款利息和各种债券利息。按照税法的规定,个人取得的利息所得,除国债和国家发行的金融债券的利息外,应当依法缴纳个人所得税。股息、红利,指个人拥有股权取得的股息、红利。按照一定的比率对每股发给的息金叫股息;公司、企业应分配的利润,按股份分配的叫红利。股息、红利所得,除另有规定外,都应当缴纳个人所得税。

7. 财产租赁所得,即个人出租不动产、机器设备、车船以及其他财产取得的所得。

8. 财产转让所得,即个人转让有价证券、股权、合伙企业中的财产份额、不动产、机器设备、车船以及其他财产取得的所得。个人将书画作品、古玩等公开拍卖取得的收入,也按财产转让所得征税。此外,对上市公司股票转让所得目前暂不征税。

9. 偶然所得,即个人得奖、中奖、中彩以及其他偶然性质的所得。

第三节 个人所得税的计税依据、税率与应纳税额的计算

一、个人所得税的计税依据

个人所得税的计税依据,是纳税人取得的应纳税所得额。应纳税所得额是个人取得的每项收入减去税法规定的扣除项目或扣除金额后的余额。由于我国个人所得税实行的是分类综合所得税制,因此税法对各项个人收入的费用扣除范围和标准分别作出了不同的规定。

(一) 综合所得

根据我国《个人所得税法》的规定,个人所取得的工资、薪金所得,劳务报酬所得,稿酬所得,特许权使用费所得按纳税年度合并计算个人所得税。以上四项

所得统称为综合所得。居民个人取得综合所得后,应就扣除60000元/年的基本减除费、专项扣除、专项附加扣除以及依法确定的其他扣除后的余额课税。其中专项扣除,包括居民个人按照国家规定的范围和标准缴纳的基本养老保险、基本医疗保险、失业保险等社会保险费和住房公积金等;专项附加扣除,包括子女教育、继续教育、大病医疗、住房贷款利息或者住房租金、赡养老人等支出。

在综合所得的计算过程中,劳务报酬所得、稿酬所得、特许权使用费所得以收入减除费用后的余额为收入额,即劳务报酬所得、稿酬所得、特许权使用费所得每次收入不超过4000元的,减除费用按800元计算;每次收入4000元以上的,减除费用按20%计算。除此之外,稿酬所得的收入额减按70%计算。

关于专项附加扣除,国务院于2018年12月13日公布《个人所得税专项附加扣除暂行办法》对其有明确规定:(1)纳税人的子女接受全日制学历教育的相关支出,按照每个子女每月1000元的标准定额扣除。(2)纳税人在中国境内接受学历(学位)继续教育的支出,在学历(学位)教育期间按照每月400元定额扣除。同一学历(学位)继续教育的扣除期限不能超过48个月。纳税人接受技能人员职业资格继续教育、专业技术人员职业资格继续教育的支出,在取得相关证书的当年,按照3600元定额扣除。(3)在一个纳税年度内,纳税人发生的与基本医保相关的医药费用支出,扣除医保报销后个人负担(指医保目录范围内的自付部分)累计超过15000元的部分,由纳税人在办理年度汇算清缴时,在80000元限额内据实扣除。(4)纳税人本人或者配偶单独或者共同使用商业银行或者住房公积金个人住房贷款为本人或者其配偶购买中国境内住房,发生的首套住房贷款利息支出,在实际发生贷款利息的年度,按照每月1000元的标准定额扣除,扣除期限最长不超过240个月。纳税人只能享受一次首套住房贷款的利息扣除。(5)纳税人在主要工作城市没有自有住房而发生的住房租金支出,可以按照以下标准定额扣除:直辖市、省会(首府)城市、计划单列市以及国务院确定的其他城市,扣除标准为每月1500元;除以上城市以外,市辖区户籍人口超过100万的城市,扣除标准为每月1100元;市辖区户籍人口不超过100万的城市,扣除标准为每月800元。纳税人的配偶在纳税人的主要工作城市有自有住房的,视同纳税人在主要工作城市有自有住房。(6)纳税人赡养一位及以上被赡养人的赡养支出,统一按照以下标准定额扣除:纳税人为独生子女的,按照每月2000元的标准定额扣除;纳税人为非独生子女的,由其与兄弟姐妹分摊每月2000元的扣除额度,每人分摊的额度不能超过每月1000元。2022年3月19日,国务院公布《关于设立3岁以下婴幼儿照护个人所得税专项附加扣除的通知》,新增了3岁以下婴幼儿照护个人所得税专项附加扣除,政策自2022年1月

1日起实施。其中规定,纳税人照护3岁以下婴幼儿子女的相关支出,按照每个婴幼儿每月1000元的标准定额扣除。父母可以选择由其中一方按扣除标准的100%扣除,也可以选择由双方分别按扣除标准的50%扣除,具体扣除方式在一个纳税年度内不能变更。2023年8月,国务院印发《关于提高个人所得税有关专项附加扣除标准的通知》,决定提高3岁以下婴幼儿照护、子女教育、赡养老人个人所得税专项附加扣除标准,调整后的扣除标准自2023年1月1日起实施。各项标准的调整情况为:(1)3岁以下婴幼儿照护专项附加扣除标准,由每个婴幼儿每月1000元提高到2000元。(2)子女教育专项附加扣除标准,由每个子女每月1000元提高到2000元。(3)赡养老人专项附加扣除标准,由每月2000元提高到3000元。其中,独生子女按照每月3000元的标准定额扣除;非独生子女与兄弟姐妹分摊每月3000元的扣除额度,每人分摊的额度不能超过每月1500元。

《个人所得税法》中所提到的"依法确定的其他扣除",包括个人缴付符合国家规定的企业年金、职业年金,个人购买符合国家规定的商业健康保险、税收递延型商业养老保险的支出,以及国务院规定可以扣除的其他项目。如科技人员取得职务科技成果转化现金奖励,可减按50%计入科技人员工资薪金所得。

专项扣除、专项附加扣除和依法确定的其他扣除,以居民个人一个纳税年度的应纳税所得额为限额;一个纳税年度扣除不完的,不结转以后年度扣除。

(二)经营所得

经营所得以每一纳税年度的收入总额减除成本、费用以及损失后的余额,为应纳税所得额。取得经营所得的个人,没有综合所得的,计算其每一纳税年度的应纳税所得额时,应当减除基本减除费用(60000元/年)、专项扣除、专项附加扣除以及依法确定的其他扣除。专项附加扣除在办理汇算清缴时减除。从事生产、经营的纳税人未提供完整、准确的纳税资料,不能正确计算应纳税所得额的,由主管税务机关核定其应纳税所得额。

(三)财产租赁所得

财产的出租人除按《个人所得税法》的规定减除费用外,在出租财产过程中缴纳的税费(包括房地产税、印花税等)可从财产租赁所得中扣除。如果能够提供有效、准确凭证,由纳税义务人负担的该财产实际开支的修缮费用,以每次800元为限,可以从财产租金中扣除。一次扣除不完的,准予在下一次继续扣除,直至扣完为止。

(四) 财产转让所得

财产转让所得以转让财产的收入额减除财产原值和合理费用后的余额,为应纳税所得额。财产原值按下列方法确定:(1) 有价证券,为买入价以及买入时按照规定交纳的有关费用;(2) 建筑物,为建造费或者购进价格以及其他有关费用;(3) 土地使用权,为取得土地使用权所支付的金额、开发土地的费用以及其他有关费用;(4) 机器设备、车船,为购进价格、运输费、安装费以及其他有关费用;(5) 其他财产,参照上述方法确定。合理费用,是指卖出财产时按照规定支付的有关税费。

(五) 利息、股息、红利所得、偶然所得和其他所得

以每次收入额为应纳税所得额。利息、股息、红利所得,以支付利息、股息、红利时取得的收入为一次;偶然所得,以每次取得该项收入为一次。

在确定应纳税所得额时,还应注意以下两个问题:一是共同所得的应纳税所得额。两个或两个以上的个人共同取得同一项目收入的,应当对每个人取得的收入分别依法减除费用后分别计税。二是非现金所得应纳税所得额的确定。个人取得的应纳税所得,包括现金、实物、有价证券和其他形式的经济利益。所得为实物的,应当按照取得凭证上所注明的价格计算应纳税所得额;无凭证的实物或者凭证上所注明的价格明显偏低的,参照市场价格核定应纳税所得额。所得为有价证券的,根据票面价格和市场价格核定应纳税所得额。所得为其他形式的经济利益的,参照市场价格核定应纳税所得额。

二、个人所得税的税率

个人所得税的税率是个人所得税应纳税额与应纳税所得额之间的比例。根据不同的征税项目,我国《个人所得税法》规定了如下三类税率:

(一) 综合所得

综合所得适用3%—45%的七级超额累进税率,以年为单位计征,具体见表10。

表10 综合所得适用的个人所得税税率表

级数	全年应纳税所得额	税率(%)	速算扣除数
1	不超过36000元的	3	0
2	超过36000元至144000元的部分	10	2520
3	超过144000元至300000元的部分	20	16920

（续表）

级数	全年应纳税所得额	税率(%)	速算扣除数
4	超过300000元至420000元的部分	25	31920
5	超过420000元至660000元的部分	30	52920
6	超过660000元至960000元的部分	35	85920
7	超过960000元的部分	45	181920

（注：本表所称全年应纳税所得额是指纳税人全年工资、薪金收入、劳务报酬所得、特许权使用费所得按照税法规定扣除基本减除费用标准，以及专项扣除、专项附加扣除和依法确定的其他扣除后的余额。）

（二）经营所得

经营所得适用5%—35%的五级超额累进税率。具体税率的适用见表11。

表11 经营所得适用税率表

级次	全年应纳税所得额	税率(%)	速算扣除数
1	不超过30000元的	5	0
2	超过30000元至90000元的部分	10	1500
3	超过90000元至300000元的部分	20	10500
4	超过300000元至500000元的部分	30	40500
5	超过500000元的部分	35	65500

（三）其他所得

除了上述两类所得之外的所得，适用税率为20%。

三、个人所得税应纳税额的计算

在分类综合所得税制模式下，个人取得的各项所得，其应纳税额的计算方式也不相同。

（一）综合所得

综合所得应纳税额的计算公式为：

应纳税额＝应纳税所得额×适用税率－速算扣除数＝（全年收入总额－基本减除费用－专项扣除－专项附加扣除－其他依法确定的扣除）×适用税率－速算扣除数

这里需要说明的是，由于综合所得在计算应纳个人所得税时，适用的是超额累进税率，所以比较烦琐。运用速算扣除数计算法，可以简化计算过程。速算扣除数是指在采用超额累进税率征税的情况下，根据税率表中划分的应纳税所得额级距和税率,先用全额累进方法计算出税额,再减去用超额累进方法计算的应征税额以后的差额。

根据《个人所得税法》第 11 条规定,居民个人取得综合所得,按年计算个人所得税;有扣缴义务人的,由扣缴义务人按月或者按次预扣预缴税款;需要办理汇算清缴的,应当在取得所得的次年 3 月 1 日至 6 月 30 日内办理汇算清缴。

居民个人向扣缴义务人提供专项附加扣除信息的,扣缴义务人按月预扣预缴税款时应当按照规定予以扣除,不得拒绝。

非居民个人取得工资、薪金所得,劳务报酬所得,稿酬所得和特许权使用费所得,有扣缴义务人的,由扣缴义务人按月或者按次代扣代缴税款,不办理汇算清缴。

(二) 经营所得

经营所得应纳税额的计算公式为:

应纳税额=应纳税所得额×适用税率-速算扣除数=(全年收入总额-成本、费用和损失)×适用税率-速算扣除数

《个体工商户个人所得税计税办法》以负面列举的方式明确了以下支出不得扣除:(1) 个人所得税税款;(2) 税收滞纳金;(3) 罚金、罚款和被没收财物的损失;(4) 不符合扣除规定的捐赠支出;(5) 赞助支出;(6) 用于个人和家庭的支出;(7) 与取得生产经营收入无关的其他支出;(8) 国家税务总局规定不准扣除的支出。

关于对企事业单位的承包经营、承租经营所得,承包、承租期不足一年如何计征税款的问题,在《征收个人所得税若干问题的规定》中已予以明确。实行承包、承租经营的纳税人,应以每一纳税年度的承包、承租经营所得计算纳税。如果纳税人的承包、承租期在一个纳税年度内经营不足 12 个月,以其实际承包、承租经营的期限为一个纳税年度计算纳税。纳税人在一个年度内分次取得承包、承租经营所得的,应在每次取得承包、承租经营所得后预缴税款,年终汇算清缴,多退少补。

(三) 财产租赁所得

根据《征收个人所得税若干问题的规定》的规定,在确定财产租赁的应纳税所得额时,纳税人在出租财产过程中缴纳的税金和国家能源交通重点建设基金、国家预算调节基金、教育费附加,可持完税凭证,从其财产租赁收入中扣除。在计算征税时,除可依法减除规定费用和有关税、费外,还准予扣除能够提供有效、准确凭证,证明由纳税人负担的该出租财产实际开支的修缮费用。允许扣除的修缮费用,以每次 800 元为限,一次扣除不完的,准予在下一次继续扣除,直到扣

完为止。

其应纳税额的计算公式为：

每次收入不足4000元的应纳税额＝应纳税所得额×适用税率＝（每次收入额－准予扣除项目－修缮费用－800）×20％

每次收入超过4000元的应纳税额＝应纳税所得额×适用税率＝（每次收入额－准予扣除项目－修缮费用）×（1－20％）×20％

（四）财产转让所得

财产转让所得应纳税额的计算公式为：

应纳税额＝应纳税所得额×适用税率＝（收入总额－财产原值－合理税费）×20％

国税总局在《关于个人住房转让所得征收个人所得税有关问题的通知》中对个人转让住房的个人所得税征收问题作出了明确规定。自2006年8月1日起，个人转让住房所得应纳个人所得税的计算具体规定如下：

第一，对住房转让所得征收个人所得税时，以实际成交价格为转让收入。纳税人申报的住房成交价格明显低于市场价格且无正当理由的，征收机关依法有权根据有关信息核定其转让收入，但必须保证各税种计税价格一致。

第二，对转让住房收入计算个人所得税应纳税所得额时，纳税人可凭原购房合同、发票等有效凭证，经税务机关审核后，允许从其转让收入中减除房屋原值、转让住房过程中缴纳的税金及有关合理费用。

（五）利息、股息、红利所得

利息、股息、红利所得应纳税额的计算公式为：

应纳税额＝应纳税所得额×适用税率＝每次收入额×20％

股份制企业在分配股息、红利时，以股票形式向股东个人支付应得的股息、红利（即派发红股），应以派发红股的股票票面金额为收入额，计算征收个人所得税。

（六）偶然所得

偶然所得应纳税额的计算公式为：

应纳税额＝应纳税所得额×适用税率＝每次收入额×20％

第四节　个人所得税的税收优惠与税收抵免

一、个人所得税的税收优惠

（一）免税优惠

下列各项所得，免纳个人所得税：

1. 省级人民政府、国务院部委和中国人民解放军军以上单位，以及外国组织、国际组织颁发的科学、教育、技术、文化、卫生、体育、环境保护等方面的奖金。

2. 国债和国家发行的金融债券利息。其中，国债利息是指个人持有中华人民共和国财政部发行的债券而取得的利息；国家发行的金融债券利息是指个人持有经国务院批准发行的金融债券而取得的利息。

3. 按照国家统一规定发给的补贴、津贴。即按国务院规定发给的政府特殊津贴、院士津贴、资深院士津贴和国务院规定免纳个人所得税的其他补贴、津贴。

4. 福利费、抚恤金、救济金。这里所说的福利费，是指按规定从企事业单位、国家机关、社会团体提留的福利费或工会经费中支付给个人的生活困难补助费；所说的救济金，是指民政部门支付给个人的生活困难补助费。

5. 保险赔款。

6. 军人的转业费、复员费、退役金。

7. 按照国家统一规定发给干部、职工的安家费、退职费、基本养老金或者退休费、离休费、离休生活补助费。

8. 依照我国有关法律规定应予免税的各国驻华使馆、领事馆的外交代表、领事官员和其他人员的所得。

9. 中国政府参加的国际公约、签订的协议中规定免税的所得。

10. 国务院规定的其他免税所得。

（二）减税优惠

有下列情形之一的，经批准可以减征个人所得税：

1. 残疾、孤老人员和烈属的所得；

2. 因自然灾害遭受重大损失的。

国务院可以规定其他减税情形，报全国人大常委会备案。

（三）对在我国境内无住所的纳税人的特别免税优惠

我国《个人所得税法实施条例》第4条和第5条对我国境内无住所的纳税人的特别免税优惠作出了明文规定：

1. 居民纳税人境外所得的免税优惠

在中国境内无住所的个人,在中国境内居住累计满183天的年度连续不满六年的,经向主管税务机关备案,其来源于中国境外且由境外单位或者个人支付的所得,免予缴纳个人所得税;在中国境内居住累计满183天的任一年度中有一次离境超过30天的,其在中国境内居住累计满183天的年度的连续年限重新起算。

2. 非居民纳税人境内所得的免税优惠

在中国境内无住所的个人,在一个纳税年度内在中国境内居住累计不超过90天的,其来源于中国境内的所得,由境外雇主支付并且不由该雇主在中国境内的机构、场所负担的部分,免予缴纳个人所得税。

二、个人所得税的税收抵免

为避免国际双重征税,我国《个人所得税法》第7条作了税收抵免的规定:居民个人从中国境外取得的所得,可以从其应纳税额中抵免已在境外缴纳的个人所得税税额,但抵免额不得超过该纳税人境外所得依照本法规定计算的应纳税额。应当注意的是,居民个人从中国境内和境外取得的综合所得、经营所得,应当分别合并计算应纳税额;从中国境内和境外取得的其他所得,应当分别单独计算应纳税额。

《个人所得税法实施条例》第21条、第22条对税收抵免作了更为具体的规定:

一是准予抵免的应是纳税人的实缴税额。已在境外缴纳的个人所得税税额,具体是指居民个人来源于中国境外的所得,依照该所得来源国家(地区)的法律应当缴纳并且实际已经缴纳的所得税税额。

二是准予抵免的税额不能超过规定的限额。纳税人境外所得依照我国《个人所得税法》规定计算的应纳税额,是居民个人抵免已在境外缴纳的综合所得、经营所得以及其他所得的所得税税额的限额(简称抵免限额)。除国务院财政、税务主管部门另有规定外,来源于中国境外一个国家(地区)的综合所得抵免限额、经营所得抵免限额以及其他所得抵免限额之和,为来源于该国家(地区)所得的抵免限额。

居民个人在中国境外一个国家(地区)实际已经缴纳的个人所得税税额,低于依照前款规定计算出的来源于该国家(地区)所得的抵免限额的,应当在中国缴纳差额部分的税款;超过来源于该国家(地区)所得的抵免限额的,其超过部分不得在本纳税年度的应纳税额中抵免,但是可以在以后纳税年度来源于该国家

(地区)所得的抵免限额的余额中补扣。补扣期限最长不得超过5年。

居民个人申请抵免已在境外缴纳的个人所得税税额,应当提供境外税务机关出具的税款所属年度的有关纳税凭证。

举例来说:某居民个人在2019年从A、B两国取得应税收入。其中,在A国一公司任职,取得工资、薪金收入240000元(20000元/月),该项收入在A国缴纳个人所得税9000元;因在B国获奖,获得偶然所得15000元,并在B国缴纳该项收入的个人所得税5000元。该纳税人的个人所得税的抵免计算方法如下:

1. A国所纳个人所得税的抵免

该居民从A国取得的工资、薪金所得,按照我国税法规定应纳税额为:

该居民在A国的年度工资、薪金收入为240000元,基本减除费用为60000元,所以应纳税所得额为240000-60000=180000(元)。适用20%的税率,速算扣除数为1410。因此,该居民在2019年度应纳税额为180000×20%-1410×12=19080(元)。

据此,该纳税人来源于A国的应税所得在A国缴纳的个人所得税的扣除限额为19080元,大于他在A国实际缴纳的个人所得税9000元。因此,该纳税人在A国缴纳的个人所得税额可以全额扣除,并且需向我国补缴税款10080元。

2. B国所纳个人所得税的抵免

该居民从B国取得的偶然所得按照我国个人所得税法计算的应纳税额为:15000×20%=3000(元),小于他在B国实际缴纳的个人所得税5000元。因此,该纳税人本年度在B国缴纳的个人所得税不能全额扣除,其余额2000元可以在以后5个纳税年度的B国扣除限额的余额中补扣。

第五节 个人所得税的征收管理

一、纳税申报与扣缴

《个人所得税法》第9条规定,个人所得税以所得人为纳税人,以支付所得的单位或个人为扣缴义务人。可见,我国个人所得税采用个人自行申报与源泉扣缴相结合的征税方式。现行《个人所得税法》将纳税人识别号制度的运用提升至法律层面,纳税人有中国公民身份号码的,以中国公民身份号码为纳税人识别号;没有中国公民身份号码的,由税务机关赋予其纳税人识别号。税务机关应当在赋予自然人纳税人识别号后告知或者通过扣缴义务人告知纳税人其纳税人识别号,并为自然人纳税人查询本人纳税人识别号提供便利。扣缴义务人扣缴税款时,纳税人应当向扣缴义务人提供纳税人识别号。

(一)自行申报

根据《个人所得税法》第 10 条之规定,有下列情形之一的,纳税人应当依法办理纳税申报:

1. 取得综合所得需要办理汇算清缴。根据《个人所得税法实施条例》及国家税务总局《关于个人所得税自行纳税申报有关问题的公告》之规定,取得综合所得需要办理汇算清缴的情形包括:(1)从两处以上取得综合所得,且综合所得年收入额减除专项扣除后的余额超过 6 万元;(2)取得劳务报酬所得、稿酬所得、特许权使用费所得中一项或者多项所得,且综合所得年收入额减除专项扣除的余额超过 6 万元;(3)纳税年度内预缴税额低于应纳税额;(4)纳税人申请退税。

需要办理汇算清缴的纳税人,应当在取得所得的次年 3 月 1 日至 6 月 30 日内,向任职、受雇单位所在地主管税务机关办理纳税申报,并报送《个人所得税年度自行纳税申报表》。纳税人有两处以上任职、受雇单位的,选择向其中一处任职、受雇单位所在地主管税务机关办理纳税申报;纳税人没有任职、受雇单位的,向户籍所在地或经常居住地主管税务机关办理纳税申报。纳税人办理综合所得汇算清缴,应当准备与收入、专项扣除、专项附加扣除、依法确定的其他扣除、捐赠、享受税收优惠等相关的资料,并按规定留存备查或报送。

纳税人申请退税,应当提供其在中国境内开设的银行账户,并在汇算清缴地就地办理税款退库。汇算清缴的具体办法由国务院税务主管部门制定。

2. 取得应税所得没有扣缴义务人。纳税人取得应税所得没有扣缴义务人的,应当在取得所得的次月 15 日内向税务机关报送纳税申报表,并缴纳税款。

根据《个人所得税扣缴申报管理办法(试行)》的规定,除经营所得以外,其他 8 项应税所得均实行全员全额扣缴申报。纳税人取得经营所得,按年计算个人所得税,由纳税人在月度或季度终了后 15 日内,向经营管理所在地主管税务机关办理预缴纳税申报,并报送《个人所得税经营所得纳税申报表(A 表)》。在取得所得的次年 3 月 31 日前,向经营管理所在地主管税务机关办理汇算清缴,并报送《个人所得税经营所得纳税申报表(B 表)》;从两处以上取得经营所得的,选择向其中一处经营管理所在地主管税务机关办理年度汇总申报,并报送《个人所得税经营所得纳税申报表(C 表)》。

3. 取得应税所得,扣缴义务人未扣缴税款。纳税人取得应税所得,扣缴义务人未扣缴税款的,应当区别以下情形办理纳税申报:(1)居民个人取得综合所得的,参照"取得综合所得需要办理汇算清缴"的情形办理。(2)非居民个人取得工资、薪金所得,劳务报酬所得,稿酬所得,特许权使用费所得的,应当在取得所得的次年6月30日前,向扣缴义务人所在地主管税务机关办理纳税申报,并报送《个人所得税自行纳税申报表(A表)》。有两个以上扣缴义务人均未扣缴税款的,选择向其中一处扣缴义务人所在地主管税务机关办理纳税申报。非居民个人在次年6月30日前离境(临时离境除外)的,应当在离境前办理纳税申报。(3)纳税人取得利息、股息、红利所得,财产租赁所得,财产转让所得和偶然所得的,应当在取得所得的次年6月30日前,按相关规定向主管税务机关办理纳税申报,并报送《个人所得税自行纳税申报表(A表)》。税务机关通知限期缴纳的,纳税人应当按照期限缴纳税款。

4. 取得境外所得。居民个人从中国境外取得所得的,应当在取得所得的次年3月1日至6月30日内,向中国境内任职、受雇单位所在地主管税务机关办理纳税申报;在中国境内没有任职、受雇单位的,向户籍所在地或中国境内经常居住地主管税务机关办理纳税申报;户籍所在地与中国境内经常居住地不一致的,选择其中一地主管税务机关办理纳税申报;在中国境内没有户籍的,向中国境内经常居住地主管税务机关办理纳税申报。

5. 因移居境外注销中国户籍。纳税人因移居境外注销中国户籍的,应当在申请注销中国户籍前,向户籍所在地主管税务机关办理纳税申报,进行税款清算。(1)纳税人在注销户籍年度取得综合所得的,应当在注销户籍前,办理当年综合所得的汇算清缴,并报送《个人所得税年度自行纳税申报表》。尚未办理上一年度综合所得汇算清缴的,应当在办理注销户籍纳税申报时一并办理。(2)纳税人在注销户籍年度取得经营所得的,应当在注销户籍前,办理当年经营所得的汇算清缴,并报送《个人所得税经营所得纳税申报表(B表)》。从两处以上取得经营所得的,还应当一并报送《个人所得税经营所得纳税申报表(C表)》。尚未办理上一年度经营所得汇算清缴的,应当在办理注销户籍纳税申报时一并办理。(3)纳税人在注销户籍当年取得利息、股息、红利所得,财产租赁所得,财产转让所得和偶然所得的,应当在注销户籍前,申报当年上述所得的完税情况,并报送《个人所得税自行纳税申报表(A表)》。(4)纳税人有未缴或者少缴税款的,应当在注销户籍前,结清欠缴或未缴的税款。纳税人存在分期缴税且未缴纳完毕,应当在注销户籍前,结清尚未缴纳的税款。(5)纳税人办理注销户籍纳税申报时,需要办理专项附加扣除、依法确定的其他扣除的,应当向税务机关报送《个人所得税专项附加扣除信息表》《商业健康保险税前扣除情况明细表》《个人税收递延型商业养老保险税前扣除情况明细表》等。

6. 非居民个人在中国境内从两处以上取得工资、薪金所得。非居民个人在中国境内从两处以上取得工资、薪金所得的,应当在取得所得的次月15日内,向其中一处任职、受雇单位所在地主管税务机关办理纳税申报,并报送《个人所得税自行纳税申报表(A表)》。

7. 国务院规定的其他情形。

(二)源泉扣缴

个人所得税以所得人为纳税义务人,以支付所得的单位或者个人为扣缴义务人。扣缴义务人应当按照国家规定办理全员全额扣缴申报,并向纳税人提供其个人所得和已扣缴税款等信息。全员全额扣缴申报,是指扣缴义务人在代扣税款的次月15日内,向主管税务机关报送其支付所得的所有个人的有关信息、支付所得数额、扣除事项和数额、扣缴税款的具体数额和总额以及其他相关涉税信息资料。

根据《个人所得税法实施条例》等规定,扣缴义务人有以下几项义务:

第一,扣缴义务人应当按照纳税人提供的信息计算办理扣缴申报,不得擅自更改纳税人提供的信息。纳税人发现扣缴义务人提供或者扣缴申报的个人信息、所得、扣缴税款等与实际情况不符的,有权要求扣缴义务人修改。扣缴义务人拒绝修改的,纳税人应当报告税务机关,税务机关应当及时处理。

第二,扣缴义务人应当按照规定保存与专项附加扣除相关的资料。税务机关可以对纳税人提供的专项附加扣除信息进行抽查,具体办法由国务院税务主管部门另行规定。税务机关发现纳税人提供虚假信息的,应当责令改正并通知扣缴义务人;情节严重的,有关部门应当依法予以处理,纳入信用信息系统并实施联合惩戒。

第三,扣缴义务人每月或者每次预扣、代扣的税款,应当在次月15日内缴入国库,并向税务机关报送扣缴个人所得税申报表。

根据国家税务总局发布的《关于全面实施新个人所得税法若干征管衔接问题的公告》《个人所得税扣缴申报管理办法(试行)》的规定,扣缴义务人支付利息、股息、红利所得,财产租赁所得,财产转让所得或者偶然所得时,应当依法按次或者按月代扣代缴税款;扣缴义务人对居民个人工资、薪金所得,劳务报酬所得,稿酬所得,特许权使用费所得预扣预缴个人所得税的计算方法,对非居民个人上述四项所得扣缴个人所得税的计算方法按照以下规定实施:

1. 居民个人预扣预缴方法

扣缴义务人向居民个人支付工资、薪金所得,劳务报酬所得,稿酬所得,特许权使用费所得时,按以下方法预扣预缴个人所得税,并向主管税务机关报送《个人所得税扣缴申报表》。年度预扣预缴税额与年度应纳税额不一致的,由居民个人于次年3月1日至6月30日向主管税务机关办理综合所得年度汇算清缴,税款多退少补。

(1) 扣缴义务人向居民个人支付工资、薪金所得时,应当按照累计预扣法计算预扣税款,并按月办理全员全额扣缴申报。累计预扣法,是指扣缴义务人在一个纳税年度内预扣预缴税款时,以纳税人在本单位截至当前月份工资、薪金所得累计收入减除累计免税收入、累计减除费用、累计专项扣除、累计专项附加扣除和累计依法确定的其他扣除后的余额为累计预扣预缴应纳税所得额,适用《个人所得税预扣率表一》(见表12),计算累计应预扣预缴税额,再减除累计减免税额和累计已预扣预缴税额,其余额为本期应预扣预缴税额。余额为负值时,暂不退税。纳税年度终了后余额仍为负值时,由纳税人通过办理综合所得年度汇算清缴,税款多退少补。

具体计算公式如下:

本期应预扣预缴税额=(累计预扣预缴应纳税所得额×预扣率-速算扣除数)-累计减免税额-累计已预扣预缴税额

累计预扣预缴应纳税所得额=累计收入-累计免税收入-累计减除费用-累计专项扣除-累计专项附加扣除-累计依法确定的其他扣除

其中,累计减除费用,按照5000元/月乘以纳税人当年截至本月在本单位的任职受雇月份数计算。上述公式中,计算居民个人工资、薪金所得预扣预缴税额的预扣率、速算扣除数,按《个人所得税预扣率表一》(见表12)执行。

表 12 个人所得税预扣率表一
(居民个人工资、薪金所得预扣预缴适用)

级数	累计预扣预缴应纳税所得额	预扣率(%)	速算扣除数
1	不超过 36000 元的部分	3	0
2	超过 36000 元至 144000 元的部分	10	2520
3	超过 144000 元至 300000 元的部分	20	16920
4	超过 300000 元至 420000 元的部分	25	31920
5	超过 420000 元至 660000 元的部分	30	52920
6	超过 660000 元至 960000 元的部分	35	85920
7	超过 960000 元的部分	45	181920

(2) 扣缴义务人向居民个人支付劳务报酬所得、稿酬所得、特许权使用费所得,按次或者按月预扣预缴个人所得税。具体预扣预缴方法如下:

劳务报酬所得、稿酬所得、特许权使用费所得以收入减除费用后的余额为收入额。其中,稿酬所得的收入额减按70%计算。

减除费用:劳务报酬所得、稿酬所得、特许权使用费所得每次收入不超过

4000元的,减除费用按800元计算;每次收入4000元以上的,减除费用按20%计算。

应纳税所得额:劳务报酬所得、稿酬所得、特许权使用费所得,以每次收入额为预扣预缴应纳税所得额。劳务报酬所得适用20%至40%的超额累进预扣率(见表13),稿酬所得、特许权使用费所得适用20%的比例预扣率。

具体计算公式如下:

劳务报酬所得应预扣预缴税额=预扣预缴应纳税所得额×预扣率-速算扣除数

稿酬所得、特许权使用费所得应预扣预缴税额=预扣预缴应纳税所得额×20%

表13 个人所得税预扣率表二
(居民个人劳务报酬所得预扣预缴适用)

级数	预扣预缴应纳税所得额	预扣率(%)	速算扣除数
1	不超过20000元的部分	20	0
2	超过20000元至50000元的部分	30	2000
3	超过50000元的部分	40	7000

居民个人办理年度综合所得汇算清缴时,应当依法计算劳务报酬所得、稿酬所得、特许权使用费所得的收入额,并入年度综合所得计算应纳税款,税款多退少补。

2. 非居民个人扣缴方法

扣缴义务人向非居民个人支付工资、薪金所得,劳务报酬所得,稿酬所得和特许权使用费所得时,应当按以下方法按月或者按次代扣代缴个人所得税:

非居民个人的工资、薪金所得,以每月收入额减除费用5000元后的余额为应纳税所得额;劳务报酬所得、稿酬所得、特许权使用费所得,以每次收入额为应纳税所得额,适用按月换算后的非居民个人月度税率表(见表14)计算应纳税额。其中,劳务报酬所得、稿酬所得、特许权使用费所得以收入减除20%的费用后的余额为收入额。稿酬所得的收入额减按70%计算。

具体计算公式如下:

非居民个人工资、薪金所得,劳务报酬所得,稿酬所得,特许权使用费所得应纳税额=应纳税所得额×税率-速算扣除数

非居民个人在一个纳税年度内税款扣缴方法保持不变,达到居民个人条件时,应当告知扣缴义务人基础信息变化情况,年度终了后按照居民个人有关规定办理汇算清缴。

表 14　个人所得税税率表三
（非居民个人工资、薪金所得，劳务报酬所得，稿酬所得，特许权使用费所得适用）

级数	应纳税所得额	税率（%）	速算扣除数
1	不超过 3000 元的部分	3	0
2	超过 3000 元至 12000 元的部分	10	210
3	超过 12000 元至 25000 元的部分	20	1410
4	超过 25000 元至 35000 元的部分	25	2660
5	超过 35000 元至 55000 元的部分	30	4410
6	超过 55000 元至 80000 元的部分	35	7160
7	超过 80000 元的部分	45	15160

二、纳税期限

（一）综合所得项目

根据《个人所得税法》的规定，居民个人取得综合所得，按年计算个人所得税；有扣缴义务人的，由扣缴义务人按月或者按次预扣预缴税款；需要办理汇算清缴的，应当在取得所得的次年 3 月 1 日至 6 月 30 日内办理汇算清缴。预扣预缴办法由国务院税务主管部门制定。居民个人向扣缴义务人提供专项附加扣除信息的，扣缴义务人按月预扣预缴税款时应当按照规定予以扣除，不得拒绝。

非居民个人取得工资、薪金所得，劳务报酬所得，稿酬所得和特许权使用费所得，有扣缴义务人的，由扣缴义务人按月或者按次代扣代缴税款，不办理汇算清缴。

支付工资、薪金所得的扣缴义务人应当于年度终了后 2 个月内，向纳税人提供其个人所得和已扣缴税款等信息。纳税人年度中间需要提供上述信息的，扣缴义务人应当提供。纳税人取得除工资、薪金所得以外的其他所得，扣缴义务人应当在扣缴税款后，及时向纳税人提供其个人所得和已扣缴税款等信息。

（二）分类所得项目

纳税人取得经营所得，按年计算个人所得税，由纳税人在月度或者季度终了后 15 日内向税务机关报送纳税申报表，并预缴税款；在取得所得的次年 3 月 31 日前办理汇算清缴。

纳税人取得利息、股息、红利所得，财产租赁所得，财产转让所得和偶然所得，按月或者按次计算个人所得税，有扣缴义务人的，由扣缴义务人按月或者按次代扣代缴税款。

三、纳税申报地点

《个人所得税法实施条例》第 27 条规定，纳税人办理纳税申报的地点以及其他有关事项的具体办法，由国务院税务主管部门制定。根据《个人所得税法实施

条例》《关于个人所得税自行纳税申报有关问题的公告》等规定,不同纳税申报情形,其申报纳税地点也不一样:

对于取得综合所得需要办理汇算清缴的纳税人,应当在取得所得的次年3月1日至6月30日内,向任职、受雇单位所在地主管税务机关办理纳税申报。纳税人有两处以上任职、受雇单位的,选择向其中一处任职、受雇单位所在地主管税务机关办理纳税申报;纳税人没有任职、受雇单位的,向户籍所在地或经常居住地主管税务机关办理纳税申报。

对于取得经营所得的纳税人,按年计算个人所得税,由纳税人在月度或季度终了后15日内,向经营管理所在地主管税务机关办理预缴纳税申报。在取得所得的次年3月31日前,向经营管理所在地主管税务机关办理汇算清缴;从两处以上取得经营所得的,选择向其中一处经营管理所在地主管税务机关办理年度汇总申报。

对于取得应税所得,扣缴义务人未扣缴税款的纳税人,应当区别以下情形办理纳税申报:(1)居民个人取得综合所得的,参照"取得综合所得需要办理汇算清缴"的情形办理。(2)非居民个人取得工资、薪金所得,劳务报酬所得,稿酬所得,特许权使用费所得的,应当在取得所得的次年6月30日前,向扣缴义务人所在地主管税务机关办理纳税申报。有两个以上扣缴义务人均未扣缴税款的,选择向其中一处扣缴义务人所在地主管税务机关办理纳税申报。(3)纳税人取得利息、股息、红利所得,财产租赁所得,财产转让所得和偶然所得的,应当在取得所得的次年6月30日前,按相关规定向主管税务机关办理纳税申报。

对于从中国境外取得所得的居民个人,应当在取得所得的次年3月1日至6月30日内,向中国境内任职、受雇单位所在地主管税务机关办理纳税申报;在中国境内没有任职、受雇单位的,向户籍所在地或中国境内经常居住地主管税务机关办理纳税申报;户籍所在地与中国境内经常居住地不一致的,选择其中一地主管税务机关办理纳税申报;在中国境内没有户籍的,向中国境内经常居住地主管税务机关办理纳税申报。

对于因移居境外注销中国户籍的纳税人,应当在申请注销中国户籍前,向户籍所在地主管税务机关办理纳税申报,进行税款清算。

对于在中国境内从两处以上取得工资、薪金所得的非居民个人,应当在取得所得的次月15日内,向其中一处任职、受雇单位所在地主管税务机关办理纳税申报。

第六节 个人所得税的改革评析

2018年末,全国人大新修正了《个人所得税法》,随后新版的《个人所得税法实施条例》也得到通过,这标志着自1980年个人所得税立法以来规模最大的一次个人所得税法律制度改革正式拉开帷幕。此次改革中,解决了很多长期以来学术界与实务界关注的问题,如从分类所得税制走向分类综合所得税制,如对居民个人认定标准的改革。当然,改革并非一蹴而就的,此次改革后,仍留有一些问题有待进一步解决。个人所得税对调节收入分配,缓解社会分配不公,增强纳税人的纳税意识,保证财政收入等方面有十分重要的意义,其下一阶段的改革走向也受到多方关注。本节将对2018年《个人所得税法》修正进行评析,并简要对未来的改革走向提出建议。

一、2018年《个人所得税法》改革的基本情况

党的十九届四中全会要求"健全以税收……为主要手段的再分配调节机制,强化税收调节",而税收调节的根本目的在于维护市场统一、促进社会公平。此次《个人所得税法》修正的核心宗旨就在于更好地发挥个人所得税的调控作用,实现分配公平。

(一)由"分类所得税制"走向"分类综合所得税制"

我国长期采用分类所得税制。分类所得税制最大的缺陷在于,多样化的所得类型使得税制过于复杂,一方面增加税务机关的征税成本和纳税人的税法遵从成本;另一方面也为纳税人提供了避税空间。此次个人所得税改革,在综合考虑我国目前税收征管实际情况的基础上,将所得项目从11类减为9类,以走向综合与分类相结合的征收模式为目标。一方面,让居民纳税人的工资薪金、劳务报酬、稿酬、特许权使用费四类所得项目,实行按年汇总纳税、日常分月或分次预扣预缴、年终汇算清缴;另一方面,让经营所得、财产转让所得、财产租赁所得、利息、股息、红利所得、偶然所得等方面的所得项目继续实行分类征收模式。这种模式较好地考虑到了我国新时期经济社会发展的实际情况,在确保纳税人合法权益不受侵害的基础上提升了征管效率,充分发挥了个人所得税的量能课税效果。

(二)修正居民个人纳税人与非居民个人纳税人的认定标准

为与世界接轨,此次《个人所得税法》修正以"183天标准"取代了原先的"一年标准",即在中华人民共和国境内有住所或者居住满183天者即可被视为居民个人纳税人,在我国负有无限纳税义务。在我国修法之前,仅有阿根廷、日本与我国采用的是1年标准,瑞士等地采用的是低于183天的标准,其余绝大部分国家都是183天标准。相比较而言,采用183天的标准在一定程度上扩大了居民纳税人的认定范围,能够更好地行使税收管辖权,纳税人规避被认定为居民纳税人的空间越小,造成税收流失的可能性也就越小,同时也可防止纳税人通过在不

同国家间转换居民纳税人身份进行"制度套利",这对于保证我国的税收利益起到了积极的作用。

(三) 修改费用扣除标准

第一,调整基本扣除费用。伴随人民生活水平的不断提升,个人所得税的基本扣除费用也不断上升。从立法之初的 800 元/月调至 1600 元/月,再到 2000 元/月,后又调为 3500 元/月,直到此次改革实行 5000 元/月(60000 元/年)。基本扣除费用的提升,降低了广大纳税人尤其是"工薪阶层"的税收负担,更好地彰显了个人所得税对居民收入分配的调控功能,能进一步改善民生、缩小贫富差距。

第二,设立专项附加扣除。此次改革中,《个人所得税法》增加了子女教育、继续教育、大病医疗、住房贷款利息或者住房租金、赡养老人支出等专项附加扣除项目。专项附加扣除在基本扣除费用的基础上,进一步落实了量能课税原则。防止因家庭情况、所在地区等因素对税收公平造成减损,对于完善我国居民收入分配制度、激发居民消费潜力、保障及改善民生都具有非常重要的作用,可以说是此次《个人所得税法》修正的最大亮点。

(四) 优化调整税率结构

此次《个人所得税法》的修正调整了个人所得税税率的级距,适度扩大 3%、10% 和 20% 三档税率的级距,缩小适用 25% 这一档税率的级距,同时保持适用 30%、35% 和 45% 三档税率的级距不变。这体现了立法者向中低收入人群进一步释放红利,是实现个人所得税改革"增低、扩中、调高"这一总原则的有效手段。

(五) 实行居民纳税人综合所得分月或分次预缴和年度汇算清缴

新修正的《个人所得税法》规定,对居民纳税人取得的综合所得,由扣缴义务人按月或者按次预扣预缴个人所得税,年度终了进行汇算清缴。为了促进扣缴义务人及纳税人顺应个人所得税的税制转换,国家税务总局发布《关于全面实施新个人所得税法若干征管衔接问题的公告》,明确自 2019 年 1 月 1 日起扣缴义务人对居民纳税人的工资薪金所得,以累计预扣的方法进行个人所得税的预扣预缴。这样操作的优势在于,对仅有工资薪金所得的纳税人而言,在一纳税年度终了后,由于他预缴的税金与实际应缴税金相符,因此可以省却汇算清缴之烦。而劳务报酬所得、稿酬所得、特许权使用费所得,则仍沿用旧的做法进行预扣预缴,待汇算清缴时一并计算处理。这样操作可以以更加科学的方式对纳税人的所得计算并课税,从程序层面实现税收公平。

二、未来我国个人所得税法律制度的优化建议

(一) 进一步优化费用扣除标准与专项附加扣除项目

就基本费用扣除标准而言,目前 60000 元/年(5000 元/月)的"一刀切"式扣

除标准尚显呆板。由于我国幅员辽阔,不同区域间的物价水平与基本生活费用支出标准均不统一,因此伴随着我国个人所得税征管能力的进一步提升,建议立法者将区域性因素纳入基本费用扣除标准,或推行基本费用扣除标准指数化改革,结合地域因素,实现个人所得税基本费用扣除标准的动态调整。

我国个人所得税法律体系目前规定了子女教育、赡养老人等七项专项附加扣除项目,充分落实了税法实质公平的要求。但随着经济社会的发展,应当适时调整专项附加扣除项目,以彰显个人所得税的调控属性。

(二)适度降低最高边际税率

最高边际税率应如何设置,始终让立法者感到困扰。一方面出于"劫富济贫"的个人所得税调控目的的考量,对高收入者课征高税收是一个毋庸置疑的"应然问题";但是从另一方面看,过高的边际税率容易形成挤出效应,让高收入者向低税率国家"流动",适度降低个人所得税的边际税率反而能够激发社会活力并提升纳税人的遵从度。因此个人所得税最高边际税率的横向国际比较就显得很重要了。结合表15不难看出,与周边国家以及部分主要发达国家相比,我国的个人所得税最高边际税率依然偏高。面对全球经济较强的下行压力,世界各国掀起了一股"减税浪潮",在此背景下适度下调最高边际税率既能继续保持我国对高级人才和境外资本的吸引力,也能向社会更加直接地传递减税信号,降低居民的"税痛感"。[①]

表15 部分主要国家个人所得税最高边际税率表[②]

国家	最高边际税率	国家	最高边际税率
美国	37%	新加坡	22%
英国	45%	韩国	40%
德国	47.5%	印度	35.54%
日本	55.95%	泰国	35%
澳大利亚	45%	俄罗斯	13%(居民纳税人) 30%(非居民纳税人)
中国	45%		

(三)积极推进以家庭为纳税单位

相较于个人收入状况,家庭收入状况更能体现纳税人的真实税收负担能力。

---

① 刘剑文、胡翔:《〈个人所得税法〉修改的变迁评介与当代进路》,载《法学》2018年第9期。
② 本表为2022年的数据。

因此许多发达国家选择以家庭为个人所得税的纳税单位,即将纳税人的配偶与未成年子女的所得、支出进行联合申报。在2018年个人所得税法修订中,立法者已经开始考虑到了个人所得税征纳中的家庭因素。如在专项附加扣除中允许夫妻对部分扣除项目的承担比例进行分配等。当然,考虑到税法不宜过多介入私人领域,不应产生"婚姻惩罚"或"婚姻奖励",[①]因此在未来的制度设计中应当允许纳税人在"个人"与"家庭"之间自由选择纳税单位。

本 章 小 结

个人所得税是对个人取得的各项应税所得征收的一种税。我国采用了分类综合所得税制的征税模式,对各类所得分别计税。与企业所得税类似,个人所得税法也区分了居民个人和非居民个人,前者就境内外所得承担无限纳税义务;后者仅就来源于我国境内的所得缴纳所得税。在征管方式上,我国采用了源泉扣缴与自行申报相结合的办法。在下一阶段,我国的个人所得税制还将被进一步完善。

思考题

1. 试述个人所得税制度的基本模式。
2. 个人所得税的纳税人是如何区分的,他们承担的责任有何不同?
3. 稿酬所得应如何计算个人所得税?
4. 我国个人所得税法规定了哪些免税项目?

---

① 施正文:《论我国个人所得税法改革的功能定位与模式选择》,载《政法论丛》2012年第2期。

税收债务法之四·财产税债法制度

绪 论

一、财产税概述

财产与行为是法律发展历史中的核心概念,也是税法学中征税的重要依据。在我国现行税收法律制度中,除了作为主体部分的流转税和所得税以外,还存在许多其他税种,这些税种依据其征税对象可以归入财产税和行为税类。近年来,随着"税收法定"的有序推进,财产税与行为税法律陆续颁布与施行,我国财产税与行为税的规范性被不断加强,这不仅有利于增加国家财政收入,减轻国家财政支出的负担,也在一定程度上推动了国家经济的发展,而且在调控经济和调节分配方面发挥了越来越重要的作用。

财产让人自由,让人有恒心,让人孜孜以求。① 对税法学而言,作为征税对象的财产绝非一成不变,它始终随着经济、政治、社会以及法律的变化而不断变化。财产税建立在经济个体财富的基础之上,是以纳税人所拥有或支配的特定财产为征税对象的一种税收,是针对财产课税而非针对个人课税的一种税收。财产税法是调整财产税收征纳关系的法律规范的总称。

财产税区别于流转税,前者的课税对象是财产,多半不发生流通,后者课税的商品都必须加入商品流通的行列;财产税区别于所得税,前者是对社会财富的存量即财产本身的数量或价值课税,后者是对社会财富的流量即所得或收益课

---

① 〔美〕斯图尔特·班纳:《财产故事》,陈贤凯、许可译,中国政法大学出版社2018年版,序言。

税。因此,推进财产税作为我国地方政府的主体税种有较大的操作空间,确立财产税为地方税制主体税种,不仅有助于调节收入与财富的差距,还有助于为地方经济的可持续发展筹集足额的财政资金,并可以为分税制财政体制的真正完善提供可靠的支持。

我国现行的财产税包括房产税、契税等税种。根据国务院与实行分税制管理体制相关的规定,这些税种都属于地方政府固定收入。因此,财产税收入主要流向地方政府,但是就目前情况看,财产税却不是我国地方政府的主体税种,我国主要税种见表16。

表16 2021年我国税收总收入和主要税种收入表

税种	收入(亿元)	同比增长率(%)	占税收收入比重(%)
税收总收入	172731	11.9	—
国内增值税	63519	11.8	33.300
国内消费税	13881	15.4	7.300
城市维护建设税	5217	13.2	2.700
进口货物增值税、消费税	17316	19.1	9.100
关税	2806	9.4	1.500
出口退税	−18158	33.2	—
企业所得税	42041	15.4	22.000
个人所得税	13993	21.0	7.300
印花税	4076	32.0	2.100
房产税	3278	15.3	1.700
车辆购置税	3520	−0.3	1.800
城镇土地使用税	2126	3.3	1.100
土地增值税	6896	6.6	3.600
耕地占用税	1065	−15.3	0.600
资源税	2288	30.4	1.200
契税	7428	5.2	3.900
环境保护税	203	−1.9	0.001

数据来源:中华人民共和国财政部国库司。
注:"占税收收入比重"计算时不考虑出口退税的影响。

从税收学的角度看,财产税具有成为地方主体税种的良好禀赋,有很大的潜力发展为地方主要财源。第一,财产税以非流动性生产要素为课税对象,可以避免因地方的税收竞争导致资源配置的效率损失。第二,财产税中很多税种的增值及收益与当地基础设施及地方政府公共服务的优劣密切相关,由当地企业和居民承担纳税义务,而将征收的财产税收入主要用于地区性的公共服务,可以体现缴税与受益对等的原则。第三,财产税涉及的税源比较分散,而且具有相当的地区差别,征收难度较大,地方征管可以带来更高的税务行政效率。第四,财产税以不动产税类为主要形式,由于房屋等不动产不能随意移动,隐匿比较困难,故房产税等财产税税源比较稳定,财产税可以成为地方政府可靠的税收。

2018年2月28日,中国共产党第十九届中央委员会第三次全体会议通过了《深化党和国家机构改革方案》。方案提出,为了"降低征纳成本,理顺职责关系,提高征管效率,为纳税人提供更加优质高效便利服务",将省级和省级以下国税地税机构合并,具体承担所辖区域内各项税收、非税收入征管等职责。同年7月,中共中央办公厅、国务院办公厅印发了《国税地税征管体制改革方案》。然而,国地税合并改革解决的只是税收征收问题,并不涉及中央与地方税收分成的财政关系。因此,是否将财产税作为地方主体税种体现于未来的税制改革逻辑之中,在学术上还有进一步讨论的空间。

二、财产税的概念

财产税是以纳税人所拥有或支配的特定财产为征税对象的一类税。财产税是对社会财富的存量课税,作为财产税征税对象的财产多是不直接参与流转或交易的财产。我国现行的财产税法律制度包括城镇土地使用税法律制度、房产税法律制度、车船税法律制度、契税法律制度等。除此之外,本教材还会对我国目前未开征的遗产税进行初步介绍。

财产在广义上包括自然资源,以及人类创造的各种物质财富和非物质财富。但作为财产税征税对象的财产并不是广义上的全部财产,而是某些特定的财产。作为财产税征税对象的财产,可以分为两大类:一类是不动产,如土地、房屋、建筑物等,这类财产不易被隐瞒和转移,对其征税容易;另一类是动产,包括有形动产和无形动产,有形动产包括营业用设备、原材料、车辆等,无形动产包括股票、债券、银行存款等。由于无形动产易被隐瞒和转移,不利于控制税源,征收管理比较困难,因此各国一般只将不动产和有形动产作为征税对象。

三、财产税的特点

同其他税种相比,财产税主要具有以下特点:

第一,财产税的征税对象是财产,是对社会财富的存量课税。作为课税对象的财产多是不直接参与流转或交易的财产。这是财产税与流转税、所得税的最根本区别。

第二，财产税属于直接税，税负不易转嫁。财产税主要由对财产进行占有、使用或收益的主体直接承担，并且主要是对使用、消费过程中的财产征收，而不是对生产、流通领域的财产征收，因而其税负很难转嫁。

第三，财产税课征具有区域性。财产税一般由地方掌握，并被列入地方财政的收入来源，地方政府有较大的管理权限，可依据本地区的实际情况确定开征或停征、征税范围、税率高低和征收管理办法等，具有较强的区域性。

第四，财产税是辅助性税种。财产税历史悠久，但现代国家多以商品税、所得税为主体税种，财产税在各国税制体系中多为辅助性税种。

此外，财产税还具有税源广泛、征收管理复杂的特点。

四、财产税的分类

(一) 一般财产税与特别财产税

此项分类的依据是征税范围的不同。一般财产税也称综合财产税，它是对纳税人的全部财产进行综合计征的财产税。但在现实中，一般财产税并不以全部财产额为计税依据，而是还要考虑日常生活必需品的免税、一定货币数量以下的财产免课以及负债的扣除等，即要规定一定的宽免额或扣除额，而这在技术上较为困难。特别财产税也称个别财产税或特种财产税，是对纳税人的一种或几种财产单独或合并课征的财产税，如对土地课征的土地税，对房屋课征的房屋税或房产税等。个别财产税是财产税最早的存在形式，它在课征时一般不需要考虑免税和扣除。

(二) 静态财产税与动态财产税

此项分类的依据是课征对象的不同。静态财产税是对在一定时期内权利未发生变动的财产，依其数量或价值征收的一种财产税。纳税人因在一定时期内保有财产的占有、用益等权利而必须依法纳税，房产税、地产税均属于静态财产税。动态财产税是对在一定时期因无偿转移而发生所有权移转变动的财产征收的一种财产税，最为典型的动态财产税是遗产税和赠与税。

(三) 经常财产税与临时财产税

此项分类的依据是课征时序不同。经常财产税是指每年都要课征，具有经常性税收收入的财产税，因而亦被称为常年财产税。这种税收通常占财产税的大部分。临时财产税是指在非常时期为筹措经费而临时开征的财产税。如遭遇战争、严重自然灾害时，为筹措经费，政府可以征收各种临时税。临时财产税所占的比重一般不会太大，但税率可能比经常财产税要高。现代财产税多指经常财产税,极少有临时财产税。

(四)从量财产税与从价财产税

此项分类的依据是计税方法的不同。从量财产税是以纳税人的应税财产数量为计税依据,实行从量定额征收的财产税。由于纳税人应纳税额的多少取决于其拥有的财产数量,而与其财产的价值无关,所以从量财产税一般不受价格变动的影响。从价财产税是以纳税人应税财产的价值为计税依据,实行从价定率征收的财产税。由于纳税人应纳税额的多少取决于其拥有的财产价值的大小,所以从价财产税通常受价格变动的影响较大。

财产税的分类见仁见智,国际上并没有公认的标准。尽管理论上的分类多样繁复,但世界各国在现实中征收的财产税主要有土地税、房产税、房地产税、车辆税、财产净值税、遗产税等几种。

五、财产税的历史沿革

(一)财产税的历史溯源

财产税的历史大致可以追溯到私有制产生之时,但当时生产力水平低下,社会财富较少,土地是那时最重要的生产资料,也是私有财产的一种主要形式,因此对土地的征税就成为最早的财产税。我国奴隶社会对土地课征的"贡""助""彻",是我国历史上财产税的雏形。春秋时期鲁国于公元前594年开始对井田以外的私田征税,称为"初税亩",这是我国历史上首次以法律形式承认土地的私有权和地主经济的合法性。实行"初税亩"后,土地再不具有"王室所有"的性质,而真正成为私人的财产,对土地征收的财产税也就此从雏形阶段走向成熟阶段。汉代课征的"车船税"、唐代课征的"间架税",都属于财产税。

现代意义上的财产税创始于1892年的荷兰,之后德国、丹麦、瑞典、挪威等国也相继开征。随着社会生产力的发展和各国社会政治经济情况的变化,财产的种类日益增多,财产税的课税对象发生了很大变化,财产税的征收范围不断扩大,税种也渐渐增多,除了土地税外,还有房产税、车船税、遗产税等。

(二)财产税在我国的发展

中华人民共和国成立后,财产税一直作为整个税制的辅助部分而存在。在政务院1950年颁布的《全国税政实施要则》所规定的14种税中,属于财产税的有房产税、地产税、遗产税。改革开放以后,我国经济迅速发展,城乡居民收入水平大幅度提高,个人和法人拥有的各类财产大量增加,在我国课征财产税已有了深厚的经济基础,因此国家先后恢复开征了部分财产税。我国目前的财产税包括房产税、城镇土地使用税、契税、车船税等。

第十五章　城镇土地使用税法律制度

第一节　城镇土地使用税法概述

城镇土地使用税是对在城市、县城、建制镇和工矿区范围内使用土地的单位和个人,按其实际占用的土地面积和规定的土地等级征收的一种税。

土地是人类赖以生存、从事生产活动必不可少的物质基础。我国人多地少,因此珍惜土地、节约用地成为一项基本国策。我国在成立初期就开征了地产税。1951年8月,政务院颁布《城市房地产税暂行条例》,规定在城市中征收房产税和地产税,称为城市房地产税。1973年简并税制时,我国把对国内企业征收的房地产税并入工商税。长期以来,我国对非农业土地基本是实行行政划拨、无偿使用的办法。实践证明,这种做法不利于合理和节约使用土地。为了控制乱占滥用耕地,国务院于1987年4月1日发布了《耕地占用税暂行条例》,用经济手段加强对耕地的管理,但城镇非农业土地使用中的浪费现象仍然严重存在。1988年9月27日国务院发布了《城镇土地使用税暂行条例》,并于当年11月1日起施行,该暂行条例对节约用地和调节土地级差收入起到了一定的作用。

为了进一步合理利用城镇土地,调节土地的级差收入,提高土地使用效率,加强城镇土地管理,2006年12月30日,国务院公布了新修订的《城镇土地使用税暂行条例》,这次修订主要是提高城镇土地使用税税额标准,将征税范围扩大到外商投资企业和外国企业。2011年、2013年、2019年国务院又先后对《城镇土地使用税暂行条例》进行了三次修订。

开征城镇土地使用税有利于合理利用城镇土地,调节土地级差收入,提高土地使用效率,加强土地管理,还可以增加国家财政收入。

第二节　城镇土地使用税的纳税人与征税范围

一、城镇土地使用税的纳税人

在城市、县城、建制镇、工矿区范围内使用土地的单位和个人,为城镇土地使用税的纳税人。其中,单位包括国有企业、集体企业、私营企业、股份制企业、外商投资企业、外国企业以及其他企业和事业单位、社会团体、国家机关、军队以及其他单位;个人包括个体工商户以及其他个人。

城镇土地使用税的纳税人的认定通常包含以下几种情况:(1)拥有土地使用权的单位和个人;(2)拥有土地使用权的单位和个人不在土地所在地的,其土地的实际使用人和代管人为纳税人;(3)土地使用权未确定或权属纠纷未解决的,其实际使用人为纳税人;(4)土地使用权共有的,共有各方都是纳税人,由共有各方分别纳税。

二、城镇土地使用税的征税范围

城镇土地使用税的征税范围是:城市、县城、建制镇和工矿区内属于国家所有和集体所有的土地,不包括农村集体所有的土地。其中,城市是指经国务院批准设立的市;县城是指县人民政府所在地;建制镇是指经省、自治区、直辖市人民政府批准设立的建制镇;工矿区是指工商业比较发达,人口比较集中,符合国务院法规规定的建制镇标准,但尚未设立建制镇的大中型工矿企业所在地。工矿区须经省、自治区、直辖市人民政府批准。

自2009年1月1日起,公园、名胜古迹内的索道公司经营用地,应按规定缴纳城镇土地使用税。

第三节 城镇土地使用税的计算与减免

一、城镇土地使用税的计算

(一)城镇土地使用税的计税依据

城镇土地使用税以纳税人实际占用的土地面积①为计税依据,依照规定税额计算征收。

(二)城镇土地使用税的税率

城镇土地使用税采用幅度定额税率,每平方米土地年税额规定如下:(1)大城市1.5元至30元;(2)中等城市1.2元至24元;(3)小城市0.9元至18元;(4)县城、建制镇、工矿区0.6元至12元。

省、自治区、直辖市人民政府,应当在规定的税额幅度内,根据市政建设状

---

① 纳税人实际占用的土地面积,是指由省、自治区、直辖市人民政府确定的单位组织测定的土地面积。尚未组织测量,但纳税人持有政府部门核发的土地使用证书的,以证书确认的土地面积为准;尚未核发土地使用证书的,应由纳税人据实申报土地面积。

况、经济繁荣程度等条件,确定所辖地区的适用税额幅度。市、县人民政府应当根据实际情况,将本地区土地划分为若干等级,在省、自治区、直辖市人民政府确定的税额幅度内,制定相应的适用税额标准,报省、自治区、直辖市人民政府批准执行。

经省、自治区、直辖市人民政府批准,经济落后地区土地使用税的适用税额标准可以适当降低,但降低额不得超过上述最低税额的30%。经济发达地区土地使用税的适用税额标准可以适当提高,但须报经财政部批准。

(三)城镇土地使用税的计算方法

城镇土地使用税应纳税额的计算公式为:

应纳税额＝实际占用应税土地面积(平方米)×适用税额

二、城镇土地使用税的减免

根据《城镇土地使用税暂行条例》以及其他相关法规的规定,下列土地免征土地使用税:(1)国家机关、人民团体、军队自用的土地;(2)由国家财政部门拨付事业经费的单位自用的土地;(3)宗教寺庙、公园、名胜古迹自用的土地;(4)市政街道、广场、绿化地带等公共用地;(5)直接用于农、林、牧、渔业的生产用地;(6)经批准开山填海整治的土地和改造的废弃土地,从使用的月份起免缴土地使用税5年至10年;(7)由财政部另行规定免税的能源、交通、水利设施用地和其他用地。

此外,纳税人缴纳土地使用税确有困难需要定期减免的,由县以上税务机关批准。

第四节 城镇土地使用税的征收管理

一、纳税义务发生时间

城镇土地使用税的纳税义务发生时间规定如下:

第一,纳税人购置新建商品房,自房屋交付使用之次月起,缴纳城镇土地使用税。

第二,纳税人购置存量房,自办理房屋权属转移、变更登记手续,房地产权属登记机关签发房屋权属证书之次月起,缴纳城镇土地使用税。

第三,纳税人出租、出借房产,自交付出租、出借房产之次月起,缴纳城镇土地使用税。

第四,以出让或转让方式有偿取得土地使用权的,应由受让方从合同约定交付土地时间的次月起缴纳城镇土地使用税;合同未约定交付时间的,由受让方从合同签订的次月起缴纳城镇土地使用税。

第五,纳税人新征收的耕地,自批准征用之日起满1年时开始缴纳土地使用税。

第六,纳税人新征收的非耕地,自批准征用次月起缴纳土地使用税。

二、纳税期限

城镇土地使用税实行按年计算、分期缴纳的征收方法,具体纳税期限由省、自治区、直辖市人民政府确定。但对新征收的耕地,自批准征收之日起满1年时开始缴纳土地使用税;征收的非耕地,自批准征收次月起缴纳土地使用税。

三、纳税地点

城镇土地使用税的纳税地点为土地所在地,由土地所在地的税务机关负责征收。纳税人使用的土地不属于同一省(自治区、直辖市)管辖范围的,应由纳税人分别向土地所在地的税务机关缴纳土地使用税。在同一省(自治区、直辖市)管辖范围内,纳税人跨地区使用的土地,如何确定纳税地点,由各省、自治区、直辖市税务局确定。

本 章 小 结

城镇土地使用税是我国特有的法律制度。由于我国土地的使用权和所有权分离,因此对城镇土地的使用行为可以单独征税。关于城镇土地使用税的性质,学界尚有争议。有学者认为城镇土地使用税是财产税,也有学者认为城镇土地使用税是行为税,还有学者认为城镇土地使用税是资源税。本书采纳的是第一种观点。

目前,城镇土地使用税的最高立法文件是《城镇土地使用税暂行条例》,尚未制定法律。从立法层次看,这不利于土地市场的规范。另外,城镇土地使用税的征收范围也有过于狭窄之嫌,随着我国土地市场的快速发展,目前相关的产业结构已经发生了很大变化,现行征税范围已经不能满足土地市场的需求。城镇土地使用税的计税依据也不尽合理。城镇土地使用税以土地面积计算税额,属于从量计征。用这种方式计算税额,不考虑应税土地的价格,不能使土地的价格变动反映在所征收的税额之中。对单位土地面积价格相差较大的土地征收相同的税额,不符合税收的公平原则。

> **思考题**

1. 城镇土地使用税的征收管理部门是土地管理机关吗？
2. 城镇土地使用税为什么适用定额税率？
3. 城镇土地使用税和房产税有什么联系？

第十六章 房产税法律制度

第一节 房产税法概述

房产税是财产税最为重要的类型之一。如果检索国外关于房产税的资料，不难发现，许多英语国家的房产税不叫 real estate tax，而叫 property tax。在一些国家的学术研究中，财产（property）已然与房产（real estate）画上了等号。在我国古代，税收的缴纳最开始以谷物为衡量标准，之后以土地、房屋以及其他个人财产为衡量标准，再之后以货币为衡量标准。

房产税是以房屋为征税对象，即以房屋形态表现的财产，将房屋的计税余值或租金收入作为计税依据，向产权所有人或使用人征收的一种财产税。

中华人民共和国成立后，政务院于1951年8月颁布了《城市房地产税暂行条例》，规定对城市中的房屋及占地合并征收房产税和地产税，称为城市房地产税。1973年为了简并税制，把对部分企业征收的房地产税并入了工商税。对房地产管理部门和个人的房屋，以及外资企业和中外合资、合作经营企业的房屋，继续保留征收房地产税。现行的房产税是第二步利改税以后开征的，1986年9月15日，国务院正式发布了《房产税暂行条例》，从当年10月1日开始实施。此后，各省、自治区、直辖市政府根据条例规定制定了相应的施行细则。2008年12月31日，国务院公布第546号令，自2009年1月1日起废止《城市房地产税暂行条例》，外商投资企业、外国企业和组织以及外籍个人依照《房产税暂行条例》缴纳房产税。至此，我国开始实行内外统一的房产税。2011年1月8日，《房产税暂行条例》进行了第一次修订，但只是将原有的"《中华人民共和国税收征收管理暂行条例》"根据立法进程修改为"《中华人民共和国税收征收管理法》"，在实际内容上并无变化。

2011年，上海与重庆两地率先开始房产税改革试点工作并开始征收房产税。

房产税具有下列特点：

第一，房产税属于财产税中的个别财产税，其征税对象只是房屋。

第二，征收范围限于城镇的经营性房屋。

第三，以房屋的经营使用方式规定征税办法，对于自用房屋按房产计税余值征税,对于出租房屋按租金收入征税。

房产税的征收有利于调节房产所有人和使用人的收入;有利于积累建设资金,促进房产的开发和建设,改善城乡居民的居住条件;有利于加强房产管理,提高房屋的使用效益。

第二节　房产税的纳税人与征税范围

一、房产税的纳税人

房产税的纳税人是房屋的产权所有人,包括国家所有和集体、个人所有房屋的产权所有人、承典人、房产代管人或使用人。具体规定如下:

第一,产权出典的,由承典人纳税。

第二,产权所有人、承典人不在房屋所在地的,由房产代管人或者使用人纳税。

第三,产权未确定及租典纠纷未解决的,亦由房产代管人或者使用人纳税。

第四,无租使用其他房产的,由房产使用人纳税。

外商投资企业、外国企业和组织以及外籍个人(包括港澳台资企业和组织以及华侨、港澳台同胞)依照《房产税暂行条例》缴纳房产税。

二、房产税的征税范围

房产税的征税范围是在我国境内城市、县城、建制镇和工矿区内用于生产经营的房屋,不包括农村的房屋。

城市是指经国务院批准设立的市,其征税范围为市区、郊区和市辖县县城。县城是指县人民政府所在地。建制镇是指经省、自治区、直辖市人民政府批准设立的建制镇,征税范围为镇人民政府所在地,不包括所辖行政村。工矿区是指工商业比较发达、人口比较集中、符合国务院规定的建制镇标准,但尚未设立镇建制的大中型工矿企业所在地,其房产税的开征须经省级人民政府批准。

房屋是指有屋面和围护结构,能遮风避雨,可供人们生产、学习、工作、生活的场所。与房屋不可分割的各种附属设施或不单独计价的配套设施,也属于房屋,应一并征收房产税;但独立于房屋之外的建筑物(如水塔、围墙等)不属于房屋,不征房产税。

第三节 房产税的计算与减免

一、房产税应纳税额的计算

(一) 房产税的计税依据

房产税采用从价计征。计税办法分为按房产余值计税和按租金收入计税两种。

1. 对经营自用的房屋,以房产的计税余值作为计税依据

所谓计税余值,是指依照税法规定按房产原值一次减除10%—30%的损耗价值以后的余额。

(1) 房产原值是指纳税人按照会计制度规定,在账簿"固定资产"科目中记载的房屋原价。因此,凡按会计制度规定在账簿中记载有房屋原价的,应以房屋原价按规定减除一定比例后作为房产余值计征房产税;没有记载房屋原价的,按照上述原则,并参照同类房屋,确定房产原值,按规定计征房产税。

(2) 房产原值应包括与房屋不可分割的各种附属设备或一般不单独计算价值的配套设施。主要有:暖气、卫生、通风、照明、煤气等设备;各种管线,如蒸气、压缩空气、石油、给水排水等管道及电力、电讯、电缆导线;电梯、升降机、过道、晒台等。属于房屋附属设备的水管、下水道、暖气管、煤气管等应从最近的探视井或三通管起,计算原值;电灯网、照明线从进线盒联结管起,计算原值。

为了维持和增加房屋的使用功能或使房屋满足设计要求,凡以房屋为载体,不可随意移动的附属设备和配套设施,如给排水、采暖、消防、中央空调、电气及智能化楼宇设备等,无论在会计核算中是否单独记账与核算,都应计入房产原值,计征房产税。

(3) 纳税人对原有房屋进行改建、扩建的,要相应增加房屋的原值。

(4) 对于更换房屋附属设备和配套设施的,在将其价值计入房产原值时,可扣减原来相应设备和设施的价值;对附属设备和配套设施中易损坏、需要经常更换的零配件,更新后不再计入房产原值,原零配件的原值也不扣除。

(5) 自2006年1月1日起,凡在房产税征收范围内的具备房屋功能的地下建筑,包括与地上房屋相连的地下建筑以及完全建在地面以下的建筑、地下人防设施等,均应当依照有关规定征收房产税。

(6) 对出租房产,租赁双方签订的租赁合同约定有免收租金期限的,免收租金期间由产权所有人按照房产原值缴纳房产税。

(7) 对按照房产原值计税的房产,无论会计上如何核算,房产原值均应包含地价,包括为取得土地使用权支付的价款、开发土地发生的成本费用等。宗地容积率低于 0.5 的,按房产建筑面积的 2 倍计算土地面积并据此确定计入房产原值的地价。

(8) 产权出典的房产,由承典人依照房产余值缴纳房产税。对于与地上房屋相连的地下建筑,如房屋的地下室、地下停车场、商场的地下部分等,应将地下部分与地上房屋视为一个整体,按照地上房屋建筑的有关规定计算征收房产税。

(9) 在确定计税余值时,房产原值的具体减除比例,由省、自治区、直辖市人民政府在税法规定的减除幅度内自行确定。这样规定,既有利于各地区根据本地情况,因地制宜地确定计税余值,又有利于平衡各地税收负担,简化计算手续,提高征管效率。

如果纳税人未按会计制度规定记载原值,在计征房产税时,应按规定调整房产原值;对房产原值明显不合理的,应重新予以评估;没有房产原值的,应由房屋所在地的税务机关参考同类房屋的价值核定。在原值确定后,再根据当地所适用的扣除比例,计算确定房产余值。扣除比例由省、自治区、直辖市人民政府确定。

2. 对于出租的房屋,以租金收入(不含增值税)为计税依据

房屋的租金收入,是房屋产权所有人出租房屋使用权所取得的报酬,包括货币收入和实物收入。对以劳务或其他形式作为报酬抵付房租收入的,应根据当地同类房屋的租金水平,确定租金标准,依率计征。如果纳税人对个人出租房屋的租金收入申报不实或申报数与同一地段同类房屋的租金收入相比明显不合理,税务部门可以按照《税收征收管理法》的有关规定,采取科学合理的方法核定其应纳税款。具体办法由各省级税务机关结合当地实际情况制定。

3. 投资联营及融资租赁房产的计税依据

(1) 对投资联营的房产,在计征房产税时应予以区别对待。对于以房产投资联营,投资者参与投资利润分红,共担风险的,按房产原值作为计税依据计征房产税;对以房产投资,收取固定收入,不承担联营风险,实际是以联营名义取得房产租金的,应根据《房产税暂行条例》的有关规定,由出租方按租金收入计算缴纳房产税。

(2) 融资租赁的房产,由承租人自融资租赁合同约定开始日的次月起依照房产余值缴纳房产税。合同未约定开始日的,由承租人自合同签订的次月起依照房产余值缴纳房产税。

4. 居民住宅区内业主共有的经营性房产的计税依据

对居民住宅区内业主共有的经营性房产,由实际经营(包括自营和出租)的代管人或使用人缴纳房产税。其中自营的,依照房产原值减除10%—30%后的余值计征,没有房产原值或不能将业主共有房产与其他房产的原值准确划分开的,由房产所在地地方税务机关参照同类房产核定房产原值;出租的,依照租金计征。

(二)房产税的税率

我国现行房产税采用的是比例税率。依照房产余值计算缴纳的,税率为1.2%;依照房产租金收入计算缴纳的,税率为12%,对个人按市场价格出租的居民住房,暂按4%税率征收房产税。

(三)房产税的计算方法

房产税应纳税额的计算公式为:

实行从价计征的应纳房产税额＝应税房产原值×(1－扣除比例)×1.2%

实行从租计征的应纳房产税额＝租金收入×12%(个人为4%)

二、房产税的减免

由于房产税属地方税,因此给予地方一定的减免权限,有利于因地制宜地处理问题。目前,房产税的税收优惠政策主要有:

(一)基本规定

依据《房产税暂行条例》及有关规定,下列房产免征房产税:

第一,国家机关、人民团体、军队自用的房产。

第二,由国家财政部门拨付事业经费的单位自用的房产。

第三,宗教寺庙、公园、名胜古迹自用的房产。

第四,个人拥有的非营业用的房产。

(二)特殊规定

1. 企业办的各类学校、医院、托儿所、幼儿园自用的房产,免征房产税。

2. 经有关部门鉴定,对毁损不堪居住的房屋和危险房屋,在停止使用后,可免征房产税。

3. 自2004年8月1日起,对军队空余房产租赁收入暂免征收房产税;此前已征税款不予退还,未征税款不再补征。暂免征收房产税的军队空余房产,在出租时必须悬挂《军队房地产租赁许可证》,以备查验。

4. 凡是在基建工地为基建工地服务的各种工棚、材料棚、休息棚和办公室、食堂、茶炉房、汽车房等临时性房屋,不论是施工企业自行建造还是由基建单位出资建造交施工企业使用的,在施工期间,一律免征房产税。但是,如果在基建工程结束以后,施工企业将这种临时性房屋交还或者估价转让给基建单位的,应当从基建单位接收的次月起,依照规定征收房产税。

5. 自2004年7月1日起,纳税人因房屋大修导致连续停用半年以上的,在房屋大修期间免征房产税,免征税额由纳税人在申报缴纳房产税时自行计算扣除,并在《城镇土地使用税 房产税税源明细表》及《城镇土地使用税 房产税纳税申报表》中填列。

6. 纳税单位与免税单位共同使用的房屋,按各自使用的部分划分,分别征收或免征房产税。

7. 福利性、非营利性的老年服务机构自用的房产免征房产税。老年服务机构指专门为老年人提供生活照料、文化、护理、健身等多方面服务的福利性、非营利性的机构,主要包括:老年社会福利院、敬老院(养老院)、老年服务中心、老年公寓(含老年护理院、康复中心、托老所)等。

8. 从2001年1月1日起,对按政府规定价格出租的公有住房和廉租住房,包括企业和自收自支事业单位向职工出租的单位自有住房;房管部门向居民出租的公有住房;落实私房政策中带户发还产权并以政府规定租金标准向居民出租的私有住房等,暂免征收房产税。暂免征收房产税、增值税的企业和自收自支事业单位向职工出租的单位自有住房,是指按照公有住房管理或纳入县级以上政府廉租住房管理的单位自有住房。

9. 对房地产开发企业建造的商品房,在售出前,不征收房产税;但对售出前房地产开发企业已使用或出租、出借的商品房应按规定征收房产税。

10. 中国铁路总公司所属铁路运输企业自用的房产,免征房产税。地方铁路运输企业自用的房产,应缴纳的房产税比照中国铁路总公司所属铁路运输企业的政策执行。

11. 为继续支持公共租赁住房(公租房)建设和运营,对公租房免征房产税。公租房经营管理单位应单独核算公租房租金收入,未单独核算的,不得享受免征房产税优惠政策。

12. 对为高校学生提供住宿服务并按照国家规定的收费标准收取住宿费的高校学生公寓暂免征收房产税。

13. 对农产品批发市场、农贸市场(包括自有和承租)专门用于经营农产品的房产,暂免征收房产税。对同时经营其他产品的农产品批发市场和农贸市场使用的房产,按其他产品与农产品交易场地面积的比例确定征免房产税。

14. 对向居民供热收取采暖费的"三北"地区供热企业,为居民供热所使用的厂房免征房产税;对供热企业其他厂房,应当按照规定征收房产税。对专业供热企业,按其向居民供热取得的采暖费收入占全部采暖费收入的比例,计算免征的房产税。对兼营供热企业,视其供热所使用的厂房与其他生产经营活动所使用的厂房是否可以区分,按照不同方法计算免征的房产税。可以区分的,对其供热所使用厂房,按向居民供热取得的采暖费收入占全部采暖费收入的比例,计算免征的房产税。难以区分的,对其全部厂房,按向居民供热取得的采暖费收入占其营业收入的比例,计算免征的房产税。

15. 为推进国有经营性文化事业单位转企改制,对经营性文化事业单位,或由财政部门拨付事业经费的文化单位转制为企业,自转制注册之日起五年内对其自用房产免征房产税。

16. 由省、自治区、直辖市人民政府根据本地区实际情况,以及宏观调控需要确定,对增值税小规模纳税人、小型微利企业和个体工商户可以在50%的税额幅度内减征房产税。

17. 对商品储备管理公司及其直属库自用的承担商品储备业务的房产免征房产税。商品储备管理公司及其直属库,是指接受县级以上人民政府有关部门委托,承担粮(含大豆)、食用油、棉、糖、肉5种商品储备任务,取得财政储备经费或者补贴的商品储备企业。

18. 为社区提供养老、托育、家政等服务的机构自有或其通过承租、无偿使用等方式取得并用于提供社区养老、托育、家政服务的房产,免征房产税。

19. 对纳税人及其全资子公司从事大型民用客机发动机、中大功率民用涡轴涡桨发动机研制项目自用的科研、生产、办公房产,免征房产税。

20. 对纳税人及其全资子公司从事空载重量大于45吨的民用客机研制项目自用的科研、生产、办公房产免征房产税。

21. 为支持农村饮水安全工程(简称饮水工程)巩固提升,对饮水工程运营管理单位自用的生产、办公用房产,免征房产税。饮水工程,是指为农村居民提供生活用水而建设的供水工程设施。饮水工程运营管理单位,是指负责饮水工程运营管理的自来水公司、供水公司、供水(总)站(厂、中心)、村集体、农民用水合作组织等单位。对于既向城镇居民供水,又向农村居民供水的饮水工程运营管理单位,依据向农村居民供水收入占总供水收入的比例免征房产税。无法提供具体比例或所提供数据不实的,不得享受优惠政策。

第四节 房产税的征收管理

一、纳税义务发生时间

房产税的纳税义务发生时间规定如下：

第一，纳税人将原有房产用于生产经营，从生产经营之月起计征房产税。

第二，纳税人自行新建房屋用于生产经营，从建成之次月起计征房产税。

第三，纳税人委托施工企业建设的房屋，从办理验收手续之次月起（此前已使用或出租、出借的新建房屋，应从使用或出租、出借的当月起）计征房产税。

第四，纳税人购置新建商品房，自房屋交付使用之次月起计征房产税。

第五，纳税人购置存量房，自办理房屋权属转移、变更登记手续、房地产权属登记机关签发房屋权属证书之次月起计征房产税。

第六，纳税人出租、出借房产，自交付出租、出借房产之次月起计征房产税。

第七，房地产开发企业自用、出租、出借本企业建造的商品房，自房屋使用或交付之次月起计征房产税。

自2009年1月1日起，纳税人因房产的实物或权利状态发生变化而依法终止房产税纳税义务的，其应纳税款的计算应截至房产的实物或权利状态发生变化的当月末。

二、纳税期限

房产税按年征收、分期缴纳。纳税期限由省、自治区、直辖市人民政府确定。各地一般按季或半年征收。

三、纳税地点

房产税由房产所在地的税务机关征收。房产不在一地的纳税人，应按房产的坐落地点，分别向房产所在地的税务机关缴纳房产税。纳税人应根据规定，将现有房屋的坐落地点、结构、面积、原值、出租收入等情况，据实向当地税务机关办理纳税申报。

本 章 小 结

2021年10月出版的第20期《求是》杂志发表了中共中央总书记、国家主席、中央军委主席习近平的重要文章《扎实推动共同富裕》,其中要求"积极稳妥推进房地产税立法和改革"。2021年10月23日,十三届全国人大常委会三十一次会议通过了《关于授权国务院在部分地区开展房地产税改革试点工作的决定》。房地产税法的改革是我国财税体制改革的重中之重,也是财税体制改革中的焦点、重点和难点。立足于国家治理现代化的时代背景,房产税改革要想取得成功,就必须高度重视其正当性建构。① 房地产税法的改革应当遵循法治路径,税收的开征与使用皆应基于社会公益目的。

当然,房产税的可税性仍然面临诸多挑战。例如,居民的房产在征收房产税之前,便已经由国家征收过土地出让金,土地出让金之后便转化为房价由购房者承担。从经济的角度看,土地出让金和房产税的负担是重叠的。又如,许多地方存在小产权房,这类房产在合法性上遭受质疑,其征税的合法性因此受到动摇。② 这些问题都有待法律制度在改革中解决。

> **思考题**
>
> 1. 房产税和土地出让金是否存在重复征税的问题?
> 2. 我国房产税不能成为地方政府主要收入的原因是什么?
> 3. 如何构建让房产税成为我国地方政府主要收入的税收法律制度?

---

① 刘剑文:《房产税改革正当性的五维建构》,载《法学研究》2014年第2期。
② 小产权房一般是指在农村集体土地上建设的,未办理相关证件的房屋。狭义的小产权房一般是指在农村集体土地上建设,未办理相关证件,并被当作商品房进行交易后由集体组织外的公民事实占有的房屋。小产权房能够满足居民的住房需求,有着房屋的事实属性,却始终未取得法律上的合法地位。

第十七章 契税法律制度

第一节 契税法概述

契税是在土地、房屋权属转移时，向取得土地使用权、房屋所有权的单位和个人征收的一种税。

契税是一个古老的税种，最早起源于东晋的"估税"，东晋以后，历朝历代及民国时期均征收不辍，至今已有近1700年的历史。自宋以降，契税的征税范围基本固定在与今天类似的不动产典买上，清代、民国时期的契税法律与如今施行的契税法律在核心制度上总体一脉相承。中华人民共和国成立以后颁布的第一个税收法规就是《契税暂行条例》。改革开放以后，为了适应市场经济发展的需要，1994年我国开始对财税体制进行改革，并于1997年发布了新的《契税暂行条例》以及《契税暂行条例细则》。

随着税收法定原则的推进落实，2020年8月，全国人大常委会通过了《契税法》，自2021年9月1日起实施。《契税法》在总体"平移"《契税暂行条例》的基础上，有意识地进行了以下几方面的突破和创新：一是将原《契税暂行条例细则》和财政部、税务总局为适应市场经济不断发展而零星制定的补充性规定中的部分重要、核心内容整合入了相应的法律条文中，增强了契税立法的整体性，提升了原有规则的法律效力层级，进一步落实了税收法定原则。二是因应《民法典》《土地管理法》等民事基本法律的发展创新，对相关的契税法律制度进行了必要的调整，一定程度上反映了税收立法对法秩序统一性的关注。三是与健全地方税体系的深化财税制度改革举措相呼应，明确了契税的地方税属性，赋予了省一级在契税征免和适用税率上一定范围内的自主裁量权，反映了税收制度改革与财政体制改革的一体性。四是通过递延纳税期限，在实质上从法律层面认可了部分地方的征管创新实践，解决了《契税暂行条例》长期遗留的征纳矛盾和征管无效率，体现了税收立法对征纳实践的经验总结和需求回应。相较而言，《契税法》有限地跳出了"平移式立法"的窠臼，是我国税收立法正在逐步向高质量、实质性税收法定迈进的一个过程性典例。

第二节 契税的纳税人与征税对象

一、契税的纳税人

契税的纳税人,是在境内转移土地、房屋权属时承受的单位和个人,包括外资企业和外籍个人。具体指国有土地使用权出让或土地使用权转让中的受让人、房屋的买主、房屋受赠人、房屋交换的双方。

二、契税的征税对象在立法中的表现形式

对于契税征税对象的本质是什么,税法学理论上存在诸多争议,本书关于这一问题的理论探讨参见本章"延伸阅读"部分。仅从现行立法的表现形式上讲,《契税暂行条例》和《契税法》均只对契税的征税范围进行了列举式规定,并未从实定法的角度概括归纳契税的征税对象本质。根据《契税法》第2条的规定,契税的征税范围包括:(1)土地使用权出让;(2)土地使用权转让,包括出售、赠与、互换;(3)房屋买卖、赠与、互换。

从物权角度看,土地承包经营权是土地使用权中的一种,由于2019年《土地管理法》明确允许了土地承包经营权的转让,因此为确保契税的征收不影响农村土地资源的盘活利用和农村建设及农业发展,《契税法》第2条第2款专门规定,土地承包经营权的转移不属于契税的征税范围,体现了我国税收立法与民事基本法律制度创新演进的协同。

在商事交易实践中,还存在以土地、房屋权属作价投资(入股),以土地、房屋权属抵债,以获奖方式承受土地、房屋权属,以预购方式或者预付集资建房款方式承受土地、房屋权属,以划转方式承受土地、房屋权属等多样的交易方式。从民事法律关系角度看,上述交易方式的民事法律关系实质依然是土地、房屋权属的转让或赠与,因此皆应属于契税的征税范围。在《契税法》制定前,财政部、税务总局通过多个规章、规范性文件对上述不同交易类型应纳入契税征税范围进行过阐释,《契税法》制定时,这些释明性规定大部分综合反映在了第2条第3款中,即"以作价投资(入股)、偿还债务、划转、奖励等方式转移土地、房屋权属的,应当依照本法规定征收契税"。这提高了原有规定的法律效力层级,落实了税收法定原则。

第三节 契税的计算与减免

一、契税的计算

(一) 契税的计税依据

契税的计税依据为不动产的价格。由于土地、房屋权属转移方式不同,定价方法不同,因而具体计税依据也视不同情况而定。

《契税法》第4条规定,土地使用权出让、出售,房屋买卖,计税依据为土地、房屋权属转移合同确定的成交价格,包括应交付的货币以及实物、其他经济利益对应的价款;土地使用权互换、房屋互换,计税依据为所互换的土地使用权、房屋价格的差额;土地使用权赠与、房屋赠与以及其他没有价格的转移土地、房屋权属行为,计税依据为税务机关参照土地使用权出售、房屋买卖的市场价格依法核定的价格。

另外,纳税人申报的成交价格、互换价格差额明显偏低且无正当理由的,税务机关有权依照《税收征收管理法》的规定核定。

(二) 契税的税率

契税实行3%—5%的幅度税率。实行幅度税率是考虑到我国经济发展的不平衡,各地经济差别较大的实际情况。因此,各省、自治区、直辖市人民政府可以在3%—5%的规定范围内,按照本地区的实际情况决定具体税率,还可以依据规定对不同主体、不同地区、不同类型的住房的权属转移确定差别税率。

为兼顾税收法定原则的基本要求和契税作为地方税的特殊性,《契税法》第3条在对省、自治区、直辖市人民政府给予上述授权的同时,明确规定,省、自治区、直辖市人民政府制定的税率应报同级人民代表大会常务委员会决定,并报全国人民代表大会常务委员会和国务院备案。

(三) 契税应纳税额的计算

契税采用比例税率。当计税依据确定以后,契税应纳税额的计算就比较简单了。

契税应纳税额的计算公式为:

契税应纳税额 = 计税依据 × 税率

二、契税的减免

(一)《契税法》直接规定的免征

有下列情形之一的,免征契税:

1. 国家机关、事业单位、社会团体、军事单位承受土地、房屋权属用于办公、教学、医疗、科研、军事设施。

2. 非营利性的学校、医疗机构、社会福利机构承受土地、房屋权属用于办公、教学、医疗、科研、养老、救助。

3. 承受荒山、荒地、荒滩土地使用权用于农、林、牧、渔业生产。

4. 婚姻关系存续期间夫妻之间变更土地、房屋权属。

5. 法定继承人通过继承承受土地、房屋权属。

6. 依照法律规定应当予以免税的外国驻华使馆、领事馆和国际组织驻华代表机构承受土地、房屋权属。

值得注意的是,在《契税法》颁布前,对于继承导致的土地、房屋权属转移,国税函[2004]1036号文(现已废止)曾规定为"不征契税",意为不属于契税的征税范围。从民事法律关系实质上讲,继承属于法律行为以外引起物权变动的原因之一,继承导致的土地、房屋权属转移从法律效果上看与因法律行为导致的不动产权属转移无异,同样具备契税的征税对象要件,应属于征税范围,但通过税收优惠予以免征。《契税法》在制定过程中关注到了原有下位法的定性错误,还原了其税收优惠的法律性质,应予以肯定。

(二)《契税法》授权国务院制定的税收优惠

《契税法》第6条第2款授权国务院根据国民经济和社会发展的需要,对居民住房需求保障、企业改制重组、灾后重建等情形可以规定免征或者减征契税,但应报全国人民代表大会常务委员会备案。

应当承认,法律授权国务院为社会保障、宏观调控之目的制定额外的契税税收优惠是必要的,且实际上,在《契税法》颁布前,财政部在住房保障、改制重组、灾后重建等方面已经制定了大量契税优惠政策,《契税法》中的相关规定实质上是对这些政策的追认。但也应注意到,《契税法》虽然列举了授权情形,但列举的三种情形涉及面广,彼此差异较大,其后的"等"字实际上很难通过同质性解释框定具体、明确的范围,未免有授权过宽之嫌。此外,《契税法》颁布前的上述税收优惠政策,多数是财政部、国家税务总局发布的,制定主体并非国务院,如不进一步上升立法层级,恐有违法转授权之嫌。

在住房需求保障方面,在《契税法》颁布前制定、在《契税法》颁布后仍然有效的契税优惠,如对个人首次购买90平方米及以下普通住房的,契税税率暂统一下调到1%,首次购房证明由住房所在地县(区)住房建设主管部门出具。

在企业改制重组方面,在《契税法》颁布前制定、在《契税法》颁布后仍然有效的契税优惠主要内容为,对符合条件的企业改制(包括非公司制企业改制为有限责任公司或股份有限公司,有限责任公司变更为股份有限公司,股份有限公司变更为有限责任公司)、事业单位改制为企业、合并、分立、债权人承受破产企业抵偿债务、资产划转、母公司以土地房屋权属对全资子公司增资、债转股等改制重组行为引起的土地、房屋权属转移,免征或减半征收契税。

(三)《契税法》授权地方制定的税收优惠

《契税法》第7条授权省、自治区、直辖市对以下情形免征或者减征契税:(1)因土地、房屋被县级以上人民政府征收、征用,重新承受土地、房屋权属;(2)因不可抗力灭失住房,重新承受住房权属。

该授权与前述税率制定的授权一样,属于有限授权,且须报同级人民代表大会常务委员会决定,并报全国人民代表大会常务委员会和国务院备案。

第四节 契税的征收管理

一、纳税义务发生时间

《契税法》第9条规定,纳税人签订土地、房屋权属转移合同的当日,或者纳税人取得其他具有土地、房屋权属转移合同性质凭证的当日,为纳税义务发生时间。这一规定与被废止的《契税暂行条例》一致,且与历史上的契税法律制度一脉相承,反映的是"契约说"对契税征税对象的认识,与本书以"不动产物权的转移"为契税征税对象的观点看似不一致。

理论上,当税收之债构成要件齐备时,纳税义务才会发生,因而从逻辑因果关系上看,征税对象作为税收之债构成要件之一,应当是纳税义务发生的原因;不应反过来从纳税义务发生时间的规定推导征税对象。因此,本书认为,《契税法》第9条的规定并不能否定以"不动产物权的转移"为契税征税对象的分析结论。而《契税法》以选择合同签订日为纳税义务发生时间的规定则可以被理解为一种保障征税权力实现的安排。如前所述,由于契税的产权官方认证和保护功能已经被不动产登记制度取代,倘若一律待受让方取得不动产权属登记、交易结果稳定后再征税,纳税人将失去依法积极申报纳税的动力。因此,从这一角度看,不妨将《契税法》的这一安排理解为对契税曾经拥有的传统功能的回溯和对传统功能带来的良好税收遵从的维护。

二、纳税期限

被废止的《契税暂行条例》规定,契税的纳税期限为自纳税义务发生之日起

10日内。由于商事实践中大多数房地产交易的交割与合同签订之间存在较长时间间隔,因此这一规定导致受让方往往需要在真正取得不动产权属前相当长的一段时间内就先行缴纳契税,而一旦后续交易履行不顺利,纳税人往往会陷入契税已经缴纳、房地产权属却未获得的尴尬境地。这类情况在商品房期房交易中更加多见。

在纳税义务发生时间仍然坚持合同签订日的立法模式的情况下,为尽量避免契税退税争议给征纳双方带来的不效率,《契税法》立法时未采纳"纳税义务发生之日起10日内"的纳税期限规定,而是规定"纳税人办理土地、房屋权属登记,不动产登记机构应当查验契税完税、减免税凭证或者有关信息。未按照规定缴纳契税的,不动产登记机构不予办理土地、房屋权属登记"。新规定实际上将契税的纳税期限延长至不动产权属登记办理之时,纳税人在合同签订后、最终确认能够实际交割前,均无须实际履行契税纳税义务。这一安排从实践层面弱化了契税纳税义务发生时间规定的实际意义,调和了前述纳税义务发生时间与契税征税对象不匹配的体系矛盾。同时,《契税法》还规定,在依法办理土地、房屋权属登记前,权属转移合同、权属转移合同性质凭证不生效、无效、被撤销或者被解除的,纳税人可以向税务机关申请退还已缴纳的税款。这明确了纳税人在上述交易未能实际交割情况下获取契税退税的法定权利。

三、相关政府部门的涉税信息共享义务

土地、房产权属及其交易信息是税务机关管控契税税源的重要抓手。为强化税务机关的涉契税信息掌握能力,提高契税监管和风险评估能力,《契税法》第13条借鉴了2019年《个人所得税法》的立法经验,对掌握土地、房屋权属和交易信息的部门课以信息共享义务,要求自然资源、住房城乡建设、民政、公安等相关部门及时向税务机关提供与转移土地、房屋权属有关的信息,协助税务机关加强契税征收管理。

本 章 小 结

对于契税征税对象的本质是什么,税法学理论上存在诸多争议:契约说认为,契税的征税对象是转移土地、房屋权属的契约;不动产权属说认为,鉴于契税仅对承受权属的受让方征税,其征税对象实际是不动产权;债权行为说认为,《契税法》第1条所称"在中华人民共和国境内转移土地、房屋权属",强调的是"转移"而非"权属",因此契税的征税对象是转移不动产权属的债权行为;物权行

为说认为,在物权行为无因性的民法理论下,契税既然是对转移不动产权属的行为征税,则它直接针对的应是产生转移权属效果的物权行为。

本书认为,契税的征税对象应界定为"不动产物权的转移"。所谓"不动产物权的转移",是指完成不动产物权转移的事实,即不动产物权转移法律效果的实现。它既不是作为原因的任何民事法律行为,也不是转移的标的(即物权权属)。这一观点,在课税正当性方面认可了契税始终是产权认可和法律保护对价这一历史属性的承继(参考本章"延伸阅读");在征税目的方面依然秉承着契税是财产税的传统认知,强调契税之征收必须为实践税法量能课税的目的,而在纳税人承受土地、房屋权属的过程中,能够反映独特负税能力的只能是不动产物权完整转移的事实。同时,这一观点还兼顾了税法与民法关系的协调,考虑到随着民事基本法律制度的构建,印契的官方认证和法律保护功能已经被不动产权登记制度取代,以及在我国《民法典》下,"债权行为+登记"作为一个整体产生的法律效果正是不动产物权的转移,税收法律对是否发生契税纳税义务的判断,正是对这一民事法律效果的税法评价。①

思考题

1. 你认为契税征税对象的本质是什么?
2. 契税法律制度体现了我国税法中的哪些原则?
3. 作为一种财产税,契税所指代的财产是什么?

延伸阅读

关于契税征税对象的探讨

---

① 王一骁:《我国契税法律体系的协调——以征税对象和纳税期限为核心》,华东政法大学2018年硕士学位论文。

第十八章　车船税法律制度

第一节　车船税法概述

车船税是在中华人民共和国境内的车辆、船舶的所有人或者管理人应缴纳的一种税。车船税法是国家制定的用以调整车船税征收与缴纳之间权利及义务关系的法律规范。车船税以车船为征税对象，有利于车辆的管理和合理配置，也有利于调节财富差距。

我国对车船课税历史悠久。早在公元前 129 年，我国就开征了算商车。1945 年 6 月，国民政府公布了《使用牌照税法》，在全国统一开征车船使用牌照税。中华人民共和国成立后，政务院于 1951 年 9 月公布了《车船使用牌照税暂行条例》，全国部分地区开征车船牌照使用税。1973 年简化税制、合并税种时，我国把对国营企业和集体企业征收的车船使用牌照税并入工商税。从那时起，车船使用牌照税只对不缴纳工商税的单位、个人和外侨征收，征税范围大大缩小。

中华人民共和国成立初期，我国就开始对车船的使用行为征税。车船税出台之前，我国实行的是车船使用税制度，对外商投资企业、外国企业和外籍个人则征收车船使用牌照税，这两种税都属于行为税。为简化税种，统一税制，2006 年 12 月国务院公布了《车船税暂行条例》，该条例于 2007 年 1 月 1 日起实施，我国由此正式开始征收车船税，其税种性质也由原来的行为税转变为财产税。2011 年 2 月，《车船税法》正式颁布并于 2012 年 1 月 1 日起施行。

第二节　车船税的纳税人、征税范围、计算与减免

一、车船税的纳税人

根据《车船税法》第 1 条的规定，车船税的纳税人是在中华人民共和国境内，"车辆、船舶（以下简称车船）的所有人或者管理人"。

二、车船税的征税范围

车船税的征收范围是指依法应当在我国车船管理部门登记的车船,包括机动和非机动车船。

三、车船税的计算

(一)车船税的税率与税目

车船税采用定额税率,即对征税的车船规定单位固定税额,而车船税的税目则是征税范围的具体体现。根据现行规定,车船税下设五个税目,采用定额税率。车船税确定税额的总原则是:非机动车船的税负轻于机动车船;人力车的税负轻于畜力车;小吨位船舶的税负轻于大吨位船舶。由于车辆与船舶的行驶情况不同,车船税的税额也不相同。

车船税实行定额税率。定额税率计算简便,是适宜从量计征的税种。车辆的具体适用税额由省、自治区、直辖市人民政府依照《车船税法》所附《车船税税目税额表》规定的税额幅度和国务院的规定确定。船舶的具体适用税额由国务院在《车船税法》所附《车船税税目税额表》规定的税额幅度内确定(见表17)。

表 17　车船税税目税额表

税目		计税单位	年基准税额(元)	备注
乘用车[按发动机汽缸容量(排气量)分档]	1.0 升(含)以下的	每辆	60 元至 360 元	核定载客人数 9 人(含)以下
	1.0 升以上至 1.6 升(含)的		300 元至 540 元	
	1.6 升以上至 2.0 升(含)的		360 元至 660 元	
	2.0 升以上至 2.5 升(含)的		660 元至 1200 元	
	2.5 升以上至 3.0 升(含)的		1200 元至 2400 元	
	3.0 升以上至 4.0 升(含)的		2400 元至 3600 元	
	4.0 升以上的		3600 元至 5400 元	

(续表)

税目		计税单位	年基准税额(元)	备注
商用车	客车	每辆	480元至1440元	核定载客人数9人以上,包括电车
	货车	整备质量每吨	16元至120元	包括半挂牵引车、三轮汽车和低速载货汽车等
挂车		整备质量每吨	按照货车税额的50%计算	
其他车辆	专用作业车 轮式专用机械车	整备质量每吨	16元至120元	不包括拖拉机
摩托车		每辆	36元至180元	
船舶	机动船舶	净吨位每吨	3元至6元	拖船、非机动驳船分别按照机动船舶税额的50%计算
	游艇	艇身长度每米	600元至2000元	

(二)车船税应纳税额的计算

1. 计税依据

车船税的计税依据依征税对象的不同而不同,对于载客汽车和摩托车,是按每辆计税,对于三轮汽车、低速载货汽车是按自重每吨计税,而对船舶则按照净吨位计税。

2. 应纳税额的计算方法

购置的新车船,购置当年的应纳税额自纳税义务发生的当月起按月计算。计算公式为:

应纳税额＝(年应纳税额÷12)×应纳税月份数

应纳税月份数＝12－纳税义务发生时间(取月份)＋1

四、车船税的减免

根据《车船税法》的规定,免征收车船税的车船类型有:(1)捕捞、养殖渔船;(2)军队、武警部队专用的车船;(3)警用车船;(4)悬挂应急救援专用号牌的国家综合性消防救援车辆和国家综合性消防救援专用船舶;(5)依照法律规定应当予以免税的外国驻华使领馆、国际组织驻华代表机构及其有关人员的车船。

另外,对节约能源、使用新能源的车船可以免征或者减征车船税;对受严重自然灾害影响纳税困难以及有其他特殊原因确需减税、免税的,可以减征或者免征车船税。省、自治区、直辖市人民政府根据当地实际情况,可以对公共交通车船,农村居民拥有并主要在农村地区使用的摩托车、三轮汽车和低速载货汽车定期减征或者免征车船税。

第三节 车船税的征收管理

一、纳税义务发生时间和纳税期限

车船税纳税义务发生时间为取得车船所有权或者管理权的当月。纳税人未按照规定到车船管理部门办理应税车船登记手续的,以车船购置发票所载开具时间的当月作为车船税的纳税义务发生时间。对未办理车船登记手续且无法提供车船购置发票的,由主管地方税务机关核定纳税义务发生时间。

车船税按年申报缴纳,分月计算。纳税年度自公历1月1日起至12月31日止。具体申报纳税期限由省、自治区、直辖市人民政府确定。

二、纳税地点

车船税由地方税务机关负责征收。

纳税地点为车船的登记地或者车船税扣缴义务人所在地。依法不需要办理登记的车船,纳税地点为车船的所有人或者管理人所在地。

三、车船税的缴纳

公安、交通运输、农业、渔业等车船登记管理部门、船舶检验机构和车船税扣缴义务人的行业主管部门应当在提供车船有关信息等方面,协助税务机关加强对车船税的征收管理。车辆所有人或者管理人在申请办理车辆相关登记、定期检验手续时,应当向公安机关交通管理部门提交依法纳税或者免税证明。公安机关交通管理部门核查后办理相关手续。

本 章 小 结

我国是人口大国,也是车辆使用大国。随着我国工业化进程的加快,我国的汽车市场在全球市场中居于重要位置。作为我国第一部财产税税收法律,车船税的立法在征求意见稿阶段便引起了全国人民的关注,征求意见达到数十万条之多。车船税从暂行条例上升为法律,是落实税收法定原则的一次重要法治实践。但是,这部法律还是存在着些许不足。例如,车船税计税标准的"从量计征",指的是车船税发动机排量越大,应征税额就越多。实际上,车船税作为财产税,应当以车辆的财产价值为计税标准。按排量大小计征在某种程度上混淆了车船税的性质,扭曲了车船税的导向作用。车辆如今已成为许多老百姓的必需品,因此按照目前"从量计征"的模式征税在某种程度上不仅无法达到节能减排的目的,还会增加人们出行的成本。

思考题

1. 车船税为什么适用定额税率?
2. 车船税和消费税在税收功能上有哪些一致的地方?
3. 为什么车船税的计税单位,有的用"辆",有的用"吨"?

第十九章 遗产与赠与税法律制度之探讨

第一节 遗产税法律制度概述

一、遗产税的概念

遗产税是以被继承人或财产所有人死亡时遗留的财产为征收对象的一种税。遗产税和赠与税本来是两个税种,但它们之间的关系非常密切。通常认为,遗产税是主税,赠与税是辅税,两者配合征收。赠与税是对财产所有人生前赠与他人的财产补充征收的,这主要是为了防止纳税人通过赠与的方式逃避遗产税。有些国家将二者合并为遗产和赠与税。征收遗产税既可以增加财政收入,也能实现调节居民收入、抑制财富两极分化的目的。

二、遗产税的产生与发展

遗产税是一个古老的税种,起源于古埃及。近代最早的遗产税是荷兰于1588年开征的,但当时的制度极不规范,变化也较频繁,并无明确的标准。具有现代意义的遗产税制度是1696年在英国诞生的,这一制度确定了遗产税的适用范围、课征对象及具体的征收办法,成为后来各国遗产税政策的模本。世界性的遗产税制度自18世纪以后才开始在各国设立,如法国于1703年开征遗产税,德国于1900年开征遗产税,而亚洲和非洲地区的多数国家是在第二次世界大战以后才开征遗产税的。

我国在民国初年就开始研究遗产税。我国遗产税法的制定始于北洋政府时期。1915年北洋政府拟定了征收遗产税的草案,但并未实施。1940年,国民政府第一次开征遗产税,1946年通过了中国历史上第一部遗产税法。但由于经济落后和国民党政府的腐败,遗产税形同虚设。

中华人民共和国成立后,政务院于1950年1月公布了《全国税政实施要则》,规定了14种税收,其中就有遗产税,但由于当时经济较落后,分配制度平均单一,人们收入不多,因此也没有开征。以后历次税制改革,遗产税都没有被列入计划。1988年国家税务局提出要研究征收遗产税,之后遗产税被写进"九五"计划、2010年远景目标纲要、党的十五大报告和政府工作报告。

三、遗产税的分类

世界各国对遗产税的征收方法并不完全一致,大体有如下三种模式:

1. 总遗产税制

总遗产税制是对遗产总额课征的税制,在遗产的处理上采用"先税后分"的方式,即以财产所有人(被继承人)死亡后遗留的财产总额为课税对象,以遗嘱执行人或遗产管理人为纳税人,采用超额累进税率征税的模式。总遗产税制通常设有起征点,并设有扣除项目和抵免项目。美国、英国、新西兰、新加坡等国实行的是总遗产税制。

2. 分遗产税制

分遗产税制一般又称继承税制,分遗产税制是对各继承人取得的遗产份额课税的税制,在遗产的处理上采用"先分后税"的方式,即以遗产继承法人或受遗赠人为纳税人,以各继承人或受遗赠人获得的遗产份额为课税对象。分遗产税制多采用超额累进税率,允许扣除和抵免。分遗产税制较总遗产税制相比征收手续复杂,征收成本高,但较为公平合理。现在采用分遗产税制的国家有日本、法国、德国、韩国、波兰等。

3. 混合遗产税制

混合遗产税制又称总分遗产税制,是将总遗产税制和分遗产税制综合一起的税制,在遗产处理上采用"先税后分再税"的方式,即对被继承人死亡时遗留的遗产份额课以一次总遗产税,再于税后分配给个人的遗产份额达到一定数额时征一次分遗产税。混合遗产税制的纳税人包括遗产管理人、遗嘱执行人、遗产继承人、受赠人。该税制多采用累进税率。这种税制是上述两种税制结合的产物。目前采用这一模式的国家有加拿大、意大利、菲律宾等。

第二节 赠与税法律制度概述

赠与是财产的权利人将自己的财产无偿赠送给他人,经他人接受之后产生赠与效力的行为。赠与的对象既可以是动产,也可以是不动产,还可以是无形资产或其他类型的财产。在数字经济时代,虚拟财产也应属于赠与的对象。赠与税是为弥补遗产税的不足,而向财产赠与行为征收的一个税种。

开征遗产税的国家一般也会设置赠与税,以防止纳税人借助赠与行为逃避法定的纳税义务。只有遗产税和赠与税双管齐下,税收法律制度的完整性和税收征收管理制度的严密性才能得到保证。因此,赠与税一般是作为遗产税的补充或者配套措施而设立的。

赠与税作为遗产税的配套措施,其税种的设置与征收的模式一般与遗产税一致,但不同国家赠与税的纳税人有可能有所不同。在采取总遗产税制的国家,赠与税一般以赠与人为纳税人,并按照其全部赠与额征收赠与税;而采取分遗产税制的国家,一般以受赠人为纳税人,即按照各个受赠人的受赠额分别征收赠与税。因此,遗产税又被称为赠与人税,赠与税又被称为受赠人税。采取混合遗产税制的国家则会相应地采取赠与人税和受赠人税相结合的税收制度。

第三节 开征遗产税需要考虑的问题

我国的遗产税制度酝酿已久,但出于种种原因始终未付诸实施。客观来说,在我国实行遗产税制度,必须先解决如下问题:

首先,监控好个人财产。长期以来,我国的个人财产是十分隐蔽的,要使隐蔽的个人财产明朗化,关键是要实行个人财产登记制度。个人财产要及时登记,对没有申报的一定价值以上的财产,要视为非法财产。同时,财产的登记制度要建立在实名制的基础之上。只有实行了实名制,才能准确界定个人的金融资产和其他财产。从国外征收遗产税的历史看,不实行实名制,遗产税的征收将会落空。我国已实行的"储蓄实名制"为遗产税的顺利开征奠定了基础;同时,为了防止开征遗产税后引起资本外逃,我国已和许多国家签订了防止重复征税和偷漏税的协定;随着电子货币化、电子商务的迅速发展,现金流量大大减少,这些情况都为开征遗产税创造了良好的环境。

其次,建立对个人财产的评估机制。在国外,为适应征收财产税的需要,政府成立了专门性的具有较高权威性和公正性的机构,以便对不动产定期进行价值评估。我国目前不仅财产评估机构和人员严重缺乏,而且评估制度和法规也有待建立、健全和完善。因此要开征遗产税,必须尽快建立财产评估中介机构,而且要定期对个人财产进行科学的动态评估。

最后,同时开征赠与税。在西方税制体系中,赠与税实际上是遗产税的辅助税种。因为如果只对财产所有人死亡后的遗产课税,而不对其生前向外馈赠的财产课税,极易造成纳税人通过在生前将财产事先赠送他人之途径来逃避缴纳遗产税。因此,课征遗产税的国家,大多同时课征赠与税,但赠与税开征的税率如何与遗产税相协调也成为立法者待解的难题之一。

本 章 小 结

在全世界已经有100多个国家开征遗产税,遗产税已经成为抑制代际财富传承聚集、调节社会财富分配的重要工具。习近平总书记指出:"共同富裕是社会主义的本质要求,是中国式现代化的重要特征。"在扎实推进共同富裕的未来,遗产税也是一个可行的选项。

思考题

1. 你觉得在中国开征遗产税有哪些现实阻力?
2. 如何在税法上设计更为公平的遗产税?
3. 为什么开征遗产税的国家一般也会开征赠与税?

第二十章 我国财产税法制度评析

我国财产税体系庞杂,近年来契税、车船税都已实现了税收法定,也取消了已经明显不适应社会经济发展需要的城市房地产税。但客观地说,我国对财产税的改革仍相对滞后,其中的问题也比较多。

第一节 加快房地产保有阶段的税收立法

我国现阶段房地产税在本质上与国际上所理解的房地产税有所不同。国外保有环节的房地产税是房地产税收法律体系的主体内容,一般所讲的房地产税就是指存量税。而我国的房地产税收法律体系却一直忽视对保有阶段的房产的课税。目前针对房地产的财产税类主要是城镇土地使用税、房产税、契税,但这些税种大多是对交易环节的征税,仅有城镇土地使用税和房产税针对的是保有环节,但又对非经营性用房实行免税。此外,房屋在保有阶段除了用于生产经营外,几乎不缴纳任何税费,房地产的保有成本极低。可以说,我国目前房地产资源配置严重不合理,而税制结构的不科学则是诱因之一,并且由此引发了诸多社会现象。为此,我国有必要对现行的房地产税制作出大刀阔斧的改革,将房地产保有环节作为课税的重点。为积极稳妥推进房地产税立法与改革,引导住房合理消费和土地资源节约集约利用,促进房地产市场平稳健康发展,十三届全国人大常委会三十一次会议决定:授权国务院在部分地区开展房地产税改革试点工作。截至目前,房地产税的试点工作的进展十分缓慢。

一、对房产税、城镇土地使用税的整合与规范

现有房产税、城镇土地使用税征税均针对保有环节,所具有的功能与国外房地产保有环节的税收有类似之处。因此,可以将这两种税收归入房地产保有税,解决之前房地产税收杂乱且不合理的问题,并制定出合理的税收制度;对个人住房不得一律免税,对个人闲置的住房更应该加大保有阶段的税收负担。

二、对土地增值税的整合与规范

我国现行的土地增值税是对有偿转让国有土地使用权、地上建筑物及其附

着物产权取得的增值性收入征收的一种税,它是一个"政策意义和财政意义都不大的税种"。在房地产税收的诸多问题中,与土地增值税有关的问题较多,因此需要对它进行规范,使之成为真正的资本利得税。在房地产保有阶段,应根据房地产重新评估后产生的增值额对占有房地产超过一定年限的产权者征税,一般分5年期和10年期两种。10年期增值税主要是对因城市发展而引起的土地增值征税;5年期增值税主要是对因市政工程改善而引起的土地增值征税。

第二节 加快遗产与赠与税的立法

遗产税课征的实质,是在承认公民个人财产所有权的基础上,在保障财产权益的前提下,对私有财产的隔代遗传依法加以管制,借以平均财富并增进整个社会对财产的使用效益。一方面,高收入阶层在课征个人所得税后,日积月累形成大笔财富,而生产资料占有的不均衡会直接影响收入分配,导致贫富差距拉大。遗产与赠与税是对个人财富(包括合法收入、灰色收入和黑色收入)的全方位调控,以弥补个人所得税的不足,是调节收入分配不公的最后一道防线。另一方面,如果高收入阶层形成的大笔财富全部留给受赠人或继承人,往往会造成新的机会不公平。通过遗产与赠与税的课征,对社会财富进行一次再分配,有利于减少因财产在代与代之间转移而产生的收入差距,从这个方面说,它又是避免收入分配不公的第一道防线。日本的贫富差距比欧美国家小,最重要的原因就是有一套较完善的遗产与赠与税调节系统。

对部分富人征收的遗产与赠与税,素有"罗宾汉税"的别称,学界向来认为它具有"劫富济贫"的特殊功能。在现代法治社会里,具有较高免征额和累进税率的遗产税,能够对社会财富进行有目的、有重点的再分配,其税收收入可以用来为社会弱势群体提供更多的社会服务,在消弭社会矛盾的同时为纳税人提供稳定的社会环境以创造更大的财富。在建立遗产与赠与税制的国家,其税收多贴上特别标签,成为对穷人的救济和补助。即使在美国遗产税存废的风波里,巨富代表依旧支持保留遗产税的观点足以证明课征遗产税是符合包括富人在内的社会大部分人的心理期盼的。

改革开放至今,在我国相当一部分地区内,已经有一部分人率先走上了富裕道路,出现为数不少的千万、亿万富翁。据国家统计局公布的《中华人民共和国2019年国民经济和社会发展统计公报》显示,我国居民存款余额达到198.2万亿元人民币,并且呈现出财富大量、迅速地向少数高收入者手中聚集的趋势。根据国家统计局2019年的相关数据,低收入组和中间偏下收入组共40%家庭户对应的人口数为 6.1 亿人,年人均收入为 11485 元,月人均收入近 1000 元。其中,低收入组户月人均收入低于 1000 元,中间偏下收入组户月人均收入高于 1000 元。把遗产税收入用于解决这部分人口的温饱问题,可以发挥其调节社会成员的财富分配、防止财富过分集中和帮助实现共同富裕的功能。

第三节 建立财产税法的相关配套制度

配套措施不健全也是削弱我国财产税法社会功能的因素。因此,实现财产税法体系的完善、财产税法律制度的改革需要建立一系列的配套措施。就我国的现状看,配套措施应涉及以下几个方面:

第一,完善分税制财政管理体制,给地方政府一定的税收立法权,改变地方财政收支的不平衡状况,使其拥有长期、可持续的收入来源,并将这部分税收用于改善社会公共设施、投入社会公益福利事业,让全社会受益。

第二,财产税法的社会功能主要通过税款的征收与使用来增进社会利益,因此对征税和用税(特别是用税)的监督至关重要。在改革完善预算监督机制、审计监督机制的同时,应借鉴美、日以及其他一些税收国家纳税人监督用税的立法规定和具体制度,改革我国不成熟的诉讼机制,建立适合我国国情的纳税人诉讼制度,形成对地方政府用税的监督机制,以制约政府滥用税款的权力。

第三,改变不动产登记多头管理、分级登记的现状,建立健全统一的财产登记与清查制度;建立公信的财产价值评估机构和确定合理的价值评估方法,为财产税的征收奠定坚实的基础;采用先进的计算机网络技术,大力推进税收信息化建设,完善税务部门与土地管理、房产管理、城市规划、财产评估等部门或机构的协调机制。

本 章 小 结

财产税以纳税人拥有或支配的财产为征税对象,而财产权恰是纳税人最重要的权利之一。布坎南曾言,财产权是自由的守护者。财产税将属于个人的私有财产合法过渡为属于国家的公共财产,财产税法律制度既是财产权利的参与者,也是财产权利边界的维护者。① 因此,财产税法律制度的学习是本书的重要内容之一。

---

① 〔美〕詹姆斯·布坎南:《财产与自由》,韩旭译,中国社会科学出版社 2002 年版,第 3—14 页。

思考题

1. 试分析我国财产税法的税收法定进程。
2. 简述开征遗产税的意义。
3. 尝试设计我国的房产保有税相关制度。

税收债务法之五·生态税债法制度

绪 论

一、生态税的概念

生态税,从内涵上说,有狭义、广义和泛义之分。狭义的生态税仅指环境污染税,即国家为了限制环境污染的范围、程度,在污染物向自然环境排放的最后阶段对其征收的特别税种。环境污染税又包括水污染税、大气污染税、固体废弃物税等。广义的生态税是指对一切开发、利用环境资源(包括自然资源、环境容量资源)的单位和个人,按其对环境资源的开发、利用程度和对环境的污染破坏程度征收的一种税收。它主要包括:一是污染税即狭义的生态税。作为对污染物的全部排放源进行的课税,这种生态税具有征税成本低、能更有针对性地控制污染等优点。二是资源税,是指对从事环境开发、利用行为,就其自然资源的可再生性、开发条件的差异而形成的级差收入征收的一种税。政府可以通过对不同资源制定不同级别的税率、针对不同开发条件使用不同的优惠政策的方式,限制非可再生资源的开发、利用,促进新能源的研究和开发,以达到维持资源总量、保护环境的目的。泛义的生态税是指保护环境和资源的各种税收的总称,包括一切对生态环境与资源保护有作用的税种和税收条款,甚至可以包括各种法定征收的费用。具体而言,有四个方面的内容:一是对环境有较大污染破坏的产品征收消费税。二是资源税,即对开采和利用自然资源的单位和个人征收的税,其目的是体现对自然资源的合理开发利用。三是排污税,即向排污的单位和个人按排放污染物的数量、浓度和种类征收的税。四是准环境税,即相当于税收的各种收费,包括在自然资源使用、开发、保护管理时所收取的各种费用。

由于泛义的生态税所包含的内容已经部分囊括为其他章节所涉及,因此为凸显生态税在我国税收法律体系中的重要地位,本篇将着重介绍广义的生态税。在我国现行税收法律体系中,生态税主要包括资源税、环境保护税和耕地占用税。

二、我国生态税的沿革

改革开放以来,我国的经济发展取得了优异的成绩,但也产生了严重的生态问题。资源短缺、环境污染、生态破坏已经成为制约我国经济可持续发展的最重要瓶颈之一。随着环境资源问题越来越突出和人民的环保意识觉醒,环境保护立法逐步展开,生态税也逐渐提上日程。1979年通过的《环境保护法(试行)》规定了排污费制度;1984年国务院发布《资源税条例(草案)》,对原油、天然气、煤炭等资源课税;1986年《矿产资源法》规定对矿产资源实行有偿开采,并且必须按照规定缴纳资源税和资源补偿费;1987年《耕地占用税暂行条例》发布,以合理利用土地资源,加强土地管理,保护耕地资源。此后,作为税制改革的一部分,国务院于1993年12月出台了《资源税暂行条例》,扩大征税范围,实行普遍征收、级差调节;并从2010年开始,对资源税进行从价计征改革。2013年11月,中共中央《关于全面深化改革若干重大问题的决定》中明确指出:"加快资源税改革,推动环境保护费改税",为新时期生态税的改革奠定了基调。自此,生态税的改革进入快车道。2016年12月25日,全国人大常委会审议通过《环境保护税法》。2018年12月29日,全国人大常委会通过了《耕地占用税法》。2019年8月26日,《资源税法》通过,自2020年9月1日起施行。从以上立法进程看,生态税的税收法定落实工作卓有成效。

三、生态税的特征

法律视野下的生态税,其特征主要表现为以下几点:

第一,生态税具有特定目的。征收生态税的主要目的是保护生态环境,防止环境污染,促使合理利用资源。

第二,生态税大都实行差别税率。环境与资源税多结合地域、资源质量等因素,实行差别税率。

第三,生态税征税范围有限。生态税并非对任何造成环境破坏、污染的行为或者对开发、利用的任何资源都征税,而是有选择地对其中部分征税。

第四,生态税征管往往需要其他部门协同。生态税的税制设计会涉及环境与资源专业技术,因此需要环境保护部门、水利部门、国土资源管理部门等,与税务机关分工负责、互相配合、共同征管,只有这样才能提高生态税的征管效率。

第五,生态税是对物税。生态税是根据排污者排放的污染物或者资源利用者开发资源的类型征税的,如针对二氧化硫的排放设计了二氧化硫税,针对矿产资源征收了资源税,所以是对物税。对物税开征的目的是限制某类物产生或者某类物的使用。

四、生态税的功能

(一) 生态税的收入功能

在全球经济发展有所放缓的今天,各国政府均制定了一定幅度的减税计划,然而税收收入的减少会影响政府财政目的的实现,于是生态税的引入为问题的解决提供了一条思路。"将环境因素注入传统的税收体系中,使现行的税收体系生态化;在保持现有总体税负不变的前提下,将税收的征收和税负中心由对劳动力的征收和利润的征收转移到会对环境造成污染、对生态造成破坏的行为和产品中去,既可以减少税收对社会经济的扭曲效应,还可以保证政府财政收入的稳定性。"[①]然而,在短期内,生态税收是与直接财政收入目的相背离的。比如,环境污染税的征收,必然导致生产成本的增加、产品价格的上升,但从长远看,对那些造成污染公害的商品课税,可以消除社会成本与个人成本的差异,让价格真实地传递获取效率所必需的正确信息,促进生态资源的合理有效利用。随着绿色消费者的增加,以及人们环境保护意识的增强,有绿色标志的产品往往更具有竞争力,这实际上是培育了税源。因此,征收生态税可以增加财政收入。

(二) 生态税的矫正功能

经济发达地区通过维持或增加其高额资源和环境消耗而抵消由此产生的环境成本,却要求欠发达地区为保护生态环境牺牲自己的发展权利,会造成明显的社会不公平;与富裕阶层相比,贫困阶层往往承受了过多的环境负担,却并不是经济增长的最大受益者。按照区域财政经济学的理论,如果将环境污染、生态破坏的外部负效应成本纳入该区域经济发展的水平中去衡量,很容易出现如下的循环:富裕地区→地方财政充足→有能力提供良好的基础设施和服务→吸引更多的技术和投资→更加富裕;而贫困地区则会出现相反的循环。[②] 这一状况的

---

① 吕忠梅主编:《超越与保守——可持续发展视野下的环境法创新》,法律出版社2003年版,第308页。

② 同上书,第310页。

持续将有碍社会的稳定,两极分化带来的危险因素也将影响整个社会经济的可持续发展。生态税的征收可以对生态系统和自然资源的污染和破坏进行补偿;而税款的调拨、政策性的补贴等则可以给贫困地区提供综合性的支持,以达到缩小贫富差距的目的。

延伸阅读

西方国家生态税的沿革

第二十一章　环境保护税法律制度

第一节　环境保护税法概述

　　我国的环境保护税是对在我国领域内直接向环境排放污染物所征收的税种。环境保护税法是有关环境保护税的法律规定。基于保护和改善生态环境，减少污染物排放，推进生态文明建设的立法目的，中华人民共和国第十二届全国人民代表大会常务委员会第二十五次会议于2016年12月25日通过了《环境保护税法》，该法自2018年1月1日起施行。自施行之日起，依照该法规定征收环境保护税，不再征收排污费。2017年12月25日，国务院公布《环境保护税法实施条例》，该条例自2018年1月1日起施行。

　　环境保护税由排污费改革而来，遵循"税负平移"原则。我国排污费制度最早规定于1979年9月13日通过的《环境保护法（试行）》中，该法第18条第3款规定：超过国家规定的标准排放污染物，要按照排放污染物的数量和浓度，根据规定收取排污费。此后，全国人大常委会分别于1984年5月颁布《水污染防治法》、1987年9月5日通过《大气污染防治法》、1995年10月30日通过《固体废物污染环境防治法》、1996年10月29日通过《环境噪声污染防治法》、1999年12月25日第一次修订《海洋环境保护法》，对相关污染行为都规定了排污费制度。1982年2月5日，国务院依据《环境保护法（试行）》发布《征收排污费暂行办法》，对排污费的征收标准予以细化，强化征管。1996年国务院发布《关于环境保护若干问题的决定》，要求按照"排污费高于污染治理成本"的原则，提高排污费征收标准，促使排污单位积极治理污染。2003年1月2日，国务院公布《排污费征收使用管理条例》，同时废止了《征收排污费暂行办法》。2003年2月28日，为配套实施，国家多部门又联合发布了《排污费征收标准管理办法》。

　　2011年3月，全国人大通过了《国民经济和社会发展第十二个五年规划纲要》，明确提出"积极推进环境税费改革，选择防治任务繁重、技术标准成熟的税目开征环境保护税，逐步扩大征收范围"，正式在中央文件中提出了环境税费改革的要求，此后环境税费的关注重点从排污费转向了环境保护税。2011年10月，国务院公布《关于加强环境保护重点工作的意见》，提出实施有利于环境保护的经济政策，积极推进环境税费改革，研究开征环境保护税。2014年《环境保护法》修订，其中明确规定"依照法律规定征收环境保护税的，不再征收排污费"，为环境保护税法的出台提供了法律依据。2016年，《环境保护税法》通过，至此我国环境保护费改税完成。

第二节 环境保护税的纳税人、计算与减免

一、环境保护税的纳税人

在中华人民共和国领域和中华人民共和国管辖的其他海域，直接向环境排放应税污染物的企业、事业单位和其他生产经营者为环境保护税的纳税人。

二、环境保护税的计算

（一）税目与税额

环境保护税共设置了4个税目，分别为大气污染物、水污染物、固体废物和噪声。

应税大气污染物和水污染物的具体适用税额的确定和调整，由省、自治区、直辖市人民政府统筹考虑本地区环境承载能力、污染物排放现状和经济社会生态发展目标要求，在《环境保护税法》所附《环境保护税税目税额表》规定的税额幅度内提出，报同级人民代表大会常务委员会决定，并报全国人民代表大会常务委员会和国务院备案。

有下列情形之一的，不属于直接向环境排放污染物，不缴纳相应污染物的环境保护税：(1) 企业、事业单位和其他生产经营者向依法设立的污水集中处理、生活垃圾集中处理场所排放应税污染物的；(2) 企业、事业单位和其他生产经营者在符合国家和地方环境保护标准的设施、场所贮存或者处置固体废物的。依法设立的城乡污水集中处理、生活垃圾集中处理场所超过国家和地方规定的排放标准向环境排放应税污染物的，应当缴纳环境保护税。企业、事业单位和其他生产经营者贮存或者处置固体废物不符合国家和地方环境保护标准的，应当缴纳环境保护税。达到省级人民政府确定的规模标准并且有污染物排放口的畜禽养殖场，应当依法缴纳环境保护税；依法对畜禽养殖废弃物进行综合利用和无害化处理的，不属于直接向环境排放污染物，不缴纳环境保护税。

各税目对应的税额如表18所示：

表 18 环境保护税税目税额表

税目		计税单位	税额	说明
大气污染物		每污染当量	1.2元至12元	
水污染物		每污染当量	1.4元至14元	
固体废物	煤矸石	每吨	5元	
	尾矿	每吨	15元	
	危险废物	每吨	1000元	
	冶炼渣、粉煤灰、炉渣、其他固体废物（含半固态、液态废物）	每吨	25元	
噪声	工业噪声	超标1—3分贝	每月350元	1. 一个单位边界上有多处噪声超标,根据最高一处超标声级计算应纳税额;当沿边界长度超过100米有两处以上噪声超标,按照两个单位计算应纳税额。 2. 一个单位有不同地点作业场所的,应当分别计算应纳税额,合并计征。 3. 昼、夜均超标的环境噪声,昼、夜分别计算应纳税额,累计计征。 4. 声源一个月内超标不足15天的,减半计算应纳税额。 5. 夜间频繁突发和夜间偶然突发厂界超标噪声,按等效声级和峰值噪声两种指标中超标分贝值高的一项计算应纳税额。
		超标4—6分贝	每月700元	
		超标7—9分贝	每月1400元	
		超标10—12分贝	每月2800元	
		超标13—15分贝	每月5600元	
		超标16分贝以上	每月11200元	

注:污染当量指根据污染物或者污染排放活动对环境的有害程度以及处理的技术经济性,衡量不同污染物对环境污染的综合性指标或者计量单位。同一介质相同污染当量的不同污染物,其污染程度基本相当。

(二) 计税依据

1. 计税依据的确定

应税污染物的计税依据,按照下列方法确定:第一,应税大气污染物按照污染物排放量折合的污染当量数确定;第二,应税水污染物按照污染物排放量折合的污染当量数确定;第三,应税固体废物按照固体废物的排放量确定;第四,应税噪声按照超过国家规定标准的分贝数确定。

(1) 应税大气污染物、水污染物

应税大气污染物、水污染物按照污染物排放量折合的污染当量数确定。应税大气污染物、水污染物的污染当量数,以该污染物的排放量除以该污染物的污染当量值计算。计算公式为:

污染当量数=污染物的排放量÷污染物的污染当量值

每种应税大气污染物、水污染物的具体污染当量值,依照《应税污染物和当量值表》执行。

纳税人有下列情形之一的,以其当期应税大气污染物、水污染物的产生量作为污染物的排放量:第一,未依法安装使用污染物自动监测设备或者未将污染物自动监测设备与环境保护主管部门的监控设备联网;第二,损毁或者擅自移动、改变污染物自动监测设备;第三,篡改、伪造污染物监测数据;第四,通过暗管、渗井、渗坑、灌注或者稀释排放以及不正常运行防治污染设施等方式违法排放应税污染物;第五,进行虚假纳税申报。

从两个以上排放口排放应税污染物的,对每一排放口排放的应税污染物分别计算征收环境保护税;纳税人持有排污许可证的,其污染物排放口按照排污许可证载明的污染物排放口确定。

每一排放口或者没有排放口的应税大气污染物,按照污染当量数从大到小排序,对前三项污染物征收环境保护税。每一排放口的应税水污染物,按照《应税污染物和当量值表》,区分第一类水污染物和其他类水污染物,按照污染当量数从大到小排序,对第一类水污染物按照前五项征收环境保护税,对其他类水污染物按照前三项征收环境保护税。省、自治区、直辖市人民政府根据本地区污染物减排的特殊需要,可以增加同一排放口征收环境保护税的应税污染物项目数,报同级人民代表大会常务委员会决定,并报全国人民代表大会常务委员会和国务院备案。

(2) 应税固体废物

应税固体废物按照固体废物的排放量确定。固体废物的排放量为当期应税固体废物的产生量减去当期应税固体废物的贮存量、处置量、综合利用量的余额。固体废物的贮存量、处置量，是指在符合国家和地方环境保护标准的设施、场所贮存或者处置的固体废物数量；固体废物的综合利用量，是指按照国务院发展改革、工业和信息化主管部门关于资源综合利用要求以及国家和地方环境保护标准进行综合利用的固体废物数量。计算公式为：

固体废物的排放量＝固体废物的产生量－固体废物的贮存量－固体废物的处置量－固体废物的综合利用量

纳税人有下列情形之一的，以其当期应税固体废物的产生量作为固体废物的排放量：一是非法倾倒应税固体废物；二是进行虚假纳税申报。

(3) 应税噪声

应税噪声按照超过国家规定标准的分贝数确定。

2. 计税依据的计算方法

(1) 纳税人安装使用符合国家规定和监测规范的污染物自动监测设备的，按照污染物自动监测数据计算。

(2) 纳税人未安装使用污染物自动监测设备的，按照监测机构出具的符合国家有关规定和监测规范的监测数据计算。

(3) 因排放污染物种类多等原因不具备监测条件的，按照国务院生态环境主管部门规定的排污系数、物料衡算方法计算。

(4) 不能按照前三条规定的方法计算的，按照省、自治区、直辖市人民政府生态环境主管部门规定的抽样测算的方法核定计算。

(三) 应纳税额

1. 应税大气污染物的应纳税额

应税大气污染物的应纳税额为污染当量数乘以具体适用税额，计算公式为：

应纳税额＝污染当量数(前三项)×税额

应税大气污染物污染当量数＝该污染物排放量÷该污染物的污染当量值

例如，浙江省 A 企业 1 月向大气中排放二氧化硫 10 千克，氮氧化物 20 千克，一氧化碳 300 千克，汞及其化合物 1 千克。浙江省大气污染物(除四类重金属污染物项目)适用税额为每污染当量 1.2 元；四类重金属污染物项目(铬酸雾、汞及其化合物、铅及其化合物、镉及其化合物)适用税额为每污染当量 1.8 元。A 企业只有一个排放口，计算该企业 1 月大气污染物应缴纳的环境保护税。相应污染物的污染当量值分别为 0.95 千克、0.95 千克、16.7 千克和 0.0001 千克。(计算结果保留 2 位小数)

从题目信息可知，各污染物的污染当量数为：10÷0.95≈10.53(千克)(二氧化硫)，20÷0.95≈21.05(千克)(氮氧化物)，300÷16.7≈17.96(千克)(一氧化碳),1÷0.0001＝10000(千克)(汞及其化合物)。按污染当量数排序为:汞及其化合物(10000 千克)＞氮氧化物(21.05 千克)＞一氧化碳(17.96 千克)＞二氧化硫(10.53 千克)。因此,汞及其化合物污染的应纳税额＝10000×1.8＝18000(元),氮氧化物污染的应纳税额＝21.05×1.2＝25.26(元),一氧化碳污染的应纳税额＝17.96×1.2＝21.55(元)。A 企业 1 月大气污染应纳的税额为 18000＋25.26＋21.55＝18046.81(元)。

2. 应税水污染物的应纳税额

应税水污染物的应纳税额为污染当量数乘以具体适用税额,计算公式为:

应纳税额＝污染当量数×税额

3. 应税固体废物的应纳税额

应税固体废物的应纳税额为固体废物排放量乘以具体适用税额,计算公式为:

应纳税额＝固体废物排放量×税额

应纳税额＝[产生量－综合利用量(免征)－储存量和处置量(不属于直接向环境排放污染物)]×适用税额

例如,C 企业 1 月产生煤矸石 100 吨,其中综合利用的煤矸石 20 吨(符合国家和地方环境保护标准),在符合国家和地方环境保护标准的设施贮存 30 吨,计算 C 企业 1 月煤矸石应缴纳的环境保护税。C 企业的应纳税额＝(100－20－30)×5＝250(元)。

4. 应税噪声的应纳税额

应税噪声的应纳税额为超过国家规定标准的分贝数对应的具体适用税额,计算公式为:

应纳税额＝超过国家规定标准的分贝数对应的税额

三、环境保护税的税收优惠

(一)暂予免征环境保护税的情形

1. 农业生产(不包括规模化养殖)排放应税污染物的。
2. 机动车、铁路机车、非道路移动机械、船舶和航空器等流动污染源排放应税污染物的。
3. 依法设立的城乡污水集中处理、生活垃圾集中处理场所排放相应应税污染物,不超过国家和地方规定的排放标准的。
4. 纳税人综合利用的固体废物,符合国家和地方环境保护标准的。
5. 国务院批准免税的其他情形,但需由国务院报全国人民代表大会常务委员会备案。

(二) 减征环境保护税的情形

1. 纳税人排放应税大气污染物或者水污染物的浓度值低于国家和地方规定的污染物排放标准 30% 的,减按 75% 征收环境保护税。

2. 纳税人排放应税大气污染物或者水污染物的浓度值低于国家和地方规定的污染物排放标准 50% 的,减按 50% 征收环境保护税。

第三节 环境保护税的征收与管理

一、纳税义务发生时间

纳税义务发生时间为纳税人排放应税污染物的当日。

二、纳税地点

纳税人应当向应税污染物排放地的税务机关申报缴纳环境保护税。应税污染物排放地是指:(1) 应税大气污染物、水污染物排放口所在地;(2) 应税固体废物产生地;(3) 应税噪声产生地。纳税人跨区域排放应税污染物,税务机关对税收征收管辖有争议的,由争议各方按照有利于征收管理的原则协商解决;不能协商一致的,报请共同的上级税务机关决定。

三、纳税期限

环境保护税按月计算,按季申报缴纳。不能按固定期限计算缴纳的,可以按次申报缴纳。纳税人申报缴纳时,应当向税务机关报送所排放应税污染物的种类、数量,大气污染物、水污染物的浓度值,以及税务机关根据实际需要要求纳税人报送的其他纳税资料。纳税人按季申报缴纳的,应当自季度终了之日起 15 日内,向税务机关办理纳税申报并缴纳税款。纳税人按次申报缴纳的,应当自纳税义务发生之日起 15 日内,向税务机关办理纳税申报并缴纳税款。

四、征收机关

环境保护税由税务机关依照《税收征收管理法》和《环境保护税法》的有关规定征收管理,依法履行环境保护税纳税申报受理、涉税信息比对、组织税款入库等职责。生态环境主管部门依照《环境保护税法》和有关环境保护法律法规的规定负责对污染物进行监测管理,制定和完善污染物监测规范。

生态环境主管部门和税务机关建立涉税信息共享平台和工作配合机制。生态环境主管部门将排污单位的排污许可、污染物排放数据、环境违法和受行政处罚情况等环境保护相关信息,定期交送税务机关。税务机关将纳税人的纳税申报、税款入库、减免税额、欠缴税款以及风险疑点等环境保护税涉税信息,定期交送生态环境主管部门。

纳税人自行申报缴纳。税务机关将纳税人的纳税申报数据资料与生态环境主管部门交送的相关数据资料进行比对。税务机关发现纳税人的纳税申报数据资料异常或者纳税人未按照规定期限办理纳税申报的,可以提请生态环境主管部门进行复核,生态环境主管部门自收到税务机关的数据资料之日起15日内向税务机关出具复核意见。税务机关按照生态环境主管部门复核的数据资料调整纳税人的应纳税额。

本 章 小 结

我国的环境保护税是对在我国领域内直接向环境排放污染物所征收的税种。环境保护税法是有关环境保护税的法律规定。基于保护和改善生态环境,减少污染物排放,推进生态文明建设的目的,我国于2016年12月25日通过了《环境保护税法》,该法自2018年1月1日起施行。本章主要对环境保护税的纳税人、税目与税额、计税依据、应纳税额、税收优惠以及征收管理作出介绍。

思考题

1. 环境保护税的计税依据如何确定?
2. 环境保护税的应纳税额如何计算?

延伸阅读

环境保护税制度评述

第二十二章 资源税法律制度

第一节 资源税法概述

资源税是国家对开发、利用其境内资源的单位和个人,就其所开发、利用资源的数量或者价值征收的一种税。资源税法是调整资源税征纳关系的法律规范的总称。所谓资源,是指自然存在的、能够为人类所利用的物质财富,具体包括土地资源、矿产资源、森林资源、草原资源、海洋资源、生物资源等。资源税不是对所有的资源课征,而是选择某些特殊的资源作为征税对象,并通过列举的方式加以规定。因此,资源税是对从事法律所列举的应税资源开发利用的单位和个人,就其所开发利用的资源数量或价值征收的税种。

资源税在我国历史悠久。早在周朝就有"山泽之赋",指对在山上伐木、采矿、狩猎,在水里捕鱼、煮盐等进行征税。战国时期秦国对盐的生产、运销所课征的"盐课",也属于资源税。明朝"坑冶之课",实际上就是矿税,其征收对象包括金、银、铜、铝、朱砂等矿产品。中华民国时期,北洋政府和国民政府继续开征矿税,并将其分为矿区税、矿产税和矿统税,其中矿区税是根据采矿面积和矿藏的贫富差异情况来设计税率的。

1950年1月,政务院在公布的《全国税政实施要则》中规定对盐的生产、运销征收盐税。1950年3月,财政部发布了《关于实行统一盐税税额办法的决定》。1973年,盐税并入工商税的范围。1984年9月,国务院发布《资源税条例(草案)》和《盐税条例(草案)》,10月1日正式施行,这是我国正式以"资源税"之名,对原油、天然气、煤炭、金属矿产品和其他非金属矿产品在全国范围内予以征税,盐税也从工商税中分离出来,重新成为一个独立税种。1986年10月1日,《矿产资源法》施行,该法第5条进一步明确:国家对矿产资源实行有偿开采。开采矿产资源,必须按照国家有关规定缴纳资源税和资源补偿费。税费并存的制度从此以法律的形式确立下来。1993年12月25日,国务院发布《资源税暂行条例》,同年财政部发布了《资源税暂行条例实施细则》。此次税制改革扩大了资源税的征税范围,把盐税并入资源税中,资源税征收范围扩大到原油、天然气、煤炭、其他非金属矿原矿、黑色金属矿原矿、有色金属矿原矿和盐七种,并不再按超额利润征收,而是按矿产品销售量征收,明确实行从量定额的征收办法,按照

"普遍征收、极差调节"的原则,就资源赋税情况、开采条件、自愿登记、地理位置等客观条件的差异规定了幅度税额,为每一个课税矿区规定了适用税率。

2010年,新一轮资源税改革启动。2010年6月1日,财政部、国家税务总局印发《新疆原油 天然气资源税改革若干问题的规定》,率先在新疆实行原油、天然气资源税从价计征改革试点,税率为5%。2010年12月1日起,原油、天然气资源税从价计征改革试点推广到12个西部省区。2011年9月30日,国务院公布了《关于修改〈中华人民共和国资源税暂行条例〉的决定》,2011年10月28日,财政部公布了修改后的《资源税暂行条例实施细则》,两个文件都于2011年11月1日起施行。修改后的《资源税暂行条例》增加了从价定率的计征办法,明确资源税实行从价定率或者从量定额的征收办法,规定对原油、天然气从价定率计征资源税,这标志着资源税改革在全国范围内推开。2014年9月29日,时任国务院总理李克强主持召开国务院常务会议,决定实施煤炭资源税改革,推进清费立税、减轻企业负担。2014年10月9日,财政部、国家税务总局发布通知,煤炭资源税计征将由"从量"改为"从价",自同年12月1日起实施。2015年5月1日起,稀土、钨、钼三个品目开始实施资源税清费立税、从价计征改革。

2016年5月9日,财政部、国家税务总局联合对外发布《关于全面推进资源税改革的通知》,该通知宣布,自2016年7月1日起,我国全面推进资源税改革,实施矿产资源税从价计征改革,全面清理涉及矿产资源的收费基金。同时,我国还将开展水资源税改革试点工作,并率先在河北试点,采取水资源费改税方式,将地表水和地下水纳入征税范围,实行从量定额计征,对高耗水行业、超计划用水以及在地下水超采地区取用地下水,适当提高税额标准,正常生产生活用水维持原有负担水平不变。在总结试点经验基础上,财政部、国家税务总局将选择其他地区逐步扩大试点范围,条件成熟后在全国推开。其他自然资源也将逐步纳入征收范围。考虑到森林、草场、滩涂等资源在各地区的市场开发利用情况不尽相同,对其全面开征资源税条件尚不成熟,此次改革不在全国范围统一规定对森林、草场、滩涂等资源征税,但对具备征收条件的,授权省级人民政府可结合本地实际,根据森林、草场、滩涂等资源开发利用情况提出征收资源税的具体方案建议,报国务院批准后实施。2017年11月24日,财政部、国家税务总局、水利部联合发布《关于印发〈扩大水资源税改革试点实施办法〉的通知》,决定自2017年12月1日起,在北京、天津、山西、内蒙古、山东、河南、四川、陕西、宁夏等9个省(自治区、直辖市)扩大水资源税改革试点。

2019年8月26日,《资源税法》由十三届全国人大常委会十二次会议通过,自2020年9月1日起施行。我国现行资源税对开发应税资源进行课征,以资源条件不同而形成的级差收入为课税对象。

开征资源税是国家运用法律和税收手段保护国有资源、维护国家权益的重要举措,既有利于国有资源的合理开发、节约利用和有效配置,还可以合理调节资源级差收入,有利于企业的公平竞争;同时,因各种应税资源的开采量都比较大,征收资源税也能增加国家的财政收入。

第二节 资源税的纳税人与征税范围

一、资源税的纳税人

资源税的纳税人,是指在中华人民共和国领域和中华人民共和国管辖的其他海域开发应税资源的单位和个人。

根据《扩大水资源税改革试点实施办法》,除下列情形外,其他直接取用地表水、地下水的单位和个人,为水资源税纳税人:(1) 农村集体经济组织及其成员从本集体经济组织的水塘、水库中取用水的;(2) 家庭生活和零星散养、圈养畜禽饮用等少量取用水的;(3) 水利工程管理单位为配置或者调度水资源取水的;(4) 为保障矿井等地下工程施工安全和生产安全必须进行临时应急取用(排)水的;(5) 为消除对公共安全或者公共利益的危害临时应急取水的;(6) 为农业抗旱和维护生态与环境必须临时应急取水的。

二、资源税的征税范围

我国之前的资源税主要针对矿产品和盐,但随着经济和社会的发展,仅对上述资源征税已显不足,为此,2016 年发布的《关于全面推进资源税改革的通知》特别强调扩大资源税征税范围。

1. 开展水资源税改革试点工作。鉴于取用水资源涉及面广、情况复杂,为确保改革平稳有序实施,先在河北省开展水资源税试点。河北省开征水资源税试点工作,采取水资源费改税方式,将地表水和地下水纳入征税范围,实行从量定额计征,对高耗水行业、超计划用水以及在地下水超采地区取用地下水,适当提高税额标准,正常生产生活用水维持原有负担水平不变。在总结试点经验基础上,财政部、国家税务总局将选择其他地区逐步扩大试点范围,条件成熟后在全国推开。

2. 逐步将其他自然资源纳入征收范围。鉴于森林、草场、滩涂等资源在各地区的市场开发利用情况不尽相同,对其全面开征资源税条件尚不成熟,此次改革不在全国范围统一规定对森林、草场、滩涂等资源征税。各省、自治区、直辖市（以下统称省级）人民政府可以结合本地实际，根据森林、草场、滩涂等资源开发利用情况提出征收资源税的具体方案建议，报国务院批准后实施。

资源税改革的成果也体现在我国新颁布的《资源税法》中。《资源税法》第1条规定，在我国领域和我国管辖的其他海域开发应税资源的单位和个人应当依法缴纳资源税。与之前的规定相比，我国《资源税法》扩大了征税范围，为把更多的资源纳入征税范围提供了法律依据。另外，《资源税法》也充分肯定了水资源税试点的成果。《资源税法》第14条规定，国务院根据国民经济和社会发展需要，依照本法的原则，对取用地表水或者地下水的单位和个人试点征收水资源税。征收水资源税的，停止征收水资源费。水资源税根据当地水资源状况、取用水类型和经济发展等情况实行差别税率。水资源税试点实施办法由国务院规定，报全国人民代表大会常务委员会备案。国务院自《资源税法》施行之日起5年内，就征收水资源税试点情况向全国人民代表大会常务委员会报告，并及时提出修改法律的建议。

资源税的税目依照《资源税税目税率表》（简称《税目税率表》）执行。纳税人开采或者生产应税产品自用的，应当依法缴纳资源税；但是，自用于连续生产应税产品的，不缴纳资源税。

第三节　资源税的计算与减免

一、资源税的计算

（一）税目和税率

我国资源税过去主要采取定额税率，但定额税率存在明显弊端。近年来，资源税的从价计征改革成为重点，资源税逐步改采比例税率。综合资源税改革的成果，我国《资源税法》重新整合了《税目税率表》（见表19）。现行《税目税率表》规定实行幅度税率的，其具体适用税率由省、自治区、直辖市人民政府统筹考虑该应税资源的品位、开采条件以及对生态环境的影响等情况，在《税目税率表》规定的税率幅度内提出，报同级人民代表大会常务委员会决定，并报全国人民代表大会常务委员会和国务院备案。《税目税率表》中规定征税对象为原矿或者选矿的，应当分别确定具体适用税率。

资源税按照《税目税率表》实行从价计征或者从量计征。《税目税率表》中规定可以选择实行从价计征或者从量计征的，具体计征方式由省、自治区、直辖市人民政府提出,报同级人民代表大会常务委员会决定,并报全国人民代表大会常务委员会和国务院备案。

纳税人开采或者生产不同税目应税产品的,应当分别核算不同税目应税产品的销售额或者销售数量;未分别核算或者不能准确提供不同税目应税产品的销售额或者销售数量的,从高适用税率。

根据《扩大水资源税改革试点实施办法》,水资源税的适用税额,是指取水口所在地的适用税额。在以下情形下要从高确定税额:(1)对特种行业取用水,从高确定税额。特种行业取用水,是指洗车、洗浴、高尔夫球场、滑雪场等取用水。(2)对超计划(定额)取用水,从高确定税额。在以下情形下要从低确定税额:(1)对超过规定限额的农业生产取用水,以及主要供农村人口生活用水的集中式饮水工程取用水,从低确定税额。(2)对回收利用的疏干排水和地源热泵取用水,从低确定税额。

表19 资源税税目税率表

税目			征税对象	税率
能源矿产	原油		原矿	6%
	天然气、页岩气、天然气水合物		原矿	6%
	煤		原矿或者选矿	2%—10%
	煤成(层)气		原矿	1%—2%
	铀、钍		原矿	4%
	油页岩、油砂、天然沥青、石煤		原矿或者选矿	1%—4%
	地热		原矿	1%—20%或者每立方米1—30元
金属矿产	黑色金属	铁、锰、铬、钒、钛	原矿或者选矿	1%—9%
	有色金属	铜、铅、锌、锡、镍、锑、镁、钴、铋、汞	原矿或者选矿	2%—10%
		铝土矿	原矿或者选矿	2%—9%
		钨	选矿	6.5%
		钼	选矿	8%
		金、银	原矿或者选矿	2%—6%
		铂、钯、钌、锇、铱、铑	原矿或者选矿	5%—10%
		轻稀土	选矿	7%—12%
		中重稀土	选矿	20%
		铍、锂、锆、锶、铷、铯、铌、钽、锗、镓、铟、铊、铪、铼、镉、硒、碲	原矿或者选矿	2%—10%

（续表）

税目		征税对象	税率
非金属矿产	高岭土	原矿或者选矿	1%—6%
	石灰岩	原矿或者选矿	1%—6% 或者每吨（或者每立方米）1—10元
	磷	原矿或者选矿	3%—8%
	石墨	原矿或者选矿	3%—12%
	萤石、硫铁矿、自然硫	原矿或者选矿	1%—8%
	矿物类：天然石英砂、脉石英、粉石英、水晶、工业用金刚石、冰洲石、蓝晶石、硅线石（矽线石）、长石、滑石、刚玉、菱镁矿、颜料矿物、天然碱、芒硝、钠硝石、明矾石、砷、硼、碘、溴、膨润土、硅藻土、陶瓷土、耐火粘土、铁矾土、凹凸棒石粘土、海泡石粘土、伊利石粘土、累托石粘土	原矿或者选矿	1%—12%
	叶蜡石、硅灰石、透辉石、珍珠岩、云母、沸石、重晶石、毒重石、方解石、蛭石、透闪石、工业用电气石、白垩、石棉、蓝石棉、红柱石、石榴子石、石膏	原矿或者选矿	2%—12%
	其他粘土（铸型用粘土、砖瓦用粘土、陶粒用粘土、水泥配料用粘土、水泥配料用红土、水泥配料用黄土、水泥配料用泥岩、保温材料用粘土）	原矿或者选矿	1%—5%或者每吨（或者每立方米）0.1—5元
	岩石类：大理岩、花岗岩、白云岩、石英岩、砂岩、辉绿岩、安山岩、闪长岩、板岩、玄武岩、片麻岩、角闪岩、页岩、浮石、凝灰岩、黑曜岩、霞石正长岩、蛇纹岩、麦饭石、泥灰岩、含钾岩石、含钾砂页岩、天然油石、橄榄岩、松脂岩、粗面岩、辉长岩、辉石岩、正长岩、火山灰、火山渣、泥炭	原矿或者选矿	1%—10%
	砂石	原矿或者选矿	1%—5% 或者每吨（或者每立方米）0.1—5元
	宝玉石类：宝石、玉石、宝石级金刚石、玛瑙、黄玉、碧玺	原矿或者选矿	4%—20%

(续表)

税目		征税对象	税率
水气矿产	二氧化碳气、硫化氢气、氦气、氡气	原矿	2%—5%
	矿泉水	原矿	1%—20%或者每立方米1—30元
盐	钠盐、钾盐、镁盐、锂盐	选矿	3%—15%
	天然卤水	原矿	3%—15%或者每吨（或者每立方米）1—10元
	海盐		2%—5%

（二）计税依据与应纳税额

资源税的应纳税额，按照从价定率或者从量定额的办法，分别以应税产品的销售额乘以纳税人具体适用的比例税率或者以应税产品的销售数量乘以纳税人具体适用的定额税率计算。

1. 销售额的确定

销售额为纳税人销售应税产品向购买方收取的全部价款和价外费用，但不包括收取的增值税销项税额。价外费用，包括价外向购买方收取的手续费、补贴、基金、集资费、返还利润、奖励费、违约金、滞纳金、延期付款利息、赔偿金、代收款项、代垫款项、包装费、包装物租金、储备费、优质费、运输装卸费以及其他各种性质的价外收费。但下列项目不包括在内：

（1）同时符合以下条件的代垫运输费用：(a) 承运部门的运输费用发票开具给购买方的；(b) 纳税人将该项发票转交给购买方的。

（2）同时符合以下条件代为收取的政府性基金或者行政事业性收费：(a) 由国务院或者财政部批准设立的政府性基金，由国务院或者省级人民政府及其财政、价格主管部门批准设立的行政事业性收费；(b) 收取时开具省级以上财政部门印制的财政票据；(c) 所收款项全额上缴财政。

2. 销售数量的确定

销售数量，包括纳税人开采或者生产应税产品的实际销售数量和视同销售的自用数量。

纳税人不能准确提供应税产品销售数量的，以应税产品的产量或者主管税务机关确定的折算比换算成的数量为计征资源税的销售数量。

根据《扩大水资源税改革试点实施办法》，水资源税实行从量计征，除水力发电和火力发电贯流式（不含循环式）冷却取用水外，应纳税额的计算公式为：

应纳税额＝实际取用水量×适用税额

城镇公共供水企业实际取用水量应当考虑合理损耗因素。疏干排水的实际取用水量按照排水量确定。疏干排水是指在采矿和工程建设过程中破坏地下水层、发生地下涌水的活动。

水力发电和火力发电贯流式（不含循环式）冷却取用水应纳税额的计算公式为：

应纳税额＝实际发电量×适用税额

火力发电贯流式冷却取用水，是指火力发电企业从江河、湖泊（含水库）等水源取水，并对机组冷却后将水直接排入水源的取用水方式。火力发电循环式冷却取用水，是指火力发电企业从江河、湖泊（含水库）、地下等水源取水并引入自建冷却水塔，对机组冷却后返回冷却水塔循环利用的取用水方式。

二、资源税的减免

由于资源税带有补偿性，因此凡开发利用国有资源者，原则上都应依法纳税。因此，各国在立法中，很少规定资源税的减免税项目。但考虑到资源开采企业的特殊情况及资源税政策的连贯性，我国规定了以下减免税项目：

有下列情形之一的，免征资源税：(1) 开采原油以及在油田范围内运输原油过程中用于加热的原油、天然气；(2) 煤炭开采企业因安全生产需要抽采的煤成（层）气。

有下列情形之一的，减征资源税：(1) 从低丰度油气田开采的原油、天然气，减征20％资源税；(2) 高含硫天然气、三次采油和从深水油气田开采的原油、天然气，减征30％资源税；(3) 稠油、高凝油减征40％资源税；(4) 从衰竭期矿山开采的矿产品，减征30％资源税。

根据国民经济和社会发展需要，国务院对有利于促进资源节约集约利用、保护环境等情形可以规定免征或者减征资源税，报全国人民代表大会常务委员会备案。

有下列情形之一的，省、自治区、直辖市可以决定免征或者减征资源税：(1) 纳税人开采或者生产应税产品过程中，因意外事故或者自然灾害等原因遭受重大损失；(2) 纳税人开采共伴生矿、低品位矿、尾矿。这两项免征或者减征资源税的具体办法，由省、自治区、直辖市人民政府提出，报同级人民代表大会常务委员会决定，并报全国人民代表大会常务委员会和国务院备案。

纳税人的免税、减税项目，应当单独核算销售额或者销售数量；未单独核算或者不能准确提供销售额或者销售数量的，不予免税或者减税。

第四节 资源税的征收管理

资源税由税务机关按照《资源税法》和《税收征收管理法》执行。税务机关与自然资源等相关部门应当建立工作配合机制,加强资源税的征收管理。

一、纳税义务发生时间

纳税人销售应税产品,纳税义务发生时间为收讫销售款或者取得索取销售款凭据的当日;自用应税产品的,纳税义务发生时间为移送应税产品的当日。水资源税的纳税义务发生时间为纳税人取用水资源的当日。

二、纳税期限

资源税按月或者按季申报缴纳;不能按固定期限计算缴纳的,可以按次申报缴纳。纳税人按月或者按季申报缴纳的,应当自月度或者季度终了之日起15日内,向税务机关办理纳税申报并缴纳税款;按次申报缴纳的,应当自纳税义务发生之日起15日内,向税务机关办理纳税申报并缴纳税款。除农业生产取用水外,水资源税按季或者按月征收,由主管税务机关根据实际情况确定。对超过规定限额的农业生产取用水水资源税可按年征收。不能按固定期限计算纳税的,可以按次申报纳税。纳税人应当自纳税期满或者纳税义务发生之日起15日内申报纳税。

三、纳税地点

纳税人应当向应税产品开采地或者生产地的税务机关申报缴纳资源税。根据《扩大水资源税改革试点实施办法》,跨省(区、市)调度的水资源,由调入区域所在地的税务机关征收水资源税。除此之外,纳税人应当向生产经营所在地的税务机关申报缴纳水资源税。在试点省份内取用水,其纳税地点需要调整的,由省级财政、税务部门决定。

本 章 小 结

资源税是国家对开发、利用其境内资源的单位和个人,就其所开发、利用资源的数量或者价值征收的一种税。资源税法是调整资源税征纳关系的法律规范的总称。资源税在我国的历史悠久。开征资源税是国家运用法律和税收手段保护国有资源、维护国家权益的重要举措。本章主要对资源税的纳税人、征税范围、税率、计税依据、应纳税额、税收优惠、征收管理等制度作了重点介绍。

思考题

1. 试述资源税与环境保护税的区别。
2. 简述资源税扩围的现状与未来趋势。
3. 资源税的应纳税额如何计算？

延伸阅读 ▶

资源税制度评述

第二十三章　耕地占用税法律制度

第一节　耕地占用税法概述

耕地占用税是对占用耕地建房或从事其他非农业建设的单位和个人，就其实际占用的耕地面积征收的一种税，它属于对特定土地资源的占用课税。

土地是人类赖以生存的宝贵资源，耕地则是从事农业生产的基本条件，保持一定的耕地面积，对农业生产乃至整个国民经济的发展，都有着根本性的意义。为了合理利用土地资源，加强土地管理，保护耕地，国务院于1987年4月1日发布了《耕地占用税暂行条例》。2007年12月1日，国务院公布了新的《耕地占用税暂行条例》，2008年2月26日，财政部、国家税务总局公布了《耕地占用税暂行条例实施细则》。2018年12月29日十三届全国人大常委会七次会议通过了《耕地占用税法》，2019年8月29日，财政部、国家税务总局、自然资源部、农业农村部、生态环境部发布了《耕地占用税法实施办法》，两部文件均自2019年9月1日起施行。

第二节　耕地占用税的纳税人与征税范围

一、耕地占用税的纳税人

耕地占用税以在中华人民共和国境内占用耕地建设建筑物、构筑物或从事非农业建设的单位和个人为纳税人。

经批准占用耕地的，纳税人为农用地转用审批文件中标明的建设用地人；农用地转用审批文件中未标明建设用地人的，纳税人为用地申请人。其中，用地申请人为各级人民政府的，由同级土地储备中心、自然资源主管部门或政府委托的其他部门、单位履行耕地占用税申报纳税义务。

未经批准占用耕地的，纳税人为实际用地人。

二、耕地占用税的征税范围

1. 纳税人因建设项目施工或者地质勘查临时占用耕地的。临时占用耕地，是指经自然资源主管部门批准,在一般不超过 2 年内临时使用耕地并且没有修建永久性建筑物的行为。

2. 占用园地、林地、草地、农田水利用地、养殖水面、渔业水域滩涂以及其他农用地建设建筑物、构筑物或者从事非农业建设的。(1) 园地,包括果园、茶园、橡胶园、其他园地。其中,其他园地包括种植桑树、可可、咖啡、油棕、胡椒、药材等其他多年生作物的园地。(2) 林地,包括乔木林地、竹林地、红树林地、森林沼泽、灌木林地、灌丛沼泽、其他林地,不包括城镇村庄范围内的绿化林木用地,铁路、公路征地范围内的林木用地,以及河流、沟渠的护堤林用地。其中,其他林地包括疏林地、未成林地、迹地、苗圃等林地。(3) 草地,包括天然牧草地、沼泽草地、人工牧草地,以及用于农业生产并已由相关行政主管部门发放使用权证的草地。(4) 农田水利用地,包括农田排灌沟渠及相应附属设施用地。(5) 养殖水面,包括人工开挖或者天然形成的用于水产养殖的河流水面、湖泊水面、水库水面、坑塘水面及相应附属设施用地。(6) 渔业水域滩涂,包括专门用于种植或者养殖水生动植物的海水潮浸地带和滩地,以及用于种植芦苇并定期进行人工养护管理的苇田。

此外,纳税人因挖损、采矿塌陷、压占、污染等损毁耕地,属于上述所称占用耕地从事非农业建设的情形,同样需要缴纳耕地占用税。

第三节 耕地占用税的计税依据与税收优惠

一、耕地占用税的计税依据

耕地占用税以纳税人实际占用的耕地面积为计税依据,按照规定的适用税额一次性征收,应纳税额为纳税人实际占用的耕地面积(平方米)乘以适用税额。

根据《耕地占用税法》的规定,耕地占用税的具体税额如下:

(1) 人均耕地不超过 1 亩的地区(以县、自治县、不设区的市、市辖区为单位,下同),每平方米为 10—50 元;

(2) 人均耕地超过 1 亩但不超过 2 亩的地区,每平方米为 8—40 元;

(3) 人均耕地超过 2 亩但不超过 3 亩的地区,每平方米为 6—30 元;

(4) 人均耕地超过 3 亩的地区,每平方米为 5—25 元。

各地区耕地占用税的适用税额,由省、自治区、直辖市人民政府根据人均耕地面积和经济发展等情况,在前款规定的税额幅度内提出,报同级人民代表大会常务委员会决定,并报全国人民代表大会常务委员会和国务院备案。各省、自治区、直辖市耕地占用税适用税额的平均水平,不得低于本法所附《各省、自治区、直辖市耕地占用税平均税额表》规定的平均税额。

在人均耕地低于0.5亩的地区,省、自治区、直辖市可以根据当地经济发展情况,适当提高耕地占用税的适用税额,但提高的部分不得超过上述适用税额的50%,具体适用税额按照上述程序确定。

需要特别注意的是,占用基本农田的,应当按照上述内容确定的当地适用税额,加按150%征收。

二、耕地占用税的税收优惠

《耕地占用税法》规定的耕地占用税免征、减征情形如下:

(1)军事设施、学校、幼儿园、社会福利机构、医疗机构占用耕地,免征耕地占用税。

(2)铁路线路、公路线路、飞机场跑道、停机坪、港口、航道、水利工程占用耕地,减按每平方米2元的税额征收耕地占用税。

(3)农村居民在规定用地标准以内占用耕地新建自用住宅,按照当地适用税额减半征收耕地占用税;其中农村居民经批准搬迁,新建自用住宅占用耕地不超过原宅基地面积的部分,免征耕地占用税。

(4)农村烈士遗属、因公牺牲军人遗属、残疾军人以及符合农村最低生活保障条件的农村居民,在规定用地标准以内新建自用住宅,免征耕地占用税。

根据国民经济和社会发展的需要,国务院可以规定免征或者减征耕地占用税的其他情形,报全国人民代表大会常务委员会备案。

依照上述(1)和(2)的情形免征或者减征耕地占用税后,纳税人改变原占地用途,不再属于免征或者减征耕地占用税情形的,应当按照当地适用税额补缴耕地占用税。

第四节 耕地占用税的征收管理

一、征收机关

耕地占用税由税务机关负责征收。

二、纳税义务发生时间

耕地占用税的纳税义务发生时间为纳税人收到自然资源主管部门办理占用

耕地手续的书面通知的当日。自然资源主管部门凭耕地占用税完税凭证或者免税凭证和其他有关文件发放建设用地批准书。

下列情形,耕地占用税纳税义务发生时间为：

（1）未经批准占用耕地的,其纳税义务发生时间为自然资源主管部门认定的纳税人实际占用耕地的当日。

（2）因挖损、采矿塌陷、压占、污染等损毁耕地的,纳税义务发生时间为自然资源、农业农村等相关部门认定损毁耕地的当日。

（3）纳税人改变原占地用途,需要补缴耕地占用税的,其纳税义务发生时间为改变用途当日。

三、纳税申报

纳税人占用耕地,应当在耕地所在地申报纳税。纳税人应当自纳税义务发生之日起30日内申报缴纳耕地占用税。

税务机关发现纳税人的纳税申报数据资料异常或者纳税人未按照规定期限申报纳税的,可以提请相关部门进行复核,相关部门应当自收到税务机关复核申请之日起30日内向税务机关出具复核意见。

四、减免税管理

耕地占用税减免优惠实行"自行判别、申报享受、有关资料留存备查"办理方式。纳税人根据政策规定自行判断符合优惠条件的,纳税人申报享受税收优惠,并将有关资料留存备查。纳税人对留存材料的真实性和合法性承担法律责任。

五、其他管理

税务机关应当与相关部门建立耕地占用税涉税信息共享机制和工作配合机制。县级以上地方人民政府自然资源、农业农村、水利、生态环境等相关部门向税务机关提供的农用地转用、临时占地等信息,包括农用地转用信息、城市和村庄集镇按批次建设用地转而未供信息、经批准临时占地信息、改变原占地用途信息、未批先占农用地查处信息、土地损毁信息、土壤污染信息、土地复垦信息、草场使用和渔业养殖权证发放信息等,协助税务机关加强耕地占用税征收管理。各省、自治区、直辖市人民政府应当建立健全本地区跨部门耕地占用税部门协作和信息交换工作机制。

本 章 小 结

耕地占用税是对占用耕地建房或从事其他非农业建设的单位和个人,就其实际占用的耕地面积征收的一种税,它属于对特定土地资源占用的课税。土地是人类赖以生存的宝贵资源,耕地则是从事农业生产的基本条件,保持一定的耕地面积,对农业生产乃至整个国民经济的发展,有着根本性的意义。本章主要对耕地占用税的征税范围、纳税人、应纳税额、税收优惠、税收管理等制度作出重点介绍。

思考题

1. 简述耕地占用税制度存在的问题。
2. 耕地占用税的应纳税额如何计算？

延伸阅读

耕地占用税制度评述

税收债务法之六·行为税债法制度

绪　　论

行为是法律发展历史中的核心概念,也是税法学中征税的重要依据。在我国现行税收法律制度中,除了作为主体部分的商服税和所得税以外,还存在许多其他税种,这些税种依据其征税对象可以归入行为税类。近年来,随着"税收法定"的有序推进,我国行为税法律陆续颁布与施行,行为税的规范性不断提升,这不仅有利于增加国家财政收入,减轻国家财政负担,也在一定程度上推动了国家经济的发展。行为税在调控经济和调节分配方面发挥着越来越重要的作用。

一、行为税的概念

行为税亦称特定行为税或特定目的税,是政府为实现特定目的,对某些行为征收的一类税收。行为税法是国家制定的调整特定行为税收关系的法律规范的总称。

行为税与商服税、所得税、财产税既有区别又有联系,因为如果从广义上来理解,几乎所有的税种都可以归入行为税类,但是在以征税对象为标志而对税收进行科学分类的情况下,商品与服务成为商服税的征税对象,收益行为成为所得税的征税对象,财产行为成为财产税的征税对象,因此行为税法的征税范围便大大缩小,不再泛指生活中的一切行为,国家则根据特定目的,对社会生活中某些需要加以调控的行为予以选择课税。这针对的是不能归入流转、收益、财产,而又同样需要政府运用税收手段加以引导、调节或控制的其他行为。

行为税收入零星分散,一般作为辅助税种,是地方政府筹集地方财政资金的一种手段。我国目前的行为税主要是印花税、城市维护建设税、土地增值税、车辆购置税与烟叶税。以 2021 年为例,全国税收收入 172731 亿元,其中印花税 4076 亿元(证券交易印花税 2478 亿元),城市维护建设税 5217 亿元,土地增值税 6896 亿元,车辆购置税 3520 亿元,四者总和(烟叶税未单独列明)占全年税收收入的 11.41%。

二、行为税的特点

与其他税收相比,行为税具有以下特点:

第一,政策目的性强。世界上许多国家都有对某些特定行为征税的税种,如赌博税、赛马税、印花税、狩猎税、犬税、娱乐税、博彩税、工商登记税、培训税等。各国征收行为税的形式和目的是不尽相同的,有的出于社会政策的考虑,旨在对某些行为进行调节或加以限制,有的则纯粹是为了增加财政收入,例如我国澳门地区 60% 的财政收入都来自博彩税。

第二,临时性和偶然性。征收行为税的主要目的一旦达到,或国家的宏观经济政策、经济形势发生变化,行为税的有关法律规定就要调整乃至废止。行为税具有较强的临时性和偶然性,因此行为税的收入也具有不稳定性。例如,我国过去开征的奖金税、工资调节税、集市交易税等,就因为完成了使命而被废止。

第三,税源的分散性。行为税的税源较为分散,税收收入小且不稳定,因而大多为地方税。

三、行为税的历史沿革

古今中外,各国都有对特定行为征税的传统。例如,印花税于 1624 年始创于荷兰,由于征收数额小而征税范围广,后被各国相继仿效。此外,荷兰、法国、日本有登记税或登记许可税,德国、瑞典等国有彩票税,日本有纸牌税,美国有赌博税等。

中国历史上对行为的课税由来已久,早在战国时期,楚国就有对牲畜交易征税的记载。我国古代开征的行为税有"估税""住税""落地税"等。国民政府也曾开征过印花税、屠宰税、筵席税和娱乐税。

中华人民共和国成立后,政府开征了印花税、屠宰税、特种消费行为税、车船使用牌照税 4 种行为税。1978 年税制改革后,随着经济的发展,行为税的范围不断扩大,税种不断增加。到 1993 年底,我国总共开征了屠宰税、烧油特别税、固定资产投资方向调节税、印花税、车船使用税等 13 种行为税。后几经改革,我国先后取消了奖金税、国营企业工资调节税、烧油特别税、特别消费税、屠宰税和筵席税。因此,现在我国征收的行为税主要是印花税、城市维护建设税、土地增值税、车辆购置税与烟叶税。

第二十四章　印花税法律制度

第一节　印花税法概述

印花税是对经济活动和经济交往中书立、领受、使用的应税经济凭证所征收的一种税。因纳税人主要是通过在应税凭证上粘贴印花税票来完成纳税义务，故名印花税。

印花税是世界各国普遍征收的一个税种，历史悠久，最早出现于1624年的荷兰。在我国，北洋政府曾颁布过《印花税法》，并于1913年首次开征印花税。1927年国民政府公布了《印花税暂行条例》。中华人民共和国成立后，中央人民政府政务院于1950年公布《全国税政实施要则》，规定印花税为全国统一开征的14个税种之一。1958年简化税制时，印花税被并入工商统一税，很长一段时间未单独进行征收。

党的十一届三中全会以来，随着改革开放政策的贯彻实施，我国国民经济得到迅速发展，经济活动中依法书立各种凭证成为普遍现象。根据经济发展和建立社会主义市场经济体制的需要，国家相继颁布了《经济合同法》《商标法》《工商企业登记管理条例》等经济法律法规。为了让税收适应变化着的客观经济情况，广泛筹集财政资金，维护经济凭证书立和领受人的合法权益，1988年8月，国务院公布了《印花税暂行条例》；9月，财政部发布了《印花税暂行条例施行细则》，两部文件于同年10月1日同时施行，由此印花税恢复征收。2011年1月8日，《印花税暂行条例》进行了修订。2021年6月10日，经十三届全国人大常委会二十九次会议通过，《印花税法》正式颁布，自2022年7月1日起施行。

第二节　印花税的纳税人与征税范围

一、印花税的纳税人

根据《印花税法》的规定，在我国境内书立应税凭证、进行证券交易的单位和个人，为印花税的纳税人。包括各类企业、事业、机关、团体、部队，以及中外合资经营企业、合作经营企业、外资企业、外国公司企业和其他经济组织及其在华机构等单位和个人。按照征税项目划分的具体纳税人是：

1. 立合同人。书立各类经济合同的，以立合同人为纳税人。所谓立合同人，是指合同的当事人。当事人在两方或两方以上的，各方均为纳税人。

2. 立据人。订立各种财产转移书据的，以立据人为纳税人。如立据人未贴印花或少贴印花，书据的持有人应负责补贴印花。所立书据以合同方式签订的，应由持有书据的各方分别按全额贴花。

3. 立账簿人。建立营业账簿的，以立账簿人为纳税人。

4. 使用人。在国外书立或领受，在国内使用应税凭证的单位和个人。

5. 各类电子应税凭证的签订人。以电子形式签订的各类应税凭证的单位和个人。

6. 证券交易出让方。证券交易印花税对证券交易的出让方征收，不对受让方征收。

二、印花税的征税范围

印花税的征税范围包括了书立应税凭证以及进行证券交易。我国经济活动中涉及的经济凭证种类繁多，数量巨大，现行印花税只对《印花税法》中列举的凭证征收，没有列举的凭证不征税。列举的凭证分为三类：书面合同、产权转移书据、营业账簿。证券交易，指的是转让在依法设立的证券交易所、国务院批准的其他全国性证券交易场所交易的股票和以股票为基础的存托凭证。

（一）书面合同

合同是指当事人之间为实现一定目的，经协商一致，明确当事人各方权利、义务关系的协议。以经济业务活动作为内容的合同，通常被称为经济合同。经济合同应依照合同法和其他有关合同法规订立。经济合同的依法订立，是在经济交往中为了确定、变更或终止当事人之间的权利和义务关系的合同法律行为，其书面形式是经济合同书。我国《印花税法》规定，印花税只对依法订立的经济合同征收。《印花税税目税率表》中列举了11大类合同。它们是：

1. 借款合同，包括银行及其他金融组织和借款人（不包括银行同业拆借）所签订的借款合同。

2. 融资租赁合同，是指出租人根据承租人对出卖人、租赁物的选择，向出卖人购买租赁物，提供给承租人使用，承租人支付租金的合同。

3. 买卖合同，是指动产买卖合同，不包括个人书立的动产买卖合同。

4. 承揽合同，包括加工、定做、修缮、修理、印刷、广告、测绘、测试等合同。

5. 建设工程合同，包括勘察、设计合同的总包合同、分包合同和转包合同。

6. 运输合同,指的是货运合同和多式联运合同,包括民用航空运输、铁路运输、海上运输、内河运输、公路运输和联运合同,但不包括管道运输合同。

7. 技术合同,包括技术开发、转让、咨询、服务等合同。其中,技术转让合同包括专利申请转让、非专利技术转让所书立的合同,但不包括专利权转让、专利实施许可所书立的合同。后者属于"产权转移书据"合同。技术咨询合同是合同当事人就有关项目的分析、论证、评价、预测和调查订立的技术合同,而一般的法律、会计、审计等方面的咨询不属于技术咨询,所立的合同不贴印花。技术服务合同的征税范围包括技术服务合同、技术培训合同和技术中介合同。

8. 租赁合同,包括租赁房屋、船舶、飞机、机动车辆、机械、器具、设备等的合同,还包括企业、个人出租门店、柜台等所签订的合同,但不包括企业与主管部门签订的租赁承包合同。

9. 保管合同,包括保管合同或作为合同使用的栈单(或称入库单)。对某些使用不规范的凭证,不便计税的,可就其结算单据作为计税贴花的凭证。

10. 仓储合同,包括仓储合同或作为合同使用的仓单。对某些使用不规范的凭证,不便计税的,可就其结算单据作为计税贴花的凭证。

11. 财产保险合同,包括财产、责任、保证、信用等保险合同。

(二)产权转移书据

产权转移即财产权利关系的变更,表现为产权主体发生变更。产权转移书据是在产权的买卖、交换、继承、赠与、分割等产权主体变更的过程中,由产权出让人与受让人所订立的民事法律文书。

我国印花税税目中的产权转移书据包括4类:(1)土地使用权出让书据;(2)土地使用权、房屋等建筑物和构筑物所有权转让书据,不包括土地承包经营权和土地经营权转移;(3)股权转让书据,不包括应缴纳证券交易印花税;(4)商标专用权、著作权、专利权、专有技术使用权转让书据。

(三)营业账簿

印花税税目中的营业账簿属于财务会计账簿,是按照财务会计制度的要求设置的、反映生产经营活动的账册。现行《印花税法》只对记载资金的账簿(简称资金账簿)按金额进行计税,取消了原本暂行条例中按件计税的计税方法。

对于"营业账簿"征免范围应明确以下若干内容:

1. 对采用一级核算形式的单位,只就财会部门设置的账簿贴花;采用分级核算形式的,除财会部门的账簿应贴花之外,财会部门设置在其他部门和车间的明细分类账,亦应按规定贴花。

2. 车间、门市部、仓库设置的不属于会计核算范围或虽属会计核算范围,但不记载金额的登记簿、统计簿、台账等,不贴印花。

3. 对会计核算采用单页表式记载资金活动情况,以表代账的,在未形成账簿(账册)前,暂不贴花,待装订成册时,按册贴花。

4. 对有经营收入的事业单位,凡属由国家财政部门拨付事业经费,实行差额预算管理的单位,其记载经营业务的账簿,按其他账簿定额贴花,不记载经营业务的账簿不贴花;凡属经费来源实行自收自支的单位,对其营业账簿,应对记载资金的账簿和其他账簿分别按规定贴花。

5. 跨地区经营的分支机构使用的营业账簿,应由各分支机构在其所在地缴纳印花税。对上级单位核拨资金的分支机构,其记载资金的账簿按核拨的账面资金数额计税贴花;对上级单位不核拨资金的分支机构,只就其他账簿按定额贴花。

6. 实行公司制改造并经县级以上政府和有关部门批准的企业在改制过程中成立的新企业(重新办理法人登记的),其新启用的资金账簿记载的资金或因企业建立资本纽带关系而增加的资金,凡原已贴花的部分可不再贴花,未贴花的部分和以后新增加的资金按规定贴花。

7. 以合并或分立方式成立的新企业,其新启用的资金账簿记载的资金,凡原已贴花的部分可不再贴花,未贴花的部分和以后新增加的资金按规定贴花。合并包括吸收合并和新设合并,分立包括存续分立和新设分立。

8. 企业债权转股权新增加的资金按规定贴花。

9. 企业改制中经评估增加的资金按规定贴花。

10. 企业其他会计科目记载的资金转为实收资本或资本公积的资金按规定贴花。

(四)证券交易

证券交易是指转让在依法设立的证券交易所、国务院批准的其他全国性证券交易场所交易的股票和以股票为基础的存托凭证。证券交易印花税对证券交易的出让方征收,不对受让方征收。

第三节 印花税的计算与税收优惠

一、印花税的计算

(一)印花税的税率

作为印花税课税对象的经济凭证,种类繁多、形式多样,性质不尽相同。如有些凭证记载有金额,有些则未记载金额;有些凭证供长期使用,有些则只满足临时性需要。这样,就有必要根据不同凭证的性质和特点,按照合理负担、便于征纳的原则,分别采用不同的税率。

现行印花税采用比例税率和定额税率两种税率,具体如表20所示。

表20 印花税税目税率表

税目		税率
书面合同	借款合同	借款金额的万分之零点五
	融资租赁合同	租金的万分之零点五
	买卖合同	价款的万分之三
	承揽合同	报酬的万分之三
	建设工程合同	价款的万分之三
	运输合同	运输费用的万分之三
	技术合同	价款、报酬或者使用费的万分之三
	租赁合同	租金的千分之一
	保管合同	保管费的千分之一
	仓储合同	仓储费的千分之一
	财产保险合同	保险费的千分之一
产权转移书据	土地使用权出让书据	价款的万分之五
	土地使用权、房屋等建筑物和构筑物所有权转让书据	价款的万分之五
	股权转让书据	价款的万分之五
	商标专用权、著作权、专利权、专有技术使用权转让书据	价款的万分之三
营业账簿		实收资本(股本)、资本公积合计金额的万分之二点五
证券交易		成交金额的千分之一

(二)印花税的计税依据

印花税的计税依据如下:

1. 应税合同的计税依据,为合同所列的金额,不包括列明的增值税税款。

2. 应税产权转移书据的计税依据,为产权转移书据所列的金额,不包括列明的增值税税款。

3. 应税营业账簿的计税依据,为账簿记载的实收资本(股本)、资本公积合计金额。

4. 证券交易的计税依据，为成交金额。

（三）印花税的应纳税额

印花税按计税依据乘以适用税率计算应纳税额，公式为：

应纳税额＝计税金额×适用税率

计算印花税应纳税额时应当注意以下内容：

1. 应税合同、产权转移书据未列明金额的，印花税的计税依据按照实际结算的金额确定。计税依据按照前款规定仍不能确定的，按照书立合同、产权转移书据时的市场价格确定；依法应当执行政府定价或者政府指导价的，按照国家有关规定确定。

2. 证券交易无转让价格的，按照办理过户登记手续时该证券前一个交易日收盘价计算确定计税依据；无收盘价的，按照证券面值计算确定计税依据。

3. 同一应税凭证载有两个以上税目事项并分别列明金额的，按照各自适用的税目税率分别计算应纳税额；未分别列明金额的，从高适用税率。

4. 同一应税凭证由两方以上当事人书立的，按照各自涉及的金额分别计算应纳税额。

5. 已缴纳印花税的营业账簿，以后年度记载的实收资本（股本）、资本公积合计金额比已缴纳印花税的实收资本（股本）、资本公积合计金额增加的，按照增加部分计算应纳税额。

二、印花税的税收优惠

根据《印花税法》的规定，下列凭证免征印花税：

1. 应税凭证的副本或者抄本。

2. 依照法律规定应当予以免税的外国驻华使馆、领事馆和国际组织驻华代表机构为获得馆舍书立的应税凭证。

3. 中国人民解放军、中国人民武装警察部队书立的应税凭证。

4. 农民、家庭农场、农民专业合作社、农村集体经济组织、村民委员会购买农业生产资料或者销售农产品书立的买卖合同和农业保险合同。

5. 无息或者贴息借款合同、国际金融组织向中国提供优惠贷款书立的借款合同。

6. 财产所有权人将财产赠与政府、学校、社会福利机构、慈善组织书立的产权转移书据。

7. 非营利性医疗卫生机构采购药品或者卫生材料书立的买卖合同。

8. 个人与电子商务经营者订立的电子订单。

根据国民经济和社会发展的需要，国务院对居民住房需求保障、企业改制重组、破产、支持小型微型企业发展等情形可以规定减征或者免征印花税，报全国人民代表大会常务委员会备案。

第四节　印花税的征收管理

一、纳税期限

印花税的纳税义务发生时间为纳税人书立应税凭证或者完成证券交易的当日。印花税按季、按年或者按次计征。实行按季、按年计征的，纳税人应当自季度、年度终了之日起15日内申报缴纳税款；实行按次计征的，纳税人应当自纳税义务发生之日起15日内申报缴纳税款。

证券交易印花税扣缴义务发生时间为证券交易完成的当日。证券交易印花税按周解缴。证券交易印花税扣缴义务人应当自每周终了之日起5日内申报解缴税款以及银行结算的利息。

二、纳税地点

纳税人为单位的，应当向其机构所在地的主管税务机关申报缴纳印花税；纳税人为个人的，应当向应税凭证书立地或者纳税人居住地的主管税务机关申报缴纳印花税。不动产产权发生转移的，纳税人应当向不动产所在地的主管税务机关申报缴纳印花税。

纳税人为境外单位或者个人，在境内有代理人的，以其境内代理人为扣缴义务人；在境内没有代理人的，由纳税人自行申报缴纳印花税，具体办法由国务院税务主管部门规定。

证券登记结算机构为证券交易印花税的扣缴义务人，应当向其机构所在地的主管税务机关申报解缴税款以及银行结算的利息。

三、印花税的缴纳方法

印花税可以采用粘贴印花税票或者由税务机关依法开具其他完税凭证的方式缴纳。印花税票粘贴在应税凭证上的，由纳税人在每枚税票的骑缝处盖戳注销或者画销。

本 章 小 结

　　印花税是对在经济交易中书立、领受具有法律效力的凭证的行为征收的一种税。它因采用在应税凭证上粘贴印花税票作为完税的标志而得名。印花税征收范围比较广泛，需要纳税人自行承担，并完成纳税义务。2022年7月1日，《印花税法》正式实施，取消了事前核定征收，适用查账征收，对纳税人税负影响重大。

思考题

1. 印花税政策变动对企业有哪些影响？
2. 请简述我国的证券交易印花税与国外的证券交易税的异同。
3. 请简述印花税与我国证券市场的关系。

第二十五章 城市建设维护税法律制度

第一节 城市维护建设税法概述

城市维护建设税是对缴纳增值税、消费税的单位和个人征收的一种税。

中华人民共和国成立以来,我国城市建设和维护取得了较大成绩,但国家在城市建设方面一直资金不足。1979年以前,我国用于城市维护建设的资金由当时的工商所得税附加、城市公用事业附加和国拨城市维护费组成。1979年,国家开始在部分大中城市试行从上年工商利润中提取5%用于城市维护和建设的方法,但这未能从根本上解决问题。1981年,国务院在批转财政部《关于改革工商税制的设想》中提出:根据城市建设需要,开征城市维护建设税,作为县以上城市和工矿区市政建设的专项资金。1985年2月8日,国务院正式发布《城市维护建设税暂行条例》,并于当年在全国范围内施行。城市维护建设税一开始以纳税人实际缴纳的产品税、增值税、营业税税额为计税依据,但由于1994年税制改革决定取消产品税,将其中的部分产品改征消费税,因此城市维护建设税的计税依据也相应调整为消费税、增值税、营业税税额。2016年5月1日,全国推开"营改增"试点,营业税退出历史舞台,城市维护建设税的计税依据也由增值税、消费税和营业税调整为增值税、消费税。2020年8月11日,十三届全国人大常委会二十一次会议通过了《城市维护建设税法》,标志着城市维护建设税税收法定进程的正式完成。

第二节 城市维护建设税的纳税人与征税范围

一、城市维护建设税的纳税人

根据《城市维护建设税法》第1条的规定,在中华人民共和国境内缴纳增值税、消费税的单位和个人,为城市维护建设税的纳税人。

二、城市维护建设税的征税范围

城市维护建设税的征税范围比较广,具体包括城市市区、县城、建制镇,以及税法规定征收增值税、消费税的其他地区。城市、县城、建制镇的范围,应以行政区划为标准,不能随意扩大或缩小各自行政区域的管辖范围。

对进口货物或者境外单位和个人向境内销售劳务、服务、无形资产缴纳的增值税、消费税税额,不征收城市维护建设税。

第三节 城市维护建设税的计算、税收优惠与征收管理

一、城市维护建设税的计算

(一)城市维护建设税的税率

根据《城市维护建设税法》第4条的规定,城市维护建设税实行地区差别比例税率,具体税率如下:

1. 纳税人所在地在市区的,税率为7%。
2. 纳税人所在地在县城、镇的,税率为5%。
3. 纳税人所在地不在市区、县城或者镇的,税率为1%。

上述所称纳税人所在地,是指纳税人住所地或者与纳税人生产经营活动相关的其他地点,具体地点由省、自治区、直辖市确定。

(二)城市维护建设税的应纳税额

城市维护建设税以纳税人依法实际缴纳的增值税(应当以按照规定扣除期末留抵退税退还的增值税税额为准)加上消费税税额为计税依据,应纳税额按照计税依据乘以具体适用税率计算,公式为:

应纳税额=(实际缴纳的增值税额+实际缴纳的消费税额)×适用税率

城市维护建设税计税依据的具体确定办法,由国务院依据本法和有关税收法律、行政法规规定,报全国人民代表大会常务委员会备案。

二、城市维护建设税的税收优惠

城市维护建设税以增值税、消费税为计税依据,与这两种税同时征收。税法规定对纳税人减免增值税、消费税时,也相应减免城市维护建设税。因此,城市维护建设税原则上不单独规定减免税。但是,针对一些特殊情况,财政部和国家税务总局作出了一些特别税收优惠规定:

1. 对由于减免增值税、消费税而发生的退税,同时退还已纳的城市维护建设税,但对出口产品退还增值税、消费税的,不退还已缴纳的城市维护建设税。

2. 为支持国家重大水利工程建设,对国家重大水利工程建设基金自 2010 年 5 月 25 日起免征城市维护建设税。

3. 自 2023 年 1 月 1 日至 2027 年 12 月 31 日,自主就业退役士兵从事个体经营的,自办理个体工商户登记当月起,在 3 年(36 个月)内按每户每年 20000 元为限额依次扣减其当年实际应缴纳的增值税、城市维护建设税、教育费附加、地方教育附加和个人所得税。具体操作参照财政部、税务总局、退役军人部《关于进一步扶持自主就业退役士兵创业就业有关税收政策的公告》。

4. 经中国人民银行依法决定撤销的金融机构及其分设于各地的分支机构(包括被依法撤销的商业银行、信托投资公司、财务公司、金融租赁公司、城市信用社和农村信用社),用其财产清偿债务时,免征被撤销金融机构转让货物、不动产、无形资产、有价证券、票据等应缴纳的城市维护建设税。

5. 自 2022 年 1 月 1 日至 2024 年 12 月 31 日,由省、自治区、直辖市人民政府根据本地区实际情况以及宏观调控需要确定,对增值税小规模纳税人、小型微利企业和个体工商户可以在 50% 的税额幅度内减征城市维护建设税。

此外,对增值税、消费税实行先征后返、先征后退、即征即退办法的,除另有规定外,对随增值税、消费税附征的城市维护建设税,一律不予退(返)还。

依据《城市维护建设税法》第 6 条的规定,根据国民经济和社会发展的需要,国务院对重大公共基础设施建设、特殊产业和群体以及重大突发事件应对等情形可以规定减征或者免征城市维护建设税,报全国人民代表大会常务委员会备案。

三、城市维护建设税的征收管理

城市维护建设税纳税义务的发生时间与增值税、消费税的纳税义务发生时间一致,分别与增值税、消费税同时缴纳。

城市维护建设税的扣缴义务人为负有增值税、消费税扣缴义务的单位和个人,在扣缴增值税、消费税的同时扣缴城市维护建设税。

本 章 小 结

城市维护建设税是以纳税人依法实际缴纳的增值税、消费税税额为计税依据,可与增值税、消费税同时缴纳的一种税。城市维护建设税在本质上属于一种附加税。在我国现行的 18 个税种中,它是唯一一个被立法的"附属性"税种。

思考题

1. 试思考征收城市维护建设税的意义。
2. 城市维护建设税如何计算？
3. 城市维护建设税有几档税率？

第二十六章　土地增值税法律制度

第一节　土地增值税法概述

土地增值税是以纳税人转让国有土地使用权、地上的建筑物及其附着物（简称转让房地产）所取得的增值额为征税对象，依照规定税率征收的一种税。

土地属于不动产，对土地课税是一种古老的税收形式，也是目前各国普遍征收的一种财产税。有些国家和地区将土地单列出来征税，如土地税、地价税、农地税、未开发土地税、荒地税、城市土地税、土地登记税、土地增值税、土地租金税、土地发展税等。有些国家和地区鉴于土地与地面上的房屋、建筑物及其他附着物密不可分，对土地、房屋及其他附着物一起征税，统称为房地产税、不动产税、财产税等。

中华人民共和国成立以来，虽然先后开征过契税、城市房地产税、房产税、城镇土地使用税等税种，但这些税种大多属于传统的土地税，有的还带有行为税的特点，调节房地产市场的效果有限。国务院于1993年12月13日发布了《土地增值税暂行条例》，决定自1994年1月1日起在全国开征土地增值税，财政部于1995年1月27日公布了《土地增值税暂行条例实施细则》，这是我国第一个专门针对土地增值额或土地收益额征税的税种。

为了贯彻落实税收法定原则，2019年7月，财政部会同国家税务总局发布了《土地增值税法（征求意见稿）》，希望广泛凝聚社会共识，推进民主立法。

土地增值税的开征可以发挥税收分配的经济杠杆作用，合理调节土地增值收益，维护国家利益，规范房地产交易秩序，促进房地产市场健康发展。

第二节　土地增值税的纳税人与征税范围

一、土地增值税的纳税人

《土地增值税暂行条例》规定，土地增值税的纳税人为"转让国有土地使用权、地上的建筑物及其附着物（以下简称转让房地产）并取得收入的单位和个人，"包括各类企业单位、事业单位、机关、社会团体、个体工商户以及其他单位和个人。

二、土地增值税的征税范围

土地增值税的征税范围是转让国有土地使用权、地上的建筑物及其附着物,在实际工作中,准确界定土地增值税的征税范围十分重要。

(一) 一般规定

土地增值税的征税范围常以三个标准来判定:

1. 转让的土地使用权是否归国家所有。农村集体所有的土地,应在补办土地征用或出让手续变为国家所有之后,再纳入土地增值税的征税范围。

2. 土地使用权、地上建筑物及其附着物是否发生产权转让。

3. 转让房地产是否取得收入。

(二) 特殊规定

1. 合作建房

对于一方出地,一方出资金,双方合作建房,建成后分房自用的,暂免征收土地增值税;建成后转让的,应征土地增值税。

2. 房地产交换

房地产交换是指一方以房地产与另一方的房地产进行交换的行为。由于房地产交换行为既发生了房产产权、土地使用权的转移,交换双方又取得了实物形态的收入,因此按照《土地增值税暂行条例》的规定,属于土地增值税征收范围。但对个人之间互换自有居住用房地产的,经当地税务机关核实,可以免征土地增值税。

3. 房地产抵押

房地产抵押,是指房地产的产权所有人、依法取得土地使用权的土地使用人作为债务人或第三人向债权人提供不动产作为清偿债务的担保而不转移房地产权属的法律行为。这种情况由于房产的产权、土地使用权在抵押期间并没有发生权属变更,房产的产权所有人、取得土地使用权的土地使用人仍拥有房地产的占有、使用、收益等权利,因此在抵押期间不征收土地增值税。待抵押期满后,视该房地产是否转移产权来确定是否征收土地增值税。以房地产抵债而发生房地产产权转让的,属于征收土地增值税的范围。

4. 房地产出租

房地产出租,是指房产的产权所有人、取得土地使用权的土地使用人,将房产、土地使用权租赁给承租人使用,由承租人向出租人支付租金的行为。房地产出租,出租人虽然取得了收入,但没有发生房产产权、土地使用权的转让,因此不属于征收土地增值税的范围。

5. 房地产评估增值

房地产评估增值，是指企业在清产核资时对房地产进行重新评估而使其账面价值升值。虽然房地产在评估过程中增值，但是并没有发生房地产权属的转让，因此不属于征收土地增值税的范围。

6. 国家收回国有土地使用权、征收地上建筑物及附着物

国家收回或征收的房地产，虽然发生了权属的变更，原房地产所有人也取得了收入，但按照《土地增值税暂行条例》的有关规定，可以免征土地增值税。

7. 房地产的代建房行为

代建房，是指房地产开发公司代客户进行房地产开发，开发完成后向客户收取代建收入的行为。对于房地产开发公司而言，虽然取得了收入，但没有发生房地产权属的转移，其收入属于劳务收入性质，故不属于土地增值税的征税范围。

8. 房地产的继承

房地产的继承，是指房产的原产权所有人、依照法律规定取得土地使用权的土地使用人死亡以后，由其继承人依法承受死者房产产权和土地使用权的民事法律行为。这种行为虽然发生了房地产的权属变更，但作为房产产权、土地使用权的原所有人（即被继承人）并没有因为权属变更而取得任何收入。因此，这种房地产的继承不属于土地增值税的征税范围。

9. 房地产的赠与

房地产的赠与，是指房产所有人、土地使用权所有人将自己拥有的房地产无偿地交给其他单位与个人的行为。房地产的赠与虽发生了房地产的权属变更，但作为房产所有人、土地使用权的所有人并没有因为权属的转让而取得任何收入。因此，房地产的赠与不属于土地增值税的征税范围。但是，不征收土地增值税的房地产赠与行为只包括以下两种情况：

第一，房产所有人、土地使用权所有人将房屋产权、土地使用权赠与直系亲属或承担直接赡养义务人的行为。

第二，房产所有人、土地使用权所有人通过中国境内非营利的社会团体、国家机关将房屋产权、土地使用权赠与教育、民政和其他社会福利、公益事业的行为。其中，社会团体是指中国青少年发展基金会、希望工程基金会、宋庆龄基金会、减灾委员会、中国红十字会、中国残疾人联合会、全国老年基金会、老区促进会，以及经民政部门批准成立的其他非营利的公益性组织。

10. 土地使用者转让、抵押或置换土地

土地使用者转让、抵押或置换土地，无论土地使用者是否取得了该土地的使

用权属证书,无论他在转让、抵押或置换土地过程中是否与对方当事人办理了土地使用权属证书变更登记手续,只要土地使用者享有占有、使用、收益或处分该土地的权利,且有合同等证据表明其实质转让、抵押或置换了土地并取得了相应的经济利益,土地使用者及其对方当事人应当依照税法规定缴纳土地增值税等相关税收。

在所担保的债务到期之前,抵押人实际上仍对设为抵押物的土地享有占有、使用、收益的权利,土地使用权属并未发生转移行为,不缴纳土地增值税。土地使用者作为抵押人,将土地使用权设为抵押物,在抵押期满,不能如期清偿债务,而以作为抵押物的土地使用权清偿债务时,抵押的土地使用权被债权人实质性依法取得,土地使用者作为抵押人实际上也取得相应的经济利益,这个时候无论是否办理土地使用权属变更,都应当依照税法规定缴纳土地增值税。

第三节 土地增值税的计算与减免

一、土地增值税的计算

(一)土地增值税的计税依据

土地增值税的计税依据是转让房地产的增值额,即纳税人转让房地产的收入减除法律规定的扣除项目金额后的余额。

1. 应税收入的确定

纳税人转让房地产取得的应税收入,应包括转让房地产的全部价款及有关的经济收益。从收入的形式看,包括货币收入、实物收入和其他收入。

2. 扣除项目的确定

(1)对于新建房地产转让,允许的扣除项目包括:

(a)取得土地使用权所支付的金额。这一项目包括纳税人为取得土地使用权所支付的地价款;纳税人在取得土地使用权时按国家统一规定交纳的有关费用,具体指纳税人在取得土地使用权过程中为办理有关手续,按国家统一规定交纳的有关登记、过户手续费。

(b)房地产开发成本。这一项目是指纳税人房地产开发项目实际发生的成本,包括土地征用及拆迁补偿费、前期工程费、建筑安装工程费、基础设施费、公共配套设施费、开发间接费用等。

(c)房地产开发费用。房地产开发费用是指与房地产开发项目有关的销售费用、管理费用和财务费用。根据规定,财务费用中的利息支出,凡能够按转让房地产项目计算分摊并提供金融机构证明的,允许据实扣除,但最高不能超过按商业银行同类同期贷款利率计算的金额。其他房地产开发费用,按上述(a)(b)项规定(即取得土地使用权所支付的金额和房地产开发成本)计算的金额之和的5%以内计算扣除。凡不能按转让房地产项目计算分摊利息支出或不能提供金融机构证明的,房地产开发费用按上述(a)(b)项规定计算的金额之和的10%以内计算扣除。计算扣除的具体比例,由各省、自治区、直辖市人民政府规定。具体计算方式如下:

纳税人能够按转让房地产项目计算分摊利息支出,并能提供金融机构的贷款证明的,允许扣除的房地产开发费用为:利息+(取得土地使用权所支付的金额+房地产开发成本)×5%以内。利息最高不能超过按商业银行同类同期贷款利率计算的金额。

纳税人不能按转让房地产项目计算分摊利息支出或不能提供金融机构贷款证明的,允许扣除的房地产开发费用为:(取得土地使用权所支付的金额+房地产开发成本)×10%以内。

此外,需要注意的是,利息的上浮幅度按国家的有关规定执行,超过上浮幅度的部分不允许扣除;超过贷款期限的利息部分和加罚的利息也不允许扣除。

(d) 与转让房地产有关的税金。这部分税金是指在转让房地产时缴纳的营业税、城市维护建设税、印花税。因转让房地产交纳的教育费附加,也可视同税金予以扣除。按照《施工、房地产开发企业财务制度》的有关规定,房地产开发企业在转让时缴纳的印花税因列入管理费用中,故在此不允许单独再扣除,而其他纳税人缴纳的印花税允许在此扣除。

(e) 财政部规定的其他扣除项目。对从事房地产开发的纳税人可按上述(a)(b)项规定计算的金额之和,加计20%的扣除。此条优惠只适用于从事房地产开发的纳税人,其目的在于抑制炒买炒卖房地产的投机行为,保护正常开发投资者的积极性。

(2) 对于存量房地产转让,可扣除的项目包括:

(a) 房屋及建筑物的评估价格。旧房及建筑物的评估价格是指在转让已使用的房屋及建筑物时,由政府批准设立的房地产评估机构评定的重置成本价①乘以成新度折扣率后的价格。评估价格须经当地税务机关确认。评估价格的计算公式如下:

---

① 重置成本是指对旧房及建筑物,按转让时的建材价格及人工费用计算,建造同样面积、同样层次、同样结构、同样建设标准的新房及建筑物所需花费的成本费用。

评估价格＝重置成本价×成新度折扣率

（b）取得土地使用权所支付的地价款和按国家统一规定交纳的有关费用。对取得土地使用权时未支付地价款或不能提供已支付地价款凭据的,在计征土地增值税时不允许扣除。

（c）转让环节缴纳的税金

（二）土地增值税应纳税额的计算

1. 土地增值税的税率

土地增值税实行四级超率累进税率,具体见表 21：

表 21　土地增值税四级超率累进税率表

级数	增值额与扣除项目金额的比率	税率（％）	速算扣除系数（％）
1	不超过 50％的部分	30	0
2	超过 50％至 100％的部分	40	5
3	超过 100％至 200％的部分	50	15
4	超过 200％的部分	60	35

2. 应纳税额的计算方法

土地增值税按照纳税人转让房地产取得的增值额和规定的税率计算征收,其计算公式是：

应纳税额＝$\sum$（每级距的增值额×适用税率）

在实际工作中,分步计算比较烦琐,一般可以采用速算扣除法计算。

（1）增值额未超过扣除项目金额 50％的,计算公式为：

土地增值税税额＝增值额×30％

（2）增值额超过扣除项目金额 50％,未超过 100％的,计算公式为：

土地增值税税额＝增值额×40％－扣除项目金额×5％

（3）增值额超过扣除项目金额 100％,未超过 200％的,计算公式为：

土地增值税税额＝增值额×50％－扣除项目金额×15％

（4）增值额超过扣除项目金额 200％的,计算公式为：

土地增值税税额＝增值额×60％－扣除项目金额×35％

二、土地增值税的减免

(一) 建造普通标准住宅的税收优惠

纳税人建造普通标准住宅出售,增值额未超过扣除项目金额20%的,免征土地增值税。如果超过20%,应就其全部增值额按规定计税。

(二) 国家征用收回的房地产的税收优惠

因城市实施规划、国家建设的需要而搬迁,由纳税人自行转让原房地产的,比照有关规定免征土地增值税。

(三) 个人转让房地产的税收优惠

自2008年11月1日起,对个人销售住房暂免征收土地增值税。

第四节 土地增值税的征收与管理

一、纳税期限

根据《土地增值税暂行条例》的规定,纳税人应自转让房地产合同签订之日起7日内,向房地产所在地的主管税务机关办理纳税申报,并在税务机关核定的期限内缴纳土地增值税。

根据《土地增值税暂行条例实施细则》的规定,对纳税人在项目全部竣工结算前转让房地产取得的收入可以预征土地增值税。具体办法由各省、自治区、直辖市地方税务局根据当地情况制定。因此,对纳税人预售房地产取得的收入,当地税务机关规定预征土地增值税的,纳税人应当到主管税务机关办理纳税申报,并按规定比例预交,待办理决算后,多退少补;当地税务机关规定不预征土地增值税的,也应在取得收入时先到税务机关登记或备案。

对实行预征办法的地区,除保障性住房外,东部地区省份预征率不得低于2%,中部和东北地区省份不得低于1.5%,西部地区省份不得低于1%,各地要根据不同类型房地产确定适当的预征率。

二、纳税地点

纳税人应当向房地产所在地主管税务机关办理纳税申报,并在税务机关核定的期限内缴纳土地增值税。房地产所在地,是指房地产的坐落地。纳税人转让房地产坐落在两个或两个以上地区的,应按房地产所在地分别申报纳税。

本 章 小 结

房地产业是国民经济的重要支柱,而土地增值税作为该行业的一个重要税种,不仅关系到国家财政,也影响到相关企业的利润和个人收益。对土地增值额课税,其实质是对土地收益或地租课税。这种收益与一般意义上的利润不同,属于特殊的超额利润。我国开征土地增值税,有以下几个方面的作用:第一,维护国家权益,对等解决国际税收问题。第二,规范土地房产市场交易秩序,合理调节土地增值收益。第三,培植税源,增加财政收入。

思考题

1. 试比较土地增值税与增值税的异同。
2. 什么是超率累进税率?
3. 土地增值税的预征率是什么?

第二十七章　车辆购置税法律制度

第一节　车辆购置税概述

车辆购置税是对在中国境内购置应税车辆的单位和个人征收的一种税,就其性质而言,属于直接税的范畴。作为费改税的第一个税种,车辆购置税的前身是车辆购置附加费。车辆购置附加费作为公路建设专用的一项资金来源,于1985年5月1日在全国范围内普遍征收。车辆购置附加费在加快公路建设,促进社会经济发展和人民生活水平的提高等方面发挥着重要作用,而且由于管理规范,操作简便,在随后的发展中已经具有明显的税收特征。

2018年12月29日,十三届全国人大常委会七次会议通过了《车辆购置税法》,并于2019年7月1日起施行,国务院于2000年公布的《车辆购置税暂行条例》及《车辆购置税征收管理办法》同时废止。

开征车辆购置税有利于合理筹集财政资金,规范政府行为,调节收入差距,也有利于配合打击车辆走私和维护国家权益。

第二节　车辆购置税的纳税人、征税范围与税率

一、车辆购置税的纳税人

在中华人民共和国境内购置《车辆购置税法》规定的车辆的单位和个人,为车辆购置税的纳税人。

二、车辆购置税的征税范围与税率

车辆购置税的征收范围包括在中华人民共和国境内所发生的购置汽车、有轨电车、汽车挂车、排气量超过150毫升的摩托车(简称应税车辆)的应税行为。具体购置行为包括:

1. 购买自用。包括购买自用国产应税车辆和购买自用进口应税车辆。纳税人购置应税车辆就发生了应税行为,要依法纳税。

2. 进口自用。指纳税人直接进口或者委托代理进口自用应税车辆的行为,

不包括境内购买的进口车辆。

3. 受赠使用。受赠是指接受他人馈赠。对馈赠人而言，发生财产所有权转移后，应税行为一同转移，馈赠人不再是纳税人；而受赠人在接受自用（包括接受免税车辆）后，就发生了应税行为，要承担纳税义务。

4. 自产自用。自产自用是指纳税人将自己生产的应税车辆作为最终消费品自己消费使用。这种消费行为属于应税行为。

5. 获奖自用。包括纳税人从各种奖励形式中取得并自用应税车辆的行为。

6. 其他自用。指除上述购置行为以外以其他方式取得并自用应税车辆的行为，如以拍卖、抵债、走私、罚没等方式取得并自用的应税车辆。

车辆购置税的税率为10%。

第三节 车辆购置税的计算与减免

一、车辆购置税的计算

（一）车辆购置税的计税价格

车辆购置税的计税价格根据不同情况，分别按照下列规定确定：

1. 纳税人购买自用应税车辆的计税价格，为纳税人购买应税车辆而实际支付给销售者的全部价款，不包括增值税税款。计算公式为：

计税价格＝含增值税的销售价格÷(1＋增值税税率或征收率)

2. 纳税人进口自用应税车辆的计税价格，为关税完税价格加上关税和消费税，计算公式为：

计税价格＝关税完税价格＋关税＋消费税

3. 纳税人自产自用的应税车辆的计税价格，按照纳税人生产的同类应税车辆的销售价格确定，不包括增值税税款。

4. 纳税人以受赠、获奖或者以其他方式取得自用的应税车辆的计税价格，以购置应税车辆时相关凭证载明的价格确定，不包括增值税税款。

（二）车辆购置税应纳税额的计算

车辆购置税的应纳税额，按照应税车辆的计税价格乘以税率计算，计算公式为：

应纳税额＝计税价格×税率

其中，由于应税车辆的来源、应税行为以及计税依据的组成不同，车辆购置税应纳税额的计算方法也有所区别。

二、车辆购置税的税收减免

（一）车辆购置税的免税、减税规定

以下车辆免征车辆购置税：

1. 根据法律规定应当予以免税的外国驻华使馆、领事馆和国际组织驻华机构及其有关人员自用的车辆。
2. 中国人民解放军和中国人民武装警察部队列入装备订货计划的车辆。
3. 悬挂应急救援专用号牌的国家综合性消防救援车辆。
4. 设有固定装置的非运输专用作业车辆。
5. 城市公交企业购置的公共汽电车辆。

根据国民经济和社会发展的需要，国务院可以规定减征或者其他免征车辆购置税的情形，报全国人民代表大会常务委员会备案。

《车辆购置税法》规定，免税、减税车辆因转让、改变用途等原因不再属于免税、减税范围的，纳税人应当在办理车辆转移登记或者变更登记前缴纳车辆购置税。计税价格以免税、减税车辆初次办理纳税申报时确定的计税价格为基准，每满一年扣减10%。

（二）车辆购置税的退税

纳税人将已征车辆购置税的车辆退回车辆生产企业或者销售企业的，可以向主管税务机关申请退还车辆购置税。退税额以已缴税款为基准，自缴纳税款之日至申请退税之日，每满一年扣减10%。

第四节　车辆购置税的征税管理

一、纳税环节

车辆购置税纳税人应当在向公安机关交通管理部门办理车辆注册登记前，缴纳车辆购置税。车辆购置税由税务机关负责征收。

车辆购置税实行一次性征收。购置已征车辆购置税的车辆，不再征收车辆购置税。

二、纳税地点

纳税人购置应税车辆，应当向车辆登记地的主管税务机关申报缴纳车辆购置税；购置不需要办理车辆登记的应税车辆的，应当向纳税人所在地的主管税务机关申报缴纳车辆购置税。

三、纳税期限

车辆购置税的纳税义务发生时间为纳税人购置应税车辆的当日。纳税人应当自纳税义务发生之日起60日内申报缴纳车辆购置税。

本 章 小 结

国家通过开征车辆购置税参与国民收入的再分配，可以更好地将一部分消费基金转化为财政资金，为国家发展筹集更多的资金。开征购置税不仅有利于理顺税费关系，进一步完善财税制度，还能规范政府行为，遏制乱收费。车辆购置税在消费环节对消费应税车辆的使用者征收，体现着"兼顾公平的原则"以及"量能课税的原则"。车辆购置税可以平衡进口车辆与国产车辆的税收负担，体现国民待遇原则。需要注意的是，车辆购置税只在购买新车时需要缴纳，也就是说，购买二手车不需要缴纳车辆购置税。

思考题

1. 车辆购置税和车船税有何异同？
2. 车辆购置税免税政策如何促进我国汽车行业的发展与转型？
3. 车辆购置税的税收一般用在哪些地方？

延伸阅读

烟叶税法律制度

下篇

税收程序法之一·税收征收管理法

绪 论

一、税收征收管理与税收征收管理法的概念

税收征收管理,是国家及其税务机关根据税收法律、行政法规及行政规章,指导纳税人正确履行纳税义务,并对征纳过程进行组织、管理、监督、检查等一系列工作的总称。

税收征收管理法是调整税收征收与管理过程中发生的社会关系的法律规范的总称,属于税收程序法。狭义上的税收征收管理法仅指全国人大常委会制定的《税收征收管理法》。广义上的税收征收管理法还包括国务院、财政部和国家税务总局制定的税收征收管理方面的行政法规、规章等立法。各种税法中有关税收征收管理方面的法律规范也属于实质意义上的税收征收管理法。《海关法》《海关稽查条例》等法律法规中也有一些调整涉外税收征收管理关系的内容。

税收征收管理法在税法体系中居于重要的地位,是国家税收债权得以实现的重要保障,对于防止征税机关及其工作人员滥用职权、保护纳税人权利具有重要意义。在普遍重视程序建设的今天,税收征收管理法更有其特殊的价值。

二、税收征收管理法的立法沿革

中华人民共和国成立以来,我国的税收征收管理在模式上大体经历了分散规定、初步统一、全面改革、逐步完善、与时俱进五个发展阶段。

(一) 分散规定阶段——中华人民共和国成立后到改革开放前

我国在较长一段时期内实行高度集中的计划经济体制,国家一直没有一部专门的税收征收管理法律,税收法制不健全,有关税收征收管理的规定散见于各种单行税收法规中。中华人民共和国成立初期制定的专门规定税款征收的单行法规主要有《公营企业缴纳工商业税暂行办法》《摊贩营业牌照税稽征办法》《临时商业税稽征办法》等,不仅名目繁多,而且针对不同的经济成分还制定了不同的管理办法。这固然有利于国家根据实际情况有重点地工作,但却使得我国的税收征收管理整体上不统一、不规范。

(二) 初步统一阶段——改革开放后到20世纪80年代中期

中共十一届三中全会以后,在全新的政治经济形势下,国家要求税收一方面能更多、更好地发挥组织财政收入的职能作用,保证国家财政的稳定;另一方面能更充分地发挥调节经济和监督管理经济的作用,促进经济全面发展。而当时简单的税收征收管理体制是不能适应这种要求的,因此必须进行全面改革。1986年4月21日国务院公布了《税收征收管理暂行条例》,首次把分散在各个法规中的有关税收征收管理的内容和中华人民共和国成立以来各部门的规章、制度进行了归纳、补充和完善。该条例的公布,标志着我国税收征收管理的"综合立法"模式初具形式。更为重要的是,这一条例使我国的税收征收管理法从分散过渡到统一,对我国的税收征收管理工作作出了明确具体的规定,从此以后,税收的征收管理真正做到了有法可依。

(三) 全面改革阶段——20世纪90年代

1992年9月,七届全国人大常委会二十七次会议讨论通过了《税收征收管理法》,对我国的税收征收管理体制以法律的形式予以确认,提高了税收征收管理的立法层次。与1986年的《税收征收管理暂行条例》相比,《税收征收管理法》具有以下三个显著特点:一是统一了"内外"税收的征收管理规定,有利于税收征收管理程序的规范化;二是强化了税务机关的执法能力,如赋予税务机关采取税收保全措施和强制执行措施的权力,扩大了离境清税制度的适用范围,明确了税务检查的职权范围;三是体现了对纳税人合法权益的保护,例如增加了税款延期缴纳的规定,设置了赔偿制度,延长了纳税人申请退税的法定期间,赋予了纳税人复议的选择权等。

这一时期,我国的征税部门还在积极探索和深化税收征收管理改革。1993年,经国务院批准的《工商税制改革实施方案》对税收征收管理改革所涉及的若干问题进行了规定,主要包括:普遍建立纳税申报制度,积极推行税务代理制度,加速推进税收征收管理计算机化的进程,建立严格的税务稽查制度,组建中央和地方两套税务机构等。1997年,国务院批准了国家税务总局《关于深化税收征管改革的方案》,确立了建立以申报纳税和优化服务为基础,以计算机网络为依托,集中征收、重点稽查的新的征管模式。此后,国家还进行了以推进信息化和专业化为主要目标的新一轮税收征收管理改革。[①]

(四) 逐步完善阶段——两次修改

1994年实行新税制后,为了适应实施增值税的改革情况,1995年2月八届全国人大常委会十二次会议通过了对《税收征收管理法》的修改决议,但这一次的修改限于个别条文,远远不能满足实践的需要。因此,2001年4月28日九届全国人大常委会二十一次会议对《税收征收管理法》进行了系统修订,并于2002年9月公布了修订后的《税收征收管理法实施细则》。这次修订的法律和实施细则确立了一系列立法原则和规定,构成了我国现行的税收征收管理体制。

建立在2001年《税收征收管理法》和2002年《税收征收管理法实施细则》基础上的税收征收管理法律体系,体现了与以往的税收征收管理法不同的特点。

1. 进一步完善了税务机关的执法

(1) 进一步明确了税务机关执法主体的地位,对近年来税务系统的税制改革、机构改革、征收管理改革等改革成果予以肯定,为进一步明确税务机关的执法主体地位提供了法律保证。

(2) 进一步强调了税务机关是税收征收管理的主管机关。《税收征收管理法》及其实施细则明确规定其他机关(如审计和财政机关)依法查出的税款、滞纳金,统一由税务机关缴入国库,法定税务机关以外的单位和个人不得审批减税、免税;明确税收违法行为应先由税务机关给予行政处罚,涉嫌犯罪的,再移送司法机关追究刑事责任;明确税务机关和司法机关的涉税罚没收入,应当按照税款入库预算级次上缴国库。

(3) 进一步强化了税务机关原有的执法手段,并赋予税务机关一些新的执法手段。如税务机关可以对以前纳税期的逃避纳税义务行为采取简化的保全和强制执行措施;收缴发票和停供发票;以变卖的方式处理查封、扣押商品与货物;查询涉税案件有关人员的储蓄存款等。

2. 加大了对逃、骗、欠税等行为的打击力度

(1) 在对违反税务管理的一些行为的行政处罚上,取消了只有在责令限期到期后仍不改正的情况下才能进行处罚的规定。同时增加了对一些行为的处罚

[①] 施正文:《税收程序法论——监控征税权运行的法理与立法研究》,北京大学出版社2003年版,第320—321页。

条款,如编造虚假计税依据;不进行纳税申报,不缴或者少缴应纳税款;逃避、拒绝或者以其他方式阻挠税务机关检查等,保证了义务与法律责任的对应。

(2) 对纳税人的逃、骗、抗税等行为,全部规定了处罚的下限,改变了1995年《税收征收管理法》中自由裁量权过宽、处罚不到位的情况,更有利于打击逃、骗、抗税等违法行为。

(3) 在降低滞纳金的同时,严格审批缓缴税款。考虑到纳税人的实际困难,将欠缴税款加收滞纳金的比例由千分之二降为万分之五,同时把缓缴税款的审批权限明确提升至省级税务机关。

(4) 加大清理欠税的力度。明确了税款优先原则;扩大了阻止出境对象的范围;建立了纳税人欠税清缴、大额欠税处分财产报告及税务机关行使代位权、撤销权制度等。

(5) 明确了扣缴义务人不履行义务的法律责任以及有关部门协税的法律责任。

3. 加强了对纳税人合法权益的保护

与之前的立法相比,2001年的《税收征收管理法》更为充分地体现了税收征纳双方权利与义务的均衡。纳税人的权利意味着征税人的义务,而税务机关的权力基本上对应着纳税人的义务。

2001年以前的税收征收管理立法偏重明确征税方作为政府税务代理人的权力和利益,强调税务部门征、管、查的职权;对纳税人的义务与责任强调过多,对纳税人合法权益的保护相对薄弱,这使纳税人承担的义务、责任与其应享受的权利呈现不对称和不平等的状况。这在客观上导致征税人的权力强于制约,纳税人的义务重于权利,进而造成了征纳双方之间权利(力)义务的不公平。

而2001年《税收征收管理法》第一条即开宗明义地表达出其立法思想的转变:为了加强税收征收管理,规范税收征收和缴纳行为,保障国家税收收入,保护纳税人的合法权益,促进经济和社会发展,制定本法。同时,2001年《税收征收管理法》增加了规范征纳双方行为的条款,体现了法治与德治共有的公正平等原则,并且表明税收征收管理最终是为了促进经济和社会发展,造福、还利于民,在目的上具备了彻底的正义性。2001年《税收征收管理法》以更为清晰和详尽的条款显著加强了对纳税人合法权利的保护,使其权利与义务相均衡。

(五) 与时俱进阶段——两次修正

为了顺应时代发展的趋势、适应新形势下税收征收管理的工作需要,《税收征收管理法》先后于2013年6月29日、2015年4月24日两次进行修正。根据十二届全国人大常委会三次会议于2013年6月29日通过的《关于修改〈中华人民共和国文物保护法〉等十二部法律的决定》，对《税收征收管理法》作出相应修改，将该法第 15 条第 1 款修改为："企业，企业在外地设立的分支机构和从事生产、经营的场所，个体工商户和从事生产、经营的事业单位（以下统称从事生产、经营的纳税人）自领取营业执照之日起三十日内，持有关证件，向税务机关申报办理税务登记。税务机关应当于收到申报的当日办理登记并发给税务登记证件。"针对实践中税务登记手续烦琐、时间较长的问题，此次修正将之前的条文"税务机关应当自收到申报之日起三十日内审核并发给税务登记证件"改为"税务机关应当于收到申报的当日办理登记并发给税务登记证件"，明确要求税务机关提高行政效率，完善税务登记程序，进一步简政放权、便民利民。

2015 年 4 月 24 日十二届全国人大会十四次会议通过的《关于修改〈中华人民共和国港口法〉等七部法律的决定》，对《税收征收管理法》作出第三次修正，将第 33 条修改为："纳税人依照法律、行政法规的规定办理减税、免税。地方各级人民政府、各级人民政府主管部门、单位和个人违反法律、行政法规规定，擅自作出的减税、免税决定无效，税务机关不得执行，并向上级税务机关报告。"此外修改删除了原有条文中"减税、免税的申请须经法律、行政法规规定的减税、免税审查批准机关审批"的规定，对减税、免税的实践操作提出了更为严格的要求，限制了税务机关在执法过程中过多的自由裁量权，有利于税收法定原则的进一步贯彻落实。

（六）新时代《税收征收管理法》的全面修改

《税收征收管理法》自 2001 年系统修订以来，实施逾 20 年，在许多方面已经滞后于实践需求。2014 年 7 月、2015 年 1 月有关部门曾分别公布过《中华人民共和国税收征收管理法修订草案（征求意见稿）》，但是由于争议较多、存在分歧，截至本书出版时，该法仍在紧锣密鼓地全面修改中。

本书认为，本轮《税收征收管理法》的修改应当是顺应税收征管变革需求和回应现实征纳争议及法律适用明确性需求的全面制度重塑。具体而言，符合本论需求的修改或制度重塑至少应包含以下重大方面：一是构建税法基本原则的体系；二是完善"税务管理—纳税申报—税额确认—税款征收—强制执行"的完整税收征管法律制度体系，特别是补充建立税额确认法律制度；三是厘清税收滞纳金的法律性质，重构滞纳金制度，区分税款迟延利息的滞纳金与作为强制执行措施的滞纳金，解决实践中长期存在的滞纳金畸重问题；四是重构违反税收征管法律规则的行政法律责任体系，特别是明确逃税、逃避追缴欠税、骗取出口退税、虚开发票等常见税收违法行为的构成要件，回应实践争议和法律适用疑难问题；五是优化纳税人权利救济制度，以高效、实质性化解征纳争议为导向，通过取消税务行政复议纳税前置的条件等,与《行政复议法》的修改相呼应,实现税务行政复议"低成本、高效率、宽口径"的目标。

此外,考虑到《税收征收管理法》在实质上一直以来扮演的税法"小总则"的角色,面向未来税法法典化的进程,协调好《税收征收管理法》与正在研究制定的《税法总则》的关系,也是本轮《税收征收管理法》全面修改必须考虑的重要内容。

三、税收征收管理法的发展新趋势

(一) 税务行政理念的变迁

税收的本质是人民与国家间的"契约",而其中蕴含的平等、协商等理念正是我国当代税务行政急需的。

1. 建立新型征纳关系

传统的税务行政以强制管理为中心,即税务机关在税收征管中占据主导地位,纳税人被动地听从税务机关的行政命令和处分通知以实现纳税义务的遵从,这在很大程度上依赖于税务机关的执法强度和惩处的严厉性。当行政机关不堪行政重负而促使申报核定方式进一步向纳税人自行申报纳税方向发展时,税务机关与纳税人之间传统的管理与服从关系模式就不再适应这一趋势了,因此新型税收征纳关系的建立成为必然。"如果税务机关真想要实现减少避税、提高纳税人自愿遵从的目标,就应该摒弃传统的高压强制策略。研究显示纳税人更乐于接受和回应税务机关积极的、提供帮助型的行政方式。"[①]近年来,我国的各级税务机关不断深化税收征管改革,持续优化税收征管体制,不断提升纳税服务和税务执法的规范性、便捷性、精准性,打造市场化、法治化、国际化营商环境,更好地服务市场主体发展。

2. 税务机关内部机构重组

税务机关内部机构的重组是税务行政理念变迁的一个重要表现。这种重组应该直接以为纳税人服务为根本导向,总的趋势是由过去按税种分设职能机构转变为按服务功能、纳税人类型以及两者的混合设置职能科室。最早各国税务机关基本上是按照税种模式组建的,即以"税收类型"为基本标准,分设各个业务部门,综合负责各项税收的征管,各业务部门基本上相互独立。虽然这种模式也能实现税收征管的目的,但存在的缺陷也很明显:部门功能有重叠而效率不高,不方便交易涉及多个税种的纳税人,也加大了不同税种之间纳税人被不公平对

---

① James S., Wallschutzky I. G., The Shape of Future Tax Administration, *Bulletin for International Fiscal Documentation*, Vol. 49, 1995, p. 49.

待的可能性,不必要地将税务行政的整体管理过程碎片化,使得组织计划和协调十分复杂等。认识到上述不足后,许多国家对其税务机关进行改组,使之朝着适合本国国情的更优模式演进。

(二)纳税人权利保护

无论是税务机关行政理念的变迁,还是内部组织机构的变革,其核心都是改善纳税服务,提高纳税人的自愿遵从度。税务行政向服务行政的转变,使纳税人的权利主体地位以及应当如何保护纳税人权利的议题受到前所未有的重视。在美国、荷兰、俄罗斯等国,纳税人权利被明确地载入了税收法律;在澳大利亚、爱尔兰、新西兰、新加坡和南非等国,纳税人权利是以行政文件的形式规定的,其中有些被称为"纳税人宪章"(taxpayers' charter)或者"服务宪章"(service charter)。

早在20世纪80年代末期,纳税人权利的保护问题就引起了经济合作与发展组织(OECD)财政事务委员(the Committee on Fiscal Affairs,CFA)的重视。1990年,该委员会的第八工作组公布了一份题为"纳税人权利和义务——OECD国家法律状况的调查"(Taxpayers' Rights and Obligations—A Survey of the Legal Situation in OECD Countries)的报告。2003年7月,根据1990年调查结果以及成员国的实践情况,CFA公布了一项实践备忘录(Practice Note:Taxpayers' Rights and Obligations),其中提出了便于成员国参照遵从的《纳税人宪章范本》(Example Taxpayers' Charter)。该范本一共列举了六组最重要的纳税人权利:(1)被告知、获得帮助和听证的权利(right to be informed, assisted and heard);(2)上诉的权利(right of appeal);(3)仅支付合法合理的税额的权利(right to pay no more than the correct amount of tax);(4)确定性权利(right to certainty);(5)隐私权(right to privacy);(6)机密和秘密权(right to confidentiality and secrecy)。①

需要说明的是,"纳税人宪章"不仅仅是纳税人权利的宣示,也包括纳税的基本义务,包括诚实义务、合作义务、按时提供准确的信息和文件的义务、保存账簿记录的义务、按时支付税款的义务。由于"纳税人宪章"的目的在于用平实的语言概括和解释纳税人的权利和义务,使得这些权利和义务能被普遍地知悉,所以大部分国家的"纳税人宪章"并非法律文件,而只是法律的指南,而且一般不会包括超出相关立法规定之外的权利和义务。不过,在有些国家,为了保护纳税人的信赖利益,也会赋予"纳税人宪章"以行政"裁决"的效力,即对税务机关有拘

---

① Practice Note:Taxpayers' Rights and Obligations(OECD CFA, July 2003),http://www.oecd.org/dataoecd/24/52/17851176.pdf,visited on 12th May 2024.

束力。

随着世界税收的发展,大多数国家都公布了此类"宣言"或"宪章"。即使是没有"纳税人宪章"的国家,也可能给予纳税人权利同等的重视和保护。在这些国家,纳税人实际享有与"纳税人宪章"中所规定的权利类似的权利。同时,美国等国还专门制定了保护纳税人权利的单独法律。我国的《税收征收管理法》在2001年修订的时候,将"纳税义务人"改为"纳税人",不再突出地以义务为导向,同时国家税务总局还于2009年发布了《关于纳税人权利与义务的公告》,规定纳税人在纳税过程中依法享有知情权、保密权、税收监督权、纳税申报方式选择权等权利。

(三) 强化纳税服务

在传统的立法上,税收征管立法往往强调国库中心主义,突出行政本位的思想,管理意识过于浓厚,不利于税务机关与纳税人之间的沟通和实现二者间的地位平衡,也不利于构建和谐的税收征纳关系。为此有学者建议,应当基于债权债务关系学说重构税收征纳关系,强调税收征纳主体间的平等性,树立以纳税人为本的税法理念,追求纳税人利益的最大化。① 对税务工作而言,不仅需要在观念上确立和增强"服务"理念,更重要的是要将这一理念融入整个税收征管过程,使其成为税收征管运行机制中不可缺少的重要一环。②

在具体的实践中,税务机关坚持以纳税人服务为宗旨,本着"最大限度便利纳税人缴费人,最大限度规范税务人"的原则,不断规范落实"为民服务解难题"的各项举措,重构税收征管的整个流程。从2014年开始,国家税务总局先后制定了多个版本的税务机关纳税服务规范,还在全国范围内施行《税收征管操作规范》,明确建立优质便捷的纳税服务体系与统一规范事项,不断推进职能转变、简政放权,促进依法治税,规范执法,改进作风,提升纳税服务水平。税务机关积极回应纳税人关切的事项,通过缩短事项办理时限,优化办税流程环节,加强纳税服务工作的报告、评估与确认,从而提高纳税人在税收征管过程中的满意度与获得感。

(四) 国际税收征管协调与合作

随着世界经济的飞速发展和全球经济一体化进程的不断推进,为应对国际重复征税、国际逃避税、国际税收争端等问题,税收征管已经超越了单一税收管辖区的边界,成为一项关乎全球治理的国际性命题,因此需要构建国际税收法律

---

① 李慈强:《税收征纳关系的改革与完善》,载《沈阳师范大学学报(社会科学版)》2013年第2期。
② 范坚:《论税收征管中的"为纳税人服务"》,载《税务研究》1998年第4期。

秩序予以规制。同时,国际税收征管秩序的构建反过来也对国内税收征管法律制度的衔接和创新提出了要求。

1. 跨境税收信息交换

我国国家税务总局应及早运用《税收信息国际交换协议》(TIEA)以加强税收管理。尽管我国和美国签订的税收条约中有信息交换条款,但远不如 TIEA 方便。而目前我国需要先通过外交部、美国国务院,再通过美国财政部,才能触及美国国内税收署(IRS)。而如果中美之间签有 TIEA,则方便许多。信息交换可以有效遏制逃(避)税,还可以帮助我国国家税务总局直接从 IRS 处获得涉及美国企业和中国纳税人的税收资料;并且此项交换同样适用于《内地和香港特别行政区关于对所得避免双重征税和防止偷税漏税的安排》。另外,我国还有一项获取信息的有力规定:凡在华雇主均须申报其在华所雇外籍人员个人及收入情况,凡在华实体,只要雇有一名及以上外籍人员(以及港、澳、台胞)个人者,均须记录并保管其个人所有有关资料,并依法按年申报。

2. BEPS 行动计划与《多边税收征管互助公约》

为推进贸易自由化和投资便利化,创造公平公正的税收法治环境、提高税收确定性,国际上开展了各种形式的税收征管协调与合作,意在建立公平的国际税收秩序。这一领域最重要的成果是 2013 年 6 月 OECD 公布的"税基侵蚀和利润转移计划"(Base Erosion and Profit Shifting Project,BEPS Project)。针对跨国企业利用不同税收管辖区的税制差异和规则错配进行税收筹划的策略,该计划旨在应对由此而引起的国际竞争扭曲、资源配置低效率和影响国际公平等问题。该计划就税基侵蚀和利润转移达成了共计 15 个项目成果,具体包括关于数字经济面临的税收挑战、消除混合错配安排的影响、制定有效的受控外国公司规则、对用利息扣除和其他款项支付实现的税基侵蚀予以限制、考虑透明度和实质性因素有效打击有害税收实践、防止税收协定优惠的不当授予、防止人为规避构成常设机构、确保转让定价结果与价值创造相匹配、衡量和监控税基侵蚀和利润转移、强制披露规则、转让定价文档与国别报告、使争议解决机制更有效、开发用于修订双边税收协定的多边工具等内容。

我国于 2013 年 8 月 27 日签署《多边税收征管互助公约》,积极参与税基侵蚀和利润转移行动计划,并通过国内立法对一般反避税管理、特别纳税调整等事项进行完善,将税基侵蚀和利润转移行动计划的要求转变成国内法律,采取各项措施确保税基侵蚀和利润转移行动计划得到有效实施。

3. 应对经济数字化和全球低税竞争安排的"双支柱"方案

为应对经济数字化和全球低税竞争给传统国际税法制度和国际税收征管带

来的挑战，2021年10月，G20/OECD包容性框架136个辖区发布了《关于应对经济数字化税收挑战"双支柱"方案的声明》，标志着国际税制变革进入"BEPS 2.0"时代。"双支柱"方案包括了旨在解决市场国对数字化经济征税权问题的"支柱一"和旨在避免过渡税制竞争、限制不当全球避税行为、构建全球最低税制度的"支柱二"。截至2024年初，143个包容性框架成员辖区中的138个已签署《关于应对经济数字化带来的税收挑战的"双支柱"解决方案成果声明》，对"双支柱"方案中的"支柱一"达成协议；基于OECD发布的《应对经济数字化税收挑战——支柱二全球反税基侵蚀(GloBE)规则立法模板注释》和案例说明，已有50余个税收管辖区宣布正在开展"支柱二"的国内立法。

与"BEPS 1.0"各行动计划以修补传统国际税制、加强国际税收征管协作为主不同，"BEPS 2.0"已然构成了对传统国际税制的重大改革和深刻调整。虽然"双支柱"方案的核心是税收实体制度的变革，而非"BEPS 1.0"时代那样以程序性协作事项为主，但这些税收实体制度变革的最终实施必然依赖税收征管法律制度的创新，以满足相关涉税信息报送和国际共享、纳税人适格条件确认、全球财务会计准则协调等方面的需要。可以预见，为因应"BEPS 2.0"时代的税制变革，国际及各税收管辖区内部的税收征管法律制度还有巨大的发展完善空间。

（五）加强对特定行业、重点领域和高收入人群的税收征管

近年来，针对特定行业、重点领域和高收入人群通过隐匿个人收入、虚构业务转换收入性质虚假申报等方式偷逃税款比较严重的现象，国家先后出台了各个层面的立法，强化税收征收工作，保障国家的税收收入，防止税源流失和侵蚀。例如，国家税务总局《关于律师事务所从业人员取得收入征收个人所得税有关业务问题的通知》强调，加强律师事务所的个人所得税征收管理，充分发挥个人所得税调节高收入者的作用。现行《个人所得税法》也增加了反避税条款，其第8条明确规定："有下列情形之一的，税务机关有权按照合理方法进行纳税调整：（一）个人与其关联方之间的业务往来不符合独立交易原则而减少本人或者其关联方应纳税额，且无正当理由；（二）居民个人控制的，或者居民个人和居民企业共同控制的设立在实际税负明显偏低的国家（地区）的企业，无合理经营需要，对应当归属于居民个人的利润不作分配或者减少分配；（三）个人实施其他不具有合理商业目的的安排而获取不当税收利益。税务机关依照前款规定作出纳税调整，需要补征税款的，应当补征税款，并依法加收利息。"这一条款为税务机关防范和打击个人境内外逃税提供了法律依据，构建了涵盖企业到个人、体系完整的反避税防控制度体系。

从实践来看，近年来国家进一步加强了税收征管工作，完善了税务监管体

系,切实解决了一些税收征管中的突出问题,增强了税务稽查执法力量,做到了税收应收尽收,保障了国家税收安全。2018年10月2日,针对当时查处的影视行业高收入从业人员偷逃税等问题,国家税务总局印发《关于进一步规范影视行业税收秩序有关工作的通知》,要求各地税务机关按照稳妥推进、分步实施的原则,进一步加强对影视行业的税收征管,开展规范影视行业税收秩序工作,积极营造支持影视行业健康发展的良好税收环境。2021年9月,为了贯彻落实文娱领域综合治理工作,国家税务总局发文通知,要求依法依规深化文娱领域税收秩序规范工作,促进行业长期健康发展,尤其是进一步加强网络直播从业人员的税收管理,明确提出对存在涉税风险的网络主播进行一对一风险提示和督促整改。

第二十八章 税务管理和纳税申报法律制度

第一节 税务登记法律制度

一、税务登记概述

(一) 税务登记的概念

税务登记又称纳税登记,是整个税收征收管理过程的首要环节,是税务机关对纳税人的开业、变动、歇业以及生产经营范围等内容实行法定登记的一项管理制度。

建立税务登记制度,既能够增强纳税人、扣缴义务人依法纳税的意识,也便于税务机关了解纳税人、扣缴义务人的基本情况,是税务机关加强税源管理、掌握纳税人基本情况、把握税源分布和变化情况、防止漏征漏管,以及保证国家税收收入及时、足额入库的重要手段。《税收征收管理法》及其实施细则在第二章都对我国的税务登记制度作出了详细规定,国家税务总局也于2003年11月通过了单独的《税务登记管理办法》,该办法对税务登记作了更为具体翔实的规定,并自2004年2月1日起实施。①

现行税法中规定的税务登记对象可分为两类:一是从事生产经营的纳税人,包括企业,企业在外地设立的分支机构和从事生产、经营的场所,个体工商户以及从事生产、经营的事业单位;二是其他发生纳税义务的各类组织和单位。按照《税务登记管理办法》的规定,县以上税务局(分局)是税务登记的主管税务机关,负责税务登记的设立登记、变更登记、注销登记和税务登记证验证、换证以及非正常户处理、报验登记等有关事项。县以上税务局(分局)按照国务院规定的税收征收管理范围,实施属地管理。有条件的城市,可以按照"各区分散受理、全市集中处理"的原则办理税务登记。

(二) 税务登记的种类

按照税务登记所要经过的程序,税务登记一般有以下几种:

---

① 国家税务总局先后于2014年12月27日、2018年6月15日、2019年7月24日三次对《税务登记管理办法》进行修改。

1. 设立登记

设立登记是纳税人经由工商登记而设立，或者依照法律、行政法规的规定成为纳税义务人时，依法向税务机关办理的税务登记，一般又称开业登记。

按照《税务登记管理办法》的规定，从事生产、经营的纳税人应当自领取工商营业执照之日起 30 日内申报办理纳税登记。不从事生产经营活动，但依照法律、行政法规的规定负有纳税义务的单位和个人，除临时取得应税收入或发生应税行为以及只缴纳个人所得税、车船使用税以外，也应按规定向税务机关办理税务登记。已办理税务登记的扣缴义务人和根据税收法律、行政法规的规定可以不办理税务登记的扣缴义务人，应当自扣缴义务发生之日起 30 日内，向税务登记地税务机关申报办理扣缴税款登记。

为了进一步简政放权、便利纳税人，近年来税务机关在税务登记方面实行了"三证合一"[①]"五证合一"[②]的改革，通过简化手续、缩短时限等方式优化流程。目前，新设企业在市场监督管理部门完成设立登记、取得工商营业执照后，即自动完成税务登记，无须再履行额外的税务设立登记程序或领取额外的税务登记证件。

2. 变更登记

从事生产、经营的纳税人在依法办理税务登记之后，因登记内容发生变化需要向税务机关办理税务登记事项变更手续。

对于已在工商行政管理机关领取营业执照的纳税人，应当自工商行政管理机关或者其他机关办理变更之日起 30 日内，持有关证件向原税务登记机关申报办理变更税务登记。按照规定不需要到工商行政管理机关办理变更登记，或者变更登记的内容与工商登记内容无关的，应当自变更发生之日起 30 日内，或者自有关机关批准或者宣布变更之日起 30 日内，持有关证件到原税务登记机关申报办理变更税务登记。

纳税人申报办理变更登记时，应当向原税务登记机关如实提供相关证件和资料。纳税人提交的有关变更登记的证件、资料齐全的，应如实填写税务登记变更表，符合规定的，税务机关应当日办理；不符合规定的，税务机关应通知其补正。

税务机关应当于受理当日办理变更税务登记。纳税人税务登记表和税务登记证中的内容都发生变更的，税务机关按变更后的内容重新发放税务登记证件；

[①] 其中的"三证"是指工商营业执照、组织机构代码证和税务登记证。
[②] 其中的"五证"除了上述的"三证"之外，还包括社会保险登记证和统计登记证。

纳税人税务登记表的内容发生变更而税务登记证中的内容未发生变更的,税务机关不重新发放税务登记证件。

3. 注销登记

注销登记是指纳税人在依法办理税务登记之后,由于发生破产、解散、经营地点变更等情况,导致不在原登记地继续从事生产、经营活动,从而需要向税务机关办理有关取消原纳税登记的一种登记。注销登记是税务注销办结的标志,但需注意的是,税务登记仅是一项税收管理措施,不影响税收之债的构成,即是否负有纳税义务并不以是否存在税务登记为前提。

依照《税收征收管理法实施细则》,办理注销登记的情形及期限包括以下三种:(1) 纳税人发生解散、破产、撤销以及其他情形,依法终止纳税义务的,应当在向工商行政管理机关或者其他机关办理注销登记前,持有关证件向原税务登记机关申报办理注销税务登记;按照规定不需要在工商行政管理机关或者其他机关办理注册登记的,应当自有关机关批准或者宣告终止之日起15日内,持有关证件向原税务登记机关申报办理注销税务登记。(2) 纳税人因住所、经营地点变动,涉及改变税务登记机关的,应当在向工商行政管理机关或者其他机关申请办理变更或者注销登记前或者住所、经营地点变动前,向原税务登记机关申报办理注销税务登记,并在30日内向迁达地税务机关申报办理税务登记。(3) 纳税人被工商行政管理机关吊销营业执照或者被其他机关予以撤销登记的,应当自营业执照被吊销或者被撤销登记之日起15日内,向原税务登记机关申报办理注销税务登记。

纳税人办理注销税务登记前,应当向税务机关提交相关证明文件和资料,结清应纳税款、多退(免)税款、滞纳金和罚款,缴销发票、税务登记证件和其他税务证件,经税务机关核准后,办理注销税务登记手续。

二、税务登记代码制度

《税收征收管理法实施细则》第10条规定了税务登记代码制度,即"国家税务局、地方税务局对同一纳税人的税务登记应当采用同一代码,信息共享。税务登记的具体办法由国家税务总局制定。"《税务登记管理办法》第6条也对此作出了具体规定:"税务局(分局)执行统一纳税人识别号。纳税人识别号由省、自治区、直辖市和计划单列市税务局按照纳税人识别号代码行业标准联合编制,统一下发各地执行。已领取组织机构代码的纳税人,其纳税人识别号共15位,由纳税人登记所在地6位行政区划码+9位组织机构代码组成。以业主身份证件为有效身份证明的组织,即未取得组织机构代码证书的个体工商户以及持回乡证、通行证、护照办理税务登记的纳税人,其纳税人识别号由身份证件号码+2位顺序码组成。纳税人识别号具有唯一性。"

纳税人识别号为各种纳税人终身代码,是全国范围内唯一的、始终不变的统一法定代码标识。自2016年10月1日起,全国范围内实施"五证合一""一照一码"登记,各地在原有的工商营业执照、组织机构代码证、税务登记证"三证合一"的改革基础上,整合社会保险登记证和统计登记证,推行"五证合一"改革。至此,五个代码合并为统一社会信用代码,已取得统一社会信用代码的法人和其他组织,其纳税人识别号与统一社会信用代码保持一致。税务登记代码制度既可以缩小潜在纳税人与注册纳税人之间的差异,也为采取其他措施缩小差异提供了基础。一个纳税人终生只能有一个税务代码,用来办理一切纳税事宜。个人用身份证号码作代码,以便交叉核对纳税人的各种信息,监督其依法纳税。对于公司而言,一家公司只能有一个代码,分支机构不能有与总公司不同的代码。

西方国家的税务管理也往往会采用统一的代码标识。例如在美国孩子从出生起就应当申领一个社会保险号码,该号码是唯一和终生不变的,每个纳税人都要以自己的社会保险号码在税务部门建立档案,办理纳税申报事宜;巴西居民的税务登记识别号码则是表明其依法纳税、具有良好商业信誉的标识,人们凭此可以在银行或其他金融机构办理开户及各种金融服务、领取驾驶执照等。

三、市场监督管理部门、银行及其他金融机构的登记协助义务

税务登记种类繁多、程序复杂、涉及面广,因而需要各相关机构履行自身在税务登记方面的义务。

(一)市场监督管理机关的定期通报义务

《税收征收管理法实施细则》第11条规定:"各级工商行政管理机关应当向同级国家税务局和地方税务局定期通报办理开业、变更、注销登记以及吊销营业执照的情况。通报的具体办法由国家税务总局和国家市场监督管理总局联合制定。"

在我国,从事生产、经营的纳税人,既是税务机关实施税务登记的主体对象,也是市场监督管理机关进行工商登记管理的主体对象。由于两种登记各有侧重,因此如何处理好两者的衔接,成为立法需要解决的问题。税务机关得到市场监督管理机关定期通报的帮助,能够更为准确地甄别纳税人的主体地位和资格,掌握其生产、经营的变动情况,及时查遗补漏,有效预防出现漏征漏管,对税收违法行为的查处也将更为便利。我国目前的法律主要规定了两个方面,一是纳税人在办理开业登记和变更登记时,应当先办理工商登记,再办理税务登记;二是

纳税人在办理注销登记时,应当先完成注销税务登记再办理工商注销登记。

"定期通报"义务,在当今"以计算机网络为依托"的现代化征管模式下,已通过前述"三证合一"、税务机关与市场监督管理机关的信息共享等管理方式实现,具有很强的可行性和优越性。

(二)银行和其他金融机构的账号登录义务

由于税务登记证件的使用只限于纳税人的某些涉税活动,日常大量的经济活动如开立银行账户、签订经济合同等都只需凭营业执照办理,而不需要税务登记证件,因此这在客观上使得税务登记证件在纳税人的日常经营活动中并不那么重要,而且纳税人逃避税务登记义务也难以被发现和查处。针对此类问题,《税收征收管理法》第17条规定:从事生产、经营的纳税人应当按照国家有关规定,持税务登记证件,在银行或者其他金融机构开立基本存款账户和其他存款账户,并将其全部账号向税务机关报告。银行和其他金融机构应当在从事生产、经营的纳税人的账户中登录税务登记证件号码,并在税务登记证件中登录从事生产、经营的纳税人的账户账号。税务机关依法查询从事生产、经营的纳税人开立账户的情况时,有关银行和其他金融机构应当予以协助。《税收征收管理法实施细则》第17条规定:"从事生产、经营的纳税人应当自开立基本存款账户或者其他存款账户之日起15日内,向主管税务机关书面报告其全部账号;发生变化的,应当自变化之日起15日内,向主管税务机关书面报告。"

四、税务登记制度评析

(一)税务登记制度的目的和原则

税务登记是税务机关对纳税人实施税收管理的首要环节和基础工作,也是纳税人必须履行的义务。从"税务管理—纳税申报—税额确认—税款征收—强制执行"的税收征管全流程视角看,税务登记制度的法律意义在于平衡征纳双方的信息优势,从而实现征纳双方在潜在纳税争议上承担和履行举证责任的实质公平。税务登记是税收征管的起点,也是税务机关掌握税源信息的前提和基础。基于特定的交易事实,税务机关对纳税人应否产生纳税义务、是否少缴或不缴税款、有无税务违法行为承担举证责任,但实际上,在对纳税人从事何种交易、取得何种收益等方面,税务机关的了解和掌握永远不可能比纳税人自身更加清楚。正因如此,税法有必要在税务登记等税务管理环节对纳税人规定以必要的义务,这种义务实际上是一种信息披露的协力义务,目的在于打破征纳双方在上述涉税事实信息方面的信息优势不对等。①

当然,相关法律制度的设计也必须控制这些协力义务的合理限度,以避免税源失管、防止逃避税和税务机关有能力履行合理的举证责任为限。在税务机关不断强化信息化、数字化税务管理手段的征管方式变革背景下,一系列与这一合理限度和平衡关系相关的讨论包括,税务机关可在何种条件与范围内调用和查询其他政府机关、社会或市场部门归集和掌握的纳税人信息,税务机关可否直接从银行等金融机构获取纳税人的金融账户信息等。

(二)税务登记制度存在的问题及其完善

1. 自然人税务登记制度亟待完善

长期以来,我国对自然人纳税人的税收征管依赖于源泉扣缴制度,忽视了通过税务登记强化自然人税源监管的路径。但根据个人所得税相关制度的规定,自然人取得的经营所得依法不适用代扣代缴制度,应由纳税人自行申报纳税。但实践中,除非以经过工商登记的个体工商户、个人独资企业或合伙企业名义进行纳税申报,未经工商登记的自然人无法正常申报经营所得这一税目;特别是在"三证合一"之后,由于税务登记不再具有独立的手续和证件,税务登记实际上附属和依赖于工商登记,这使得这一问题在实操层面更加缺少解决路径。由此导致的问题是,在"零工经济"这一新兴用工模式蓬勃发展的背景下,大量依托电子商务平台、共享经济平台企业进行自我雇佣、自担成本和风险提供服务,但未注册为个体工商户等法律形式的自然人,无法按照经营所得完税,无法及时充分满足服务接受方的发票开具需求,并间接导致共享经济平台面临应扣未扣个人所得税的不合规风险和服务接受方陷入缺少成本发票以供扣除的困境。

为解决上述难题,部分地方政府探索通过"集群注册"等方式,为自然人完成相对低成本、高效率的工商登记,从而取得税务登记;也有部分税务机关通过委托共享经济平台企业或各类灵活用工平台代征自然人个人所得税的方式,实现按经营所得征收个人所得税。我们认为,解决上述问题的核心在于,理顺税务登记与工商登记的关系,优化完善自然人税务登记制度。"三证合一"改革的初衷是提高市场准入效率,通过利用不同政府部门之间的信息共享为纳税人提供便利,而不是税务登记和工商登记在法律上"合二为一"。税务登记作为独立的税收法律制度,不应附属和依赖于工商登记。税务机关在实施税务管理过程中,应更正"没有工商登记就无法单独办理税务登记"的错误认识,积极探索完善自然

---

① 陈少英、王一骁:《论附加福利课税的程序法路径——以〈税收征管法修正案〉引入自然人纳税识别号制度为重点》,载《上海财经大学学报》2017年第3期。

人税务登记措施,以回应市场和社会对"零工经济"等自然人参与市场经济活动新兴方式的需求。

2. 税务注销登记便利化与防范逃避纳税义务之间有待平衡

为优化市场退出机制,2021年修订的《市场主体登记管理条例》确立了"简易注销"制度。简易注销流程下,未发生债权债务或者已将债权债务清偿完结,未发生或者已结清清偿费用、职工工资、社会保险费用、法定补偿金、应缴纳税款(滞纳金、罚款)的企业,在全体投资人书面承诺对上述情况的真实性承担法律责任的前提下,可免予到税务机关办理清税证明,直接向市场监管部门申请办理注销登记,且无须发布债权人公告。由于税务机关在简易注销程序中没有充分的事前审查时间,因此实践中不乏不符合条件的公司滥用简易注销程序逃避纳税义务,税务机关事后追征税款时,作为纳税人的主体已经消灭的情况。这使得税务机关陷入税务处理处罚难的窘境。

近年来,有的税务机关在发现这些"逃逸式注销"违法行为后,会通过采取"撤销税务注销登记"或"恢复税务登记"的方式,向已注销主体追征税款。我们认为,基于税务登记的行政确认行为法律性质,已经完成的注销登记能否"撤销",以及恢复税务登记的法律效果是什么,均尤其值得探讨;更重要的是,即便恢复了税务登记,在工商登记未被恢复的情况下,税务机关也难以将一个法律上不存在的主体作为行政相对人进行税务处理或处罚。

有鉴于此,我们认为,处理此类问题的关键,是重新寻找便利市场退出机制和维护税收征管秩序的平衡点:一是在事前适当限缩简易注销免予办理清税证明的适用范围,以正面清单列举高风险税务事项,对存在高风险税务事项的主体,不适用免办清税证明的简易注销规定;二是引入税务机关事后向已注销企业的股东追征税款的行政法权力依据,但同时在追征期限、内部审批层级、补税责任分摊比例等方面予以较为严格的权力限缩,以平衡税法保护纳税人合法权益的要求。

第二节 账簿凭证管理法律制度

一、账簿和凭证概述

(一)账簿

账簿,又称会计账簿,是指按照《会计法》等法律法规,以会计凭证为依据,由符合一定格式并相互联系的账页组成的,对纳税人的全部经济业务进行全面、分类、系统、序时的登记和反映的簿册,是用来序时地、分类地和全面系统地记录和反映有关经济业务的会计簿籍。设置和登记账簿是会计核算的专门方法之一,对于加强经济管理工作具有重大意义。这主要表现在以下三个方面:一是账簿可以为企业的经济管理提供系统、完整的会计信息;二是账簿可以为企业定期编制会计报表提供数据资料;三是账簿是企业考核经营成果、加强经济核算、分析经济活动情况的重要依据。

账簿按其用途可以分为序时账簿、分类账簿、联合账簿和备查账簿。以下是这几类账簿的简单介绍:(1)序时账簿,亦称日记账,是按照经营业务发生的时间先后顺序,逐日逐笔登记经营业务的账簿。序时账簿按记录内容的不同,又可分为普通日记账和特种日记账。(2)分类账簿,是指对全部经营业务按照总分类账户和明细分类账户进行分类登记的账簿。分类账簿分为总分类账簿和明细分类账簿两种。总分类账簿是按照总分类账户分类登记的账簿,用来核算经营业务的总括内容。明细分类账簿是按照明细分类账户分类登记的账簿,用来核算经营业务的明细内容。总分类账簿的总额等于与其相关的明细分类账簿的金额之和。(3)联合账簿,是由日记账和分类账组合而成的账簿,如企业所设的日记总账。(4)备查账簿,是指对某些在序时账簿和分类账簿中未能记载或记载不全的经营业务进行补充登记的账簿。该类账簿没有固定的格式,由各单位根据实际需要自行设计,用以对某些经营业务的内容提供必要的参考资料。如以经营租赁方式租入的固定资产的登记簿、受托加工材料登记簿等。

我国《税收征收管理法》中所指的账簿,是指总账、明细账、日记账以及其他辅助性账簿。同时,《税收征收管理法实施细则》中还明确规定总账、日记账应采用订本式。

(二) 凭证

凭证,即会计凭证,是用来记账的依据。凭证和账簿一样,都是纳税人记录生产经营活动、进行经济核算的重要工具,也是税务机关确定应纳税额、进行财务监督和税务检查的主要依据。

二、账簿、凭证的设置

根据国家税务总局的规定,账簿、凭证应按如下要求设置:从事生产、经营的纳税人应当自领取营业执照或者发生纳税义务之日起15日内设置账簿;扣缴义务人应当自税收法律、行政法规规定的扣缴义务发生之日起10日内,按照所代扣、代收的税种,分别设置代扣代缴、代收代缴税款账簿。生产、经营规模小又确无建账能力的纳税人,可以聘请经批准从事会计代理记账业务的专业机构或者财会人员代为建账和办理账务。

三、财务、会计制度的备案

根据国家税务总局的规定,财务、会计制度应按如下要求备案:

1. 从事生产、经营的纳税人应当自领取税务登记证件之日起15日内,将其财务、会计制度或者财务、会计处理办法报送主管税务机关备案。

2. 纳税人、扣缴义务人采用计算机记账的,应当在使用前将会计电算化系统的会计核算软件、使用说明书及有关资料报送主管税务机关备案。

对纳税人的财务、会计制度及其处理办法实行备案制度的原因在于,纳税人的财务活动和会计核算是从资本运动中反映再生产的全过程,只有掌握了纳税人的成本核算、利润分配、留利情况、专项基金等财务处理办法,税务机关才能据此准确计算纳税人所应缴纳的各种税款;但同时,财务会计制度较为复杂,根据纳税人经济活动和会计核算、财务管理的实际情况,在特定情况下会存在灵活调整的空间,因而有必要采取税收管理措施,防范纳税人出于税收目的无正当理由任意改变财务会计政策。

四、账簿、凭证保管

从事生产、经营的纳税人、扣缴义务人必须按照国务院财政、税务主管部门规定的保管期限保管账簿、记账凭证、完税凭证及其他有关资料。一般来说,账簿、记账凭证、报表、完税凭证及其他有关资料应当保存10年。私营企业的记账凭证、账簿的保存期为30年,月、季度会计报表的保存期为10年。年度会计报表和税收年度决算报表要永久保存。

第三节 发票管理法律制度

一、发票概述

发票是指在购销商品、提供或者接受服务以及从事其他经营活动的过程中,开具、收取的收付款凭证,它既是会计核算的原始凭证,也是税款确定、征收和检查的重要依据。为了加强发票管理和财务监督,保障国家税收收入,财政部于1993年12月发布了《发票管理办法》,此后国务院在2010年、2019年和2023年对其进行了三次修订。同时,国家税务总局在2011年2月制定了《发票管理办法实施细则》并于2014年、2018年、2019年、2024年对其进行了相应修正。同时,国家税务总局于 2018 年 7 月 23 日发布了《关于增值税电子普通发票使用有关事项的公告》,对增值税电子普通发票使用的有关事项作出了规定。

按照上述文件的规定,发票分为普通发票和增值税专用发票①两大类。发票分别按工业、商业、建筑、安装业、服务、文化娱乐、综合等来设置。普通发票的基本联次为三联,第一联为存根联,由开票方留存备查;第二联为发票联,供收执方作为付款或收款原始凭证;第三联为记账联,供开票方作为记账原始凭证。专用发票由基本联次或者基本联次附加其他联次构成,基本联次为三联:发票联、抵扣联和记账联。发票联,作为购买方核算采购成本和增值税进项税额的记账凭证;抵扣联,作为购买方报送主管税务机关认证和留存备查的凭证;记账联,作为销售方核算销售收入和增值税销项税额的记账凭证。其他联次用途,由一般纳税人自行确定。

二、发票的印制

发票印制是发票管理的首要环节,也是基础环节。《税收征收管理法》《发票管理办法》等法律法规对发票的印制作了专门规定。发票印制法律制度的核心职能在于防范以伪造发票的方式扰乱税收管理秩序。

(一)发票印制的内容

发票的基本内容包括:发票的名称、发票代码和号码、联次及用途、客户名称、开户银行及账号、商品名称或经营项目、计量单位、数量、单价、大小写金额税率(征收率)、税额、开票人、开票日期以及开票单位(个人)名称(章)等。省以上税务机关可根据经济活动以及发票管理需要,确定发票的具体内容。

增值税专用发票由国务院税务主管部门确定的企业印制;其他发票,按照国务院税务主管部门的规定,由省、自治区、直辖市税务机关确定的企业印制。禁止私自印制、伪造、变造发票。

(二)发票防伪专用品

全国统一的纸质发票防伪措施由国家税务总局确定,省税务局可以根据需要增加本地区的纸质发票防伪措施,并向国家税务总局备案。纸质发票防伪专用品应当按照规定专库保管,不得丢失。次品、废品应当在税务机关监督下集中销毁。

(三)套印全国统一发票监制章

发票应当套印全国统一发票监制章。全国统一发票监制章的式样和发票版

---

① 增值税发票管理是发票管理制度的重要组成部分,但是本书在流转税章节对此已有详细介绍,因此本章不再作具体论述。

面印刷要求,由国家税务总局规定。发票监制章由省、自治区、直辖市税务机关制作,禁止伪造发票监制章。

(四)实行不定期换版制度

发票实行不定期换版制度。全国范围内发票换版由国家税务总局确定;省、自治区、直辖市范围内发票换版由省税务局确定。发票换版时,应当进行公告。实行不定期换版制度的原因在于,伪造发票、发票监制章进行违法犯罪活动的现象屡禁不止,现代高科技的发展,如激光照相和电脑排版等新技术的出现,使伪造发票变得更为容易,因此为了防止和杜绝私印、伪造发票,发票实行不定期换版制度。

三、发票的领用

发票领用法律制度的主要职能是防范虚开发票。一方面,发票领用制度限制纳税人取得发票的来源,规定仅能从税务机关取得发票,从而保障税务机关对纳税人持有发票的情况拥有源头把控的能力;另一方面,发票领用与发票额度管理紧密关联,发票额度管理是一种行政许可行为,税务机关结合纳税人经营能力和经营现状,依职权判断纳税人有必要领用和开具发票的限额,以此降低无真实业务开具发票的风险。

《发票管理办法》规定,需要领用发票的单位和个人,应当持设立登记证件或者税务登记证件,以及经办人身份证明,向主管税务机关办理发票领用手续。领用纸质发票的,还应当提供按照国务院税务主管部门规定式样制作的发票专用章的印模。主管税务机关根据领用单位和个人的经营范围、规模和风险等级,在5个工作日内确认领用发票的种类、数量以及领用方式。单位和个人领用发票时,应当按照税务机关的规定报告发票使用情况,税务机关应当按照规定进行查验。

需要临时使用发票的单位和个人,可以凭购销商品、提供或者接受服务以及从事其他经营活动的书面证明、经办人身份证明,直接向经营地税务机关申请代开发票。依照税收法律、行政法规规定应当缴纳税款的,税务机关应当先征收税款,再开具发票。税务机关根据发票管理的需要,可以按照国务院税务主管部门的规定委托其他单位代开发票。禁止非法代开发票。

四、发票的开具、保管与缴销

(一)发票的开具

1. 发票开具的时限

工业企业纳税人一般于产品已经发出或劳务已经提供,收取价款或者取得收取价款的凭据时,或者发生销售退回、折让、折扣时开具发票。商业流通企业纳税人一般应在发出商品、提供劳务、收取价款或者取得收取货款的凭证时开具发票。

2. 发票开具的具体规定

(1) 发票应当按照规定的时限、顺序、栏目,全部联次一次性如实开具,开具纸质发票应当加盖发票专用章。填写项目不全、内容不真实、单联填开、没有印章的发票,不能作为记账或报销的凭证。

(2) 安装税控装置的单位和个人,应当按照规定使用税控装置开具发票,并按期向主管税务机关报送开具发票的数据。使用非税控电子器具开具发票的,应当将非税控电子器具使用的软件程序说明资料报主管税务机关备案,并按照规定保存、报送开具发票的数据。单位和个人开发电子发票信息系统自用或者为他人提供电子发票服务的,应当遵守国务院税务主管部门的规定。

(3) 任何单位和个人应当按照发票管理规定使用发票,不得有下列行为:(a) 转借、转让、介绍他人转让发票、发票监制章和发票防伪专用品;(b) 知道应当知道是私自印制、伪造、变造、非法取得或者废止的发票而受让、开具、存放、携带、邮寄、运输;(c) 拆本使用发票;(d) 扩大发票使用范围;(e) 以其他凭证代替发票使用;(f) 窃取、截留、篡改、出售、泄露发票数据。

(4) 除国务院税务主管部门规定的特殊情形外,纸质发票限于领用单位和个人在本省、自治区、直辖市内开具。省、自治区、直辖市税务机关可以规定跨市、县开具纸质发票的办法。

(二) 发票的保管

开具发票的单位和个人应按照税务机关的规定存放和保管发票,不得擅自损毁。若丢失发票,应于发现丢失当日书面报告税务机关。已经开具的发票存根联,应当保存 5 年。

(三) 发票的缴销

发票缴销是指纳税人按照规定向税务机关上缴已使用或者未使用的发票,并由税务机关将其进行销毁。缴销发票有以下五种情况:

一是纳税人跨区域经营活动结束,应当向经营地税务机关结清税款、缴销发票。二是开具发票的单位和个人应当在办理变更或者注销税务登记的同时,办理发票和发票领用簿的变更、缴销手续。三是税务机关发票换版时,应对纳税人领用尚未填开的空白发票进行缴销。四是已开具的发票存根联,应当保存 5 年。保存期满,报经税务机关查验后对缴销发票实物销毁。五是一般纳税人注销税务登记,应将结存未用的纸质增值税专用发票送交主管税务机关。

五、发票的检查

根据《发票管理办法》,发票检查的主要内容有:检查印制、领用、开具、取得、保管和缴销发票的情况;调出发票进行查验;查阅、复制与发票有关的凭证、资料;向当事各方询问与发票有关的问题和情况;在查处发票案件时,对与案件有关的情况和资料,可以记录、录音、录像、照像和复制。

税务机关需要将已开具的发票调出查验时,应当向被查验的单位和个人开具发票换票证。发票换票证与所调出查验的发票有同等的效力。被调出查验发票的单位和个人不得拒绝接受。税务机关需要将空白发票调出查验时,应当开具收据;经查无问题的,应当及时返还。

单位和个人从中国境外取得的与纳税有关的发票或者凭证,税务机关在纳税审查时有疑义的,可以要求其提供境外公证机构或者注册会计师的确认证明,经税务机关审核认可后,方可作为记账核算的凭证。

六、全面数字化的电子发票及其对发票管理法律制度的变革与挑战

全面数字化的电子发票(简称数电发票)以数据电文的形式存在。它并非传统纸质发票在载体形式上的简单改变,而是依托全国统一的电子发票服务平台进行开具、交付、查验,以实现发票全领域、全环节、全要素电子化。国家税务总局自2021年起在内蒙古、上海、广东等地试点推广数电发票。至2022年,数电发票已在全国范围内推广,多地税务机关已要求新设企业全面采用数电发票。

由于数电发票具有涉税交易数据实时生成,不易篡改,发票开具与认证抵扣、纳税申报全环节关联等特点和优势,因此推广数电发票有助于利用数字化技术手段防范和降低出现虚开发票、利用异常凭证抵扣税款、伪造变造发票等税收违法行为的风险。数电发票对现行发票管理法律制度的直接影响包括:一是随着数电发票逐步全面取代传统纸质或电子发票,前述发票印制法律制度的立法目的将能够通过数电发票的信息技术手段得以实现,其中针对传统发票的诸多规则将不再具有实践意义;二是发票领用环节在实操层面将不复存在,开票额度管理的方式也将发生重大变革,税务机关将依据纳税人的税收风险程度、纳税信用级别、实际经营情况等因素,通过电子发票服务平台每月自动对纳税人开具金额总额度进行调整。

在提升发票使用和管理的便利性、安全性的同时,数电发票的使用也对传统的发票管理法律制度提出了挑战,亟待合理的法律解释以有效回应实践中新产生的争议。例如,取消发票领用后,系统自动赋予和调整纳税人开票额度的行为在法律性质上应如何界定？是属于行政许可行为还是行政确认行为？税务机关处理纳税人调整开票额度的申请时，是否仍应受到现行《发票管理办法》有关发票领用审核确认期限的限制？如果税务机关调低数电发票的授信额度，使纳税人因可开票数量无法满足实际经营需要而导致无法正常经营，对税务机关调低行为的性质可否理解为一种行政处罚？是否适用《行政处罚法》的严格程序要求？由于发票对纳税人的生产经营有着至关重要的影响，这些问题与合理保障纳税人权益切实相关，因此亟待发票管理法律制度针对性地修订和完善。

七、发票管理制度评析

发票管理制度在我国税收征管法律制度体系中举足轻重，这是因为，我国在长期的税务执法实践中，形成了具有特色的、以发票管理为核心管理手段的税收征管方式。发票在我国税法中被赋予了多重职能，早已超越了作为交易记录和结算凭证的本职功能，还被作为增值税、消费税的抵扣凭证，所得税的扣除凭证，甚至是督促个人所得税纳税义务履行的工具。可以说，发票在我国现行税收征管方式下充分渗透入了全税种、全环节，形成了"以票控税"的征管格局。

应当承认，"以票控税"有着明显的制度优势，在我国现代税收体制建立和发展过程中起到了有效维护税收管理秩序的积极作用。一方面，发票记录着交易的主要涉税要素，其承载信息中内含的勾稽关系可以有效地将不同纳税人之间、同一纳税人不同税种之间的税务处理串联起来，极大压缩利用信息不对称寻求逃避税的空间；另一方面，以发票作为税款抵扣、税前扣除的核心凭证，可以使税务机关免于逐项审查交易的底层凭证，极大提高了税收管理效率。

但同时，也应认识到，"以票控税"的局限性也给税收征管实践造成了诸多困境，是许多征纳争议形成的根源。首先，为使发票能够有效发挥前述各项功能，税务机关不得不对发票记载信息的不准确采取低容忍态度，任何与真实交易情况有偏差的发票都可能构成"不合规凭证"甚至虚开的发票，影响受票方抵扣权的行使。其次，由于发票作为税款抵扣或税前扣除凭证直接影响到国家税收收入，法律不得不对虚开发票进行严厉打击，历史上甚至有过将死刑作为虚开增值税专用发票罪的最高法定刑的经历。尽管适用死刑已被废止，但该罪名仍是现行《刑法》中刑罚最重的罪名之一，动辄可面临10年以上有期徒刑甚至无期徒刑。在税务行政管理领域，发票类案件同样占据税务稽查机关日常处理案件的绝对比例，由于发票的影响是随着交易链条传导的，一旦发现某一交易环节涉嫌虚开发票，则链条上下游的税务机关均可能被要求开展协查。虚开发票的开票方和受票方均可能面临沉重的行政或刑事责任，以及补税、加征滞纳金的经济责任，但与此同时，虚开发票的违法及犯罪构成要件却始终充满争议，特别是对受票方而言，为切断虚开发票的链条影响，需要承担十分严格的举证责任，只有证明自己与存在虚售上游发票嫌疑的开票方之间的交易真实、发票与真实交易相符后，方可正常抵扣进项税额。最后，发票限制了诸多以自然人为供应商的行业的健康发展。在我国，贵金属、再生资源回收等传统行业以及网络货物运输、网络直播及其他共享经济或"零工经济"类新兴行业或业务模式，都存在终端供应商为自然人、通过中间平台类企业向企业端客户销售货物或提供服务的共性。由于终端自然人供应商开具发票不便利，平台类企业均面临无成本发票进行税前扣除的问题，企业端客户也时常面临利用平台企业虚开发票的税务合规风险。近年来，部分地方政府尝试通过委托代征并代开发票的方式解决上述问题，国家税务总局也于2024年公布《关于资源回收企业向自然人报废产品出售者"反向开票"有关事项的公告》，通过引入"反向开票"方式试图解决再生资源行业的前述发票问题。但这些措施都是在"以票控税"逻辑不变的前提下的，税务机关通过创设新的发票管理手段来解决原有发票管理暴露出的问题。

本书认为，在坚持和完善以发票为核心的税收征管方式的同时，必须从纳税人权益保护的高度正视由发票引起的上述问题，通过回归税法本身来分析和判断税务处理，避免陷入"唯工具论"的误区。纳税人在增值税上是否享有抵扣权，以及相关成本费用在所得税上能否被扣除，应首先取决于法律规定的条件，发票理应被视为税款抵扣和税前扣除的重要但非唯一凭证，当有其他证据可以证明交易真实性时，不应该因缺少发票或发票存在形式不合规而限制法律赋予纳税人的抵扣权，侵害税法量能平等负担的基本原则。

第四节 纳税申报法律制度

一、纳税申报概述

纳税申报是指纳税人在税法规定的期限内，就纳税有关事项向税务机关进行书面报告的一项制度。它是纳税人必须履行的一项法定手续，也是税务机关办理征收业务、核定应纳税款、开具完税凭证，以及进行税务监督、统计分析和纳税评估的主要依据。

实行纳税人自行申报纳税制度是依法治税的基础，是分清征纳双方权利、义务的重要依据，也是明确征纳双方法律责任的基本准绳。纳税人发生纳税义务后,无论是固定业户还是临时经营者,无论是企业、单位还是个人,无论是否享有减免税待遇,都应在税法规定的期限内到主管税务机关进行纳税申报。

二、我国的纳税申报制度

(一)纳税申报的主体

一切负有纳税义务的单位和个人以及负有扣缴义务的单位和个人,都是办理纳税申报的主体。

1. 从事生产经营、负有纳税义务的企业、事业单位、其他组织和个人,临时取得应税收入的单位和个人,以及从事非生产经营但负有纳税义务的单位和个人,都必须依照税法的规定向税务机关进行纳税申报。

2. 享受减税、免税优惠的纳税人在减税、免税期间应向税务机关办理纳税申报。

3. 扣缴义务人也必须依照税法的规定,向税务机关报送代扣代缴、代收代缴报告表。值得说明的是,纳税人在法定纳税期限内,无论有无应税收入以及其他应税项目,均必须在规定的申报期限内,向税务机关办理纳税申报。

(二)纳税申报的内容

纳税人、扣缴义务人的纳税申报或者代扣代缴、代收代缴税款报告表的主要内容包括:税种、税目,应纳税项目或者应代扣代缴、代收代缴税款项目,计税依据,扣除项目及标准,适用税率或者单位税额,应退税项目及税额、应减免税项目及税额,应纳税额或者应代扣代缴、代收代缴税额,税款所属期限、延期缴纳税款、欠税、滞纳金等。

纳税人办理纳税申报时,应当如实填写纳税申报表,并根据不同的情况相应报送下列有关证件、资料:(1)财务会计报表及其说明材料;(2)与纳税有关的合同、协议书及凭证;(3)税控装置的电子报税资料;(4)外出经营活动税收管理证明和异地完税凭证;(5)境内或者境外公证机构出具的有关证明文件;(6)税务机关规定应当报送的其他有关证件、资料。

纳税人、扣缴义务人按照规定的期限办理纳税申报或者报送代扣代缴、代收代缴税款报告表确有困难,需要延期的,应当在规定的期限内向税务机关提出书面延期申请,经税务机关核准,在核准的期限内办理。

纳税人、扣缴义务人因不可抗力,不能按期办理纳税申报或者报送代扣代缴、代收代缴税款报告表的,可以延期办理;但是,应当在不可抗力情形消除后立即向税务机关报告。税务机关应当查明事实,予以核准。

（三）纳税申报的期限

1. 申报期限的定义

纳税申报的期限是税法规定或税务机关根据税法确定的，纳税人、扣缴义务人进行纳税申报的时间段。纳税人、扣缴义务人必须在法定的纳税申报期限内进行纳税申报，纳税人逾期申报将由税务机关发出催报通知，仍拒不申报者将受到行政处罚。纳税申报期限是税收强制性的一个体现，也是科学规范国民收入再分配的结果。按期进行纳税申报是确保国家税收及时入库，平衡财政收入的重要前提。现行税法、行政法规对纳税申报期限作了原则性规定。

2. 延期申报

延期申报是指纳税人因法定原因，不能按照税法规定的期限办理纳税申报，经税务机关批准延缓一定期限再行申报的税收管理制度。根据《税收征收管理法》的规定，只有在下列两种情形下，才允许延期申报：（1）纳税人、扣缴义务人按照规定的期限办理纳税申报或者报送代扣代缴、代收代缴税款报告表确有困难。在该情形下，纳税申报主体必须在规定的期限内向税务机关提出书面延期申请，经核准后，方可延期申报。但同时应在纳税期内按照上期实际缴纳的税额或税务机关的核定税额预缴税款，然后在核准的展期内办理纳税结算。（2）因不可抗力导致纳税申报主体不能办理纳税申报的情形。在发生不可抗力事件的情形下，纳税申报主体无须事先申请即可延期申报。但是在不可抗力情形消除后应当立即向税务机关报告，税务机关应当查明真相，予以核准。

纳税人需要延期缴纳税款的，应当在缴纳税款期限届满前提出申请，并报送下列材料：申请延期缴纳税款报告、当期货币资金余额情况及所有银行存款账户的对账单、资产负债表、应付职工工资和社会保险费等税务机关要求提供的支出预算。税务机关应当自收到申请延期缴纳税款报告之日起20日内作出批准或者不予批准的决定；不予批准的，从缴纳税款期限届满之日起加收滞纳金。

（四）纳税申报的方式

1. 直接申报、邮寄申报和电子申报

按纳税申报表及有关资料送达的方式划分，纳税申报方式可分为直接申报、邮寄申报和电子申报。直接申报是纳税人、扣缴义务人或委托的代理人到税务机关办理纳税申报的方式；邮寄申报是纳税人、扣缴义务人通过邮寄方式向税务机关报送纳税申报有关资料的方式；电子申报是纳税人、扣缴义务人通过传真、计算机等现代化手段向税务机关报送纳税申报表及有关资料的方式，电子申报可以极大提高征管效率。

2. 自行申报和代理申报

按纳税申报的填报人划分,可分为自行申报和代理申报。纳税人、扣缴义务人填报纳税申报表是自行申报;纳税人、扣缴义务人委托税务代理人填报纳税申报表是代理申报。代理纳税申报必须出具委托代理协议书和税务代理证件,经受理纳税申报税务机关核准,代理申报方为有效。

三、纳税申报制度评析

纳税申报是现代税收征管流程的中心环节,也是我国现代化征管目标模式的基础和重点。目前我国的纳税申报制度仍然存在一些问题,有待改革和完善。

(一) 纳税申报制度存在的问题

1. 纳税申报的法律规定尚显粗陋,缺乏可操作性

纳税申报在《税收征收管理法》中仅规定了3个条款,《税收征收管理法实施细则》中也只有8个条款,只是原则性地规定了纳税申报的主体、内容和方式。对将税务管理与税款征收紧密相连的中心环节——纳税申报而言,纳税人仅凭有限的法规条文难以理解与掌握纳税申报的具体程序,并且缺乏透明度和可操作性。而如果将这些空白留待税收行政机关以部门规章的形式做出规定,又会使纳税申报的法定性大打折扣,这与税收法定主义原则不符。

2. 纳税申报控管不严

我国《税收征收管理法》明确规定,纳税人无论有无应纳税款、是否属于减免期、是否属于免税期,均应按期报送纳税申报表。但实践中,由于我国税务登记制度尚未覆盖到所有纳税人,仅将从事生产、经营的纳税人作为税务登记的重点,因此税务登记证及相关制度的管理也只能在这部分纳税人身上发挥纳税申报的监督作用,而部分个人纳税者难以为税务登记制度所监控,自行申报也就缺乏相应的制约机制。随着我国个人收入水平的大幅度上涨,所得来源的日趋复杂化,纳入自行申报范围的个人纳税者将越来越多,如何对这部分纳税人进行纳税申报监督管理成为立法和实践急需解决的问题。

3. 纳税申报服务有待完善

由于我国长期以来存在将纳税人置于税务机关对立面的观念,对纳税人权益的保护一直是我国税法建设中的弱项。虽然《税收征收管理法》规范了纳税人在税收征管中的诸多权利,但如何将这些权利落到实处,仍然有待探索。纳税申报的琐碎、细致和经常性特点使得对纳税人权利的保护需求异常突出,如何在申报中提高服务质量,改善申报环境,提供便捷、优质的申报服务,仍然需要税务机关认真思索和改进。

(二) 纳税申报制度的完善

1. 完善纳税申报立法

在法律条文过于粗疏且短期内再次修订《税收征收管理法》又难以实现的情况下,建议由国家税务总局以部门规章的形式确定纳税申报的详细实施办法。但是,长远之策仍应当是完善《税收征收管理法》与《税收征收管理法实施细则》中有关纳税申报制度的规定,使其更具执法刚性和透明度。

2. 改进申报方式的多样化选择

我国应当尽快取消申报方式的批准制,让纳税人充分享受自由选择申报方式的便利。在建设税收信息化工程的同时,重视网上申报的试行和推广,并积极探索个性化申报方式。这对于纳税人权益的保障、现代化征管目标的实现有重要意义。

3. 改进申报服务,增强服务意识

广义上的"金税工程"的一个重要内容是增强为纳税人服务的意识,为纳税人提供及时、有效、优质的服务。这包括加强服务硬件建设和加强服务软环境建设两方面。服务质量、服务意识、服务理念都应逐步提升。纳税申报环节应着重探索申报咨询服务和申报方式的改进,积极探索个性化申报服务方式,将《税收征收管理法》总则赋予纳税人的权利落实到纳税申报的具体环节中。应当说,纳税人申报意识的增强除依靠完善的法规和严格的管理外,税务机关的优质服务也是不可忽视的重要因素。

4. 采用申报激励措施,促进依法自行申报

纳税人申报过低或申报过高均属未依法申报,申报的正确与否极大地影响着税收征管效率。我国对未申报以及不按期申报的纳税人及扣缴义务人规定了严格的法律责任,对依法、如实申报者却缺乏相应的激励措施。我国可以仿照日本的"蓝色申报"制度,对财务制度健全,正确设置账簿,依法申报的纳税人给予申报程序以及税收上的优惠,从而改善申报意识不强的现状。

本 章 小 结

税务管理法律制度涵盖了税务登记、账簿管理和票证管理等多项具体的法律制度。

税务登记包含了设立、变更、注销等几种登记,现行《税收征收管理法》为了保证税款的征收,对登记的程序以及工商部门、银行及其他金融机构的协助义务都作了明确的规定。账簿管理是核定纳税人应纳税额的重要依据。因此,账簿管理是保证税源、有力监控税收的保障。票证管理则主要涉及对发票的管理。账和发票的管理主要涉及设置、领用、使用、保管等方面。在目前的实际操作中，这些方面仍有漏洞，容易引发经济方面的违法违规行为。

纳税申报是纳税人在税法规定的期限内，就纳税有关事项向税务机关进行书面报告的一项制度。它是纳税人必须履行的一项法定手续，也是税务机关办理征收业务、核定应纳税款、开具完税凭证以及进行税务监督、统计分析和纳税评估的主要依据。应当从平衡征纳双方权利义务、维护征纳双方信息优势和举证责任分配公平的角度理解和把握税务登记、账簿管理和纳税申报法律制度，在纳税人更了解自身涉税行为和财务状况的基本逻辑下，在避免税源失管、确保税务机关在后续的税额确认、税款征收环节具备行使职权和履行举证责任可能性的合理限度内，规定纳税人必要的协力义务。而发票管理法律制度则是我国现行的具有特色的税收征管重要抓手。随着税收征管信息化、税务行政服务理念转型和征管服务方式创新，上述各项法律制度都面临着变革，而如何在此过程中坚持纳税人权益保护的价值导向，则是税务管理法律制度完善中的永恒命题。

思考题

1. 试述税务注销登记的法律性质和法律效果。
2. 账簿主要有哪几种分类？阐述我国对账簿管理的具体要求。

第二十九章　税额确认和税款征收法律制度

第一节　税额确认法律制度

一、税额确认法律制度概述

（一）税额确认的概念

税额确认，又称纳税评定，税务机关依法对纳税人的应纳税额进行核实、确认，从而确定纳税人的具体纳税义务。税额确认是税收征收管理的一项必经程序，处于"税务管理—纳税申报—税额确认—税款征收—强制执行"完整税收征管程序链条的中间环节。税务机关基于纳税人的申报或依职权掌握的纳税人涉税信息，确认具体应纳税额的金额，该金额也是后续税款征收和强制执行的依据。

（二）税额确认的方式

受限于税收征管法律制度的理论发展进程，我国2015年《税收征收管理法》并未将税额确认作为与税务管理、纳税申报、税款征收等制度平行的独立法律制度进行完整、系统的规定，而仅就应纳税额核定制度和应纳税款调整制度作了具体规定。

理论上，完整的税额确认制度应当包括自行申报方式下对纳税人申报的应纳税额的确认，以及在核定征收方式下对应纳税额的确认。

1. 自行申报方式下的税额确认

此情形下的税额确认旨在对纳税申报的真实性、准确性、合法性作出核实和确认，可分为暂时性税额确认和正式性税额确认。由于税款的征收入库在税收征管逻辑链条上应当以税额确认的完成为前提，因此出于税款入库效率的考虑，各国税法普遍允许税务机关在收到纳税人的纳税申报后，先仅进行形式审核，在保留事后调查调整权力的前提下先收取税款入库，这就是暂时性税额确认。而在整个法定期限内，税务机关都可以经事后审核、调查，对纳税申报作出具有法律拘束力的正式性税额确认。①

需要说明的是,暂时性税额确认是否作出,由税务机关依职权自由裁量,即税务机关并非必须对纳税申报先作出暂时性税额确认,而是可以直接作出一般性税额确认。对本应以自行申报方式完税,但纳税人未申报的,税务机关也可以直接作出一般性税额确认。

税务机关对纳税申报进行正式性税额确认的方式很多。理论上,2015年《税收征收管理法》第35条第6项规定的计税依据核定、第36条规定的应纳税额调整,以及当前税收征管实践中普遍采用的纳税风险评估,甚至通过税务稽查后作出的税务处理决定,都可以被理解为广义上的税额确认方式。狭义的税额确认则不包括移送稽查程序后的处分。

2. 核定征收方式下的税额确认

在核定征收方式下,原则上应纳税额在征收入库时已经经过了税务机关的核实确认,因而不存在暂时性税额确认,实施核定征收本身即兼有税额确认和税款征收的一体化效果。当然,不论是核定征收情形下的税额确认还是自行申报情形下的一般性税额确认,税务机关在法定税额确认期限内,对已经作出的税额确认都有权进行调整,以应对事后发现的申报不实或提供的收入、成本等核定依据不实等情况。只不过,除非有证据证明纳税人有过错,否则,他在核定征收情形下作出的税额确认或在自行申报情形下作出的一般性税额确认结果的信赖利益应受法律保护。

(三)税额确认的法律性质

第一,税额确认既是税务机关的权力也是税务机关的义务。一方面,税务机关有权对纳税申报的真实性、准确性、合法性作出审核和评判,以避免国家税收收入产生损失;另一方面,税务机关也必须依法作出税额确认,使税收之债具体化,避免税收之债在征纳双方之间长期处于不确定状态。因此,法律通常会明确税额确认的期限,以避免税务机关怠于履行职责。2015年《税收征收管理法》虽未建立系统性的税额确认规范体系,但也以税款补缴、追缴期限的方式实质性的规定了税额确认的期限,本章将在第四节中展开介绍。

第二,税额确认是一项具体行政行为。税务机关对应纳税额进行确认,就是对具体的税收之债作出处分。因此,如果纳税人对税务机关税额确认的结果有异议,可以将税额确认作为对象,提起行政复议或行政诉讼。

---

① 熊伟、李刚主编:《税收征收管理法修订建议稿及立法理由》,法律出版社2022年版,第47—48页。

（四）税额确认的法律效果

第一，税额确认使抽象的税收之债具体化。"法定构成要件实现时，纳税义务即成立，此时的纳税义务为抽象纳税义务，需要通过特定程序予以具体确定。"①

第二，当且仅当税收之债具体确定后，方具有法律上的可强制执行性。税额确认的结果对征纳双方具有拘束力。如果税额确认结果为纳税人应当补缴税款，则纳税人负有在指定期限内补充履行纳税义务的责任，同时税务机关产生补充征收税款的权力与职责，并在指定期限届满后发起滞纳金的起算。如果税额确认结果为税务机关应当退税，则税务机关负有及时退还溢缴税款的职责，纳税人同时产生请求退税及收取税款利息的权利。

第三，税额确认可能产生纳税人的行政复议请求权。

二、应纳税额核定制度

我国《税收征收管理法》第35条第1款规定，税务机关有权核定纳税人应纳税额的法定情形有：

1. 依照法律、行政法规的规定可以不设账簿的。
2. 依照法律、行政法规的规定应当设置账簿但未设置的。
3. 擅自销毁账簿或者不提供纳税资料的。
4. 虽设置账簿，但账目混乱或者成本资料、收入凭证、费用凭证残缺不全，难以查账的。
5. 发生纳税义务，未按照规定的期限办理纳税申报，经过税务机关责令限期申报，逾期仍不申报的。
6. 纳税人申报的计税依据明显偏低，且无正当理由的。

从税额确认的理论体系出发，该规定涉及了两种不同的税额确认。第1—5项实际上规定的是需要采取核定征收的，税务机关直接对应纳税额进行实质确认的情形；此外，《税收征收管理法》第37条还规定，未按照规定办理税务登记的从事生产、经营的纳税人以及临时从事经营的纳税人，税务机关亦有权核定其应纳税额，这也属于此类税额确认。而第6项则属于采取自行申报情形下的一般性税额确认。

---

① 熊伟、李刚主编：《税收征收管理法修订建议稿及立法理由》，法律出版社2022年版，第36页。

三、应纳税额调整制度

我国《税收征收管理法》与《税收征收管理法实施细则》中有关应纳税额的调整制度是专门针对关联企业的。要了解此项制度,首先要准确界定关联企业。

(一) 关联企业的含义

一般来说,关联企业是指经济上有利益关系而法律上相互独立的企业联合体。按照我国《税收征收管理法》与《税收征收管理法实施细则》的规定,关联企业是指有下列关系之一的公司、企业和其他经济组织:一是在资金、经营、购销等方面,存在直接或者间接的拥有或者控制关系;二是直接或者间接地同为第三者所拥有或者控制;三是在利益上具有相关联的其他关系。

现在国内外企业通过关联企业转移利润逃避税收的情况非常普遍,为了保证国家税收的基础不受侵蚀,各国对关联企业的业务往来都有相应的规制。在我国,企业或者外国企业在我国境内设立的从事生产、经营的机构、场所与其关联企业之间的业务往来,应当按照独立企业之间的业务往来收取或者支付价款、费用;对于不按照独立企业之间的业务往来收取或者支付价款、费用,而减少其应税收入或者所得额的,税务机关有权进行合理调整。独立企业之间的业务往来,是指没有关联关系的企业之间按照公平成交价格和营业常规所进行的业务往来。纳税人有义务就其与关联企业之间的业务往来,向当地税务机关提供有关的价格、费用标准等资料。

(二) 关联企业应纳税额的事后调整制度

1. 关联企业税收事后调整的法定情形

纳税人与其关联企业之间的业务往来有下列情形之一的,税务机关可以调整纳税人应纳税额:

(1) 购销业务未按照独立企业之间的业务往来作价。

(2) 融通资金所支付或者收取的利息超过或者低于没有关联关系的企业之间所能同意的数额,或者利率超过或低于同类业务的正常利率。

(3) 提供劳务,未按照独立企业之间业务往来收取或者支付劳务费用。

(4) 转让财产、提供财产使用权等业务往来,未按照独立企业之间业务往来作价或者收取、支付费用。

(5) 未按照独立企业之间业务往来作价的其他情形。

2. 税务机关调整计税收入额或者所得额的方法

(1) 按照独立企业之间进行的相同或者类似业务活动的价格。

(2) 按照再销售给无关联关系的第三者的价格所应取得的收入和利润

水平。

(3) 按照成本加合理的费用和利润。

(4) 按照其他合理的方法。

3. 税务机关调整计税收入额或者所得额的期限

关联企业未按照独立企业之间的业务往来支付价款、费用的,税务机关自该业务往来发生的纳税年度起3年内进行调整;有特殊情况的,可以自该业务往来发生的纳税年度起10年内进行调整。

(三) 关联企业应纳税额的事前调整制度

事前调整主要指预约定价安排(advance pricing arrangement,APA),即纳税人可以向主管税务机关提出与其关联企业之间业务往来的定价原则和计算方法,主管税务机关审核、批准后,与纳税人预先约定有关定价事项,监督纳税人执行。这种方法可以减少复杂的事后审计工作。APA已成为许多发达国家或地区普遍采用的反避税调整方法。据统计,目前美国、韩国、新西兰、墨西哥等二十多个国家或地区已采用APA。

为了遏制外企的避税行为,我国在2002年出台的《税收征收管理法实施细则》中就引入了预约定价制度,2007年颁布的《企业所得税法》第42条进一步确认了预约定价安排制度。该条规定,企业可以向税务机关提出与其关联方之间业务往来的定价原则和计算方法,税务机关与企业协商、确认后,达成预约定价安排。

第二节 税款征收的管辖和方式

税款征收是税务机关依法将纳税人、扣缴义务人应当缴纳或解缴的税款,依照一定的程序和方式征集入库的执法活动的总称。税款征收是税收征管工作的中心环节,在整个税收工作中占据着极为重要的位置。

一、税款征收的主管和管辖

税款征收的主管是不同类别的征税机关之间对税款征收权的划分;管辖是同类征税机关之间征税范围的划分。主管和管辖是征税机关依法行使征税权、纳税主体依法履行纳税义务的前提条件。科学合理的主管和管辖有利于防止税源流失和避免重复征税,保证税款足额及时入库。

主管主要是在税务机关和海关之间划分征税权。目前海关主管的税种主要有关税、船舶吨税及进口环节的增值税、消费税,其他的税种基本上都属于税务机关主管。

管辖中最为重要的就是地域管辖,从纳税主体的角度说,地域管辖主要就是"纳税地点"的问题,即纳税人应该向哪里的纳税机关申报并缴纳税款。税法上的"纳税地点"主要有:纳税人所在地、财产所在地、商品销售地、劳务发生地或营业地等。纳税主体应当根据具体情况,分别选择到以上各地申报纳税。

二、税款征收的方式

税款征收方式是指税务机关根据各个税种的特点和征纳双方的具体条件而制定的计算、征收税款的形式和方法。正确的征收方式有利于控制管理税源,防止税款流失。根据不同的划分标准,税款有多种征收方式。

(一)按计税依据确定的方式划分

按计税依据确定的方式划分,税款征收有查验征收、查账征收、查定征收、核定征收和定期定额征收等方式。我国现行税款征收以查账征收方式为主。

查验征收,是税务机关对某些难以进行源泉控制的征税对象,通过查验证、照和实物,从而征税的一种征收方式。这是对流动、分散的税源加强控制管理的一种方式,也是对纳税人进行纳税监督的一种有效手段,多适用于临时经营场所和机场、码头等场外经销商品的情况。

查账征收,是纳税人在规定的纳税期限内根据自己的财务报表或经营结果,向税务机关申报自己的应纳税收入或所得额及应纳税款,经税务机关审查核实后,纳税人据以交纳税款的一种征收方式。这种方式较为普遍,一般适用于纳税意识较强以及财会制度较为健全的纳税人。

查定征收,是税务机关通过按期查定纳税人的实物量而确定应纳税额,分期征收税款的一种征收方式。税务机关为了控制某些零星、分散的税源,简化纳税手续,对经营规模小、产品生产销售批次多、财务管理和会计核算水平低的纳税人,会根据其生产能力和一定时间的实际产销情况,核定一个实物量作为计税标准,据以计算纳税期内的应纳税额,分期征收税款,期末进行结算。当实际产销量超过核定量时,须由纳税人报请补征;不到核定量时,可由纳税人报请重新审定。

核定征收,是指税务机关根据按期查定的或纳税人按期申报的应税收入,适用规定的应税所得率计算出应税所得,再适用税率计算应纳税款,或者根据查定或申报的成本费用,适用规定的成本加成率计算出应税所得,再适用税率计算应纳税额的一种征收方式。除适用于所得税的征收外,实践中,对符合特定条件的土地增值税纳税人,也可能适用核定征收的方式。在以查账征收为原则的税款征收法律制度下,法律对核定征收的适用应规定明确的条件,如本章第一节中提及的《税收征收管理法》第 35 条第 1—5 项的规定,即构成目前我国税务机关适用核定征收方式征收税款的基本法律依据。《税收征收管理法实施细则》规定:税务机关有权采用下列任何一种方法核定其应纳税额:一是参照当地同类行业或者类似行业中经营规模和收入水平相近的纳税人的税负水平核定;二是按照营业收入或者成本加合理的费用和利润的方法核定;三是按照耗用的原材料、燃料、动力等推算或者测算核定;四是按照其他合理方法核定。当采用上述所列一种方法不足以正确核定应纳税额时,可以同时采用两种或两种以上的方法核定。

定期定额征收,是指由税务机关对纳税人一定经营时期内的应纳税收入和应纳税所得额进行核定,并以此为计税依据计算应纳税额,分期征收税款的一种征收方式。这种方式主要适用于一些没有记账能力,无法查实其销售收入也无法查实成本的个体或小型工商业户。与同样适用于依法无须建账或财务会计核算能力不足的小规模纳税人的核定征收相比,定期定额征收的纳税人在收入端和成本端均无法进行准确地核算,以致无法为核定征收方法的适用提供准确的依据。如今,随着现代化支付手段的普及和税收征管技术的进步,定期定额征收逐渐不再具有适用的必要性。

(二)按税源控制的方式划分

按税源控制的方式划分,税款征收有自行申报、代扣代缴、代收代缴、委托代征等方式。其中,就我国当前税款征收实践而言,自行申报是主流的方式,但自行申报对税源的事前管控程度最低,主要依赖纳税人的税收遵从;其他各项方式对税源的事前管控程度相对更高,在目前的征管实践中也依然有较为普遍的应用场景。

自行申报,又称"自核自报自缴",是对纳税人的应纳税额,由纳税人自行计算,自行填写缴税凭证,自行向当地国库按期交纳税款的一种征收方式。这种方式是国际上通行的自行申报纳税制度,也是我国《税收征收管理法》所倡导的、要求税务机关建立健全的征收方式。采用这种征收方式要求纳税人有较强的纳税意识和健全的经济核算制度,并且必须经过当地税务机关的审核批准。

代扣代缴,又称"源泉扣缴",是指依法负有扣缴义务的单位和个人,在向纳税人支付款项时,从所支付的款项中依法直接扣除纳税人的应纳税款,然后代其向税务机关解缴的一种征收方式。实行代扣代缴的目的在于对零星分布不均的税源实行源泉控制。目前我国对自然人纳税人课征的个人所得税(经营所得税目除外)、对非居民纳税人课征的预提所得税和增值税均采取代扣代缴的源泉扣缴方式。

代收代缴，是指依法负有收缴义务的单位和个人，在向纳税人收取款项时，从所收取的款项中依法直接收取纳税人的应纳税款，然后代其向税务机关解缴的一种征收方式。实行代收代缴的目的在于对难以征收的领域实行源泉控制。根据目前我国消费税法的相关规定，委托加工产品，由委托方在收取其加工费时，代收委托方的应纳税款，然后向税务机关解缴。

委托代征，是指税务机关根据有利于税收征管和方便纳税的原则，按照国家有关规定委托有关单位和人员代征零星分散和异地缴纳的税收，并发给委托代征证书的一种征收方式。我国各地对于少数零星、分散的税源，一般会委托街道办事处、居委会、村委会等代征税款。随着共享经济、零工经济业务模式的兴起，为有效掌控提供零工服务的自然人税源，多地地方税务机关也普遍委托与这些自然人建立合同关系的具有一定规模的共享经济平台企业、零工经济服务平台企业等进行代征。委托代征不同于代扣代缴、代收代缴，后两者是扣缴义务人应尽的法定义务，而前者只是一种委托代理关系，受托人可以拒绝。

除上述方式外，历史上，我国印花税还采用过"自行计算，自行购票，自行贴花"的"三自征收"方式，即由纳税人自主确定纳税义务，根据需要自行购买印花税票并完成贴花。这种特殊的征收方式是由印花税作为凭证税的特征决定的，但随着历史发展和税收征管技术的提高，"三自征收"不再适应现代市场经济下纳税人对税收遵从效率的需要。《印花税法》颁布实施后，印花税纳税人普遍采用自行申报方式完税，"三自征收"的方式实际上已成为历史。

最后，无论采取何种征收方式，税务机关收到税款后，都应当向纳税人开具完税凭证。

第三节 纳税期限制度

一、纳税期限制度概述

纳税期限是指在纳税义务发生后，纳税人依法缴纳税款的期限。学界对纳税期限的理解有广义和狭义之分。广义的纳税期限包括税款计算期限和税款缴库期限：纳税计算期限即纳税人多长时间计缴一次税款；税款缴库期限即纳税人在多长期限内将税款缴入国库，是纳税人的实际交纳税款期限。狭义的纳税期限则仅指税款计算期。我国《增值税暂行条例》既规定了税款计算期限，又规定了税款缴库期限；但《税收征收管理法》却没有明确纳税期限的含义。

除上述分类外，纳税期限还有以下两种分类方式：（1）纳税期限可以分为按次征纳和按期征纳。前者适用于耕地占用税等税种;后者适用于流转税等税种,期间可以有月、季、年。(2)纳税期限还可以分为核定纳税期限和法定纳税期限。前者指税法只规定一段纳税期间,纳税的确切时间授权税务机关根据税法规定,在适当考虑纳税人的实际情况后予以审核决定;后者指税法直接规定确切的纳税时间,无须税务机关审核确定。

纳税期限制度是《税收征收管理法》的主要内容之一,主要包括滞纳金制度和延期纳税制度。纳税期限届满之后,纳税人不得违法拖欠税款,否则将承担不利的法律后果。如果纳税人未提出逾期纳税的理由或者提出逾期纳税的申请未获得征税机关的批准,则纳税人必须缴纳滞纳金;如果纳税人提出逾期纳税的申请获得征税机关的批准,则可以延期纳税。

二、滞纳金制度

(一)我国《税收征收管理法》关于滞纳金制度的规定

滞纳金,是指征税机关对违反税法规定,不按期缴纳税款或未能及时、足额缴纳税款的纳税人或扣缴义务人实施的一种补偿性和惩罚性相结合的措施。我国《税收征收管理法》第32条规定:纳税人未按照规定期限缴纳税款的,扣缴义务人未按照规定期限解缴税款的,税务机关除责令限期缴纳外,从滞纳税款之日起,按日加收滞纳税款万分之五的滞纳金。加收滞纳金的起止时间,为法律、行政法规规定或者税务机关依照法律、行政法规的规定确定的税款缴纳期限届满次日起至纳税人、扣缴义务人实际缴纳或者解缴税款之日止。

从以上规定可以看出,我国《税收征收管理法》中的税收滞纳金有以下几个特点:(1)税收滞纳金的法律性质并不明确,滞纳金与所欠税款之间的关系模糊不清;(2)滞纳金的加收比例较高,现行每日万分之五的滞纳金加收率折合贷款年为18.25%,明显高于银行同期贷款利率,滞纳金的惩罚性似乎过重;(3)滞纳金的起算日期和截止日期规定模糊。

(二)滞纳金的法律性质

关于税收滞纳金的法律性质,理论界有不同的观点。第一种观点认为,税收滞纳金属于罚款,这是因为滞纳金针对的是纳税人存在主观过错的不按期缴纳税款的行为,它和罚款一样,都具有处罚性;第二种观点认为,税收滞纳金本质上应该是对国家的一种补偿,并不具有行政法上的处罚性,相当于迟延缴纳税款的利息;第三种观点认为,滞纳金属于行政强制措施,其主要作用是督促纳税义务的履行;第四种观点认为,滞纳金兼具处罚和补偿的性质。

国外关于税收滞纳金法律性质的认定也各有不同,《日本国税通则法》第2条第1款第4项规定:"附带税,系指国税中的滞纳税、利息税、过少申报加算税、无申报加算税、不缴纳加算税及加重加算税。"《德国租税通则》第3条规定,滞纳金既非补偿,亦非罚金,而是一种迫使租税义务人准时纳税的手段,性质上属于租税的附带给付。

探讨滞纳金法律性质的现实意义在于,税收滞纳金是否受限于《行政强制法》有关滞纳金不得超过本金的规定。由于《税收征收管理法》规定的税收滞纳金加收比例较高,配合以现行《税收征收管理法》有关偷逃抗骗税收违法行为无限期追征税款的规定,实践中税收滞纳金很容易超过应追征税款的本金。纳税人、税务机关、司法机关对超过本金的滞纳金是否合法,始终争议很大。如果认为税收滞纳金属于行政强制措施,则无疑应承认其适用《行政强制法》的限制;如果认为税收滞纳金不属于行政强制措施或具有行政强制措施以外的综合属性,则在法律上似乎存在税收滞纳金可以超越本金的解释空间。

三、延期纳税制度

（一）延期纳税的含义

当纳税人因特殊困难不能按期纳税时,经有权批准的税务机关批准,可以申请延期纳税。延期缴纳税款是纳税人的一项普遍权利,也是严格按期纳税的一种例外。

（二）我国《税收征收管理法》关于延期纳税的规定

我国《税收征收管理法》规定:纳税人因有特殊困难,不能按期缴纳税款的,经省、自治区、直辖市国家税务局、地方税务局批准,可以延期缴纳税款,但是最长不得超过三个月。

纳税人在行使延期纳税这一权利时必须具备三个基本要件,即满足延期缴纳税款的客观条件（有特殊困难）,办理了相关的手续,得到相关税务机关的批准。

1. 所谓有特殊困难,不能按期缴纳税款,是指纳税人有下列情形:（1）因不可抗力导致纳税人发生较大损失,正常生产经营活动受到较大影响;（2）当期货币资金在扣除应付职工工资、社会保险费后,不足以缴纳税款。

2. 经省、自治区、直辖市国家税务局、地方税务局批准,纳税人可以延期缴纳税款计划单列市国家税务局、地方税务局可以参照《税收征收管理法》的规定,审批纳税人延期缴纳税款。

3. 纳税人需要延期缴纳税款的,应当在缴纳税款期限届满前提出申请,并报送下列材料:申请延期缴纳税款报告、当期货币资金余额情况及所有银行存款账户的对账单、资产负债表、应付职工工资和社会保险费等税务机关要求提供的支出预算。

4. 税务机关应当自收到申请延期缴纳税款报告之日起 20 日内作出批准或者不予批准的决定;不予批准的,从缴纳税款期限届满之日起加收滞纳金。批准延期期限内免予加收滞纳金。

(三) 其他国家和地区关于延期纳税的规定

澳大利亚在 1936 年《所得税核定法典》中规定了延期纳税制度,其目的在于督促纳税人在一个延长的期限内缴纳规定期限内无法缴纳的税款,但是必须证明纳税人有能力或潜力在延长的期限内缴纳税款。可以延期纳税的六种情形是:(1) 由于自然灾害导致纳税人正处于严重的财务困难之中;(2) 纳税人的主要收入来源是养老金或失业金;(3) 死者的遗产;(4) 纳税人主要通过源泉扣缴方式缴纳税款;(5) 对核定的应纳税款存在争议;(6) 适用于《每季临时税收制度》的纳税人,且认为其目前缴纳的分期税额大于下一次核定税额之后应缴纳的分期税额。澳大利亚对每个个案的延期纳税期限是不同的。一般的原则是,给予纳税人的延期纳税期限应持续到纳税人已作准备缴纳税款的日期之后。此外,《所得税核定法典》第 206 条还规定,只要税务局局长认为纳税人有正当理由,他就可以在任何情况下对纳税人实行延期纳税或者在该期限内允许其分期纳税。法典对税务局副局长行使延期纳税的权力也没有限制,通常副局长及被授权的官员在处理对纳税人的延期纳税案件上都有一定的自由度。[①]

《日本国税通则法》和《日本地方税法》都规定,如果由于某些原因,纳税人缺少纳税资金,交纳税款有困难,可以准许在纳税期限届满后,延长其履行纳税义务的时间。[②]

第四节 税款的补缴、追缴与退还制度

一、补缴制度

(一) 补缴制度的含义

税款的补缴制度,是指由于税务机关的原因,导致纳税人未缴、少缴税款的,

[①] 全国人大常委会预算工委法制室编写组编:《中华人民共和国税收征收管理法实用指南》,中国财政经济出版社 2001 年版,第 479 页。

[②] 〔日〕金子宏:《日本税法原理》,刘多田等译,中国财政经济出版社 1989 年版,第 342 页。

征税机关可以要求纳税人补缴税款的制度。

(二)我国《税收征收管理法》关于补缴制度的规定

我国《税收征收管理法》规定,因税务机关的责任,致使纳税人、扣缴义务人未缴或者少缴税款的,税务机关在3年内可以要求纳税人、扣缴义务人补缴税款,但不得加收滞纳金。

在税款的补缴制度中,如何理解"税务机关的责任"是关键。税务机关的责任包括两方面:一是适用法律、行政法规不当;二是税务机关的执法行为违法。所谓法律、行政法规适用不当,是指税务机关在适用税收法律、行政法规时,选择了不适当的税收法律、行政法规,或者虽然适用的规定正确但在使用时发生错误,导致纳税人未缴、少缴税款。所谓执法行为违法是指税务机关执法时,在执法的程序、权限、主体上发生了错误,甚至导致无效执法行为的发生。因此,税务机关在依照法定的权限和程序执法时,因能力不够未能发现或检查出纳税人少缴、未缴税款的情况不能被认定为税务机关的责任。

因税务机关责任造成的未缴、少缴税款,税务机关可以在3年内要求纳税人、扣缴义务人补缴,但不加收滞纳金。因税务机关责任造成的未缴、少缴税款,税务机关在3年期限内已发现或查处但过了3年期限,税款仍未缴清的,不再受此期限的限制,可以无限期追征。纳税人未在税务机关规定的期限内补缴税款的,从税务机关规定的缴款期限届满次日起加收滞纳金。

二、追缴制度

(一)追缴制度的含义

税款的追缴制度,是指因纳税人、扣缴义务人的原因,造成国家税款未缴、少缴的,征税机关可以依法追缴税款及滞纳金的制度。

(二)我国《税收征收管理法》关于追缴制度的规定

我国《税收征收管理法》规定,由于纳税人、扣缴义务人计算错误等失误(指非主观故意的计算公式运用错误以及明显的笔误),未缴或者少缴税款的,税务机关在3年内可以追征税款和滞纳金;有特殊情况的(指纳税人或者扣缴义务人因计算错误等失误,未缴或者少缴、未扣或者少扣、未收或者少收税款,累计数额在10万元以上的),追征期可以延长到5年。前述补缴和追征税款、滞纳金的期限,自纳税人、扣缴义务人应缴未缴或者少缴税款之日起计算。

但对逃税、抗税、骗税的,税务机关追征其未缴或者少缴的税款、滞纳金或者所骗取的税款,不受上述规定期限的限制。

此外,对于"纳税人不进行纳税申报,不缴或者少缴应纳税款"的情形比照

"因纳税人、扣缴义务人计算错误等失误,未缴或者少缴税款的"的情形处理,追征期为 3 年或者 5 年。①

(三) 关于税收追征期的几个问题

税收追征期是指当纳税人、扣缴义务人因计算错误等失误未缴或者少缴依法应缴纳的税款时,税务机关有权向纳税人追征税款的期限。我国税法上的追征期限有 3 年、5 年以及无限期追征三种情况,《税收征收管理法》通过列举的形式对此予以了区分,但对于追征期的相关规定,仍存在以下几个问题:

1. 未穷尽追征期的所有情形

理论上,发生少缴税款,依纳税人主观过错不同可分为三种情形:税务机关漏征税款(纳税人无过错)、漏税(纳税人有过失)和逃税(纳税人有故意)。《税收征收管理法》第 52 条所包含的 3 个条款针对这三种情形分别进行了规定,但第 2 款实则仅涵盖了"计算错误"这一类漏税情形,对纳税人因其他原因导致的漏税没有作出规定。实践中,本着合理保障纳税人权益的原则,越来越多的税务机关倾向于在没有证据证明构成逃税的情况下,参照第 2 款适用最长 5 年的追征期。在之后的《税收征收管理法》的修订中,应通过完善第 52 条第 2 款的适用范围对这类实践做法给予追认。

2. 未明确追征期是税额确认期间还是征收期间

税额确认期间,指税务机关履行税额确认职权的期限,是抽象纳税义务成立到纳税义务具体化、可执行化的最长期限;征收期间,指税务机关可以追征税款的期限,是具体纳税义务被确定后可供执行征收的最长期限,其法律效力在于,税务机关必须在这一期间内追征税款,超过这一期间,税务机关丧失征收权力。② 由于税额确认和税款追征是完整税收征管程序上两个独立的环节,因而上述两个期间应分别独立适用于两个环节。但如本章第一节所述,我国现行《税收征收管理法》规定得过于简单,未系统确立税额确认这一独立的税收征管程序,也就未明确此处的追征期究竟是税额确认期间还是征收期间,更未细化这二者如何衔接的问题。本书认为,在现行《税收征收管理法》的框架下,追征期只能被理解为杂糅了二者的法律效力。

---

① 国家税务总局于 2009 年 6 月 15 日在《关于未申报税款追缴期限问题的批复》中对《税收征收管理法》第 64 条第 2 款规定的纳税人不进行纳税申报造成不缴或少缴应纳税款的情形做了说明,认为该情形不属于偷税、抗税、骗税,其追征期按照《税收征收管理法》第 52 条规定的精神,一般为 3 年,特殊情况可以延长至 5 年。

② 熊伟、李刚主编:《税收征收管理法修订建议稿及立法理由》,法律出版社 2022 年版,第 130—131 页。

3. 未规定税收追征期的起算日

《税收征收管理法》虽然规定了追征期一般情况下为 3 年,特殊情况下可延长至 5 年,对逃税、抗税、骗税行为,追征期不受规定期限的限制,但是如何起算追征期却是一个立法空白。起算日期关系到纳税人切身利益,《税收征收管理法》应该在这方面予以完善。

三、退税制度

(一)退税制度的含义

退税制度,是指当发生超纳、误纳情况时,征税机关依职权或应纳税人的要求,将超纳、误纳的税款退还给纳税人的制度。退税制度依据的是不当得利的法理,即如果征税机关不退税、法律不赋予纳税人以退还请求权,就会产生征税主体不当得利的问题。

《日本国税通则法》和《日本地方税法》对超纳金和误纳金的还付作了规定,超纳金和误纳金在实体法上可以作为一种不当得利。[1] 我国有学者认为退税基于的是公法上的返还请求权,是一种可适用于公法上的一般法律思想的表现。不过民法上的不当得利返还请求权不能直接适用于公法上的返还请求权。[2]

(二)我国《税收征收管理法》关于退税的规定

我国《税收征收管理法》及其实施细则规定,纳税人超过应纳税额缴纳的税款,税务机关发现后应当立即退还,并自发现之日起 10 日内办理退还手续;纳税人自结算缴纳税款之日起 3 年内发现的,可以向税务机关要求退还多缴的税款并加算银行同期存款利息(不包括依法预缴税款形成的结算退税、出口退税和各种减免退税),税务机关及时查实后应当立即退还,并自接到纳税人退还申请之日起 30 日内查实并办理退还手续;涉及从国库中退库的,依照法律、行政法规有关国库管理的规定退还。退税利息按照税务机关办理退税手续当天中国人民银行规定的活期存款利率计算。

纳税人既有应退税款又有欠缴税款的,税务机关可以将应退税款和利息先缴税款;抵扣后有余额的,退还纳税人。这是退税制度上的抵缴规定。

---

[1] 〔日〕金子宏:《日本税法原理》,刘多田等译,中国财政经济出版社 1989 年版,第 286 页。
[2] 刘剑文主编:《税收征管法》,武汉大学出版社 2003 年版,第 214 页。

第五节 税收减免制度

一、税收减免制度概述

税收减免是根据国家一定时期政治经济社会政策的要求而对某些纳税人予以免除部分纳税义务的特殊措施，是税收优惠的一种。

税收减免分为法定减免、特定减免和临时减免三种：(1) 法定减免，是在税法中列举的减税、免税，具有长期实用性和政策性。(2) 特定减免，是根据政治经济情况的变化和贯彻税收政策的需要，对个别、特殊情况专案规定的减税、免税，主要有两种情形：一是在税法颁布后随着政治经济变化所作出的减免税补充规定；二是在税法中不能够或不宜一一列举，而采用专案规定的税收减免。(3) 临时减免，是照顾纳税人特殊的暂时的困难而临时批准的减税、免税，通常是定期的或者一次性的减税或免税。

二、税收减免的程序

我国《税收征收管理法》规定，税收减免必须遵循一定的法律程序并受到监督。

1. 申请减、免税款的纳税人应当首先向主管税务机关提出书面的申请报告，并按照规定附送有关的资料。

2. 减税、免税的申请须经法律、行政法规规定的减税、免税审查批准机关审批。地方各级人民政府、各级人民政府主管部门、单位和个人违反法律、行政法规规定，擅自作出的减税、免税决定无效，税务机关不得执行，并应向上级税务机关报告。

3. 法律、行政法规规定或者经法定的审批机关批准减税、免税的纳税人，应当持有关文件到主管税务机关办理减税、免税手续。减税、免税期满，应当自期满次日起恢复纳税。

4. 享受减税、免税优惠的纳税人，减税、免税条件发生变化的，应当在纳税申报时向税务机关报告；不再符合减税、免税条件的，应当依法履行纳税义务；未依法纳税的，税务机关应当予以追缴。

第六节 税款征收基本制度评析

我国税款征收基本制度涵盖的内容十分广泛，这些制度对纳税主体纳税义务的履行和国家税收债权的实现有十分重要的意义，这里有必要对该制度的不足之处进行探讨，并提出完善建议。

一、纳税期限应在立法中作出明确的界定

如前文所述，学术界对纳税期限的理解，有广义和狭义之分。广义的纳税期限包括税款计算期和税款缴库期；狭义的纳税期限则仅指税款计算期。我国《税收征收管理法》规定，纳税人、扣缴义务人按照法律、行政法规规定或者税务机关依照法律、行政法规的规定确定的期限，缴纳或者解缴税款。此项规定并没有对纳税期限作出明确的界定，在理解具体的法律、法规上易引发分歧，导致税务机关在执法时标准不一。例如《增值税暂行条例》第23条第1款规定中先后出现了两处有关纳税期限的规定：增值税的纳税期限分别为1日、3日、5日、10日、15日、1个月或者1个季度。纳税人的具体纳税期限，由主管税务机关根据纳税人应纳税额的大小分别核定；不能按照固定期限纳税的，可以按次纳税。在以后的立法修改中有必要对纳税期限进行界定，并对税款计算期限和税款缴库期限分别作出明确的规定。

二、滞纳金制度应予以完善

滞纳金制度在我国《税收征收管理法》中只进行了简单的规定，实践中存在诸多问题。这主要是因为我国目前的税收滞纳金制度不完善：税收滞纳金的性质模糊不清，立法者对此没有明确，因此执法者在实践中的做法经常自相矛盾，让滞纳金既承担了行政处罚功能，又承担了税款利息功能。由于滞纳金加征率畸高，实践中滞纳金给大量并非故意逃税的纳税人造成了与其主观过错显著不相当的沉重负担。

面对这一纳税人普遍反映强烈的、饱受争议的问题，司法机关已经在涉税司法裁判中率先对滞纳金实施了限制。最高人民法院在参考案例"德发案"中提出了加征滞纳金应以纳税人存在主观过错为前提的观点，认为在税务机关事后行使价格核定权调整计税依据导致要追征税款等情形下，不宜加征滞纳金；人民法院案例库编写的参考案例"国家税务总局南京市某区税务局诉南京某公司破产债权确认纠纷案"中，也提出了税收滞纳金应适用《行政强制法》的规定，不得超过

本金。

本书认为,在《税收征收管理法》的全面修订中,应从立法层面对税收滞纳金制度进行重塑,滞纳金应回归行政强制措施的属性。滞纳金应当在税务机关完成税额确认并经过规定的缴纳期限之后,自规定的缴纳期限届满之次日起算,并不得超过本金。同时,在法定纳税期限届满至滞纳金起算之前的时间段内,参照银行同期利率水平加收税款利息。

三、税务机关的追征期限应有所限制

我国《税收征收管理法》规定,对逃税、抗税、骗税的,征税机关追征其未缴或者少缴的税款、滞纳金或者所骗取的税款,不受追征期限的限制。也就是说,如果纳税人存在逃税、抗税、骗税等情形,征税机关可以无限期对其应纳税款和滞纳金进行追缴。

对此规定,一些学者存在质疑。因为参考《刑法》关于追诉时效的规定,《税收征收管理法》中规定无限期追征税款显然并不合理。其他国家和地区也没有类似的规定。例如,韩国为以征收国税为目的的国家权力只安排了5年的消灭时效。本书认为,应当对税务机关的追征期限有所限制,才能够积极有效地促使税务机关在法定期间内行使权力。这既可以避免部分偷逃税款案件长期处于悬而未决的状态,又有利于保障纳税人的权益。

四、税收退还请求权的实现应给予立法保障

税收退还请求权,是在纳税人履行纳税义务的过程中,由于征税主体对纳税人征收的全部或部分款项没有法律根据,因而纳税人可以请求退还税款的权利。[①] 税收退还请求权是纳税人在税收征管关系中的一项重要权利,但我国的退税制度并没有对如何实现税收退还请求权作出明确规定。例如,关于税收退还请求权的发生,究竟应该从错误缴纳税款之日,还是从发现错误缴纳税款之日起算?税收退还请求权的标的是否包括滞纳金和利息?

《税收征收管理法》第51条将多征税款的情况分为税务机关发现和纳税人发现两种情况,前者不受限于期限而后者受限于3年期限,是否正当合理?是否会导致纳税人不发现,税务机关就怠于发现的风险?这些问题法律都没有给出明确的答案。为了保障纳税人权利,应完善税收退还请求权的相关法律规定,以便给予立法上的保障。

---

① 张守文:《税法原理(第五版)》,北京大学出版社2009年版,第180页。

此外，理论上，多征税款应分为溢缴和误缴两种类型：溢缴指纳税人负有纳税义务，但超过应纳税额的金额缴纳了税款；误缴指所谓的"纳税人"因程序性规定预先缴纳了"税款"，但事后发现根本无法满足课税要素因而其纳税义务自始便不成立。①本书认为，《税收征收管理法》第51条规定的情形是纳税人超过应纳税额缴纳税款，应理解为溢缴，而对误缴未作规定。考虑到误缴情形下"纳税人"自始无纳税义务，税务机关自始也没有获得征收该"税款"的权力，因此误缴的退税不应受限于第51条规定的3年期限。对此，《税收征收管理法》虽未作规定，但《契税法》第12条已有规定，详见本书第17章的介绍。此外，司法实践也对这一立法漏洞作出了回应，在人民法院案例库编写的参考案例"沈某诉北京市西城区税务局、北京市税务局不履行退税职责及行政复议案"中，对于自始未发生纳税义务而误缴"税款"的，申请退还时不适用《税收征收管理法》第51条规定的期限。

《税收征收管理法》在全面修订过程中，应填补误缴退还的制度漏洞，作出有别于溢缴的专门规定。在处理误缴的具体规则设计上，还应进一步考虑纳税义务自始不成立和嗣后不成立的区别，其中嗣后不成立根据相关涉税交易的实际情况，可能包括合同无效、被撤销、约定的收款条件未成立、因达成退款条件或其他约定的原因导致交易价款的调减或合同解除、事后协商一致解除等多种情形。区分不同情形的主要目的在于避免纳税人通过事后的人为约定达成纳税义务不成立的效果并申请退税，造成国家税收收入的不安定。例如，对自始不成立纳税义务的误缴退还，可以只规定最长时效；对合同依法被宣告无效、依法被撤销和有事前约定的退款或合同解除，可以参照《民法典》诉讼时效或除斥期间的长度设定退还的申请时效；而对于事后约定的退款或合同解除，则可以考虑施加较短的退还申请期限作为限制。②

本 章 小 结

税款征收的基本制度是《税收征收管理法》的基石，税务机关通过遵循这些制度的相关规定，依法对税款进行征收。本章首先对税款征收制度进行概述，具体包括征收主体、管辖、征收方式等基本内容，然后详细介绍了应纳税款的确定

---

① 熊伟、李刚主编：《税收征收管理法修订建议稿及立法理由》，法律出版社2022年版，第125页。
② 王一骁：《我国契税法律体系的协调——以征税对象和纳税期限为核心》，华东政法大学2018年硕士学位论文。

制度、纳税期限制度、补缴、追缴与退还制度以及税收减免制度。这几项制度在立法和实践中都存在不少问题,因此本章在最后对此进行了简要的评析,提出了相关完善建议。

> **思考题**

1. 结合税款征收制度中的有关内容,谈谈税额确认这一行政法律行为对税款征收的影响及完善税额确认制度上法的现实意义。
2. 谈谈你对纳税期限的认识。
3. 从税收减免的性质角度谈谈你对它的认识,以及它与税收法定原则的关系。
4. 结合我国目前的税款征收制度谈谈我国在纳税人权利保障方面的进步和不足。

第三十章　税款征收保障制度

税款征收的保障制度是税款征收制度的配套补充,当国家的税款因为纳税主体的某些行为无法实现或者存在无法实现的危险时,为了确保应纳税款的及时、足额入库,需要税款征收保障制度发挥其应有的作用。税款征收保障制度主要包括税收保全制度、税收强制执行制度以及其他保障制度。

第一节　税收保全制度

一、税收保全的含义和构成要件

(一)税收保全的含义

所谓税收保全制度,是在税款解缴入库之前,针对由于纳税人的行为致使国家税款存在不能够实现的危险,税法规定的一系列保证税款及时足额缴纳的制度的总称。

私法上的债权担保,是指对已成立的债权债务关系所提供的确保债权实现的保障。就性质与功能而言,债权担保是一系列不必通过强制执行即可使债权人利益得到满足的制度。为了确保国家税收债权的顺利实现,我国也在《税收征收管理法》等税收立法中引入了这一制度。

(二)税收保全的构成要件

1. 主体要件

采取税收保全的对象为从事生产、经营的纳税人和需要出境的欠缴税款的纳税人或者他的法定代表人。

2. 客观要件

纳税人的行为有可能威胁到国家税款的及时足额解缴。具体包括:

(1)纳税人有逃避纳税义务行为。

(2)税务机关认为从事生产、经营的纳税人有明显地转移、隐匿其应纳税的商品、货物以及其他财产或者应纳税的收入的迹象。

(3)税务机关对从事生产、经营的纳税人以前纳税期的纳税情况依法进行税务检查时,发现纳税人有逃避纳税义务行为,并有明显的转移、隐匿其应纳税的商品、货物以及其他财产或者应纳税的收入的迹象的(这时无须先责令其缴纳,可以直接实施税收保全)。

(4)欠缴税款的纳税人或者他的法定代表人需要出境,且未结清税款、滞纳金的。

3. 时间要件

纳税人涉嫌逃避纳税义务的行为,必须发生在纳税期之前。

4. 证据要件

税务机关应当查明纳税人逃避纳税义务行为的事实,并取得证据或者有足够的根据认为前述主体存在以上可能威胁到国家税款的行为。

二、税收保全的措施和程序

(一)税收保全的措施

1. 书面通知纳税人银行暂停支付存款。采用冻结银行存款方式的,开出《暂停支付存款通知书》,送交纳税人开户银行。书面通知纳税人开户银行或者其他金融机构冻结纳税人金额相当于应纳税款的存款(包括独资企业投资人、合伙企业合伙人、个体工商户的储蓄存款以及股东资金账户中的资金等)。

2. 扣押、查封纳税人的价值相当于应纳税款的商品、货物或其他财产。采用扣押、查封形式的,应由两名以上税务人员负责扣押、查封纳税人的商品、货物或其他财产,并开付清单。执行时应通知被执行人或其成年家属到场。

(二)税收保全的程序

税务机关实施税收保全,必须严格按照以下程序进行:

1. 税务机关提前责令限期缴纳应纳税款。

2. 如果纳税人在限期内没有缴纳应纳税款,且转移、隐匿应纳税收或财产,税务机关可责成纳税人提供纳税担保,纳税人拒绝提供的,则采取下列措施:

(1)主管税务机关填报《税收保全措施申请表》,说明保全理由和措施,报县级税务机关审查,经局长批准后下达执行。

(2)主管税务机关向纳税人发出《税收保全措施通知单》,并送交纳税人。

(3)采取具体的保全手段。

3. 对于需要出境的未结清税款、滞纳金的纳税人或者他的法定代表人,首先要求其提供担保;如果未提供担保则通知出入境管理机关,禁止其出境。

4. 纳税人在规定的期限内缴清应纳税款的,税务机关应当自收到税款或者银行转回的完税凭证之日起1日内解除税收保全。

三、税收保全的限制

在执行税收保全措施时,税务机关的权力应当受到一定的限制,以保证纳税人的权利。

1. 保全措施必须依照法定权限和法定程序进行。

2. 个人及其所扶养家属(指与纳税人共同居住生活的配偶、直系亲属以及无生活来源并由纳税人扶养的其他亲属)维持生活必需的住房和用品,不在税收保全措施的范围之内。税务机关对单价 5000 元以下的其他生活用品,也不得采取税收保全措施和强制执行措施。机动车辆、金银饰品、古玩字画、豪华住宅或者一处以外的住房不属于前述所称个人及其所扶养家属维持生活必需的住房和用品。这一限制是《税收征收管理法》设置的关于纳税人基本生存保障的人性化条款,也与整个国际社会对纳税人权益保障的精神相统一。

3. 纳税人在限期内已缴纳税款,税务机关未立即解除税收保全措施,使纳税人的合法利益遭受损失的,税务机关应当承担赔偿责任。

4. 税务机关采取税收保全措施的期限一般不得超过 6 个月;重大案件需要延长的,应当报国家税务总局批准。

5. 纳税人在税务机关采取税收保全措施后,按照税务机关规定的期限缴纳税款的,税务机关应当自收到税款或者银行转回的完税凭证之日起 1 日内解除税收保全。

6. 纳税人在限期内已缴纳税款,税务机关未立即解除税收保全措施,使纳税人的合法利益遭受损失的,税务机关应当承担赔偿责任。

第二节 税收强制执行制度

一、税收强制执行的含义和构成要件

(一)税收强制执行的含义

税收强制执行是指由于纳税人或者相关的义务主体逾期不履行税法上的债务,税务机关对其采取的促使其履行债务或者实现税款入库的各种间接或直接的强制执行制度。

(二)税收强制执行的构成要件

1. 主体要件

税收强制执行的对象为未按照规定期限缴纳税款的从事生产、经营的纳税

人,未按照规定期限解缴税款的扣缴义务人,以及未按照规定期限缴纳担保税款的纳税担保人。

2. 时间要件

税收之债期限届满,即从事生产、经营的纳税人、扣缴义务人或纳税担保人所负担的税收债务的期限届满。

3. 客观要件

纳税主体尚未履行债务,即从事生产、经营的纳税人、扣缴义务人未按照规定的期限缴纳或者解缴税款,纳税担保人未按照规定的期限缴纳所担保的税款,由税务机关责令限期缴纳后,逾期仍未缴纳。

二、税收强制执行的方式和程序

(一)税收强制执行的方式

税收强制执行包括间接强制执行和直接强制执行两种。

间接强制执行,即加收滞纳金,纳税人未按照规定期限缴纳税款、扣缴义务人未按照规定期限解缴税款的,税务机关除责令限期缴纳外,从滞纳税款之日起,按日加收滞纳税款万分之五的滞纳金。直接强制执行,即从事生产、经营的纳税人、扣缴义务人未按照规定的期限缴纳或者解缴税款的,纳税担保人未按照规定的期限缴纳所担保的税款的,由税务机关发出限期缴纳税款通知书。责令缴纳或者解缴税款的最长期限不得超过15日,逾期仍未缴纳的,经县级以上税务局(分局)局长批准,税务机关可以采取强制执行措施。

(二)我国税收强制执行的程序及措施

我国税收强制执行的具体程序和措施为:

1. 书面通知纳税人开户银行或者其他金融机构从其存款中扣缴税款。

2. 当上述方式仍然不足以执行到全部应纳税款时,就扣押、查封、依法拍卖或者变卖其价值相当于应纳税款的商品、货物或者其他财产,以拍卖或者变卖所得抵缴税款。税务机关采取强制执行措施时,对前述所列纳税人、扣缴义务人、纳税担保人未缴纳的滞纳金也应同时强制执行。对价值超过应纳税额且不可分割的商品、货物或者其他财产,税务机关在纳税人、扣缴义务人或者纳税担保人无其他可供强制执行的财产的情况下,可以整体扣押、查封、拍卖,以拍卖所得抵缴税款、滞纳金、罚款以及扣押、查封、保管、拍卖等费用。

3. 税务机关将扣押、查封的商品、货物或者其他财产变价抵缴税款时,应当交由依法成立的拍卖机构拍卖;无法委托拍卖或者不适于拍卖的,可以交由当地商业企业代为销售,也可以责令纳税人限期处理;无法委托商业企业销售,纳税人也无法处理的,可以由税务机关变价处理,具体办法由国家税务总局规定。国家禁止自由买卖的商品,应当交由有关单位按照国家规定的价格收购。

4. 拍卖或者变卖所得抵缴税款、滞纳金、罚款以及扣押、查封、保管、拍卖和变卖等费用后,剩余部分应当在3日内退还被执行人。

三、税收强制执行的限制

税务机关采取税收保全措施和强制执行措施必须依照法定权限和法定程序进行。不得查封、扣押纳税人个人及其所扶养家属维持生活必需的住房和用品。

我国现行的《税收征收管理法》把税务机关采取税收强制执行措施的行为列入国家赔偿的范围。根据《税收征收管理法》的规定,税务机关滥用职权违法采取税收保全措施、强制执行措施或者采取税收保全措施、强制执行措施不当,使纳税人、扣缴义务人或者纳税担保人的合法权益遭受损失的,应当依法承担赔偿责任。其中的损失,是指因税务机关的责任,使纳税人、扣缴义务人或者纳税担保人的合法利益遭受的直接损失。

四、税收保全与强制执行制度的比较

税收保全与税收强制执行作为税款征收保障的两大重要制度,存在以下区别:

1. 适用的对象不同。税收保全措施只适用于从事生产、经营的纳税人,不适用于非从事生产、经营的纳税人、扣缴义务人、纳税担保人等,这是因为非从事生产、经营的纳税人一般没有直接可供扣押的商品、货物。而税务强制执行措施则适用于纳税人、扣缴义务人、纳税担保人,此时纳税义务、扣缴义务和纳税担保义务已经发生,上述单位或自然人逾期未缴税款,经限期催缴无效,可以强制执行。

2. 适用的时间不同。税收保全措施适用于纳税义务发生前,强制执行措施适用于纳税义务、扣缴义务、纳税担保义务发生以后。

3. 执行对象不同。税收保全执行的对象是税款,强制执行的对象不仅包括税款,还包括滞纳金。

4. 对纳税人财产的控制程度不同。保全措施是对纳税人财产处分权的一种限制,并未剥夺其财产所有权;强制执行则是实现了税款和滞纳金从纳税人到国家的全面转移,是一种财产所有权的转移。强制执行能够对纳税人的财产采取拍卖和变卖(处分权),而不仅仅是查封和扣押。

第三节 其他税款征收保障制度

一、欠税管理制度

（一）欠税公告制度

欠税公告制度，是指税务机关对纳税人的欠缴税款情，在办税场所或者广播、电视、报纸、期刊、网络等新闻媒体上定期予以公告的制度。为了规范税务机关的欠税公告行为，国家税务总局于2004年10月制定了《欠税公告办法（试行）》，2018年6月该办法进行了修正。

（二）欠税设定担保说明制度

欠税设定担保说明制度，是指当欠税人有欠税情形而以其财产设定抵押、质押时，应当向抵押权人、质权人说明欠税情况，抵押权人、质权人也可以请求税务机关提供有关的欠税情况说明的制度。

（三）欠税人处分财产报告制度

欠税人处分财产报告制度，是指欠缴税款税额在5万元以上的纳税人，在处分其不动产或大额资产前，应当向税务机关报告的制度。此制度有助于税务机关了解欠税人处分财产的动向，防止欠税人做出转移资产、逃避纳税义务等损害国家税收利益的行为。税务机关可以根据其掌握的相关资料和信息，及时采取税收保全措施或者强制执行措施。

（四）合并、分立时欠税清缴制度

合并、分立时欠税清缴制度，是指当纳税人有合并、分立情形时，应当向税务机关报告，并依法缴清税款的制度。纳税人合并时未缴清税款的，应当由合并后的纳税人继续履行未履行的纳税义务；纳税人分立时未缴清税款的，应当由分立后的纳税人对未履行的纳税义务承担连带责任。

（五）解散、撤销和破产时的报告制度

解散、撤销和破产时的报告制度，是指当纳税人有解散、撤销和破产情形时，在清算前应当向主管税务机关报告的制度。若未结清税款，则由其主管税务机关参加清算。

（六）欠税人离境清税制度

我国《税收征收管理法》规定，欠缴税款的纳税人或者纳税人的法定代表人需要出境的，应当在出境前向税务机关结清应纳税款、滞纳金或提供担保。未结清应纳税款、滞纳金，又不提供担保的，税务机关可以通知出境机关阻止其出境。

这就是欠税人离境清税制度。

此制度是保证国家税款免遭流失,针对纳税主体人身所实施的一种措施,但由于牵涉人身自由等基本权利,在实践中须谨慎使用,严格遵循相应的法定程序。

二、纳税信用评级制度

(一) 纳税信用评级的定义

纳税信用评级是税务机关对纳税人的纳税信用信息开展评价的活动。纳税信用评级制度旨在规范纳税信用管理,促进纳税人诚信自律,提高税法遵从度,推进社会信用体系建设。国家税务总局于 2014 年首次发布了《纳税信用管理办法(试行)》,并不断完善相关规则。

(二) 纳税信用评级的评价方式和标准

纳税信用评级采取年度评价指标得分和直接判级方式。评价指标包括税务内部信息和外部评价信息。直接判级适用于有严重失信行为的纳税人。

纳税信用级别设 A、B、C、D 四级。A 级纳税信用为年度评价指标得分 90 分以上的;B 级纳税信用为年度评价指标得分 70 分以上不满 90 分的;C 级纳税信用为年度评价指标得分 40 分以上不满 70 分的;D 级纳税信用为年度评价指标得分不满 40 分或直接判级确定的。

为实现纳税信用管理,避免纳税人做出税收违法行为,《纳税信用管理办法(试行)》进一步规定,有下列情形之一的纳税人,本评价年度直接判为 D 级:(1) 存在逃避缴纳税款、逃避追缴欠税、骗取出口退税、虚开增值税专用发票等行为,经判决构成涉税犯罪的;(2) 存在前项所列行为,未构成犯罪,但偷税(逃避缴纳税款)金额 10 万元以上且占各税种应纳税总额 10% 以上,或者存在逃避追缴欠税、骗取出口退税、虚开增值税专用发票等税收违法行为,已缴纳税款、滞纳金、罚款的;(3) 在规定期限内未按税务机关处理结论缴纳或者足额缴纳税款、滞纳金和罚款的;(4) 以暴力、威胁方法拒不缴纳税款或者拒绝、阻挠税务机关依法实施税务稽查执法行为的;(5) 存在违反增值税发票管理规定或者违反其他发票管理规定的行为,导致其他单位或者个人未缴、少缴或骗取税款的;(6) 提供虚假申报材料享受税收优惠政策的;(7) 骗取国家出口退税款,被停止出口退(免)税资格未到期的;(8) 有非正常户记录或者由非正常户直接责任人员注册登记或者负责经营的;(9) 由 D 级纳税人的直接责任人员注册登记或者负责经营的;(10) 存在税务机关依法认定的其他严重失信情形的。

(三)纳税信用评级奖惩措施

对不同纳税信用级别的纳税人,税务机关的处理措施存在差异。

1. 对A级纳税信用的纳税人

税务机关采取以下激励措施:(1)主动向社会公告年度A级纳税人名单;(2)一般纳税人可单次领取3个月的增值税发票用量,需要调整增值税发票用量时即时办理;(3)普通发票按需领用;(4)连续3年被评为A级信用级别的纳税人,除享受以上措施外,还可以由税务机关提供绿色通道或专门人员帮助办理涉税事项;(5)税务机关与相关部门实施的联合激励措施,以及结合当地实际情况采取的其他激励措施。

2. 对B级纳税信用的纳税人

税务机关实施正常管理,适时进行税收政策和管理规定的辅导,并视信用评价状态变化趋势选择性地提供"A级激励措施"(对A级纳税信用纳税人提供的措施)。

3. 对C级纳税信用的纳税人

税务机关应依法从严管理,并视信用评价状态变化趋势选择性地采取"D级管理措施"(对D级纳税信用纳税人提供的措施)。

4. 对D级纳税信用的纳税人

税务机关应采取以下管理措施:(1)公开D级纳税人及其直接责任人员名单,对直接责任人员注册登记或者负责经营的其他纳税人纳税信用直接判为D级;(2)增值税专用发票领用按辅导期一般纳税人政策办理,普通发票的领用实行交(验)旧供新、严格限量供应;(3)加强出口退税审核;(4)加强纳税评估,严格审核其报送的各种资料;(5)列入重点监控对象,提高监督检查频次,发现税收违法违规行为的,不得适用规定处罚幅度内的最低标准;(6)将纳税信用评价结果通报相关部门,建议在经营、投融资、取得政府供应土地、进出口、出入境、注册新公司、工程招投标、政府采购、获得荣誉、安全许可、生产许可、从业任职资格、资质审核等方面予以限制或禁止;(7)D级评价保留2年,第三年纳税信用不得评价为A级(仅针对直接判D的情形);(8)税务机关与相关部门实施的联合惩戒措施,以及结合实际情况依法采取的其他严格管理措施。

三、重大税收违法失信主体信息公布制度

(一)重大税收违法失信主体信息公布的定义

重大税收违法失信主体信息公布制度,是指税务机关依照规定,确定重大税

收违法失信主体,向社会公布失信信息,并将信息通报相关部门实施监管和联合惩戒的制度。该制度旨在维护正常税收征收管理秩序,惩戒重大税收违法失信行为,保障税务行政相对人合法权益,促进依法诚信纳税,推进社会信用体系建设。国家税务总局于 2014 年首次发布了《重大税收违法案件信息公布办法(试行)》。2021 年 12 月 27 日,《重大税收违法失信主体信息公布管理办法》审议通过,并于 2022 年 2 月 1 日起正式施行。

(二)重大税收违法失信主体信息公布的适用范围

根据《重大税收违法失信主体信息公布管理办法》的规定,纳税人、扣缴义务人或者其他涉税当事人有下列情形之一的,将被公布为税收违法失信主体:

1. 伪造、变造、隐匿、擅自销毁账簿、记账凭证,或者在账簿上多列支出或者不列、少列收入,或者经税务机关通知申报而拒不申报或者进行虚假的纳税申报,不缴或者少缴应纳税款 100 万元以上,且任一年度不缴或者少缴应纳税款占当年各税种应纳税总额 10% 以上的,或者采取前述手段,不缴或者少缴已扣、已收税款,数额在 100 万元以上的。

2. 欠缴应纳税款,采取转移或者隐匿财产的手段,妨碍税务机关追缴欠缴的税款,欠缴税款金额 100 万元以上的。

3. 骗取国家出口退税款的。

4. 以暴力、威胁方法拒不缴纳税款的。

5. 虚开增值税专用发票或者虚开用于骗取出口退税、抵扣税款的其他发票的。

6. 虚开增值税普通发票 100 份以上或者金额 400 万元以上的。

7. 私自印制、伪造、变造发票,非法制造发票防伪专用品,伪造发票监制章的。

8. 具有偷税、逃避追缴欠税、骗取出口退税、抗税、虚开发票等行为,在稽查案件执行完毕前,不履行税收义务并脱离税务机关监管,经税务机关检查确认走逃(失联)的。

9. 为纳税人、扣缴义务人非法提供银行账户、发票、证明或者其他方便,导致未缴、少缴税款 100 万元以上或者骗取国家出口退税款的。

10. 税务代理人违反税收法律、行政法规造成纳税人未缴或者少缴税款 100 万元以上的。

11. 其他性质恶劣、情节严重、社会危害性较大的税收违法行为。

属于第 1 项、第 2 项或第 8 项(仅限具有偷税、逃避追缴欠税行为)规定情形的失信主体,在失信信息公布前按照《税务处理决定书》《税务行政处罚决定书》

缴清税款、滞纳金和罚款的,经税务机关确认,不向社会公布其相关信息。

(三)重大税收违法失信主体信息公布的方式和内容

税务机关应当通过国家税务总局各省、自治区、直辖市、计划单列市税务局网站向社会公布失信主体信息,根据本地区实际情况,也可以通过税务机关公告栏、报纸、广播、电视、网络媒体等途径以及新闻发布会等形式向社会公布。国家税务总局归集各地税务机关确定的失信主体信息,并提供至"信用中国"网站进行公开。

税务机关应当在失信主体确定文书送达后的次月15日内,向社会公布下列信息:(1)失信主体基本情况;(2)失信主体的主要税收违法事实;(3)税务处理、税务行政处罚决定及法律依据;(4)确定失信主体的税务机关;(5)法律、行政法规规定应当公布的其他信息。

对依法确定为国家秘密的信息,法律、行政法规禁止公开的信息,以及公开后可能危及国家安全、公共安全、经济安全、社会稳定的信息,税务机关不予公开。

第四节 税款征收保障制度评析

税款征收的保障制度对于国家税款及时、足额入库具有十分重要的补充作用。我国税款征收的保障制度以及其他的一些辅助制度内容全面、涉及面广,但仍有许多需要完善的地方,以下选取较为重要的方面展开论述。

一、税收强制执行对象应排除纳税担保人

我国目前的《税收征收管理法》把纳税担保人也列在强制执行的行列,这就混淆了私法上的债务和公法上的债务。因为担保人和行政机构之间不存在公法上的行政主体和行政相对人的关系,而是私法上的保证人和被保证人的关系。我国现行立法是为了保障国家税款而将公法上债务的实现扩张到了私法领域,但这会影响私法的安定,因此需要调整。

二、税收保障制度中的纳税人范围应进行扩大和区分

我国的税收保障制度不适用于非从事生产、经营的自然人,这是制度构建上的一大缺陷,显然不适应当今社会发展的需要。随着经济的发展、国民生活水平的提高,自然人税收对于调节收入分配、促进社会公平的作用越来越明显,如果税收保全、税收强制执行制度等保障制度仍不适用于非从事生产、经营的自然

人,无疑会造成更多的逃税、漏税现象,从而导致国家税收的大量流失,甚至引发分配不公等一系列社会问题。

当然,在扩大税收保障制度中的纳税人范围后,需要对自然人纳税人和法人纳税人区分对待。根据巴西的税收立法,对纳税人有欠税和逃税行为的,可以采取税收保全措施,但是对公司法人和自然人的规定存在不同。对公司法人,税务机关可以不经过法庭批准进入生产经营场所,并采取强制措施。对自然人,税务机关则需通过司法程序。[①] 巴西的做法更有利于保障处于相对劣势的自然人的权益,值得我国立法借鉴。

三、税务机关执法权应受到限制

税收保障措施对税收相对人影响巨大,尤其是税收强制执行措施和限制出境制度,前者以国家的权力"限制"和"剥夺"了公平的合法财产权,而后者针对的则是人身自由、迁徙自由等宪法规定的基本权利。税收保障制度是国家权力的体现,其设立是为了保障国家税收利益,赋予税务机关一定的执法权,但从纳税人权益保护的角度看,这种执法权又必须受到限制。也就是说,税收保障制度的设计必须在国家税收利益和纳税人权益保障上寻找一个平衡点,这样才能既保障税款的征收,又防止权力的无限扩张,维护纳税人的权利。

四、纳税信用惩戒和重大税收违法失信主体信息公布应比照行政处罚适用严格程序

纳税信用评级制度和重大税收违法失信主体信息公布制度的建立,极大地提高了纳税人税收失信违法的成本,因为与此相关联的各类联合惩戒机制可能给纳税人带来的不利影响远远超过了补缴税款、加征滞纳金、加处罚款等带来的经济负担,个别惩戒措施对信贷融资、参与招标的影响甚至有可能直接导致纳税人无法经营和存续。因此,法律对税务机关使用这两项工具的权力,有必要施加必要的限缩和严格的审查,以确保这些极具威力的工具不会被滥用,以致侵害纳税人的合法权益。

《行政处罚法》规定,"以减损权益或者增加义务的方式予以惩戒的行为"均属于行政处罚。如果以此为界定标准,那么纳税信用惩戒和重大税收违法失信主体信息公布虽未被《行政处罚法》明确列为行政处罚的种类,但显然符合行政

[①] 全国人大常委会预算工委法制室编写组编:《中华人民共和国税收征收管理法实用指南》,中国财政经济出版社2001年版,第495页。

处罚的界定,因此理应适用《行政处罚法》的各项严格规定。首先,由于部门规章不能在法律、行政法规之外另行设定行政处罚的种类,这两项准处罚制度的设定层级目前并不符合《行政处罚法》的要求,在《税收征收管理法》全面修订过程中,应考虑至少将其上升为《税收征收管理法实施细则》的规定;其次,在实施惩戒和公示违法信息之前,应按《行政处罚法》的要求履行严格的事前告知程序、听证程序,以确保纳税人充分行使陈述申辩权;最后,作出惩戒或公示违法信息决定,应当具备符合《行政处罚法》要求的充分证据,并依法进行证据的收集、固定和审核。

本 章 小 结

税款征收保障制度是税款征收基本制度的配套和补充,在《税收征收管理法》中占据着十分重要的地位。本章重点介绍了税收保全、税收强制执行这两大传统保障制度,二者在许多方面存在相似之处,本章重点分析了它们的构成要件、具体措施以及相关程序,并对二者的区别进行了辨析。此外,纳税信用评级制度和重大税收违法失信主体信息公布制度是税收征管改革中引入的措施,其核心是构建"信用+风险"的税务管理新模式和"税收失信联合惩戒"网络。这两项制度的目的同样在于督促纳税人依法履行纳税义务,故将其归入"税款征收保障制度"的范畴。本章在最后一节对整个税收保障制度进行了评析,指出我国制度设计和实施中的不足,并提出了相关的完善建议。

思考题

1. 简述税收保全和税收强制执行的联系与区别。
2. 谈谈你对纳税信用管理制度中存在问题的认识和相关建议。

第三十一章 税务检查与稽查制度

第一节 税务检查制度

税务检查是税款征收过程中税务机关对纳税人税收遵从情况的监督制度，税务机关可以通过税务检查发现纳税人、扣缴义务人在税务登记、申报和税款缴纳等环节中存在的问题和遗漏，并为以后的征管工作提供防范性的建议。《税收征收管理法》及其实施细则、《税务稽查案件办理程序规定》等法律法规明确规定了税务检查中征纳双方的权利和义务，体现了对税务检查行为的规范，以及对纳税人权利的保障。

一、税务检查制度概述

（一）税务检查的含义

税务检查是税务机关依据法律、行政法规的规定对纳税人、扣缴义务人等缴纳或代扣、代收税款及其他有关税务事项进行的审查、稽核、管理、监督活动。税务检查的主体是国家税务机关，其对象是负有纳税义务的纳税人和负有代扣代缴、代收代缴义务的扣缴义务人。税务检查是一种行政执法检查活动，是税务机关依法对相对人即纳税人、扣缴义务人是否正确履行纳税义务、扣缴税款义务的事实作单方面强制了解的行政执法行为。

从税务检查与税额确认的关系看，税务检查是税务机关进行税额确认可能采取的一种方式。对于纳税人、扣缴义务人提交的纳税申报存有疑义的，税务机关可以针对性地开展检查，以了解涉税信息，确认纳税申报是否合法、是否准确地反映了相应涉税事实。因此，尽管从税收征管法立法章节体例的角度，税务检查与税额确认属于平行章节，但从实践层面上看，税务检查也是税额确认的手段之一。

从税务检查与税收行政处罚的关系看，税务检查是作出行政处罚决定的基础和必经程序，即税务机关唯有通过税务检查收集证明纳税人、扣缴义务人存在税收违法事实的证据，才能依法作出行政处罚决定。

（二）税务检查的主要内容

1. 程序法方面

程序法方面，税务检查主要包括检查纳税人、扣缴义务人是否按照法律法规办理了有关手续，是否按期限办理等。如在税务登记环节，纳税人、扣缴义务人是否按规定的期限和要求办理了税务登记或扣缴税款登记，是否及时办理了变更登记、注销登记。

2. 实体法方面

实体法方面，税务检查主要包括，检查计税依据是否正确、应纳税额的计算是否准确、税率是否正确的应用等。例如，在增值税的检查中，纳税人是否将应该计入销售或视同销售的项目，计入销售并作为计税依据。又如，在企业所得税的检查中，纳税人申报的各项成本费用扣除是否均取得了税法认可的扣除凭证，扣除金额是否超过了法定限额，适用优惠税率是否满足法定税收优惠条件等。

可见，税务检查的内容从范围上讲全面涵盖了纳税人、扣缴义务人履行纳税义务、扣缴义务的情况。但一次具体的纳税检查并不一定会检查所有的内容。

（三）税务检查的主要方式

根据《税收征收管理法》第54条的规定，税务机关有权开展的税务检查包括：

1. 检查纳税人的账簿、记账凭证、报表和有关资料，检查扣缴义务人代扣代缴、代收代缴税款账簿、记账凭证和有关资料；

2. 到纳税人的生产、经营场所和货物存放地检查纳税人应纳税的商品、货物或者其他财产，检查扣缴义务人与代扣代缴、代收代缴税款有关的经营情况；

3. 责成纳税人、扣缴义务人提供与纳税或者代扣代缴、代收代缴税款有关的文件、证明材料和有关资料；

4. 询问纳税人、扣缴义务人与纳税或者代扣代缴、代收代缴税款有关的问题和情况；

5. 到车站、码头、机场、邮政企业及其分支机构检查纳税人托运、邮寄应纳税商品、货物或者其他财产的有关单据、凭证和有关资料；

6. 查询从事生产、经营的纳税人、扣缴义务人在银行或者其他金融机构的存款账户或者税收违法案件中涉嫌人员的储蓄存款。

二、税务检查的程序性要求

与其他领域的行政检查活动一样，法律在赋予税务机关通过检查强制性了解纳税人涉税情况的同时，也应通过一系列程序性规定限制税务机关的检查权力,避免税务检查过度侵犯纳税人合法权益,维持征纳关系平衡。具体而言,《税收征收管理法》及其实施细则对税务机关开展税务检查设定了如下程序性要求:

(一) 税务检查的告知

税务人员进行税务检查时,应当出示税务检查证和税务检查通知书;无税务检查证和税务检查通知书的,纳税人、扣缴义务人及其他当事人有权拒绝检查。

(二) 调取会计资料的审批和期限

由于调取会计资料可能影响被查对象正常的财务管理,因此税法对这类检查行为在税务机关内部审批权限和期限上施加了额外的限制性规定。

根据《税收征收管理法实施细则》第86条的规定,税务机关检查纳税人的账簿、记账凭证、报表和有关资料,或者检查扣缴义务人代扣代缴、代收代缴税款账簿、记账凭证和有关资料,可以在纳税人、扣缴义务人的业务场所进行;必要时,经县以上税务局(分局)局长批准,可以将纳税人、扣缴义务人以前会计年度的账簿、记账凭证、报表和其他有关资料调回税务机关检查,但是税务机关必须向纳税人、扣缴义务人开付清单,并在3个月内完整退还;有特殊情况的,经设区的市、自治州以上税务局局长批准,税务机关可以将纳税人、扣缴义务人当年的账簿、记账凭证、报表和其他有关资料调回检查,但是税务机关必须在30日内退还。

(三) 查询银行账户的程序性限制

被查对象的银行账户承载着商业秘密、个人隐私,银行账户信息能否向账户所有人以外的第三人开放,关系到《商业银行法》下银行的保密义务,更关系到国家的金融体系安全、稳定,因此税法对授权税务机关查询银行账户始终保持审慎态度,只有在必要情况下才赋予税务机关这项权力。

根据《税收征收管理法》及其实施细则的规定,查询从事生产、经营的纳税人、扣缴义务人在银行或者其他金融机构的存款账户,需要经县以上税务局(分局)局长批准,凭全国统一格式的检查存款账户许可证明方可实施;查询税收违法案件涉嫌人员的储蓄存款,需经设区的市、自治州以上税务局(分局)局长批准方可实施。

(四) 违反程序性要求的法律责任

现行《税收征收管理法》并未明确规定税务检查违反程序性规定后,基于该等税务检查作出的税务行政法律行为的效力会受到怎样的影响。本书认为,应当探究不同程序性要求的目的,分情况处理:有的程序性要求旨在划定税务机关了解信息的限度或权限,或为保障被查对象在特定程序中不受不法侵害,如检查前必须先行通知、询问时必须两人在场等规定。对这一类规定的违反将导致相应行政行为的无效或可撤销;而有的程序性要求的主要目的是确认固定的证据真实、完整以及与原始状态保持一致等,对这一类规定的违反通常仅应导致需补正程序的法律后果。当然,还需考虑相应程序性规定是否在《行政处罚法》《行政复议法》《行政诉讼法》中有实质相同的规定,如有,则原则上应参考这些法律对违反程序性要求的法律后果的规定。

三、纳税人和扣缴义务人在税务检查中的权利和义务

(一)纳税人、扣缴义务人在税务检查中的权利

1. 拒绝违法检查的权利

税务人员进行税务检查时,应当出示税务检查证和税务检查通知书;无税务检查证和税务检查通知书的,纳税人、扣缴义务人及其他当事人有权拒绝检查。

2. 知情权和陈述、申辩权

对税务机关作出的税务行政处理或处罚,纳税人、扣缴义务人有权知道税务机关查明的违法事实、证据和作出处理或处罚的法律依据,并可提出陈述和申辩。税务机关应当认真听取纳税人对违法事实及处理的陈述、申辩,并制作陈述申辩笔录。

3. 听证权

拟对被查对象或者其他涉税当事人作出税务行政处罚的,稽查局应当向其送达《税务行政处罚事项告知书》,告知其依法享有要求听证的权利。被查对象或者其他涉税当事人按照法律、法规、规章要求听证的,应当依法组织听证。

目前未对税务行政处罚听证制定法律或行政法规,其主要的规则依据是国家税务总局在1996年制定的《税务行政处罚听证程序实施办法(试行)》,该试行办法实施多年未予更新,已有部分条款失效。究其原因,主要是在较长的历史期间内,纳税人依法维护自身权益的意识较为薄弱,税务行政处罚听证长期鲜有实践。但现在,纳税人通过申请听证争取权利的案件逐渐增多,因此多地税务机关自行制定了本地的税务听证程序规则。从总体看,税务行政处罚听证程序规则仍有待进一步统一、完善,以便让纳税人更好地行使陈述、申辩权。

4. 要求保密权

纳税人、扣缴义务人有权要求税务机关为纳税人、扣缴义务人的情况保密。但纳税人、扣缴义务人和其他涉税当事人的税收违法行为不属于保密范围。

5. 索取有关单据、凭证权

纳税人、扣缴义务人有权向税务机关索取有关单据、凭证。

（二）纳税人、扣缴义务人在税务检查中的义务

1. 接受依法检查的义务

纳税人、扣缴义务人及其他当事人应主动配合税务机关按法定程序进行的税务检查；如实地向税务机关反映自己的生产经营情况和执行财务制度的情况；不得隐瞒和弄虚作假，不能阻挠、刁难税务机关的检查和监督。

2. 及时提供信息的义务

纳税人除通过税务登记和纳税申报向税务机关提供与纳税有关的信息外，还应及时提供其他信息；如果纳税人有歇业、经营情况变化、遭受各种灾害等特殊情况的，应及时向税务机关说明；协助税务机关依法妥善处理。

第二节 税务稽查制度

一、税务稽查制度概述

《税收征收管理法》中并未对税务稽查作出系统性的规定，仅在第 11 条规定："税务机关负责征收、管理、稽查、行政复议的人员的职责应当明确，并相互分离、相互制约。"除此之外再未提及税务稽查。1995 年，国家税务总局制定了《税务稽查工作规程》，系统性地规定了税务稽查的机制和程序。2009 年修订的《税务稽查工作规程》反映了《税收征收管理法》等上位法的修改对税务稽查程序规则的要求。2021 年，国家税务总局在《税务稽查工作规程》的基础上，系统修改并重新公布了《税务稽查案件办理程序规定》。

税务稽查与税务检查有密切的联系。一方面，税务稽查是由税务稽查机构实施的针对存在偷税、逃避缴纳欠税、抗税、骗税、虚开发票等税收违法嫌疑的情形开展的一项系统性的行为。从这一角度讲，税务稽查也可以被理解为一类特殊的税务检查，其特殊性体现在实施主体、针对情形和适用规则方面，这也是《税收征收管理法实施细则》在第六章"税务检查"的第 85 条第 2 款（法条原文为"税务机关应当制定合理的税务稽查工作规程，负责选案、检查、审理、执行的人员的职责应当明确，并相互分离、相互制约，规范选案程序和检查行为。"）中又提到税务稽查的原因。另一方面，税务稽查作为一项系统性的行为，由选案、检查、审理和执行四个环节组成，其中"检查"环节以查明事实、搜集证据为目的，稽查机构在检查环节可以采取的方式与税务检查的方式基本相同，且应当同时受税务检查有关程序性法律规则的约束。

二、税务稽查的组织机构及职责

(一) 税务稽查组织机构

我国从中央到地方都设立了相应的税务稽查机构,即稽查局,各稽查局在一定的范围之内行使税务稽查权。税务稽查的组织机构分为三级:国家级稽查局;省、自治区、直辖市级稽查局;市(地)县(市)级稽查局。

稽查局在主管税务局的直接领导下工作,上级税务局有权监督下级税务局的稽查工作。上级稽查局可以根据税收违法案件性质、复杂程度、查处难度以及社会影响等情况,组织查处或者直接查处管辖区域内发生的税收违法案件。下级稽查局查处有困难的重大税收违法案件时,可以报请上级稽查局查处。

稽查局应当在所属税务局的征收管理范围内实施税务稽查。税收违法行为由违法行为发生地或者发现地的稽查局查处。税务稽查管辖有争议的,由争议各方本着有利于案件查处的原则逐级协商解决;不能协商一致的,报请共同的上级税务机关协调或决定。

省、自治区、直辖市和计划单列市一级的稽查局可以充分利用税源管理和税收违法情况分析成果,结合本地实际,按照以下标准在管辖区域范围内实施分级分类稽查:(1) 纳税人生产经营规模、纳税规模;(2) 分地区、分行业、分税种的税负水平;(3) 税收违法行为发生频度及轻重程度;(4) 税收违法案件复杂程度;(5) 纳税人产权状况、组织体系构成;(6) 其他合理的分类标准。分级分类稽查应当结合税收违法案件查处、税收专项检查、税收专项整治等相关工作统筹确定。

(二) 稽查机构的行政法律主体资格

稽查局设立之初,法律并未明确赋予其独立的行政法律主体资格。《税收征收管理法》第14条规定:"本法所称税务机关是指各级税务局、税务分局、税务所和按照国务院规定设立的并向社会公告的税务机构。"《税收征收管理法实施细则》第9条规定,按照国务院规定设立的并向社会公告的税务机构,是指省以下税务局的稽查局。基于上述规定,稽查局才开始具有独立行政法律主体资格,可以以自己的名义作出具有法律效力的税务处理决定书、税务处罚决定书及各类程序性通知书等面向纳税人的行政法律文书,并可以作为行政复议的对象。

(三) 稽查机构的职权范围

《税收征收管理法实施细则》第9条第1款规定,"稽查局专司偷税、逃避追缴欠税、骗税、抗税案件的查处。"对此项规定,实践中一度存在的争议有:第一,对于非"偷逃抗骗"违法案件,稽查局有无查处的职权;第二,对于"偷逃抗骗"类案件,税务局的非稽查部门有无查处的职权。

对于第一个问题,基于对"专司"一词的文义解释,应当认为,原则上稽查局不应具有专司范围之外的普遍管辖权,但考虑到是否构成"偷逃抗骗"只有经过稽查程序后才能定性,因此也必须将"偷税、逃避追缴欠税、骗税、抗税案件"理解为"涉嫌偷税、逃避追缴欠税、骗税、抗税案件",即不能完全以最终案件被定性为不构成"偷逃抗骗"而自始否认稽查局对潜在可能存在"偷逃抗骗"行为的案件的管辖权。此外,对于法律另有规定专门程序的反避税调查调整案件,应理解为绝对排除在稽查局的职权范围外,否则将使税务机关有机会规避更严格法律程序的要求进行反避税调查调整,这会违背法律通过特别程序保障纳税人权利的初衷。

对于第二个问题,"专司"似应理解为法律对稽查局职权的单方面限制,即稽查局的权限局限于此,但并未说明税务局非稽查机构的职权不能介入稽查局专司的范畴。然而,《税收征收管理法实施细则》第9条第2款规定:"国家税务总局应当明确划分税务局和稽查局的职责,避免职责交叉",因此从整体视角来看,只有稽查局与税务局非稽查机构应各司其职,不相互介入对方的权限范围,方能实现避免职责交叉的要求。

(四)稽查机构内部职权划分

在职责划分方面,稽查局内设选案、检查、审理、执行四个机构,四机构各司其职,相互制约。

三、税务稽查的选案环节

确定税务稽查对象,即选案,是税务稽查的首要步骤,也是整个稽查工作的基础。税务稽查实践中一般通过以下三种方式来确定稽查对象:1. 通过对案源信息采取计算机分析、人工分析、人机结合分析等方法进行筛选。2. 根据稽查计划,遵循"双随机"规则,按照征管户数的一定比例筛选或随机抽样选择,抽查比例原则上应做到每3—5年实现对所辖企业纳税人的一轮完整检查。3. 根据公民举报、有关部门转办、上级交办、情报交换资料确定。通过以上三种方式确定稽查对象,不仅可以提高效率,还能够全面且准确地了解纳税人、扣缴义务人履行纳税义务的情况,集中力量办大案。为了便于公民举报税务违法案件,各级税务机关应建立税务违法案件举报中心,确保及时受理公民举报的案件。税务稽查对象的确定将直接影响税务稽查的效果,而只有税务机关了解到详细的纳税人信息,才能对其纳税情况进行综合分析,确保选准稽查对象。否则,不但税务稽查职能不能得到充分发挥,还会造成行政资源的浪费。

稽查局应当通过多种渠道获取案源信息，集体研究，合理、准确地选择和确定稽查对象。案源信息是指税务局在税收管理中形成的，以及外部相关单位、部门或者个人提供的纳税人、扣缴义务人和其他涉税纳税人的税收数据、信息和违法行为线索。案源信息的内容具体包括：(1) 纳税人自行申报的税收数据和信息，以及税务局在税收管理过程中形成的税务登记、发票使用、税收优惠、资格认定、出口退税、企业财务报表等涉税数据和信息；(2) 税务局风险管理等部门在风险分析和识别工作中发现并推送的高风险纳税人风险信息；(3) 上级党委、政府、纪检监察等单位和上级税务机关通过督办函、交办函等形式下发的督办、交办任务提供的税收违法线索；(4) 检举人提供的税收违法线索；(5) 受托协查事项形成的税收违法线索；(6) 公安、检察、审计、纪检监察等外部单位以及税务局督察内审、纪检监察等部门提供的税收违法线索；(7) 专项情报交换、自动情报交换和自发情报交换等过程中形成的国际税收情报信息；(8) 稽查局执法过程中形成的案件线索、处理处罚等税务稽查数据；(9) 政府部门和社会组织共享的涉税信息以及税务局收集的社会公共信息等第三方信息；(10) 其他涉税数据、信息和税收违法线索。案源信息以纳税人识别号为标识，一户一档建立案源信息档案。案源信息档案包括基本信息、分类信息、异常信息、共享信息和必要的信息标识等。

为了便于公民举报税务违法案件，各级税务机关应设立税务违法案件举报中心，确保及时受理公民举报的案件。税收违法案件举报中心应当对检举信息进行分析筛选，区分不同情形，经稽查局局长批准后分别处理：(1) 线索清楚，涉嫌偷税、逃避追缴欠税、骗税、虚开发票、制售假发票或者其他严重税收违法行为的，由选案部门列入案源信息；(2) 检举内容不详，无明确线索或者内容重复的，暂存待办；(3) 属于税务局其他部门工作职责范围的，转交相关部门处理；(4) 不属于自己受理范围的检举，将检举材料转送有处理权的单位。

四、税务稽查的检查环节

税务稽查的实施，即检查包括三个步骤：向纳税人发出稽查通知、税务稽查的具体实施以及制作稽查报告。

(一) 稽查通知

在确定了稽查对象后，稽查应全面掌握被稽查者的财务制度、生产经营状况，并向其发出书面的税务检查通知书，告知其稽查开始的具体时间、检查涉及的纳税所属期期限。但预先通知有碍检查的，税务机关可不事先通知。

检查人员实施检查前，应当查阅被查对象的纳税档案，了解被查对象的生产经营情况、所属行业特点、财务会计制度、财务会计处理办法和会计核算软件,熟悉相关税收政策,确定相应的检查方法。

(二)税务稽查的具体实施

《税务稽查案件办理程序规定》在《税收征收管理法》及其实施细则的基础上,进一步细化了对不同检查措施的程序性要求,针对每一类检查方式分别制定了规则。

1. 检查财务会计管理核算电子信息系统

对采用电子信息系统进行管理和核算的被查对象,检查人员可以要求其打开该电子信息系统,或者提供与原始电子数据、电子信息系统技术资料一致的复制件。被查对象拒不打开或者拒不提供的,经稽查局局长批准,可以采用适当的技术手段对该电子信息系统进行直接检查,或者提取、复制电子数据进行检查,但所采用的技术手段不得破坏该电子信息系统原始电子数据,或者影响该电子信息系统正常运行。

2. 调取账簿资料

调取账簿、记账凭证、报表和其他有关资料时,应当向被查对象出具调取账簿资料通知书,并填写调取账簿资料清单交其核对后签章确认。调取纳税人、扣缴义务人以前会计年度的账簿、记账凭证、报表和其他有关资料的,应当经县以上税务局局长批准,并在3个月内完整退还;调取纳税人、扣缴义务人当年的账簿、记账凭证、报表和其他有关资料的,应当经设区的市、自治州以上税务局局长批准,并在30日内退还。退还账簿资料时,应当由被查对象核对调取账簿资料清单,并签章确认。

3. 调取材料原件

需要提取证据材料原件的,应当向当事人出具提取证据专用收据,由当事人核对后签章确认。对需要退还的证据材料原件,检查结束后应当及时退还,并履行相关签收手续。需要将已开具的纸质发票调出查验时,应当向被查验的单位或者个人开具发票换票证;需要将空白纸质发票调出查验时,应当向被查验的单位或者个人开具调验空白发票收据。经查无问题的,应当及时退还,并履行相关签收手续。提取证据材料复制件的,应当由当事人或者原件保存单位(个人)在复制件上注明"与原件核对无误"及原件存放地点,并签章。

4. 询问

询问应当由两名以上检查人员实施。除在被查对象生产、经营、办公场所询问外,应当向被询问人送达询问通知书。询问时应当告知被询问人有关权利义务。询问笔录应当交被询问人核对或者向其宣读;询问笔录有修改的,应当由被询问人在改动处捺指印;核对无误后,由被询问人在尾页结束处写明"以上笔录我看过(或者向我宣读过),与我说的相符",并逐页签章、捺指印。被询问人拒绝在询问笔录上签章、捺指印的,检查人员应当在笔录上注明。当事人、证人可以采取书面或者口头方式陈述或者提供证言。当事人、证人口头陈述或者提供证言的,检查人员应当以笔录、录音、录像等形式进行记录。笔录可以手写或者使用计算机记录并打印,由当事人或者证人逐页签章、捺指印。当事人、证人口头提出变更陈述或者证言的,检查人员应当就变更部分重新制作笔录,注明原因,由当事人或者证人逐页签章、捺指印。当事人、证人变更书面陈述或者证言的,变更前的笔录不予退回。

5. 制作视听资料

制作录音、录像等视听资料的,应当注明制作方法、制作时间、制作人和证明对象等内容。调取视听资料时,应当调取有关资料的原始载体;难以调取原始载体的,可以调取复制件,但应当说明复制方法、人员、时间和原件存放处等事项。对声音资料,应当附有该声音内容的文字记录;对图像资料,应当附有必要的文字说明。

6. 制作电子数据资料

以电子数据的内容证明案件事实的,检查人员可以要求当事人将电子数据打印成纸质资料,在纸质资料上注明数据出处、打印场所、打印时间或者提供时间,注明"与电子数据核对无误",并由当事人签章。需要以有形载体形式固定电子数据的,检查人员应当与提供电子数据的个人、单位的法定代表人或者财务负责人或者经单位授权的其他人员一起将电子数据复制到存储介质上并封存,同时在封存包装物上注明制作方法、制作时间、制作人、文件格式及大小等,注明"与原始载体记载的电子数据核对无误",并由电子数据提供人签章。收集、提取电子数据,检查人员应当制作现场笔录,注明电子数据的来源、事由、证明目的或者对象,提取时间、地点、方法、过程,原始存储介质的存放地点以及对电子数据存储介质的签封情况等。进行数据压缩的,应当在笔录中注明压缩方法和完整性校验值。

7. 实地检查

检查人员实地调查取证时,可以制作现场笔录、勘验笔录,对实地调查取证情况予以记录。制作现场笔录、勘验笔录,应当载明时间、地点和事件等内容,并由检查人员签名和当事人签章。当事人经通知不到场或者拒绝在现场笔录、勘验笔录上签章的,检查人员应当在笔录上注明原因;如有其他人员在场,可以由其签章证明。

8. 异地取证

检查人员异地调查取证的,当地税务机关应当予以协助;发函委托相关稽查局调查取证的,必要时可以派人参与受托地稽查局的调查取证,受托地稽查局应当根据协查请求,依照法定权限和程序调查。需要取得境外资料的,稽查局可以提请国际税收管理部门依照有关规定程序获取。

9. 查询存款账户

查询从事生产、经营的纳税人、扣缴义务人存款账户,应当经县以上税务局局长批准,凭检查存款账户许可证明向相关银行或者其他金融机构查询。查询案件涉嫌人员储蓄存款的,应当经设区的市、自治州以上税务局局长批准,凭检查存款账户许可证明向相关银行或者其他金融机构查询。

《税务稽查案件办理程序规定》明确禁止税务机关以下列方式收集、获取证据材料:(1)严重违反法定程序收集;(2)以违反法律强制性规定的手段获取且侵害他人合法权益;(3)以利诱、欺诈、胁迫、暴力等手段获取。对此规定,应当理解为,一旦有证据证明税务机关据以作出税务违法行为处理、处罚决定的证据是通过上述三种手段获得的,则该决定的法律效力应为无效或可撤销。

(三)制作稽查报告

稽查报告是稽查局检查部门制作的内部文书,要求记载实施检查的过程、收集的证据材料、认定的事实和检查部门对法律适用的初步建议,会随案卷移交审理部门。稽查报告在税务稽查过程中不对被查对象公开,不具有最终行政法律文书的法律效力,但在行政复议时,应当全部提交复议机关进行审查。

五、税务稽查的审理环节

税务稽查的审理工作应交由专门人员进行,符合重大税务案件标准的,稽查局审理后提请税务局重大税务案件审理委员会审理,具体标准由各省、自治区、直辖市根据本辖区经济社会发展状况确定。重大税务案件审理制度是一项为保障税务稽查合法性和适用法律准确性而创设的制度,凡经重大税务案件审理委员会审理作出决定的案件,纳税人对决定不服提起行政复议的,应当以重大税务案件审理委员会所在税务机关为复议被申请人。采用这种上提一级集体审理、上提一级复议的方式,旨在实现税务机关内部对税务稽查活动质量的监督把控,一定程度上更有利于保障纳税人的合法权益。

审理人员应当根据所有与案件相关的资料,对以下内容进行确认:(1)执法主体是否正确;(2)被查对象是否准确;(3)税收违法事实是否清楚,证据是否充分,数据是否准确,资料是否齐全;(4)适用法律、行政法规、规章及其他规范性文件是否适当,定性是否正确;(5)是否符合法定程序;(6)是否超越或者滥用职权;(7)税务处理、处罚建议是否适当;(8)其他应当审核确认的事项或者问题。

审理过程中若发现事实不清、证据不足等情况的,应当通知稽查人员增补。审理结束后,审理人员应当提出综合性审理意见,针对不同情况进行区别处理:(1)有税收违法行为,应当作出税务处理决定的,制作税务处理决定书;(2)有税收违法行为,应当作出税务行政处罚决定的,制作税务行政处罚决定书;(3)税收违法行为轻微,依法可以不予税务行政处罚的,制作不予税务行政处罚决定书;(4)没有税收违法行为的,制作税务稽查结论。

六、税务稽查的执行环节

稽查局应当依法及时送达税务处理决定书、税务行政处罚决定书、不予税务行政处罚决定书、税务稽查结论等税务文书,并依法监督其执行。《税务稽查案件办理程序规定》规定,被查对象有以下情形之一的,经县以上税务局局长批准,稽查局可以依法强制执行,或者依法申请人民法院强制执行:(1)纳税人、扣缴义务人未按照规定的期限缴纳或者解缴税款、滞纳金,责令限期缴纳逾期仍未缴纳的;(2)经稽查局确认的纳税担保人未按照规定的期限缴纳所担保的税款、滞纳金,责令限期缴纳逾期仍未缴纳的;(3)当事人对处罚决定逾期不申请行政复议也不向人民法院起诉、又不履行的;(4)其他可以依法强制执行的。

值得注意的是,《税务稽查案件办理程序规定》所称"依法申请人民法院强制执行"并无法律上的根据。《行政强制法》规定,只有没有行政强制执行权的行政机关可以申请人民法院强制执行。而《税收征收管理法》已经赋予了税务机关独立的强制执行权,因而税务机关理论上不具有申请法院介入税务领域行政强制执行的资格。司法实践中,人民法院也普遍认为,税务机关作为为数不多的法律赋予强制执行权力的行政机关之一,法院不应受理其强制执行申请。

七、税务稽查案件的办理期限

根据《税务稽查案件办理程序规定》的规定,稽查局应当自立案之日起90日内作出行政处理、处罚决定或者无税收违法行为结论。案情复杂需要延期的,经税务局局长批准,可以延长不超过90日;特殊情况或者发生不可抗力需要继续延期的,应当经上一级税务局分管副局长批准,并确定合理的延长期限。对于经税务稽查后需要作出行政处罚决定的,属于《行政处罚法》第 60 条的"另有规定"①,一定程度上使税务行政处罚可以在税务稽查立案后超过 90 日才作出。

由于现行法律法规缺少对税务稽查案件办理期限的刚性规定,很多存疑案件长期无法结案,税务机关对怀疑的税收违法事实也查无实证,因而怠于作出税务稽查结论,使被查对象经营活动的合法性、纳税义务履行的充分性始终处于悬而未决状态,有悖于市场和纳税人对安定性的诉求,也一定程度上削弱了税收法定原则对税法确定性的要求。

八、税务稽查程序与涉税犯罪刑事诉讼程序的衔接

(一)税务稽查机关向司法机关移送案件

对于涉嫌犯罪的税收违法案件,根据《税收征收管理法》《行政处罚法》以及《行政执法机关移送涉嫌犯罪案件的规定》等相关法律法规的规定,税务机关应当向公安机关移送案件的全部材料,同时将案件移送书及有关材料目录抄送人民检察院,不得以行政处罚代替移送,最终由司法机关依法追究刑事责任。

对于偷税违法行为可能构成犯罪的,最高人民法院、最高人民检察院 2024 年公布的《关于办理危害税收征管刑事案件适用法律若干问题的解释》首次明确规定,"纳税人有逃避缴纳税款行为,税务机关没有依法下达追缴通知的,依法不予追究刑事责任",这实质上要求税务机关应当先作出偷税认定并追缴税款,方可移送司法机关。原因在于,对于逃税罪,《刑法》第 201 条第 4 款规定了,有刑法规定的逃税行为,但经税务机关依法下达追缴通知后,补缴应纳税款,缴纳滞纳金,已受行政处罚的,不予追究刑事责任。《刑法》规定这一出罪条款的本意在于,如行政法律手段已能追回所欠税款并实施惩戒,则刑事法律手段不再具有介入必要性,这既是刑法谦抑原则的体现,对逃税违法行为人而言也是一种激励机制,鼓励其尽快按照税务机关的要求补缴税款、接受行政处罚。如未经税务机关处罚而径行追究刑事法律责任,实则剥夺了违法行为人适用该出罪条款的机会,这既非公平对待违法行为人的,亦使刑法该条款的立法目的落空。

对于虚开发票类案件,虽然法律法规并未作出明确规定,但本书认为,如涉及移送刑事司法,税务机关也应当先作出虚开的认定。原因在于,虚开发票类犯罪归根结底属于行政犯罪,唯有在税法上构成了虚开,才有可能成立刑事犯罪。至于税法上是否构成虚开,应属税法专业判断,宜遵循司法尊让行政的原则,由

---

① 《行政处罚法》第 60 条规定:"行政机关应当自行政处罚案件立案之日起九十日内作出行政处罚决定。法律、法规、规章另有规定的,从其规定。"

税务机关优先作出认定。在主观上不具有骗税故意、客观上未造成国家税款损失的虚开发票行为不构成犯罪的刑事司法裁判观点下，刑法上构成犯罪的虚开发票范畴已经远远小于税法上虚开发票的范畴，如税务行政执法上不认为构成虚开发票，则必然没有进一步追究刑事责任的必要；反之，若刑法上先介入评价并认定为虚开发票犯罪，而税务机关此后并不追究行为人的行政责任，则必然形成行政与司法观点的冲突，不利于税收法律秩序的统一和稳定。

（二）司法机关向税务稽查机关反向移送案件

所谓"反向移送"，指刑事司法机关根据刑法、刑事诉讼法的相关规定，经侦查或审查起诉，将认为不构成犯罪或依法可以不提起公诉、不追究刑事责任的税收违法行为，移送税务稽查机关进行行政处罚和查补税款。最高人民检察院《关于推进行政执法与刑事司法衔接工作的规定》中明确，"对被不起诉人需要给予行政处罚的，经检察长批准，人民检察院应当向同级有关主管机关提出检察意见，自不起诉决定作出之日起三日以内连同不起诉决定书一并送达。人民检察院应当将检察意见抄送同级司法行政机关，主管机关实行垂直管理的，应当将检察意见抄送其上级机关。"

随着最高人民检察院《关于建立涉案企业合规第三方监督评估机制的指导意见（试行）》的实行，大量税收犯罪案件可以适用企业合规第三方机制。在通过了检察机关和第三方监督评估专家组织的企业合规整改验收后，纳税人在刑事诉讼程序上获得了免于刑事处罚的结果。于是，检察机关向税务稽查机关移送案件并提出检察意见要求税务稽查机关后续依法进行行政处罚和查补税款，成为近年来"反向移送"的高发情形。由此带来的实践问题是，纳税人虽然获得了免于提起公诉的刑事处理结果，但仍面临补缴税款、滞纳金和罚款的沉重经济责任和行政法律责任，特别是在虚开增值税专用发票类案件中，税款、滞纳金、罚款的金额总和往往远大于在刑事诉讼程序中需要承担的追回违法所得、罚金刑的金额，这使得刑事合规第三方机制不但没有有效发挥挽救企业、引导企业合规经营、避免因刑事处罚导致企业家丧失经营管理企业能力或企业无法正常运营的积极作用，反而可能形成"逆向激励"，令违法企业宁可选择接受刑事处罚，也不愿在完成合规整改后继续承担税务上的经济和行政法律责任。由此可见，税收犯罪与税务稽查"反向移送"法律制度进一步完善的首要目标，是真正激励企业税务合规经营，为纳税人提供有效的、合规整改后"再出发"的机会。为此，可以考虑的完善方向应当包括构建刑事与税务行政管理"互认"的税务合规整改监督评估机制及相应法律责任减免制度。

本 章 小 结

税务检查和税务稽查是税款征收过程中必不可少的监督制度,是查处纳税人税收违法行为、减少国家税收流失的重要保障。本章介绍了税务检查的含义、形式、主要内容以及权限范围,重点介绍了税务检查中征纳双方的权力(利)和义务。其中,最为重要的是法律对税务机关税务检查行为的各项程序性规定。程序合法性是审查税务检查有无不当侵害纳税人合法权益的重要依据,与其他法律部门或法律领域一样,以程序正义保障税收的实质正义,是税收法治的重要实现手段,也是未来我国税收程序立法不断深化和完善的重要命题。

思考题

1. 梳理税务检查程序中征纳双方的权利和义务,分析总结法律是如何试图实现征纳双方权利义务平衡的。
2. 辨析"税务检查"和"税务稽查"的概念。
3. 总结归纳我国现行税务检查、税务稽查法律法规的不足之处。
4. 结合后续章节的学习,思考和总结税务稽查在追究税务行政、刑事违法责任中的作用。

第三十二章　税务代理制度

第一节　税务代理制度概述

一、税务代理的概念及特征

(一) 税务代理的概念

税务代理是税务代理人在法定范围内,接受纳税人、扣缴义务人的委托,以纳税人、扣缴义务人的名义,代为办理税务事宜的专业法律行为。税务代理属于民事代理的一种,具有民事代理的普遍特征。

根据代理范围的不同,代理可分为全权代理、特别代理与专项代理。依据代理权产生根据的不同,又可分为委托代理、法定代理和指定代理。税务代理是一种专项代理,也属于委托代理的范畴。税务代理是一项社会性中介事务,具有民事代理的一般共性,我国的《民法典》等民事立法对代理制度的相应规定在税务代理中同样适用。此外,税务代理也有其自身的特殊性。

(二) 税务代理的特征

1. 主体特定性

委托人即被代理人,是指授权税务代理人代为自己办理涉税业务的单位和个人。受托人即税务代理人,是指受托为委托人办理涉税业务的组织和个人。从实际情况看,委托人主要是纳税人和扣缴义务人,在某些国家有时也可能是税务机关;税务代理人则是由精通税法和财务会计等知识的会计师、审计师和退职税务人员通过全国统一考试或经过挑选考核的合格者充任。我国的税务代理通常由税务师担任,税务师必须加入一个依法批准设立的税务师事务所才能够执业。

2. 委托事项法定性

税务代理的委托事项是由法律规定而非当事人任意设定的。

3. 代理服务的有偿性

与一般的民事代理不同,除非法律有特殊规定,否则税务代理必须是有偿的。这是因为,税务代理虽然不是普通意义上的垄断行业,但是实践中往往行业竞争性不足,税务代理人提供的是一种专家式的智力型服务,无偿代理可能会导致代理机构之间的不正当竞争。

4. 税收法律责任的不转嫁性

税务代理作为民事代理的一种,并不改变纳税人、扣缴义务人对其本身所固有的法律关系的承担。当然,税务师对于税务代理过程中因为自身过错所造成的纳税人、扣缴义务人的损失要承担责任。在有些国家,税务代理人要承担转嫁责任,被课以较高的注意义务并承担较重的责任。

二、税务代理的业务范围

税务代理的业务是指按照法律的规定,税务代理人依法可以从事的税务代理事项。我国税务代理的业务范围为:办理税务登记、变更税务登记和注销税务登记手续;办理除增值税专用发票外的发票领购手续;办理纳税申报或扣缴税款报告;办理缴纳税款和申请退税手续;制作涉税文书;审查纳税情况;建账建制,办理账务;受理税务咨询、受聘税务顾问;办理税务行政复议手续;办理国家税务总局规定的其他业务等。

2015 年 11 月,人力资源社会保障部、国家税务总局公布《税务师职业资格制度暂行规定》,之前的《注册税务师资格制度暂行规定》被废止。《税务师职业资格制度暂行规定》没有对税务代理的业务范围作出明确规定,但是上述范围在具体业务实践中仍然可参照适用。

第二节 税务代理主体

一、税务师管理制度

(一)税务师职业资格

1. 税务师职业资格考试

在我国,税务师原名注册税务师,国家此前实行统一的注册税务师资格制度,原人事部、国家税务总局制定了详细的注册税务师资格认定考试与执业规定。近年来,根据《国务院机构改革和职能转变方案》和《国务院关于取消和调整一批行政审批项目等事项的决定》(国发〔2014〕27 号)有关取消"注册税务师职业资格许可和认定"的要求,将注册税务师更名为税务师,英文为 Tax Advisor (TA),并对税务师职业资格实行统一考试的评价方式。人力资源社会保障部、国家税务总局于 2015 年 11 月公布了《税务师职业资格制度暂行规定》和《税务师职业资格考试实施办法》。"国家设立税务师水平评价类职业资格制度,面向社会提供税务专业人员能力水平评价服务,纳入全国专业技术人员职业资格证书制度统一规划。"

根据《税务师职业资格制度暂行规定》的规定,税务师职业资格实行全国统一大纲、统一命题、统一组织的考试制度。凡是中华人民共和国公民,遵守国家法律、法规,恪守职业道德,具有完全民事行为能力,并符合下列相应条件之一的,可报名参加税务师职业资格考试:(1)取得经济学、法学、管理学学科门类大学专科学历,从事经济、法律相关工作满2年;或者取得其他学科门类大学专科学历,从事经济、法律相关工作满3年。(2)取得经济学、法学、管理学学科门类大学本科及以上学历(学位);或者取得其他学科门类大学本科学历,从事经济、法律相关工作满1年。

根据《税务师职业资格考试实施办法》的规定,税务师资格考试设置《税法(一)》《税法(二)》《涉税服务实务》《涉税服务相关法律》和《财务与会计》5个科目。同时,已评聘经济、审计等高级专业技术职务,从事涉税工作满两年的,可免试《财务与会计》科目;已评聘法律高级专业技术职务,从事涉税工作满两年的,可免试《涉税服务相关法律》科目。考试成绩实行5年为一个周期的滚动管理办法,在连续的5个考试年度内参加全部(5个)科目的考试并合格,可取得税务师职业资格证书。

2. 登记

根据《税务师职业资格制度暂行规定》的规定,税务师职业资格考试合格,由全国税务师行业协会颁发人力资源社会保障部、国家税务总局监制,全国税务师行业协会用印的《中华人民共和国税务师职业资格证书》(简称税务师职业资格证书)。该证书在全国范围有效。税务师职业资格证书实行登记服务制度。税务师职业资格证书登记服务的具体工作由全国税务师行业协会负责。各级税务师行业协会定期向社会公布税务师职业资格证书的登记情况,建立持证人员的诚信档案,并向社会提供相关信息查询服务。

3. 管理

根据《税务师职业资格制度暂行规定》的规定,通过税务师职业资格考试并取得职业资格证书的人员,表明其已具备从事涉税专业服务的职业能力和水平。人力资源社会保障部、国家税务总局共同负责税务师职业资格制度的政策制定,并按职责分工对税务师职业资格制度的实施进行指导、监督和检查。全国税务师行业协会具体承担税务师职业资格考试的评价与管理工作。

同时,取得税务师职业资格证书的人员,应当自觉接受各级税务师行业协会的管理,在工作中违反法律法规及相关规定或者职业道德,造成不良影响的,由全国税务师行业协会取消登记,收回其职业资格证书并向社会公告。各级税务师行业协会在税务师职业资格登记服务工作中,应当严格遵守国家和本行业的各项管理规定以及协会章程。

(二)税务师的权利与义务

按照《税务师职业资格制度暂行规定》第13条的规定,取得税务师职业资格证书的人员,应当遵守国家法律、法规、规章及税务师行业相关制度、准则,恪守职业道德,秉承独立、客观、公正原则,维护国家利益和委托人的合法权益。此外,为了规范涉税专业服务,维护国家税收利益和纳税人合法权益,国家税务总局于2017年5月发布了《涉税专业服务监管办法(试行)》,并通过2019年公布的《关于进一步完善涉税专业服务监管制度有关事项的公告》对相关规定进行了完善。2023年9月,国家税务总局还公布了《涉税专业服务基本准则(试行)》《涉税专业服务职业道德守则(试行)》等部门规章,促进涉税专业服务规范发展。税务师接受纳税人、扣缴义务人的委托,在办理纳税申报代理、一般税务咨询、专业税务顾问、税收策划、涉税鉴证、纳税情况审查等税务事项代理和涉税服务时,需要遵守上述文件的规定。

理论上,税务师在执业时,依法享有以下权利:(1)可以向税务机关查询税收法律、法规、规章和其他规范性文件;(2)可以要求委托人提供相关会计、经营等涉税资料(包括电子数据),以及其他必要的协助;(3)可以对税收政策存在的问题向税务机关提出意见和修改建议,可以对税务机关和税务人员的违法、违纪行为提出批评或者向上级主管部门反映。

同时,理论上,税务师接受当事人委托进行执业时,应履行下列义务:(1)税务师执业由税务师事务所委派,个人不得擅自承接业务;(2)税务师应当在对外出具的涉税文书上签字、盖章,并对其真实性、合法性负责;(3)税务师执业中发现委托人有违规行为并可能影响审核报告的公正、诚信时,应当予以劝阻;劝阻无效的,应当终止执业;(4)税务师应保守委托人的商业秘密;(5)税务师应按规定接受专业技术人员继续教育,不断更新知识,接受税务师管理机构组织的专业培训和考核;(6)税务师应当对业务助理人员的工作进行指导与审核,并对其工作结果负责;(7)税务师与委托人有利害关系的,应当回避。

二、税务师事务所管理制度

在我国,从事税务代理的税务师必须加入一个税务师事务所。税务师事务所是从事税务代理的法定机构。按照法律责任形式的划分,我国法律确认了有限责任制税务师事务所和合伙制税务师事务所。同时,合伙制税务师事务所又可以进一步分为普通合伙税务师事务所和特殊普通合伙税务师事务所。为了规范税务师事务所行政登记、促进税务师行业健康发展，国家税务总局于2017年8月发布了《税务师事务所行政登记规程（试行）》，对税务师事务所的行政登记与监督实施等事项作了详细规定。①

根据上述规定，税务师事务所采取合伙制或者有限责任制组织形式的，除国家税务总局另有规定外，应具备下列条件：(1)合伙人或者股东由税务师、注册会计师、律师担任，其中税务师占比应高于百分之五十；(2)有限责任制税务师事务所的法定代表人由股东担任；(3)税务师、注册会计师、律师不能同时在两家以上的税务师事务所担任合伙人、股东或者从业；(4)税务师事务所字号不得与已经行政登记的税务师事务所字号重复。行政相对人办理税务师事务所行政登记，应当自取得营业执照之日起20个工作日内向所在地省税务机关提交下列材料：(1)《税务师事务所行政登记表》；(2)营业执照复印件；(3)国家税务总局规定的其他材料。

行政相对人提交材料齐全、符合法定形式的，省税务机关即时受理；材料不齐全或者不符合法定形式的，一次性告知需要补正的全部材料。省税务机关自受理材料之日起20个工作日内办理税务师事务所行政登记。符合行政登记条件的，将税务师事务所名称、合伙人或者股东、执行事务合伙人或者法定代表人、职业资格人员等有关信息在门户网站公示，公示期不得少于5个工作日。公示期满无异议或者公示期内有异议，但经调查异议不实的，予以行政登记，颁发纸质《登记证书》或者电子证书，证书编号使用统一社会信用代码。省税务机关在门户网站、电子税务局和办税服务场所对取得《登记证书》的税务师事务所的相关信息进行公告，同时将《税务师事务所行政登记表》报送国家税务总局，抄送省税务师行业协会。不符合行政登记条件或者公示期内有异议，经调查确不符合行政登记条件的，出具《税务师事务所行政登记不予登记通知书》并公告，同时将有关材料抄送工商行政管理部门。

税务师事务所的名称、组织形式、经营场所、合伙人或者股东、执行事务合伙人或者法定代表人等事项发生变更的，应当自办理工商变更之日起20个工作日内向省税务机关提交材料，办理变更行政登记。省税务机关自受理材料之日起15个工作日内办理变更行政登记。

税务师事务所注销工商登记前，应当向所在地省税务机关提交材料，办理终

---

① 《国家税务总局关于修改部分税收规范性文件的公告》（国家税务总局公告2018年第31号）对这一规范进行了修改。

止行政登记。终止情形属实的,予以终止行政登记。省税务机关在门户网站、电子税务局和办税服务场所对税务师事务所终止情况进行公告,同时将《税务师事务所变更/终止行政登记表》报送国家税务总局,抄送省税务师行业协会。税务师事务所注销工商登记前未办理终止行政登记的,省税务机关公告宣布行政登记失效。

第三节 税务代理法律关系

一、税务代理法律关系的确立

税务代理法律关系的确立是指税务代理双方通过签订委托代理协议确认彼此的权利和义务,建立起税务代理法律关系。

税务师承办代理业务,由其所在的税务代理机构统一受理,并与被代理人签订委托代理协议书,税务代理人不得私自和委托人签订委托合同。

委托代理协议书应当载明代理人和被代理人名称、代理事项、代理权限、代理期限以及其他应明确的内容(代理费用、付款方式、违约责任以及争议解决方式等),并由税务师及其所在的税务代理机构和被代理人签名盖章。双方均在委托代理协议上签字盖章后,税务代理协议即生效,税务代理法律关系即告确立。

税务代理人应当按委托协议书约定的代理内容、代理权限和代理期限进行税务代理。

二、税务代理法律关系的变更

实际情形的复杂多变使得税务代理过程中会出现预料不到的情况,税务代理协议的执行可能会超越原有的约定,这就需要对原来的委托代理协议进行变更,即变更双方的税务代理法律关系。税务代理法律关系的变更是指税务代理法律关系内容和客体的变更,而不包括税务代理法律关系主体的变更,因为税务师在税务师事务所执业,与当事人签订税务代理合同的是事务所。变更具体的代理业务执行人属于代理协议内容的变更,而不是主体的变更。变更税务师事务所则属于签订新的税务代理协议。

三、税务代理法律关系的终止

税务代理法律关系的终止,是指因为出现法律规定的或者约定的事由,而终止代理协议从而消灭双方的权利义务关系。

税务代理法律关系的终止分为法定终止和自然终止。

1. 法定情形下的单方终止。法定情形下的单方终止可分为被代理人与代理人的单方终止。有下列情形之一的,被代理人在代理期限内可单方终止代理行为:(1)税务代理执行人已死亡;(2)税务代理人被注销资格;(3)税务代理人未按委托代理协议书的规定办理代理业务;(4)税务代理机构已破产、解体或被解散。

有下列情形之一的,税务代理人在委托期限内可单方终止代理行为:(1)被代理人死亡或解散;(2)被代理人授意税务代理人实施违反国家法律、行政法规的行为,经劝告仍不停止其违法活动的;(3)被代理人提供虚假的生产、经营情况和财务会计报表,造成代理错误或被代理人自己实施违反国家法律、行政法规的行为。

被代理人或税务代理人按规定单方终止委托代理关系的,终止方应及时通知另一方,并向当地税务机关报告,同时公布终止决定。

2. 税务代理期限届满,委托协议书届时失效,税务代理关系自然终止。

第四节 税务代理制度评析

一、税务代理制度存在的问题

税务代理在我国的建立,有效地配合了税收征管方式的改革,可以帮助纳税人准确纳税,提高了税收征管效率,在维护国家税收效益和纳税人权益方面发挥了积极作用。近年来,为了规范税务代理执业行为,保证税务代理执业质量,国家先后制定了诸多规范文件,开展了专项的执法检查,税务代理行业得到了长足的发展。但是总体而言,该行业仍然存在许多需要改善的方面,当前的问题集中体现在以下几点:

(一)税务代理的有效需求不足,代理率较低

我国目前委托税务代理的户数还较少,比例较低,与世界上许多国家相比有较大差距。例如,日本有85%以上的企业委托税务师事务所代办纳税事宜;美国约50%的企业和几乎100%的个人将纳税事宜委托税务代理人代为办理;澳大利亚约有70%以上的纳税人也是通过税务代理人办理涉税事宜的,而我国委托税务代理的纳税人仅占9%。在我国,受到社会经济发展水平、税务行政管理能力等因素的影响,加上实行以流转税为主体的税制模式,市场对税务代理制度的需求远低于西方发达国家。另外,这种有限的、潜在的需求要真正变为现实行

为,还受制于税收法治环境。我国税收法治环境有待改善,部分纳税人选择通过"人情税"或者税收舞弊来解决纳税问题,这进一步限制了对税务代理制度的有效需求。近年来,随着我国个人所得税制度的改革,纳税人法律意识不断增强。实践中,社会各界对于税务代理的需求急剧增加,这也为税务代理行业的发展带来新的机遇。

(二)行业自律机制不健全

尽管我国在国家税务总局已经建立起独立的税务代理行业行政管理机构,但税务代理行业的自律管理却面临着机构不顺、管理乏力的局面,作为税务代理工作的行业自律组织——中国注册税务师协会(前身为中国税务咨询协会)成立时间较早,其章程和各项规定中的大部分条款已不能适应当前税务代理工作发展的需要。而且,各地的协会在实际工作中并未真正起到自我教育、自我管理、自我服务作用,税务代理的自律也亟待加强。随着税务代理行业的竞争越来越激烈,纳税人和税务机关对税务代理的期望和执业要求越来越高,行业监管不力必然使得税务代理的执业风险越来越大。

二、税务代理制度的完善

(一)加大对税务代理业务的宣传

要广泛深入地向社会进行宣传,侧重对税务代理业务的必要性、业务内容以及相关法律法规的宣传,让人们逐步形成正确的认识,提高纳税人自觉寻求税务代理的意识,促使对税务代理的潜在需求转化为现实的需求。

(二)实施税务代理的规范化管理

1. 不断完善、充分发挥协会的行业自律职能

税务代理行业的自律管理虽然只是行政管理的补充和辅助,但绝不能因为补充和辅助的地位而忽视其作用,不能只强调政府的行政管理而弱化行业自律管理。

从长期的发展来看,行业协会的自律管理往往发挥着较为重要的作用。实践中,中国注册税务师协会作为我国税务师和税务师事务所组成的行业民间自律管理组织,其协会章程已经对行业自律机构的职责进行了明确规定,今后需要进一步完善,以实现行业协会自我教育、自我管理、自我服务的功能。例如,行业协会应该对税务师及税务代理机构进行监督、指导或劝告,督促他们遵守有关的规章制度,开展税务代理制度、行业发展和技术操作等方面的调查研究,组织理论探讨和经验交流;组织对税务师进行职业道德和专业技能的教育培训和考核;

对税务代理制度及有关业务活动进行宣传;开展与国内和国际税务代理人员、团体之间的交流;保障税务师依法执业,维护其合法权益;调解税务师执业活动中的纠纷等。

2. 建立税务代理机构的信誉评级机制,加大社会监督力度

税务代理机构的信誉评级属于管理层监管范畴之外的社会性监督,应由税务代理管理机构组织独立的信誉评级机构实施,而税务代理管理机构不应直接介入。信誉评级作为对税务代理机构服务质量和服务水平的分析评价,应包括如下几方面内容:代理机构的整体规模因素(包括注册资金、专业技术人员的数量和素质、分支机构分布情况等);内部制度因素(包括税务代理风险赔偿保险制度、执业质量控制制度等内部制度的制定和执行情况);历史业绩因素(包括代理业务收入、客户数量及性质、代理责任事故的数量和处理情况)等。在决定并公布被评代理机构的信誉等级后,还必须进行跟踪评级,适时作出变更或不变更已评定信誉等级的决定。

本 章 小 结

税务代理是税务代理人在法定范围内,接受纳税人、扣缴义务人的委托,以纳税人、扣缴义务人的名义,代为办理税务事宜的一种专门行为。它是民事代理的一种,具有民事代理的特征。我国的税务代理人主要是税务师及税务师事务所,税务师须通过国家统一考试(或考核),加入税务师事务所方能执业。税务师事务所是从事税务代理的法定机构。税务代理在我国的发展还不长,尚未能引起应有的重视。本章最后分析了我国税务代理制度存在的问题,并就如何完善进行了相应的阐述。

思考题

1. 试述税务代理的特征。
2. 试述对税务代理人的认识。
3. 谈谈你对税务代理的性质的认识。

税收程序法之二·税收处罚法

绪 论

一、税收处罚法的概念

税收处罚,是指公民、法人或者其他组织违反税收征收管理秩序,依法应当承担行政法律责任和刑事法律责任,而由税务机关或司法机关依法对其实施一定制裁的措施。税收处罚法是对税收活动中违法犯罪行为进行处罚的法律规范的总称。

我国税收处罚法由四部分构成:(1)《税收征收管理法》"法律责任"一章对税收违法行为的行政处罚规定;(2)《刑法》对逃税、抗税、骗税等税收犯罪行为的刑事罚则;(3)最高人民法院和最高人民检察院对税收犯罪所做的司法解释和规定;(4)其他单行税法和其他法规中有关税收违法处罚的规定。

二、税收处罚的形式

根据目前我国税收处罚法律的规定,税收处罚分为税务行政处罚和税务违法刑事处罚两大类。有些违法行为在可能受到行政处罚外,构成刑事犯罪的,还会受到刑事处罚。

1. 税务行政处罚

税务行政处罚是指公民、法人或者其他组织有违反税收征收管理秩序的违法行为,尚未构成犯罪,依法应当承担行政法律责任,由税务机关依法对其实施一定制裁的措施。它是调整和维护税收行政法律关系的一种有力手段。

税务行政处罚属于行政处罚的范畴,执行处罚的主体是税务机关,即必须是具有执法主体资格的各级税务机关；客体是违反法律、法规的管理相对人，包括纳税人、扣缴义务人、纳税担保人以及其他与税务行政处罚有直接利害关系的当事人。税务机关进行税务行政处罚的法律依据是《行政处罚法》和《税收征收管理法》。2021年7月15日，修订后的《行政处罚法》开始施行。相较于2017年的《行政处罚法》，2021年的《行政处罚法》对行政处罚的概念、行政处罚的种类、行政处罚的设定、适用规则、追责时效等做了较大的修订。2021年《行政处罚法》将对税务行政处罚产生深远影响。未来一段时间内，《税收征收管理法》等税务行政处罚相关法律和规定将作出相应修改。鉴于目前《税收征收管理法》等法律法规尚未修订，下文有关税务行政处罚的内容仍以现行《税收征收管理法》等法律法规为准。

2. 税务违法刑事处罚

税务违法刑事处罚是指行为人实施了严重的税收违法行为，触犯了刑法，享有刑事处罚权的国家机关对违反税收刑事法律规范，依法应当给予刑事处罚的公民、法人或者其他组织给予法律制裁的行为。

税务违法刑事处罚具有以下特征：(1) 实施刑事处罚的主体是依法享有刑事处罚权的国家机关，包括公安机关、检察机关、法院；(2) 税务违法刑事处罚是对公民、法人或者其他组织违反税收刑事法律规范行为的处罚；(3) 税务违法刑事处罚所采取的制裁是刑事制裁。

适用于涉税犯罪的刑罚主要有以下几种：(1) 拘役；(2) 有期徒刑和无期徒刑；(3) 罚金；(4) 没收财产。

第三十三章 税务行政处罚

税务行政处罚的客体包括纳税人、扣缴义务人、纳税担保人以及其他与税务行政处罚有直接利害关系的当事人。本章将分别介绍纳税人、扣缴义务人、纳税担保人以及其他主体违反税法义务时,应承担的税收行政法律责任。

第一节 纳税人、扣缴义务人、纳税担保人违反税法义务的税收行政法律责任

一、违反税务登记管理规定的税收行政法律责任

(一)税务登记等义务

《税收征收管理法》第 15 条第 1 款规定:"企业,企业在外地设立的分支机构和从事生产、经营的场所,个体工商户和从事生产、经营的事业单位(以下统称从事生产、经营的纳税人)自领取营业执照之日起三十日内,持有关证件,向税务机关申报办理税务登记。税务机关应当于收到申报的当日办理登记并发给税务登记证件。"《税收征收管理法》第 16 条规定:"从事生产、经营的纳税人,税务登记内容发生变化的,自工商行政管理机关办理变更登记之日起三十日内或者在向工商行政管理机关申请办理注销登记之前,持有关证件向税务机关申报办理变更或者注销税务登记。"

(二)违反上述义务的行政法律责任

根据《税收征收管理法》第 60 条第 1 款的规定,纳税人未按照规定的期限申报办理税务登记、变更或者注销登记的,"由税务机关责令限期改正,可以处二千元以下的罚款;情节严重的,处二千元以上一万元以下的罚款"。此处应该注意,有关法律规定中的"可以"应该理解为:是否处以罚款以及具体的罚款数额由税务机关根据违法情节、事实以及违法者的态度等方面在法律规定的区间内自由裁量决定。

《税收征收管理法》第 60 条第 2 款规定:"纳税人不办理税务登记的,由税务机关责令限期改正;逾期不改正的,经税务机关提请,由工商行政管理机关吊销其营业执照。"

《税收征收管理法》第 60 条第 3 款规定:"纳税人未按照规定使用税务登记证件,或者转借、涂改、损毁、买卖、伪造税务登记证件的,处二千元以上一万元以下的罚款;情节严重的,处一万元以上五万元以下的罚款。"

二、违反账簿、凭证设置、保管规定的税收行政法律责任

(一)账簿等设置、保管义务

根据《税收征收管理法》第 19 条的规定,纳税人、扣缴义务人按照有关法律、行政法规和国务院财政、税务主管部门的规定设置账簿,根据合法、有效凭证记账,进行核算。

根据《税收征收管理法》第 24 条第 1 款的规定,从事生产、经营的纳税人、扣缴义务人必须按照国务院财政、税务主管部门规定的保管期限保管账簿、记账凭证、完税凭证及其他有关资料。

(二)违反上述义务的行政法律责任

根据《税收征收管理法》第 60 条第 1 款的规定,纳税人未按照规定设置、保管账簿或者保管记账凭证和有关资料的,"由税务机关责令限期改正,可以处二千元以下的罚款;情节严重的,处二千元以上一万元以下的罚款"。

根据《税收征收管理法》第 61 条的规定:"扣缴义务人未按照规定设置、保管代扣代缴、代收代缴税款账簿或者保管代扣代缴、代收代缴税款记账凭证及有关资料的,由税务机关责令限期改正,可以处二千元以下的罚款;情节严重的,处二千元以上五千元以下的罚款。"

三、违反纳税申报等义务的税收行政法律责任

(一)纳税申报等义务

《税收征收管理法》第 25 条规定:"纳税人必须依照法律、行政法规规定或者税务机关依照法律、行政法规的规定确定的申报期限、申报内容如实办理纳税申报,报送纳税申报表、财务会计报表以及税务机关根据实际需要要求纳税人报送的其他纳税资料。扣缴义务人必须依照法律、行政法规规定或者税务机关依照法律、行政法规的规定确定的申报期限、申报内容如实报送代扣代缴、代收代缴税款报告表以及税务机关根据实际需要要求扣缴义务人报送的其他有关资料。"

(二)违反上述义务的行政法律责任

根据《税收征收管理法》第 60 条第 1 款的规定,纳税人未按照规定将财务、会计制度或者财务、会计处理办法和会计核算软件报送税务机关备查的,以及未按照规定将其全部银行账号向税务机关报告的,"由税务机关责令限期改正,可

以处二千元以下的罚款;情节严重的,处二千元以上一万元以下的罚款"。

《税收征收管理法》第62条规定:"纳税人未按照规定的期限办理纳税申报和报送纳税资料的,或者扣缴义务人未按照规定的期限向税务机关报送代扣代缴、代收代缴税款报告表和有关资料的,由税务机关责令限期改正,可以处二千元以下的罚款;情节严重的,可以处二千元以上一万元以下的罚款。"

根据《税收征收管理法》第63条的规定,纳税人伪造、变造、隐匿、擅自销毁账簿、记账凭证,或者在账簿上多列支出或者不列、少列收入,或者经税务机关通知申报而拒不申报或者进行虚假的纳税申报,不缴或者少缴应纳税款的,是偷税。对纳税人偷税的,由税务机关追缴其不缴或者少缴的税款、滞纳金,并处不缴或者少缴的税款百分之五十以上五倍以下的罚款。扣缴义务人采取前款所列手段,不缴或者少缴已扣、已收税款,由税务机关追缴其不缴或者少缴的税款、滞纳金,并处不缴或者少缴的税款百分之五十以上五倍以下的罚款。

《税收征收管理法》第64条规定:"纳税人、扣缴义务人编造虚假计税依据的,由税务机关责令限期改正,并处五万元以下的罚款。纳税人不进行纳税申报,不缴或者少缴应纳税款的,由税务机关追缴其不缴或者少缴的税款、滞纳金,并处不缴或者少缴的税款百分之五十以上五倍以下的罚款。"

实例演示

某市税务局稽查局查明,某网络主播在2019年至2020年间,通过隐匿个人收入、虚构业务转换收入性质虚假申报等方式偷逃税款6.43亿元,其他少缴税款0.6亿元。因此,依法对某网络主播作出税务行政处理处罚决定,追缴税款、加收滞纳金并处罚款共计13.41亿元。

对于该案罚款金额的确定,该市税务局稽查局做了如下解释:《税收征收管理法》第63条第1款规定,对纳税人偷税的,由税务机关追缴其不缴或者少缴的税款、滞纳金,并处不缴或者少缴的税款百分之五十以上五倍以下的罚款。税务局稽查局的处罚决定坚持了依法依规、宽严相济、过罚相当的原则,充分考虑了违法行为的事实、性质、情节和社会危害程度等因素。

一方面,对该网络主播主动纠错的偷逃税等违法行为依法从轻处理。该网络主播能够对其隐匿个人收入的偷税行为进行自查并到税务机关提交补税申请,配合调查主动补缴税款5亿元,占查实偷逃税款的78%,并主动报告税务机关尚未掌握的涉税违法行为,具有主动减轻违法行为危害后果等情节。为此,税务局稽查局依据《行政处罚法》第32条的规定,按照《某省税务行政处罚裁量基准》，给予其从轻处罚，对该网络主播隐匿收入偷税但主动补缴和报告的少缴税款处0.6倍罚款。

另一方面，对该网络主播未能纠错的违法行为视危害程度依法严肃处理。根据《税收征收管理法》的规定，按照《某省税务行政处罚裁量基准》，该网络主播隐匿收入偷税且未主动补缴部分，性质恶劣，严重危害国家税收安全，扰乱税收征管秩序，对其予以从重处罚，处4倍罚款；该网络主播虚构业务转换收入性质虚假申报偷税部分，较隐匿收入不申报行为，违法情节和危害程度相对较轻，处1倍罚款。

四、违反税控装置安装、使用义务的税收行政法律责任

（一）税控设置等义务

《税收征收管理法》第23条规定："国家根据税收征收管理的需要，积极推广使用税控装置。纳税人应当按照规定安装、使用税控装置，不得损毁或者擅自改动税控装置。"

（二）违反上述义务的行政法律责任

根据《税收征收管理法》第60条第1款的规定，纳税人未按照规定安装、使用税控装置，或者损毁或者擅自改动税控装置的，"由税务机关责令限期改正，可以处二千元以下的罚款；情节严重的，处二千元以上一万元以下的罚款"。

五、违反发票开具、印制等义务的税收行政法律责任

（一）发票开具、印制等义务

《税收征收管理法》第21条规定："税务机关是发票的主管机关，负责发票印制、领购、开具、取得、保管、缴销的管理和监督。单位、个人在购销商品、提供或者接受经营服务以及从事其他经营活动中，应当按照规定开具、使用、取得发票。发票的管理办法由国务院规定。"

《税收征收管理法》第22条规定："增值税专用发票由国务院税务主管部门指定的企业印制；其他发票，按照国务院税务主管部门的规定，分别由省、自治区、直辖市国家税务局、地方税务局指定企业印制。未经前款规定的税务机关指定，不得印制发票。"

（二）违反上述义务的行政法律责任

《税收征收管理法》第71条规定："违反本法第二十二条规定，非法印制发票的，由税务机关销毁非法印制的发票，没收违法所得和作案工具，并处一万元以

上五万元以下的罚款……"

六、妨碍追缴欠缴税款义务的税收行政法律责任

（一）依法纳税的义务

《税收征收管理法》第4条第3款规定："纳税人、扣缴义务人必须依照法律、行政法规的规定缴纳税款、代扣代缴、代收代缴税款。"

《税收征收管理法》第49条规定："欠缴税款数额较大的纳税人在处分其不动产或者大额资产之前，应当向税务机关报告。"

（二）违反上述义务的行政法律责任

《税收征收管理法》第65条规定："纳税人欠缴应纳税款，采取转移或者隐匿财产的手段，妨碍税务机关追缴欠缴的税款的，由税务机关追缴欠缴的税款、滞纳金，并处欠缴税款百分之五十以上五倍以下的罚款……"

七、逃避、拒绝、阻挠税务检查应承担的税收行政法律责任

（一）接受税务检查的义务

《税收征收管理法》第56条规定："纳税人、扣缴义务人必须接受税务机关依法进行的税务检查，如实反映情况，提供有关资料，不得拒绝、隐瞒。"

（二）违反上述义务的行政法律责任

《税收征收管理法》第70条规定："纳税人、扣缴义务人逃避、拒绝或者以其他方式阻挠税务机关检查的，由税务机关责令改正，可以处一万元以下的罚款；情节严重的，处一万元以上五万元以下的罚款。"

实例演示

2012年12月12日，某县地方税务局稽查局向某公司送达了《税务检查通知书》和《调取账簿资料通知书》，要求某公司接受检查并于同年12月13日前将其2009年1月1日至2011年12月31日的账簿、记账凭证等相关资料送到稽查局进行检查，某公司以其账簿丢失为由未向该稽查局提供。

2013年6月25日和7月1日，该稽查局先后向某公司送达了《税务事项通知书》和《责令限期改正通知书》，再次要求该公司分别于2013年6月28日前和2013年7月2日前将其2009年1月1日至2011年12月31日的账簿、记账凭证等相关资料送到稽查局，某公司亦未向稽查局提供账簿资料或其账簿丢失的任何证明材料。

2013年7月23日,该稽查局向某公司送达了《税务行政处罚事项告知书》,对某公司未提供账簿资料的行为拟处5万元的罚款,并告知某公司有陈述、申辩和3日内要求听证的权利。某公司未进行陈述、申辩或要求听证。同时,某公司仍未向稽查局提供账簿资料。

后经检查,税务机关认定该公司构成偷税,并对某公司拒绝税务机关检查的行为,拟处5万元的罚款。某公司后诉至法院,法院经审理认定,税务机关于2013年6月25日向某公司下达了《税务事项通知书》,7月1日下达了《责令限期改正通知书》,要求某公司提供账簿、记账凭证等相关资料,2013年7月12日再次要求某公司提供资料,并告知拒不提供应当承担的法律责任,某公司以账簿、凭证等资料被盗抢丢失为由一直未提供,也没有提供上述资料被盗抢的证据。据此,税务机关认定该公司的行为属于逃避、拒绝或阻挠税务机关检查并无不当。

八、骗取出口退税应承担的税收行政法律责任

根据《税收征收管理法》第66条的规定,以假报出口或者其他欺骗手段,骗取国家出口退税款的,由税务机关追缴其骗取的退税款,并处骗取税款一倍以上五倍以下的罚款。对骗取国家出口退税款的,税务机关可以在规定期间内停止为其办理出口退税。

 实例演示

某公司是自营和代理各类商品和技术等进出口业务的公司。2016年5月26日,某市税务局稽查局对某公司进行税务稽查,调查过程中稽查局发现该公司与多家公司之间发生的86笔业务存在虚假,涉及出口额20271108.54美元,增值税专用发票247份,金额92572791.20元,税额15737374.64元;已退税额13559298.86元,未退税额8481910.08元;稽查局决定向该公司追缴骗取的退税款13559298.86元,不予退税款2178075.78元,并停止为其办理出口退税两年。

九、抗税应承担的税收行政法律责任

《税收征收管理法》第67条规定:"以暴力、威胁方法拒不缴纳税款的,是抗

税,除由税务机关追缴其拒缴的税款、滞纳金外,依法追究刑事责任。情节轻微,未构成犯罪的,由税务机关追缴其拒缴的税款、滞纳金,并处拒缴税款一倍以上五倍以下的罚款。"

十、不缴或者少缴税款的税收行政法律责任

《税收征收管理法》第 68 条规定:"纳税人、扣缴义务人在规定期限内不缴或者少缴应纳或者应解缴的税款,经税务机关责令限期缴纳,逾期仍未缴纳的,税务机关除依照本法第四十条的规定采取强制执行措施追缴其不缴或者少缴的税款外,可以处不缴或者少缴的税款百分之五十以上五倍以下的罚款。"

十一、违反应扣未扣、应收未收税款义务的税收行政法律责任

(一)扣缴义务人的代扣代缴、代收代缴税款义务

根据《税收征收管理法》第 4 条第 3 款的规定,扣缴义务人必须依照法律、行政法规的规定代扣代缴、代收代缴税款。

(二)违反上述义务的行政法律责任

《税收征收管理法》第 69 条规定:"扣缴义务人应扣未扣、应收而不收税款的,由税务机关向纳税人追缴税款,对扣缴义务人处应扣未扣、应收未收税款百分之五十以上三倍以下的罚款。"

 实例演示

某税务局稽查局在实施税务检查中发现,辖区内某科技有限公司对某车友平台车险用户成交车险后支付的款项负有代扣代缴个人所得税的义务,但某科技有限公司未代扣代缴。该税务稽查局于 2021 年 11 月 25 日向某科技有限公司下达《税务事项通知书》,责成某科技有限公司限期内补扣补缴个人所得税,限期内某科技有限公司未补扣补缴。2022 年 1 月 6 日,该税务稽查局根据《税收征收管理法》第 69 条的规定,对某科技有限公司处罚款 2392049.93 元。

第二节 其他主体违反税法的税收行政法律责任

一、税务代理人的税收行政法律责任

《税收征收管理法》第 89 条规定:"纳税人、扣缴义务人可以委托税务代理人

代为办理税务事宜。"

根据《税收征收管理法实施细则》第 98 条的规定，税务代理人违反税收法律、行政法规，造成纳税人未缴或者少缴税款的，除由纳税人缴纳或者补缴应纳税款、滞纳金外，对税务代理人处纳税人未缴或者少缴税款百分之五十以上三倍以下的罚款。

二、为纳税主体的违法行为提供便利者的税收行政法律责任

（一）纳税人、扣缴义务人的开户银行或者其他金融机构违反协助义务的行政法律责任

《税收征收管理法》第 73 条规定："纳税人、扣缴义务人的开户银行或者其他金融机构拒绝接受税务机关依法检查纳税人、扣缴义务人存款帐户，或者拒绝执行税务机关作出的冻结存款或者扣缴税款的决定，或者在接到税务机关的书面通知后帮助纳税人、扣缴义务人转移存款，造成税款流失的，由税务机关处十万元以上五十万元以下的罚款，对直接负责的主管人员和其他直接责任人员处一千元以上一万元以下的罚款。"

（二）为纳税人、扣缴义务人非法提供其他方便者的行政法律责任

《税收征收管理法实施细则》第 93 条规定："为纳税人、扣缴义务人非法提供银行账户、发票、证明或者其他方便，导致未缴、少缴税款或者骗取国家出口退税款的，税务机关除没收其违法所得外，可以处未缴、少缴或者骗取的税款 1 倍以下的罚款。"

本 章 小 结

税收处罚分为税务行政处罚和税务违法刑事处罚两大类，税务行政处罚是对违反税收法律法规但尚未构成犯罪的行为进行的行政制裁，而税务违法刑事处罚则是对构成犯罪的税务违法行为进行的刑事制裁。鉴于两者在性质、适用条件和处罚措施等方面存在明显区别，本章和下一章分别介绍了税务行政处罚和税务违法刑事处罚。

依据税务行政处罚的不同客体，本章内容分为两部分，一是纳税人、扣缴义务人、纳税担保人违反税法的税收行政法律责任；二是税务代理人、为纳税主体的违法行为提供便利者等其他主体违反税法的税收行政法律责任。同时，依据违法行为的不同类型，本章还全面呈现了相关义务人实施各类具体违法行为应承担的税收行政法律责任。

思考题

1. 简述纳税人纳税申报义务的主要内容及违反这些义务的税收行政法律责任。
2. 简述骗取出口退税应承担的税收行政法律责任。
3. 简述违反应扣未扣、应收未收税款义务的税收行政法律责任。

第三十四章 税务违法刑事处罚

我国现行《刑法》第二编第三章第六节专设"危害税收征管罪"一节（第201条至第212条），涉及的犯罪包括逃税罪、抗税罪、逃避追缴欠税罪、骗取出口退税罪等危害税款征收犯罪，以及虚开增值税专用发票罪、伪造增值税专用发票罪等危害发票管理的犯罪。此外，《税收征收管理法》《刑法》还对税务执法人员涉税职务犯罪做了规定。本章将根据涉税犯罪的种类对相关涉税犯罪及其刑事责任作简单介绍。

第一节 危害税款征收犯罪及其刑事责任

一、逃税罪及其刑事责任

逃税是指纳税人采取欺骗、隐瞒手段进行虚假纳税申报或者不申报，逃避缴纳税款数额较大并且占应纳税额百分之十以上的行为，以及扣缴义务人采取欺骗、隐瞒手段，不缴或者少缴已扣、已收税款，数额较大的行为。

《刑法》第201条规定："纳税人采取欺骗、隐瞒手段进行虚假纳税申报或者不申报，逃避缴纳税款数额较大并且占应纳税额百分之十以上的，处三年以下有期徒刑或者拘役，并处罚金；数额巨大并且占应纳税额百分之三十以上的，处三年以上七年以下有期徒刑，并处罚金。扣缴义务人采取前款所列手段，不缴或者少缴已扣、已收税款，数额较大的，依照前款的规定处罚。对多次实施前两款行为，未经处理的，按照累计数额计算。有第一款行为，经税务机关依法下达追缴通知后，补缴应纳税款，缴纳滞纳金，已受行政处罚的，不予追究刑事责任；但是，五年内因逃避缴纳税款受过刑事处罚或者被税务机关给予二次以上行政处罚的除外。"

最高人民检察院、公安部《关于公安机关管辖的刑事案件立案追诉标准的规定（二）》第52条规定："逃避缴纳税款，涉嫌下列情形之一的，应予立案追诉：（一）纳税人采取欺骗、隐瞒手段进行虚假纳税申报或者不申报，逃避缴纳税款，数额在十万元以上并且占各税种应纳税总额百分之十以上，经税务机关依法下达追缴通知后，不补缴应纳税款、不缴纳滞纳金或者不接受行政处罚的；（二）纳税人五年内因逃避缴纳税款受过刑事处罚或者被税务机关给予二次以上行政处罚,又逃避缴纳税款,数额在十万元以上并且占各税种应纳税总额百分之十以上的;(三)扣缴义务人采取欺骗、隐瞒手段,不缴或者少缴已扣、已收税款,数额在十万元以上的。纳税人在公安机关立案后再补缴应纳税款、缴纳滞纳金或者接受行政处罚的,不影响刑事责任的追究。"

二、抗税罪及其刑事责任

抗税是指负有纳税义务或者代扣代缴、代收代缴义务的个人或者企业事业单位的直接责任人员,故意违反税收法规,以暴力、威胁方法拒不缴纳税款的行为。

《刑法》第 202 条规定:"以暴力、威胁方法拒不缴纳税款的,处三年以下有期徒刑或者拘役,并处拒缴税款一倍以上五倍以下罚金;情节严重的,处三年以上七年以下有期徒刑,并处拒缴税款一倍以上五倍以下罚金。"

最高人民检察院、公安部《关于公安机关管辖的刑事案件立案追诉标准的规定(二)》第 53 条规定:"以暴力、威胁方法拒不缴纳税款,涉嫌下列情形之一的,应予立案追诉:(一)造成税务工作人员轻微伤以上的;(二)以给税务工作人员及其亲友的生命、健康、财产等造成损害为威胁,抗拒缴纳税款的;(三)聚众抗拒缴纳税款的;(四)以其他暴力、威胁方法拒不缴纳税款的。"

三、逃避追缴欠税罪及其刑事责任

逃避追缴欠税是指纳税人欠缴应纳税款,采取转移或者隐匿财产的手段,致使税务机关无法追缴欠缴的税款且数额较大的行为。

《刑法》第 203 条规定:"纳税人欠缴应纳税款,采取转移或者隐匿财产的手段,致使税务机关无法追缴欠缴的税款,数额在一万元以上不满十万元的,处三年以下有期徒刑或者拘役,并处或者单处欠缴税款一倍以上五倍以下罚金;数额在十万元以上的,处三年以上七年以下有期徒刑,并处欠缴税款一倍以上五倍以下罚金。"

最高人民检察院、公安部《关于公安机关管辖的刑事案件立案追诉标准的规定(二)》第 54 条规定:"纳税人欠缴应纳税款,采取转移或者隐匿财产的手段,致使税务机关无法追缴欠缴的税款,数额在一万元以上的,应予立案追诉。"

四、骗取出口退税罪及刑事责任

骗取出口退税是指采取假报出口或者其他欺骗手段,骗取国家出口退税款数额较大的行为。

《刑法》第 204 条规定:"以假报出口或者其他欺骗手段,骗取国家出口退税款,数额较大的,处五年以下有期徒刑或者拘役,并处骗取税款一倍以上五倍以下罚金;数额巨大或者有其他严重情节的,处五年以上十年以下有期徒刑,并处骗取税款一倍以上五倍以下罚金;数额特别巨大或者有其他特别严重情节的,处十年以上有期徒刑或者无期徒刑,并处骗取税款一倍以上五倍以下罚金或者没收财产。纳税人缴纳税款后,采取前款规定的欺骗方法,骗取所缴纳的税款的,依照本法第二百零一条的规定定罪处罚;骗取税款超过所缴纳的税款部分,依照前款的规定处罚。"

2002 年《最高人民法院关于审理骗取出口退税刑事案件具体应用法律若干问题的解释》对"假报出口""其他欺骗手段"的认定以及其他审理骗取出口退税刑事案件具体应用法律的若干问题做了解释。所谓"假报出口","是指以虚构已税货物出口事实为目的,具有下列情形之一的行为:(一)伪造或者签订虚假的买卖合同;(二)以伪造、变造或者其他非法手段取得出口货物报关单、出口收汇核销单、出口货物专用缴款书等有关出口退税单据、凭证;(三)虚开、伪造、非法购买增值税专用发票或者其他可以用于出口退税的发票;(四)其他虚构已税货物出口事实的行为"。所谓"其他欺骗手段",是指具有下列情形之一:"(一)骗取出口货物退税资格的;(二)将未纳税或者免税货物作为已税货物出口的;(三)虽有货物出口,但虚构该出口货物的品名、数量、单价等要素,骗取未实际纳税部分出口退税款的;(四)以其他手段骗取出口退税款的。"

最高人民检察院、公安部《关于公安机关管辖的刑事案件立案追诉标准的规定(二)》第 55 条规定:"以假报出口或者其他欺骗手段,骗取国家出口退税款,数额在 5 万元以上的,应予立案追诉。"

上海洪翀骗税案

2016 年 5 月,上海市税务局成功组织查处洪翀等人骗取出口退税。经查实,2012 年 10 月至 2014 年 8 月间,洪翀假借他人不需办理出口退税的商品,以上海乾景进出口有限公司名义报关出口;同时伙同林旨升以支付开票费的方法,让他人虚开增值税专用发票,用于办理出口退税,累计骗取出口退税 1500 余万元。该案主犯洪翀犯骗取出口退税罪,被判处有期徒刑12年,剥夺政治权利2年,并处罚金800万元;另一主犯林旨升犯骗取出口退税罪,判处有期徒刑11年,剥夺政治权利2年,并处罚金710万元。

第二节 危害发票管理犯罪及其刑事责任

一、虚开增值税专用发票、虚开用于骗取出口退税和抵扣税款的其他发票罪及其刑事责任

虚开增值税专用发票、虚开用于骗取出口退税和抵扣税款的其他发票是指虚开增值税专用发票或者虚开用于骗取出口退税、抵扣税款的其他发票的行为,简称虚开专用发票罪。虚开上述发票,是指为他人虚开、为自己虚开、让他人为自己虚开、介绍他人虚开上述发票之一的行为。

《刑法》第205条规定:"虚开增值税专用发票或者虚开用于骗取出口退税、抵扣税款的其他发票的,处三年以下有期徒刑或者拘役,并处二万元以上二十万元以下罚金;虚开的税款数额较大或者有其他严重情节的,处三年以上十年以下有期徒刑,并处五万元以上五十万元以下罚金;虚开的税款数额巨大或者有其他特别严重情节的,处十年以上有期徒刑或者无期徒刑,并处五万元以上五十万元以下罚金或者没收财产。单位犯本条规定之罪的,对单位判处罚金,并对其直接负责的主管人员和其他直接责任人员,处三年以下有期徒刑或者拘役;虚开的税款数额较大或者有其他严重情节的,处三年以上十年以下有期徒刑;虚开的税款数额巨大或者有其他特别严重情节的,处十年以上有期徒刑或者无期徒刑。虚开增值税专用发票或者虚开用于骗取出口退税、抵扣税款的其他发票,是指有为他人虚开、为自己虚开、让他人为自己虚开、介绍他人虚开行为之一的。"

《刑法修正案(八)》在第205条后增加一条,作为第205条之一,即"虚开本法第二百零五条规定以外的其他发票,情节严重的,处二年以下有期徒刑、拘役或者管制,并处罚金;情节特别严重的,处二年以上七年以下有期徒刑,并处罚金。单位犯前款罪的,对单位判处罚金,并对其直接负责的主管人员和其他直接责任人员,依照前款的规定处罚"。

最高人民检察院、公安部《关于公安机关管辖的刑事案件立案追诉标准的规定(二)》第54条规定:"虚开增值税专用发票或者虚开用于骗取出口退税、抵扣税款的其他发票,虚开的税款数额在十万元以上或者造成国家税款损失数额在五万元以上的,应予立案追诉。"第57条规定:"虚开刑法第二百零五条规定以外

的其他发票,涉嫌下列情形之一的,应予立案追诉:(一)虚开发票金额累计在五十万元以上的;(二)虚开发票一百份以上且票面金额在三十万元以上的;(三)五年内因虚开发票受过刑事处罚或者二次以上行政处罚,又虚开发票,数额达到第一、二项标准百分之六十以上的。"

二、伪造、出售伪造的增值税专用发票罪及其刑事责任

伪造、出售伪造的增值税专用发票,是指仿照国家增值税专用发票的式样,使用各种方法非法制造假增值税专用发票冒充真增值税发票或者出售伪造的假增值税专用发票的行为。

《刑法》第206条规定:"伪造或者出售伪造的增值税专用发票的,处三年以下有期徒刑、拘役或者管制,并处二万元以上二十万元以下罚金;数量较大或者有其他严重情节的,处三年以上十年以下有期徒刑,并处五万元以上五十万元以下罚金;数量巨大或者有其他特别严重情节的,处十年以上有期徒刑或者无期徒刑,并处五万元以上五十万元以下罚金或者没收财产。单位犯本条规定之罪的,对单位判处罚金,并对其直接负责的主管人员和其他直接责任人员,处三年以下有期徒刑、拘役或者管制;数量较大或者有其他严重情节的,处三年以上十年以下有期徒刑;数量巨大或者有其他特别严重情节的,处十年以上有期徒刑或者无期徒刑。"

最高人民检察院、公安部《关于公安机关管辖的刑事案件立案追诉标准的规定(二)》第58条规定:"伪造或者出售伪造的增值税专用发票,涉嫌下列情形之一的,应予立案追诉:(一)票面税额累计在十万元以上的;(二)伪造或者出售伪造的增值税专用发票十份以上且票面税额在六万元以上的;(三)非法获利数额在一万元以上的。"

三、非法出售增值税专用发票罪及其刑事责任

非法出售增值税专用发票是指违反国家有关发票管理法规,故意非法出售增值税专用发票的行为。

《刑法》第207条规定:"非法出售增值税专用发票的,处三年以下有期徒刑、拘役或者管制,并处二万元以上二十万元以下罚金;数量较大的,处三年以上十年以下有期徒刑,并处五万元以上五十万元以下罚金;数量巨大的,处十年以上有期徒刑或者无期徒刑,并处五万元以上五十万元以下罚金或者没收财产。"

最高人民检察院、公安部《关于公安机关管辖的刑事案件立案追诉标准的规定(二)》第59条规定:"非法出售增值税专用发票,涉嫌下列情形之一的,应予立

案追诉:(一)票面税额累计在十万元以上的;(二)非法出售增值税专用发票十份以上且票面税额在六万元以上的;(三)非法获利数额在一万元以上的。"

四、非法购买增值税专用发票或者购买伪造的增值税专用发票罪及其刑事责任

非法购买增值税专用发票或者购买伪造的增值税专用发票是指违反国家对增值税专用发票的管理规定,非法购买增值税专用发票或者购买伪造的增值税专用发票的行为。

《刑法》第 208 条规定:"非法购买增值税专用发票或者购买伪造的增值税专用发票的,处五年以下有期徒刑或者拘役,并处或者单处二万元以上二十万元以下罚金。非法购买增值税专用发票或者购买伪造的增值税专用发票又虚开或者出售的,分别依照本法第二百零五条、第二百零六条、第二百零七条的规定定罪处罚。"

最高人民检察院、公安部《关于公安机关管辖的刑事案件立案追诉标准的规定(二)》第 60 条规定:"非法购买增值税专用发票或者购买伪造的增值税专用发票,涉嫌下列情形之一的,应予立案追诉:(一)非法购买增值税专用发票或者购买伪造的增值税专用发票二十份以上且票面税额在十万元以上的;(二)票面税额累计在二十万元以上的。"

五、非法制造、出售非法制造的用于骗取出口退税、抵扣税款发票罪及其刑事责任

非法制造、出售非法制造的用于骗取出口退税、抵扣税款发票是指违反国家发票管理制度,伪造、擅自制造或者出售伪造、擅自制造的可以用于骗取出口退税、抵扣税款的其他发票的行为。

《刑法》第 209 条第 1 款规定:"伪造、擅自制造或者出售伪造、擅自制造的可以用于骗取出口退税、抵扣税款的其他发票的,处三年以下有期徒刑、拘役或者管制,并处二万元以上二十万元以下罚金;数量巨大的,处三年以上七年以下有期徒刑,并处五万元以上五十万元以下罚金;数量特别巨大的,处七年以上有期徒刑,并处五万元以上五十万元以下罚金或者没收财产。"

最高人民检察院、公安部《关于公安机关管辖的刑事案件立案追诉标准的规定(二)》第 61 条规定:"伪造、擅自制造或者出售伪造、擅自制造的用于骗取出口退税、抵扣税款的其他发票,涉嫌下列情形之一的,应予立案追诉:(一)票面可以退税、抵扣税额累计在十万元以上的;(二)伪造、擅自制造或者出售伪造、擅自制造的发票十份以上且票面可以退税、抵扣税额在六万元以上的;(三)非法获利数额在一万元以上的。"

六、非法制造、出售非法制造的其他发票罪及其刑事责任

非法制造、出售非法制造的其他发票是指违反国家发票管理法规,伪造、擅自制造或者出售伪造、擅自制造的用于骗取出口退税、抵扣税款的发票以外的其他发票的行为。

《刑法》第209条第2款规定:"伪造、擅自制造或者出售伪造、擅自制造的前款规定以外的其他发票的,处二年以下有期徒刑、拘役或者管制,并处或者单处一万元以上五万元以下罚金;情节严重的,处二年以上七年以下有期徒刑,并处五万元以上五十万元以下罚金。"

最高人民检察院、公安部《关于公安机关管辖的刑事案件立案追诉标准的规定(二)》第62条规定:"伪造、擅自制造或者出售伪造、擅自制造的不具有骗取出口退税、抵扣税款功能的其他发票,涉嫌下列情形之一的,应予立案追诉:(一)伪造、擅自制造或者出售伪造、擅自制造的不具有骗取出口退税、抵扣税款功能的其他发票一百份以上且票面金额累计在三十万元以上的;(二)票面金额累计在五十万元以上的;(三)非法获利数额在一万元以上的。"

七、非法出售用于骗取出口退税、抵扣税款发票罪及其刑事责任

非法出售用于骗取出口退税、抵扣税款发票是指违反国家发票管理法规,非法出售除增值税专用发票以外的可以用于骗取出口退税、抵扣税款的其他发票的行为。行为人所出售的必须是真实发票,如果出售伪造、擅自制造的可以用于骗取出口退税、抵扣税款的发票,则构成出售非法制造的用于骗取出口退税、抵扣税款的发票罪。

根据《刑法》第209条第3款的规定,非法出售可以用于骗取出口退税、抵扣税款的其他发票的,"处三年以下有期徒刑、拘役或者管制,并处二万元以上二十万元以下罚金;数量巨大的,处三年以上七年以下有期徒刑,并处五万元以上五十万元以下罚金;数量特别巨大的,处七年以上有期徒刑,并处五万元以上五十万元以下罚金或者没收财产"。

最高人民检察院、公安部《关于公安机关管辖的刑事案件立案追诉标准的规定(二)》第63条规定:"非法出售可以用于骗取出口退税、抵扣税款的其他发票,涉嫌下列情形之一的,应予立案追诉:(一)票面可以退税、抵扣税额累计在十万元以上的;(二)非法出售用于骗取出口退税、抵扣税款的其他发票十份以上且

票面可以退税、抵扣税额在六万元以上的;(三)非法获利数额在一万元以上的。"

八、非法出售其他发票罪及其刑事责任

非法出售其他发票是指违反国家发票管理法规,非法出售除增值税专用发票和可以用于骗取出口退税、抵扣税款的发票以外的其他发票的行为。行为人所出售的必须是真实发票,如果出售伪造、擅自制造的其他发票,则构成出售非法制造的发票罪。

根据《刑法》第 209 条第 4 款的规定,非法出售第 3 款规定以外的其他发票的,依照第二款的规定处罚,即"处二年以下有期徒刑、拘役或者管制,并处或者单处一万元以上五万元以下罚金;情节严重的,处二年以上七年以下有期徒刑,并处五万元以上五十万元以下罚金。"

根据最高人民检察院、公安部《关于公安机关管辖的刑事案件立案追诉标准的规定(二)》第 64 条规定:"非法出售增值税专用发票、用于骗取出口退税、抵扣税款的其他发票以外的发票,涉嫌下列情形之一的,应予立案追诉:(一)非法出售增值税专用发票、用于骗取出口退税、抵扣税款的其他发票以外的发票一百份以上且票面金额累计在三十万元以上的;(二)票面金额累计在五十万元以上的;(三)非法获利数额在一万元以上的。"

九、盗窃发票罪、骗取发票罪及其刑事责任

盗窃发票是指违反国家发票管理法规,盗窃增值税专用发票或者可以用于骗取出口退税、抵扣税款的其他发票的行为。

根据《刑法》第 210 条第 1 款的规定,盗窃增值税专用发票或者可以用于骗取出口退税、抵扣税款的其他发票的,依照本法第 264 条盗窃罪的规定定罪处罚,即"盗窃公私财物,数额较大的,或者多次盗窃、入户盗窃、携带凶器盗窃、扒窃的,处三年以下有期徒刑、拘役或者管制,并处或者单处罚金;数额巨大或者有其他严重情节的,处三年以上十年以下有期徒刑,并处罚金;数额特别巨大或者有其他特别严重情节的,处十年以上有期徒刑或者无期徒刑,并处罚金或者没收财产"。

骗取发票是指违反国家发票管理法规,使用欺骗手段骗取增值税发票或者可以用于骗取出口退税、抵扣税款的其他发票的行为。

根据《刑法》第 210 条第 2 款的规定,使用欺骗手段骗取增值税专用发票或者可以用于骗取出口退税、抵扣税款的其他发票的,依照本法第 266 条诈骗罪的规定定罪处罚,即"诈骗公私财物,数额较大的,处三年以下有期徒刑、拘役或者管制,并处或者单处罚金;数额巨大或者有其他严重情节的,处三年以上十年以下有期徒刑,并处罚金;数额特别巨大或者有其他特别严重情节的,处十年以上有期徒刑或者无期徒刑,并处罚金或者没收财产。本法另有规定的,依照规定"。

十、持有伪造的发票罪及其刑事责任

持有伪造的发票是指违反国家发票管理法规,明知是伪造的发票而持有,并且数量较大的行为。

《刑法》第 210 条之一规定:"明知是伪造的发票而持有,数量较大的,处二年以下有期徒刑、拘役或者管制,并处罚金;数量巨大的,处二年以上七年以下有期徒刑,并处罚金。单位犯前款罪的,对单位判处罚金,并对其直接负责的主管人员和其他直接责任人员,依照前款的规定处罚。"

《最高人民检察院、公安部关于公安机关管辖的刑事案件立案追诉标准的规定(二)的补充规定》第 65 条规定:"明知是伪造的发票而持有,涉嫌下列情形之一的,应予立案追诉:(一) 持有伪造的增值税专用发票或者可以用于骗取出口退税、抵扣税款的其他发票五十份以上且票面税额累计在二十五万元以上的;(二) 持有伪造的增值税专用发票或者可以用于骗取出口退税、抵扣税款的其他发票票面税额累计在五十万元以上的;(三) 持有伪造的第一项规定以外的其他发票一百份以上且票面金额在五十万元以上的;(四) 持有伪造的第一项规定以外的其他发票票面金额累计在一百万元以上的。"

第三节 税务执法人员职务犯罪的刑事责任

一、税务人员唆使、协助纳税人、扣缴义务人犯罪的刑事责任

根据《税收征收管理法》第 80 条的规定,税务人员与纳税人、扣缴义务人勾结,唆使或者协助纳税人、扣缴义务人有本法第 63 条逃税、第 65 条逃避追缴欠税、第 66 条骗取国家出口退税的行为,构成犯罪的,依法追究刑事责任。

二、税务人员收受、索取纳税人、扣缴义务人财物行为的刑事责任

《税收征收管理法》第 81 条规定:"税务人员利用职务上的便利,收受或者索取纳税人、扣缴义务人财物或者谋取其他不正当利益,构成犯罪的,依法追究刑事责任。"

三、税务人员徇私舞弊或者玩忽职守的刑事责任

《税收征收管理法》第 77 条第 2 款规定:"税务人员徇私舞弊,对依法应当移交司法机关追究刑事责任的不移交,情节严重的,依法追究刑事责任。"

《税收征收管理法》第 82 条第 1 款规定:"税务人员徇私舞弊或者玩忽职守,不征或者少征应征税款,致使国家税收遭受重大损失,构成犯罪的,依法追究刑事责任。"

《刑法》第 404 条规定:"税务机关的工作人员徇私舞弊,不征或者少征应征税款,致使国家税收遭受重大损失的,处五年以下有期徒刑或者拘役;造成特别重大损失的,处五年以上有期徒刑。"

根据《最高人民检察院关于渎职侵权犯罪案件立案标准的规定》渎职犯罪案件第 14 项的规定,徇私舞弊不征、少征税款罪是指税务机关工作人员徇私舞弊,不征、少征应征税款,致使国家税收遭受重大损失的行为。涉嫌下列情形之一的,应予立案:1. 徇私舞弊不征、少征应征税款,致使国家税收损失累计达 10 万元以上的;2. 上级主管部门工作人员指使税务机关工作人员徇私舞弊不征、少征应征税款,致使国家税收损失累计达 10 万元以上的;3. 徇私舞弊不征、少征应征税款不满 10 万元,但具有索取或者收受贿赂或者其他恶劣情节的;4. 其他致使国家税收遭受重大损失的情形。

《刑法》第 405 条第 1 款规定:"税务机关的工作人员违反法律、行政法规的规定,在办理发售发票、抵扣税款、出口退税工作中,徇私舞弊,致使国家利益遭受重大损失的,处五年以下有期徒刑或者拘役;致使国家利益遭受特别重大损失的,处五年以上有期徒刑。"

《最高人民检察院关于渎职侵权犯罪案件立案标准的规定》第 15 项规定:"徇私舞弊发售发票、抵扣税款、出口退税罪是指税务机关工作人员违反法律、行政法规的规定,在办理发售发票、抵扣税款、出口退税工作中徇私舞弊,致使国家利益遭受重大损失的行为。涉嫌下列情形之一的,应予立案:1. 徇私舞弊,致使国家税收损失累计达 10 万元以上的;2. 徇私舞弊,致使国家税收损失累计不满 10 万元,但发售增值税专用发票 25 份以上或者其他发票 50 份以上或者增值税专用发票与其他发票合计 50 份以上,或者具有索取、收受贿赂或者其他恶劣情节的;3. 其他致使国家利益遭受重大损失的情形。"

《刑法》第 405 条第 2 款规定:"其他国家机关工作人员违反国家规定,在提供出口货物报关单、出口收汇核销单等出口退税凭证的工作中,徇私舞弊,致使国家利益遭受重大损失的,依照前款的规定处罚。"

《最高人民检察院关于渎职侵权犯罪案件立案标准的规定》渎职犯罪案件第16项规定:"违法提供出口退税凭证罪是指海关、外汇管理等国家机关工作人员违反国家规定,在提供出口货物报关单、出口收汇核销单等出口退税凭证的工作中徇私舞弊,致使国家利益遭受重大损失的行为。涉嫌下列情形之一的,应予立案:1.徇私舞弊,致使国家税收损失累计达10万元以上的;2.徇私舞弊,致使国家税收损失累计不满10万元,但具有索取、收受贿赂或者其他恶劣情节的;3.其他致使国家利益遭受重大损失的情形。"

■ 案件聚焦

熊某受贿、徇私舞弊不征少征税款案

2009年至2017年12月,被告人熊某在担任黄冈市税务局机关服务中心主任、总经济师及武穴市税务局局长期间,利用职务之便,为他人谋取利益,收受他人所送财物共计24.35万元。被告人熊某在担任武穴市税务局党组书记、局长期间,徇私舞弊少征湖北中牧公司税款2500511.48元。

法院审理后认为,被告人熊某身为国家机关工作人员,利用职务的便利或影响,收受他人贿赂24.35万元,其行为构成受贿罪。被告人熊某在担任武穴市国家税务局党组书记、局长期间,利用职权,徇私舞弊少征湖北中牧公司税款2500511.48元,造成特别重大损失,其行为构成徇私舞弊不征、少征税款罪。最终法院判令:一、将熊某违法所得由扣押机关依法上缴国库。二、熊某犯受贿罪,判处有期徒刑1年1个月,并处罚金10万元;犯徇私舞弊不征、少征税款罪,判处有期徒刑4年,数罪并罚,决定执行有期徒刑4年10个月,并处罚金10万元。

四、税务人员滥用职权应承担的刑事责任

《税收征收管理法》第79条规定:"税务机关、税务人员查封、扣押纳税人个人及其所扶养家属维持生活必需的住房和用品的,责令退还,依法给予行政处分;构成犯罪的,依法追究刑事责任。"

根据《刑法》第397条的规定,作为国家机关工作人员的税务人员滥用职权,致使公共财产、国家和人民利益遭受重大损失的,处3年以下有期徒刑或者拘役;情节特别严重的,处3年以上7年以下有期徒刑。

五、税务人员打击报复行为的刑事责任

《税收征收管理法》第 82 条第 3 款规定:"税务人员对控告、检举税收违法违纪行为的纳税人、扣缴义务人以及其他检举人进行打击报复的,依法给予行政处分;构成犯罪的,依法追究刑事责任。"

根据《刑法》第 254 条的规定,作为国家工作人员的税务人员滥用职权、假公济私,对控告人、申诉人、批评人、举报人实行报复陷害的,处 2 年以下有期徒刑或者拘役;情节严重的,处 2 年以上 7 年以下有期徒刑。

本 章 小 结

本章介绍了税务违法刑事处罚。关于涉税犯罪,最重要的法律渊源是我国《刑法》第二编第三章第六节,罪名包括逃税罪、抗税罪、逃避追缴欠税罪、骗取出口退税罪等危害税款征收的犯罪,以及虚开增值税专用发票罪、伪造增值税专用发票罪等危害发票管理的犯罪。本章第一节和第二节,按照《刑法》的条文体例,对上述犯罪的概念、构成要件等做了详细介绍。此外,结合《税收征收管理法》和《刑法》的相关内容,本章第三节对税务执法人员可能涉及的职务犯罪也做了介绍,以便读者系统化地学习涉税犯罪相关规定。

思考题

1. 比较税务行政处罚和税务违法刑事处罚的异同。
2. 纳税人违反税款征收的行为有哪些?如何处罚?
3. 比较逃税罪与抗税罪的异同。
4. 简述虚开增值税专用发票罪的构成要件。

延伸阅读

审慎处理虚开增值税
专用发票案件

税收程序法之三·税务救济法律制度

绪　　论

在税收国家,整个国家体制的运转都依赖于纳税人的付出。在这种情况下,保护纳税人权利尤其是积极救助纳税人权利,不仅是租税国家应尽的义务,也是租税国家正常存在及稳健运作的基础。

一、税务救济之逻辑起点——税务行政争议

(一) 税务行政争议概念

税务行政争议是指在税务行政管理过程中,税务行政主体因行使税务行政职权而与行政相对人发生的有关税务行政权力和义务的争执。它具体表现为行政相对人对税务行政主体依据行政职权作出的具体税务行政行为不服或持有异议,税务行政主体和行政相对人之间会呈现一种对抗状态。税务行政争议是引起税务救济的前提,是研究税务救济的逻辑起点。

(二) 税务行政争议产生的原因

1. 税务行政主体在行使税务行政职权的过程中作出了违法或不当的具体行政行为

由于复杂的客观环境,税务行政机关实施的税务行政行为难以做到绝对的正确、合法,特别是一些税务工作人员由于法律意识、业务能力和职业道德方面的欠缺与主观认识上的局限,在执行公务过程中容易出现偏差和失误。

2. 行政相对人不可能完全服从税务行政主体作出的具体税务行政行为

尽管有时税务行政主体作出的具体税务行政行为是合法和适当的,但由于税务行政机关和行政相对人所处的立场、角度不同,对具体税务行政行为合法性和适当性的认识也不同,因此也会产生税务行政争议。

3. 税收自身的特点导致税务争议无法避免

税收实际是对公民财产权的一种剥夺,具有非直接偿还性和强制性。非直接偿还性意味着个体纳税人所缴纳的税费和他从国家那里得到的公共产品、公共服务的价值并不是绝对相等的,而且公共产品的非独占性和非排他性极易导致"搭便车"效应。① 税收的强制性也易使纳税人产生抵触,征纳双方财富上的此消彼长和利益上的相互对抗也是争议产生的根源之一。

4. 我国税法本身的缺陷也是导致税务争议产生的原因

征纳双方对税法规定的不同理解、我国税法本身的不成熟与不完善、部分规定不够详尽明确和可操作性不强,以及税法极强的技术性特征所导致的概念界定不清、税法适用困难、税法与其他行业的脱节、税法对行政机关裁量权约束的不当,也是导致税务争议的原因。

(三) 税务行政争议种类

税务行政争议有广义、狭义之分,内部、外部之别。广义的税务行政争议既包括内部的税务行政争议,又包括外部的税务行政争议。本书使用狭义的"税务行政争议"概念,即所表述的税务行政争议仅指外部的税务行政争议,也就是税务主体与行政相对人之间的争议。它主要包括以下各类:

1. 纳税人对征税机关的征税决定不服所引起的争议,如有关是否应纳税、应纳税款数额、是否享有税收优惠等方面的争议;

2. 纳税人对税务机关责令提供纳税担保行为不服所引起的争议;

3. 税务行政相对人对税务机关的处罚决定不服所引起的争议;

4. 税务行政相对人对税务机关作出的税收保全措施和强制执行措施不服而引起的争议;

5. 税务行政相对人对税务机关行政不履行行为不服所引起的争议;

6. 对税务机关其他具体税务行政行为不服所引起的争议。

(四) 税务行政争议特征

税务行政争议主要有如下几个特征:

---

① "搭便车"是指得到一种物品的利益但回避为此支付。〔美〕曼昆:《经济学原理(第二版)(上)》,梁小民译,生活·读书·新知三联书店、北京大学出版社 2001 年版,第 233 页。

1. 税务行政争议首先是一种行政争议,具有行政争议的基本特征,只不过税务行政争议是与税收法律关系的确认、变更和终止相联系的一种行政争议,是行政争议中的特殊类型,以税务行政机关主动获得税收利益的公法之债为目标。

2. 税务行政争议的主体一方是税务行政机关,另一方是税务行政相对人。税务行政机关作为税务争议的一方,具有恒定性。

3. 税务行政争议以税务行政相对人对特定税务行政机关的具体税务行政行为不服为本质特征,争议的焦点在于税务机关在税务行政管理过程中所作的具体行政行为是否合法或合理。

二、税务救济概述

(一) 税务救济的概念

税务救济是指国家机关通过解决税务行政争议,制止和纠正违法或不当的税务行政行为,从而补救税务行政相对人受损的合法权益的法律制度。

解决税务争议的途径有很多,可分为非法律途径和法律途径。前者包括权力机关的监督、民间力量的监督(如新闻舆论监督和公民个体的监督)、政党监督及专门机构的监督(如日本的苦情申诉、法国的调解专员、英国的行政监察专员)等。后者一般是指通过税收救济法律制度来解决税务争议,包括税务复议法律制度、税务诉讼法律制度和税务赔偿制度。

非法律途径解决税务争议有覆盖面宽、方式灵活多样、程序简单便捷、效率相对较高等优点,但权力机关的监督一般只限于法律法规以及其他税务规范性文件等抽象行政行为,较少涉及具体行政行为的监督审查,难以对具体案件进行纠正。而民间力量的监督、政党监督和专门机构的监督之公正性和权威性难以保证,也缺乏具体的法律依据和操作方法。相比之下,税务救济法律制度因其程序的规范且有司法(含准司法)的介入,而更具公正性和权威性。

(二) 税务救济的特征

1. 税务救济以税务行政争议的存在为前提

在税收行政管理过程中,税务行政争议是不可避免的,而其危害性也是显而易见的。这些税务行政争议,正是税务救济制度所要解决的问题。

2. 税务救济的目的是保护行政相对人的合法权益

在税务行政管理过程中,税务行政主体作出的违法或不当的行政行为所造成的消极后果是双重的:它既侵害了税务行政相对人的合法权益,又损害了税务行政主体的行政权威,影响了税务行政效率。税务救济的目的与实质就在于通过矫正违法或不当的具体税务行政行为,补救税务行政相对人受损害的合法权益。

3. 税务救济由相关国家机关实施

税务救济的主体是相关国家机关。税务救济的目的是对违法或不当的税务具体行政行为造成的不利后果进行补救。而任何税务具体行政行为都是由税务行政机关代表国家实施的,具有法律效力。因此,对这种行为效力的变更和消灭,同样只能由代表国家行使权力、维护公共利益的国家机关来决定。因此,税务救济只能由有关国家机关来实施,非国家机关的其他社会组织或者个人都无权实施税务救济。税务行政复议由国家行政机关(主要是作出具体税务行政行为的税务行政机关的上级机关)负责审理,税务行政诉讼由国家司法机关负责审理。

4. 税务救济是一种法律补救机制、衡平机制

税务救济是一种事后的、被动的法律补救机制。税务救济发生在税务行政侵权之后,税务行政相对人向有关国家机关申请对具体税务行政行为造成的危害后果实施税务救济,必须以全面履行税务处理决定为必要条件,这是其事后性的体现。税务救济侧重保护税务行政相对人的目的决定了税务救济的请求权只归属于税务行政相对人,税务救济只能应税务行政相对人的申请而实施,只有税务行政相对人才是税务救济程序的发动者,国家机关对税务争议实行不告不理的原则,不能依职权主动启动税务救济程序。虽然上级机关在行政监察过程中,发现下级税务机关的具体行政行为违法或不当的,可以依行政监督程序撤销或变更下级税务机关的原处理决定,但这只是税务机关的内部行政监督,性质上有别于税务救济。

三、税务救济法概述

(一)税务救济法的概念

税务救济法,是以税务争议为对象和内容,以解决税务争议为目的,规定有关国家机关解决税务争议所应遵循的原则、途径、方法和程序等的法律规范的总称。"税务救济法"这一概念的使用,实际反映了税法学界的一种理念转换,即税务行政复议、税务行政诉讼更多地应体现为一种对税务行政相对人权益的保护和救济,而不是对税务行政主体权威的维护。

目前,我国解决税务争议主要适用的法律、法规和规章有:1989年通过、2017年第二次修正的《行政诉讼法》,1994年通过、2013年第二次修正的《国家

赔偿法》,1992年颁布、2015年第三次修正的《税收征收管理法》,1999年通过、2023年修订的《行政复议法》,国务院于2007年通过的《行政复议法实施条例》及2010年国家税务总局通过并于2015年、2018年修正的《税务行政复议规则》。上述法律、法规、规章与其他各项单行税收法律、法规关于税务行政复议和税务行政诉讼的规定相结合,共同构成了我国现行的税务救济法律体系。

(二) 税务救济法的特征

1. 税收征纳法律关系平等

在税收征纳法律关系中,税务机关因行使职权的需要而在事实上享有很多特权,较纳税人处于优势地位,因此要在税务救济法律关系中使纳税人处于相对优越的地位,赋予税务机关较多义务,保证税务机关和纳税人之间实际上的法律平等地位。税务救济法正是对税收征纳法律关系平等理念的接纳。税务救济法建立于平等的税收征纳法律关系基础之上。

2. 保护税务行政相对人的合法权益

一般而言,税收实体法律制度对征税主体税权的保障更为有力,而税收救济法律制度则更侧重于保护纳税主体的税收权益。因为在税收征纳法律关系中,纳税主体处于弱势地位,他们的权利极易为征税主体所侵犯,所以必须赋予其税收救济权,使他们面对征税主体的违法和不当行为侵害时,有权通过各种救济制度获得救助。

3. 税务救济法是程序法

税法包括税收实体法和税收程序法,狭义的税收程序法仅指税收征管法,而广义的税收程序法则包括税收征管法、税务救济法和税收处罚法。税务救济法是广义的税收程序法,应具备程序正义的品质,如独立、及时、选择参与等。选择参与,又称"获得公正裁判机会"原则,指对处于争议中的自身权益,受到或将要受到侵害的主体应有权选择救济途径,并因此获得参与裁判过程的机会。

(三) 税务救济法的模式

我国的税务救济法律制度由税务行政复议制度、税务行政诉讼制度和税务行政赔偿制度三部分构成。税务救济法的模式选择是关于如何平衡配置这三种制度。

1. 税务行政复议和税务行政诉讼

(1) 税务行政复议和税务行政诉讼的联系

第一,两者的目的相同。税务行政复议和税务行政诉讼都是为了正确、及时处理税务行政争议,保护税务行政相对人的合法权益,维护和监督税务机关依法行使职权,维持正常的税收管理秩序。

第二,两者都是依法解决税务争议的制度。税务行政复议和税务行政诉讼都是由具体的程序法来规定的;税务行政复议和税务行政诉讼在解决税务争议时所依据或适用的实体法是一致的,实体税法是处理当事人之间税务争议的法律依据;税务行政复议和税务行政诉讼的对象是一致的,即两者都是依法解决税务争议案件。

(2) 税务行政复议和税务行政诉讼的区别

第一,二者性质不同。税务行政复议是税务行政复议机关的一种行政行为,实质是税务行政复议机关对税务具体行政行为所实施的一种内部监督和纠正。税务行政诉讼是由人民法院按行政诉讼程序对税务争议案件进行受理、审理和裁判的一种司法活动,是对税务具体行政行为所实施的一种外部司法监督和制约。

第二,二者受理机关不同。税务行政复议的受理机关原则上是作出税务具体行政行为的税务机关的上一级机关,少数情况是原税务机关(国家税务总局作出的具体税务行政行为引起的税务行政争议案件,可由其自身复议或申请国务院裁决)。而税务行政诉讼案件则由人民法院受理。

第三,二者受案范围不同。税务行政复议不仅可以审查违法的税务行政行为,还可以审查不当的税务行政行为;不仅可以审查具体税务行政行为,还可以附带审查抽象行政行为。而税务行政诉讼一般只能就具体税务行政行为的合法性进行审查。

第四,二者适用程序不同。税务行政复议按照《行政复议法》和《税务行政复议规则》的规定,适用准司法程序,虽有一定的司法性质,但本质上仍是一种行政程序,具有行政程序特有的简便、迅速、高效特点。税务行政诉讼按照《行政诉讼法》的规定,适用严格的普通司法程序,更为严格、规范和全面。

第五,二者审查机关的职权不同。税务行政复议机关的职权是一种行政权,在税务行政复议中既有权撤销违法的税务具体行政行为,也有权变更不当的税务具体行政行为。人民法院的职权是一种审判权,原则上只能是对税务具体行政行为的合法性进行审查,一般只能撤销违法的税务具体行政行为或者要求税务机关重新作出处理决定,除非是税务行政处罚显失公正的案件,否则不能直接予以变更。

第六,二者审理方式不同。税务行政复议实行一级复议制,原则上实行书面审理的方式,不要求当事人到场,复议机关根据调查的情况和双方当事人提供的证据资料作出复议决定。人民法院审理税务行政案件实行的是两审终审制,而且应当组成合议庭,原则上采取开庭审理的方式,程序更为严格、公开。

第七,二者法律效力不同。除国务院裁决具有终局性外,税务行政复议机关作出的复议决定不具有最终的法律效力,税务行政复议申请人不服复议决定的,可在法定期限内依法向人民法院提起行政诉讼,要求进行司法审查。而税务行政诉讼的终审判决则具有最终的法律效力,当事人必须履行。

(3) 税务行政复议和税务行政诉讼的选择

税务行政复议和税务行政诉讼各有长处,不能互相代替,应该让纳税人能够无障碍地运用两种制度以得到更为充分的救济。各国大多同时设置税务行政复议和税务行政诉讼两种制度,以便更好地发挥两种制度各自不同的优势。如何让二者合理配置,协调运作,以充分发挥税务救济法律制度的作用,是各国普遍关注的重要税法问题。

在税务行政复议和税务行政诉讼的选择上,有复议前置主义和自由选择主义两种不同的观点。复议前置主义是指在提起税务行政诉讼之前,必须先经过税务行政复议程序。自由选择主义是指纳税人在认为自身合法权益受到损害时,可自由选择是向行政机关提起复议申请,还是直接诉至法院。

基于税务争议的技术性、专业性、反复性和大量性等特征,多数国家采用税务复议前置主义,如日本、美国、德国、澳大利亚和瑞士等国都采用这种税务救济模式。日本称其为不服申诉前置主义,[①]美国行政法以穷尽行政救济为其基本理念,但却另设置有税务法院可以突破前置主义的界限。英、法等国则采用自由选择主义。我国实行以自由选择为主导,以复议前置为例外的模式。根据我国《税收征收管理法》第88条、《税务行政复议规则》第14条、第34条的规定,根据税务行政争议的不同类型区分适用复议前置和自由选择主义。

2. 相对独立的税务行政赔偿

税务行政赔偿是指税务行政主体违法行使职权,侵犯税务行政相对人合法权益造成损害的,税务行政相对人提出国家赔偿请求,由国家承担赔偿责任,并由致害的税务机关代表国家具体履行赔偿义务的一项法律救济制度。税务行政赔偿和税务行政复议、税务行政诉讼一起构成了对税务行政相对人的完整救济。

---

① 〔日〕金子宏:《日本税法》,战宪斌、郑林根等译,法律出版社2004年版,第540页。

税务行政赔偿或者在对具体税务行政行为合法合理性存在争议的税务行政复议程序和税务行政诉讼程序中一并解决,或者通过独立的国家赔偿程序解决。它分散于税务行政复议和税务行政诉讼中,但又相对独立,具有自身独特的品格,与税务行政复议和税务行政诉讼在性质、受案范围和适用程序等方面都有不同。

延伸阅读 ▶

税务救济法的历史沿革
和理论基础

第三十五章 税务行政复议

税务行政复议制度是税务救济制度的一种,是行政机关内部的自我纠错方式。它有税务行政诉讼所不具备的简便、快捷的特点,也有无法克服的弊病——其公正性难以令人信服。然而,一项制度的存在必有其合理之处。本章将阐述现代社会何以将税务行政复议制度认为是解决税务行政争议的一种有效方法,以及税务行政复议制度存在的问题。

第一节 税务行政复议概述

一、税务行政复议的概念与特点

（一）税务行政复议的概念

税务行政复议制度是税务行政相对人认为税务行政主体及其工作人员在税收征收管理过程中作出的具体行政行为侵犯了其合法权益,因而向法定税务复议机关提出审查相关税务行政行为的申请,并由法定税务复议机关对原具体行政行为的合法性与合理性进行复查和审议,并依法作出裁决的制度的总称。

（二）税务行政复议的特点

1. 税务行政复议是一种税务救济方式

税务行政复议、税务行政诉讼和税务国家行政赔偿共同构建了我国的税务救济制度。作为税务救济方式的一种,税务行政复议具有税务救济的一切特征。

2. 税务行政复议是一种行政救济机制

税务行政复议是由享有法定复议权的行政机关对税务行政相对人的合法权益予以救济,是行政机关内部的活动,是行政机关内部自我纠错的一种监督制度。

3. 税务行政复议是一种准司法行为

准司法行为具有普通司法的性质,但又不完全等同于普通司法。它本质上是一种行政行为,要体现行政程序特有的简便、迅速、高效的特点。但它又表现出司法行为的特点,如税务行政复议须遵循较严格的程序,从复议申请的提出到复议申请的受理和审查,再到复议决定的作出,都与司法行为相似,与一般的行政行为有较明显的区别。

4. 税务行政复议的主体是法定的行政机关

税务行政复议的主体是依法享有税务行政复议权的国家行政机关。税务行政复议主体必须是依法设立的,享有法定复议权限的,并在法定复议权限范围内按法定程序进行税务行政复议活动的国家行政机关。

二、税务行政复议的基本原则

(一) 全面审查原则

全面审查原则是指税务行政复议机关不仅要对税务具体行政行为的合法性予以审查,也要对其适当性予以审查。由于税务行政机关拥有一定的自由裁量权,客观上存在着职权滥用的条件,因此极有可能在符合合法性原则的前提下做出不当的行政行为,损害税务行政相对人的合法权益,破坏正常的税收法律秩序。复议机关要对所有的事实和证据进行全面的审查,以确定被申请人是否正确使用了自由裁量权。

(二) 合法、及时和便民原则

合法原则是指承担税务行政复议的复议机关必须在法定职权范围内活动,一切行为均须符合法律的要求。它包括如下内容:(1) 承担复议职责的主体合法,即须是依法成立并且享有法定复议权的行政机关,且拥有合法管辖权。(2) 复议机关审理案件的依据合法。(3) 复议机关审理案件的程序合法,即复议须严格按照行政复议法及其他有关法律法规规定的步骤、顺序、时限、形式进行。

及时原则是指税务行政复议机关应当在法定的期限内,尽可能迅速地完成复议案件的审查,作出复议决定。这是行政效率原则的具体要求,是由行政行为的特点和行政复议的非终局性决定的。及时原则要求:(1) 受理申请及时;(2) 办理案件及时;(3) 作出决定及时;(4) 作出处理及时。

便民原则是指税务行政复议机关在复议过程中应尽量方便税务行政相对人,使其不因行政复议活动而增加过多的负担,最大限度地节省其耗费的人、财、物力和时间,并确保其复议目的的实现。

(三) 公正、公开原则

公正原则是指复议机关的税务行政复议活动应当在合法性的前提下尽可能合理无偏私。公正原则要求:(1) 复议机关行使复议权时应当公正地对待双方当事人,不能偏袒本部门或下级税务机关。(2) 复议过程中,应当尽可能保证税务行政复议申请人充分行使其表达意见的权利。(3) 复议机关在审理复议案件时应尽可能查明所有与案件有关的事实，并作出准确定性。（4）复议机关在作出复议决定时应当正当、合理地行使复议自由裁量权。

公开原则是指税务行政复议机关在税务行政复议活动中，除涉及国家秘密、个人隐私和商业秘密外，应当将整个复议的过程、资讯和结果向税务行政复议当事人以及社会公开。公开原则要求：(1) 税务行政复议过程公开。复议机关应尽可能听取申请人、被申请人和第三人的意见，让他们更多地参与税务行政复议过程，以积极保障各自权利。(2) 税务行政资讯公开。这要求复议机关在申请人、第三人的请求下，公开与案件有关的一切材料，以确保他们有效地参加税务行政复议程序。(3) 税务行政复议结果公开。税务行政复议机关作出的行政复议决定，要制作成行政复议决定书，并送达税务行政复议当事人。

（四）坚持有错必纠、确保法律法规正确实施原则

坚持有错必纠、确保法律法规正确实施原则是指，税务行政复议机关在复议活动过程中，对被申请人违法或不当的税务行政行为（包括具体税务行政行为和抽象税务行政行为），要坚决予以纠正，以确保法律法规的正确实施。

（五）一事不再理原则

与及时原则相似，一事不再理原则也是行政效率的体现。从税务行政复议内部看，它是指税务行政复议实行一次、一级复议，除法律规定外，复议终止或终结后，申请人不得再以同一事实、同一理由再次申请复议，或向有管辖权的其他复议机关申请复议，或向原复议机关的上级机关请求税务行政救济。从税务行政复议与税务行政诉讼的关系看，当事人选择在人民法院以诉讼方式解决税务行政争议后，就不得再申请行政复议。

（六）不停止执行原则

不停止执行原则是指在税务行政复议期间，除法律规定的情况外，被申请审查的具体行政行为不停止执行。这是由行政行为的效力先定性和税收活动的公益性决定的。

（七）不利益变更禁止原则和排除调解原则

不利益变更禁止原则是指，在变更原征税决定时，在申请人或原告表明不服的范围内，不得为更不利益之裁决。如果在变更原征税决定时，允许为更不利益之裁决，税务行政相对人将极可能面临更不利的境地，部分税务行政相对人就会打消申请救济的考虑，这无疑是对税务救济权利的变相剥夺。不利益变更禁止原则的确立给了行政相对人合理的预期，保障了其申请救济的权利。

第二节 税务行政复议的范围与管辖

一、税务行政复议的范围

税务行政复议的范围,即税务行政复议的受案范围,是指法律、法规所确定的税务复议机关受理税务行政复议案件的范围。它决定了税务行政相对人可就哪些税务争议申请税务行政复议,复议机关对哪些税务行政行为有复议审查权。从我国《行政复议法》及有关税收法律规范的规定看,税务行政复议的受案范围包括可予复议的税务具体行政行为和可予复议的税务抽象行政行为。

（一）可予复议的税务具体行政行为

《行政复议法》《税务行政复议规则》以列举性条款和概括性条款相结合的方式,规定了复议机关受理申请人对下列税务具体行政行为不服提出的行政复议申请：

1. 税务机关作出的征税行为,包括确认纳税主体、征税对象、征税范围、减税、免税及退税、适用税率、计税依据、纳税环节、纳税期限、纳税地点以及税款征收方式等具体行政行为和征收税款、加收滞纳金及扣缴义务人、受税务机关委托征收的单位作出的代扣代缴、代收代缴、代征行为。

2. 税务机关作出的行政许可、行政审批行为。

3. 税务机关作出的发票管理行为,包括发售、收缴、代开发票等。

4. 税务机关作出的税收保全措施、强制执行措施。

5. 税务机关作出的行政处罚行为：(1) 罚款；(2) 没收财物和违法所得；(3) 停止出口退税权。

6. 税务机关不依法履行下列职责的行为：1. 颁发税务登记；2. 开具、出具完税凭证、外出经营活动税收管理证明；3. 行政赔偿；4. 行政奖励；5. 其他不依法履行职责的行为。

7. 资格认定行为。

8. 不依法确认纳税担保行为。

9. 政府信息公开工作中的具体行政行为。

10. 纳税信用等级评定行为。

11. 税务机关作出的通知出入境管理机关阻止出境行为。

12. 税务机关作出的其他具体行政行为。

(二) 可予复议的税务抽象行政行为

税务行政复议有别于税务行政诉讼,不仅可以审查具体税务行政行为,还可以附带审查抽象行政行为。根据《税务行政复议规则》第15条的规定可知,可予复议的税务抽象行政行为具有以下特点:

1. 可予复议的税务抽象行政行为仅限于部分税务规范性文件。其范围包括:(1) 国家税务总局和国务院其他部门的规定;(2) 其他各级税务机关的规定;(3) 地方各级人民政府的规定;(4) 地方人民政府工作部门的规定。但不含规章。

2. 对税务抽象行政行为的复议只能是附带性的。税务行政相对人对税务抽象行政行为的复议申请以其对税务具体行政行为的复议申请为前提条件。只有在税务行政相对人对税务具体行政行为申请复议时,才可以对作为具体税务行政行为依据的抽象税务行政行为一并提出复议申请。对抽象税务行政行为不能单独提出,也不能在对具体行政行为的复议过程中提出对非作为其依据的抽象行政行为的审查。

二、税务行政复议管辖

税务行政复议管辖是指税务行政复议机关在受理税务复议案件上的权限和分工。

(一) 税务行政复议管辖的原则

在分配税务行政复议管辖权的过程中,应当兼顾如下几个原则:
1. 便于税务行政相对人申请复议原则。
2. 便于税务行政复议机关审理复议案件原则。
3. 合理分工原则。

(二) 税务行政复议管辖的类型

根据《行政复议法》和《税务行政复议规则》的规定,税务行政复议的管辖可分为三大类:[①]

1. 一般管辖

一般管辖即通常情况下税务行政复议申请人不服税务机关作出的税务具体行政行为而申请复议的管辖问题。税务行政复议的一般管辖包括三个方面的内容:(1) 对地方税务局作出的税务具体行政行为不服的管辖。(2) 对国家税务局作出的具体行政行为不服的管辖。(3) 对国家税务总局作出的税务具体行政行

---

① 刘剑文、熊伟主编:《财政税收法(第七版)》,法律出版社2017年版,第426页。

为不服的管辖。

2. 特殊管辖

特殊管辖即除一般管辖之外的特殊情况下的复议管辖问题。税务行政复议的特殊管辖包括四个方面的内容：（1）对派出机构作出的税务具体行政行为不服的管辖。（2）对扣缴义务人和受税务机关委托的单位作出的具体行政行为不服的管辖。（3）对共同行政行为不服的管辖。（4）对被撤销的税务机关在撤销前所作出的具体行政行为不服的管辖。

3. 转送管辖

《行政复议法》《税务行政复议规则》规定，有上述特殊管辖情形之一的，申请人也可以向具体行政行为发生地的县级地方人民政府提出行政复议申请，接受申请的县级地方人民政府对依法属于其他行政复议机关受理的行政复议申请，应当自接到该行政复议申请之日起7日内，转送有关行政复议机关，并告知申请人。转送管辖是便民原则的要求和体现。

第三节 税务行政复议的程序

一、税务行政复议机关和税务行政复议机构

税务行政复议机关是指依法受理行政复议申请，对具体税务行政行为进行审查并作出裁决的机关。我国一般由作出具体税务行政行为的税务机关的上级机关为复议机关，特殊情况除外。

税务行政复议机构是指税务行政复议机关内部设置的，专门负责税务行政复议工作的工作机构。县以上（含县级）税务局（分局）内应设立税务行政复议机构，称为税务行政复议委员会，委员会下设复议办公室。复议机构应配备专职复议工作人员。它不是一级行政机关，不能以自己的名义独立行使行政职权，它只是税务复议机关内部的一个工作机构，以复议机关的名义依法受理纳税人的复议申请，依照法定程序进行审理。

二、税务行政复议的申请

税务行政复议须应申请发生，因此申请是启动税务行政复议的第一阶段。税务行政复议的申请是指公民、法人或者其他组织等税务行政相对人认为税务机关的税务具体行政行为侵犯其合法权益，依法要求有管辖权的复议机关对该行为进行审查和处理的法律行为。

(一) 税务行政复议的申请条件

1. 申请人资格要求。申请人必须是认为具体税务行政行为直接侵犯其合法权益的公民、法人和其他组织。

2. 有明确的被申请人。只有明确了被申请人,税务行政复议机关才能开展复议活动,否则复议就失去了对象,复议机关无法确定具体税务行政行为由谁作出、是否越权,即使作出了复议决定也无法确定其承受人和执行人。

3. 有具体的复议要求和事实根据。只有明确了复议要求和事实根据,复议机关才能有针对性地进行复议活动,正确审查申请人请求的合法性与适当性。

4. 属于《行政复议法》《税务行政复议规则》规定的申请复议范围。

5. 属于《行政复议法》《税务行政复议规则》规定的复议机关管辖。

6. 按《税务行政复议规则》第14条规定申请复议的,在提出复议申请前需要已经依照税务机关纳税决定确定的税额缴纳或者解缴税款及滞纳金或提供相应担保。

7. 申请复议是在法定期限内提出的。申请人应在得知税务机关作出具体行政行为之日起60日内提出行政复议申请。因正当理由耽误法定申请期限的,申请期限可自障碍消除之日起继续计算。

8. 法律、法规规定的其他条件。

(二) 税务行政复议的申请方式

税务行政复议申请的方式一般有两种:一是书面形式;二是口头形式。书面形式是指复议申请人向复议机关递交复议申请书的申请方式。口头形式是指复议申请人口头提出申请,由复议机关工作人员笔录的申请方式。

(三) 税务行政复议的申请期限

申请税务行政复议的期限,是指认为税务行政复议被申请人的行为侵犯了其合法权益的公民、法人或其他组织提出税务行政复议申请的法定时间限制。《税务行政复议规则》第32条规定,申请人可以在知道税务机关作出具体行政行为之日起60日内提出行政复议申请。因不可抗力或者被申请人设置障碍等其他正当理由耽误法定申请期限的,申请期限的计算应当扣除被耽误的时间。

(四) 税务行政复议参加人

税务行政复议参加人是指在税务行政复议机关组织下,依法参加行政复议活动的申请人、被申请人、第三人和代理人。其中,申请人和被申请人也称当事人。

1. 申请人

税务行政复议的申请人包括公民、法人或其他组织,也包括外国人、无国籍人、外国组织。具体是指纳税义务人、扣缴义务人、纳税担保人和其他税务争议当事人。

2. 被申请人

被申请人是指其作出的具体税务行政行为被税务行政复议申请人指控侵犯其合法权益，并由税务行政复议机关通知参加税务行政复议，接受复议机关对其被指控的具体税务行政行为审查与裁决的税务机关。

3. 第三人

第三人是指同申请税务行政复议的具体行政行为有利害关系，通过申请或行政机关通知而参加税务行政复议的公民、法人或其他组织。

4. 代理人

税务行政复议代理人是指依据法律规定，或税务行政复议机关指定，或复议申请人和第三人委托，以被代理人名义在代理权限范围内进行税务行政复议活动的人。

三、税务行政复议的受理

税务行政复议机关在收到复议申请后，应当进行及时、严格的审查，并在一定期限内决定是否受理。申请人的申请行为与复议机关的受理行为相结合，标志着税务行政复议申请的成立和税务行政复议程序的开始。

（一）受理申请

对于税务行政相对人提起的税务行政复议申请，税务行政复议机关经审查后，对符合规定的行政复议申请必须无条件受理，不得以任何理由拒绝税务行政复议的立案受理。

（二）告知申请人正确的受理机关

税务行政复议机关在收到复议申请后，经审查发现复议申请符合法定申请条件，但不属于本机关管辖的，也不得置之不理，而应告知申请人向有关行政复议机关提出申请。这可以更好地保护税务行政相对人的合法权益，方便其申请救济权利的行使。

（三）决定不予受理

复议机关对不符合规定的行政复议申请，应以裁定方式决定不予受理，并书面告知申请人。裁定不予受理应当制作裁定书，载明不予受理的理由和当事人应享有的诉权。对于不予受理的裁定不服的，申请人可以依法向人民法院提起行政诉讼，也可以向其上级机关反映，上级机关可以依法责令其受理。对复议申请书的格式和内容不符合法定要求或没有提交必要的材料和证据的，复议机关应将申请书发还申请人要求限期补正,逾期不补正的再决定不予受理,不得直接决定不予受理。

四、税务行政复议决定

税务行政复议机关在受理复议申请后,应当对税务行政复议案件予以审查,并作出结论性裁决,这是税务行政复议的决定阶段。

(一)税务行政复议的审查

1. 审查前的准备

税务行政复议审查前的准备工作,主要是指复议文书的发送和有关证据材料的收集。在税务行政复议审查前的准备过程中,为保证实质公平的实现,法律法规对被申请人的权利进行了某些限制。如在行政复议过程中,被申请人不得自行向申请人和其他有关组织或者个人收集证据。

2. 审查的方式

税务行政复议原则上采用书面审查的办法,但是申请人提出要求或者法制工作机构认为有必要时,应当听取申请人、被申请人和第三人的意见,并可以向有关组织和人员调查了解情况。书面审查,是指复议机关审查复议案件仅就案件的书面材料(包括申请人提出的复议申请书及有关材料、证据和被申请人提出的复议答辩书及有关材料、证据)进行审定,在此基础上依法裁决。

3. 审查的内容

税务行政复议案件的审查内容主要为被复议的具体税务行政行为的合法性与适当性。合法性包括:(1)作出被复议的具体税务行政行为的主体是否合法;(2)该主体是否超越职权或滥用职权;(3)被复议的具体税务行政行为的作出是否有足够的事实根据;(4)作出被复议的具体税务行政行为是否正确适用了法律;(5)作出被复议的具体税务行政行为是否遵循了法定程序;(6)被复议的具体税务行政行为是否采取了合法的形式。适当性主要是指税务机关作出的具体税务行政行为是否符合社会一般的公正、合理的观念,而不是在法定范围内畸轻畸重。

4. 税务行政复议的中止和终止

根据《税务行政复议规则》第79条的规定,税务行政复议中止情况如下:(1)作为申请人的公民死亡,其近亲属尚未确定是否参加行政复议的;(2)作为申请人的公民丧失参加行政复议的能力,尚未确定法定代理人参加行政复议的;(3)作为申请人的法人或者其他组织终止,尚未确定权利义务承受人的;(4)作为申请人的公民下落不明或者被宣告失踪的;(5)申请人、被申请人因不可抗力,不能参加行政复议的;(6)行政复议机关因不可抗力原因暂时不能履行工作职责的;(7)案件涉及法律适用问题,需要有权机关作出解释或者确认的;(8)案件审理需要以其他案件的审理结果为依据,而其他案件尚未审结的;(9)其他需要中止行政复议的情形。

根据《税务行政复议规则》第八十条规定,税务行政复议终止情况如下:(1)申请人要求撤回行政复议申请,行政复议机构准予撤回的;(2)作为申请人的公民死亡,没有近亲属,或者其近亲属放弃行政复议权利的;(3)作为申请人的法人或者其他组织终止,其权利义务的承受人放弃行政复议权利的;(4)申请人与被申请人依照本规则第八十七条的规定,经行政复议机构准许达成和解的;(5)行政复议申请受理以后,发现其他行政复议机关已经先于本机关受理,或者人民法院已经受理的。

(二)税务行政复议的决定

1. 复议决定的期限

复议机关应当自受理申请之日起60日内作出行政复议决定。情况复杂,不能在规定期限内作出行政复议决定的,经复议机关负责人批准,可以适当延长,并告知申请人和被申请人;但延长期限最多不超过30日。

2. 复议决定的作出

税务行政复议机关法制工作机构应当对被申请人作出的具体行政行为的合法性与适当性进行审查,提出意见,经税务行政复议机关负责人同意后,作出税务行政复议决定;对重大、疑难的复议申请,复议机关应集体讨论决定。重大、疑难复议申请的标准,由各复议机关自行确定。

3. 税务行政复议决定书

税务行政复议机关作出复议决定,应当制定复议决定书。复议决定书应当载明下列事项:

(1)申请人的姓名、性别、年龄、职业、住址(法人或其他组织的名称、地址、法定代表人的姓名);

(2)被申请人的名称、地址,法定代表人的姓名、职务;

(3)申请复议的要求和理由;

(4)复议机关认定的事实、理由,适用的法律、法规、规章和具有普遍约束力的决定、命令;

(5)复议结论;

(6)不服复议决定而向人民法院起诉的期限,或者终局的复议决定,当事人的履行期限;

(7) 作出复议决定的年、月、日。

税务行政复议决定书由复议机关的法定代表人署名,加盖复议机关的印章。税务行政复议决定书一经送达,当事人在法定期限未提起诉讼或者该复议为终局复议,复议决定即发生法律效力,具有拘束力、确定力和执行力。

4. 复议决定的执行

税务行政复议决定生效后,当事人双方都必须履行。根据《税务行政复议规则》第84条、第85条的规定,被申请人不履行或者无正当理由拖延履行行政复议决定的,复议机关或者有关上级行政机关应当责令其限期履行。申请人、第三人逾期不起诉又不履行行政复议决定的,或者不履行最终裁决的行政复议决定的,按照下列规定分别处理:(1) 维持具体行政行为的行政复议决定,由作出具体行政行为的税务机关依法强制执行,或者申请人民法院强制执行。(2) 变更具体行政行为的行政复议决定,由复议机关依法强制执行,或者申请人民法院强制执行。

五、税务行政复议的和解与调解

税务行政复议的和解与调解经历了从无到有的发展过程,是行政法与时俱进的重要体现,推动了税务行政对于解决纠纷便捷性和税务行政相对人权益保障的发展,《行政复议法实施条例》《税务行政复议规则》等规范性文件的出台成为税务行政复议可以进行和解与调解的依据,行政复议和解与调解的发展则为税务行政复议的和解与调解奠定了现实基础。

根据《行政复议法实施条例》《税务行政复议规则》等的规定,对下列行政复议事项,按照自愿、合法的原则,申请人和被申请人在行政复议机关作出行政复议决定以前可以达成和解,行政复议机关也可以调解:(1) 行使自由裁量权作出的具体行政行为,如行政处罚、核定税额、确定应税所得率等;(2) 行政赔偿;(3) 行政奖励;(4) 存在其他合理性问题的具体行政行为。

调解应当符合下列要求:(1) 尊重申请人和被申请人的意愿;(2) 在查明案件事实的基础上进行;(3) 遵循客观、公正和合理原则;(4) 不得损害社会公共利益和他人合法权益。行政复议调解书经双方当事人签字,即具有法律效力。调解未达成协议,或者行政复议调解书不生效的,行政复议机关应当及时作出行政复议决定。

行政复议机关按照下列程序调解:(1) 征得申请人和被申请人同意;(2) 听取申请人和被申请人的意见;(3) 提出调解方案;(4) 达成调解协议;(5) 制作行政复议调解书。申请人不履行行政复议调解书的,由被申请人依法强制执行,或者申请人民法院强制执行。

本 章 小 结

本章详细介绍了税务行政复议制度的概念、特征、原则、范围与管辖以及税务行政复议的程序。税务行政复议制度具有密切征纳双方的关系、及时解决问题、节约司法资源、加强上级对下级税务机关的工作监督以及税务行政主体的自我约束和自我监督、加强对税务行政相对人权利的保护和符合我国公民的诉讼心理等优点。但税务行政复议制度的公正性值得怀疑,而且作为一种行政机关内部自我监督机制,税务行政复议也有自身的局限性。同时,税务行政复议前置、税务行政复议的行政行为性等局限性也使税务行政复议的优势大打折扣。此外,我国税务行政复议制度还存在一些问题。

思考题

1. 如何理解税务行政复议是一种准司法行为?
2. 简要评析税务行政复议的全面审查原则。试列举可予复议的税务具体行政行为。可予复议的税务抽象行政行为具有哪些特点?
3. 介绍税务行政复议特殊管辖情况。
4. 税务行政复议中,申请人申请复议应当符合哪些条件?
5. 税务行政复议决定的种类有哪些?
6. 简要介绍税务行政复议制度的优点。
7. 什么导致了对税务行政复议制度公正性的合理怀疑?
8. 为什么要求税务行政复议机关独立?你对保证我国税务行政复议机关的独立性有何建议?

延伸阅读

税务行政复议制度评析

第三十六章 税务行政诉讼

行政诉讼是一种公民权益的司法救济程序。税务行政诉讼作为行政诉讼的重要组成部分,其法律规范主要体现在《行政诉讼法》《税收征收管理法》《税收征收管理法实施细则》等文件中。其中,《行政诉讼法》是行政诉讼的基本规范。税务行政诉讼必须遵循《行政诉讼法》所确立的基本原则和普遍程序;但同时,由于税法现象在日常经济生活中的普遍性,税务行政诉讼又不可避免地具有本部门的特点。

第一节 税务行政诉讼概述

一、税务行政诉讼的概念

税务行政诉讼是指公民、法人和其他组织认为税务机关及其工作人员的具体行政行为违法,侵犯了其合法权益,依法向人民法院提起行政诉讼,而由人民法院对具体税务行政行为进行审理并作出裁决的司法活动。税务行政诉讼的目的是保证人民法院及时、正确审理税务行政案件,保护纳税人的合法权益,维护和监督税务机关依法行使职权。[①]

二、税务行政诉讼的特征

税务行政诉讼既有行政诉讼的一般特征,又有自身的特征:

1. 税务行政诉讼是由人民法院进行审理并作出裁决的一种诉讼活动,是一种司法审查制度。这是税务行政诉讼与税务行政复议的根本区别。税务行政争议范围广、数量多、专业性强,大量税务行政争议由税务机关以复议方式解决,只有由人民法院对税务案件进行审理并作出裁决的活动,才是税务行政诉讼。

2. 税务行政诉讼以解决税务行政争议为前提,这是税务行政诉讼与其他行政诉讼的根本区别。具体体现在:第一,被告必须是税务机关,或经法律、法规授权的行使税务行政管理权的组织;第二,税务行政诉讼解决的争议发生在税务行

---

① 刘剑文主编:《税收征管法》,武汉大学出版社 2003 年版,第 379 页。

政管理过程中;第三,因税款征纳问题发生的争议,当事人在向人民法院提起行政诉讼前,必须先经过税务行政复议程序。

3. 税务行政诉讼的对象是税务具体行政行为。税务行政诉讼是由于税务行政相对人不服税务机关的税务具体行政行为而向法院提起的诉讼,它以税务机关的税务具体行政行为为对象,属于税务管理领域的行政诉讼,具有税法的一般特点,不同于其他行政诉讼。[①]

三、税务行政诉讼的原则

税务行政诉讼应当遵循诉讼活动的共有原则,例如以事实为根据,以法律为准绳;人民法院独立行使审判权;依法实行合议、回避、公开审判与两审终审;当事人在诉讼中的法律地位一律平等等。此外,税务行政诉讼还必须遵循一些特有原则:

1. 人民法院有限管辖原则。人民法院仅对因税务机关行使的具体行政行为引起的税务行政争议案件有管辖权。

2. 合法性审查原则。除了审查税务行政处罚是否显失公平外,人民法院只对具体税务行政行为的合法性予以审查,包括该具体税务行政行为是否超出其法定权限,是否符合法律、法规的规定,是否遵守法定的程序,是否存在滥用职权等。原则上人民法院不直接作出变更判决。

3. 起诉不停止执行原则。当事人不能以起诉为由停止执行税收保全、税收强制执行措施等具体行政行为。但该原则有例外情形:一是税务机关认为需要停止执行;二是原告申请停止执行,人民法院认为该税务具体行政行为的执行会造成难以弥补的损失,并且停止执行不损害社会公共利益,可裁定停止执行;三是法律、法规规定停止执行的。

4. 税务机关举证原则。税务行政行为是税务机关单方面依一定事实和法律作出的,税务机关掌握了作出该行为的证据。如果税务机关不举证或不能举证,应承担败诉后果。

第二节 税务行政诉讼的受案范围与管辖

一、税务行政诉讼的受案范围

税务行政诉讼的受案范围是指人民法院可以依法受理的税务行政争议的种

---

① 刘剑文主编:《税收征管法》,武汉大学出版社 2003 年版,第 412 页。

类和权限,也就是税务机关作出的可受司法审查的税务行政行为的范围。界定税务行政诉讼的受案范围,便于明确人民法院、税务机关及其他国家机关在解决税务行政争议方面的分工和权限,也与纳税人的权益保障密切相关。从我国《行政诉讼法》及有关税收法律规范的规定看,税务行政诉讼的受案范围包括可诉税务行政行为的范围和人民法院不予受理的事项。

(一) 可诉税务行政行为的范围

根据《行政诉讼法》第 2 条和第 12 条的规定,税务行政诉讼的范围一般包括:

1. 税务机关作出的征税行为,包括纳税争议、加收滞纳金及扣缴义务人、受税务机关委托的单位作出的代扣代缴、代收代缴行为和代征行为。

2. 税务机关作出的责令纳税人提供纳税保证金或者纳税担保行为。

3. 税务机关作出的税收保全措施。

4. 税务机关作出的税收强制执行措施。

5. 税务机关作出的税务行政处罚,包括罚款、没收非法所得、停止出口退税权。

6. 税务机关不予依法办理或答复的行为。

7. 税务机关作出的资格认定行为。

8. 税务机关作出的通知出入境管理机关阻止出境行为。

9. 税务机关侵犯法律规定的经营自主权的行为。

10. 行政机关违法要求相对人履行义务的行为。

11. 税务机关的行政复议行为,包括复议机关改变原具体行政行为与期限届满不予答复的行为。

12. 法律、法规规定可以提起诉讼的其他具体税务行政行为。

对于上述属于人民法院受案范围的税务行政案件,当事人可以先行申请复议,对复议决定不服,再起诉;也可以直接向人民法院起诉。但纳税人、扣缴义务人及其他当事人对税务机关征税行为不服的,必须先行复议,对复议决定不服的,才能向人民法院起诉。

(二) 人民法院不受理的事项

我国《行政诉讼法》第 13 条和最高人民法院《关于执行〈中华人民共和国行政诉讼法〉若干问题的解释》(以下简称《解释》)第 1 条第 2 款规定了人民法院不予受理的事项。具体到税务行政诉讼,主要包括:税务机关制定、发布的规章及有普遍约束力的决定、命令;税务机关的内部行政行为;不具有强制力的税务行政指导行为;驳回当事人对税务行政行为提起申诉的重复处理行为;税务机关对公民、法人或者其他组织权利义务不产生实际影响的行为。

二、税务行政诉讼的管辖

税务行政诉讼的管辖,是指人民法院受理第一审税务行政案件的职权分工。依据《行政诉讼法》,税务行政诉讼的管辖可以分为级别管辖、地域管辖和裁定管辖三种。各国在确定行政诉讼管辖时,一般以级别管辖和地域管辖为主,以裁定管辖为辅。

（一）级别管辖

级别管辖是指不同级别的人民法院之间受理一审税务行政案件的权限分工。一般原则是,基层人民法院管辖一般的税务行政诉讼案件;中级人民法院管辖国家税务总局作出的具体行政行为及本辖区内重大、复杂的一审税务行政案件;高级人民法院和最高人民法院主要审理二审案件,基本上不受理第一审行政案件,但是在本辖区或全国范围内有重大影响或复杂的税务行政案件,也可由高级人民法院或最高人民法院管辖。

（二）地域管辖

地域管辖是同级人民法院之间受理第一审税务行政案件的权限分工,是按照法院的辖区范围和当事人所在地而划分的管辖,与行政诉讼管辖的一般原则相同,税务行政诉讼由最初做出具体行政行为的税务机关所在地的基层人民法院管辖,经过复议的案件,复议机关改变了原具体税务行政行为的,也可以由复议机关所在地人民法院管辖。如果复议机关与做出原具体税务行政行为的税务机关不属同一法院管辖的,原告可以选择其中一个法院提起诉讼。原告向两个以上有管辖权的人民法院提起诉讼的,由最先收到起诉状的人民法院管辖。

第三节 税务行政诉讼的程序

税务行政诉讼的程序指税务行政诉讼应当遵循的基本步骤和主要阶段。通常包括审判程序和执行程序。审判程序包括一审程序、二审程序、再审程序,其中一审程序又分为起诉、受理、审理和判决四个环节。

一、税务行政诉讼的起诉和受理

税务行政诉讼中的起诉是指公民、法人或者其他组织认为自己的合法权益受到税务机关具体行政行为侵害,向人民法院提出诉讼请求,要求人民法院行使审判权,依法保护其合法权益的行为。起诉是法律赋予税务行政管理相对人保护其合法权益的权利和手段。起诉权是单向性的权利,税务机关只有应诉权,只能作为被告,并且不能反诉。

(一) 起诉

税务行政诉讼的起诉必须具备如下条件:

1. 原告必须有起诉资格。税务行政诉讼的起诉人必须是认为税务机关的税务具体行政行为侵犯了其合法权益的公民、法人或其他组织。

2. 有明确的被告。

3. 有具体的诉讼请求。

4. 有确实的事实根据。起诉阶段仅要求原告提供可以证明税务行政争议存在的证据,无须原告证明税务具体行政行为违法。

5. 起诉必须符合法定程序。对征税行为提起诉讼,必须先行复议,未经复议或在复议期间起诉的,法院不予受理;对复议决定不服的,方可在接到复议决定书之日起 15 日内向人民法院起诉。复议机关逾期不作出决定的,当事人可以在复议期满之日起 15 日内向人民法院起诉。

(二) 受理

受理是指人民法院在对公民、法人或者其他组织的起诉进行审查后,对符合法定条件的起诉决定立案审理,从而启动诉讼程序的职权行为。一般来说,受理的条件和起诉的条件大致相同,人民法院认为起诉符合法定条件的就应当受理。公民、法人或者其他组织的起诉和人民法院的立案受理相结合,构成税务行政诉讼程序的开始。人民法院接到原告起诉状后,应当对起诉的内容和形式进行审查,并在 7 日内作出立案受理或者不予受理的裁定。

二、第一审程序与判决

行政诉讼的审理是指法院在受理当事人的起诉后,对案件作实质性审查处理的过程。判决是指法院经过审理,依据法律规定对行政案件实体问题作出的结论。

(一) 审理前的准备

审理前的准备是人民法院在受理案件后至开庭审理前,为保证庭审工作的顺利进行,由审判人员依法进行的一系列准备工作的总称,包括依法组成合议庭、交换诉状、处理管辖异议、审查诉讼文书和调查收集证据等。人民法院应在立案之日起 5 日内将起诉状副本和应诉通知书发送被告,通知被告应诉。被告应当在收到起诉状副本之日起 10 日内提交答辩状,并提供作出具体行政行为的证据和依据,被告不提交答辩状不影响人民法院的审理,但被告在法定时间内不提交或者没有正当理由逾期提供作出具体行政行为的依据和证据的,应当认为该税务具体行政行为没有依据和证据,判决被告败诉。

(二)审理的原则和程序

税务行政诉讼第一审程序必须开庭审理,遵循以下三个原则:一般不适用调解原则;被告负主要举证责任原则;公开审理原则。

第一审税务行政诉讼采用合议制的审理方式,开庭审理的程序依次为:宣布开庭;法庭调查;法庭辩论;合议庭评议;宣告判决。

(三)审理后的判决

人民法院对一审案件,经开庭审理后,根据行政诉讼判决的性质,分别作出如下判决:

1. 维持判决。人民法院通过审理认定具体税务行政行为证据确凿、适用法律法规正确、符合法定程序的,应判决维持。

2. 撤销判决。人民法院通过审理认定具体税务行政行为的主要证据不足,或者适用法律法规错误,或者违反法定程序,或者超越或滥用职权的,应当判决撤销或者部分撤销,或者判决撤销并责令被告重新作出具体税务行政行为。

3. 履行判决。人民法院通过审理认定被告负有法定职责无正当理由而不履行的,判决其在一定期限内履行相应的法定职责。

4. 变更判决。人民法院通过审理认定税务行政处罚显失公正的,可以直接判决变更。

5. 驳回诉讼请求判决。有下列情形之一的,人民法院应当判决驳回原告的诉讼请求:起诉被告不作为理由不能成立的;被诉具体行政行为合法但不合理的;被诉具体行政行为合法,但因法律、政策变化需要变更或者废止的;其他应当判决驳回诉讼请求的情形。

6. 确认判决。被诉具体行政行为合法,但不适宜判决维持或者驳回诉讼请求的,可以作出确认其合法或者有效的判决。有下列情形之一的,人民法院应当作出确认被诉具体行政行为违法或者无效的判决:被告不履行法定职责,但判决责令其履行法定职责已无实际意义;被诉具体行政行为违法,但不具有可撤销内容;被诉具体行政行为依法不成立或者无效;被诉具体行政行为违法,但撤销将给国家利益和公共利益带来重大损失。

此外,还有行政赔偿判决,即法院对当事人一并或单独提出的税务行政赔偿诉讼作出的判决。

三、第二审程序与再审程序

税务行政诉讼的第二审程序，又称上诉审程序，是指税务行政诉讼当事人不服地方各级人民法院未生效的判决、裁定，向上一级人民法院提起上诉所适用的程序。

税务行政诉讼的再审程序，又称审判监督程序，是指人民法院发现已经发生法律效力的判决、裁定违反法律、法规的规定，依法进行再次审理的程序。当事人对已经发生法律效力的判决、裁定，认为该判决、裁定确实有错误的，可以向上一级人民法院提出申诉。提起再审程序的方式有以下几种：一是人民法院院长对本院已经发生法律效力的判决、裁定，发现违反法律、法规，认为需要再审的，应当提交审判委员会决定是否再审；二是上级人民法院对下级人民法院已经发生法律效力的判决、裁定，发现违反法律、法规规定的，有权提审或者指令下级人民法院再审；三是人民检察院对人民法院已经发生法律效力的判决、裁定，发现违反法律、法规规定的，有权按审判监督程序提出抗诉。

四、执行程序

行政诉讼执行是行政诉讼的最后一环，已经发生法律效力的判决、裁定，当事人必须履行。税务行政强制执行的主体包括人民法院和依法具有行政强制执行权的税务机关。强制执行的依据是已经生效的行政裁判法律文书，包括行政判决书、行政裁定书、行政赔偿判决书和行政赔偿调解书。

被告税务机关拒绝履行判决、裁定的，第一审人民法院或者与第一审人民法院同级的被执行财产所在地人民法院可以采取划拨、罚款、司法建议、追究刑事责任的措施强制其履行。

作为原告的公民、法人或者其他组织对具体税务行政行为在法定期间不提起诉讼又不履行的，税务机关可以申请人民法院强制执行，或者依法强制执行。

本 章 小 结

税务行政诉讼是指公民、法人和其他组织认为税务机关及其工作人员的具体行政行为违法，侵犯了其合法权益，依法向人民法院提起行政诉讼，由人民法院对具体税务行政行为进行审理并作出裁决的司法活动。

税务行政诉讼基本原则对诉讼规则体系的建立具有指导意义。除人民法院独立行使审判权、实行合议、回避、公开、辩论等共有原则外，税务行政诉讼还遵循一些特有原则。

税务行政诉讼的受案范围是指人民法院可以依法受理的税务行政争议的种类和权限，是税务机关作出的可受司法审查的税务行政行为的范围。税务行政诉讼的管辖，是指人民法院系统内部受理第一审税务行政案件的职权分工，分为级别管辖、地域管辖和裁定管辖三种。

税务行政诉讼起诉是指公民、法人或者其他组织认为自己的合法权益受到税务机关具体行政行为的侵害，而向人民法院提出诉讼请求，要求人民法院行使审判权，依法予以保护的诉讼行为，包括一审程序、二审程序、再审程序与执行程序。

思考题

1. 简述税务行政诉讼的概念及特征。
2. 简述税务行政诉讼的特有原则。
3. 简述可诉税务行政行为的具体范围。
4. 简述税务行政诉讼审理时应遵循的原则。
5. 简述税务行政诉讼的审查范围。

延伸阅读

税务行政诉讼制度评析

第三十七章　税务行政赔偿

第一节　税务行政赔偿概述

一、税务行政赔偿的概念

税务行政赔偿,是指税务机关及其工作人员违法行使职权,侵犯公民、法人或其他组织合法权益造成损害,由国家承担赔偿责任,由致害的税务机关代表国家具体履行赔偿义务的一种救济性法律责任。税务行政赔偿是纠正违法行政行为对纳税人造成的侵权损失,督促税务行政机关依法行政,规范税务行政行为,进而保障纳税人合法权益的重要制度设计。我国没有单独的税务行政赔偿法,有关税务行政赔偿的实体规范和程序规范主要有《国家赔偿法》《行政处罚法》等。

二、税务行政赔偿的构成要件

根据前述税务行政赔偿的概念,税务行政赔偿责任的构成应具备如下要件:

(一)税务机关及其工作人员违法行使职权

1. 行为主体必须是税务机关及其工作人员,包括受税务机关委托,从事某项税务管理活动的法人和其他组织。税务机关工作人员包括税务机关正式编制内的人员和税务机关临时借用及特别委托的人员。

2. 必须是税务机关及其工作人员行使职权的行为,即违法行为发生在税务机关及其工作人员履行税收征收管理职责的过程中,如擅自制定税收政策,随意调整税率,根据个人好恶决定罚款数额大小等。职务或职权之外或与之无关的行为,即使违法也不构成税务行政赔偿。

3. 税务机关及其工作人员行使职权的行为具有违法性。我国税务行政赔偿的归责原则是违法原则,税务机关及其工作人员违法行使职权侵犯公民、法人或者其他组织合法权益造成损害的,国家须负赔偿责任,而不论行使职权的工作人员主观上有无过错。只有违法行使职权的行为才能构成税务行政赔偿,合法行使职权的行为即使造成相对人的损失,国家也不负赔偿责任,仅在特定情形下予以适当补偿。行为的违法性是税务行政赔偿区别于税务行政补偿的重要标志。

(二) 存在损害事实

税务行政赔偿的另一构成要件,是税务行政违法行为造成了一定的损害事实。如果仅有税务行政违法行为,固然要承担其他法律责任,但不足以导致税务行政赔偿。税务行政赔偿的目的是对损害的补救,这里的"损害"有特定的性质和范围:

1. 损害必须是已经发生的现实损害。对于将来的损害,如果是必然的、不可避免的,也应视为已经发生的现实损害。对于将来可能发生的不确定的损害,不视为现实损害。

2. 损害的对象只能是受法律保护的权利或利益,即合法权益。

3. 损害必须是特定的,即特定的公民、法人或者其他组织所受到的损害。

4. 国家只对物质性的损害负赔偿责任。

(三) 税务机关及其工作人员违法行使职权与损害事实之间具有因果关系

只有当税务行政相对人的损害后果是由税务机关及其工作人员造成时,税务行政赔偿责任才能构成。在税务行政赔偿中,税务行政相对人必须证明这种因果关系的存在。

三、税务行政赔偿的范围与方式

(一) 税务行政赔偿的范围

税务行政赔偿的范围是指国家对税务行政机关及其工作人员的哪些侵权行为承担税务行政赔偿责任。《国家赔偿法》对行政赔偿的范围进行了列举。税务行政赔偿的范围包括国家应予赔偿的范围和不予赔偿的情形。国家应予赔偿的范围又包括侵犯人身权的赔偿范围和侵犯财产权的赔偿范围两个方面。

1. 侵犯人身权的赔偿范围

侵犯人身权的赔偿范围包括对人身自由权和生命健康权两类侵害。就税务行政赔偿而言,国家应予赔偿的情形有:(1) 违法拘留或者违法采取限制公民人身自由的行政强制措施的;(2) 非法拘禁或者以其他方法非法剥夺公民人身自由的;(3) 以殴打、虐待等行为或者唆使、放纵他人以殴打、虐待等行为造成公民身体伤害或者死亡的;(4) 违法使用武器、警械造成公民身体伤害或者死亡的;(5) 造成公民身体伤害或者死亡的其他违法行为。

2. 侵犯财产权的赔偿范围

税务机关及其工作人员违法行使职权侵犯公民、法人或其他组织财产权造成损害,国家应予赔偿的行为有:(1) 违法征税行为;(2) 违法实施税务行政处罚的行为;(3)违法责令纳税人提供纳税担保的行为;(4)违法采取税收保全措施的行为;(5)违法采取税收强制执行措施或采取税收强制措施不当的行为;(6)税务机关应当作为而不作为,给管理相对人造成损害的行为,包括不予审批减免税或出口退税、不予抵扣税款、不予退还税款、不予颁发税务登记证或发售发票、不予开具完税凭证和出具票据、不予认定为增值税一般纳税人、不予核准延期申报、不予批准延期缴纳税款。(7)造成财产损害的其他违法行为。

3. 国家不予赔偿的情形

有下列情形之一的行为,国家不承担税务行政赔偿责任:

(1) 与行使职权无关的税务机关工作人员的个人行为。税务机关工作人员的行为可以分为职权行为和与行使行政职权无关的个人行为。对于个人行为,国家不承担责任。在判断税务机关工作人员的行为是否属于职权行为时采用客观说,即观察行为的表征,判断该行为对行使税收征管职权来说是否必要或有帮助,并且该行为须在客观上足以认为与行使税收征管职权有关。

(2) 因公民、法人和其他组织自己的行为致使损害发生的。如果损害是由于当事人自己的过错所致,而非税务行政侵权行为所致,就不存在构成税收行政赔偿责任所必需的因果关系,国家无须承担赔偿责任。一般包括两种情形:一是受害人所遭受的损害完全是由受害人自己的行为造成的;二是虽然损害是由税务机关或其工作人员的违法职务行为造成的,但是在损害结果发生后,受害人故意或过失地怠于寻求救济,造成损失扩大的部分,国家不予赔偿。

(3) 法律规定的其他情形。这里的法律仅指全国人大及其常委会制定的规范性文件。

(二) 税务行政赔偿的方式

税务行政赔偿的方式指对税务行政侵权行为造成的损害采取何种形式予以赔偿。与民事赔偿不同,我国国家赔偿以金钱赔偿为主,以返还财产、恢复原状为辅。

1. 金钱赔偿

金钱赔偿是以货币形式支付赔偿金的赔偿方式。这种赔偿方式简便易行,可以使受害人的赔偿请求迅速得到满足,便于税务机关正常开展工作。

2. 返还财产

这常见于税务机关违法采取税收保全措施或强制执行措施的情形。返还财产是将纳税人、扣缴义务人或其他当事人已失去控制的财产重新置于其控制之下。返还财产是就特定物而言的,原物在失去控制期间有孳息或可以产生孳息的,除法律另有规定的外,应当一并返还。返还原物的方式仅在一定条件下适用:一是原物必须存在。如果原物灭失或遭损坏,则应金钱赔偿。二是比支付赔偿金更便捷。如果原财产已经被处理,无法寻找或无法追回,则金钱赔偿更便捷。三是不影响公务。如果原物已经用于公务活动,返还原物会给公务活动产生不良影响的,则应金钱赔偿。

3. 恢复原状

这是指对已经受到损害的财产进行修复,使之恢复到受损害前的形状或性能。恢复原状也有一定的适用条件:一是受损害的财产尚未灭失,仍有可修复性;二是恢复原状比金钱赔偿更为经济,不会牵涉税务人员过多的精力;三是不影响其他公务的正常进行。

四、税务行政赔偿请求人与税务行政赔偿义务机关

税务行政赔偿法律关系中有两类主体:一类是作为权利主体的赔偿请求人;另一类则是作为义务主体的行政赔偿义务机关。

(一)税务行政赔偿请求人

税务行政赔偿请求人是指依法有权向赔偿义务机关提出税务行政赔偿请求的人。受到税务机关违法执法侵害的纳税人是税务行政赔偿请求人,可以自己的名义请求税务机关予以赔偿。这里的纳税人包括公民、法人和其他组织。我国《国家赔偿法》规定,公民、法人和其他组织在受到行政机关及其工作人员侵害时,有行政赔偿请求权。

(二)税务行政赔偿义务机关

税务行政赔偿义务机关是指代表国家处理税务行政赔偿请求、支付赔偿费用、参与赔偿复议和参加赔偿诉讼的机关。税务行政赔偿的责任主体是国家,但国家是一个抽象的政治实体,不可能参与具体的赔偿事务、履行赔偿义务,只能由有关机关代替履行。根据我国《国家赔偿法》第 7 条的规定,税务行政赔偿义务机关的确定具体包括以下情形:

1. 单独的赔偿义务机关

税务机关及其工作人员行使职权侵犯了纳税人或其他税务当事人的合法权益造成损失的,该税务机关是赔偿义务机关。《税收征收管理法》规定的税务机关包括各级税务局、税务分局、税务所,以谁的名义作出的决定,谁就是赔偿义务机关。这是确定赔偿义务机关的一般情形。

2. 共同赔偿义务机关

两个以上的税务机关或税务机关与其他行政机关共同行使行政职权时侵犯公民、法人或者其他组织的合法权益造成损害的,为共同赔偿义务机关。

3. 委托的税务机关

受税务机关委托行使税收征收管理权的单位，在委托职权范围内行使职权侵害了纳税人的合法权益，委托的税务机关是赔偿义务机关。但赔偿义务机关有权向有故意或者重大过失的受托组织或者个人追偿。

4. 行政机关被撤销时的赔偿义务机关

赔偿义务机关被撤销的，继续行使其职权的税务机关为赔偿义务机关，没有继续行使其职权的机关的，撤销该赔偿义务机关的行政机关为赔偿义务机关。

5. 经复议造成侵权的赔偿义务机关

经过税务行政复议的，最初造成侵权行为的税务机关为赔偿义务机关，但复议机关的复议决定加重了当事人损害的，该税务行政复议机关承担加重部分的赔偿义务。

第二节　税务行政赔偿的程序

税务行政赔偿的程序是指税务行政赔偿请求人提起赔偿请求，有关国家机关处理税务行政赔偿事务所应遵循的步骤、方式、方法的总称。在我国，税务行政赔偿的程序包括税务行政赔偿请求人的请求程序与有关国家机关的处理程序。后者又包括税务行政赔偿先行处理程序、税务行政赔偿复议程序和税务行政赔偿诉讼程序，广义的税务行政赔偿程序还包括税务行政追偿程序。

一、税务行政赔偿的请求程序

税务行政赔偿程序通常以赔偿请求的提出为开端。根据《行政诉讼法》《国家赔偿法》和《行政复议法》的规定，税务行政赔偿请求人提出赔偿请求的方式有两种：一种是单独式，即单独就赔偿问题向赔偿义务机关提出请求；另一种是附带式，即在申请税务行政复议或税务行政诉讼时一并提出赔偿请求。税务行政复议机关或人民法院通常先确认税务具体行政行为的合法性，再对税务行政赔偿作出处理。

税务行政赔偿请求权的提出，必须符合法定的期限，超过法定期限，该税务行政赔偿请求权即自然灭失，受害人再提出赔偿请求不能获得国家赔偿。我国《国家赔偿法》规定，请求人请求国家赔偿的时效为2年，自国家机关及其工作人员行使职权的行为被依法确认违法之日起计算。附带提起赔偿请求的，一般按申请复议或提起诉讼的法定期限确定附带请求赔偿的期限。

二、税务行政赔偿的处理程序

税务行政赔偿的处理程序,是指税务机关处理税务行政赔偿案件时所遵循的程序。根据请求方式的不同,处理程序包括以下三种:

(一)税务行政赔偿先行处理程序

赔偿请求人单独要求税务行政赔偿,应当先向赔偿义务机关提出,由赔偿义务机关按行政程序先行处理。税务行政赔偿请求人对赔偿义务机关处理不服或赔偿义务机关逾期不予赔偿的,才可以申请复议或者提起诉讼。对未经前置程序而单独提起赔偿请求的,复议机关或者法院不予受理。税务行政赔偿义务机关做出不予赔偿决定或者赔偿请求人对赔偿数额有异议的,请求人可以自赔偿义务机关作出赔偿或者不予赔偿决定之日起3个月内向人民法院提起税务行政赔偿诉讼。

(二)税务行政赔偿复议程序

申请人在申请行政复议时可以一并提出行政赔偿请求,行政复议机关对符合国家赔偿法相关规定应当予以赔偿的,在决定撤销、变更具体行政行为或者确认具体行政行为违法时,应当同时决定对被申请人依法予以赔偿。如果税务行政复议机关逾期不复议的,申请人可向人民法院提起诉讼。

(三)税务行政赔偿诉讼程序

税务行政赔偿诉讼程序是指人民法院审理税务行政赔偿案件所应遵循的程序。我国将行政赔偿诉讼视为行政诉讼程序。但税务行政赔偿诉讼程序也有自己的特点。

1. 税务行政赔偿诉讼的起诉条件。根据《行政诉讼法》第49条和第76条的规定和《国家赔偿法》第9条和第12条的规定,税务行政赔偿请求人提起税务行政赔偿诉讼应当具备如下条件:第一,原告是符合《行政诉讼法》第25条规定的公民、法人或者其他组织。第二,有明确的被告。第三,有具体的诉讼请求和事实根据。第四,属于人民法院受案范围和受诉人民法院管辖。

2. 税务行政赔偿诉讼的审理形式。《行政诉讼法》第60条规定:赔偿诉讼可以适用调解。这是行政赔偿诉讼与行政诉讼在审理方式上的区别。人民法院可以在当事人之间居中调解,促使双方互相谅解,达成赔偿协议。

3. 税务行政赔偿诉讼中举证责任的分配。行政诉讼中被告行政机关负举证责任,但税务行政赔偿诉讼并不完全采取"被告负举证责任"的原则。原告也要对被诉具体行政行为造成损害的事实提供证据,而被告有权提出不予赔偿或少赔偿的证据。

4. 税务行政赔偿诉讼裁判的执行。我国对赔偿义务机关采取特殊的执行措施,即划拨、罚款、司法建议和追究刑事责任。

三、税务行政赔偿的追偿程序

广义的税务行政赔偿程序还包括税务行政赔偿后的追偿程序,即税务机关向受害人支付国家赔偿费用后,依法责令有故意或重大过失的工作人员或者受委托的组织或者个人承担部分或者全部费用的程序。国家赔偿表现的是国家与受害人之间的赔偿与受偿关系,即外部关系;而追偿表现的则是税务赔偿义务机关与税务机关工作人员之间偿还的关系,即内部关系。设立行政追偿制度的目的在于保护工作人员履行职务的积极性,同时对工作人员在履行职务时的故意或重大过失的违法行为采取一定的惩戒,以免违法侵权行为的反复出现。

税务机关行使行政追偿权必须具备以下条件:第一,税务行政赔偿义务机关对赔偿请求人已经履行了赔偿义务。第二,税务机关工作人员或者受委托的组织和个人行使职权时在主观上有故意或者重大过失。

税务行政赔偿的追偿步骤是:查明被追偿人的过错;听取被追偿人的意见和申辩;决定追偿的金额;执行追偿决定。被追偿人不服追偿决定的,可以依法向上级税务机关或者监察、人事机关申诉。

本 章 小 结

所谓税务行政赔偿是指税务机关及其工作人员违法行使职权,侵犯公民、法人或其他组织合法权益造成损害的,由国家承担赔偿责任,由致害的税务机关代表国家具体履行赔偿义务的一种救济性法律制度。

国家赔偿范围解决了国家对哪些事项承担赔偿责任,对哪些事项不承担赔偿责任的问题。我国仅对因具体行政行为和行政事实行为造成受害人的特定人身权、财产权的损害承担赔偿责任。

税务行政赔偿请求人是指受到税务机关违法执法行为侵害的,可以自己的名义请求税务机关予以赔偿的人。我国的税务行政赔偿只限于对人身权、财产权的损害赔偿,并且只对物质损害进行赔偿,请求人不能就精神损害提起税务行政赔偿。

税务行政赔偿的程序包括税务行政赔偿请求人的请求程序与有关国家机关的处理程序。后者包括税务行政赔偿先行处理程序、税务行政赔偿复议程序和税务行政赔偿诉讼程序。从广义上讲,税务行政赔偿的程序还包括税务行政追偿程序。

> **思考题**

1. 简述税务行政赔偿的归责原则。
2. 论述税务行政赔偿的构成要件。
3. 简述税务行政赔偿中侵犯财产权的赔偿范围。
4. 简述税务行政赔偿的先行处理程序。
5. 税务行政赔偿诉讼程序的特征是什么?
6. 简述税务行政追偿权的法律特征。

> **延伸阅读**

税务行政赔偿制度评析